纪念

中国人民抗日战争暨世界反法西斯战争胜利70周年
1945—2015

抗日民族英雄杨靖宇诞辰110周年
1905—2015

书名题字：韩光

杨靖宇传

YANG JINGYU ZHUAN

赵俊清◎著

黑龙江人民出版社

图书在版编目（CIP）数据

杨靖宇传 / 赵俊清著.—哈尔滨：黑龙江人民出版社，2015.7
 ISBN 978-7-207-10398-7

Ⅰ.①杨… Ⅱ.①赵… Ⅲ.①杨靖宇（1905~1940）—传记 Ⅳ.①K825.2

中国版本图书馆CIP数据核字（2015）第174734号

责任编辑：王裕江　李智新
装帧设计：张　涛

杨靖宇传

赵俊清　著

出版发行	黑龙江人民出版社
通讯地址	哈尔滨市南岗区宣庆小区1号楼
邮　　编	150008
网　　址	www.longpress.com
电子邮箱	hljrmcbs@yeah.net
印　　刷	北京万博诚印刷有限公司
开　　本	787×1092　1/16
印　　张	26.75
字　　数	610 千字
版　　次	2015年8月修订版　2021年1月第2次印刷
书　　号	ISBN 978-7-207-10398-7
定　　价	78.00元

版权所有　侵权必究　　　　举报电话：（0451）82308054
法律顾问：北京市大成律师事务所哈尔滨分所律师赵学利、赵景波

▲杨靖宇画像

◂ 青年时代的杨靖宇

◂ 杨靖宇读书时写的作文

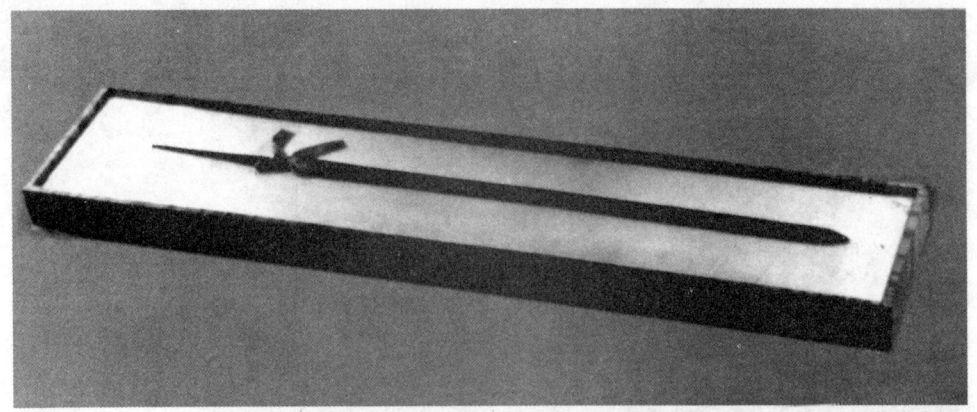

▲ 杨靖宇领导确山农民暴动时使用的七星剑

▶ 杨靖宇在哈尔滨工作时穿过的长衫

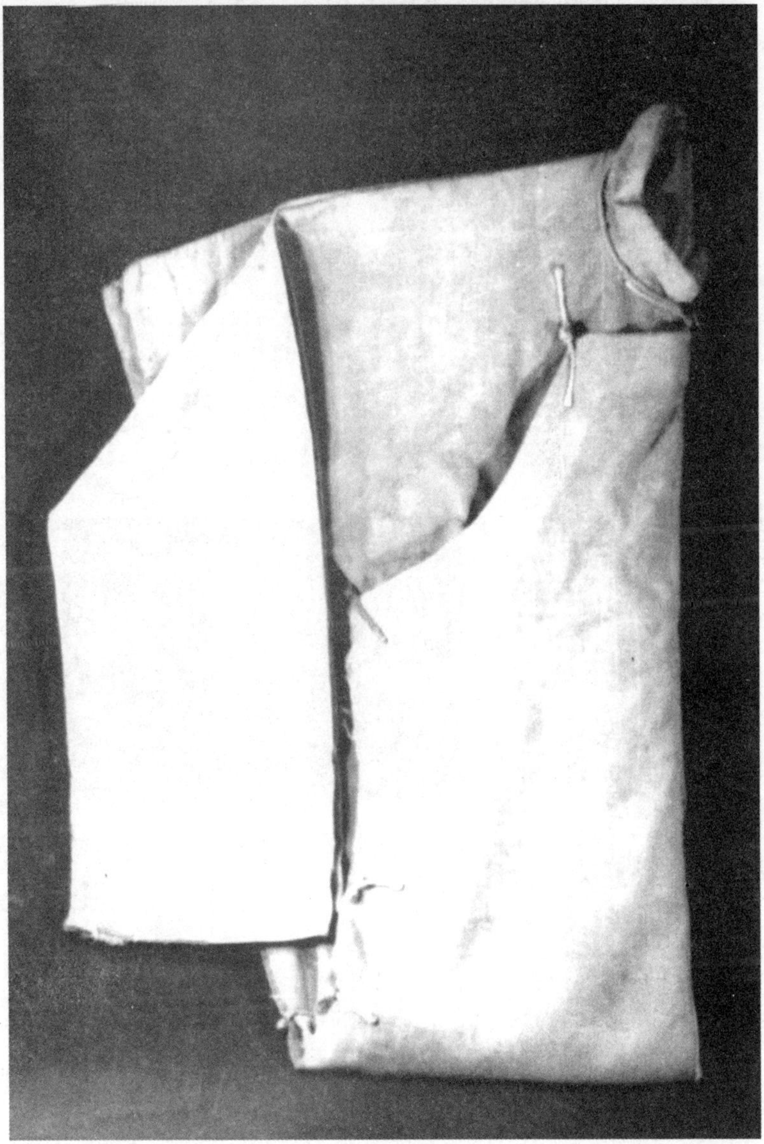

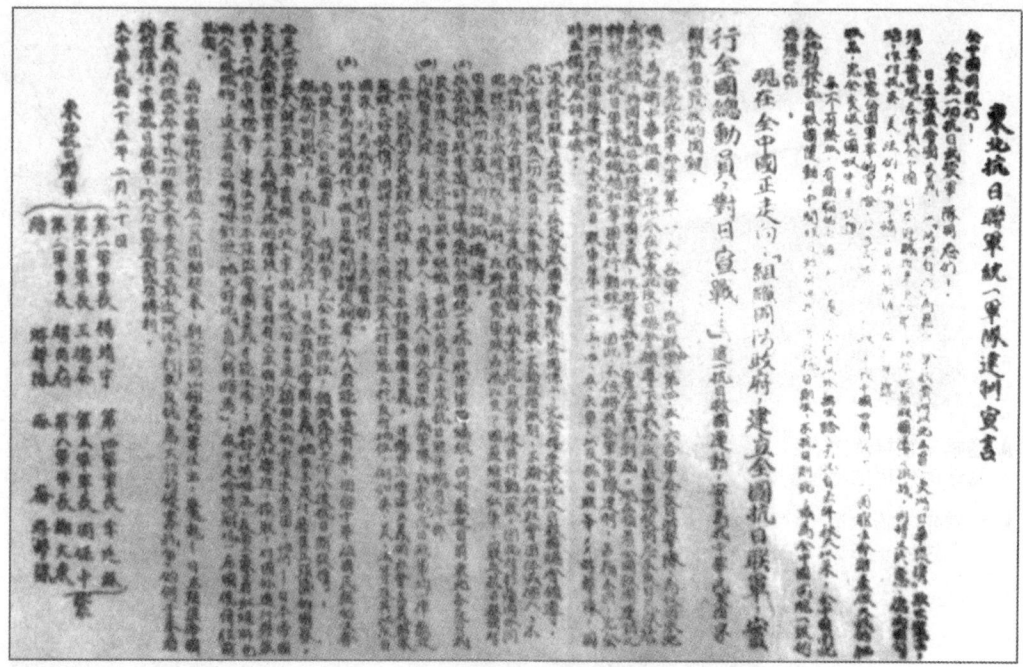

▲杨靖宇领衔发表的《东北抗日联军统一军队建制宣言》

▲巴黎《救国时报》关于杨靖宇领导的东北抗日联军第一军的报道

▲ 杨靖宇写给中共驻共产国际代表团的信

▲ 杨靖宇指挥作战时使用的地图

◀ 杨靖宇的印章

▼ 杨靖宇领导的东北抗日联军第一路军警卫旅之一部

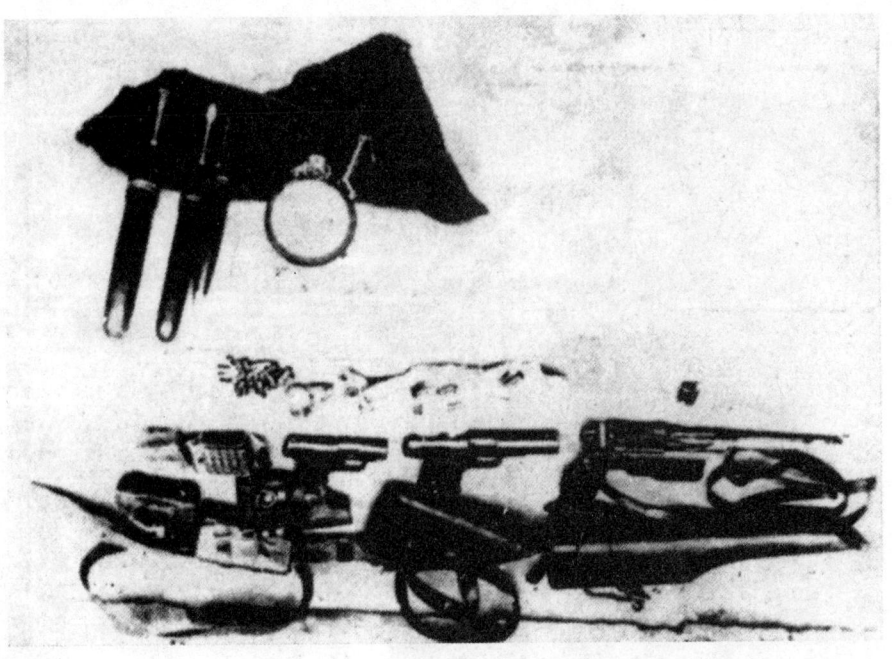

▲ 杨靖宇使用过的武器及物品

▶ 为响应全国抗战,杨靖宇署名颁发的布告

▲杨靖宇烈士陵园灵堂内景（吉林省通化市）

▲杨靖宇将军殉国地（吉林省靖宇县）

目　录

三版说明 …………………………………………………………（1）
序　言 ………………………………………………………韩　光（1）

第一章　青少年时代 …………………………………………（1）
　一、少年及家世 …………………………………………………（1）
　二、忧国忧民赤子心 ……………………………………………（7）
　三、大革命洪流的洗礼 …………………………………………（12）

第二章　投身农民运动 ………………………………………（16）
　一、争取红枪会首领 ……………………………………………（16）
　二、领导确山农民暴动 …………………………………………（19）
　三、建立革命政权 ………………………………………………（23）
　四、再举义旗 ……………………………………………………（29）
　五、战斗在豫南 …………………………………………………（33）
　六、王楼战斗失利之后 …………………………………………（35）

第三章　奔赴反日斗争前线 …………………………………（42）
　一、在抚顺领导工运 ……………………………………………（42）
　二、铁窗岁月 ……………………………………………………（49）
　三、在哈尔滨从事秘密斗争 ……………………………………（59）
　四、参加省委扩大会议 …………………………………………（68）
　五、巡视南满 ……………………………………………………（72）

第四章　开展武装抗日斗争 …………………………………（83）
　一、出任南满游击队政委 ………………………………………（83）

二、贯彻《一·二六指示信》精神 …………………………………… (91)
三、建立东北人民革命军第一军独立师 ………………………… (105)
四、进军辉发江南 …………………………………………………… (114)
五、攻陷三源浦、凉水河子 ………………………………………… (119)
六、"东三省第一个执行游击战术的人" ………………………… (124)

第五章 建立反日武装统一战线 ………………………………… (132)
一、成立抗日联军总指挥部 ………………………………………… (132)
二、联合义勇军共同对敌作战 ……………………………………… (139)
三、反日游击运动的中坚和主要力量 ……………………………… (146)
四、在反"讨伐"斗争中发展壮大 ………………………………… (152)
五、团结义勇军扩展游击区 ………………………………………… (162)
六、模范的政治工作者 ……………………………………………… (168)

第六章 创建抗日游击根据地 …………………………………… (182)
一、抗日游击根据地的开辟与扩大 ………………………………… (182)
二、召开南满地区第一次党代表大会 ……………………………… (192)
三、筹备成立南满特区政府 ………………………………………… (197)
四、为巩固发展游击根据地而战 …………………………………… (201)
五、欢迎第二军部队前来南满根据地会师 ………………………… (209)
六、粉碎敌人破坏阴谋 ……………………………………………… (214)

第七章 广泛开展抗日游击战争 ………………………………… (218)
一、痛击伪满军邵本良部 …………………………………………… (218)
二、贯彻《八一宣言》精神 ………………………………………… (226)
三、召开南满地区第二次党代表大会 ……………………………… (230)
四、建立东北抗日联军第一路军 …………………………………… (234)
五、深入贯彻抗日民族统一战线政策 ……………………………… (240)
六、组织西征 ………………………………………………………… (245)
七、冲破"东边道独立大讨伐" …………………………………… (252)
八、情系《救国时报》 ……………………………………………… (261)

九、召开第一军军党部扩大会议 …………………………………… （266）

第八章　积极配合全国抗战 …………………………………… （271）
　　一、主动出击钳制日本关东军 …………………………………… （271）
　　二、开辟老岭游击区 ……………………………………………… （284）
　　三、召开第一次老岭会议 ………………………………………… （288）
　　四、开展通辑铁路破袭战 ………………………………………… （292）
　　五、对日籍抗联战士的关心 ……………………………………… （297）
　　六、召开第二次老岭会议 ………………………………………… （300）
　　七、痛歼"满洲剿匪之花" ……………………………………… （306）
　　八、组建少年铁血队 ……………………………………………… （310）

第九章　艰苦转战长白山 ……………………………………… （318）
　　一、岔沟突围 ……………………………………………………… （318）
　　二、在南泊子的友谊相会 ………………………………………… （325）
　　三、来自党中央的关怀 …………………………………………… （328）
　　四、鏖战桦濛山区 ………………………………………………… （332）
　　五、负伤之后 ……………………………………………………… （341）
　　六、筹集给养 ……………………………………………………… （348）
　　七、头道溜河口会议前后 ………………………………………… （351）
　　八、应对野副联合"大讨伐" …………………………………… （358）

第十章　最后的斗争 …………………………………………… （363）
　　一、"为了革命我们要坚持到底" ……………………………… （363）
　　二、壮烈殉国 ……………………………………………………… （368）
　　三、虽死犹生 ……………………………………………………… （375）

附　　录 …………………………………………………………… （391）
　　一、杨靖宇生平活动年表 ………………………………………… （391）
　　二、征引文献、资料索引 ………………………………………… （395）

三、关于杨靖宇即马尚德的再考证 …………………………………………（399）

四、初版书评 ……………………………………………………………（407）

  （一）闪电与旗帜的写照

      ——读《杨靖宇传》………………………………… 罗占元 高 巨（407）

  （二）东北抗联人物研究的新篇章

      ——《杨靖宇传》评介 …………………………………… 徐首军（409）

  （三）一部高扬爱国主义主旋律的佳作

      ——读赵俊清的《杨靖宇传》 …………………………… 张辅麟（410）

初版后记 …………………………………………………………………（413）

再版后记 …………………………………………………………………（415）

三版后记 …………………………………………………………………（417）

三版说明

在中国十四年抗日战争中,东北抗日联军开展的艰苦卓绝的游击战争,党和人民给予了高度的评价。正如1948年1月1日中共中央东北局的决定中指出:"前东北地下党组织之党员与抗联干部同志们,在中央领导与抗日救国的总政策之下,曾在极艰苦复杂环境中对日本帝国主义和伪满洲国进行了长期的残酷的英勇斗争,曾得到东北人民的爱戴。'八一五'东北光复初期,又协同苏联红军及八路军、新四军,最后击败日寇,解放了东北。是中国共产党光荣历史不可分的一部分。"

为反映这一段历史的具体内容和斗争过程,记录其英勇斗争事迹,我们曾组织东北三省地方党史研究工作者,共同编写出版了《东北抗日烈士传》(1~3辑)、《东北抗日联军史料》(东北抗日联军第1军至第11军)和《东北抗日义勇军史》、《东北义勇军人物传》等书籍。继此之后,为进一步宣传东北抗联艰苦斗争的历史,弘扬先烈的革命斗争精神,进行爱国主义和革命传统教育,我们又与中共黑龙江省委党史研究室共同商议,出版一套"东北抗日联军将领丛书",计划将东北抗联各军的主要将领,特别是抗联第一、二、三路军的主要将领传记都收入该丛书。《杨靖宇传》是该套丛书之一,杨靖宇是重要传主。

《杨靖宇传》初版于1994年7月。该书作者赵俊清同志是中共黑龙江省委党史研究室副主任、《世纪桥》(原《龙江党史》)杂志主编、研究员,中国中共党史人物研究会理事、编委,黑龙江省党史学会副会长、党史人物研究会副会长。他多年从事地方党史和东北抗日联军史的研究工作,曾参加《东北抗日联军斗争史》(人民出版社1991年出版)一书的编写和统稿工作,著有"东北抗日联军将领丛书"之一的《赵尚志传》。他完成的《杨靖宇传》是其有关东北抗日联军历史研究的又一专著。

作者在该著作中,立足于反映杨靖宇的生平业绩,展现一个共产党人为国家、为民族利益而奋斗不息,不畏艰难险阻,不怕牺牲自己宝贵生命的爱国主义精神、高尚的革命品质。同时也通过撰述杨靖宇的主要活动,展示出那个历史时期的社会状况、事件和时代风云,如1927年河南确山农民运动的情况,1931年九一八事变后中国共产党领导的东北地区,特别是南满地区武装抗日斗争的大体进程等等。

作者写作该传记本着历史唯物主义的观点,坚持严肃认真、实事求是的原则,从历史事实出发,做到言之有据,存真求实;书中所涉及的史料,大量是来源于历史档案资料;其次为老同志的回忆录,可靠、可信;书中对历史人物、历史事件做出的论断,都是作者在对史料进行反复研究、核实的基础上,经过认真分析、推敲而得出的见解。该书出版后,曾受到了东北抗联老同志的赞誉和党史、军史专家的好评。1997年获得黑龙江省社会科学优秀成果专著类三等奖。近些年来,作者对本书又进行了精心修订,使全书内容更加充实。可以说,展现在读者面前的《杨靖宇传》是一部观点正确、史料翔实、内容丰富、证据充分,且有新的研究成果的、学术价值较高的人物传记专著。

　　2005年,是抗日民族英雄杨靖宇将军诞辰100周年、殉国65周年以及中国人民抗日战争暨世界反法西斯战争胜利60周年。为了纪念杨靖宇、学习杨靖宇,不忘抗日苦斗历史,振奋民族精神,弘扬爱国主义,发扬革命传统,我社曾于2004年决定再次出版此书,是为第二版。2015年是中国人民抗日战争暨世界反法西斯战争胜利70周年,为迎接这一盛大节日,我社决定第三次出版此书。同时,我们也愿意向读者推荐《杨靖宇传》(第三版)。通过阅读此书使我们永记当年日本帝国主义是怎样侵略中国、残酷镇压迫害中国人民的,中国人民是怎样反抗日本帝国主义侵略的,杨靖宇等抗日英烈是怎样不畏流血牺牲与日寇进行殊死斗争的,进而弘扬东北抗联精神、杨靖宇精神,将其作为引领我们胜利前进的一个动力。

黑龙江人民出版社

2015年5月

序 言

韩 光

杨靖宇同志是著名的抗日民族英雄、优秀的共产主义战士。他的名字在东北抗日战争期间及以后乃至今天始终是一面光辉的旗帜。

杨靖宇的一生是壮丽的。他的一生与中国大革命、土地革命时期的斗争紧紧联在一起,与中国人民抗击日本帝国主义侵略的伟大事业紧紧联在一起。在日本帝国主义者极力推行反动的大陆政策,以武力疯狂侵略中国东北,中国人民面临国土沦丧、民族危亡的时刻,杨靖宇同志遵照中国共产党关于用民族自卫战争反抗日本侵略者的指示,和党的其他干部一道动员组织广大群众建立、发展抗日武装,在白山黑水间与日本侵略军展开了殊死搏斗。

毛泽东同志对杨靖宇有过高度评价。1938年2月,他在延安回答美国合众社记者提出的问题时说:"中国共产党和东三省抗日义勇军确有密切关系。例如有名的义勇军领袖杨靖宇、赵尚志、李红光等等,他们都是共产党员,他们的坚决抗日、艰苦奋斗的战绩,是人所共知的。"(《毛泽东选集》,1948年东北书店出版)

杨靖宇同志是中国共产党领导的东北抗日联军的缔造者、指挥者之一。他领导的东北抗日联军第一路军,驰骋在南满、东满大地,在极为困难的条件下,给日本侵略者以沉重打击,日伪当局视其为危及"满洲国"存在的心腹大患。杨靖宇为抗击日本帝国主义的侵略,在动员、组织广大民众开展广泛的反日游击战争中,作出了巨大贡献。

30年代初,我曾在中共满洲省委工作。1933年10月,我受中共满洲省委派遣,以中共满洲省委特派员身份曾到南满巡视,有幸与杨靖宇在一起工作半年之久。在朝夕相处的日子里,他给我留下了深刻的印象,至今往事仍记忆犹新。他在青年时代就树立起救国救民的雄心壮志,在轰轰烈烈的大革命洪流中受到了斗争的洗礼和实际锻炼,加入中国共产党后,更矢志为伟大的共产主义事业而奋斗终生。杨靖宇是1927年河南确山农民暴动的主要领导人。他在激烈、复杂的革命斗争中,经受过各种考验,成为一名有丰富斗争经验的职业革命者。1929年,他在参加党中央举办的训练班之后,被中央派到东北工作。他曾在抚顺被捕,在狱中与敌人进行过顽强的斗争。九一八事变后,在党组织营救下获释,先后担任过满洲反日总会党团书记、哈尔滨市委书记、满洲省委军委书记等职。不久,被中共满洲省委派赴南满地区从事抗日武装斗争,并领导南满地区党的工作。

在南满地区,杨靖宇根据党的关于建立广泛的抗日民族统一战线,团结各种武装力量,抗击日本侵略者的总政策,经过艰苦努力,使党创立的南满反日游击队由小到大,不断发展,成为东北人民革命军第一军、东北抗日联军第一军,后来又和活动在东满地区的抗日联军第二军合组为东北抗日联军第一路军。杨靖宇是抗联第一军军长兼政委,第一路军总司令兼政委。他指挥这支队伍在日本侵略者残酷统治下的南满、东满地区,一直展开着英勇的艰苦卓

注:序言作者韩光同志是杨靖宇战友,离休前任中共中央纪律检查委员会常务书记。

绝的抗日游击战争。

杨靖宇治军有方,他领导的部队有以下几个明显的特点:1. 重视政治工作,有严格的军纪,强调官兵一致,密切联系群众,处处为人民着想,是一支党领导下的真正的人民军队。2. 结合斗争实际,贯彻党的抗日民族统一战线政策。早在1933年冬就开始把许多分散的抗日义勇军逐步团结在我军部队周围,发展壮大了抗日武装力量。3. 不断加强队内团结,包括领导核心的团结、官兵团结、中朝民族团结。特别注重与朝鲜抗日武装力量共同对敌。4. 善于运用游击战术打击敌人。在游击战争中不断拓展抗日活动区域,巩固扩大抗日武装斗争中取得的成果。5. 注意创建抗日游击根据地,使武装斗争的开展有可靠的依托,在敌强我弱,毫无外援的形势下,能够坚持长期的斗争。

据我看来,以上各点都是较为突出的。由于杨靖宇能够不断采取各种措施增强部队战斗力,其所部在东北抗日游击战争中,是尽人皆知的一支英勇善战、令日伪当局心胆俱寒的队伍。

在那战争年代,杨靖宇指挥抗联部队消灭了大批敌人有生力量,取得了辉煌战绩。这些战绩极大地唤醒了东北人民争取民族解放的觉悟。广大民众坚信,只要有杨靖宇等领导的抗日队伍的英勇抵抗,中国就不会亡,日本侵略者就终将被赶出中国大地。

我在与杨靖宇的接触中,感到他确实是个博学多才的卓越的政治、军事领导者。他随身带有从中央红军那里传来的几本游击战争小册子,经常阅读研究。他还常常用《孙子兵法》里"声东击西""出其不意""兵不厌诈""围魏救赵"等谋略来解释一些战斗、战役,总结经验教训,教育干部和战士。因此,同志们都非常信服和钦佩他。在与之接触中,我深深地感到杨靖宇自身有许多值得学习的高贵品质。他忠实于党和人民,始终对革命前途充满信心;他待人热情,谦虚谨慎,遇事同大家商量,并尊重别人的意见;他艰苦朴素,密切联系群众,与群众同甘共苦;他坚韧刚毅,有勇有谋,不怕任何艰难险阻。他的这些高贵品质,在抗联部队和当地人民群众中,形成了一种凝聚力。他深受人民爱戴,人们把他看成是"东北人民有希望、有信仰,能有把握收复失地的民族英雄。"(巴黎《救国时报》,1935年6月30日)

杨靖宇在东北领导的抗日武装斗争表明:在民族危难时刻,是中国共产党人以民族利益为最高利益的;广大东北人民是不甘屈服于日本帝国主义强权统治的;中华民族是有与自己的敌人血战到底的英雄气概,并最终要取得胜利的。

1940年2月23日,杨靖宇与凶残的日本侵略者进行了最后的战斗。他的鲜血染红了长白山洁白的积雪。他把宝贵的生命献给了中华民族的解放事业。杨靖宇虽死犹生。因为他和他创立的业绩代表着一个时代,同时更是中华民族不甘屈服于帝国主义的顽强反抗精神的具体、生动的体现。杨靖宇同志的光辉业绩将永垂史册。如同古往今来,一切为民族为人民做出卓越贡献的人物总会受到后人的怀念一样,杨靖宇自然也得到了一代又一代人的缅怀与敬仰。

今天,我们伟大的祖国早已自立于世界民族之林。旧中国的那个任人宰割的时代也早已一去不复返了。年轻的一代对于以往革命斗争年代的艰辛,先辈们为抵抗外敌入侵和争取人民解放付出的努力与牺牲,是难以感受得到的了。但历史并非过眼烟云,它给我们留下了宝贵的精神财富。邓小平同志说:"要懂得些中国历史,这是中国发展的一个精神动力。"(《邓小平文选》第3卷,人民出版社1993年10月第1版,第358页)我们要牢记历史,永远不忘记过去。在新的历史时期,我们要继承和发扬先烈的革命精神,继往开来,在改革开放的大潮中,为把我国的社会主义现代化建设不断推向前进,建设好具有中国特色的社会主义,为最终实现共产主义的远大理想而奋斗不懈。

明年,即1995年,是中国人民抗日战争胜利50周年,也是杨靖宇同志诞辰90周年、牺牲55周年。在此前夕,抗联将领丛书之一《杨靖宇传》问世,作为一名抗联老战士,我是十分高兴的。东北抗日游击战争是全中国抗日战争的一部分,我希望有志于抗日联军斗争历史研究的同志能撰写出更多、更好的反映党领导下的东北抗日武装斗争的著作,这对于人们了解中国人民反侵略斗争的历史,揭示社会发展变化规律,认识党的领导的重要作用,了解先烈们的英雄事迹,激励人们继承发扬革命传统,对广大青少年进行爱国主义教育都是十分必要的和有益的。

以上是为《杨靖宇传》序。

1994年4月7日于北京

第一章 青少年时代

一、少年及家世

1905年2月13日（农历正月初十）①，河南省确山县古城乡李湾村马锡龄家诞生了一个男孩。

这男孩在大声啼哭之后，慢慢地睁开了眼睛。全家见一个男孩子顺利出生落地都欢喜的不得了。家人给这个孩子起了个名字叫"顺清"。他长大上私塾读书时，私塾先生给他起了个学名叫马尚德。当时的学生除有本名外，还取有"表字"，他的表字为"骥生"。本名"尚德"是崇尚贤德之意。根据"名以正体，字以表德"的规矩，取表字，一般都与姓名本义相联系。表字"骥生"，"骥"就是千里马。《论语·宪问》中有"骥不称其力，称其德也"的话。可见，私塾先生给他起的这个名和字，正是希望他将来能够成为一个品德高尚、资兼文武的杰出人才。

马尚德就是后来家喻户晓的抗日民族英雄杨靖宇。在革命战争年代，革命者为对付反动当局的白色恐怖，根据斗争形势的需要常常更名改姓。杨靖宇就是马尚德在东北从事抗日武装斗争时用的别名。此外，他在从事革命活动中还用过周敏、张贯一（在中共满洲省委文件中有时写作张冠一、张观一）、乃超、元海等化名。

杨靖宇的家乡确山县古城乡李湾村（今属驻马店市驿城区）位于河南省南部。确山古为朗陵，隋代改为朗山，宋代改为确山，历史颇为悠久。沟通南北的铁路大动脉京汉线纵贯全县。确山北距河南省省会郑州约230公里，南距湖北省省会武汉约280公里，大致处于两省省会中间。确山县是个农业县份，农产以小麦、大豆为主。当时，李湾村有近百户人家，三千多亩土地，是确山县头等大村之一。该村距县城约12公里路程。村东、南、北三面是一望无际的平原，村西是连绵起伏、峰峦叠翠的秀山、乐山，属伏牛山余脉。村西头紧靠着京汉铁路，郑州通往信阳的公路从村中通过，交通极为便利。村外四周有一条围绕村子、长满艳丽荷花的寨河。村内长有数十棵参天大树（以后被伐掉），杨靖宇小时候经常与小朋友在大树下玩耍。

杨靖宇的家庭，祖祖辈辈都是勤劳朴实的农民。他祖父辈哥四个。祖父马绥武排行第四，其家原住河南省泌阳县，以后逃荒搬至确山县城东北左庄，后迁至李湾村。开始时，以烧窑和租种地主土地维持生活。祖辈老哥几个整年辛勤劳动，"头朝黄土背朝天"，所得收成除向地主交租外，所剩无几。当时家贫如洗，曾穷得哥几个只有一条囫囵裤子，谁外出办事或进城由谁穿，而平常在家里或在地里干活时穿的都是衣不遮体、褴褛不堪的衣裳。在黑暗的旧社会，他们一家同千千万万贫苦农民一样，过着糠菜半年粮、艰苦难熬的生活。

---

① 杨靖宇（马尚德）诞辰日期，依据其四婶母谈话录（1955年7月17日）。该谈话录载："尚德今年（指1955年）51岁，属蛇的，阴历正月初十生。"据此，由1955年向前推算，其生年为1905年。查中国科学院紫金山天文台编《新编万年历》（科学普及出版社出版）1905年为乙巳年，即蛇年。阴历正月初十，为公历2月13日。该谈话录现存东北烈士纪念馆。

杨靖宇的父亲马锡龄是个老实忠厚的庄稼人。他的二叔马延龄、四叔马鹤龄(三祖父之子)都是庄稼院里的好把式。祖父、父亲和叔父们经多年拼命劳动,勤耕细作,节衣缩食,用汗水换得一定的报偿,家里置了五六十亩地,加之另租地主四五十亩地,共耕种百余亩土地,家境稍渐富裕。后来,其长辈分家。杨靖宇小时,家中有土地二十亩,另租种地主王玉喜土地十几亩,共耕种三十余亩。有房屋数间,其中堂屋三间,砖墙草顶小瓦接檐(当地称罗汉房),厢房土墙草屋三间。家中有小件家具和耕牛。①杨靖宇兄妹两人,妹妹名叫马爱。不幸的是,1910年7月29日,在杨靖宇5岁时,他的父亲因常年从事繁重体力劳动,过于劳累,积劳成疾,被病患夺走了生命,离开了人世间。

杨靖宇故居

1911年10月,孙中山先生领导的辛亥革命武装起义斗争在武昌爆发。由于河南地处中原,确山县城位于京汉铁路要冲,南北都与省会城市联通,所以"宣统皇帝被孙中山领导的革命党推翻"的消息很快传到河南确山李湾——杨靖宇的家乡。

辛亥革命爆发后,各省纷纷响应。河南革命义士张钟端等在开封谋求独立,不幸失败,为河南巡抚齐耀琳杀害。同时就义者11人。殉难之日,他们谈笑自若,"共和万岁"之声不绝于口,旁观者见其容之正,声之厉,叹羡不已。革命者的鲜血使人们认识到反革命势力的残暴本性,也认识到要取得革命胜利之艰难,非流血牺牲不可。但革命者不畏牺牲自己生命的英雄壮举,忠义感召,却极大地鼓舞了河南无数志士仁人、英雄豪杰。

辛亥革命使大清朝的黄龙旗被中华民国的五色旗所取代,民众头上的辫子被剪去了,民主、自由、平等、博爱等新名词开始说在人们的嘴上。农民的日子似乎也要好起来。但经南北

---

① 中共河南省委宣传部:《杨靖宇将军的家庭及童年、学生时代》(1951年8月24日),存东北烈士纪念馆。

议和,北洋军阀头子河南人袁世凯窃居了民国临时大总统的职位。四年后,袁凶相毕露,解散国会,篡改约法,当上"洪宪皇帝",辛亥革命彻底失败了。接着,就是南北军阀混战,逐鹿中原,农民们盼望过上安稳、祥和的好日子的希望破灭了。他们头上的辫子虽然被剪去,可是帝国主义、封建主义、官僚资本主义三座大山依然压在头顶上。战火、捐税、灾荒、兵连祸结的局面,使人们透不过气来,广大农民陷于悲惨绝望的苦境。民生凋敝、苦痛难堪,哀鸿遍野、满目疮痍,就是那时中原广大农村的景象。

自杨靖宇的父亲病故后,他家里不仅失去了一个主要劳动力,也失去了当家人。此后,杨靖宇的母亲带着他和妹妹马爱依靠二叔马延龄,与祖母、叔父家一起生活。可以想象,一个寡妇母亲带着两个孩子在混乱、衰败的社会环境中维持生计的艰辛。

杨靖宇小时候就是在这样一种社会混乱、衰败,家境渐趋贫困的环境中长大的。

杨靖宇的母亲名叫张君,穷苦人家出身,是位勤劳善良的农家妇女。她除了在农忙时同男人一样要从事繁重的田间劳动外,还要担负起全部家务劳动——管家、缝衣、做饭、饲养鸡鸭猪狗和教育子女的责任。特别是丈夫去世后,与小叔子家一起过日子,她的负担就更重了。她性格豁达、乐观,与妯娌、邻居都能和睦相处。她心地慈善,富有同情心,对南来北往逃荒路过李湾村的人,总是尽量将自己家吃的东西施舍给他们。她任劳任怨,不计得失,通情达理,十分刚强,不畏惧任何困难。这些优良品质对过早失去父亲的少年杨靖宇有着很深影响。母亲总是教育自己的儿子从小就要学好,为人应正义、善良。她辛勤劳动,省吃俭用,决心供杨靖宇上学读书,识文断字,将来好成为一个有出息的人。

可以说,母亲是他的第一位教师。母亲的教育对于杨靖宇的成长起着重要作用。从成年的杨靖宇身上,可以看出来是有着许多他母亲的品质、性格的影子。

1913年,杨靖宇8岁时开始在本村一私塾读书。他的启蒙教师叫刘景臣。刘先生是一位教过半辈子书的老先生,对《四书》《五经》很精通。许是由于有"教不严,师之惰"这一古训吧,他对学生的要求是十分严格的。他要求学生做到的,例如背诵、描红,若哪个学生做不到,做得不好,那是绝对不行的。学生们不仅害怕他那只从不离手惩罚学生(打手板)用的戒尺,更惧怕他那双圆瞪逼人的眼睛。杨靖宇少年时代就十分懂事,他深知自家境况不富裕,母亲、叔父全家人寄希望于他,省吃俭用供自己读书,十分不易,不好好学习对不起家人。加之,刘老先生的严格要求,因此,他学习刻苦用功,自觉性很强,每天早早到校,放学回家也不贪玩,总是手拿书本,勤奋读书。他喜欢描红,认真练字。他写的毛笔字在同学中是数一数二的。少年杨靖宇读完启蒙读物"三百千",即《三字经》《百家姓》《千字文》之后,接着又读少年学童难以理解的《大学》《中庸》《论语》《孟子》,即所谓"四书"了。

私塾学习,使他初步掌握了能够有益于继续学习和深造的文化知识,尽管其学习的功课皆为孔孟之道,但其中的某些民主性精华及刘老先生联系时世所进行的深入浅出的讲解,对他也并不是没有教益的。《孟子·梁惠王上》中的"民有饥色,野有饿莩,此率兽而食人也。"这不就是对吃人社会的写照吗?《孟子·滕文公下》中的"富贵不能淫,贫贱不能移,威武不能屈,此之谓大丈夫",这对幼小的杨靖宇来说不也是为人立身处世应达到的一个标准吗?"天将降

大任于是人也,必先苦其心志,劳其筋骨,饿其体肤,空乏其身,行拂乱其所为,所以动心忍性,曾益其所不能",这段《孟子·告子下》中的话对任何一个有志气、有抱负的人不都富有深刻的教育寓意吗?杨靖宇在日后的艰难困苦的斗争中,对于"天将降大任于是人也……"这段话是牢记在心里的。据说孟夫子的这段语录对于杨靖宇还有一段故事呢!

有一天,刘老先生有事离开了书房。他让学生们自学,在书房里背书。学生们见先生走了,一时高兴得忘乎所以,把书本扔在一边,痛快地玩耍起来。杨靖宇和他的伙伴把桌凳摆起来搭了个"戏台",效仿古城庙会演出的戏剧,演起官府审判罪犯的闹剧来。

一个学生扮演"府台",杨靖宇扮演"县台",一个同学演"罪犯",一些同学演衙役。

"府台"审问被抓来的人:"你为什么要当土匪,抢人家东西?"

被审人回答:"我不是土匪,没抢人家东西呀!"

"府台"大怒道:"不招就给我打!"

众衙役"嘛"的一声,便把其按倒,动起刑罚。

此时扮演"县台"的杨靖宇不同意这样演。他对演"府台"的同学说:"不能这样审官司,不问青红皂白就打,这不会屈打成招吗?你不成昏官了吗?"

结果,"县台"与"府台"争吵起来,书房里一片混乱。

恰在这时,刘老先生回来了。他见此情景,勃然大怒,狠狠地训斥了包括杨靖宇在内的几个"闹事"的学生。杨靖宇还被令其在放学前背诵出《孟子·告子下》的那段语录作为惩罚,并说背不下来,就要打手板。可没等放学,杨靖宇拿着书本到先生跟前,从头到尾一字不差地背了下来。①所以,杨靖宇对孟夫子的上述"天将降大任于是人也……"这段语录印象极为深刻。在私塾学习中,他也从孟夫子的这段话中悟出了一定道理。孟夫子这段话所显示出的为人立身处世的道理,对于杨靖宇在革命斗争中能够经受起各种磨难和考验,应该说是有重要作用的。

少年杨靖宇长得比同年龄同学稍高大,性情耿直沉静,谦虚好学,尊敬师长,深受先生喜爱。他对人有礼貌,与同学们不笑不开口说话,善于团结人,乐于帮助人,同学有不会的问题,找他问,只要是他会的,总是耐心告诉别人。大家都愿意跟他在一起。

在私塾里,他有一个要好的同学,名叫李士芳,是一个贫苦农民的孩子。李士芳与杨靖宇形影不离,他们俩都想好好读书,将来当个教员。但李士芳的父亲身体不好,农忙时需要他参加农田劳动,帮家里干农活,因此时常旷课。加之他家生活困难,无力继续供他读书,李士芳便逐渐产生辍学的念头。杨靖宇得知后,便鼓励李士芳坚持念下去,他说:"士芳哥,你别逃学,要好好念书啊,落下的课程,由我帮你补上。"常常是这样,放学以后,杨靖宇拿着书本到李士芳家,帮他补习功课。有时李士芳写字没有纸,杨靖宇就把自己的纸送给他。后来,李士芳因无钱买书又不想念了。杨靖宇见此,便用自己积攒的压岁钱替李士芳交了书费。书发下来后,杨靖宇赶紧把新书送到李士芳家里。这使李士芳和他父亲异常感动。

杨靖宇小时候看到穷苦人家受富人剥削,吃不饱,穿不暖,因此对为富不仁者深恶痛绝。

---

① 《李士芳谈话录》(1955 年 7 月 22 日),存东北烈士纪念馆。

他十分痛恨地主老财。在李湾村逢年过节有农民给地主东家送礼的陋习。这一是地主要显示自己的威风,在地主眼里看来,有人给送礼,是表示百姓对他"敬服"。来送礼的人多,自然表明自己的权势大。第二,农民也是没办法,给地主送礼,农民并不是心甘情愿的。但不送礼,地主就会收回租种的土地或遇事找别扭,给"穿小鞋"。农民离开土地又怎么能生活呢?与地主老财别上劲,不是要找亏吃吗?

有一年端午节来到了,村里人又开始给地主送节礼。杨靖宇的二叔因患病不能将买好的礼品送到地主王家,便让杨靖宇把礼品送去,并告诉说见了王家的主人要叫王老爷。过去,杨靖宇对二叔的话总是言听计从,从来没有顶撞过。因自己的父亲去世早,母亲领他和妹妹在二叔家一起生活,是二叔供他读书,他尊敬二叔如同尊敬自己的父亲一样。这回,二叔支使杨靖宇给地主家送礼,可他就是不动地方。二叔再三催促他把礼品给王家送去,可杨靖宇不仅不去,反而气愤地说:"我不去,王家是人,咱家不也是人吗?为什么要给他送礼,还要叫他老爷呢?这太不公平了。"结果,这份节礼硬是因杨靖宇的反对,没有给地主王家送去。①不消说,这在李湾村,是一件破天荒的事情。

杨靖宇小时候特别喜欢听大人们谈古论今,讲英雄豪杰舍生取义、杀富济贫的故事。他博闻强记,知道不少《三国》《水浒》《说岳全传》《杨家将》中的故事。有一年,杨靖宇和一些小朋友去古城赶庙会。古城乃是刘备、关羽、张飞及赵云等聚义相会的地方。大家边走边听杨靖宇讲关羽千里走单骑,过五关斩六将的故事。一路上杨靖宇滔滔不绝地讲,把小朋友都迷住了。大家没感到怎么累,不知不觉就到了古城,高高兴兴在庙会上玩了一天。杨靖宇十分敬仰民族英雄岳飞。岳飞这位南宋抗金名将是相州汤阴(今属河南)人。杨靖宇在家乡读书时就曾阅读过钱彩著作的《说岳全传》,他特别热爱岳飞及其身边的王贵、汤怀、张宪、牛皋等人物,更十分痛恨张邦昌、秦桧这样的汉奸卖国贼。

少年杨靖宇喜欢听、乐于看、愿意讲古代英雄故事,特别是诸如《说岳全传》中的富有深刻意义的精彩篇章,这就不能不对他起到一种潜移默化的教育作用。而在这种教育中,他是从古代英雄人物身上学习到了崇高的爱国主义精神。如果说岳母姚氏将"精忠报国"四个字刺在了岳飞的脊背上,那么,少年杨靖宇是通过阅读《说岳全传》,把民族英雄岳飞的形象和"精忠报国"四个字刻在了自己的心灵上。

1919年,杨靖宇14岁时,曾到确山投考县立高等小学,但没有考上。这使他十分懊悔,他对同学李士芳说都是自己用功不够。回乡后,师从关易公先生学习一年。这一年他格外用功,加倍努力。结果,再考时,终于被录取了。确山县立高等小学校,为当时全县"最高学府",学制三年,每年暑期招生,只招一个班50人。班级按天干"甲乙丙丁……"十字顺序排列。杨靖宇于1920年暑期考入该校,为"庚"班学生。

这所位于县城的官办学堂与乡间私塾有很大不同,所学课程已不是《四书》《五经》,而是新学。学校中所开设的修身、国文、算术、本国历史、本国地理、手工、图画、唱歌、体操等课程,

---

① 中共河南省委宣传部:《杨靖宇将军的家庭情况与童年、学生时代》(1951年8月24日),存东北烈士纪念馆。

使杨靖宇接触到了新鲜知识。

　　这所学校，多数学生为中等家境子弟，少数为地主官宦子弟。这些少数学生有强烈的自豪感，他们对穿戴不好的学生总是报以歧视的目光，有时还打骂侮辱同学。在高小学习期间，杨靖宇好打抱不平，同学之中有谁挨了欺负，往往会得到杨靖宇的帮助。一次，有一个小同学受到一个姓孙的财主家的小少爷的欺侮，哭啼着从操场回到教室。原来，那个姓孙的同学在操场上让这个小同学趴在地上给他当马骑。小同学不干，他就动手打，硬把小同学按倒在地，骑在身上，揪着耳朵，得意地喊着："驾！驾！大洋马快点跑！"杨靖宇得知这件事情后，对姓孙的同学以强凌弱，表示十分气愤。他安慰过那位小同学后，便找到了姓孙的同学。杨靖宇把他领到校内一间没人的小屋，把门关上，声色俱厉地向他问道："你为什么欺侮小同学？"不由分说，把他推倒在地，痛打一顿。姓孙的同学本来理屈，又见杨靖宇气势汹汹，便连连告饶，让他住手。杨靖宇说："要住手，你要答应两个条件：一、今后不许再欺负、凌侮小同学；二、回家后，不许告诉你老子是我打了你。"那个姓孙的同学满口答应后，杨靖宇这才松开手。此后，那个同学再也不敢欺侮别人了。杨靖宇主持正义为小同学出了气，大家都十分敬佩他。

　　杨靖宇在确山高等小学读书时，学校还发生这样一件事。一天，县教育局一"学监"来校"督查风纪"，临走时他说丢了一件衣服，赖学校工友（伙夫）老李偷去了。他依仗势力从县团防营叫来两个兵差，把这位工友绑在学校的明柱上拷打。这位工友因根本没有偷窃，拒不承认，大叫冤枉。杨靖宇见到后，挺身而出，为工友鸣不平，斥问兵差："你们说他偷衣服有啥证据？完全是凭空诬赖好人，仗势欺人，真是毫无道理。"两个兵差支支吾吾，说不出所以然。杨靖宇见此怒上心头，与围观的同学一起高喊道："太欺负人了，大家起来，把兵差打出去，打呀！"接着同学们一拥而上，吓得两个兵差赶紧逃跑，同学们便在后面追。杨靖宇和另一个同学张家铎（比杨靖宇高一年级）将捆绑工友老李的绳索解开。这位工友对杨靖宇等同学感激不尽。

　　傍晚，有十几个团防营兵差闯进高等小学校，要找学生们算账。他们一进门就喊："见人就打，一个别留。"这时，一些学生见事情闹大，被吓得不知如何是好，但杨靖宇却很镇静。不知他从什么地方拿来一盒火柴，然后跑到第三讲堂顺着明柱爬到教室棚上，手举火柴对那些兵差高喊："你们绑打工友，还来捉人，怎么这样不讲理，赶快离开这里，如果不走，我就放火烧房子。"说着，便拿火柴做出要点火的样子。前来寻衅闹事的兵差见此，害怕这个不听邪的学生真的点着火，负不起责任，咋呼一阵后，便跑回去了。

　　事后，有人吓唬他："这回得罪了官兵，可惹出乱子了。"杨靖宇说："我这是为正义而干的，合理合法，出事我自己承担，与你们无关。"对此事许多教师都夸奖杨靖宇机智勇敢，有勇气，有胆量；同学们则佩服他临危不惧，敢作敢当，是好样的。①

　　杨靖宇在确山高等小学校读书期间，学习努力刻苦，学到了更多的文化知识。他乐于和思想中充满新意识的进步教师接触，虚心听从教诲。他团结同学，疾恶如仇，敢于打抱不平，

---

① 中共河南省委宣传部：《杨靖宇将军的家庭情况与童年、学生时代》(1951年8月24日)，存东北烈士纪念馆。

热心帮助别人,关心时事。当时,有的教员怕招惹是非,对积极向上的杨靖宇不但不加以勉励,反而不断加以恐吓,让他老实点,要守本分,以免被学校开除。但是,这位有为的少年,不为所动,仅引用"燕雀安知鸿鹄之志"的词语讥讽他们。

二、忧国忧民赤子心

在杨靖宇于确山高等小学读书前一年,即1919年,五四爱国运动爆发了。

1919年5月4日,北京3000余名爱国学生高举"外争主权,内惩国贼"的旗帜,呼喊着"废除二十一条""还我青岛"等口号为反对巴黎和会帝国主义列强宰割中国的阴谋,在天安门前举行示威游行,火烧卖国贼曹汝霖住宅,痛打亲日派章宗祥,事后30多名爱国学生被反动政府逮捕。当北京爱国学生在天安门前举行游行示威,部分学生遭到当局逮捕的消息传到各地后,举国上下,工人、学生都积极投入到声援北京学生的斗争中,一场以反帝、爱国为中心内容的群众运动迅速在全中国展开。

1920年,反帝爱国的五四运动的浪潮仍在各地激荡。青少年学生与广大工人、市民相配合积极开展抵制日货的斗争。

当时,日货充斥市场,并被视为"仇货"。抵制日货是对日本迫使中国政府签订亡国"二十一条"及巴黎和会确定由日本接替德国霸占山东权益的反抗,也是为了挽救民族工业,避免因外资入侵将民族工业挤垮的重要措施。在确山高小读书的杨靖宇和同学们经常到确山火车站和街市上检查日货,凡发现有日货,便向货主宣传停售,货主态度恶劣者,其日货则有的被查封,有的被销毁。

有一天,杨靖宇和同学一起去火车站检查日货。他看到同去的同学王祖善却穿着用日本洋布制作的长衫。杨靖宇便对王祖善同学说:"咱们天天抵制日货,销毁日货,可你还穿着日货,这怎么向群众宣传呢?"劝他赶快脱掉。王祖善觉得杨靖宇讲得有道理,便跑回宿舍,脱掉了洋布长衫,换上土布衣服来参加抵制日货的斗争。[①]

在抵制日货斗争中,杨靖宇等数十名同学组成若干小组到街上检查,到火车站向站内搬运工人进行宣传。在进步教师带领下,他们大讲日本帝国主义把在国内积压的商品运到中国来,利用中国市场,大量倾销,妄图挤垮中国的民族工业,这就是经济侵略,所以抵制日货就是反对日本帝国主义的实际行动的道理。搬运工人听到教师、学生们的宣传,也都以积极的行动投入到抵制日货斗争中来。他们拒绝搬运日货,还经常把货车运载情况及时告诉师生们。工人和广大师生紧密地团结在一起,互相支持、互相配合,使确山抵制日货斗争不断深入。

一次,杨靖宇与同学组成一个日货检查小组去驻马店进行检查。他们和驻马店的学生查封了中山街的日货商店,使驻马店地方抵制日货的斗争迅速开展起来。

当时,确山县城有一家商店购进来一批日货,店主怕被学生查出销毁,使用行贿办法,买通了反动官府。当杨靖宇和同学们听说这家商店有日货,就前来检查,并要将日货没收。接受

---

① 《王祖善谈话录》(1955年7月18日),存东北烈士纪念馆。

了贿赂的反动官府便派人出面祖护店主,说学生是胡闹,干涉学生的行动。杨靖宇看破他们的祸心,便对派来干涉的人说:"以前这家商店就进过日货,他不知悔改,这次又进日货,全不把国家存亡放在心上,这日货一定得没收、销毁。"反动官府派来的人看杨靖宇等学生们不怕恫吓,就让学校校长出面管束、阻止学生。校长以不听规劝就开除学籍相威胁,让杨靖宇等学生放弃对这家商店的盘查。但杨靖宇毫不畏惧,斥责校长不爱国,串连学生举行罢课。学校的阻挠引起学生的愤怒,全校学生便罢课、游行。当时全国各地学潮不断,抵制日货是爱国运动的主要内容,校长怕过于干涉会落个卖国罪名,把事情闹糟,不好收场,于是也就不再干涉。最后,杨靖宇与其他同学终于把这家商店日货全部查出,就地销毁,斗争取得了胜利后才复课。

杨靖宇在确山高小学习期间,通过参加社会斗争,使自己受到初步锻炼。尽管因其年少,对黑暗社会及改造社会的认识,还不可能上升到理性认识,但毕竟这是他第一次经历的社会斗争的风雨。在斗争中,他最大的收获是看到了群众的力量是巨大的。正是由于工人、学生联合起来,在社会舆论强大压力下,才使充斥市场的日货被抵制、被销毁。五四运动以后,反帝爱国斗争的胜利,使包括少年杨靖宇在内的一切有志于国富民强的人相信,黑暗的中国社会是可以通过群众斗争的力量加以改造的。

五四运动期间,旧道德、旧观念、旧伦理受到严重冲击。人们的思想在科学、民主的口号下获得极大的解放。许多进步青年在思索、寻觅拯救中国的道路。中国的现状再也不能继续下去了,这已毫无疑问。因为继续由军阀统治、由列强宰割,中国就将国事日非、民不聊生、四分五裂,就要亡国。那么怎样才能拯救中国,什么样的道路才是改造社会的正确道路呢?这是摆在当时进步青年面前的主要问题。

杨靖宇同许多进步青年一样在探索解救中国、改造社会的道路。五四运动之后,《新青年》《东方杂志》《少年中国》等刊物所宣传的社会主义思想、马克思主义原理,如同灿烂的阳光一般为进步青年照亮了前进的道路。1921年,中国共产党诞生。它的诞生给灾难深重的中国人民带来了光明和希望。

1922年,17岁的杨靖宇依家乡早婚的习俗,由家人做主和比他大一岁的汝南县水屯小郭庄的农家姑娘郭莲结婚。

1923年暑期,杨靖宇高小毕业,考入河南省立第一工业学校,而后赴开封读书。在入学考试时,他写的《劳工神圣论》的作文,立论得当,说理充分,深受教师赞赏。

河南省立第一工业学校是一所专业学校。内分初、高级两部,学制各为三年。初级为普通中学,高级分纺织、印染两个专业,因此也称纺织印染工业学校。杨靖宇是该校初级班学生。杨靖宇报考纺织印染学校不是盲目的。他之所以要报考这所学校是因为在反对日货斗争中,感到要使国家富强,就要振兴民族工业。同时,他也想到自家祖父弟兄几人才穿一条囵囵裤子,他想改变许多百姓衣着褴褛的悲惨景象。他要学好纺织、印染,让世代衣不遮体、穿不暖身的穷苦人都能有好衣服穿。可见,杨靖宇青少年时代就树立了振兴国家、"先天下之忧而忧,后天下之乐而乐"的雄心壮志。

杨靖宇由县城确山来到省城开封,首先眼界大开。

开封在当时是河南省的政治、经济和文化中心,又是六朝古都,文化古迹触目皆是。第一工业学校后面花园内就有一宋代点将台,传说抗金名将岳飞在此点将台调兵遣将抗击金兀术入侵中原。杨靖宇对这一地方兴趣极浓,常常在此流连忘返。他每次身临此地都感到自己读过的《说岳全传》里的人物仿佛就浮现在眼前,宛如在这点将台周围,民族英雄岳飞正踌躇满志,发号施令,调遣岳家军,出兵进击金兀术。他每次身临此地,岳飞气壮山河的爱国主义壮丽词篇《满江红》似乎就响在耳边:"怒发冲冠,凭栏处潇潇雨歇。抬眼望,仰天长啸,壮怀激烈。三十功名尘与土,八千里路云和月。莫等闲,白了少年头,空悲切。靖康耻,犹未雪。臣子恨,何时灭!驾长车,踏破贺兰山缺。壮志饥餐胡虏肉,笑谈渴饮匈奴血。待从头,收拾旧山河,朝天阙。"他也"仰天长啸",吟咏古诗以抒胸怀。他的同班同学姚建宇后来回忆道:"杨将军和我在校时,曾多次乘月明之夜,登上点将台,瞭望谈天,曾仰慕民族英雄岳飞的丰功伟绩和抗敌气节。杨将军曾激动而慷慨地坚决表示要效法和学习民族英雄岳飞的行动与精神,做个保卫中华民族和祖国的民族新英雄。"[①]

在开封求学期间,杨靖宇学习努力、刻苦,惜时如金,与同学团结友爱,态度严肃庄重,平和自然,诚恳谦逊,同学中有事则帮助,有错则规劝。对于学习成绩好的同学总是向其虚心学习,诚心求教。他在《与友人论修学方法书》一篇作文(此文现存东北烈士纪念馆)中,把虚心向别人学习作为修学重要方法。杨靖宇在作文中首先写道:"夫学问之道,理深义广,取之不尽,用之不竭。"他认为要想获得真正的学问,不能只靠闭门死读书。他反对"闭户潜修,外事莫顾","口不绝吟,手不释卷,朝夕诵读,兀兀穷年"。文中说:"若朝夕诵读,而不加详细考察,将恐流于学而不思则罔之弊。若闭户潜修,仅目力达到之地,能一一贯彻,亦恐未免流为思而不学则殆之消。"他赞同"不耻下问",主张向与自己意见不一致,不如自己,但却掌握真知的人学习。他在文章中写到"旁博访咨,遇有先觉之老成,虽寄宿异己,亦不妨负笈屈求,犹如孔子云我非生知之者,好古敏以求之者也。事有未达,必详细参考,勿妄以臆度。逢较劣己者,务静心恭询,犹如论语孔文子敏而好学,不耻下问是也。"这篇文章说理透彻,很有见地。老师对此篇作文的批语是:"格局完整,词旨稳练,炉火纯青候也。"

杨靖宇在开封学习之际,正值曹锟贿选总统(1923年10月)、第二次直奉军阀大战等战争相继爆发(1924年9月—11月)之时。战争迭起,村庐为墟,筹粮借款,财物荡尽,战区惨淡,目不忍睹。十分关心时局和社会问题的杨靖宇出于义愤,写出一篇题为《战区灾民生还时之感想》的作文(现存东北烈士纪念馆),文中尖锐地抨击了国贼、军阀为一己之私利,制造兵连祸结的局面,蹂躏迫害广大民众的罪行。文中首先写道:

"偶见一老翁,髯须俱白,面似魍魉,身披褐衾,足跣而行,若呆若迷。从而问之,俛首不答,又问之,凝目泪下曰:吾祖仕官,九世同居,金积堆山,地连阡陌,以为终身万无冻馁矣。自辛亥义兵起,改造共和,更以为荣乐,不意荣乐之地,频为战区,蕴蓄金银输充军需。"作者通过与这位行乞老人对话,得知由于军阀混战,其家乡沦为战区,"延及今日,房屋被焚,地无立

---

① 姚建宇:《回忆杨靖宇将军的青年学生时代》(1957年7月23日),存东北烈士纪念馆。

锥,族家兄弟苗裔摧残净尽,渺渺一躯,落为乞丐,聊以度日。"

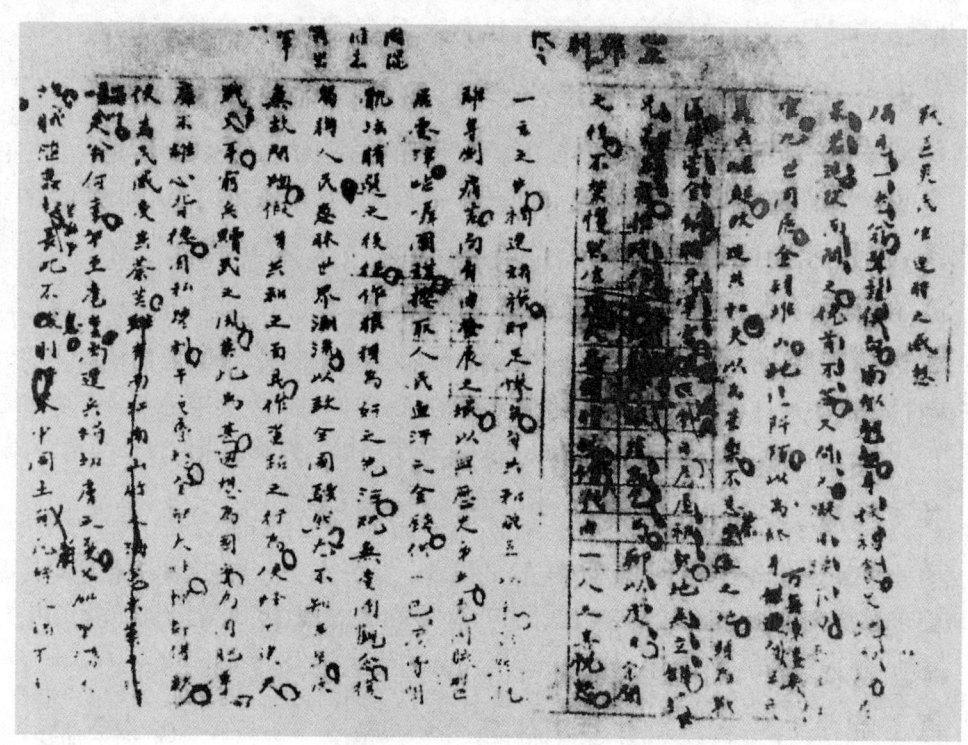

杨靖宇在开封读书时写的作文

老人的不幸遭遇,使作者发出忧国忧民的无限感慨:"余闻之后,不禁慨然生悲。夫专制时代,赏戮由一人之喜悦怒,一言之失,祸连诸族,即足惨矣。自共和成立以来,彰然脱离专制痛苦,向自由发展之域,以与历史争光,竟国贼盘居要津,咕嗫图谋,攫取人民血汗之金钱,供一己之糜费。开匦法贿选之后径,作狼狈为奸之先河。既无爱国观念,复刍狗人民,愚昧世界潮流,以致全国骚然。犹不知足,反无故开衅,假借共和之面具,作盗跖之行为,使烽火连天,战声交耳,穷兵黩武之风莫此为甚。迥想为国乎,为同胞乎?靡不离心背德,图私营利,干戈叠起,金融大绌,押都借款,使万民感受其荼苦,虽有南山竹之,海冤亦莫可诉噫。"文中最后一句说:"呜呼,是翁何辜至耄耋尚遭兵祸切肤之忧,又加旱涝不均,盗贼蜂起,若战争长此不息,则中国土崩瓦解之祸不远矣。"

这篇文章充满激情,深刻地揭露、批判了当时军阀混战,贪官污吏横征暴敛,灾荒频仍,造成农村破产、民不聊生的悲惨黑暗景象。此文中有"押都借款"一句,可知此文应作于1926年。"押都"即"迁都之争"(发生于1926年),"借款"指"金法郎案"(发生于1925年4月)。因此篇文章文笔通顺,老师在这篇作文上的批语是"笔意依然畅达"。但许是文章抨击现实过于尖刻,老师对此文也有所指责,称其"惟审题布局均欠精审"。但不管老师如何评价,在这篇仅四百字的文章中可以清楚地看出学生时代的杨靖宇思想中所考虑的问题,已不是个人、自家之事,而是社会、国家的大事了。其关心黎民疾苦,注目社会问题之心境跃然纸上,读之令人不胜感慨。文中"若战争长此不息,则中国土崩瓦解之祸不远矣"的语句,充分反映出了杨靖宇忧国忧民的远大抱负,他要以铲除战乱,拯救人民,使之免遭荼苦为自己的职志。

杨靖宇在开封第一工业学校学习期间,经常与思想进步的教师李清庵、贺光吾(中共党员)、刘梦真接触,听他们讲述革命道理,接受他们指导,向他们请教。他也有机会、有条件看到好多诸如《新青年》《向导》等进步报刊和李大钊、陈独秀等人撰写的文章。这些,使他耳目一新,初步了解了马克思的阶级斗争学说,知道了俄国十月革命的社会主义性质,它代表着社会发展的正确方向,是世界大势。他的同学何振纲曾回忆说:"骥生在当时对《新青年》《向导》等进步刊物特别喜爱。同时,对《后汉书》所载《范滂传》很推崇、赞颂。汉代汝阳人物范滂威武不屈的斗志使他深受感动;对南宋抗金名将岳飞更加崇尚,他悉心阅读《岳武穆遗文》,并常吟诵岳飞的《满江红》给同学们听,激励自己,鼓舞大家。"①这期间,他不仅从古代河南籍英雄志士人物身上汲取长进向上的力量,更如饥似渴地吸吮着来自五四运动发源地北京传来的带有异样气息的新理论和新思潮,并经常与同学们探讨政治理论和社会现实问题。在学习探讨中,杨靖宇逐渐认识到要挽救中华民族,为民族争生存,求社会进步,人民解放,非得走俄国十月革命道路不可,认识到马克思主义才是实现改造社会的正确理论,他开始接受马克思主义,并将马克思主义作为自己的信仰。

值得提出的是,据罗章龙回忆录《椿园载记》(生活·读书·新知三联书店,1984年9月出版)一书所载,杨靖宇(马尚德)在开封读书时曾参加过北京大学成立的"北京大学马克思学说研究会"。

"北京大学马克思学说研究会"是在李大钊的倡导和支持下,由北京大学一些进步学生发起的。1921年11月17日《北京大学日刊》登载了由19人署名的《发起马克思学说研究会启事》。启事中说"本会叫做马克思学说研究会,以研究关于马克思派的著述为目的"。"对于马克思派学说研究有兴味的和愿意研究马氏学说的人,都可以做本会底会员"。1922年末,该会又发出征求会员启事,内中说"凡京内、京外有愿入本会者,请致函北京大学二院"。号召校内外有志研究马克思主义的青年积极入会,共同从事研究。

上述启事刊出后的两三年时间内,北京市内、市外,许多愿以马克思主义作为思想武器,倾心俄国十月革命道路的青年积极报名参加这一团体。在罗章龙所著《椿园载记》一书所附的《北京大学马克思学说研究会发起人及部分会员名录》(151人)中,详细地记载了每个会员的姓名、籍贯及所在单位地址。其中河南籍会员有四名:一是开封马尚德,即杨靖宇;二是洛阳白秀卿;三是信阳王克新;四是王力心,亦为信阳人。内中对杨靖宇的记载为:"马尚德,河南确山,河南开封师范。"②

这份名录中说马尚德(杨靖宇)就读于开封师范,可能因年代久远,罗章龙记忆有误。但马尚德原籍河南确山不错,在河南开封读书不错。

各会员何时加入"马克思学说研究会",名录上无记载。从该会发展过程和杨靖宇在开封

---

① 《何振纲谈话录》(1955年7月25日),存东北烈士纪念馆。
② 罗章龙:《椿园载记》,生活·读书·新知三联书店,1984年9月版,第66页。

时求学情况看,其若入会,时间当在1923年秋至1925年,又因杨靖宇是"京外"学生,其与"马克思学说研究会"相联系,只能采取通讯方式,属通讯会员。

在五四运动前后,中国的一批先进分子对于流传于社会上的各种"主义",经过反复比较,最终选择了马克思主义作为改造社会的思想武器。从青年杨靖宇思想发展的轨迹看——他关心国家前途、人民命运,接受共产党员教师指导,认真研读《新青年》《向导》等宣传马克思主义书刊,愿意接受马克思主义——我们可以说他应是这批先进分子中的一员。

杨靖宇把马克思主义作为自己的信仰,把共产主义作为自己毕生为之奋斗的目标,愿以人民解放事业为终生职志,这是其人生观、价值观的正确取向。在以后的社会实践中,他开始以马克思主义为武器,在改造社会的漫长征途中,去努力、去奋斗、去拼搏。

三、大革命洪流的洗礼

1924年1月到1927年4月,中国共产党与中国国民党结成统一战线,实行合作,开展了以反对帝国主义和封建军阀在中国统治为目标的国民革命,亦称大革命。在这场大革命洪流中,杨靖宇接受了考验,受到了锻炼。

这场全国范围的大革命高潮是由1925年5月上海工人反英反日大罢工为发端而迅速掀起的。同年5月15日,上海内外棉七厂日本资本家枪杀了工人、共产党员顾正红。5月30日,上海工人、学生为抗议日本帝国主义罪行,在南京路举行示威游行,但不幸遭到英国巡捕的枪杀,造成骇人听闻的五卅惨案。帝国主义的暴行激怒了全中国人民。一时间,全国各地各阶层人民纷纷举行抗议活动,工人罢工、学生罢课、商人罢市,声讨英、日帝国主义的罪行,一个汹涌澎湃的反帝运动浪潮迅速席卷全国。

6月1日,上海流血事件的消息传到河南,河南各地民众反抗英、日帝国主义情绪顿时激昂起来。开封各界群众在中国共产党组织的领导下积极响应,纷纷成立沪案后援会,开展宣传、示威、抗议和募捐等各种活动。6月2日,中州大学、省立第一师范等学校学生提议罢课。6月5日,开封包括第一工业学校在内的22所学校代表集会决议:通电全国请一致援助上海被压迫之同胞,实行与英、日经济绝交;自翌日起,各校采取联合行动,举行罢课和示威活动;学生罢课后,分区宣传讲演,不请假,不回家。6月6日晨,全市各大中小学校师生万余人齐集市运动场召开大会,声讨英、日帝国主义屠杀中国民众及奉系军阀的罪行,要求惩办凶手,赔偿损失,收回租界,废除一切不平等条约。会后,举行示威游行。各校学生高呼:"援助上海同胞""毋忘国耻""打倒帝国主义""对英、日实行经济绝交"等口号。游行队伍经大兴道、西大街、东大街、东司门、南北土街、鼓楼街、马道街至南大街口南关。至下午五时许,游行学生始回各校。以后,各校开始罢课。

据杨靖宇的同班同学何振纲回忆说,五卅惨案的消息传到开封,立即引起各校师生愤慨,激起汹涌的反帝怒涛。6月初,全市各学校开始罢课、集会、游行。各校选举代表,组成各种小组,到处宣传、讲演,检查英货、日货。杨靖宇是省立第一工业学校学生代表。他带头参加声援上海爱国工人、学生斗争的各项活动,积极组织学生成立"仇货"(即英国货、日本货)检查队,到商店、车站等地查处英、日货;成立募捐队,到大街小巷进行募捐,寄给上海工人、学生,以支持他们的斗争;成立讲演队,开展讲演活动,进行反帝爱国宣传。①

杨靖宇曾在火车站前街口向群众发表讲演,讲述五卅血案发生的经过,号召广大爱国群众行动起来,拯救祖国,拯救自己的命运,不能继续让帝国主义任意宰割中华民族,肆意践踏祖国的土地。他大声疾呼:"同胞们,我们再也不能忍受了,再也不能坐等帝国主义刽子手们的屠杀了……英国人在上海任意地枪杀和逮捕我们的同胞……祖国大地还在遭受帝国主义的野蛮践踏。起来吧,同胞们!全中国人民都站起来,举起铁拳,拯救我们的祖国,拯救自己的命运!"杨靖宇讲演时,慷慨激昂,许多人都被其爱国激情所感动。

6月14日,开封市又举行了一次规模更大的示威游行,4万余学生、市民组成的游行队伍长达七八里,沿途扬旗大呼反对英、日帝国主义口号,喊声震天,为开封从来未有之举。

这期间,杨靖宇废寝忘食,东奔西走,开展沪案后援会确定的各项工作,积极组织学生从事检查英、日货活动。当时在沪案后援会统一领导和学生们的严格检查下,开封抵制"仇货"斗争进行得较为彻底。开封北土街三庆公司因贩运英国纸烟,被各界将其货底毁弃,之后闭门歇业。洋货店均改为国货店,所有"仇货"概行封存停售。马道街中英大药店老板登出广告,声明纯为华股,并改"中英"二字为"中国"二字,从此不再售英、日药品。随着抵制"仇货"斗争的开展,市场上国货销量明显增加,省立各工厂出产的产品,如布匹、香皂、毛巾等物大为畅销。

1925年7月初,开封市教育当局令各学校提前放暑假。各学校学生大部返乡,少数继续留校开展斗争。

随着运动形势的发展,为把反帝宣传深入到偏僻农村,杨靖宇和一些同学遵照党团组织的指示,在暑假期间回乡开展宣传工作。他被确山同乡同学推举为主任,和张耀昶带领二十几名确山籍学生回到家乡农村,分别在县城高等小学、东关和南高庙办起三所夜校,共有百余人参加。杨靖宇在高等小学夜校任教员。在夜校里,教文化,讲时事,进行反帝爱国政治宣传。此外,杨靖宇还带领同学在乡下向农民开展宣传活动,讲河南宝丰白朗组织义军反袁世凯的故事,传播革命思想,启发农民觉悟,鼓动广大农民投身于反帝反封建军阀的国民革命中来。在整个暑假期间,杨靖宇满腔热忱地投入到反帝反封建军阀斗争中。在这场斗争中,他本人经受了火热斗争的锻炼,家乡确山的群众得到进一步发动。特别是杨靖宇带领学生下乡,对广大农民的发动意义很大,这为后来确山农民运动的掀起,举行暴动,奠定了一定的思想基础。

据同在第一工业学校学习的杨靖宇的同学姚建宇回忆,1925年五卅惨案发生,全国各地掀起了反帝高潮,开封也热烈响应,纷纷组织沪案后援会,进行宣传、示威、抗议、募捐等各种活动。当时河南反帝运动的组织者主要是中国共产党和共青团。河南省各地在党的领导下,纷纷燃起反帝运动的大火,各种反帝组织相继组织起来,扩大起来,加强起来。尤其是青年学

---

① 《何振纲谈话录》(1955年7月25日),存东北烈士纪念馆。

生，在党所领导的省市学生会（当时省市负责人有刘英同志和马森同志等）和青年协社发动起广大的青年群众进行种种反帝工作，并号召青年学生组织积极分子返回原籍，进行和扩大反帝运动。当时杨靖宇及其同乡同学张耀昶同志（上一班同学）义愤填膺，毅然返县进行反帝运动，成绩很大。

随着斗争的发展，在党团组织领导下，各学校开始公开成立学生团体。作为共产主义青年团的外围组织，在开封主要有河南青年社、青年学社、青年救国团、青年干社等四大团体。这些组织的参加者大都是河南学生中有觉悟有革命要求的青年。为联合斗争，1926年1月，这四个团体合并成立一个统一集中的青年学生组织——青年协社。

杨靖宇所在第一工业学校也建有青年协社团体。杨靖宇是这一团体主要成员之一。该社宗旨是：把学生组织团结起来，为维护自身利益而奋斗；唤醒工农，组织团结起来，为全国同胞的利益而奋斗。对于这个组织，杨靖宇非常关心、爱护，并积极参加该组织的各项活动，把它作为团结进步青年学生的阵地。他视该组织为有识青年的先锋队。为了尽先锋队的责任，他与进步同学携手并进，注意在斗争中教育自己，训练自己，提高自己。他也积极为贯彻青年协社宣言中提出的到民间去，即到工农群众中去的要求，参加对青年农民的组织教育工作。

1926年2月，控制着湖南、湖北、河南和直隶一部的直系军阀首领吴佩孚正在联合奉系军阀张作霖，结成所谓"反赤"联合战线，摩拳擦掌，调兵攻打冯玉祥领导的国民军，梦想重入洛阳，重振1923年"二七"在郑州屠杀京汉铁路工人时的威风，恢复统治北部中国政权的地位。

此时，在中国共产党的支持、推动下，广东国民政府决定出兵北伐，以推翻帝国主义支持的北洋军阀的反动统治。1926年7月9日，国民革命军高呼"打倒列强，除军阀"口号，正式出师北伐。北伐部队从广东出发，兵分三路进军。其中主要一路（国民革命军第四、第七、第八军）向盘踞在湖南、湖北、河南的军阀吴佩孚进攻。第四军中以共产党员为骨干的叶挺独立团担任北伐军先遣队。北伐军于7月进占长沙，8月下旬在湖北咸宁汀泗桥、贺胜桥两次战役中击溃军阀吴佩孚主力。10月10日，北伐军攻下武昌。在北伐战争中，中国共产党各级组织积极发动广大工农群众，开展工人运动、农民运动，有力地支援、配合了国民革命军的军事行动。在军阀吴佩孚盘踞地河南，党组织冲破敌人的严密统治和控制，发动群众，开展响应北伐、支援北伐的斗争，以与在邻省湖北与军阀作战的国民革命军相呼应。

这期间，杨靖宇在第一工业学校校内校外大力宣传北伐战争的意义，采取集体或个人的方式，进行公开和秘密活动。他广泛找同学谈话，运用军阀统治民众的事实，鼓动同学迅速行动起来，反对军阀，响应北伐。他讲话时，有事实、有理论，慷慨激昂，同学们反映他讲的话有说服力、有魄力、有鼓动力。一些同学听了他的谈话，都参加到宣传活动中来，收到了很好效果。因北伐军节节胜利，眼看打到河南，反动当局以时局紧张为借口，遂对学生开展的革命活动进行血腥镇压，施行戒严、搜查、逮捕、封锁等反动政策。一次，杨靖宇越墙到校外开展宣传活动，险些被敌人逮捕。

杨靖宇在开封第一工业学校学习期间，经受了大革命洪流的洗礼和革命斗争的实际锻炼。他学习目的明确,努力刻苦,深入钻研,虚心踏实,无论对自然科学还是社会科学都抱以认真的态度去学习,以掌握各门科学知识的真谛,以为将来从事改造社会的斗争作准备。在生活方面,他节俭朴素,不讲求时髦,不羡慕浮华。他热爱劳动,积极参加学校组织的各种公益活动,从不贪懒,不寻求安逸,始终保持着农家子弟热爱劳动的本色。他积极投身于革命运动,立志做一番为国为民的事业。他对于一些言行不一的同学很看不惯,他说,要下乡,可去了便嫌农村苦脏,连农民家的水都不肯喝一口,只去一趟,便不见踪影。对这等人实则不屑一顾。他还曾说:"有些人在学生时代很能唱高调。一到社会上真正要做番为国为民的事业却什么也不是,甚至很多人违背了原来的志愿,走上了没落的道路。这些人为什么那样没有骨格呢?"在声援五卅反帝爱国斗争和欢迎国民革命军北伐活动中,杨靖宇表现积极,作用突出。1926年秋,经张耀昶、姚建宇介绍,他参加了共产主义青年团。①

　　1926年10月,杨靖宇小学时的同学、上海劳动大学学生共产党员张家铎回到家乡河南确山,其任务是配合河南地下党组织开展农民运动,以迎接国民革命军的北伐胜利;这时,杨靖宇在第一工业学校初级班学业已满,应升入高级班学习,但他根据党团组织关于利用各学校提前放寒假的机会派一批党团员骨干到各乡开展农民运动的指示,毅然辍学返回家乡确山,与张家铎等紧密配合,共同从事组织、发动农民运动工作。

---

① 姚建宇:《回忆杨靖宇将军的青年学生时代》(1957年7月23日),存东北烈士纪念馆。

第二章　投身农民运动

一、争取红枪会首领

农民问题,是中国革命的一个重要问题。中共四大通过的《对于农民运动之议决案》指出,"农民问题,在无产阶级领导的世界革命,尤其是在东方的民族革命运动中,占一个重要的地位。""经济落后的中国农业经济基础,虽经国际(资本)帝国主义长期侵略而崩溃,然而农民阶级至今还是社会的重要成分,约占全国人口的百分之八十。中国共产党与工人阶级要领导中国革命至于成功,必须尽可能的、系统地鼓动并组织各地农民逐渐从事经济的和政治的争斗。没有这种努力,我们希望中国革命成功,以及在民族运动中取得领导地位,都是不可能的。"

1925年6月,根据李大钊的建议,中共中央派王若飞以中央特派员身份到河南,领导河南党的工作。10月,中共中央为加强对河南、陕西地区革命运动的领导,成立了中共豫陕区执行委员会,王若飞任书记。区委机关先后设在郑州、开封。这期间,王若飞派出王克新、萧人鹄等一批干部深入农村、铁路沿线,组织农民,建立农民协会。随即河南农民运动在中国共产党的领导下和京汉铁路工人斗争以及广东、湖南农民运动的影响、鼓舞下,开始发动起来。

河南是反动军阀势力统治十分严厉的省份。因其地处中原,位居要冲,所以历来是兵家必争之地。自1924年起,直奉战争、胡憨战争(河南督军胡景翼与镇嵩军头目憨玉琨)、国吴战争(国民军二军与直系军阀吴佩孚)连续而起,战线伸入全省各地,河南成为军阀格斗的战场。兵多、匪多、苛捐杂税多,兵连祸结,广大人民所受压迫格外沉重。1926年3月,国民军二军战败,直系军阀吴佩孚重占河南,任寇英杰为河南军务督办,不久又命靳云鹗代之。全省驻军约30万,每月军需164.1万元,全年军需1969.2万元,而河南全省一年收入才不过2 000万元。为筹集军饷,驻防军便就地勒索,征收筹款。吴佩孚命令将大量已经作废的河南省钞复从银行取出,加印作为临时军用票,强行使这种不能兑换现钞的票子进入市场流通。反动当局还推行强抽暴取政策,发行"有奖库券"强迫民众认购,变本加厉地征收各种苛捐杂税。1926年田赋丁漕款已预征至1932年,农民血汗所得全被搜刮干净。

军阀混乱中,胜者招兵买马,强占地盘;败者沦为匪贼,横行乡里。土匪势力异常猖獗,烧杀抢掠无恶不作。一时,河南全省"差不多成了土匪世界"。在兵匪扰乱下,农民陷于灾难浩劫之中,根本不得安生。加之地主的剥削,劣绅的勒索,贪官污吏的敲诈,广大农民已无法维持生活。

1927年1月,《向导》周报载文说:"河南民众在此二年终日生活于战争之下,战死者多两河子弟,复增之以瘟疫、荒歉、水灾、土匪,老弱者多委沟壑,幸存者又是罹此严重剥削,鬻儿市女,又何能填满军阀之贪欲。"在这种情况下,农民为继续生存下去,只有行动起来,实行革命暴动的办法,打碎万恶的军阀统治枷锁,解放出自己。除此之外,绝无他路。

开始时，广大农民出于对土匪溃兵扰乱的自卫心理和抗捐抗税的要求，自发地组织起红枪会、黄枪会（义和团）、绿枪会、白枪会、黑枪会。各色枪会组织中，红枪会分布较广，人数最多，势力最大。各色枪会组织对外皆以红枪会为代表，群众称之为办"红学"。红枪会组织遍布河南各地，几乎村村设堂，庄庄开馆，男性青壮年农民大部都参加到这一组织中来。一时，红枪会发展到很大规模。这种情况诚如李大钊所讲"红枪会其蔓延的猛迅，完全是因为外国帝国主义和本国军阀兵匪所压迫所扰乱，而自然发生的反响。"①

但由于办枪会的首领出于不同目的，其组织成分、性质较为复杂。有的是由地主武装演变而来，有的完全是由农民组织起来专门反对军阀官府的，也有的是土匪与当地劣绅相勾结，打着为民请命旗号组织起来的。这些枪会在组织方面不够健全，从派系上说，有乾门、坎门、离门之分，是散漫而不集中的；在政治方面，无明确斗争纲领，是以吃符念咒、迷信刀枪不入为号召的。又因所信奉的菩萨不一，道法各异，加之其首领多为流氓无产者，门户之见甚深，内部极不团结，常因自夸道法高强，蔑视其他枪会而发生冲突。因而这种组织在行动上也极易被军阀利用，受土豪劣绅所左右。

以确山县枪会组织为例，是以地域为划分依据，分东、西、南、北四路的，每路有总指挥一人。东路为欧阳炳炎，西路为刘世彦，南路为李述曾，此三人皆为红枪会首领。北路为徐耀才，徐为黄枪会首领。每路三保为一团（全县共分四十一保，每路保数不一），团下设队、支队、甲、牌。枪会虽有此种组织，但十分松散。不作战时，会员皆为农民、工人，作战时左臂围一标志，右手持一红缨枪，即为战士。其召集方法有三种："练牌"，为召集会员训练的号令；"亮牌"，为召集会员检阅、示威的号令；"传牌"，为作战的号令。各枪会皆有法师。法师是枪会主要人物，专为传法画符。作战时引领枪会会员俯首向东南合掌念咒三遍，即称有菩萨护身，刀枪皆不能入。此实是迷信。红枪会组织带有浓厚的封建迷信色彩，属于原始的自发的自卫组织，但它是农民为反抗沉重的政治、经济压迫而兴起的。因此，总的来说红枪会群众是农民反抗军阀统治的一种重要力量，其中不乏能够被争取过来的力量。对于自耕农和佃农出身的首领所组织的红枪会，若能予以正确领导，是完全可以在反抗军阀的斗争中，促进其农民阶级意识不断增强，使之站在农民利益的立场上的。当时，党对红枪会的政策是："必须努力引导这个力量，并要努力使这个力量不为军阀土豪所利用。""眼前须利用红枪会发展农民协会，待农民协会的发展普遍充实后，当使红枪会成为农民协会之武装力量。"②

在红枪会组织积极开展活动的同时，由中国共产党和国民党共同领导的抗捐抗税、反抗官府，驱逐军阀等政治斗争为主要任务的农民运动，在秘密状态下渐次发展起来。1926年4月18日，河南省农民协会执行委员会成立。当时，河南省已有信阳、杞县、许昌、荥阳四县成立了县农民协会，长葛、睢县、密县、安阳、修武、郾城、郑县、开封、洛阳等九县建有区级农民协会32个。杨靖宇的家乡确山及淮阳、临颍、西平、商城、唐河、新乡等20余县属于"有同志

---

① 李大钊：《鲁豫陕等省的红枪会》，载《李大钊文集》（下），人民出版社，1984年12月版，第871页。

② 中共第三次中央扩大执行委员会：《对于红枪会运动议决案》（1926年1月），载中共河南省委党史工作委员会编《一战时期河南农民运动》。

通讯",或"暑期有同志回家活动","俱有发展工作需要与可能","预备恢复或着手进行"的县份。①

1926年8—10月,北伐军在湖南、湖北与直系军阀吴佩孚军鏖战,取得很大胜利。10月,占领武汉,并不断向北推进,其前锋已抵达湖北、河南交界处。为配合北伐军挺进河南,入豫作战,中共豫区执行委员会(1926年8月,原中共豫陕区执行委员会分为豫区执行委员会和陕甘区执行委员会)决定派遣一批党团员奔赴农村,发动农民斗争,以深入开展农民运动。当时,正在河南第一工业学校读书的杨靖宇就是在这种形势下,根据党团组织的指示,与确山籍几名同学一起由开封回到家乡,从事发动组织农民运动工作的。

大革命时期,确山县人口有30万,农民占三分之二以上,拥有千亩土地以上者有80余人,其中,拥有5000亩土地的大地主1人,4000亩者2人,2000亩者2人,其余为拥有1000亩土地者。县内驻有直系军阀武装魏益三部("讨贼联军第八军")的一个旅。县里有魏呈典(河南省议员)、楚本固(县保卫团团总)、何鸣一(县公款局局长)、田斐卿(城内奸商)四大劣绅,他们与军阀沆瀣一气,相互勾结,鱼肉民众。县政府成立有为军阀部队服务的兵差局,应差人员百余人。他们肆意欺压剥削确山百姓,派粮派款,要猪要草,且大肆挥霍,中饱私囊,人们早已不堪忍受其苦。因此,许多农民纷纷加入红枪会组织,投身抗捐抗税斗争。确山是河南省红枪会组织和会众较多的县份之一。

杨靖宇等回到家乡后,即与张家铎、张耀昶(均系驻马店人)、徐中和、徐中耀(子荣)兄弟(傅楼人)、孔凡懿(王坡人)等昼夜奔走各乡,在李湾、板桥、驻马店、竹沟、石滚河等地开展活动。他们在各乡村间,昼夜奔忙,四处串连鼓动,发动青年积极分子,动员他们出头露面,抗捐、抗粮。或找农民谈话,或召集秘密会议,进行革命宣传,做发动群众工作,并着手建立农民协会组织。

杨靖宇动员小学时的同窗好友李士芳说:"咱们要打官济贫,穷人受土豪劣绅的剥削太厉害了,不打倒土豪劣绅,穷人的日子就没法过好。"又说:"要打倒这些家伙,穷人非得联合起来,一条心不可,你和我一块干吧!"在杨靖宇的动员下,李士芳参加了革命。

经过一冬一春的串连鼓动,响应的人越来越多。当时,根据红枪会遍布全县的这一情况,杨靖宇等遵照党对红枪会组织的政策策略,分头积极对农民出身、反封建军阀思想比较强烈的枪会首领做争取团结工作。徐耀才、张广汉分别是县北黄枪会和红枪会首领,杨靖宇和张耀昶是县北人,组织决定,由他们二人负责做争取徐、张的工作。经过杨靖宇、张耀昶的启发教育,徐、张二人表示拥护革命主张,他们领导的黄枪会和红枪会可以听从革命党的指挥。徐耀才还将一把能指挥、调动黄枪会会众,被视为宝物的"七星剑"赠送给了杨靖宇。

杨靖宇从开封学校回到家乡确山李湾村,他母亲十分高兴。但她发现自己的儿子一天从早到晚不着家,总是东跑西颠,连个影子都抓不到,作为母亲很担心。特别是村保长告诫她要好好管教儿子,不要闹事,要安分守己,成立农民协会是"穷鬼翻天"要不得,心里更没了底。她也听到有人说她儿子在外面宣传"共产""打倒土豪劣绅",他究竟在干些什么呢?

---

① 《河南省农民运动报告》,《中国农民》第8期(1926年10月)。

一天，杨靖宇在外面开会回来，母亲就问他："尚德，你怎么总是在外边跑？整天也见不着你的面，到底跑些什么呀？你别叫娘提心吊胆地惦记着你！"

杨靖宇告诉母亲，自己在外面决不会胡来，不会干坏事。他对母亲说："娘，您听说过有这样的国家吗？在那里没有财主，也没有穷人，大家都过着平等自由的生活，没有谁欺负谁？"

母亲说："哪有这样好的地方呀？"

杨靖宇说："有的，苏联就是这样。那里的穷人是国家的主人，工人、农民当家做主，咱们现在也要照他们那样做。"杨靖宇告诉他母亲说，咱们县大部分地区的穷人都已经开始组织起来，拿起武器，不久就要向财主、军阀开火了。

母亲相信儿子的话，她相信自己的儿子不会去做坏事，不会去做对不起穷人的事，他只会为穷人做好事。她以坚信、期待的目光瞅着自己的儿子说："尚德，你可要小心仔细呀！"

由于杨靖宇等深入实际的艰苦努力，争取红枪会首领的工作取得十分显著的成效。据时任中共豫区执行委员会技术书记的林壮志回忆：1926年10月，河南省立各中学停课，学生被迫回乡，河南省委（当时称中共豫区执行委员会）于是乘此时机指示回乡学生党团员全力去搞农民运动。在确山经过几个月的努力，取得显著成绩。首先，张耀昶、马尚德争取了东北乡红枪会头人、自耕农张广汉接受革命思想和我们的领导，作为我们的基本武装力量。另有张智才接管了他叔父的红枪会，成为我们在南乡的基本武装力量。在这种实力基础上联络各乡红枪会。一些小绅士出于政治投机，也愿跟我们走。到年终，我们基本掌握了全县农民武装，控制了大部分农村。①

当时，河南农民运动发展迅速。1926年4月，中共豫陕区委在开封召开河南省委农民代表大会，正式成立河南省农民协会，下辖四个县农民协会，32个区农民协会，200余个村农民协会，会员人数约27万，仅次于广东省，占全国农协会员总数的27.5%。全省农民自卫军约10万人。②在这种形势下，确山县农民运动也很快发动起来。

二、领导确山农民暴动

1926年10月，中共豫区执行委员会（1927年6月改为中共河南省委）为加强对豫南地区农民运动的领导，决定把原归信阳地委领导的确山、驻马店镇（确山县辖）及汝南、遂平两县的七个党小组划出，成立中共驻马店特别支部，直接归豫区执行委员会领导，由张家铎任书记。此后，在中共豫区执行委员会和驻马店特支的领导下，豫南地区农民运动则以更快的速度迅速发展。不久，驻马店周围数十个村庄都建立起农民协会组织。1927年1月，驻马店特支改组，中共豫区执行委员会派曾聆听过周恩来对河南农运指示的区委技术书记林壮志到驻马店任特支书记。张家铎改任宣传兼农运委员。2月上旬，林壮志召集党团积极分子会议传

---

① 林壮志：《确山暴动》，载全国政协文史委编《革命史资料》第六辑（1982年）。
② 中共中央党史研究室著：《中国共产党历史》第1卷上册，中共党史出版社，2011年1月第2版，第142页。

达豫区执委会关于青年团员转党的指示。指示规定年满20岁的团员转党兼团员。年满23岁的团员转党脱团。转党的团员,必须履行手续并举行入党宣誓。根据此规定杨靖宇也由团转党。

到1927年2月,确山县农民运动已有很大发展。全县已建农民协会40余个,吸收农民协会会员1万余人。在确山县各地红枪会组织逐渐被中共党组织掌握和各地农民协会普遍成立的情况下,中共驻马店特支决定利用洪沟庙镇玉皇庙庙会之机,召集各乡、村农民协会代表开会,成立县农民协会。

1927年2月15日(农历正月十四),这天正是玉皇庙庙会之日。当日,由张家铎、杨靖宇等人主持在洪沟庙镇玉皇庙召开了确山县农民协会成立大会。到会代表约有70人,其中有各乡、村农民协会代表及一些党团员。

会上,杨靖宇作讲话,报告成立农民协会的意义和县农民协会筹备的经过。会议通过了县农民协会组织章程,成立了县农民协会执行委员会。大会一致推举杨靖宇为执行委员会委员长,张家铎、张耀昶、张立山、徐耀才、欧阳炳炎等11人为执行委员,徐子荣任农协秘书。大会规定了农民协会的各项任务,即:一、团结广大群众,取消一切苛捐杂税;二、反对军阀政府,打倒土豪劣绅;三、推翻封建统治,支持北伐革命军。县农民协会的建立,使各乡、村分散的农民协会组织有了统一领导,进一步密切了各乡、村农民组织的相互关系,极大地增强了斗争力量。

在县农民协会成立当天,县城东北数里董庄发生了第八军士兵下乡催要肉、面,抢夺粮食而被红枪会会员捆打、扣留,官军要出兵报复的事件。当杨靖宇等县农民协会领导人得知这一情况后,决定为农民撑腰壮胆,下令农民组成自卫齐集城北,声言要与第八军交战,抵抗官军。2月15日至17日,各路手持大刀、长矛的农民自卫军和红枪会员分途聚集,逼近县城。被围在城内的县长(当时称"知事")王少渠被吓得心惊肉跳,坐卧不宁,面对红枪会与军阀部队发生的冲突,亦承认说:"实因自去秋至今,驻军太多,军饷军粮催逼不已,稍能自给者,均已逃避远方,仅剩此嗷嗷垂毙之民,仍欲日日供应军队给养,军士在乡不免有滋扰情事,于是百姓一心与官军抵抗。觉不与官军抵抗,财尽粮绝,亦万无生存之望。"①

县长王少渠怕事情闹大,红枪会真与驻军开衅,他在向省署呈报代电陈明紧急情况的同时,一方面泣求驻军暂缓出兵;一方面派遣乡绅劝阻红枪会首领退让,并派人与农民协会交涉。交涉中,杨靖宇等农民协会领导人提出驻军和官府保证以后决不再下乡勒索收取苛捐杂税、军队给养为条件,可不与之发生冲突。王少渠在群众压力下,不得不接受农民协会的要求。

确山县农民协会成立后,增强了群众斗争的组织性。杨靖宇根据中共驻马店特支的指示,经常出面以县农民协会名义组织农民群众开展反捐抗税斗争。这一斗争始终在坚持,其中3月1日,确山民众又一次举行大规模示威,予反动当局以极大威胁。这期间,天津《大公报》、北京《晨报》对确山人民的反捐抗税斗争都曾予以报道。

---

① 《确山红枪会与军阀部队冲突》,载汉口《民国日报》(1927年5月16日)。

天津《大公报》于 1927 年 3 月 12 日以《河南纷告民变》为题报道说:"昨日(四日)汝阳道尹于庭鉴电致省署,言确山、遂平两县之百姓因靳军勒派前敌给养太重,民力难支,现已次第联合,聚众抗拒,情形危急。确山各乡纷纷民变或聚一二万人,或聚三五千人,声称行将丧亡,何如任军队之枪毙,较零星屠宰为快。其聚众多者已与军队冲突。军队亲自下乡催给养者,已为人民扣留,情势急迫,大局可危。"

北京《晨报》于 1927 年 3 月 13 日以《豫省民变——确山、信阳人民抗捐抗税》为题报道说:"靳云鹗,魏益三,田维勤之军队云集信阳迤北各县,所有各军给养皆责诸县百姓之身。即以确山论之,每天需索给养七千串,否则按天供给米面三万五千斤。自秋及春业已五月之久,近因各军亲自下乡捉人,以致触动全县人民之怒。确山县全县人民因供给给养实在无力,已于三月一日鸣锣集众至数万人,初则要求与县官见面,继则见军队即扣留,该处驻军欲与开仗,无如愈聚愈多,大有拼命一死之意。当时道署派员前往劝导,正在无法可想之时,信阳、汝阳、正阳之百姓亦于三月一二三日同时举事。"此报道最后说:"按各军驻防境内,给养全取之地方。居民不堪至扰,人心已变,豫南危急情形,达于极点。"

正当确山农民运动高潮即将到来之际,1927 年 3 月 15 日,河南武装农民代表大会在湖北武昌雄楚楼中央农民运动讲习所召开。出席代表 69 人,代表 45 县武装农民 40 万。这次会议共召开六天。第四天即 3 月 18 日,毛泽东为会议做湖南农民运动状况报告,与会代表听到报告后,对"农民奋斗经过,极为鼓舞"①。第五天即 3 月 19 日,李立三代表全国总工会出席会议并做了关于中国职工运动报告。报告中对于工农联合之意义解释,尤为精辟,各代表深受启迪。代表大会结束时,发表了大会宣言,指出会后要根据新经验、新知识、新方法发展、扩大武装农民的力量,誓和全国农民、工友及一切被压迫的同胞联合起来,为自身利益而奋斗,不达到完全解放的目的决不罢休。②

河南武装农民代表大会的胜利召开,给河南各地农民以极大鼓舞。特别是会议期间,毛泽东所做湖南农民运动状况报告对从事农运工作的同志来说,更是给予了很大启示。这次会议有力地推动了河南农民运动的发展。

在农民运动如火如荼蓬勃发展的形势下,举行农民暴动的条件已日渐成熟。这时,中共驻马店特支根据豫区执委有关组织农民暴动的指示决定加速准备举行确山农民暴动工作。

3 月中旬,杨靖宇与张家铎、张耀昶、王泽显、李则青等人在县城内北大街赵凯文家召开一次会议,具体研究组织武装示威(当时称作"亮牌"),伺机举行暴动,夺取县城,配合国民革命军进行北伐及向河南进军等问题。会议确定杨靖宇为暴动总指挥,张家铎、张耀昶为副指挥,并决定:

(一)"亮牌"时间定在农历三月初三(公历 4 月 4 日),地点在县城东关大操场。

(二)以红枪会名义"传牌",会场竖农民协会的犁头旗。

(三)根据《国民革命歌》歌词,提出会议口号:"打倒帝国主义""打倒军阀""打倒贪官污

---

① 载汉口《民国日报》(1927 年 3 月 22 日)。
② 载汉口《民国日报》(1927 年 3 月 25 日)。

吏""打倒土豪劣绅""反对苛捐杂税""欢迎北伐军"等。

(四)要求清算魏呈典、楚本固、何鸣一、田斐卿四大劣绅,清查县政府账目。

经过一段时间紧张筹备,4月4日(农历三月初三)清晨,杨靖宇、张家铎、张耀昶等几位领导人来到县城东关大操场。首先升起农会会旗,找来数张八仙桌并在一起,权作主席台。从上午10时至中午,确山县各地农民协会暨红枪会武装约两万人,高举红旗,手持大刀、长矛,敲锣打鼓,高呼口号,陆续来到东关大操场,参加"亮牌"大会。县长王少渠亦被迫应邀前来参加。中午时分,张耀昶宣布确山县农民协会"亮牌"大会开始。

确山农民协会会旗

会上,杨靖宇身着粗布短衫,手持"七星剑"发表讲话,阐述开展农民运动,成立农民协会的意义,号召农民组织行动起来,反对军阀驻军,欢迎北伐军进入河南。并代表农民群众向县长王少渠提出交出魏、楚、何、田四大劣绅,加以清算惩办,取消苛捐杂税,不再派车拉夫,清查县政府账目,释放因反捐抗税而被关押的农民等要求;县长王少渠在广大群众面前,慑于红枪会声威,只好答应这些要求。之后,王少渠被放回到县城内。

次日,参加"亮牌"的农民越来越多,暴动指挥部由东关移至火车站,并把武装群众分别布置在县城四周。到晚上,始终未见县长将四大劣绅交出,农民协会派出代表向县长要人。但王少渠躲避起来,拒不会见农民协会代表,他委托第八军旅参谋长李省三出面应付。原来,县长王少渠从农民协会"亮牌"大会会场返回城内后,便自食其言,放走四大劣绅,紧闭城门,并布置荷枪实弹的官兵站满城头,用装满黄土的麻袋把城门堵住。县长王少渠所作所为激怒了围城的广大群众。

第三日(4月6日),附近各县红枪会闻讯或接"传牌"之令纷纷前来支援。围城群众越来越多,由两万人增至四五万人,内中携带步枪200余支,土炮10余门,数万群众手持大刀、长矛将县城围个水泄不通。城厢各庄住满围城的农民,烧茶做饭的烟火通宵达旦,《国民革命歌》歌声此起彼伏。老人、妇女和儿童都自愿往返奔走,为围城农民送茶送饭。群众声威日盛,城内敌人惊恐万状。围城群众,各路红枪会武装无不摩拳擦掌,纷纷请示要求攻城。在外剿匪的驻城第八军某旅旅长李荣亨急电向驻在信阳的魏益三军部求援。八军旅参谋长李省三转电信阳道尹于庭鉴,请他出面调停。①

当日上午,于庭鉴乘专车前来确山,进行调解。杨靖宇与张家铎、李则青等作为农民军代表在火车上与于谈判,讲述军阀、县署和四大劣绅罪行及谈判条件。可谈判刚刚开始,突然城头官军士兵开枪打死两名农民军战士。广大农民群情激昂,怒不可遏。于是杨靖宇等赶走了于庭鉴,不再与他谈判。面对暴动一触即发的形势,中共驻马店特支决定趁此有利之机,立即组织力量进行武装攻城,实行暴动。根据特支指示,确山农民协会成立了攻城指挥部,指挥部由杨靖宇和张家铎、张耀昶三人组成。

4月6日夜,攻城战斗打响。杨靖宇等指挥全县武装农民向已被团团包围起来的县城开火。当时,约四五万农民参加了攻城战斗。战斗中,杨靖宇身先士卒,带头冲杀,冒着枪林弹雨指挥农民军展开勇猛进攻,暴动农民用土炮攻打县城,城东南角上的敌军团部留守处炮楼被轰塌。一些农民头顶着用水浸过的棉被冲到西城门下,点着堆起来的柴草将城门烧毁。一时,杀声震天,火光照地。但因西城门里被敌人用土封死,不得入内。

4月7日,暴动农民在杨靖宇等指挥下攻城一天。

4月8日(农历三月初七)夜,暴动农民继续攻城。在人山人海的暴动农民的攻打下,第八军旅参谋长李省三、杨团长等守城敌军怕全部被歼,乘夜在用土屯封的西城门挖开通道,从被火烧坏的城门中仓皇逃跑。暴动农民乘势截杀,毙敌200余人,随即攻进城内。残留守城敌兵大部被缴械、俘获或击毙,反动县长王少渠被活捉。暴动农民占领县城。

4月9日,黎明时分,鲜艳的农民革命的旗帜——农民协会犁头大旗,第一次飘扬在确山县城头。由杨靖宇等领导的确山农民暴动,也是河南最早的农民暴动取得了胜利。

三、建立革命政权

确山农民暴动胜利后,县公署及兵差局、公安局、城防局、警察所等诸机关皆于无形中消灭。旧政权顿时土崩瓦解,农民暴动领导人杨靖宇、张家铎和党派到确山从事地方工作的李鸣岐等在中共驻马店特支领导下,着手筹建革命政权工作。首先对参加暴动的武装农民队伍进行整编,选拔出200余人编成了农民自卫军,留在城内负责维持社会治安,保卫将要成立的新生革命政权。当时尚处于国共合作时期,暴动农民进城不久,于4月11日建立了国民党确山县党部。杨靖宇、张家铎、张耀昶、张智才、李则青等任执行委员。执行委员中除杨靖宇当时已由团转党,尚未宣誓外,其余全是正式共产党员。共产党的重要指示都可以通过国民党县党部贯彻、执行,实际上,它是中共的公开办事机构。②

1927年4月12日,国民党反动派蒋介石发动反革命政变。武汉国民政府为反击新旧军阀,决定进行第二次北伐。4月17日,国民政府派袁达时、符向一率领的北伐宣传列车由武昌

---

① 李则青:《大革命时期的确山农民暴动》,载《河南文史资料》第七辑(1982年8月版)。
② 李则青:《大革命时期的确山农民暴动》,载《河南文史资料》第七辑(1982年8月版)。

出发,19日抵达柳林。同车到达的还有于树德(中共党员)率领的武汉国民党中央农民部慰劳河南军民代表团。为和于树德取得联系,杨靖宇等派人到柳林,专向于树德介绍确山农民暴动情况。于树德听到介绍后,高度赞扬确山农民群众的壮举。宣传列车到达确山后,于树德代表武汉国民政府向确山县农民协会赠送一面写有"革命先锋"的锦旗。

在确山,于树德就建立新的县政权问题与县农民协会领导成员杨靖宇等进行了交谈。当于树德谈到建立新政权要不要设县长时,杨靖宇等说:"我们不要县长,我们要搞个新式的政权组织,现在河南还没有委员会,我们要建立一个分工负责的委员会。"

在谈及县政权名称时,开始想叫县政委员会。于树德认为县政委员会色彩太左,改为临时治安委员会为好,这一意见得到杨靖宇等确山暴动领导人的赞同。

经过认真的充分的筹备,确山县县民代表大会于1927年4月24日召开,正式成立"确山县临时治安委员会",行使县政府职权。大会邀请正在河南开展慰劳活动的武汉国民党中央农民部慰劳代表团参加。于树德亲临大会指导,并作讲话。当日下午,讨论了新生政权的政纲,并选举了临时治安委员会委员。县临时治安委员会由杨靖宇等七人组成,于七人中,又互选三人为常务委员会,杨靖宇为常务委员之一。选举后,举行了就职典礼仪式。

对于确山农民暴动,在1929年编修出版的《确山县志》中,有如下记载:"十六年(按,即1927年)丁卯春二月下旬,东五保会匪张立山、东六保会匪欧阳炳炎勾结北五保马尚德等乘驻城第八军旅长李荣亨带队赴信阳剿匪,留确营底薄弱之隙,聚众起事。于三月初三犯城东关车站票房,电话机被毁,鸣炮攻城。至初七日留确八军不支,夜遁。张匪等据城。八军老幼二百余人被搜索追杀几尽。参谋长李省三、杨团长仅以身免,各机关抢掠一空。县长王少渠被缭押看守所,盘踞县署旨立张立山、张耀昶、王泽显、董子祥、李润溥(按,即李则青)、张家铎、马尚德七人为委员,武断县政。"

确山县临时治安委员会旧址

确山县临时治安委员会的诞生,在远近引起轰动。县临时治安委员会是一个全新的革命政权。临时治安委员会下设四个委员会和一个治安总队,分管各项工作。具体为:财务委员会负责财政经济工作;教育委员会负责全县中小学教育;清理逆产委员会负责登记、处理劣绅和贪官污吏的财产;管狱委员会负责狱政及刑事、民事案件的处理。农民自卫军改称治安总队,分两个大队,负责维持治安,保卫新生的革命政权工作。

对于确山县这一时期的活动,国民党中央农民部赴河南慰劳代表团代表罗绍徽在1927年4月24日的一份报告中称:"代表团今日回确山,拟在这里停留数日,电请示政府,仍随宣传列车前进或回汉。这里红枪会全县皆是。上月围缴魏益三军一营枪械,杀死二百余人。现在治安由红枪会维持。县公署、街市全由农民持红樱枪站岗守卫,前县长因吞款已将他扣留。本日举行县民代表大会开幕典礼,组织县政府。农工组织政府,确山首先实现,在革命史上是很光荣的一件事,在农工运动上也很有价值的啊!"①

罗绍徽在另一报告中说:"24日,确山县政府成立大会函请代表团出席指导。10时全体代表前往。下午讨论最近政纲,选举临时治安委员会委员,并选举县党部执行委员。所议决政纲及当选委员甚佳,因农会将反动势力完全压服。晚间由代表团设宴招待,由宣传列车演新剧助兴。确山县农民协会筹备处成立仅月余,各乡协会由红枪会改成。全县红枪会二万人。"②

确山县临时治安委员会是全国、更是河南省有史以来的第一个农工革命政权。它比1927年11月成立的湖南茶陵县工农兵政府,广东海陆丰苏维埃政府为时要早半年,比河南杞县、陈留等地临时治安委员会也早一个月。这一政权组织有着许多鲜明的特点,简言之:

(一)委员会是由民主选举而产生的;

(二)实行民主集中制,有分工负责,有集中统一领导;

(三)委员会是广大民众利益的真正代表,各委员是人民的公仆,是为人民办事的;

(四)委员会有一个革命的政纲;

(五)委员会有一支革命武装,作为保护新生政权的台柱子。

确山县临时治安委员会是一个全新的政权。它具备政权组织的行政、财经、司法、治安、监理、教育、狱政等全部构建,它虽然名称不叫"政府",但行使的是政府职权。用敌对势力的话说是"武断县政"。由于它的创建,使全县有了统一领导革命运动的权力机构。杨靖宇等委员在行使权力过程中,为人民做了许多有益的工作:

第一,临时治安委员会宣布取消一切苛捐杂税,豁免农民积欠的所有田赋,没收了魏、楚、何、田四大劣绅和贪官污吏的财产。第二,审讯、惩处了包括县长王少渠在内的贪官污吏。在通缉四大劣绅,揭露他们的罪行的同时,处理了几个民愤极大的恶棍,大煞了封建统治阶级的威风。第三,清理了监狱,释放了因反捐抗税或因交不起租税而遭到官府关押的农民。第四,处理了一些民事、刑事案件。过去农民告状要花许多钱,新政权成立后,受理案件,一文不收,秉公断案。农民告状接踵而来,新政权为农民撑腰,百姓皆大欢喜。第五,建立了各式群众组织,如农民协会、商民协会、妇女协会、学生联合会、店员工会、理发工会等十余个群众团体,各行各业的群众都被组织起来了。第六,为稳定市场,曾以商会名义印发流通券,促使市

---

① 载汉口《民国日报》,1927年4月30日。
② 载汉口《民国日报》,1927年5月5日。

场复苏。第七,维持了社会治安。治安委员会以两个武装大队为主力,各村红枪会组成农民自卫军维持治安。对于扰民的社会势力则以武力予以解决,曾经猖獗一时的土匪被镇压下去。许多外逃农民见确山变了模样,纷纷返回。新生的革命政权受到了广大群众的欢迎。

由于确山县革命政权的建立,在武汉国民革命军北伐部队(国民革命军第十一军)进入河南经过确山时,得到了全县广大人民群众的支援。北伐军抵达确山后,县临时治安委员会于5月1日在南山坡组织了规模宏大的万人欢迎盛会。整个确山城人头攒动,红旗飞舞,人民沉浸在欢庆胜利的热烈气氛中。欢迎会上,农协、商协、妇协等各界代表演讲中都表示支持北伐军,争做革命先锋,直捣奉军巢穴。1927年5月16日汉口《民国日报》对这次盛会以《确山县之军民联欢大会》为题作了报道。在支援北伐军北上讨奉斗争中,广大群众在杨靖宇等治安委员的组织下,为北伐军运送物资,递送情报,救护伤员,端茶送饭,做侦探,做向导,扰乱敌人后方,给北伐军以极大支持和帮助。临颍大战时前方运输较为紧张,县临时治安委员会成员全部下乡找车,亲自送各种物资到前线。前方打了胜仗,县临时治安委员会就组织召开大会庆贺。这样的会议约开了五六次之多,会场大多设在东关,一般都由杨靖宇主持。广大人民的支援和祝贺,使北伐军将士深受鼓舞。

确山农民协会欢迎北伐军

北伐军在河南得到广大群众的支持,特别是因确山政权掌握在人民群众手中,这里成为北伐军在河南的重要基地。由于有广大民众的支持,北伐军的军事行动进展迅速,经过北伐军将士浴血奋战,于1927年5月中下旬,先后攻占汝南、遂平、临颍,击溃了奉军主力。当北伐军来驻马店战区活动时,杨靖宇、张家铎、李鸣岐、贺俊夫等积极组织确山农民支援和迎接北伐军。北伐军将士对确山农民运动的开展,特别是建立起县政权、农民武装表示特别赞许,这使杨靖宇等深受鼓舞。5月29日,北伐军占领许昌。6月1日,与冯玉祥所部会师于郑州,接着占领开封。不久,奉系军阀部队全部被赶到黄河以北。奉军败北,北伐军与冯玉祥会师郑、汴,标志第二次北伐取得了胜利。

河南重镇郑州、开封被攻克后,确山临时治安委员会便于6月4日立即召开了由万人参加的欢庆第二次北伐胜利大会。会上杨靖宇十分兴奋,用饱蘸浓墨的大笔书写了一副对联,贴在会场主席台两边:

> 庆今日克复郑汴澄清黄河水,
> 祝他年直捣幽燕扫尽长城灰。①

这副对联反映了杨靖宇对北伐军攻占郑州、开封,武汉政府的二次北伐取得胜利的喜庆心情和将反帝反封建军阀的革命斗争进行到底的热切愿望。

河南农民运动的兴起,确山农民暴动的成功,县临时治安委员会的建立,在省内外乃至国内外都有着广泛的影响。在其影响下,河南杞县、陈留、睢县等地也成立了临时治安委员会。对此,英国《泰晤士报》惊呼:"中国河南出现苏维埃。"确山农民暴动实现后,杨靖宇、张家铎、李鸣岐、刘青凡等在驻马店曾编写一篇唱词《打确山》,称颂确山农民暴动。这篇唱词石印后大量散发,在群众中广为流传:

> 日头出来红满天,受人欺侮怎心甘。
> 要是不想当牛马,拼命和他干一番。
> 北方八军来得欢,他的军队出奉天。
> 从前军长郭松龄,现任军长魏益三。
> 伪军要占河南省,确山县里把营安。
> 民宅单拣堂屋住,还要银子还要钱。
> 每两银子六十四,另外又加特别捐。
> 还要米来还要面,又要柴来又要钱。
> 白天出城把树锯,夜晚出城把人拴。
> 群众逼得无其奈,组织起来和他干。
> 正月十四把火点,一直烧到三月三。
> 红枪会、义和团,提刀拿枪到城边。
> 捉住劣绅整四个,魏楚何田把名宣。
> 欧阳炳炎张立山,带领人马有万千。
> 南五有个李天道,北十有个张广汉。
> 有青年,有壮年,青年壮年一齐端。
> 红缨枪,一大片,红缨扬起遮满天。
> 常言人多力量大,这话真是不虚传。
> 围住确山五天整,抬枪扛炮打得欢。
> 到底群众力量大,八军劣绅都胆寒。
> 三月初七夜过半,打开西门窜了圈。

---

① 李则青:《大革命时期的确山农民暴动》,载《河南文史资料》第七辑(1982年8月版)。

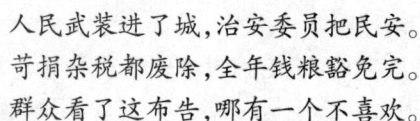

人民武装进了城,治安委员把民安。
苛捐杂税都废除,全年钱粮豁免完。
群众看了这布告,哪有一个不喜欢。

在创建确山县革命政权和在这一政权建立后执政过程中(尽管这一过程为时很短),杨靖宇废寝忘食,不知疲倦地站在斗争最前线,从事各项革命工作,领导临时治安委员会成员履行委员会制定的政纲,组织动员人民群众进行反帝反封建军阀的革命斗争。由于杨靖宇经受了严峻的革命斗争考验,在领导确山农民暴动和组建河南省确山县革命政权中做出了重要贡献,1927年6月上旬,中共驻马店特支决定由有关同志为已由团转党的杨靖宇正式履行入党手续,举行入党宣誓仪式。

据李则青回忆说:"特支发展了一批积极分子入党,其中有马尚德(杨靖宇)、张立山、徐耀才等。马尚德沉着、敏捷、坚毅,平时不大爱说话,但在开会演讲时讲得生动有趣,深入浅出,富有感召力,很受群众欢迎。特支为培养他,有意把他放在前台。在县农协、县政府、县党部,他工作都热情积极,表现出非凡的组织和领导才能。大约在(1927年)6月4日或5日的下午,张家铎与马尚德进行了深谈。天黑时,我送张家铎到县党部院外柏树枝搭的彩门下,张家铎又向我询问了马尚德近来的表现,我向他汇报后,他对我指示说:'特支已经同意吸收马尚德入党,委托你给他举行仪式,执行特支的决定。'6月6日上午,在确山县城前大街福音堂后院小楼上的西套房里(县党部马尚德住室),我作为马尚德的入党介绍人和监誓人,为他举行了入党仪式。入党时举手宣誓,誓词大意是:服从组织,严守机密,努力革命,永不叛党。"①

人们知道,杨靖宇举手宣誓加入共产党之时,蒋介石已经发动反革命政变,正是对共产党人进行大逮捕、大屠杀的时候,也是党领导的大革命失败前夕。当时反革命气焰甚嚣尘上,白色恐怖遍布城乡。杨靖宇在此时加入中国共产党,说明他认准了党的主义的正确和他对党的主义的忠诚。杨靖宇以严肃、兴奋的心情参加了入党宣誓仪式,他决心用自己的行动履行

---

① 关于杨靖宇入党时间,一些材料说法不一:
《杨靖宇和他的队伍》(载《东北日报》,1946年2月28日)中说:"他是1928年入党的中共党员"。
郑昌:《杨靖宇同志》(载《解放日报》,1946年5月7日)中说杨靖宇"1925年加入中国共产党"。
杨一辰:《民族英雄模范共产党员杨靖宇同志》(载《河南日报》,1951年7月1日)中说:"当靖宇同志在开封工业学校读书的时候……很快就参加了共产党。"
周而复:《杨靖宇将军传略》(载华应申编《中国共产党烈士传》,1951年青年出版社出版)中说杨靖宇"大革命时参加中共"。
《杨靖宇同志传略》(载《松柏常青》,吉林人民出版社,1960年版)中说杨靖宇"1927年5月加入中国共产党"。
李则青:《大革命时期的确山农民暴动》(载《河南文史资料》第七辑,1982年8月出版)中讲,1927年6月6日,他(李则青)为马尚德(杨靖宇)举行入党宣誓仪式,执行特支同意吸收马尚德入党的决定。李则青曾回忆说过5月5日他为杨靖宇举行入党宣誓仪式。后来他回忆举行宣誓仪式是在确山召开欢庆北伐胜利大会之后,当是6月6日。李所说6月,与1929年抚顺日本警察署张贯一(即杨靖宇)《解送书》中记载其于"昭和二年(即1927年)夏加入共产党"相吻合。据此,关于杨靖宇的入党时间,本书采用李则青同志的说法。

杨靖宇入党宣誓旧址——福音堂

入党誓言,把自己的一切包括生命全都交给党。自此,杨靖宇正式成为无产阶级先锋队中的一员,他竭尽忠诚地为党和人民的事业奋斗终生。

四、再举义旗

1927年春夏之交,中国革命形势发生剧变。4月12日,蒋介石发动反革命政变之后,专以搜捕共产党员和革命积极分子的大规模"清党"运动在全国各地展开。4月28日,中国共产党主要创始人之一李大钊在北京被奉系军阀张作霖杀害。5月13日,又发生夏斗寅(原国民革命军第十四独立师师长)叛变。5月21日,许克祥(原国民革命军第三十五军第三十三团团长)叛变。6月,执掌河南军政大权的冯玉祥政治态度也一度开始右转。6月20日,冯在徐州同蒋介石会晤后,公然倒向蒋介石一边,随即"厉行清党",将国民军联军内部的共产党员和大批政治工作人员解职,革命局势处于十分危急状态。

此时,党内右倾机会主义者却对反动势力步步退让。陈独秀认为农民运动的"过火行为妨碍了土地问题的解决",应当先纠正"过火"行为。他根据汪精卫旨意,向长沙发出"不许农民队伍和反革命军队发生公开冲突"的训令。陕西、河南的党委会也发出了关于制止农民运动的指示。[①]张国焘曾以党中央代表身份来河南确山,声色俱厉地命令中共豫区执行委员会派来指导确山工作的贺俊夫:"立即撤销治安委员会,交出县政权(按,让交给国民党右派军官何健派来的县长),农民自卫军撤出县城。"党内右倾机会主义者企图以妥协退让稳住武汉

---

① 苏·萨坡什尼柯夫:《1924—1927年中国第一次国内革命战争"军事史略"》,载《中共党史参考资料》第四册。

国民政府领袖汪精卫,使蒋介石能回心转意。但事与愿违,此种做法更助长反革命气焰,武汉的汪精卫进一步靠近南京的蒋介石。至7月,武汉国民政府领袖汪精卫撕下"革命"面纱,最终叛变国民革命。至此,宁汉合流,国共合作领导的大革命失败了。

大革命失败后,国民党反动派肆无忌惮地拿起屠刀向共产党员和群众中的农民运动、工人运动积极分子进行疯狂大屠杀。许多地方党的组织被破坏,未被破坏的也转入地下。在河南各地,地主恶霸、土豪劣绅等反动势力乘机反扑,极力向革命群众进行反攻倒算。

在这种形势下,曾经接受党的领导,与杨靖宇等共产党人合作的红枪会首领欧阳炳炎、李天道等对于革命的态度也发生了转变,脱离了共产党的领导。此时,具有高度革命自觉性和坚定政治理想信念的杨靖宇却坚信共产党的领导,认准革命事业应有的前途,不管形势如何变化,对党反帝反封建的方针、政策毫不犹豫地坚决予以执行。

7月初,确山形势骤变,反动势力卷土重来。7月4日凌晨,确山四大劣绅之一何鸣一勾结反动武装一二千人包围了确山县城,攻入县城西关。当时,杨靖宇等领导人虽几次"传牌",但各路红枪会不到。不得已只靠城内县治安大队两队武装(约250人)进行抗击,经一天激战,终因敌众我寡,杨靖宇等便有组织地率领县农运领导机关及治安大队于当晚从东门撤出县城,转移至刘店、洪沟庙一带农村活动。

敌人攻进确山县城之后,确山城内陷于一片白色恐怖之中。曾经外逃的劣绅纷纷回城,民众所得政权,又转于封建势力之手。敌人恢复反动政权后,即悬赏千元通缉杨靖宇等共产党员和曾与共产党合作过的几个红枪会领袖。全县有五十多人被通缉,他们还恢复了被革命政权废除的全部田赋、苛捐杂税,勒令追交革命时期停交的一切钱粮和所欠地主的租谷、高利贷。1927年下半年,各种苛捐杂税更大量增加,人民又陷于敌人的血腥统治下。当时李鸣岐(刘明)所写的一份关于确山暴动的报告中这样写道:"冯玉祥变节后,该县即入反动局势,民众所得政权又转于封建势力之手,而代表封建势力之劣绅土豪大向革命势力进攻,使我们受到了一大打击。"①

但是,杨靖宇等共产党人没有被白色恐怖吓倒,他们继续在斗争,准备重新举起革命的义旗。

杨靖宇、李鸣岐等确山暴动领导人撤出县城后,即在刘店双桥村张立山家召开一次党的会议。参加会议的有李鸣岐、杨靖宇、张家铎、张耀昶、张立山、李则青、刘青凡等人。在这次会议上,对确山暴动前后的工作进行了总结,找出了经验教训,对今后工作如何开展做出了决定。会议认为,以前工作的重点偏重上层,只注意联络红枪会首领,忽略了广大群众,因此形势发生变化后,整个活动失去了依托。鉴此,会议决定以后工作重点应放在农民、工人群众身上。领导人分散活动,加强联系,发展队伍,积蓄力量,准备组织发动第二次暴动,再夺回县城。同时,对党内各负责同志的工作进行了分工,杨靖宇和张家铎负责驻马店地区工运、农运并与士兵进行联络。

---

① 刘明:《关于确山暴动工作报告》(1927年11月),载中央档案馆、河南省档案馆编《河南革命历史文件汇集》甲8,第124页。

新的斗争在党的领导下又开始了。

杨靖宇在驻马店地区从事士兵工作时,与驻在当地的西北军孙连仲部一位名叫孙金宣的营长结识。原来杨靖宇穿一身农民衣裳,经常在驻马店兵营与士兵拉家常。兵营营长孙金宣见他是农民打扮,便主动向他了解地主豪绅的剥削情况,宣传穷人团结起来,打倒土豪劣绅,推翻不合理的制度,建立新社会的革命道理。同时还三番五次地向杨靖宇打探知不知道驻马店地区共产党的组织在哪里。对此,杨靖宇在一次党的会议上汇报了这个情况。会议决定继续由杨靖宇与孙金宣营长接触,摸清情况。经杨靖宇详细了解,得知孙为共产党员。杨靖宇根据驻马店特支决定,带孙到王楼参加一次会议。会上,孙介绍了本人身份,并说他所在的师有许多共产党员,党派他与当地党组织接头后,准备把他们一师人带出来,驻马店特支把这一情况向上级组织做了汇报。

杨靖宇等驻马店特支党员以各种方式深入到农民、工人、士兵中去进行工作,使县东部、北部农民协会恢复起来,在实际工作中取得了很大成绩。河南省委在同年9月《关于农民运动情况的报告》中说:"此次孙连仲部驻确,特别骚扰,农民已有暴动之可能,于是决定重新组织旧有之农民自卫军,联合孙部下孙金宣部发动暴动,铲除豪绅,夺取县城。但据报告仅小小发动农民夺取枪支八十余杆,因冯(按,指冯玉祥)万端恐吓索枪,虽经当地党部阻止,仍然无效,将枪缴还。不过确山来报仍准备行动。省委仍派胡健同志前去指挥,如军队压迫十分严重,即在乡村发动猛烈的铲除豪绅的斗争。"

1927年8月1日,在周恩来、朱德、贺龙、叶挺、刘伯承等领导下,举行南昌起义,用革命的武装反对反革命的武装起义获得成功,起义军全歼守敌3000余人,占领南昌城。8月3日,起义军撤离南昌,南下广东。8月7日,中共中央在湖北汉口召开政治局扩大会议,对大革命中的右倾机会主义错误进行了清算。会议确定了发动土地革命,组织武装暴动,以革命武装反抗国民党反动统治的总方针。

党的"八七"会议之后,中共河南省委(1927年6月中共豫区执行委员会撤销,建立河南省委)于同年9月25日作出《河南目前政治与暴动工作大纲决议案》《关于农民运动决议案》《关于农民运动的情况的报告》《对于枪会的决议》《关于组织工作的报告》。这些决议、报告总结了河南农民运动的经验教训,提出了在新的形势下的战斗任务,即组织革命斗争,形成潮流,使之成为有计划、有步骤的、从各地暴动汇合而成为总的暴动。根据斗争需要,河南省委拟决定成立豫南、豫北、豫中三个特委,发动群众,重新组织武装力量,以革命武装反对反革命的武装,在全省开展武装暴动。省委在《关于农民运动决议案》中特别指出:"豫南区……以确山为中心,组织以前加入农民自卫军之农民为农军。"

为加强对豫南地区农民武装暴动工作的领导,同年9月下旬,中共河南省委正式决定成立豫南特委,派王克新任豫南特委书记。特委其他领导人有:秘书如桐、军事部长虞松如、宣传鼓动部长尚钺、组织部长范易。特委书记王克新是河南省委委员,曾担任农民运动部部长。这次他被派来豫南领导暴动工作,说明省委对豫南工作十分重视。豫南特委成立后,于10月初在确山设立了"驻马店办事处"。由李鸣岐、杨靖宇等人负责办事处工作,李鸣岐为主任,杨靖宇为组织委员。豫南特委还派军事部长虞松如到确山协助工作。

10月中旬一天傍晚,王克新、杨靖宇、李鸣岐、张家铎、张立山、李则青、刘青凡等在张立山家的打谷场开会。由张家铎传达了党的"八七"会议精神和省委关于武装暴动的决议。豫南特委书记王克新与大家具体研究了暴动计划,指出此次暴动的目的是:"A、杀尽土豪劣绅;B、夺取豪绅枪支或金钱;C、唤起民众自卫心理及其组织;D、准备将来之大暴动。"①

此后,杨靖宇和张耀昶、李鸣岐、张家铎、张立山等根据豫南特委的指示分别赴洪沟庙、刘店进行暴动前的准备工作,主要是训练基本队伍,筹集枪支弹药,号召广大农民重新拿起武器,镇压土豪劣绅。经过一段时间努力,杨靖宇等又筹备长短枪10余支,购得子弹、手榴弹数箱,训练了40余名武装队员。在这期间,驻马店办事处决定在政治上先给反动势力一个打击,要以突袭的方式镇压一批罪大恶极的土豪劣绅。据此,10月17日,武装队员镇压了县北最大劣绅范天培。杨靖宇还带二三十名武装队员于深夜包围袭击了确山四大劣绅之一楚本固的寨院。但因鸣枪过早,楚乘机越墙逃跑。自范天培、楚本固遭到打击后,广大农民得到重新发动,农民们又行动起来,组织起农会,开始展开新的斗争。

为发展革命形势,领导暴动斗争,中共豫南特委和驻马店办事处决定以杨靖宇、李鸣岐、张家铎、虞松如、张耀昶等组成暴动总指挥部,把全部力量集中于刘店,以土地革命为号召,在此地发动武装暴动。10月下旬一个晚上,杨靖宇等驻马店办事处成员在刘店北吴庄召开会议,具体部署了暴动行动计划。

1927年11月1日,杨靖宇参加领导的刘店武装暴动(又称起义)如期展开。

刘店是确山县城东部一较大镇子。该镇李广化是县东一大劣绅。北伐军抵达确山时,他逃往汝南,在军阀岳维峻部下张德枢旅买一团长当,纠集百余人盘踞汝南。大革命失败后,李将团部移到刘店,组织反动民团武装,作为还乡团头子,疯狂向革命群众反扑。

11月1日,杨靖宇和李鸣岐、虞松如等集合同志及农民军60余人,于夜半之后向刘店进发,秘密接近刘店四周寨门。同时通知附近各村农民前来参加斗争。黎明之际,杨靖宇指挥农民军包围了李广化的民团团部大院。李部团丁多系土匪出身,当发现团部已被包围后,便凭借高厚院墙负隅顽抗。双方激战数小时,并展开对骂。但随着各村前来支援的农民愈来愈多,敌人则愈加心慌胆战。激战中,杨靖宇一方面指挥农民军作战;一方面不顾危险大声向顽抗的团丁喊话,让团丁弟兄们放下武器。当时一份文件记载说:"尚德同学(按,即同志)想,骂起仇恨缴枪不易,便大声疾呼:'不要骂,我们没有仇,我们只找李广化就完了,你们也是穷苦的兄弟,生活没办法才来当团丁的,是好兄弟,缴枪,不打人。于是都不骂了,我们领导的群众都异口同声地说,好朋友,好兄弟,缴枪不打人!于是形势大变。"②随着杨靖宇大声疾呼:"我们只找李广化算账,你们不要替李广化当走狗。"结果,形势发生转变。敌团部士兵听了喊话后

---

① 豫南瑜玖:《关于小暴动工作大纲》(1927年10月16日),载中央档案馆、河南省档案馆编《河南革命历史文件汇集》甲8,第65页。

② 《刘明关于确山暴动问题的报告》(1927年11月),载中央档案馆、河南省档案馆编《河南革命历史文件汇集》甲8,第128页。

大部放弃抵抗,纷纷把枪交出,向农民军投降。不到一小时,战斗宣告结束,刘店即被农民军占领。恶霸李广化因属岳维峻部下张德枢旅之编制,于头天晚上去县城与张接洽,当日晨,在其回返刘店途中听到枪声后,被吓得赶忙又跑回县城,成为漏网之鱼。

刘店被暴动农民占领后,中共豫南特委书记王克新来到确山刘店。11月3日上午,确山县农民代表大会在刘店召开,出席代表有40余人,代表20多个保(全县为41保)。会议决定成立确山县革命委员会,选举出李鸣岐(刘明)、杨靖宇等11人为县革命委员会委员,李鸣岐任主席。决定组建农民革命军。农民革命军编为一个大队,三个中队,由杨靖宇任总指挥。会议通过重要提案20条,确山革命委员会、农民革命军暂行简章及大会宣言,①下午,豫南特委书记王克新宣布,正式成立中共确山县委,李鸣岐任书记,杨靖宇等为委员。

全县民众得到刘店暴动胜利和县农民代表大会召开的消息,都异常高兴,到处都呈现出一片欢乐景象。刘店回到人民手中,收捐税者再不敢往县东走一步,生怕遇到农民革命军。这期间,在县委领导下,杨靖宇率领农民革命军将以前在城中充当教练的恶棍李锡庄和确山南五保大劣绅徐克亮逮捕枪毙。同时,在刘店召开了有千余人参加的群众大会。当时刘店街头贴满了"打倒封建势力""打倒军阀""打倒土豪劣绅""开展土地革命"等红绿标语,几条街巷挤满了农民队伍,庆祝暴动胜利。大会结束后,杨靖宇带领千余农民举着红缨枪、大砍刀进行示威游行,并包围了张庄豪绅、前确山县警察所长张化鹏住宅,将张逮捕,罚大洋600元,并实行开仓放粮,把30石粮食分发给穷苦农民。

杨靖宇等领导的刘店武装暴动是在党的"八七"会议之后,继湖南秋收暴动,于河南开展的一次重要革命活动。它再次震撼了中州大地,锻炼了确山广大农民群众,提高了他们的革命积极性和阶级觉悟。暴动成功后建立的确山县革命委员会是确山县人民政权临时治安委员会的新发展,它更具人民政权的鲜明性,更富有斗争性。在这场斗争中所涌现出的一大批骨干力量,为在河南确山掀起土地革命风暴准备了重要条件。

五、战斗在豫南

刘店武装暴动使广大群众拍手称快,使敌人为之震惊,"城中大为恐慌",反动势力采取软硬兼施的反革命策略妄图扑灭暴动烈火。国民军三旅旅长张德枢派政治部主任前来"联络",说"彼此都是革命的,应当联合,全县事情由大家商酌讨论",以软化、收买暴动队伍领导人;民团亦派代表前来说项、"谈判",提出"你们愿意收编,防地由你们自择"。但敌人的阴谋被杨靖宇等一眼看透。杨靖宇对前来游说的代表说:"要收编,你们先把枪械、给养、服装送到刘店来,防地由我们自己划,行动不受你们指挥,你们干不干?"敌人的阴谋被戳穿,未能得逞。当敌人的软招子失败后,便凶相毕露。新任县长高子元亲笔下谕,发出通牒,威胁农民革命军"赶快解散,各安生业,不然严查拿办"。对此,杨靖宇等当即以革命委员会名义给他一个回

---

① 《刘明关于确山暴动问题的报告》(1927年11月),载中央档案馆、河南省档案馆编《河南革命历史文件汇集》甲8,第129页。

谕,言"该伪县长来件已悉,所言尽属反革命言论,对于革命没有丝毫认识,竟敢胡说乱道,请快滚蛋,不然定把你的草包戳烂"。①

1927年11月6日晨,反动县长高子元、国民军三旅旅长张德枢纠集正规军、民团军共200余人分两路进攻刘店。当农民革命军总指挥部得知敌军进攻的消息后,杨靖宇率农民革命军分两路狙击敌人。战士们隐蔽在寨墙后面,待敌人接近寨墙时,杨靖宇一声令下,战士们一齐向敌人开火。骑在马上的敌军指挥官被击中,翻身落马,结果敌军大乱。不甘心失败的敌人重新组织兵力,妄图包围农民革命军,双方对垒射击一小时。战斗中,敌死5人,农民革命军无损伤。此时,杨靖宇等指挥部人员考虑到农民革命军两路间缺乏联络及子弹消耗殆尽,为避免遭到损失,决定退出刘店,在距刘店七里的老集集合,并通知各村准备反攻。敌军进入刘店后,大肆抢掠,焚烧房屋数十间,而后,返回县城。傍晚,当农民革命军前来反攻时,敌人已不见踪影。农民革命军数十人及五六百农民来到刘店东李广化女婿家,将其财产没收、分配,又将前警察所长张化鹏之父杀死,将其房屋烧毁。

农民革命军在杨靖宇指挥下,撤离刘店后,向南转移,经留庄、杨店,到达确山南部与信阳交界的张板桥地方。途中,一边打土豪,一边扩大武装,部队由撤离刘店的七八十人发展到百余人。而后,根据县委决定,杨靖宇率农民革命军转至豫南地区开展斗争。

豫南地区包括信阳、确山、汝南等县。信阳有靠近大别山的四望山。在这里有共产党员王伯鲁率领的农民军在开展土地革命斗争,杨靖宇等率部来到豫南后,先在张板桥一带活动,与四望山农民军的斗争相呼应。

在张板桥,杨靖宇指挥农民革命军于11月13日攻打了大土豪张天真的大院。张天真人称"张四先生",是豫南占有大量良田、为富不仁的恶霸地主。张板桥周围数里之内许多农民都是他家的佃户。张对农民十分刻薄,想尽办法进行剥削,深为豫南人民所痛恨。当杨靖宇率领农民革命军即将行动起来时,张天真闻讯后仓皇逃往汉口。杨靖宇率农民革命军到张板桥后,将为张家护院的家丁缴械,顺利占领张家大院,打开了张家粮仓,一面将张家粮食出卖,以充农民革命军战费;一面放粮给贫苦农民。同时进行革命宣传,向民众阐明土地革命的意义。杨靖宇等指挥部人员主持召开群众大会,组织群众控诉张天真的罪行,并派出宣传队到附近村庄开展反土豪劣绅斗争的宣传。这种宣传,深受群众欢迎,外村农民都纷纷邀请宣传队到他们那里"讲道"(即讲演宣传)。但因有的地方路程太远,总答应亦不能如约。鉴此,杨靖宇等鼓励农民们说:"对于劣绅土豪,你们应自己起来把他打倒,力量不够,我们可以帮助。"群众听后受到鼓舞。

而后,杨靖宇又率农民革命军赴信阳、确山交界处明港一带活动。在这里,杨靖宇与李鸣岐、张耀昶等利用敌人内部矛盾一举消灭了大豪绅李文相(民团团长)、童霄九两支地主民团武装,枪毙了在确山城内包收钱粮的税务局长高国典,进一步扩大了农民革命军的声威。一时许多青壮年踊跃参加农民革命军。在此前后,杨靖宇率部在汤凹镇压了东八保土豪王尊荣,并将汝南境内原县知事王贻国家里的粮食分发给贫苦农民,并罚王家钱款数百大洋。不

---

① 《河南代表在中共六大关于豫南工作的报告》(1928年6月25日),载中央档案馆、河南省档案馆编《河南革命历史文件汇集》甲8,第226页。

久,农民革命军高举红旗,高呼"贫苦农民团结起来,实行土地革命"等口号,又返回刘店,镇压了刘店土豪东十保民团总带、县东剿共司令周宪斌兄弟二人。广大群众见杨靖宇等率农民革命军胜利归来,又镇压了周家兄弟,高兴异常,刘店到处充满了欢腾喜庆的景象。

农民革命军在返回刘店期间,中共豫南特委书记王克新来到部队上。11月4日,在王克新的主持下,豫南特委驻马店办事处、确山县委、县农民革命军总指挥部于刘店"宝和堂"药店后院召开一次联席会议。王克新、杨靖宇、李鸣岐等共同总结了暴动的经验教训,研究了革命斗争的发展问题。认为"据前几次斗争与现在的情势看,我们的力量的确还十分薄弱,原因即在我们还没有唤起广大的农民群众,而只是几个勇敢善战的同志跳来跳去,这是非常危险的。"因此,会议决定"进一步唤起群众,把确山农军与群众运动结合起来","号召广大群众充实我们的力量,预备与敌人作更大的斗争","扩大党的组织,健全党的基础","把恢复农协,发展农协和武装并重","在四乡同时爆发游击战争","杀土豪,没收其土地财产分给贫苦农民,并由农协宣布停止一切赋税,建立农协在乡村的政权"。会议还决定"找一形势甚佳,可战可守之根据地点作为经常争斗之中心","设法与四望山打通一条直接联络的道路"。①

此次联席会议认真分析了确山的革命斗争形势,总结了自刘店武装暴动以来的斗争经验教训,提出了革命斗争继续发展的方向,并对革命斗争中的一些根本性问题做出了明确的决策。特别是会议提出了"找一形势甚佳,可战可守之根据地点作为经常争斗之中心"的建立革命根据地问题。建立革命根据地是大革命失败后,中国共产党人在探索革命道路过程中遇到的一个较为重要的问题。杨靖宇等确山农民暴动的领导人是较早提出在革命斗争中建立革命根据地的领导者。

联席会议之后,根据豫南特委的指示,确山县委在张板桥对农民革命军进行了整编及组织纪律整顿。首先成立了司令部、政治部。司令部成员有杨靖宇、王克新、李鸣岐、张家铎等。部队总指挥仍由杨靖宇担任。总队之下设四个中队,每个中队50人左右,整个部队有200余人。在部队整编的同时,进行了组织纪律整顿,清除了队内的奸细坏分子。林某原是一个红枪会法师,趁农民革命军扩大之机,被反动政府派来在部队当坐探。他时常向敌人密报农民革命军行踪,经查证核实,被处死。余某、王某二人原是土匪出身,经多次教育,其流氓习气仍不见改。在攻打一土豪大院时,他俩先奔女眷住屋,心谋不轨。由于及时发现,其违纪行为被制止。随后在整顿纪律中,杨靖宇将余、王二人解除武装,清理回家。农民革命军经过整顿之后,组织性、纪律性明显增强,战斗力大有提高。

六、王楼战斗失利之后

1927年11月末,正当杨靖宇等计划根据联席会议精神率农民革命军西进小乐山建立根据地时,反动县长高子元和驻确山国民军三旅旅长张德枢奉国民党河南省"剿匪"总司令部

---

① 《确山工作报告决议案》(1927年11月),载中央档案馆、河南省档案馆编《河南革命历史文件汇集》甲8,第143页。

对农民革命军实行"痛剿"之命,率反动武装500余人向活动在豫南的农民革命军展开了进攻。敌军出城后,直奔刘店,而后又掉头向汝南王楼扑来。

当时,杨靖宇率农民革命军正在汝南境内王楼地方开展反霸斗争,将当地土豪吴尊贤父子捉住,从其家地下挖出大洋500余元及铜钱200余串,准备向群众分放钱粮。

12月2日晨,农民革命军正当向群众开仓放粮之际,有农民前来报告,城内敌军已到刘店。杨靖宇等派侦探前往了解实情。但侦探尚未出庄,敌军即已来到。当杨靖宇等得知敌人进剿王楼的消息后,即组织前来领取粮食的农民群众迅速向北撤离,同时指挥农民革命军战士分别奔赴王楼村头,在村南、村东、村西三面埋伏准备应敌。敌人见大片人群向北撤走,误以为是农民革命军害怕官兵而惧战逃窜,便大摇大摆地向村中闯来。

敌军进至王楼村头,首先遭到埋伏在打谷场垛后的一中队的打击。而后,埋伏在村东树林中和村西竹林的两个中队亦向敌人猛烈开火。敌军一时呈现纷乱状态,皆伏倒在地上。

战斗中,农民革命军各部在杨靖宇的指挥下,面对十倍于我的敌人,毫不畏惧,与之顽强拼搏。特别是一些无枪队员脱下棉衣,光着膀子挥舞大刀向前冲锋,表现出大无畏的勇敢精神。这次战斗,共毙伤敌兵60多人,予敌以较大杀伤。

但后来,由于我军指挥失误,当敌军占据河堤有利地势开始重新组织进攻后,指挥部仍命令冲锋反击。结果,使农民革命军暴露在敌人火力之下。在第二次反击敌人战斗中,"正预冲锋时,总队马尚德(按,即杨靖宇)、特务队长张家铎一弹中腿部,一弹中右臂,由蔡训明同志将彼二人架回后方。此时正面只剩豫南特委书记王克新及李鸣岐二人,乃商议集合一起由一面冲锋。将走没几步,王克新被弹射中胸部,跌倒在地。"①此时,形势十分危急,为保存部队有生力量,李鸣岐、张耀昶率农民革命军撤出阵地。敌军亦不恋战,在王楼及附近几个村庄抢掠一阵后返回县城。

王克新、杨靖宇、张家铎负伤后,被送往驻马店南一家医院治疗养伤。王克新因伤势过重,于1927年12月8日牺牲。王克新的牺牲,使杨靖宇十分悲痛。王克新是1927年9月下旬,党为了加强豫南地区工作的领导,被派任中共豫南特委书记的。几个月来,杨靖宇和他生活在一起,战斗在一起,紧密团结,合作默契,共同为开展豫南革命斗争而努力奋斗。现在,王克新牺牲了,杨靖宇怎能不悲痛?在牺牲了的领导、战友面前,杨靖宇表示一定要为他们的共同理想、现实的革命斗争事业和伟大的共产主义奋斗目标战斗到底。他暗暗发誓:克新同志,安息吧!我会继续完成你未竟的事业的。

王楼战斗之后,农民革命军在李鸣岐、张耀昶等率领下连夜撤到县西北小乐山。次日又经汝南闫寨、李寨、大申庄至留庄。在留庄将反动红枪会头目王杰英处死。当时,农民革命军佯称请王前来赴宴。酒席上,农民革命军假借杨靖宇之名,高声喊道:"马尚德来了!"王听见"马尚德来了",被吓得目瞪口呆,未等王反应过来,农民革命军即将其迅速绑起,同时将其护兵枪械缴下。当王花言巧语向张耀昶等求情时,被张一枪击毙。而后,农民革命军在张耀昶、

---

① 《河南代表在中共六大关于豫南工作的报告》(1928年6月25日),载中央档案馆、河南省档案馆编《河南革命历史文件汇集》甲8,第230页。

李鸣岐等率领下,南进至信阳县境。之后,在龙门新店与信阳工农革命军汇合在一起,改编为豫南工农革命军。不久,挺进四望山开创四望山革命根据地。

杨靖宇参加领导的刘店武装暴动及在豫南的斗争,遵循党的"八七"会议确定的土地革命和基本政策,打击了确山、信阳、汝南方圆几百里的封建势力,动摇了国民党反动派在豫南地区的统治。这一斗争,在土地革命时期的历史上占有一定地位。1928年6月,中国共产党于莫斯科召开的"六大"会议上,杨靖宇的战友李鸣岐(时任河南省委宣传主任)作为河南代表向大会详细报告了豫南刘店武装暴动情况,总结了斗争的经验教训。

杨靖宇在王楼指挥部队与敌人作战中,腿部负伤后,敌人到处搜捕他。杨靖宇不得不四处转移,曾先后在汝南水屯小郭庄岳父家及张庄、驻马店南的周庄等地亲属家隐蔽养伤。以后,又到驻马店普济医院治疗、养伤。

1928年春节过后,原确山县委书记李鸣岐任驻马店市委书记,继由刘士达任县委书记,王国卿任组织部长,徐子荣任宣传部长。这时,腿伤尚未痊愈的杨靖宇,即向县委请示欲归队去四望山参加游击战争,开辟豫南农村革命根据地。这期间,正值1928年2月初召开的中共河南省第三次代表大会结束不久,此次大会确定今后要扩大豫南信阳、确山、汝南等县的农民武装暴动,加强南五县游击战争的发展,创造豫南暴动割据的局面。根据组织安排,杨靖宇任豫南特委委员,从事武装斗争的组织工作。这期间,他重新组织了确山县农民游击大队,攻袭了古城、韩庄、张庄等地,处决几名土豪劣绅,缴获一些武器。

杨靖宇在革命斗争中,长年离家在外,虽不免思念家人,但难以脱身离开部队、顾及自己的家庭。由于杨靖宇参加领导农民暴动,名声四扬,其家庭屡遭国民党反动派摧残,共五次被抄家,牲畜家具被抢光,房屋也被一火焚之。他的母亲、妻子生活极其艰难,常常是食不果腹,衣不避寒,不得不求助亲友帮助度日。不仅如此,国民党反动派捉不到杨靖宇等农民运动领导人,便把主意打到他们的亲属身上。杨靖宇的妻子与他母亲及儿子马从云不得不东藏西躲,先后在汝南的水屯小郭庄、确山的刘店、陶楼等地躲避敌人,过着颠沛流离的生活。①

1928年3月23日(农历闰二月初二),杨靖宇的女儿诞生。女儿出生第五天,杨靖宇才来小郭庄看妻子儿女。他母亲让他给孩子起个名字。杨靖宇考虑了一下便给女儿起了个小名叫"躲儿"。意思是不让女儿忘记国民党反动派的迫害,使家人在李湾住不了,东躲西藏,躲到小郭庄姥姥家。杨靖宇的母亲说:"好!就叫躲儿。""躲儿"直到17岁参加新四军才起个大名叫马锦云。之后,他又去李湾看望二叔和四叔、四婶。据杨靖宇四婶母回忆:尚德离家那年是民国十七年(1928年)旧历闰二月初六。当时他对四叔(马鹤龄)和毛毛(四叔之子)说"在家好好侍弄地和照顾家吧。我这次去,不知什么时候回来,不要担心,革命总会成功的。"从那以后,他就没有再回来,家里也未见他一封信。

1928年夏,一伙白匪军又来抄红军的家,李湾村的红军家属四处躲藏。杨靖宇妻子郭莲怕投靠亲属连累人家,只好扶着婆母携带两个孩子藏在野外,一个月后才敢回村里。同年8

---

① 中共河南省委宣传部:《杨靖宇将军的家乡情况及童年、学生时代》(1951年8月24日),存东北烈士纪念馆。

月,国民党军再次来到李湾村,杨靖宇的四叔马鹤龄(曾参加过确山农民暴动),被敌人杀害。

数年后,杨靖宇的女儿长大了。有一天,杨靖宇的母亲打开手中的包袱,对孙女"躲儿"说:"这里面有你爹的一张相片、三本书、一件衣裳。咱分开拿着,不要叫白匪军抢了去。"为了保护好这张照片,杨靖宇的女儿让妈妈把自己的小薄棉衣里子从后心拆开一块,把这张珍贵的相片缝在里面。在以后的日子里,每当家中遭到困难,遇到敌人迫害时,杨靖宇的妻子总让"躲儿"把小棉袄后心里子拆开,把杨靖宇的照片拿出来,眼含热泪看过来看过去。一次杨靖宇的妻子郭莲把这张珍贵的相片摆在儿女面前说:"你们要把相片保存好,等革命成功了,红军回来了,拿着相片去认你爹。"①

以后,杨靖宇母亲的一双眼睛得了火朦。由于忧愁,加之想念杨靖宇,她老人家一双眼睛竟哭瞎了。在国民党反动派的迫害下,在极其艰难、度日如年的岁月里,杨靖宇的妹妹马爱于1930年3月12日逝世,母亲于1936年8月13日去世。他妻子郭莲在抗日战争刚胜利,即1945年9月13日也离开了人间。他的儿子马从云、女儿马锦云也就没了亲人。

杨靖宇为了革命事业,抛家舍业,真是置自己生死于不顾,置自己家人于不顾,一心一意为推翻帝国主义、黑暗的反动封建势力的统治而奋斗。

1928年5月2日,豫南特委召开各县代表会,布置麦收前发动豫南暴动工作,并确定最近各县工作方针。会后根据开展豫南党的工作需要,中共豫南特委决定,杨靖宇以特委巡视员身份来信阳巡视工作并从事恢复党组织工作。

信阳党组织在1927年4月即遭到严重破坏。为了恢复这里的党组织,杨靖宇遵照上级组织的指示,不畏白色恐怖,只身来到信阳。他到信阳后,通过织袜厂地下党联络员徐炳兰找到原县委的几个同志,即着手联络失散同志恢复党组织工作。杨靖宇紧紧依靠原县委同志做思想政治工作和组织工作,使自农运失败以后,已经塌台的党团工作重新得到恢复。到5月末,经过重新登记的同志已有80多人。一份党内报告中说:"信阳:自农运失败以后,党和团组织随之塌台,以后就完全做恢复组织的工作,到现在同志有八十多人,都经过重新登记,但是较活动的分子都走开了。这一个恢复工作期的结果,北乡、南乡均有了点基础,发动游击战是可以的。"②

在信阳,杨靖宇住在党员徐延曾(徐炳兰之侄)家。徐家是书香门第。他和徐家老少相处得十分融洽,亲如一家。白天,他四处奔波,有时装扮成学生去师范学校活动,有时化装成锔锅的"锔辘匠",走街串巷从事秘密工作。晚上,就看徐家的藏书。使他特别感兴趣的一本书是《孙子兵法》,他结合自确山暴动以来在豫南的历次战斗,反复阅读,深究内中的妙理。《孙子兵法》十三篇所阐述的计、战、谋、攻等军事思想对杨靖宇以后从事抗日武装斗争,掌握、运用游击战争战略、战术有很大影响。

1928年7月,中共河南省委常委、组织部长黎光霁到信阳巡视工作,组建新的中共信阳

---

① 卓昕:《爸爸的相片——杨靖宇将军女儿马锦云的回忆》,载《吉林文史资料》第二十四辑。
② 《贺克寒关于河南工作现状向中央的报告》(1928年5月27日),载中央档案馆、河南省档案馆编《河南革命历史文件汇集》甲5,第204页。

县委,新县委由杨靖宇任书记。7月8-10日,召开了县委扩大会议,与会者16人。会议讨论信阳工作报告及今后工作方针。12-13日又召开了活动分子会议,到会者12人。两次会议对信阳工作做出了全面部署。13日,午后,杨靖宇还与黎光霁专门研究了罗山的工作,决定按照行动大纲积极发展农村斗争,光霁报告第一号有:"十三日午后参加□□成立会,并即和尚德讨论罗山问题。"①当时,白色恐怖十分严重,敌人正在豫南四处缉捕杨靖宇。为了便于工作,他根据黎光霁的建议,将自己的名字马尚德改为张贯一。张是随母姓,表示永远不忘支持自己从事革命工作、饱受艰辛的慈母的恩德。"贯一"表示要革命到底,"一以贯之"。

之后,杨靖宇根据县委扩大会议精神,积极开展革命宣传,组织活动。杨靖宇在白色恐怖的条件下从事秘密工作,严格遵守党的地下工作纪律,时刻保持高度警惕。遇事沉着冷静,都能巧妙应对。

一次周末,杨靖宇到河南省立第三师范(位于信阳小南门内大街北),与学校党组织负责人周超平在小南门外河边沙滩上,召集一次校内党团活动分子秘密会议。会上,杨靖宇总结了"双十节"晚上游行和散发传单的成绩,又布置了下一步工作。这时,一个西北军的骑兵连长带着马队来到河边饮马。他见几个学生围在一起,便说:"你们这些学生是在那里开会吧,可不要干共产党,那个搞不得!"顿时,大家都很紧张。杨靖宇却沉着地欠了欠身子摆着手向那位连长说:"你可真会开玩笑,我们是星期六没事,出来转转,顺便坐下来闲聊天,谁知道共产党是啥样呢?"那个连长再没说什么,领着人马进城去了。会议继续开着,直至夕阳西下才散。

经过杨靖宇的数月努力,信阳党团组织的各项工作都恢复起来。但不幸的是,1929年3月初,信阳团县委机关遭破坏。一天,杨靖宇去原县委交通员吴绍堂家,正赶上几个便衣侦探在吴家搜查。吴绍堂的嫂嫂见杨靖宇赶在这个危险时候来她家,不由急中生智地说:"我家就欠你二斗米钱,你今天一趟,明天一趟,天天来要,太逼人了。"杨靖宇一听,知道话中有话,就明白是出事了。此时,他镇定自若乘势当着那几个眼睁睁盯着他的便衣侦探的面,冷静地说:"大嫂,你这些话我都听好几遍了。啥都是假的,钱是真的。你今天非给我钱不行,不然我这样空手回去,老板面前咋交账呢?"说着,便一屁股坐了下来,顺手拿起桌子上的水烟袋噁噜噜地吸起来。几个便衣见此,交头接耳私语一阵。这时吴大嫂又恳求地说:"你多在老板面前说些好话,缓限几天,一定给钱。"杨靖宇见几个便衣解除了疑团,慢慢地站起来,露出无可奈何的神态,将水烟袋啪的一声狠狠地往桌子上一搁说:"三天后我还来。"于是,便大摇大摆地向门外走去。但敌人不甘心,仍把他带到司令部。这是他第一次被敌人逮捕。但由于杨靖宇巧妙应付,敌人拿他没办法,最后取保获释。就这样,杨靖宇以其胆大心细,过人的机智,在敌人的眼皮底下脱离了危险。

原来,这次敌人有目的的搜捕,是因叛徒招供所致。此次被捕的有8名同志,使信阳党团组织,全部被破坏。对于杨靖宇脱险和信阳党团组织被破坏的情况,1929年4月12日,河南省委在致中共中央的信中有如下报告:

---

① 《光霁报告第一号——关于巡视信阳各地党的情形》(1928年7月23日),载中央档案馆、河南省档案馆编《河南革命历史文件汇集》甲5,第273页。

"……(B)信阳破坏。甲、破坏原因:原中学同志①周文新的色彩浓厚,其族谋占其财产,向二十九师司令部报告,因而有军队去捕他。适中学机关正移在他家里。住机关的女同志周其著见有军队到周家,即忙着出逃,被军队捉住,在她身上搜出了Y省委②文件二册。当问她的房子是谁给她租的,她即供出吴绍堂。军队随去捕吴。贯一(按,即杨靖宇)不知此变,往找吴接头,当即被候在吴家中的便衣队捉获。问其来意,贯谓找吴要账,但便衣队不信,亦将其带去。周其著经刑审不过,将女师的王其华、宋玉洁以及河南的徐延曾、徐炳兰、讲习所蔡善猷等尽行供出。军队到河南捕徐未得,将其家人及鸣一等捉获,经审了几遍,得不着口供,遂舍去。其后贯一因其应付得好,军队没办法,将其由司令部转押县政府保释。"又说"现贯一、鸣一均来省,此次损失的人数大,同志共八人。王国卿同志在驻(按,即驻马店)被捕,解信阳枪决了。王同志在死时,还对贯一作极沉痛恳切的忠实表示。司令部在未枪决国卿以前,颇注意拷问他知道马尚德否,国卿始终说不认识。可是贯一当时却因此受着很大的刺激。"此报告还说"贯一出险,环境不容许他在信阳。"③

杨靖宇在豫南、信阳工作期间,正值党内"左"倾盲动错误出现之际。中央临时政治局于1927年11月召开的扩大会议不承认革命形势处于低潮,还要求广大农村举行暴动,同时对"八七"会议之后各地武装起义遭受的失败片面追求个人责任,甚至指责起义领导人是"犹豫动摇",犯了"机会主义"错误。对此,杨靖宇十分不理解。由于党内"左"倾盲动错误,致使革命事业受到严重挫折,许多干部、革命分子被敌人逮捕、判刑、枪杀。特别是杨靖宇的战友王国卿的牺牲使他非常痛心。王国卿,确山县古城乡周庄人,是杨靖宇读书下乡办农民夜校时结识的革命活动骨干,后经杨靖宇介绍加入中国共产党,先后担任中共洪沟庙支部书记、确山县北区委书记、确山县委委员、组织部长等职。他是杨靖宇的同志、挚友。王国卿牺牲后,其就义时敌人拷问他知不知道马尚德,而他始终说不认识的情形总是萦绕在杨靖宇的脑际里。杨靖宇知道王国卿完全是为了保护组织、保护他(马尚德)而牺牲的。因此,在杨靖宇的内心中留下一道难以平复的伤痕,一方面他无限地思念永不复生的战友;一方面他心如刀绞,思想上受着深深的刺激。杨靖宇由信阳返回省城开封后,立即向河南省委提出应注意的问题。在河南省委致中央的一封信中说:"尚德自出险后,鉴于党内时受组织技术糟糕,而党内尚不注意这种严重问题,致使许多的干部分子损失殆尽,非常痛心。因向省委提出许多应注意的问题和自己的要求:1.离开河南工作。2.要求上学研究过去在工作中的失败,求得一个结论,以改正党内组织的弱点。3.如不能到莫斯科去上学,受短期训练,为求点理论,并证明他在工作中的经验,愿到上海工厂中做工,倘不允许他,将拟自杀。"④

---

① "中学同志"指共青团员。下文"中学机关"指共青团机关。"中学"系共青团代号。
② "Y省委",指共青团省委。
③《河南省委关于各地组织情形给中央的报告》(1929年4月12日),载中央档案馆、河南省档案馆编《河南革命历史文件汇集》乙本,第41~42页。
④ 梁秋:《关于马尚德的问题给中央的报告》(1929年4月12日),载中央档案馆、河南省档案馆编《河南革命历史文件汇集》乙本,第45页。

在这里，杨靖宇提出"将拟自杀"，固然属于偏激，但并非是要挟组织。而是杨靖宇想到王国卿为了保护他不惜牺牲宝贵生命，而自己如果不能学习掌握革命理论，认真总结斗争经验教训，进而使革命事业少遭受损失，那么就对不起王国卿同志，与死去的战友相比，自己活着也就没有什么意义。此时，杨靖宇已把生死置之度外了，这也正是省委报告中说的他所受的"很大刺激"。

当时，河南省委仅有中央派来的史文彬一人在开封主持工作，由于河南地下党连遭破坏，省委工作难以进行，中央决定改组河南省委。史文彬不能解决杨靖宇提出的严重问题，表示待新省委成立后，再进行解决。面对杨靖宇迫切要学习理论的请求，史文彬则一方面向中央作报告，请中央指示；一方面暂时决定让他到永城巡视，做暂时的指导工作。

1929年4月，杨靖宇来到永城县指导工作，纠正了那里的种种错误政治倾向。之后，组织又先后派他（化名周敏）到洛阳、开封工作。其间在开封曾两次被捕，但皆因无供无证被释放。在洛阳，他又一次被捕，当时冯玉祥在洛阳，党组织通过各种关系进行营救，很快获释。[①]

1929年6月，根据工作需要和杨靖宇的要求，他被党组织派往上海学习。这次去上海，是杨靖宇第一次远离家乡。由于时间紧迫，他没有来得及向家人告别。杨靖宇为了革命事业，舍弃了个人的一切。

他到上海，参加了党中央举办的干部训练班，学习革命理论。训练班是根据周恩来的决定，为了提高各地干部的思想水平和工作能力而办，每期一二十人，时间不超过一个月。[②]

在训练班杨靖宇悉心聆听了周恩来、李立三等为学员讲的课程，认识到中国革命的规律、特点，了解到大革命失败的原因及党的"六大"的基本精神。学习中，他迫切感到掌握革命理论的重要，想在这里更多地学习一些理论知识，用以武装自己的头脑。但训练班为时较短，虽然如此，他的收获是很大的。期间，他如饥似渴地学习党的政策理论，研究革命发展的形势，总结大革命斗争经验，通过学习特别是对党内右倾和"左"的错误内容、表现、实质都有了进一步了解。他紧密联系自己在豫南、信阳工作的实际，找到革命事业遭到挫折的主观、客观根源。他深深感到右倾错误和"左"倾盲动错误都会给革命事业造成危害。通过学习，他对党的"六大"制定的反帝反封建，实行土地革命，建立工农民主专政的十大政纲，对中国革命的特点即武装的革命反对武装的反革命以及革命的长期性、艰巨性、复杂性的认识进一步明确和深刻了。他坚信革命道路不管如何曲折，中国人民的革命一定能够成功。这次学习，对杨靖宇来说可谓受益匪浅。

训练班结束，杨靖宇被分配到全国总工会工作。

这期间，他给家乡河南确山李湾村的少年时同学、参加过确山农民暴动的李士芳写过一封信，告诉他自己在上海的生活情况，信中最后说："革命总会成功的！"[③]

---

① 《杨一辰谈话录》（1955年8月8日）。
② 中共中央文献研究室编：《周恩来传》，人民出版社、中央文献出版社，1989年2月版，第191页。
③ 《李士芳谈话录》（1955年7月22日）。

第三章 奔赴反日斗争前线

一、在抚顺领导工运

1929年7月,东北发生了矛头指向苏联的"中东路事件"。7月10日,东北当局解除了中东铁路苏方局长、副局长职务,驱逐铁路局苏方人员回国,封闭了苏驻哈尔滨市一切外交、商务机关。事件发生后,事态越演越烈。这时党中央决定参加中央学习训练班来自东北的学员马上回东北,恐怕东北形势继续发展,这部分同志难以迅速返回。这时,刚到上海"全总"工作不长时间的杨靖宇受党中央指派,与训练班中在东北工作的同志一起乘船去东北,到那里开展地下工作。[①]

杨靖宇被党中央由上海派到东北来了。当他从营口下船,踏上关东大地时,看到了东北人民所受的苦难一点也不比自己的家乡河南差。

东北地广人稀,大部分土地为军阀、地主、商人占有。由关里,特别是山东、河北为逃避饥荒迁徙到这里落户的大批贫苦农民成为佃农。他们以辛勤汗水换来的大部分收成要向地主缴付高昂的地租,而自己所剩无几,难以糊口。奉天(沈阳)、哈尔滨、吉林、大连等几个大城市中的工业主要是从事农副产品加工,如榨油、磨面、酿酒、卷烟等,成千上万的工人受着资本家的残酷剥削。

除了地主对农民、资本家对工人的残酷剥削,军阀对广大民众的血腥统治外,在东北这块土地上,还有横行霸道的日本帝国主义的侵略势力。他们依据在日俄战争期间攫取的在华利益(霸占南满铁路,占据旅顺、大连港,划有南满广大地区的势力范围等),肆意掠夺东北的财富。1928年,日本人占据的抚顺煤矿产煤量达720万吨,占全东北产煤量70%。在东北全部外国人投资中,日本人占70%,俄国人占25.6%,可见日本资本势力之大。

这一切使杨靖宇看到了帝国主义与封建势力相勾结,共同压迫广大劳苦大众的真实情景。他深深感到为取得中国革命胜利必须与帝国主义、封建主义、官僚资本主义作坚决的、长期的、彻底的斗争。他有决心、有信心把在上海党中央训练班学习时掌握的革命理论和自己在河南从事革命斗争取得的经验,运用到东北的革命工作中,完成好组织交付的任务。

此时,中共满洲省委正在贯彻党的"六大"确定的路线、方针、政策。1928年9月,中共满洲省委召开第三次代表大会,并做出《关于接受中共六大决议案的决议》。《决议》确定"目前满洲主要的政治任务是加强无产阶级革命的领导力量,在反日、反国民党、反军阀政权号召之下,发动群众的日常斗争,扩大党的政治宣传,提高无产阶级及一般农民、贫民的政治觉悟,建立群众的广大组织以巩固党在群众中的基础,这样使广大的群众围绕在党的周围,以促进革命的发展,以准备革命的高潮。"

---

① 唐韵超(宏经):《在东北三省党史资料征集会上的发言》(1982年8月20日),载辽宁省社会科学院地方党史研究所编《中共满洲省委时期回忆录选编》第1册。

然而,当时斗争的形势是复杂而又十分险恶的。1928年12月23日,中共满洲省委在奉天大东边门牛思玉家召开省委扩大会议时,突然有十余名警察闯入室内。省委领导同志及一些外地党的负责同志陈为人、吴丽石等13人被捕,满洲省委遭到严重破坏。之后,中共中央派刘少猷负责恢复满洲省委工作,1929年2月中旬,党中央决定王立功任满洲省委书记,在王患病未到任前由刘少猷代理。5月中旬,刘少猷奉党中央之命赴上海工作。为加强对满洲革命斗争工作的领导,党中央又于6月7日决定派刘少奇担任省委书记(7月14日到任)。杨靖宇到东北,正是满洲省委领导成员发生变动,刘少奇任中共满洲省委书记不久之时。7月下旬,杨靖宇抵达奉天与满洲省委接上关系后,即由刘少奇派遣来到东北党组织工作重点部位之一的抚顺,担任特支书记工作。据时任省委组织部长的何成湘回忆说:"1929年春(按,应为夏),中共中央派他到满洲省委工作,当时刘少奇同志任省委书记,将靖宇同志分配到抚顺工作。"①对于杨靖宇系由刘少奇派到抚顺工作另有一确证:1949年8月下旬,时任中共中央书记处书记的刘少奇秘密访苏回国途中在哈尔滨停留期间,带领女儿刘爱琴和蔡和森之子蔡博一同瞻仰了东北烈士纪念馆。35年后,1984年6月14日,蔡博再度来哈尔滨参谒东北烈士纪念馆,讲述了当年刘少奇带领他们参谒烈士馆的情形。蔡博回忆说:当刘少奇叔叔看到烈士馆中杨靖宇将军的头颅时,神情凝重而严肃。他对我们说:我认识杨靖宇,他身材很魁梧,说话带有河南口音。那时我任满洲省委书记不久,杨靖宇也来到奉天与省委接上了关系,我俩谈了一个晚上,然后把他派到抚顺任特支书记。后来听东北抗联的同志说,他已经牺牲了。杨靖宇是一位在群众中很有影响的民族英雄。然后,他领着我们向杨靖宇将军的头颅三鞠躬,深切表达他对革命先烈的无限缅怀和崇高敬意。蔡博的回忆说明当年杨靖宇确是由满洲省委书记刘少奇派遣赴抚顺工作的。

当时在满洲省委组织部任职,曾到抚顺做过巡视工作的杨一辰同志也回忆说:"中国大革命失败后,杨靖宇(原名马尚德、化名张贯一)曾在开封被捕。出狱后,在河南呆不下去,就到中央。二九年春(按,应为夏)派来东北抚顺做党的工作,别人称他'大马',以后山东派来个'小马'(叫马守愚、又名王振祥)做团的工作。那时大连组织遭破坏,跑去抚顺几个党员……他们就在抚顺开展工作。"②

抚顺是东北地区工人比较集中的地方,这里有东北著名的大煤矿。当时产业工人有9万余人,其中矿工6万人,满铁工厂、铁路、电厂各1万人。抚顺是日本帝国主义直接统治的地方,这里的矿井、工厂多由日本人经营,经济命脉完全掌握在日本人手里。日本资本家为了疯狂掠夺煤炭资源,实行野蛮的"人肉开采"政策,强迫工人在无起码劳动安全保障的条件下,进行采掘作业,并随意延长工时,增加劳动强度。工人深受日本资本家、中国工头压迫、剥削,生活异常艰难。当时工人编有一首歌谣:"一到千金寨③,就把铺盖卖,新的换旧的,旧的换麻

---

① 何成湘:《和杨靖宇同志三次会见》,载《红旗飘飘》第五辑,中国青年出版社,1957年12月版。
② 杨一辰:《1929—1936年中共满洲省委及抚顺党组织活动情况》(1960年8月23日),载辽宁省社会科学院地方党史研究所编《中共满洲省委时期回忆录选编》第2册。
③ "千金寨"是抚顺一煤矿,代指抚顺。意为抚顺采煤易获巨利,日进千金,故被称之为"千金寨"。

袋。"因为工人生活痛苦,煤矿生产条件恶劣,不时发生瓦斯爆炸、矿坑塌顶、冒水,煤矿严重事故频发,几乎天天都死人、伤人。广大工人个个瘦骨嶙峋,在社会最底层过着牛马不如的生活。

自1927年10月中共满洲临时省委成立后,一直把产业工人集中的抚顺与奉天(沈阳)、大连、哈尔滨一样作为党的工作四大重点部位之一。1928年8月,抚顺特支成立。至1929年上半年抚顺党的工作已有一定进展,秘密工作开始向炭坑、机器厂、发电所"渐次进行",但整个工作局面尚未打开。1929年5月15日,省委在一份报告中说:"抚顺最近有12名同志,都系小铁厂工人。矿工内无组织,支部会难成,小组会同样,工作难进行。"又说:"抚顺因工作人能力弱和幼稚,工作不能进展。矿工总有五千之众,总未打入。斗争日有,情绪特高,最近工作时间减而工资亦减,生活苦,需要得力同志前去发展。"同年6月7日,省委工作会议在研究各地现状讲到抚顺时说:"抚顺,半年多只有十二三人,工作人无方法,需派人去。"在谈到干部人员说,"抚,安平(幼稚)。"①7月下旬,抚顺特支书记关世杰(即安平)因病调回省委。以上,就是杨靖宇被派往抚顺担任特支书记,开展工运工作的背景。刘少奇很器重杨靖宇,他是被省委认作是"得力同志"而被派到抚顺开展工作的。杨靖宇到抚顺接上组织关系后,即通过考工到煤矿当上最劳苦的矿坑工人,与矿工们一起吃苦涩发霉的饭食,到潮湿阴暗的坑下采煤。杨靖宇到抚顺当矿工不久,满洲省委书记刘少奇在给中央和全国总工会的报告中谈到抚顺职工运动情况说:"抚顺有同志十一人,内有五人不十分可靠,最近党派参加生产者二人,CY二人,已有二人找到工作,工作只能发点宣传品。此地办工人小学校及工人学校很有可能,计划办一个或两个工人学校。"②当时,杨靖宇见矿工中山东人居多,便自称是与河南省东北部毗邻的山东省曹州人氏,名叫张贯一。他与工人们一起参加生产干重活,吃住在一起,想尽快与工人们相熟悉,打成一片,进而好发动反日斗争。

开始时,工人们对这位新来的矿工不摸底细,怕是矿上派来的侦探,对他都持以怀疑的眼光。有时工人们一起唠嗑,他一来大家就不唠了。杨靖宇想接近这些矿工,可大家不愿跟他说话。杨靖宇初到东北,对这里的情况不熟悉,加之没有在矿工中从事工作的经验,这使他很焦急。但他想到,要取得工人们对自己的信任,还得要从解决工人实际问题入手,逐渐让工人们了解自己,最终使自己成为工人们的朋友。

一天,一位老矿工生病了,没有钱请医生,家里无米下锅。他找工头想借几个钱,工头不但没借给,反而打了他一个嘴巴,说他怠工,并声言要开除他。杨靖宇知道这个情况后,立即来到这位老工人的家里。

杨靖宇对老工人说:"咱们在一起很少唠嗑,大家都把我当外人,这一点我明白。"说着,杨靖宇把自己仅有的两块银元掏了出来,送给这位老工人,并说:"我这两块银元,送给你请

---

① 安平即关维汉又名安达、关世杰,原抚顺特支书记。
② 刘少奇:《给中央和全总的报告》(1929年7月29日)。内中"CY"指共青团,载中央档案馆、辽宁省档案馆、吉林省档案馆、黑龙江省档案馆编《东北地区革命历史文件汇集》甲3,第203页。(以下凡引此文件汇集,编辑单位皆简称中央档案馆等编。)

大夫治治病,剩下的或许还能买点米,过几天我再来看你。"说完就要往外走。

这时,眼含热泪的老工人拉住他的手,让他再坐一会。老工人说:"你来这些日子,我看出来了,你和别人不同,大家背后都在议论你。"

杨靖宇说:"我不是和你一样,都是遭大罪、受人欺的煤黑子!"

老工人说:"我们大家都在议论着,但是不敢轻举妄动。因为过去遭到的打击太大了……"接着老工人向杨靖宇谈了许多煤矿日本人统治及工人受压迫的情况。

以后,由于这位老工人做工作,工人们对杨靖宇的态度转变了。杨靖宇也注意采取多种方式去接近群众,了解工人们的日常生活、思想状况及迫切要求。工人们有什么困难,他就主动去帮助解决。他通过与工人不断接触,同甘共苦,取得了工人们的信任。杨靖宇身材高大,高颧骨,面目清瘦,两道浓眉下,闪烁着一双有神的眼睛,显得很是机灵。他不抽烟、不喝酒,没有什么特别嗜好。工人们见他耿直、热心、关怀人,便亲切地称他为"山东张",或称之"张大个子",都视他为亲兄弟、主心骨。

在同工人们的接触中,杨靖宇很快了解了抚顺煤矿的全面情况,确定了工作重点部位,决定把工人运动的准备工作集中在抚顺煤矿的八大坑(古城子、杨柏堡、大山、东乡、龙凤、老虎台、万达屋、搭连)和南满大厂、发电所。在组织工人斗争中,杨靖宇耐心进行宣传教育,启发工人的觉悟。注意根据实际情况,即广大工人认识水平,采取他们乐于接受的形式,如"拜把子"、组织"兄弟团",建立音乐团、足球队、识字班(工人小学校)等,把工人团结组织起来。他不急于向工人提出马上组织暴动,开展政治斗争等过高要求,而是先从经济斗争入手,只提经济斗争口号,如建立"互助储金会"、改善劳动条件、增加工薪、缩短工时等。他卓有成效地领导几次反对工头压迫和改善工人待遇的斗争都取得了胜利。他是通过组织工人们进行日常经济斗争,以提高工人们的阶级觉悟,进而发动工人开展政治斗争的。这样做既符合工人思想、生活实际情况,又不会被日本资本家、汉奸工头抓住把柄,同时也能在斗争中锻炼群众,以便逐步把群众斗争提高到一个新水平,即政治斗争的阶段。

据当时同被组织指派去抚顺的邹立孟回忆说:"1929年夏,团省委派我到抚顺矿去考工,以便打入矿区搞工运。团省委组织委员陶慧明带我到抚顺站附近一个市场靠北边的一间小屋里见马同志,陶向他转述了省委指示后就回沈阳了。我同马同志在一铺炕上住了七天,他是河南人,身体非常魁梧,强壮有力,他生活很简朴,我们当天吃的是火勺、豆腐脑,他还边吃边说:'从前在家乡要能吃上这样饭都不容易呀!'这人讲话幽默风趣,不紧不慢,很有节奏,生动有力,我听得出神。看来他对抚顺矿区的工人斗争很熟,向我讲了许多同资本家斗争的事,我受到很大的教益。他每天晚饭后都出去,很晚才回来,后来,因我身体检查不合格没考上工,又返回沈阳"。[1]此回忆中的"马同志"即是杨靖宇。

杨靖宇在抚顺领导的斗争取得了初步成效。在一份省委给中央的关于工作情况报告中说:"抚顺矿工斗争,工人反对工头,改善待遇的斗争,计参加群众达80余人,曾有多次骚动,

---

[1]《邹立孟回忆记录》,转引自张大庸:《铮铮铁骨、耿耿丹心——杨靖宇在狱中斗争纪实》,载《铁窗丹心》,辽宁人民出版社,1991年6月版,第84页。

完全为我们所领导。"又说，群众的情绪日益高涨，"每天都有各种斗争的发动，工人看到我们的传单，奉为至宝。"①

在杨靖宇的领导下，经过艰苦努力，在较短时间内，打开了党在抚顺工作的新局面，使党团组织得到恢复，工人反对日本帝国主义、反对封建军阀、反对工贼走狗的斗争逐步得到发展。古城子、东大井、老虎台等重要矿井和矿工居住区都有了党的秘密活动。发电所工人组织的足球队也有党团员在其间从事革命宣传、组织工作。对此，日本人惊呼"自1929年共产党分子潜入煤矿以来，工人思想显著恶化"，有"事变的前兆"。"尤其是五月开滦煤矿劳资纠纷发生后，在抚顺也有了明显的异乎寻常的感觉。"②

杨靖宇在抚顺从事工人运动期间，所面临的斗争环境十分艰难。在这里遍布各地的日本人侦探、特务随处都在窥测党的秘密活动，党在抚顺的工作已经是三次被严重破坏。在这种情况下，杨靖宇时刻保持冷静头脑，高度警惕，一改在河南轰轰烈烈开辟群众运动的工作方式、方法，采取极端秘密隐蔽的方式从事革命工作。为此，他认为，"在白区搞工人运动，不能在工人之外，必须职业化，在工人之中。要和工人同寝同食，同作同息，才能很好地了解工人要求，领导工人斗争，组织与教育工人，自己也才能得到最好的掩护。"③杨靖宇的这一斗争经验是他在亲自从事党的秘密工作实践之后，总结出来的。正因杨靖宇到抚顺后采取这种正确的符合当时、当地斗争形势的工作方式、方法，才使党的工作在短期内能够取得很大的成绩。

杨靖宇来抚顺前夕，1929年7月13日，中共满洲省委根据中央指示，发出通知，要求各大城市于"八一"（按，共产国际规定此日为国际赤色日）举行示威游行运动。对于这个带有严重"左"倾色彩的通知，抚顺特支考虑到抚顺斗争实际情况，认为这里不具备应有的形势和条件，难以举行公开的游行示威活动。当时，抚顺县知事张克湘接到省民政厅"快邮代电"，得知八月一日为赤色纪念日。国府电令，是日严行禁止一切集会活动，并消灭"反动"组织。于是，开始加强防范。抚顺特支为贯彻中央指示，将举行示威运动改为贴标语、撒传单。为帮助抚顺布置"八一"工作，省委派出省委委员唐宏经于八一前来抚顺巡视。唐见抚顺敌人控制严密的实际情况，对抚顺特支"八一"活动计划中拟开展撒传单、贴标语等，加以阻止，认为"这样做没有什么意义"。杨靖宇到抚顺后，为贯彻中央、省委指示，抚顺特支还是在古城子、老虎台、大山、万达屋等地散发了署名满洲省委、团省委的《纪念"八一"国际赤色日》《告满洲民众书》《中东路大事件》等传单数百张，并派出王振祥（马守愚）等两名同志去街市张贴标语。

8月中旬，日本资本家因"采炭所"机构膨涨，产量减少，金票毛荒，决定要裁减矿工。矿工若被裁减，就意味着失去维生活命之路，于是大家都来找杨靖宇让他拿主意想办法。杨靖宇考虑到经过多方努力，发动工人展开斗争的条件已基本具备，应及时发动工人展开与资本家

---

① 廖如愿：《关于省委工作情况给中央的报告》（1929年7月），载中央档案馆等编《东北地区革命历史文件汇集》甲3，第227、235页。
② 未光高义：《支那工人运动》（1930年）；南满铁道株式会社：《1929年满洲工人运动》（1930年）。
③ 杨一辰：《民族英雄模范共产党员杨靖宇同志》，载《河南日报》（1951年7月1日）。

的斗争,要求日本资本家收回裁减矿工的决定,给矿工增加工资,改善待遇,以维护工人利益。他对矿工们说:"弟兄们,我们绝不能再这么忍气吞声了,不能让日本人骑在我们的头上,要拿出力量和日本鬼子较量一下,工人的力量是大的,不能小瞧自己。我们每天刨出来的煤,日本鬼子用来开工厂、造机器,我们要不刨煤,日本鬼子的火车、轮船都得寸步难行。"然后他用两只手打着手势对大家说:"我们矿工这两只手就能卡住日本鬼子的命根子。过去,把头们敢那么大胆的欺侮我们,就是因为这两只手没有卡住他们。大家要团结起来,相信自己的力量。"杨靖宇一席话,使矿工们心明眼亮,大家说:"老张你就指挥吧!"①之后,在杨靖宇领导下,斗争于古城子坑开展起来。

当日本资本家裁减工人的布告一张贴出来,杨靖宇就对一些矿工骨干说:"我们要有步骤地干,要掌握主动权,打击敌人要打在节骨眼上。"接着他对斗争时间、步骤、纪律等做出详细部署。当日12时,矿工们按杨靖宇的布置安排,立即展开了斗争的实际行动。发电所工人把电闸拉下,运输车停驶,机器停转,照明灯停亮,煤矿一片混乱。在杨靖宇带领、指挥下,各系、班、组,采煤掌子上的矿工群众冲进日本资本家的炭矿办公处,与之展开说理斗争,提出召回被裁减工人、增加工资和不准加班、加点的合理要求。并表示矿上不答应工人们提出的这些条件就展开罢工。这次斗争使日本资本家不得不答应矿工们的要求,宣布收回裁减工人的决定,适当给工人增加工资,不再随意让工人加班、加点,斗争取得了胜利。

通过这次斗争,尽管是一个矿坑规模不算很大的"骚动",它使工人们看到了团结的力量,工人自己的力量,更加相信杨靖宇所讲的,都是为工人谋生存、求出路的正确道理。

8月20日,中共满洲省委发出八月半至九月底工作计划。此计划强调"改变过去和平发展的工作路线及工作方法,使党的一切工作都建筑在斗争上面。党应采取各种方式号召群众的各种争斗,扩大党的宣传鼓动计划工作"。计划分"职工运动""农运""兵运""学运"及一般"贫民运动""妇运及济运","反帝运动反国民党""组织工作及省委本身工作"等,共有五十九条。其中"职运"中强调"满洲党的主要工作,应当是职工运动,哈尔滨、大连、奉天、抚顺是四个中心城市。"计划中涉及抚顺的有:"在抚顺应以八大坑、南满大厂、发电所为中心。""抚顺须办一工人学校并小学。在机器厂调查工人生活状况,派人到炭坑参加生产。在炭坑及满铁大厂发展四五个新的同学(按,即为同志)等。"②杨靖宇接到省委的工作计划后,便开始考虑如何深入群众,进一步开展宣传鼓动及组织工作,落实省委给予抚顺的任务。

纪念"八一"国际赤色日张贴标语、散发传单的活动,以及8月煤矿工人的罢工展开后,使日本统治者十分恐慌。在抚顺的日本警察署急于寻觅这些活动的策划者、指使人。

当时,在反动势力严酷统治的形势下,党的工作尽管采取秘密方式进行,但仍由于某些环节一时出现疏忽,而往往会导致党的组织遭到严重破坏。

还是在7月26日晚9时许,王振祥与另一同志孔德文在老虎台附近粘贴传单、标语时,

---

① 邵玉杰:《靖宇将军在矿山》,载《松柏常青》,吉林人民出版社,1960年版,第63页。
② 《中共满洲省委工作计划(八月半至九月底)》(1929年8月20日),载中共档案馆等编《东北地区革命历史文件汇集》甲3,第256~258,364页。

被敌人发现。当时，他们两人，一个刷糨糊，一个粘贴标语，"连续作业"。贴者看到一根电柱未刷糨糊，便叫道："快来这刷。"结果被附近警察听见，便走来问："你们在贴什么？"他二人一看事情不好，便分头逃跑。对抚顺的"八一"工作情况在满洲省委的一份报告中这样写道：抚顺：八一恐无事变，共有同学十一人，四五人不大可靠，负责人曾来省委一次，省委并派人去过一次，大多同志对于'八一'示威是怀疑的。曾散传单数百张，并由二人持纸头，夜间到外面去贴，一人刷浆，一人贴，已贴了许多。贴到有警察处，因为其电柱上并未刷浆，贴者即招呼前行之刷浆者：'来来来，这里没有刷浆。'前行者竟即时回来刷浆，警察当时问他们贴什么，对答者言语不好，警察要捕人，二人分途由泥坑水中走，敌人当时戒严数日。"①因这次张贴标语被警察发现，抚顺地下党的活动引起敌人的注意。敌人派出军警、特务、密探通过种种手段进行侦察，寻觅抚顺地下党领导人的踪迹。8月29日，王振祥来永兴铁工厂领取传单，准备再次张贴时，在铁工厂的内奸范青②从王振祥口中得知杨靖宇住址，即向日本警察署做了报告。30日上午，王振祥被日本警察逮捕。王振祥在敌人严刑下，供出了杨靖宇和抚顺特支情况。8月30日晚7时，抚顺日本警察署长大林太久美令高等系主任蜂须贺重雄带领警察特务在叛徒王振祥引领下，将杨靖宇住地抚顺市欢乐园福合客栈包围。傍晚，杨靖宇外出刚回到福合客栈时，即被日本警察署巡警羽田、高山两内勤及宋巡捕逮捕。由于内奸范青的作用、王振祥的叛变，从8月30日到9月5日，杨靖宇及孙德文、王文忠、傅聚田、由存在等10余名抚顺地下党党员和工会会员相继被日本警察署逮捕。抚顺特支和工会组织遭到了破坏。

　　杨靖宇等被捕后，中共满洲省委对这一事件十分关心和重视，曾派人打探消息以便设法营救。省委巡视员在1929年9月26日的一份报告中说："（抚顺）'八一'运动后，群众组织开始建立起来，日本帝国主义在8月下旬遂大肆逮捕，计被捕工人领袖2人，群众10余人，逃跑失业者数十人。被捕领袖被严刑拷打，现生死不明。"③9月19日省委在给中央的一份报告中专门谈道："抚顺：党团及新的群众的组织（兄弟团）完全被敌人击溃，共捕去同志十人及工人数人……其被破坏原因是抚顺工作开始发动，引起敌人注意，尤以'八一'前一次传单，同志对于秘密工作疏忽，日本侦探从通信上找到线索。"该报告中还指出："现在对于这些同志音信无法打听，一时没有释放的希望。"④

---

　　① 《中共满洲省委关于"八一"工作情况给中央的报告》（1929年8月8日），载中央档案馆等编《东北地区革命历史文件汇集》甲3，第242页。

　　② 范青又名胡杰三。1927年在大连加入中国共产党，后叛变，充当日本特务。1928年由大连来抚顺从事特务活动，并钻入党内，成为内奸。解放后被人民政府判刑7年。1961年发现他有出卖杨靖宇等严重罪行，经抚顺中级人民法院判处无期徒刑。

　　③ 《××满洲巡视员报告》（1929年9月26日），载中央档案馆等编《东北地区革命历史文件汇集》甲66，第12页。

　　④ 《中共满洲省委给中央的报告》（1929年9月19日），载中央档案馆等编《东北地区革命历史文件汇集》甲3，第307页。

二、铁窗岁月

杨靖宇被捕后,被关押在抚顺新站七条通(日本满铁附属地)日本警察署拘留所里的一个单人监号内。

1929年9月11日,日本人办的《奉天每日新闻》刊登了杨靖宇等被捕、抚顺特支被破坏的消息。此消息报道的标题为:"全满赤化阴谋暴露,中国共产党员被一网打尽"。内中有:"8月26日,市内欢乐园二十二番地的福合客栈,来了个山东省曹州府商人张富义(25岁),出入古城子华工宿舍散发了传单。30日,羽田、高山两内勤和宋巡捕将张逮捕。"此报道旁还刊发了被捕的七人照片,其中张富义即杨靖宇。对于这起案件,日本警察署是十分重视的,他们认为杨靖宇是"共产党之首魁"。

杨靖宇对于自己突然遭敌人逮捕,立即便意识到党内有奸细或出现了叛徒。他仔细回想

《奉天每日新闻》关于抚顺地下党被破坏的报道

起自贯彻省委指示,落实"八一"活动、散发传单、张贴标语、组织矿工罢工后,抚顺市内空气

顿时紧张起来,日警到处横冲乱撞,整个抚顺笼罩在一片恐怖之中。为此,他于8月26日,以张富义的化名将住址转移到欢乐园二十二番地福合客栈。这里既离矿区较近,又属闹市,五行八作皆有,便于隐蔽和从事工作。这个新地址,除王振祥外,别人是不知道的。8月30日清晨,杨靖宇去矿区找工人谈话,返回时已是晚上。他刚进客栈,就被早已在此守候的日本巡警逮捕。敌人不容分说,将他带到日本警察署。杨靖宇在河南从事革命活动时曾三次被敌人逮捕,有着与敌人在法庭斗争的丰富经验。但这次被捕,是与日本人打交道,他经过深思熟虑,内心中编出一套口供,做好了应付敌人的一切准备。

当日夜晚,敌人对杨靖宇进行了初次审讯。开始时,日本警察署高等系刑事横畑武吉假惺惺地通过翻译官指着一把椅子让他"请坐"。沉着冷静的杨靖宇从容不迫地坐了下来,站在一旁的几个日本打手虎视眈眈地瞅着这位年轻人。

横畑问道:"你的原籍在什么地方?"

杨靖宇回答:"我是山东省曹州府人。"

横畑问:"你什么时候入党的?"

杨靖宇答:"我来千金寨,想开个杂货铺。"

横畑见他所答非所问,便直接问道:"炭矿的罢工,华工街、老虎台的传单你的知道?"

杨靖宇回答:"我什么也不知道,从来未听说过那件事。"

横畑见杨靖宇拒供,便气急败坏地离开审讯桌走到杨靖宇面前,抓起他的脖领子逼供道:"你是共产党,通通讲出来!"

杨靖宇坚定回答:"什么是共产党,我不知道。"

敌人的企图是,首先使他承认是共产党员,进而承认是共产党头目,再进一步使其供述党组织的全部机密。但是几个小时过去了,敌人未能从杨靖宇口中掏出一句有用的话来。临结束初审时,横畑威吓说:"警察署有物证,还有人证,你要好好考虑,不要自找苦吃。"

次日清晨,杨靖宇再次被提审。这次主持审讯的是日本警察署高等系主任蜂须贺重雄,横畑在一边做帮手。蜂须贺重雄在审问杨靖宇时着重追问抚顺地下党情况。杨靖宇始终坚持回答不知道什么是共产党。这时,敌人把在杨靖宇住处"福合客栈",一茶叶筒内搜出来的《红旗》《满洲省委工作计划》《二中全会的决议与精神》《省委通告第三号》[①]等印刷品拿出来,妄图让他在这些"物证"面前承认自己是共产党员。杨靖宇面对这些"物证"沉着地回答道:"这些印刷品不是我的,那是别人给我送药时留下的,我并不知道是何材料。如果我是共产党,我能把它放在明面摆着的茶筒里吗?"敌人见杨靖宇拒不承认自己是共产党员,横畑和旁边几个打手一起扑上前来,将杨靖宇痛打一顿,但杨靖宇仍不屈服。敌人拿出了最后一张牌,将叛徒王振祥带到审讯室,让他与杨靖宇对质。杨靖宇用鄙视眼光瞅着这个无耻叛徒,拒不承认与其相识。在大义凛然的杨靖宇面前,这个叛徒畏畏缩缩,无地自容。

---

① 《红旗》第31期(1929年7月17日)至第38期(1929年8月10日),中间有缺共6期。《满洲省委工作计划》,日期为1929年8月20日,标题为《中共满洲省委工作计划(八月半至九月底)》。《二中全会的决议与精神》即《中央通告40号》(1929年7月9日)。《省委通告第三号》,日期为1929年4月21日。

蜂须贺重雄见杨靖宇拒不招供,便决定施展其淫威给他上大刑,妄图用严酷的刑法撬开杨靖宇的嘴巴。在连续几天的审讯中,残暴的敌人用皮鞭抽打,让他"坐老虎凳"①、往鼻眼里灌凉水、灌煤油、"压杠子"②、"上大挂"③,让他坐"水牢"。总之,日本警察署里的各种酷刑都对杨靖宇使过了。他的身上被皮鞭抽打得皮开肉绽,鲜血直流,鼻、肺被凉水灌得难以呼吸。他多次被敌人的酷刑折磨得昏死过去。但他每次醒过来,在敌人继续审问时,仍咬紧牙关,对党的地下革命活动情况坚不吐实,表现出真正的共产党人坚强的革命意志。

杨靖宇在凶残的日本法西斯面前经受住了严峻考验,他没有向敌人吐露半点党的机密,其坚贞不屈的顽强精神竟使敌人为之咋舌。

25年后,作为战争罪犯被关押在抚顺战犯管理所的原抚顺日本警察署高等系主任蜂须贺重雄交代在东北的侵略罪行时,仍忘不掉那位惨遭毒打的抚顺地下党负责人的意志是何等坚强。这一点在他的记忆里留下深刻印象。他于1954年6月2日在亲笔所书罪行供词中写道:"横畑对30岁左右的被捕者进行审讯间,这人意志非常坚强,不谈抚顺组织……横畑残暴地殴打他,脊背受伤……"④这里所说的"不谈抚顺组织""30岁左右的被捕者"就是杨靖宇。

由于敌人惨无人道的酷刑和在没腰深水牢里的浸泡,遍体鳞伤的杨靖宇身上的伤口开始感染、腐烂。他发着高烧,又患了赤痢,生命危在旦夕。9月4日被日本警察送到满铁医院传染病房。9月9日,抚顺日本警察署署长大林太久美向抚顺县知事张克湘递交《违反治安维持法犯人解送书》,内中说先解送王振祥、孙德文、王文忠、傅聚田、由存五人,"此外,为该党头目来抚中之张贯一因染赤痢病,入病院调治,俟彼痊愈后,调查完竣,必解送贵方。"⑤20天后,即9月28日,抚顺日本警察署以"搅乱抚顺之治安,宣传共产主义,以期中国方面之大变革"之罪名,将其认为的"共产党之首魁"杨靖宇引渡给中国抚顺县公安局。同时递交了关于张贯一所谓《违反治安维持法犯人之解送书》,内容如下:

"被告人 原籍 住所 氏名 职业 年岁

原籍山东省曹州府曹县李庄。现住所抚顺欢乐园二十二番地福合客栈内。

自称商人,张贯一,二十七岁。

犯罪事实

被告张贯一于昭和二年夏季加入共产党从事于宣传主义之工作,为期党之规模重要日益扩大起见,有恐愚该犯为本地党支部之指导员者,该犯概然应诺由千金寨中国街张万祥之招而来抚,于起身之际,有张若云者将致本地干部王振祥之书信及共产主义宣传文书等装入

---

① "坐老虎凳"是让受刑人坐在一种特制的凳子上,双腿平伸被绳索绑住,在脚后跟下一块块垫砖,大腿筋被不断拉长,疼痛难忍,是种酷刑。

② "压杠子"是让受刑人跪在地上,用一根木杠压在腿肚子上,然后用两个人在上面踩的一种酷刑。

③ "上大挂"是把受刑者双手或双手拇指用绳索绑起,吊在半空,并施以鞭抽棒打的一种酷刑。

④ 《蜂须贺重雄笔供》(1954年6月2日),载抚顺市中级人民法院胡杰三卷宗。蜂须贺重雄,日本战犯。1956年7月20日,被我国最高人民法院特别军事法庭判处12年徒刑。1963年4月,被释放回国。

⑤ 《大林太久美致张克湘函》抚警司发第三九三三号、抚警司发第三九三三号之二,载辽宁省档案馆藏革字540卷。

茶筒内,让彼分交于党员手内。

及至来抚后会晤本地干部王振祥等,先着眼于抚顺炭矿,以华工为中心,极力劝诱入会,除向该等谓入会可以增加工资缩短工作时间,还可互济困难者等之实际生活作巧妙之宣传,倘资本家于不应要求时,则以暴动罢工等手段以冀达其目的,故该等之第一次计划7月26日命关世荣、王振祥等以机械工场及老虎台为中心地撒布宣传单,因关世荣患病归还奉天,故接其后任而来抚拟图宣传第二次之计划,投身于福合客栈内即被逮捕。总之,该犯欲搅乱抚顺之治安,宣传共产主义,以期中国方面之大变革。"同时送来的还有所谓"证据物件":A.装入茶筒内"不稳文书"(按,意为鼓动革命活动的传单)《红旗》六张;B.《张若云致王振祥书信》一纸;C.印刷品《满洲省委工作计划》一册、《二中全会的决议与精神》一册、《省委通告第三号》一册,解送书并要求"严重惩处,将处分结果赐覆"。①

杨靖宇被押解到抚顺县公安局时,伤病仍很严重,连县公安局长刘克羽也承认说他的"病势甚沉重","恐有危险"。在10月3日一份由抚顺县公安局局长以《为报羁押犯张贯一病由》为题给县政府张监督的报告中这样写道:

"为签报事察检查前奉,钧府羁押日警署引渡人犯张贯一一名。当该犯人入所之时即身负重伤,现伤痕虽属稍愈,惟又添患头痛之症,病势甚沉重,恐有危险。理合签报。

鉴核示遵施行谨签呈

抚顺县政府监督张"

尽管杨靖宇伤病严重,"恐有危险",但敌人仍不放过他。对公安局呈文,抚顺县政府作如下批示:"呈悉,查监狱有医官疗治,候即提讯,转押,以便医治。此令。"当日,县公安局审讯官孙金城即审讯了杨靖宇。现存于辽宁省档案馆的审讯记录如下:

问:姓名、年岁、籍贯、住址、职业。

答:张贯一,27岁。山东曹州府曹县李庄。现住新站福合客栈,早开杂货商。

问:你怎样入共产党的实情说说。

答:小的本年7月11日(阴历)由家来到千金寨,是打算做个小生意,不期受人牵连,至福合客栈被捕。我与王振祥等并未见过面,无能有入共产情事。

问:你与王振样等是同时被捕吗?

答:小的和他们是一天被捕不差,但被捕原因是另有别情。小的到该客栈居住第二日后,经日警检察说我是上海人并形迹可疑,说硼酸粉是毒药。最后看有张若云致王振祥一封书信,以共产党犯带到日警署刑讯致伤,送于医院疗治。其在他处所捕之人已先送县啦。

问:张若云怎样给你写与王振祥那封书信?

答:小的由家来至青岛,遇乡亲张若云,给我写了一书,是叫王振祥管照招待我的意思。谁知那信利害呢?但那书信仅以系致王振祥有涉共产党之嫌,但小的并不知王振祥是共产党犯,有该函可证,况两下尚未晤面呢!

---

① 《治安维持法违反犯人之解送书》(1929年9月28日),载辽宁省档案馆藏革字94卷。

问：那《红旗》和印刷品等物不是你的证据，怎还狡展①呢？

答：药品书信是我的，此外各物实不是从我处搜出，是从范青他们那边翻来的。在他们送药时留下的。想小的如是共产者，怎敢不自检点，把那违禁东西放在明处呢？

问：你加入共产党即当承认不讳，何必狡展呢？

答：小的实不是共产党，当然不能承认的，实详予调查吧。

张贯一（手印）②

从以上审讯记录中，可清楚看出，杨靖宇在陷于敌手的情况下，为了保守党的秘密，运用

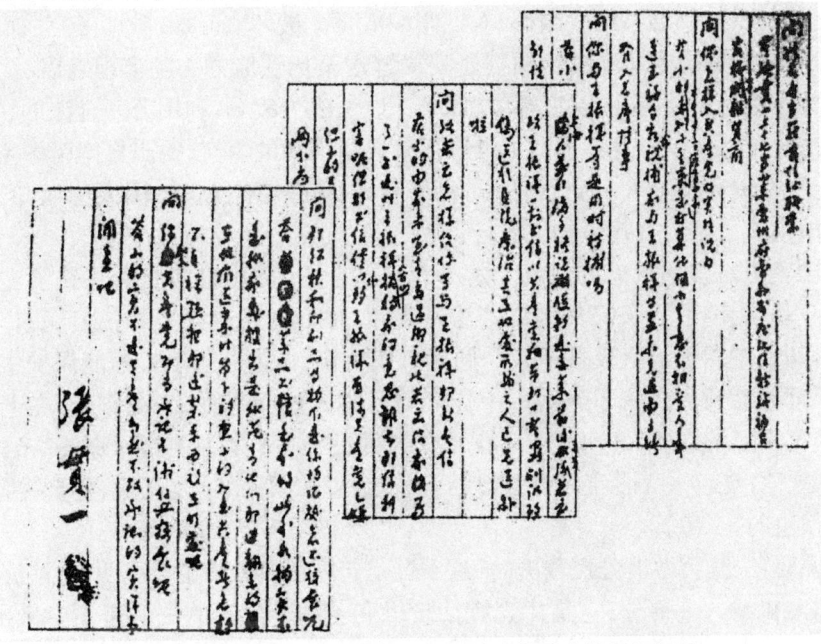

杨靖宇(张贯一)在抚顺县公安局巧妙回答敌人的讯问记录

丰富的对敌斗争经验，与敌人进行了巧妙的斗争。他沉着、冷静，利用日本警察署将其引渡给中国抚顺县公安局之机，以真假难分的口供，巧妙的把敌人抓到的所谓人证、物证据理驳倒，矢口否认自己加入共产党，并向敌人提出反问，要求给予实详调查。结果使抚顺公安局难以确认他是共产党员，更难以认定他是"共产党之首魁"，而最多仅能认为他是"共产党嫌疑"。这样，杨靖宇就在这场与敌人的斗争中取得了主动权。

1929年10月3日，抚顺县公安局盖有审讯官孙金城、刘万选印章的《堂单·共产党嫌疑张贯一》中这样写道：

"讯据该犯供认张若云与王振祥之信系实情，唯不知内容系何情，当时写信系说作买卖之情事。我不知王振祥系共产党之人。《红旗》我也不知道，当时是说从范青处搜出来的。再共产党人我均不认识。我是到千金寨作买卖的，我不知道共产党是作什么的。"又说"查该犯

① "展"字在古文中有"陈述"之意，"狡展"即"狡辩"。

② 《日警署送共党犯张贯一、王振祥案卷》，载辽宁省档案馆藏革字540卷。

既与范青、王振祥等有牵连,且有与王振祥之书信,该犯已自供认,而日警署并搜出一些证物,谓该犯系共产党之首魁,尚非尽属臆断,着收押,即速函送法院,以便与王振祥、范青之案合并侦讯,此谕。"

敌人审讯后,决定将杨靖宇一案转送抚顺地方法院检查处审理。反动当局秉承日本警察署旨意对杨靖宇毫不放松,从以上这份堂单上可以看出抚顺县公安局尽管没有得到杨靖宇承认自己是共产党员的口供,但还是要将其视为共产党案转送地方法院与王振祥、范青一并处理。(按,范青是日本警察署特务、内奸。当时范青伪装逃跑。敌人将范青列入此案纯系掩人耳目,以便使其继续隐藏共产党内部,对党组织做更大破坏。)

1929年10月中旬,杨靖宇被抚顺县公安局解送至抚顺地方法院审理之后,又将该案送到辽宁省高等法院。在县、省法院审理中,杨靖宇以法庭为战场,利用公开合法的场合与敌人进行了坚决的斗争。他以自身惨遭敌人酷刑而致严重伤病的事实,揭露日本帝国主义在中国大地上横行无忌,肆意残害中国人民的罪行,怒斥中国法律不保护中国人民而却为虎作伥,甘为日本帝国主义侵略势力效劳的可卑行径。

他在抚顺地方法院检查处的法庭上解开自己的上衣,露出身前背后烙铁烫、皮鞭打,留下的一道道一块块伤痕,大义凛然地说:"法官先生,你们看我这满身的伤痕,我作为中国的一个老百姓,却在中国土地上被日本人严刑拷打成重伤,作为官府不仅不能保护中国人民的生命安全,反而在替日本人来审判我……你们对日本人奴颜婢膝,为虎作伥,在老百姓身上作威作福,残害自己的同胞,你们还有一点中国人的良心吗?"他大声指斥那些法官:"你们枉作中国人!"法官们被这一席话痛斥得张口结舌,只说:"张贯一,这是法庭,你要冷静点,法庭会做出公正裁决的。"

法官所说的"法庭会做出公正裁决的"这不过是句瞎话。杨靖宇心里明白,法庭是阶级社会的产物,国家机器的一部分,它是代表统治阶级利益的。反动的法庭是不会做出"公正裁决"的。

10月下旬,杨靖宇被抚顺地方法院解送去沈阳,至辽宁省高等法院,被关押在高等法院看守所内。两个月后,即12月25日,辽宁省高等法院检察处检察官陈士杰以"反革命嫌疑罪"对杨靖宇进行起诉。《起诉书》称:

"被告张贯一

右开被告因反革命嫌疑一案,经本处侦查终结认为应行起诉,兹叙述犯罪事实及起诉理由如左:

"被告于本年阴历七月间,由山东曹县持有张若云之介绍信函,前来抚顺,与王振祥计议,以该处炭矿工人为中心,极力劝诱入党,并谓加入工会,可以增加工资,缩短工作时间,倘资本家不应要求,即以暴动罢工手段,冀达其目的。王振祥等已于七月二十六日为第一次之宣传。自该被告来抚计议后,拟于九月七日,依上开方法作第二次之宣传。至八月三十日王振祥等被该处日警捕获后,当在福合客栈将被告拿获,并搜出信函及共产党书籍与红旗报等物。除王振祥等业已送案,经侦查起诉判决确定外,又据日警将被告引渡归案侦讯。该被告虽不承认有意图宣传共产主义情事,但查该被告既持有张若云致王振祥之介绍信函,又经日警在该被告身旁搜出共产党书籍及红旗报六张,并经查明该被告拟于九月七日为第二次之宣传,未便任其狡展,应即起诉。

"所犯法条:

依右事实,被告意图宣传共产主义之所为,实犯反革命治罪法第六条之未遂罪,应依刑事诉讼法第二百五十三条,送付公判。"①

1930年2月6日,辽宁省高等法庭正式开庭宣判,称"张贯一宣传与三民主义不相容的主义未遂事件(9月7日第二次宣传活动未遂)被告致力宣传共产主义,未到宣传日期而被逮捕",根据所谓"暂行反革命治罪法"第六条及第十条对杨靖宇以"反革命嫌疑罪"判处有期徒刑一年零六个月(刑期从1929年10月下旬关押在辽宁省高等法院看守所时算起)。

宣判后,杨靖宇由辽宁省高等法院看守所被解送至辽宁第一监狱(原奉天第一监狱),关入南监杂居监一舍。

从此,杨靖宇开始了艰苦难熬的狱中生活。

在狱中,他首先与所谓因反革命罪、内乱罪被判刑的五六名难友取得了联系,将他们组织起来,并团结其他难友,把监狱变成了从事革命斗争的场所。与此同时,杨靖宇十分注意开展争取教育监狱中看守的工作。他认为做好看守工作,使之同情、支持狱中难友的正义斗争是把监狱变成特殊形式的对敌斗争场所必不可缺少的一个条件。

怎样才能争取到难友和看守们的信任呢?杨靖宇看到狱中许多犯人、看守都没文化,写申诉书或写封家信都得花钱求人。他决定从此入手,主动为要写呈子的犯人代写呈子,为狱中看守代写书信、假条、买卖土地的文书等。由于杨靖宇热心为大家解难,急人所急,获得了难友们的信任和敬仰,同时,也使有些看守被感化。这样,杨靖宇在很短时间内就成为监狱内难友中的核心人物。同时他也与看守李景及其把兄弟看守主任赵某结识。在李、赵二人的主持下,杨靖宇在入狱不长时间就当上了杂役头。杨靖宇利用这一身份常去监狱中的工场、炊场(厨房)、缝纫场、医务所及一些监舍活动,启发难友们的觉悟,引导大家团结一致开展正义斗争。

辽宁(奉天)第一监狱外景

---

① 《辽宁高等法院检查处起诉书》,载辽宁省档案馆藏革字94号卷。

当时，从吉林转来一个青年学生"犯人"，因组织学潮在吉林被逮捕。他身上已被打得皮开肉绽，被解到沈阳关入辽宁第一监狱时，伤口已化脓，血肉把裤子都粘在一起。在医务所上药时，只好把裤子剪开，他从医务所回来光着身子躺在地上。杨靖宇见后，便把自己的一件大褂拿出来，托监狱的缝纫场难友做件大裤衩给青年人穿上。杨靖宇又见这青年发高烧，便想法搞来退烧药给他服下，以后这个学生"犯人"伤势逐渐好转。这个青年人看杨靖宇这样关怀他，感动得热泪盈眶。杨靖宇常与他在一起谈话，对其进行鼓励，指出有志青年应走革命道路。这个青年和杨靖宇建立了深厚感情。三个月后，该青年被保释出狱。回到吉林后，他给杨靖宇寄来三十元大洋，并在所寄信中说一定要按杨靖宇指出的道路走下去。①

狱中清扫队有名叫赵小六的"犯人"，他遭到一姓王的地主老财诬陷，以"纵火犯"被抓进了监狱。他有冤无处诉，整天愁眉不展。杨靖宇得知后，决定帮助他平冤。他问赵小六那个姓王的地主老财有没有做过犯法的事。赵小六讲，三年前我在王老财家扛活，一天他让我给北大沟的李罗锅子送一封信，没几天王老财的仇人于八爷就被胡子（土匪）抢了。事后他还不让我说这件事，并威胁说，说了就要掉脑袋。杨靖宇听后帮赵小六出个主意，他提笔替赵小六给于八爷写封信。大意为"小侄被本村王老财所害，正在沈阳蹲大狱。如你能帮我打官司，我可将您被抢的拉线人提供给您。"于八爷接到此信后，立即来到沈阳狱中，见到赵小六。赵一一说明情况。随后于八爷即到沈阳警察局告发了王老财通匪和诬陷赵小六的罪行。王老财被拘审后，在人证面前和审讯官不断追问下，承认了自己沟通土匪将于八爷家抢劫和自家场院着火是他孙子放鞭炮造成，并不是赵小六所为。他之所以要嫁祸于赵小六，目的是想霸占他家三亩坟地。结果赵小六被宣布无罪释放，判王老财退还三亩地给赵小六，并赔偿其住狱损失费300元。赵小六被释放那天，他眉开眼笑，给杨靖宇叩了三个响头，而后说："我全家一辈子也忘不了你的大恩大德！"此事，在第一监狱中影响很大。"犯人"们更敬佩杨靖宇，都说："大老张真了不起。"

在监狱里，狱吏常常想方设法在犯人伙食上做手脚，从中渔利。"犯人"的伙食本来就谈不上什么质量，可狱吏为从中捞取好处，极力压低标准。不仅如此，还从数量上予以克扣。因此，到"犯人"嘴里的饭菜，可以说是赶不上富贵人家猪食狗食的。辽宁第一监狱亦是如此。为了争取"犯人"生存条件，改善饮食和生活待遇，杨靖宇曾多次组织"犯人"与狱吏进行斗争。

1931年春节，监狱为表示施"仁政"，格外开恩，要在大年初一给"犯人"吃一顿白面馒头，一碗猪肉炖粉条。杨靖宇因故到炊场，发现即将上笼屉的馒头里掺了三分之一苞米面，猪肉下的也不足量。杨靖宇回到监号后即告诉几名"政治犯"，让他们到各监号发动"犯人"开展绝食斗争，抗议狱吏克扣"犯人"伙食。大年初一的早晨，当狱中杂役将饭菜拿来后，大家都不去打饭。看守们见此，立即报告狱监，狱监指派一科长了解情况，杨靖宇代表"犯人"就年饭质量标准提出质疑。斥问狱吏为什么不按标准给"犯人"做年饭，"犯人"也是人，为什么要虐待他们？克扣的粮食、现金干什么用了？对此，这位科长无言以对，连忙跑回去向典狱长倪文藻报

---

① 张大庸：《铮铮铁骨，耿耿丹心》，载《铁窗丹心·中共满洲省委时期狱中斗争纪实》，辽宁人民出版社，1991年版。

告。之后，倪典狱长怕"犯人"闹事，自己不好向省府交待，不得不采取措施，以缓和紧张空气。他让大家先吃，初二保证做纯白面馒头，给大家上足量的炖猪肉，并说今后伙食一定按规定供给。这场斗争取得了胜利。

在1930年，杨靖宇在辽宁第一监狱负责领导斗争的情况，也曾得到在满洲省委工作亦在第一监狱被关押过的杨一辰同志的证实。他说："他们在监狱中也有活动，在我入狱前，监狱是杨靖宇负责，看守所是赵毅敏负责。我入狱后，杨靖宇走了，我就负责了。"①

在狱中，杨靖宇在组织难友进行斗争的同时，还通过看守李景等人从外边弄到一些报刊、官方违禁的书籍。他利用当杂役头的条件和有时在夜间帮助看守值班的机会，偷看这些进步书籍、刊物。这使他真正把监狱变成了革命者的一所特殊的大学校。

1931年1月，国民政府发出第七三四号训令，公布《政治犯大赦条例》。其中规定"凡中华

奉天高等审判厅检查厅呈文，内中写有张贯一系未经自首之共产犯，不在赦免之列

民国十九年十二月三十一日以前之政治犯赦免之。但背叛党国之元恶，怙恶不悛之共产党人或有卖国行为者不在此限。"1月21日，辽宁第一监狱典狱长倪文藻认为"监犯张贯一等五名核与奉颁大赦条例第二条情形相同"，向辽宁省高等法院呈报赦免。②1月24日，由辽宁省高等法院院长史延程、首席检查官朱树声及推事严永恩、薛兰如，检查官鲍树铭组成的政治犯大赦委员会第二次开会讨论关于政治犯及共产党嫌疑各犯情况，议决如下："第一监狱呈报张贯一等五名一案，除张贯一系判决执行未经自首之共产党犯不在赦免之列，其它张鸣岐、

---

① 杨一辰：《1929年—1930年中共满洲省委及抚顺党组织活动情况》（1960年8月23日）。
② 《为遵令查核与奉颁大赦条例情形相同监犯张贯一等五名请鉴核事》，载辽宁省档案馆藏革字94卷。

周世昌、曲容堂、李宝贤等四名即系军事机关交押,依政治犯大赦条例第七条转呈东北边防军司令长官公署核办。"2月4日,奉天高等审判厅、检查厅做出决定,并呈报东北边防军司令长官公署:"查该监等呈报政治犯张贯一、周世昌、张鸣岐(即张凤山)、曲容堂、李宝贤等五名,其中张贯一一名系未经自首之共产犯,由职院处判决执行,依政治犯大赦条例第四条不在赦免之列。"

查《政治犯大赦条例》第四条内容为:"本条例所称怙恶不悛之共产党人指凡未依共产党人自首法自首之共产党人。"从辽宁省高等法院、奉天高等审判厅和检查厅对杨靖宇(张贯一)所做的"不在赦免之列"的决定看,他不仅在敌人的法庭上没有承认自己的共产党员身份,在第一监狱中也没有承认自己的共产党员身份,从未向敌人低头。在《政治犯大赦条例》公布后,他更没有因向往自由、获取释放,而向敌人自首。杨靖宇一身正气、坚贞不屈,他始终保持着崇高的革命气节。

1931年4月下旬,杨靖宇刑期已满,终于被释放出狱。

获得了自由的杨靖宇出狱后,马上去寻找党的组织。他与省委接上关系后,即要求分配工作。经过监狱斗争磨炼的杨靖宇更加坚强,他要在党组织的领导下,在东北把革命进行到底。当时曾负责接待杨靖宇的中共满洲省委组织部长何成湘在其所写的《和杨靖宇同志三次会见》的回忆文章中曾这样记载当时的情景:

"1931年,我在中共满洲省委工作,当时省委机关在沈阳。虽然已经是春天了,但还很冷。一天,有一个人来找我。这人瘦高个儿,四方脸,衣服破旧,一头蓬乱的长发。可是,那双浓眉下面的大眼睛,却炯炯有神,这眼光给人一种坚强不屈的感觉。这个人就是刚刚从狱中出来的杨靖宇同志。靖宇同志是1929年由中共中央派到满洲省委工作的。当时刘少奇同志任省委书记,将靖宇同志分配到抚顺工作。就在那年夏天,抚顺地下党组织遭到破坏,靖宇同志被捕入狱,在狱中关押近两年光景。残酷的监狱生活,丝毫没有折磨掉他坚定的革命意志,一出监狱,马上就来找党组织。见面后,关于狱中的情况,他只简单地谈了谈,就立刻要求工作,组织上决定由我同他谈谈东北的情况和工作问题,并且要他先看一些党内文件,然后再派他去哈尔滨工作。"何成湘说:"在这短短的两三天中,尽管我们只匆匆地见过几次面,但他却给我留下了很深的印象。记得每次见面,他总是满脸笑容,那笑容,使人看出他是一位乐观、纯朴、憨厚的好同志。"①

天有不测风云。杨靖宇出狱后仅三天又被捕了。原来,杨靖宇出狱后所住的旅店是党的外围组织互济会开办的。他曾参加互济会召开的一次了解狱中同志情况的会议。互济会同志将杨靖宇的名字(按,即张贯一)记在了笔记本上。这位互济会的同志不幸被捕,敌人从他的笔记本上发现了杨靖宇的名字和住址。敌人按此地址搜查,杨靖宇又一次身陷囹圄,这次即是其第五次被捕入狱。

数月后,九一八事变爆发,东北时局发生重大变化。党组织利用这一时机,积极营救事变前后被捕入狱的同志。当时交两千元赎金可赎出三四名"犯人"。满洲省委向党中央请拨一笔

---

① 何成湘:《和杨靖宇同志三次会见》,载《红旗飘飘》第五辑,中国青年出版社,1957年12月版。

经费,上下花钱疏通,就这样,杨靖宇等一批共产党员在党组织的营救下,于同年11月先后被释出狱。

杨靖宇终于结束了二年零三个月失去自由的铁窗生活,又开始了新的斗争。

三、在哈尔滨从事秘密斗争

1931年9月18日夜10时半左右,日本帝国主义在沈阳发动了蓄谋已久的武装侵略中国东北的事件,即震惊中外的九一八事变。九一八,这是一个灾难的日子。日本帝国主义为推行其反动的"大陆政策",竟无视中国主权,肆无忌惮用武力侵略中国东北,妄图灭亡中国,使中国人民永远成为受其驱使的奴隶,进而好做称霸亚洲,称霸世界的美梦。

当事变爆发、国难当头之际,国民党蒋介石对日本帝国主义的侵略实行不抵抗政策,仍在醉心于围剿中国共产党和工农红军。当时东北司令长官张学良电告南京国民政府请示应对办法,国民政府答以"日军此举,不过寻常寻衅性质,为免除事件扩大,绝对抱不抵抗主义。"①9月23日,国民政府发表《告全国国民书》谓:"现在政府既以此案件诉之国联行政院,以待公理之解决,故希望全国军队对日军避免冲突。"蒋介石顽固地坚持"攘外必先安内"的方针,幻想依赖国际联盟(简称"国联")主持"公道",使日本帝国主义停止侵略。但"国联"并不主持"公道",它执行妥协退让的绥靖政策,姑息纵容日本帝国主义侵略中国的罪恶行径。结果在旬月之间,中国东北大好河山即被日本帝国主义侵占。

在杨靖宇出狱时,可谓山河依旧在,世事已皆非——东北变成了日本的占领地。日本侵略者在中国大地肆意横行,奸淫、抢掠、烧杀,无恶不作,其种种罪行令人发指,目不忍睹,惨不忍闻。日本人妄图让东北人民服服帖帖地顺从其统治,便丧心病狂地实行法西斯高压政策:随意捕人或严刑拷打,或推入狼狗圈,或刀砍,或活埋,或枪杀。惨无人道的日本侵略者被中国老百姓称之为日本鬼子。自九一八事变始,世代久居东北的三千万骨肉同胞陷于水深火热的苦难深渊之中,他们在日本侵略者的刺刀下,开始过着毫无自由,毫无安全保障,备受煎熬的亡国奴隶的生活,无时无刻不在痛苦中呻吟。

与国民党蒋介石施行不抵抗政策相反,中国共产党代表全民族利益,坚决采取抵抗日本武装侵略的政策。事变发生之后,即坚决主张武装人民进行民族革命战争,反对日本帝国主义侵略的罪恶行径,号召东北人民进行反抗日本侵略的斗争。事变发生后的第二天,中共满洲省委就事变发表了宣言。9月20日、30日中共中央又两次为日本帝国主义武装占领东三省事件发表宣言,表明中国共产党对事变的立场,并指明只有中国共产党才能最彻底的领导全国人民反抗日本帝国主义的侵略。

在中华民族与日本帝国主义的矛盾上升为主要矛盾,阶级矛盾下降到次要地位的东北地区,中共各级党组织面临的任务是号召工农兵劳苦民众一致动员起来,组织起来,依靠自己的力量打倒日本帝国主义,驱逐日本侵略者滚出东北。在这种形势下,中共中央驻满洲省

---

① 转引自《从"九一八"到"七七"》,延安解放社,1944年1月版。

委代表罗登贤同志指示党的干部说:"我们共产党人一定要与东北人民同患难、共生死,不驱出日寇,决不罢休。我们任何人都不能提出离开东北的要求,谁如果要提出这样的要求,那就是恐惧动摇分子,谁就不是中国共产党党员。"

1931年11月,驻于沈阳的中共满洲省委遭到敌人的破坏。为了组织领导东北人民的反日斗争,根据中央指示,中共满洲省委迁至当时尚未被日军占领的北满大城市哈尔滨。新组成的满洲省委由中共中央驻满洲省委代表、正在东北巡视工作的罗登贤任书记。罗登贤,广东南海人,工人出身,是1925年省港大罢工的领导者,著名职工运动领袖,六届中央政治局候补委员,一位在党内具有崇高威望的领导者。

当时,民族危难摆在每一个中国人面前,何去何从都要做出自己的选择。一些有爱国天良的东北军官兵违反国民党蒋介石不抵抗命令,开始奋起抵抗,广大不甘愿受日本铁蹄践踏的工人、农民、知识分子也纷纷行动起来。他们组成各种名目的抗日义勇军,自发地与日本侵略者斗争。一时间,一个以东北抗日义勇军①斗争为主体的抗日运动迅速掀起。

杨靖宇出狱后,马上来哈尔滨找到省委,并请求分配工作,他表示要立即投入到反抗日本帝国主义的斗争中去。这位在抚顺煤矿和监狱中就看到并领教过日本鬼子野蛮、残暴罪恶行径的血性青年、职业革命者,早就下决心与日本侵略者进行坚决搏斗,誓死抵御外侮。但省委领导考虑杨靖宇刚刚出狱,遭到严重摧残的身体还需要康复,便让他休息一段时间,然后再分配工作,交给他工作任务。可是杨靖宇不肯,他说:"在监狱里,并没有累着我,只要我活着,就要斗争,现在国难当头,我怎么能呆得住?"当时省委书记罗登贤同志亲自与他谈话,讲目前形势和党面临的任务,并根据他一再请求,决定安排他接替原全满反日总会党团书记冯仲云职务,从事反日会工作,并兼任哈尔滨市道外区委书记(当时哈尔滨市委被撤销,设道里、道外两区委,直属省委领导)。罗登贤的谈话,使杨靖宇倍感亲切,他表示决不辜负组织对自己的信任和希望,要立即投入到党领导的抗日斗争中去,把反日会工作搞好,把区委工作搞好。

反日会是在中国共产党领导下的反抗日本帝国主义侵略的群众性组织。反日会其前身为反帝大同盟。九一八事变后,为适应斗争形势需要,根据中央指示,将反帝大同盟改为反日救国会,简称反日会。这一组织在九一八事变之后遍布城乡各地。冯仲云同志曾回忆说:"在哈尔滨贫民窟(地名叫偏脸子)的一个俄式小木屋里,有一天晚上,小李(按,即中共满洲省委组织部长何成湘)领来一个高个子陌生人,在灯光底下,我看清楚了这位新的我不认识的同志。他约莫有三十岁左右,长方形的脸,穿了个大棉袍,眼睛是大的,两道深邃的眼眉下的大眼睛发出炯炯的光影。从目光中间可以看出来他的坚强,有毅力和久经考验。他穿的大棉袍

---

① 东北抗日义勇军的概念有广义、狭义两种。广义的是指1931年九一八事变后,由原东北军中爱国官兵及广大工人、农民、学生等各界民众组成的自卫军、救国军、大刀会、红枪会,以及中国共产党领导的抗日武装东北抗日联军等,统称为东北抗日义勇军,也简称东北义军。狭义的是指1933年后,由原东北军中爱国官兵组成的自卫军、救国军失败溃散后,仍坚持抗日的自卫军、救国军之余部。这些队伍以后在中国共产党关于结成抗日民族统一战线号召下,大多参加了党领导的东北抗日联军。

又旧又破,头发也是不整齐的。小李当时是满洲省委组织部长,他向我介绍说,这是张贯一同志。我们不期然的握了握手,他的手掌很大,握得有力而且热情。接着小李传达了省委的决定,我的工作另有调动,反日会工作由张贯一同志接替。小李告诉我,张贯一同志刚从沈阳监狱里出来,新到哈尔滨,对情况不了解,要我给他介绍一下。于是我把工业大学和一些中学,还有哈尔滨三十六棚中东铁路的机车修理厂、江北呼海路机车修理厂、江北船舶修理厂、老巴夺卷烟厂的反日会情况及接头的方法告诉他。"冯仲云在回忆中还说:"在两个星期之内我几次和张贯一同志接头。我当时知道他在大革命失败后,在四望山发动过游击战争,在抚顺做过矿工,两次被捕,受过严刑。我们有几次在街上接头,他显得非常镇静、机警。当时,日本人还未占领哈尔滨,看情形日军很快就要发动进攻。我告诉他,省委的决定是:用一切力量通过反日会发动群众起来抗日,准备形势的突变。张贯一同志也完全同意对形势的这种看法"①

杨靖宇自从担任全满反日总会党团书记职务之后,便经常到冯仲云同志向他介绍的工业大学、法政大学、一中、二中、三十六棚机车修理厂、老巴夺卷烟厂、贫民女子工厂等几个反日会工作开展得较好的单位,进行检查指导工作。他也到其他一些工厂、学校和市郊农村中开展宣传、发动群众工作,不断发展扩大反日会组织,动员群众积极投身反日斗争。

杨靖宇善于把党的反日斗争政策策略与现实的形势结合起来,做发人深省的讲话,宣传抗日救国思想。他善于使用不同的语调,向不同的人们解释和答复问题,语言明了、具体、生动。他每次讲话总能给人以深刻启迪,令人鼓舞,增强信心。工人、学生们都愿意听他讲的道理。杨靖宇根据省委指示,积极组织领导反日会工作。经过努力,城乡各地反日会组织不断扩大,哈尔滨的一些工厂、铁路、邮政、学校、近郊农村,甚至在伪满警察中都建立了反日会,或反日会小组,或发展了一些会员。广大的工人、农民、学生纷纷投身到反日斗争中来。他们积极开展反日活动,常常于一夜之间便在街头贴出大量反日标语,甚至敌人机关的办公桌上都出现过反日会散发的反日小报和传单。

1931年11月,日本侵略军在齐齐哈尔南部的嫩江桥遭到以马占山为首的抗日义勇军部队的阻击,损失惨重。1932年1月,日本侵略者重新组织武装力量,派出多门师团长所率关东军第二师团向哈尔滨进犯。同时,积极施行诱降手段约马占山在松花江北松浦举行谈判,妄图拉其下水,使之投降。杨靖宇得知这一情况后,立即赶赴松浦,在呼海路反日会员和工人中揭露日本帝国主义的侵略阴谋,并通过呼海路党组织提示马占山不要上当受骗。为防止日军进攻马占山部,杨靖宇和呼海路党组织领导铁路工人连夜将松浦站机车车辆全部开往绥化,将呼兰铁路桥拆毁,断绝铁路交通,使日军这次诱降马占山部义勇军的计划遭到破产。②

1932年1月末,正当日军进犯哈尔滨时,依兰镇守使兼二十四旅旅长李杜与吉林警备司令部司令冯占海等地方军政首脑在哈尔滨市召开会议,成立自卫军总司令部,李杜任司令,决定组织哈尔滨保卫战。哈尔滨保卫战打响后,杨靖宇根据中共满洲省委1月30日发表的《为反对日本帝国主义进攻哈尔滨告士兵群众书》精神,组织党团员深入工商学各界群众中,

---

① 冯仲云:《悼念靖宇同志》,载《吉林日报》(1958年2月23日)。
② 冯宝昆、张福山、周淑珍:《业绩永存哈尔滨》,载《哈尔滨党史研究》(1990年第1期)。

号召他们行动起来，支援自卫军斗争，抗击日本侵略者。当时，许多工人、学生、市民积极为前线战士送水、送饭，主动护理伤病员，募集捐款。哈尔滨商会捐款2万余元，三十六棚工人节衣缩食捐款4 000余元。广大工、商、学、市民的支援，使自卫军战士受到很大鼓舞，他们冒着敌人炮火，与强敌英勇拼搏，许多战士为保卫哈尔滨献出了宝贵的生命。

2月5日，日本关东军第二师团在多门师团长率领下对哈尔滨发起总攻。自卫军分兵御敌，终因敌强我弱，哈尔滨失守。这天是农历腊月二十九——大年除夕，本来这是中国传统佳节，但由于日军侵占哈尔滨，喜庆、欢乐气氛荡然无存，人人提心吊胆，担惊受怕。一个喜庆日，却变成了灾难日。日军占领哈尔滨后，阴霾密布，白色恐怖笼罩在这座北满最大城市的每个角落。斗争形势更加严峻了。在这种情况下，杨靖宇依然坚持经常深入到工厂、铁路、码头工人和学校学生中去，以抗日救国为当前紧迫任务，向他们进行宣传鼓动和组织动员，号召他们团结起来，发展壮大反日会组织或投身到义勇军中去，拿起武器，抗击日本侵略者。

当时，哈尔滨群众抗日自救的爱国情绪广泛激发起来了，抗日救国会组织普遍建立起来了，发动人民武装游击战争的准备开始了。这些，与杨靖宇日夜不停地积极工作、活动是分不开的。

在日寇占领哈尔滨，形势正在紧张发展之际，中共满洲省委委托军委书记周保中同志起草一份关于发动群众、抗日救国、组织人民武装进行游击战争的提纲。为此，杨靖宇也协助做了许多工作，搜集了有关资料，并结合东北具体情况做了详尽研究。他意识到，中华民族的危机与中日民族矛盾，将因东北被日本帝国主义占领而扩大加深，国内阶级矛盾将退到次要地位。但解决这一民族矛盾，反抗日寇侵略，必以中国共产党和他所领导的工农劳动人民群众的力量为主流，在东北尤其如此。①

1932年3月1日，在日本帝国主义策划下，伪东北行政委员会公布《建国宣言》，傀儡政权伪满洲国宣布成立。3月9日，日本侵略者把从天津挟持到长春的清废帝溥仪扶上台，举行伪满洲国建国式和"执政"就任式。溥仪沐猴而冠，就任了日本帝国主义在东北进行殖民统治的傀儡"执政"。为反对日本侵略者导演的伪满洲国成立"建国庆典"活动，杨靖宇领导哈尔滨市党团组织和反日会展开积极斗争。当时在哈尔滨市一些街道出现反日会散发的许多传单、标语，反对日本侵略，反对建立"满洲国"，反对溥仪"执政"，揭露伪满洲国实为日本殖民地的本质，号召广大市民行动起来开展抗日反满斗争。在许多街口，伪满"建国思想宣传委员会"竖立的"万象更新""日满协合""东亚共荣"等宣传牌，都被反日会员巧妙地用墨水污染。他们把鸡蛋一端打个小洞，倒出蛋清、蛋黄，装上墨水封好，乘无人之时，即抛向日伪设置的宣传牌。民众看到这些被污染的宣传牌，无不拍手称快。4月5日，哈尔滨邮务工人为反对日本侵略者接管各地邮局，通电全国，停止全部业务，展开罢工。4月8日，杨靖宇和道里区委书记组织动员全市工人罢工、店员罢市、师生罢课，反对日本帝国主义的反动统治。中东铁路（简称"东铁"）工人千余人举行示威，包围了中东铁路局理事会，并召开庆祝五一国际劳动节大会，

---

① 周保中：《松柏常青——纪念杨靖宇同志逝世二十周年》，载《松柏常青》，吉林人民出版社1960年版。

抗议日伪迫害工人。老巴夺卷烟厂工人为纪念"五卅"运动举行集会,反抗日本侵略。

1932年4月,省委新来一位秘书长,名叫聂树先。这是杨靖宇认识的一位同志。聂树先原名尚宗武,又名尚钺,河南罗山人。1927年9月加入中共,11月任豫南特委宣传鼓动部部长。杨靖宇在豫南活动时曾与他见过面。1928年1月,尚钺在罗山活动时被捕,经营救获释,而后辗转至东北在吉林毓文中学以教师身份为掩护从事革命活动,后又去上海,在党中央机关报《红旗日报》采访部工作。1932年4月,党中央派尚钺到东北工作。两位战友见面后,进行了亲切的交谈。杨靖宇从尚钺那里知道了在其离开豫南时,李鸣岐、张耀昶等战友还在四望山坚持斗争。参加过确山农民暴动的四叔马鹤龄已牺牲,自己的家被国民党白匪军抄了,老娘、二叔和妻子郭莲都遭受很大折磨。杨靖宇听到这些消息,骤然激起对亲人、战友的怀念,同时也增添了对万恶敌人的仇恨,一时心绪难平。

同年5月初,省委决定撤销哈尔滨市道里、道外两个区委,成立中共哈尔滨市委,由杨靖宇任书记。他原来担任的全满反日总会党团书记职务交由赵尚志担任。杨靖宇在任哈尔滨市委书记期间,中共满洲省委确定其为省委候补委员,后为委员。

杨靖宇接任哈尔滨市委书记时,正值李顿率"国际联盟调查团"抵达哈尔滨进行"满洲国问题"调查。①对于"国联调查团",杨靖宇早就看透了它的本质,认为它不可能主持公道,替被侵略的中国人民说话,因此,对它不能抱有任何幻想。在杨靖宇领导下,哈尔滨市委印发大量反对"国联调查团"的传单、宣传品,组织、发动群众开展了反对"国联调查团"的活动。

之后,杨靖宇根据省委指示,布置了呼海路、电业、东铁工人反剥削、反压迫的斗争。在呼海路(呼兰至海伦),松浦机车修理总厂工人组织了反日会,有20余名行车工人参加了反日义勇军。电业同志召集了有25人参加的会议,用呈文形式提出增加工资,改善工作条件,否则就展开罢工,这是过去所没有的。中东铁路裁减工人时,有两名党团员被裁(一共裁去数十人),被组织动员起来的工人群众包围了东铁当局,要求其收回裁人的成命。同时,在杨靖宇等市委同志领导下,邮电业反对黄色工会,印刷业和皮鞋业工人反对克扣工资的斗争也在发动和酝酿中。7月,哈尔滨市四家印刷厂举行了罢工,其中两家是有50多名工人的印刷厂,另一家是30人的,还有一家是5人的。内中除一家由白俄开的印刷厂是自发举行的罢工外,其余三家印刷厂的罢工都是由党团组织领导的。罢工工人提出的要求是"反对开除工人""增加工资""吃馒头""吃白米饭""反对打骂工人""反对延长工时"。结果经一周左右时间的斗争,取得了胜利。其中一家印刷厂厂主给工人每月增加工资2元,并答应给工人馒头吃,不开除工人。8月1日,飞机场工人举行罢工。当时,修筑飞机场的有2 000多名中国工人,300余名朝鲜工人。日本侵略者残酷压迫工人,修筑工人住的是不遮风雨的简易工棚,吃的是发霉的玉米面窝窝头,清水煮白菜,每天从事十几个小时的繁重劳动,还不给开足工钱。经支部同志发动,组织两班工人并联合300多名朝鲜工人举行罢工,要求开工钱,发清欠薪,并包围了机

---

① "国际联盟调查团"1932年5月9日抵哈尔滨,5月21日离开哈尔滨。同年10月,调查团公布了报告书。报告书总的倾向是牺牲中国,姑息日本侵略行径,并提出对中国东北实行国际共管的方案。国联调查团的报告书理所当然地遭到中国人民的强烈反对。

场监督,罢工斗争得到部分胜利,每人每天争得工钱2元。9月间,鞋业工人斗争迭起。哈尔滨最大的皮鞋厂"老星王"皮鞋厂100余名工人"因厂主三个月不给工资,引起工人斗争,把厂主打得头破血流以后,厂主支了工资。"在此期间,青年团工作也很活跃,团的电业支部发展到13名同志,造船所建立4个支部。在领导飞机场工人罢工中,团组织起到了重要作用。

1932年9月,九一八事变一周年到来之前,哈尔滨市有的群众组织要准备举行游行示威或飞行集会。但到十六、十七日检查工作时,动员起来的人还不到30人,结果没有举行。飞行集会是革命工作没有群众基础时,为显示革命力量的存在而采取的一种特殊的斗争形式。这种斗争形式往往容易暴露目标,革命力量会遭到损失。对于这种斗争方式,杨靖宇不大赞成,这种方式在哈尔滨没有用过几次。在白色恐怖十分严重的情况下,在斗争实践中,斗争的方式也在逐渐变化。杨靖宇根据在抚顺领导工人斗争的经验,主张应从与群众切身利益密切相关,敌人又不能从政治上捉住把柄的经济问题入手,开展斗争,以达到政治斗争的目的。如引导工人反剥削、反压迫的斗争,定会使工人认识到,工人如此受剥削、受压迫毫无疑问是日本帝国主义占领东北的结果。其斗争矛头必然会直接或间接指向日本侵略者,进而达到反对日本帝国主义统治的目的。

杨靖宇在哈尔滨任市委书记期间,为了深入宣传抗日反满,号召人们起来斗争,还以市委名义责成东区(道外)区委宣传委员、作家罗烽创办一份抗日油印小报。又派擅长美术的西区(道里)区委委员金剑啸负责画报头、插图和漫画。他对工作任务交代得非常具体、明确。之后,罗烽、金剑啸按杨靖宇指示,办起了抗日油印小报——《民众报》。他们不辞辛苦,不怕危险,积极完成了工作任务。这一抗日油印小报对揭露敌人侵略罪行,鼓舞群众投身抗日斗争起到了很好的作用。

在日本帝国主义严酷统治下,东北大地到处是一片白色恐怖,人们对其若稍有不满的表示就会遭到逮捕,若是组织反抗,被抓到后就会被杀头。为铲除反日运动的组织者,日寇特务机关千方百计地企图破坏中共党的省、市领导机关。但杨靖宇在复杂、严酷的环境下,运用自己过去从事秘密工作的经验,并学会、掌握了与日伪进行秘密斗争的艺术。他严格遵守党的秘密工作纪律,与同志见面时,注意联络暗号,一般都事先约会,没有约会不见面,即使在街上见到也不谈话,一次约会只见一人,不准有第三人,不准发生横的关系。他善于领导同志们进行秘密活动,想出许多办法机警、果敢地多次躲过日寇、汉奸的监视、搜捕,使市委在省委的领导下完满地完成了所确定的各项工作任务。

杨靖宇自知他的口音与东北人不同,为了防止敌人密探从口音上发现他是外地人而招来麻烦,他在外出工作时尽量独自步行。有时工作急迫,非乘电车不可时,他在上电车后,总是先把零钱准备好,主动把钱递过去买票,不用说话就把票拿到手,以避免车内特务对他产生怀疑。

一次,正当松花江开江的时候,他与团市委宣传委员姜椿芳在松花江边谈工作。他们坐在江岸上,一边看着江面上顺流而下的冰排,一边谈话。这时,一架日本飞机从江南飞来,在松花江大桥上空旋转一圈后,又飞往江北。杨靖宇看着飞机不无幽默地对姜椿芳说:"日本帝国主义向我们示威来了。"谈着谈着,他突然哈哈大笑起来,接着很悠闲地随手从地上拣起一个石子向江中一个大冰块抛去,像是来江边闲玩的游人一样。一时把正在聚精会神听他谈话的姜椿芳搞得莫名其妙。过了一会,杨靖宇对姜椿芳解释说:"刚才发现一个人站在我们后面江岸上看着我们,我们总是板着脸谈话,会增加他的猜疑,所以只得用一声高笑把他打发走。"于是他们站起来边走边笑地谈着工作问题。以后,姜椿芳回忆杨靖宇时深情地说:"杨靖宇同志是一位相当老练的地下工作者。"①

还有一次,他身上带着秘密文件从省委机关出来,途中遇到了日本哨兵。怎么办?杨靖宇十分沉着冷静,不慌不忙地大胆地直接向敌人哨兵跟前走去,若无其事地趁解开长衫衣扣时,把文件掖进卷起的袖头中,然后裂开衣衫主动让敌人检查,结果敌人看他两眼就放他过去了。在复杂的地下斗争环境中,杨靖宇感到既要时刻保持高度的警惕,又要遇事沉着冷静,善于应付,你越是大胆从容越没事;反之,你犹犹豫豫,畏畏缩缩便越会引起敌人的注意。这是他从自己做地下工作积累的经验中总结出来的。由于他的政治警惕性高,秘密工作做得好,善于应付复杂斗争环境,所以他在哈尔滨市工作期间,党和群众组织很少遭破坏。

在日伪残暴统治的白色恐怖中,杨靖宇始终保持镇静、坚强、毫不畏惧的神态,并以此影响周围的人。作家白朗(哈尔滨市道外区委宣传委员罗烽同志的爱人,时任哈尔滨市反日会干部)回忆说:"那时反日会的宣传部就设在我的家里,那些足以招致杀身之祸的油印机、五红六绿的传单、标语、小册子都藏在我的床下,毫无斗争锻炼的我,确是时刻担心着,要是敌人来搜查,便什么都完了。忽然有一天,身着蓝布长衫的老张(按,即杨靖宇)在我家里出现了。而且不一会,便陆续跟来那么多人,有青年知识分子,有铁路员工。到会议开始时,才明白原来作为宣传机关的家,同时又成了秘密的会场。我是第一次参加这种秘密集会,紧张不安地站在那里。每个人的神色我都观察了一遍,心想,他们为什么个个都比我镇静呢?而最镇静的还是担任会议主席的老张。他历数着蒋介石的不抵抗政策及日本帝国主义的侵略阴谋与他们的滔天罪行。他的声音是低沉的,但却有着很大威力,他的每一句话都深深地打在人的心坎里,既具体又生动,更有着无比的煽动力。他的话使人悲愤,促人奋起,更叫人敢于勇往直前,毫无畏惧,连他的每一个手势都是那么有力的撼动着我们的心弦呵!我的情绪由不安而变为镇静了,我的恐惧变成无畏了。以前还是模糊的民族意识,在他的启发诱导下,从逐渐强烈而清晰,并且开始生根了。从此,这个表面看起来与一般同志没有什么差别的老张,在我的心目中逐渐地神圣起来,我是以无限的尊敬的心情把他牢牢地记下了。"②

当时,在秘密工作条件下,上下级同志难得在一起谈心。每当有这样的机会,杨靖宇总是愿与省委同志倾心谈吐,谈工作、谈理想、谈未来。原满洲省委组织部长何成湘回忆:"为了避免暴露,我们都是单线联系。同时,我和靖宇同志常常在大街上或公园里接头。我们去得较多的地方是中山公园(现为哈尔滨市兆麟公园)。除了研究工作,偶尔也谈到彼此的过去和家庭情况,以及对未来的向往。他曾经告诉我,在他的家乡河南,还有母亲,年纪很大了,也有妻子

---

① 姜椿芳:《忆杨靖宇同志》,载《怀念集》,奥林匹克出版社,1997年9月版,第113页。
② 白朗:《忆先烈——杨靖宇》,载《知识》杂志,1948年12月号。

和儿子、闺女。因为他参加革命,发动过豫南四望山农民起义,组织红军,反动派就对他的母亲和妻子儿女进行迫害,不知道是否还活着。说到这些事情时,他的笑容收敛了,凝视着天空,发出轻微的叹息。"①周保中(当时任满洲省委军委书记)回忆说:"当我同靖宇同志在哈尔滨一同工作的时候,常常发现他每当寒风凛冽、砭人肌骨的凌晨,出现在大江中,同摆冰滑子的工人一块劳动,借此联系群众进行秘密工作。有时又出现在铁路和工厂中,同工人们、青年们进行商讨。他深更半夜在自己住房来回踱着漫步,深思熟虑的准备着明天的工作,或伏案写着文件,以及对群众的宣传教育教材……他常常以机智技巧的动作结合大胆勇敢的行动,躲过敌人走狗的跟踪,冲破敌人的防范。1932年4月初,省委决定我去吉林东部,由靖宇同志代理我的工作。深夜,在我俩作临别谈话的时候,我对他说:'与君相处几个月,胜读马列多年书。'他恳切的对我回答:我们是反对旧礼教的,但是可以这样理解,把'天之将降大任于是人也',改作劳动人民之寄希望于共产党,党之寄希望于共产党员也。'必苦其心志,饿其体肤,劳其筋骨,行拂乱其所为',那些在革命斗争中,经不起考验,而临阵逃脱的,有如朝露,见阳光即散失;有如秋草,经风霜即枯萎。一个普通的人都应该讲求'富贵不能淫,贫贱不能移,威武不能屈',何况是共产党员呢?党员对党的革命事业必须具备'鞠躬尽瘁,死而后已'的精神。"杨靖宇的话使周保中深受感动。周保中经常说:"这些话成为留给革命同志的诫语。"②

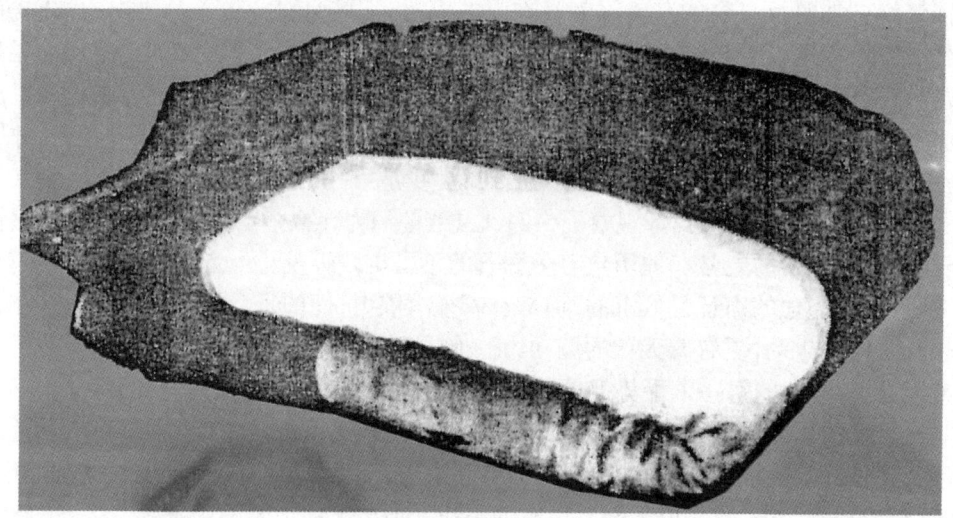

杨靖宇在哈尔滨工作时用过的褥子

杨靖宇在哈尔滨从事地下工作期间,同志们都亲切地称他为"老张"。他生活极其简朴,常穿的是一件又旧又破的灰布大褂,脚上的鞋是露脚趾的。冬天,寒风刺骨,杨靖宇却经常光着头,穿着破旧的棉袍在风里来雪里去。他在哈尔滨工作期间没有固定的住处,为了防止敌

---

① 何成湘:《和杨靖宇同志三次会见》,载《红旗飘飘》第五辑,中国青年出版社,1957年12月版。
② 周保中:《松柏常青——纪念杨靖宇同志逝世20周年》,载《松柏常青》,吉林人民出版社1960年出版。

人搜捕,在这家住几天后,又搬到别的地方住几天。1931年冬,杨靖宇刚从狱中被释放,来到哈尔滨,组织为他暂时租间办公、住宿用房。他为了节省经费,屋子里只烧很少一点火。到天气已经很冷的时候了,他不顾自己身体不好,被褥单薄,也舍不得多添一把柴,多烧一把火。他总想为组织节省一点钱。

当时,杨靖宇住得较长的地方是道外区一位地下工作者老孟同志家。他和老孟一家人相处得亲亲热热,如果不是他那口河南话,简直就是一家人。

一天,老孟见杨靖宇穿的鞋子破得太厉害了,便买来一双皮鞋送给他。

杨靖宇问:"这是哪来的?"

老孟回答:"你管它哪来的干啥?送给你,你就穿吧!"

杨靖宇看着脚上"咧开嘴"的鞋说:"我知道你关心我,可是我这双鞋修一修还能穿,现在正是困难时期,党的活动经费很紧张,能节省一分钱就要节省一分钱。"杨靖宇拿着这双新买的皮鞋,对老孟同志说:"一双皮鞋十块钱,要是把它用在有用的地方不是更好吗?"

曾和杨靖宇在一起工作战斗过的何成湘说,当时,从事地下工作的同志每人每月只能领到九块"哈大洋"作为生活经费,有时还接济不上,根本不够用。这点钱能吃上粗粮填饱肚子就不错了,哪能谈得上吃细粮。在艰苦生活面前,杨靖宇从来没有叫过一声苦,没有向组织提过一次生活上的要求。他总是抱着乐观主义精神,整天都是笑呵呵的,从来看不到他愁眉苦脸的样子,好像革命明天就会胜利似的。①他对自己要求十分严格,从不乱花一分钱。他经常把省吃俭用节省下来的钱用在工作上或者帮助其他生活更困难的同志。

杨靖宇在哈尔滨市任市委书记时,没有职业做掩护,组织决定派一位从事文艺工作的同志协助他工作。这位同志见杨靖宇对自己要求十分严格,生活过于清苦,有时便用自己的薪水买饭菜与杨靖宇一起吃,实际是照顾他。一次,他们开完会回来,这位同志领杨靖宇到一家小饭馆里吃饭。饭菜很简单,只有两碗米饭两个炒菜。吃完饭离开饭馆后,杨靖宇便问这位同志:"你为什么这样特别照顾我?你对别的同志也这样吗?"那个同志讲:"组织安排我协助你工作,我有责任照顾你。"杨靖宇说:"对自己同志要一视同仁,不能有厚有薄。你总是经常照顾我,我心里很不安。如果把这些买菜的钱交给党,作为党的活动经费,不比吃到肚子里更有意义吗?要知道,现在对于党,一文钱都是不可多得的呀!"接着他讲道:"春秋时有个越王勾践,他卧薪尝胆二十年,后来打败了吴国。我们革命者也要有卧薪尝胆的精神。生活艰苦些,头脑就会更清醒,就会想着千千万万受苦的人。"那位同志听了杨靖宇的一席话,内心更加敬佩他了。

在秘密斗争的日子里,杨靖宇就是这样忘我地工作,严格地要求自己。他的言与行,艰苦奋斗的精神感动着每一个同志,令所有的同志都深深叹服。

---

① 何成湘:《和杨靖宇同志三次会见》,载《红旗飘飘》第五辑,中国青年出版社,1957年12月版。

四、参加省委扩大会议

1932年7月,中共满洲省委召开一次扩大会议。杨靖宇作为省委委员参加了这次会议。这次扩大会议主要是贯彻临时中央在上海召开的"北方会议"精神。

"北方会议"是1932年6月,中共临时中央在上海法租界秘密召开的有地处北方的河北、河南、陕西、山西、山东、满洲等省委代表参加的联席会议,后被称为"北方会议"。这次会议由博古等人主持。"北方会议"提出了北方党组织要开展义勇军运动与树立党的领导,开展农民日常斗争,发动与扩大游击运动,争取广大士兵群众等基本任务,但当时,临时中央的领导者看不到因日本帝国主义的侵略而引起中国社会关系的新变化,没有把工作重点放在扩大抗日武装和发展革命力量上,而是片面强调国民党政权与苏维埃政权的对立。由于"左"倾冒险主义和关门主义方针的影响,会议错误地分析中国革命形势,强调中国革命高潮空前高涨,革命时机普遍成熟,任何省、任何地区都毫无例外。会议决议严重脱离北方各省实际,特别是无视东北已被日本帝国主义占领,中日民族矛盾上升为主要矛盾的事实,否认全国革命发展的不平衡性,要求东北与南方各省一样要进行土地革命,"创建苏维埃政权",强调"必须用一切力量使义勇军的反日战争与土地革命密切联系起来,毫不迟疑地依靠在义勇军的武装力量之上,没收地主豪绅、军阀、资本家的土地……使义勇军转变为工农红军,创造苏维埃的政权。"①同时还特别强调北方各省党组织要武装保护苏联,提出"必须十倍百倍地加强反对一切帝国主义国民党满洲国的反苏联的企图与挑衅,开展广大的群众的保护社会主义祖国苏联的运动。"②

参加会议的满洲省委代表何成湘(省委组织部长)在汇报中讲了一些东北地区工作特殊情况,讲到东北已被日本帝国主义占领,东北党的力量薄弱,群众组织不广泛,党在东北的任务应不同于南方苏区,结果被会议主持者错误地指斥为是"北方落后论""满洲特殊论",是把"中国南部与北部间隔、对立起来"。因此,何成湘的发言被会议当作右倾机会主义、富农路线而予以无情批判。

"北方会议"结束后,临时中央派李实(又名魏维凡、魏抱一)来东北贯彻会议精神。临时中央决定撤销罗登贤的满洲省委书记职务,调回中央另行分配工作,由华岗任省委书记。华岗到任前,由李实代理省委书记。

1932年7月10日至12日,中共满洲省委在哈尔滨市南岗区某地召开扩大会议,参加会议的有罗登贤、李实、何成湘、杨靖宇、金伯阳、杨一辰等14人。这次会议主要是贯彻"北方会议"精神,根据"北方会议"所提出的基本任务,改组满洲省委。会议在"左倾"思想指导下,错误地批判以罗登贤为书记的满洲省委领导是"一贯的右倾机会主义路线"。会议提出为保证

---

① 《开展游击运动与创造北方苏区的决议》(1932年6月24日),载中央档案馆编《中共中央文件选集》第八册,中共中央党校出版社,1991年3月版,第393页。

② 《革命危机的增长与北方党的任务》(1932年6月24日),载中央档案馆编《中共中央文件选集》第八册。中共中央党校出版社,1991年3月版,第349页。

"北方会议"任务的执行,"要改造满洲党","揭发过去省委机会主义的领导"。①会上,罗登贤被迫承认"对省委这种机会主义的错误领导,我应负严重的责任",并进行了检查。

会议讨论中,在当时的历史条件下,杨靖宇也同其他同志一样,曾受到"左"的倾向影响,跟着错误地批评省委"本身是右倾机会主义"。他说:"省委过去机会主义领导葬送了满洲工作,不是尾巴主义,连尾巴也赶不上。"在谈到接受"北方会议"要了解什么问题时,他说:"接受'北方会议'要根本了解:(1)日本帝国主义在满积极准备进攻苏联(关东军司令部移长春,八站强制接收等)。(2)苏区红军之伟大胜利与两个政权之对立,拥护苏联与创造北方苏区、红军的任务是不可分离的。(3)宣传红军的胜利,为红军募捐,劳动群众是欢迎的,征调工人到红军中去,发动满洲游击战争,必须有具体布置。(4)工人运动应加强,哈总是空的,应从小组织组起(赤色小组等)。(5)两条战线的斗争应在实际工作中发展。"杨靖宇在讨论中的发言,提出了"发动满洲游击战争,必须有具体布置""工人运动应加强"等具有重要意义的正确意见,但其发言总的倾向是支持"北方会议"错误立场的,特别是抹煞省委领导工作成绩,称"机会主义领导葬送了满洲工作",甚至"连尾巴也赶不上",②这是言过其实的。

以罗登贤为书记的这届满洲省委在九一八事变后,根据东北已被日本帝国主义占领的实际,为开展反日斗争做了大量工作,最显著的有两个方面:第一,在支持义勇军反日斗争的同时,抓紧了建立党直接领导的抗日武装工作,省委派出许多优秀干部到南满、北满、吉东、东满创建抗日游击队。南满磐石、海龙反日游击队,北满巴彦反日游击队,东满延吉、和龙、珲春、汪清、安图等地反日游击队都是在这个时期建立起来的。以后,北满的珠河、汤原、海伦反日游击队,吉东的宁安、密山、饶河等反日游击队也建立起来。这些抗日武装尽管起初力量还很弱小,但在东北人民处于国破家亡的关键时刻,举起了党的武装抗日的大旗,给东北人民指出了如何争取民族解放的道路。第二,建立了群众性的反日会的组织,冲破了赤色群众组织像第二党的框子,团结了广大群众,引导东北人民走上了有组织地开展反日斗争的道路。省委工作所取得的成绩是应予以充分肯定的。因此,完全否定以罗登贤为书记的省委的工作是错误的。

这次省委扩大会议最后宣布——撤销省委书记罗登贤职务,将其调到上海另行分配工作③,由李实任省委代理书记。会议通过了《关于接受中央北方会议决议》。决议中根据"北方会议"精神,与临时中央对满洲省委工作的指示,确定"拥护苏联"是目前第一等的任务,并要求将反日民族革命战争与执行土地革命的任务密切联系起来。要开辟满洲的新苏区,用最大的努力有计划地去创造红军。④

显然这一决议是完全脱离东北实际的。因为东北已被日本侵略军占领,成为日本殖民

---

① 《中共满洲省委扩大会议纪录》(1933年7月12日),存中共黑龙江省委党史研究室资料室。
② 《中共满洲省委扩大会议记录》(1932年7月12日),存中共黑龙江省委党史研究室资料室。
③ 罗登贤到上海后担任全国总工会上海执行局书记。1933年3月28日,因叛徒告密被捕,同年8月被国民党反动派枪杀于南京雨花台。
④ 《中共满洲省委扩大会议决议——关于接受中央北方会议决议》(1932年7月12日),载中央档案馆等编《东北地区革命历史文件汇集》甲10,第147页。

地，党的第一等的任务应是领导人民进行抗日，而不应是"拥护苏联"；在东北，中日民族矛盾已上升为主要矛盾，阶级矛盾已下降为次要矛盾，就不应在开展反日民族战争的同时还强调搞土地革命，搞苏维埃和红军。因为那样，即提出拥护苏联、反日斗争、土地革命三位一体的工作任务，无益于主要矛盾的解决，同时，把地主、富农与日本侵略者同样作为打击对象，而不是团结一切可以团结的力量共同对敌，自然会导致自身败绩。

省委扩大会议结束后，在贯彻"北方会议"精神过程中，杨靖宇和其他省委领导成员逐渐发现从事基层实际工作的同志明显地表现出有消极抵抗的情绪。当时和基层党员约定时间谈话，他们往往躲躲闪闪，避而不见。哈尔滨市的党支部比较多，党员分布比较广泛，可是基层党员不敢接近省委领导同志，省委扩大会议精神传达不下去，更谈不上怎么执行了。

1932年夏秋之际，正在贯彻"北方会议"精神期间，哈尔滨市遭受了百年未遇的水灾。江北松浦一带全部被淹没，水深一至二米。8月7日晨，洪水从道外九道街口涌进哈尔滨市区。地势低洼的道外区，几小时即陷于一片汪洋，水深齐檐。次日顾乡屯全部被淹，水深过膝。全市28万人口有一半以上受灾。广大灾民为逃活命，蜂拥到地势较高的南岗区。这场洪水致使十三四万人流离失所，无家可归。许多灾民无衣无食，住在南岗极乐寺、文庙附近简易窝棚里，其惨状目不忍睹。

水灾发生后，杨靖宇积极组织领导全市党团员、反日会员到灾民中散发反日传单，进行宣传鼓动，并根据省委8月14日《关于水灾的决议》中"组织灾民自救团、灾民互济会"等指示，发动灾民开展反日斗争。魏拯民、杨一辰等同志都是当时被派赴到灾民中做宣传鼓动工作的党员干部。他们白天到灾民中了解民情，晚上在住处刻印传单，散发到灾民中去。同时，杨靖宇自己也经常到南岗区极乐寺灾民集中地区进行演讲，与难民们谈话，揭露日伪当局置百姓死活于不顾，在洪水到来之前，不设法加固堤防，防御水患，而是组织和尚、道士烧香念咒，乞求老天保佑，欺骗百姓、搜刮民财的罪行。

他指出，自日本侵略者以武力侵略东北，广大劳动群众遭屠杀、奴役、流离、失业，已经是求生不能，求死不得。洪水到来，房倒屋塌，牛具、耕具全都漂走，秋收无望，卖工勉强度日的工作场所失掉了。转眼严寒隆冬季节就要到来，啼饥号寒，卖妻鬻子的惨象，贫困、疾病、死亡的痛苦，已经摆在我们面前。他说，水灾不仅仅是天灾更是人祸，这是日本帝国主义武装侵略东北造成的。万恶的日本帝国主义与伪满洲国政府为了维持他们的血腥统治，为了进攻反日的义勇军，为了屠杀与镇压民众的反日运动与一切革命运动，他们用残酷的手段，施用苛捐杂税，剥皮抽筋与敲骨吸髓地搜刮民脂民膏，挪用公款，以致河堤、河道、河坝等等不能修理，遂至造成这样大的水灾。他向难民们呼吁说："乡亲们，我们不能做无知的愚民，大家要想一想，是谁不修江堤，不顾我们的死活，是谁在敲诈勒索？"他讲的话紧扣人们的心弦，极大地激起了灾民勇敢地向日伪当局展开反饥饿、反压迫、争生存斗争的勇气。

在实际工作中，杨靖宇把省委扩大会议关于贯彻"北方会议"精神的决议暂时搁置起来，不谈武装拥护苏联、进行土地革命、组织苏维埃及举行罢工、罢课、游行示威、飞行集会等，而是先从组织灾民斗争、恢复战斗堡垒党支部入手。与党员、进步青年分子只谈日本占领东北情况,宣传反日,并领导党员同志抓住群众的迫切要求,组织领导他们开展与切身利益紧密相关的斗争。原中共满洲省委代理书记李实同志曾回忆说:"1932年哈尔滨涨大水,把哈尔滨道外都淹了,穷苦市民的东西家具都冲走了,灾民到处要饭吃。杨靖宇(当时是哈尔滨市委书记)和杨德如(按,即杨一辰)等同志日日夜夜地到灾民中工作,由于抓住了群众迫切要求,因而反饥饿和增加工资的斗争都得到一定的胜利。"①

当时,日伪市政当局在难民的强烈要求之下,在南岗区极乐寺、文庙等地设置几处难民所。一天,杨靖宇到难民所了解到难民们不能保证一日两餐,而将规定的每人每餐发两个馍改发一个。一时,难民们怒气冲天。杨靖宇见此便及时组织难民向日伪市政当局展开反饥饿、争生存斗争。他把难民中的一些青年组织起来,教其与敌人展开斗争的方法,并帮助他们拟出向统治当局提出的斗争要求:(1)要吃饭,每日两餐,每餐两个馍;(2)不许打骂难民;(3)及时为病人治疗,发给药品;(4)改进居住条件,搭建席棚。在难民中的青年积极分子带领下,广大难民纷纷集会,前往"市水灾非常委员会",并将其包围,指责日伪当局迫害灾民的行为,强烈要求当局迅速答复难民们提出的要求。日伪当局见广大难民群情激昂,害怕不答应难民们提出的条件激起民变,只好答应难民们提出的条件,斗争取得了胜利。在中共满洲省委1932年9月2日给中央的一份报告中,对此曾做如下记载:"党领导了收容所两千余人包围水灾非常委员会,开展一天吃两餐饭的斗争,结果胜利。在难民中党组织了包括七八百人以上的斗争委员会,在难民中开始组织难民的反日会,发展了党的组织。"②省委对这场斗争的胜利予以高度重视,给予了充分肯定。

省委扩大会议之后,在贯彻会议精神过程中,由于杨靖宇从现实情况出发,集中力量组织灾民的反日斗争,抓市内党组织的恢复和反日群众组织反日会的建设,做宣传发动群众工作,所以各党支部的同志重新活跃起来,党组织也有新的发展。其中,皮鞋业支部、老巴夺卷烟厂支部、电业支部及呼海路党员发展得很快。特别是呼海路一些较大的车站都有党的支部或小组,司机、司炉、乘务员、扳道工人中都有共产党员。省委印发的传单、标语一个夜晚即可在呼海路沿线张贴出来,弄得日本宪兵、军队惊慌失措。这期间哈尔滨市各党支部活动不仅得以恢复,而且共青团、反日会等群众组织也都有很大发展。当年,共青团哈尔滨市委成立,十分关心青年工作的杨靖宇亲自参加大会,并在会上讲话,鼓励青年积极参加反日斗争,要以各种形式的斗争与日寇展开搏斗。在杨靖宇任市委书记期间,哈尔滨市许多青年积极参加义勇军,广大市民积极支援义勇军的反日斗争,一时形成热潮。

洪水退后,杨靖宇责成党员金剑啸和罗烽积极开展革命文艺工作,以笔作刀枪,团结进步文艺工作者共同从事抗日宣传活动。11月间,金剑啸、罗烽与萧军、萧红等举办一画会,并为救济灾民,与一些画家举办了"维纳斯助赈画展",展出许多反映工人、农民劳动形象和苦

---

① 李实:《1931年中共满洲省委活动情况》(1960年7月29日),载《中共满洲省委时期回忆录选编》第3册。

② 《中共满洲省委报告第一号》(1932年9月2日),载中央档案馆等编《东北地区革命历史文件汇集》甲11,第55页。

难生活的作品，如工人盖楼、农民耕田、船夫拉纤、渔民撒网等。金剑啸所创作的《从地下来的》，画的是一个矿工弯着裸露的身子，在黑暗狭窄的矿井里刨煤的情景，形象地反映了矿工的苦难生活。当时，这样反映劳苦大众生活的美术作品在哈尔滨还没有过。因此，在社会上产生一定反响。

杨靖宇离开哈尔滨后，金剑啸、罗烽不忘杨靖宇的教诲，在以后的日子里一直从事革命文艺工作，他们与进步青年作家萧军、萧红等通过伪满《大同报》编辑陈华的关系，在该报创办《夜哨》副刊，经常发表诗文，运用隐晦曲折的笔法揭露日伪残酷统治，他们还发起组织了"星星剧团"排演进步短剧。金剑啸还打入日本人创办的"大北新画刊社"。因该画刊不受警特机关的检查，他便以诗文、照片、漫画为武器揭露日伪反动统治，号召人民起来斗争，发挥很大作用。（金剑啸同志于1936年6月被捕入狱，面对敌人严刑拷打，始终坚贞不屈，同年8月15日于齐齐哈尔牺牲，时年26岁。）

1932年9月，中共满洲省委根据工作需要，撤销哈尔滨市委，成立东北区、西区两个区委。省委考虑到发动抗日武装斗争的需要，原省委军委书记周保中已去吉东工作，赵尚志已去巴彦抗日游击队工作，便决定让杨靖宇任省委军委书记职务（代理），由抓市委工作转而集中力量抓士兵运动及建立抗日武装工作。这一工作任务的变动，就使杨靖宇与武装抗日斗争结下不解之缘。以后，他根据党的武装抗击日本侵略者的指示，把全部精力都投入到组织抗日武装，领导反日游击队、人民革命军、东北抗日联军抗击日本侵略者的斗争中，直到献出自己宝贵的生命。

五、巡视南满

1932年11月，北国大地一派萧瑟凄凉景象。寒风不时吹来，气温一天低似一天。九一八事变后第二个严冬在人们不堪忍受日本帝国主义统治的悲愤中已经到来。

自九一八事变后，为了反抗日本帝国主义的侵略，东北人民开始自发地组织起来与日本侵略军展开搏斗。以留在东北的东北军爱国官兵为主体，包括有工人、农民、知识分子参加的大规模的义勇军反抗运动遍及白山黑水，曾发展到很大规模。但到1932年底，由于义勇军缺乏统一组织领导和明确的政治纲领，逐渐呈现出衰败之势。如前所述，在中共满洲省委派出党员干部协助义勇军展开激烈的抗日斗争的同时，还根据反日斗争的实际需要，在地方党组织力量较强、群众基础较好的地方，如南满的磐石、海龙；北满的巴彦、珠河、汤原、海伦；吉东的宁安、饶河、密山；东满的延吉、和龙、珲春、汪清、安图等地农村建立了党直接领导的以工农为主体的民众武装——反日游击队。

组织起来，拿起武器，以革命的武装斗争反抗日本帝国主义的武装侵略，是实现民族解放的实际需要。

杨靖宇身为省委代军委书记始终注意把加强、发展和巩固壮大党领导创建的反日游击队和开展武装斗争，作为极其重要的工作。为了解掌握反日游击队的情况，解决游击队在发展过程中存在的实际问题,1932年11月,杨靖宇根据中共满洲省委决定以省委特派员身份去南满磐石、海龙等地巡视指导工作。

磐石是满洲省委在南满开展反对日本帝国主义侵略,组建党领导的抗日武装工作的重点区域之一。该县位于吉林省中部偏南地方,地处吉林哈达岭丘陵山区,与桦甸、永吉、双阳、伊通、东丰、海龙、辉南等县相邻。境内山峦起伏,河流纵横。哈达岭山脉横亘于该县中部,饮马河、辉发江(今称辉发河)以及呼兰河、富太河、挡石河(皆为辉发河支流)流经其间。吉海(吉林至海龙)铁路连通南北,贯穿全境。这里地广人稀,九一八事变前后,全县约有20多万人口,是除汉族外有许多朝鲜族居民居住的县份。一个个由十户八户、三户五户构成的居民点分布在山间或河川沃土地带。

在磐石,1929年即有党员活动。为在南满广大农村地区深入开展革命工作,1930年夏,中共满洲省委派巡视员陈德森来磐石、柳河、清原等地巡视工作。8月,在陈德森主持下召开有11人参加的县党员代表大会,选举产生中共磐石县执行委员会。县委成立时下辖2个特支、7个基层支部,有42名党员。其活动区域为磐东、磐北两区及桦甸、双阳、伊通、西安(今辽源)等县部分地方。①磐石县委直接隶属中共满洲省委领导。

和东北地区其他朝鲜族居民聚居的地方大都有朝鲜共产主义者活动一样,该县也有许多从朝鲜流亡到中国东北的共产主义者在从事革命活动。自1930年下半年,根据共产国际关于"一国一党"的原则,该县境内的朝鲜共产党党员大部分以个人身份重新履行入党手续,加入了中国共产党,使磐石县党员数量大增。1930年9月,南满特委成立,磐石县委隶属南满特委领导。1931年8月,南满特委取消后,磐石县委改组为中心县委,仍属满洲省委直接领导,其工作分布在以磐石为中心的南满北部即磐石、双阳、伊通、永吉、东丰、海龙、辉南、西安(今辽源)、桦甸等县。中心县委书记全光、组织部长朴奉、宣传部长安光勋。县委机关先后设在小城子、西玻璃河套两个地方。九一八事变后,中心县委即领导各族人民开展反对日本侵略的斗争。1932年2月,为保卫县委机关,县委还成立了一支小队伍。当时,日本侵略者为制造民族分裂,在朝鲜族中扶植亲日势力,建有亲日的所谓"保民会",其头目都是朝鲜族中的奸细,群众管他们叫日寇走狗。为使县委机关免遭这些走狗破坏,组织了一支由七八个人组成的小队伍即特务队,群众称之为"打狗队",同时还有一支20余人组成的劳农赤卫队,队长李红光。

中共磐石中心县委成立后,积极发动群众,领导群众开展抗捐、抗税、反亲日走狗等各种对敌斗争。1932年2月9日、4月3日、5月7日,县委就先后组织了有劳农赤卫队参加的三次规模较大的反日、惩治汉奸走狗、破坏敌人交通(吉海铁路)的群众斗争。这三次大规模斗争,扩大了党的政治影响,提高了党在群众中的威信,起到了动员、组织、宣传群众的作用,极大地激发了广大群众投身于反日爱国斗争的热忱。

在领导与组织群众反日斗争中,磐石党组织也受到启示,赤手空拳与敌人搏斗是不行

---

① 《中共满洲省委巡视员陈德森巡视工作报告》(1930年9月2日),载中央档案馆等编《东北地区革命历史文件汇集》甲5,第135页。

的，要使斗争取得更大效力必须把广大群众武装起来。此后，中共磐石中心县委遵照满洲省委关于建立党领导的工农义勇军，进行游击战争的指示，积极筹备建立抗日武装。2月，省委先后派干部杨君武（又名杨佐青，北满特委军运负责人）、张振国（又名张汝珩、张敬山，省委驻吉林市特派员）来磐石协助县委工作。之后，又派杨林（省委军委书记）到磐石具体领导此项工作。1932年6月4日，经努力在原县委领导的"打狗队"和劳农赤卫队基础上于磐东小孤山正式建立了有30余人参加的"磐石工农反日义勇军"，总队长张振国、政委杨君武、参谋长李红光。开始时，磐石工农反日义勇军仅有8支步枪、3支手枪和20余支洋炮。队员中朝鲜族占五分之三，汉族占五分之二。当时，磐石工农反日义勇军在磐东郭家店、蛤蟆河子一带活动。

磐石工农反日义勇军是党在南满地区最早建立的反日武装，随着这支武装的建立，南满地区的反日斗争进入了一个新阶段。

磐石工农反日义勇军成立时，由于力量薄弱，中心县委认为不能马上开展游击战争，待军委书记杨林回省委派来好的军事人才后，才能正式开始军事行动。7月，杨林回省委汇报工作（按，以后杨林去上海、中央苏区工作，曾任红军干部团参谋长，参加长征。1936年2月，在红军东渡黄河战斗中牺牲）。此期间，因受"左"倾错误影响，工农反日义勇军打起红旗，在大路上游行示威，对地主大搞分粮斗争，直接侵犯了地主阶级利益，引起地主大户的恐慌。一些反动分子乘机挑拨民族关系，造谣说："义勇军是高丽胡子""老高丽要造反"，并指使地主武装、反动的"会兵"（"保民会"的武装）勾结土匪攻打这支新成立的反日队伍。6月14日，于郭家店在敌人夹攻下，工农反日义勇军遭到很大损失，政委杨君武负伤离队，3名队员牺牲，损失了10支枪、180发子弹。① 从8月6日至8月16日，反动势力又先后数次攻袭工农反日义勇军，大肆逮捕反日群众，义勇军战士和反日群众中有26人牺牲（其中党团员各3人），5人受伤，7人被捕（其中党员5人），革命力量受到很大摧残。为向省委汇报磐石党组织和抗日武装工作情况，请求指示，8月下旬，县委派工农反日义勇军总队长张振国赴哈尔滨。

张振国走后不久，中心县委书记全光认为环境恶劣，义勇军无法独立活动，为保存已有武装力量，决定取消反日义勇军的队名，与山林队②"常占"队（首领穆荣山）合股，并于"常占"队。这期间部队参加了宋国荣救国军等联合攻打磐石县城战斗。10月2日，张振国回到已经发生巨大变化的部队中。10月5日，在党团县委联席会议上，他传达了省委关于贯彻"北方会议"精神，开展土地革命，创建苏维埃政权，在铁路沿线开展游击活动，夺取日本军队武器武装自己，不断扩大自己的武装队伍等指示。同时，会议决定部队仍以"常占"（穆荣山）担任队长，加派张振国任政治委员。不久，队内党团同志发现"常占"秘密与驻黑石镇的宋营联络，妄图缴游击队武装，杀害游击队的干部。对此，10月9日，磐石中心县委和团县委负责同志召开会议分析："常占已秘密把宋营勾结来了要威胁我们投降，为投降所以要杀我们干部，在这种

---

① 《中共磐石县委报告》（1932年7月2日），载中央档案馆等编《东北地区革命历史文件汇集》甲36，第43页。

② 山林队，指主张抗日，能从事抗日活动的土匪（"胡子"）队伍。为了团结他们投入抗日武装斗争，故称其为山林队，以示与专门从事抢掠、无抗日行动的土匪（"胡子"）有区别。

情形之下,同他作反投降斗争是无用的,只有决定举行哗变,才是正当的出路。"①县委书记全光认为"常占"的这种做法是要改变工农反日义勇军的性质,因此,决定将队伍从"常占"队中分离出来。10月21日,工农反日义勇军队员乘"常占"外出之机,将"常占"队"二当家"及"常占"两个心腹处决并缴获几支枪后,将队伍开到郭家店。10月23日,从"常占"队分离出来的工农反日义勇军在桦甸蜂蜜顶子召集各队党小组的代表会议,决定将全队编为四个大队,以"五洋"报号,在桦甸独立活动。此时,工农反日义勇军约有120名队员,其中朝鲜族队员占二分之一左右。拥有武器装备长枪75支,短枪65支。全队分四个大队,每队30人。总队长由孟杰民担任、副队长钟仿服,政委由张振国担任,政治部主任王耿、参谋长满汉生。②

中共磐石中心县委在领导群众斗争、组建反日武装工作中做了许多努力,也取得了很大成绩。但由于受到党内"左"倾错误的影响,县委干部之间不团结,存有意见分歧,至1932年11月初,县委工作呈现出困难局面。在工农反日义勇军队伍中,因要搞土地革命,树敌过多,不断遭到日伪武装乃至地主武装的攻袭,加之队内政治工作薄弱,领导成员对部队行动方向意见不一,有的主张回磐石,有的主张去东满,队员思想也较为混乱,有的队员竟把枪放下,要求离队,有的干部不愿再做工农反日义勇军的工作。一时,队内士气低落,磐石党组织和工农反日义勇军的斗争面临着严重的危机。

还是在8月30日,磐石中心县委就目前斗争形势及今后工作几个问题曾向省委做一"紧急报告"。报告中在详尽汇报磐石反日斗争遇到的问题后,提出须用"十二万分的力量"克服目前的磐石党所遇到的严重危机。"紧急报告"说,"目前磐石党已在存亡的紧急关头",请求省委"速派巡视员前去,召集磐石县代表会,改组县委,彻底解决磐石工作问题","速派去富有经验的军事工作同志去组织强有力的军委,领导义勇军的游击战争"。并根据县委等领导机关多为不懂汉语的朝鲜族同志担任领导的情况,要求派来"北方的中国同志",以便从事领导工作。③

中共满洲省委在听了张振国关于磐石工农反日义勇军情况报告及接到磐石中心县委的"紧急报告"之后,对报告中提及的磐石斗争形势和所请求予以解决的问题十分重视。9月30日,省委给磐石中心县委发出指示信。指示信着重指出,磐石党组织和群众工作遭受很大打击与损失的根本原因,是由于磐石党的机会主义的领导所致。他的表现是由于对于客观形势的机会主义的估计不足,因此对于党的阶级路线表现着机会主义的动摇,没有坚定地执行在反日运动中的阶级路线,积极地来独立领导反日的民族革命战争。信中指出,磐石党组织目前的中心任务是创造磐石的游击区域与苏维埃区域,坚定地领导与发展游击战争——纠正过去分散义勇军的错误,要很快地把分散的各队集中起来,使之能互相呼应,便于集中指挥;

---

① 《张汝珩关于磐石义勇军活动情形报告》(1932年11月29日),载中央档案馆等编《东北地区革命历史文件汇集》甲36,第447页。

② 《张汝珩关于磐石义勇军活动情形的报告》(1932年11月29日),载中央档案馆等编《东北地区革命历史文件汇集》甲36,第454、457页。

③ 《中共磐石中心县委紧急报告》(1932年8月30日),载中央档案馆等编《东北地区革命历史文件汇集》甲36,第54、55页。

加紧领导工农群众的斗争——抢粮、分粮、抗租、抗税、不还债的斗争及灾民的斗争；发动领导这些斗争，发展到更高阶段，实行游击战争、土地革命、扩大反日运动、扩大反日会、反帝同盟组织；揭露敌人挑拨离间、分裂民族关系的阴谋，建立中韩劳苦群众联合战线。在这封指示信中还提出：省委提议把目前的义勇军改名为"中国工农红军三十二军东北游击队"，以这样鲜明的旗帜把广大的工农劳苦群众团结于它的周围。

省委指示信对于磐石工作所做的具体指导，对磐石工农义勇军在困难条件下，继续坚持斗争起到鼓舞作用，但由于当时省委贯彻执行的是"北方会议"精神，因此对县委的批评和具体指示也有许多"左"的不切实际的地方，如提出在建立游击区域进行反日游击战争的同时，还提出要创立苏维埃区域与实行土地革命。同时，指示信也受着一定局限，强调团结各种反日武装力量不够，相反，过于强调执行反日运动中的阶级路线。另外，把斗争遭到挫折、受到损失的原因，全部归结为磐石中心县委的机会主义领导所致，这也是不公正的。

但是，尽管如此，这封指示信确实体现了省委对磐石斗争形势及其发展的关注。省委指示信中特别指出："为着工作发展的便利与加速，省委立即准备中国同志干部到磐石工作，同时帮助磐石党办中国同志训练班，训练磐石党中国同志干部人才。"中共满洲省委一直是把磐石的工作作为省委工作的重点部位之一，始终摆在重要日程上来的。同时，也投放了主要力量。同年10月1日，中共满洲省委在所制定的十月份工作计划中，明确地把开展磐石等地的工作作为首项任务："以磐石的游击队、巴彦和汤原的武装队伍作基础，发动南满以磐石为中心与松花江从巴彦到汤原这一区域的游击战争。"并说"这三个地方，省委必须派五个以上的得力干部去工作。"①11月2日，在满洲省委关于最近工作给中央的一份报告中认为，"（磐石）现在的问题，不是下级同志与战斗员的问题，而是如何改造这一领导机关，从县委到队伍中的领导者来一个彻底的改造。"又说："省委为了指挥灵便，使磐石的工作与海龙的工作，磐石游击队与海龙九路军（按，指唐聚伍领导的辽宁民众自卫军第九路军余部）的工作配合起来，为了彻底改造这两个地方的党部工作，加强省委的领导，决定派一个代表经常住在那里指导工作。"这里所说省委要派一个常驻磐石代表，其人选，就是省委代理军委书记、革命斗争经验丰富的杨靖宇。在此期间，团省委也说要派一名巡视员去磐石巡视团的工作。

1932年11月初，杨靖宇就是根据省委的工作计划安排，肩负着党组织的信任、希望和重托以特派员身份，作为省委代表前去南满磐石、海龙等地巡视的。

杨靖宇去南满磐石、海龙所面临的任务是正确处理那里出现的复杂问题，整顿磐石、海龙两县委和游击队，扭转那里濒临颓败的危机形势，开拓反日斗争的新局面，使党的工作、义勇军的斗争顺利发展。然而，这个任务是十分艰巨的，因为当时存在着一系列的复杂矛盾。不仅敌人是凶恶强大的，党领导的武装力量还比较弱小，更主要的是在客观上东北已成为日本帝国主义的殖民地，中日民族矛盾上升为主要矛盾，而在主观上还必须根据省委要求贯彻"北方会议"精神，并以其为指导，在进行反日斗争的同时，要打土豪、分田地、建立红军和苏

---

① 《中共满洲省委十月份工作计划》（1932年10月1日），载中央档案馆等编《东北地区革命历史文件汇集》甲11，第141页。

维埃、搞土地革命。在这种主观与客观相分离的情况下,要指导革命斗争取得成绩,其本身就是一个两难问题。

满洲省委对杨靖宇是十分信任的,对他去南满磐石、海龙等地巡视工作寄予厚望。在满洲省委于1932年11月2日给中央的报告中,对杨靖宇曾做过这样描述:"这个同志,政治上在满表现得最坚决的。曾坐过五次牢,在工作上表现是很艰苦、深入与努力。只是大的政治问题方面了解得少一点,这是长期牢狱生活而缺少训练的关系。他是省委候补委员,河南人,知识分子,担任哈尔滨市委一个时期的工作,在政治上各方面都比较有大的进步。"①这里所说的"只是大的政治问题方面了解得少一点",究竟是指何而言?还很难说清楚。据估计,可能是指他对九一八事变前后党的方针、政策,特别是"北方会议"精神了解得还不够——因为当时满洲省委正在贯彻"北方会议"精神,临时中央召集的北方各省委代表会议确定的方针、路线、政策自然是"大的政治问题"了。

1932年11月初,杨靖宇化装成商人,身穿黑棉袍、黑制服裤子、黑棉鞋,带着"大久保洋行采办"的名片,完全是一副买卖人的样子。他与省委交通员老刘从省委所在地哈尔滨经吉林去磐石。因为杨靖宇不知道工农反日义勇军已从"常占"队分离出去,及"常占"队与工农日义勇军已反目为仇的情况,所以杨靖宇和老刘到磐石后,便先去找"常占"队。数日后,他们终于在烟筒山附近找到了"常占"队。

但不幸,他们被忌恨分家之仇的"常占"队当作是磐石工农反日义勇军里的人给抓了起来,并要加害于杨靖宇。

两手被反绑着的杨靖宇说:"你们别误会,都是自己人。"

"常占"(穆荣山)骄横地说:"什么自己人?是张瞎子(指原队伍政委张振国,张是近视眼,外号"张瞎子")和全胖子(指磐石中心县委书记全光)派你来的吧?不是你们提出要分家的吗?"

接着,"常占"手下的人吵吵嚷嚷,说正好给"二当家"报仇,拉出去,枪毙算了。一时,气氛凝重、紧张。

杨靖宇见情况有变,便迅速分析判断眼前的形势。他镇定自若,冲着"常占"说:"我是省委代表,这次就是专为解决分家拆伙这件事而来的。我特意来与你和好,你却用绳子绑我,太不够朋友了!"

接着,他向"常占"陈述团结抗日,讲两家应和好的道理。终于"常占"被说服,释放了杨靖宇。杨靖宇被释放后,回返吉林。

途中,在烟筒山,他又被山林队"六国军"认为是日本人派来的密探,给抓了起来。原来,他衣兜里有一张为防备敌人查问,伪造自己身份的"大久保洋行采办"名片,被翻了出来。杨靖宇向他们解释说明自己,是专来找"常占"的。名片是为了对付日本人用的。因"六国军"与"常占"队有关系,"六国军"见杨靖宇让他们去"常占"那里调查,又听到他讲的抗日救国道

---

① 《中共满洲省委报告第二号》(1932年11月2日),载中央档案馆等编《东北地区革命历史文件汇集》甲11,第165页。

理,便释放了他。杨靖宇离开"六国军"时,对他们痛恨日本侵略者,警惕性高,给予了赞扬。

杨靖宇到吉林后,住在吉林支部书记李维民家,由交通员老刘前往磐石寻找中心县委、工农反日义勇军。这期间,杨靖宇与李维民研究了吉林支部工作。他了解到吉林支部工作情况,感到吉林是省会城市,支部归磐石中心县委管辖,不利于城市工作开展。他写信给省委,建议改吉林支部为特支,由省委直接领导。以后,省委接受了这个建议,将吉林支部改为吉林特支,以便发挥中心城市党的重要作用。之后杨靖宇让李维民带着他给省委写的报告去省委汇报工作。李临行时,杨靖宇还给他10元日本票做路费,并告诉他两个接头的关系。数日后,交通员老刘找到了磐石中心县委。而后,磐石中心县委书记全光等来吉林把杨靖宇接到工农反日义勇军(当时报号"五洋")驻地——桦甸县常山屯。①

此期间,工农反日义勇军处境十分困难。为决定队伍今后行动的方向,队内党支部召开过几次会议,但意见不统一。在11月初的一次会上,52名同志中有10名主张回磐石,42名主张去东满。主张回磐石的同志认为,我们的队伍归磐石党组织领导,应当回磐石活动;主张去东满的同志认为,磐石的群众基础已被敌人破坏,回磐石也会遭到"常占"队的报复。由桦甸直走东满,万一环境再恶劣时,还可避难于苏联。一时,争论不休,各持己见,意见难于统一。最后,决定派张振国到磐石看看省委是否有人来。如果无人来,就再去省委要求立即派政治上、军事上负责的同志来这里,解决一切问题(张去磐石,未见省委来人,又去省委。以后留省委工作。1935年5月,省委派其赴珠河(今尚志),任东北人民革命军第三军政治部主任。8月3日于娄家窝棚遭敌袭击牺牲)。当时队伍行进到桦甸与永吉交界处,由于种种困难无法东进。一时,大部队员情绪低落、悲观、消极、失望,感觉没有出路。就是在这关键的时刻,杨靖宇来到了队上。

此时,正是1932年11月中旬。

杨靖宇抵达工农反日义勇军驻地当天,正赶上大家吃午饭,他和队员们吃在一起。队员们见他平易近人、和蔼可亲,给人以一位"庄严政治家"的感觉,他受到了大家的尊敬。为解决队伍面临的问题,杨靖宇首先找队内党团员进行个别谈话。通过谈话了解队内情况和队员思想状况。同时,积极开展思想工作,稳定党团员同志的情绪,鼓励大家坚定信心,带动一般队员,克服眼前的困难。工作中,杨靖宇不是以上级派来的特派员身份采取命令主义的办法,压服下级,让他们去干什么或不干什么,而是在倾听干部和战士意见的基础上,采取启发式办法,引导同志们自己在讨论中对存有分歧意见的问题得出正确结论。

当时,大家对队伍前进方向问题争论很大,各说各的道理,谁也不服谁。一次,杨靖宇参加第二大队党小组会议,听取同志们的讨论。这时,夜深人静,灯碗里的油快耗尽了,灯火也逐渐地小了起来。杨靖宇见此,便站起来用手指着油灯意味深长地说:"你们看这盏灯,没有碗就盛不住油,光有碗没有油,灯就点不着。咱们游击队还不是磐石的子弟兵,在那里土生土长,那里山深林密……没有根据地,就像没有家,我们为什么要做没油的灯芯?"经他这样一

---

① 李维民:《三十年代吉林早期党组织活动》(1961年),载吉林党史资料丛书《中共磐石中心县委》。

说,大家都觉得有道理,思想豁然开朗。

还有一次,杨靖宇来到游击队员中间问大家:"打鬼子靠什么才能胜利?"

一位战士不假思索地回答:"枪!"

杨靖宇问周围的战士:"大家都说说,除了枪还有什么更重要的?"

战士们你看我,我看你,不知说什么好。

杨靖宇说:"打鬼子除了枪,要不要粮食啊,可粮食又从哪里来?"

这时,大家都明白了。一位战士说:"省代表,是咱根据地的群众。"

杨靖宇说:"对了,是群众。群众是游击队的命根子。游击队比如是鱼,群众就是大江大河里的水,鱼离开水就得死。咱们打鬼子离开群众就不行。"

就这样,在杨靖宇的耐心说服下,大家思想逐渐趋于一致。同志们都同意返回磐石,在玻璃河套、红石砬子一带建立根据地,深入发动群众,依靠群众开展游击活动。

之后,杨靖宇在经过充分地调查研究的基础上,主持召开了全队党的扩大会议。在会上,杨靖宇分析了抗日斗争的形势,统一同志们的思想认识,批评了队内领导同志的右倾错误,纠正一些党团员中存在的悲观、失望的情绪和退缩、消极的倾向。他没有完全按照"北方会议"规定的那一套去做,而是根据磐石斗争的实际情况,对当前的斗争做了部署。他重申了省委关于"坚定的领导与发展游击战争""在群众斗争有基础的地方(如磐东郭家店)来进行游击战争,坚定地在这些地方创造游击区域"的指示精神,并强调说,我们是共产党领导的游击队,不能起山头报号,应当把共产党的旗帜亮出来,应当有自己的根据地,我们应当回到磐石。最后,与会人员一致表示接受省委指示。会议决定:1. 队伍行动方向,仍在磐石、伊通等地,开展游击战争,开辟游击区创造根据地;2. 取消队伍所报"五洋"的山头字号,按省委指示,队伍名称改为"中国工农红军第三十二军南满游击队"。①

杨靖宇在初到游击队时及所做工作给广大队员以很好印象。一个队员曾撰文说:"11月间,杨靖宇受中国共产党的指派来到我们队伍上。我们初次见着他,就感觉到他是一个庄严的政治家。他的态度很沉静,待人接物和蔼可亲,而观察事理又深刻敏锐。因此,大家爱戴杨靖宇。""杨靖宇到队后,立即将队内政治工作,对民众的宣传与组织工作,以及军事计划等等加以指示与整顿。并率队回磐石。"②在率队回磐石途中,每至一地都召开群众大会,进行抗日宣传,在蜂蜜顶子附近还把反动地主的粮食分给农民,受到群众的欢迎。

队伍回磐石后,于石虎沟地方,在杨靖宇帮助下整顿了部队,肃清了队伍内的流氓以及和胡子头"常占"有密切关系分子,改变了队伍成分。同时,建立了新的领导核心,南满游击队总队长仍由孟杰民担任,副总队长王兆兰、政治委员初向臣、宣传主任李红光、参谋长穆景山。队内下设一个教导队,三个游击大队。自杨靖宇对磐石反日义勇军进行整顿后,这支党领导的曾走过曲折道路的反日队伍开始以新的姿态——红军南满游击队的名义,活动在南满

---

① 《中共满洲省委张特派员(杨靖宇)关于磐石游击队和党团工作情况报告》(1933年5月31日),载中央档案馆等编《东北地区革命历史文件汇集》甲13,第345页。

② 松五:《东北最坚强的抗日武装,东北抗日联军第一军》,载巴黎《救国时报》(1937年9月18日)。

磐石、伊通等地。

在南满游击队来到位于磐石、桦甸毗邻地带的郭家店活动时,在那里,处决了闻名南满的反动地主于宪庚,并缴获大小新式武器20余支。这一胜利,使南满游击队全体人员深受鼓舞,当地群众也拍手称快,备感振奋。在南满游击队取得初步胜利,队伍得到进一步巩固后,杨靖宇又在石虎沟指导中共磐石中心县委召开了党的第三次代表大会,批评了原中心县委负责人全光在领导方针上的错误,他严肃指出:"我们每一个共产党员必须正确看到,东北的革命形势由于中日民族矛盾的尖锐化,出现了蓬勃发展的高潮。在这个高潮中,当然也出现有局部的暂时的低潮。这是由于地区不同,条件不同所决定的。但作为一个革命者,必须要经得起形势的严峻考验,去进行艰苦的群众工作。那种要放弃武装领导(按,指将游击队合并于"常占"队),正表明这些人看不到革命形势发展的前途。那种要退出根据地,另寻别路的想法,是错误的。"这次会议改组了县委,产生了新的中心县委领导班子,由朴元灿任书记,改变了"全县整个工作均行停顿"的状况,恢复了过去的组织,取得了新的成绩。对此,中共满洲省委给予了肯定。1933年1月7日,省委给磐石中心县委和游击队的信中说:"在省委代表xxx同志(按,指杨靖宇)的正确领导下,将过去磐石党领导的义勇军从土匪化的队伍挽救过来,开始了一个大的转变,成立了红军三十二军南满游击队。在不到一个月的时间获得了许多成绩……这些成绩是磐石党和游击运动今后发展的基础与前提。"

继整顿磐石党组织和工农反日义勇军部队之后,杨靖宇在李红光陪同下,又对吉海铁路沿线党组织进行了整顿,恢复重建了反日会和铁路工会等群众组织,明确其斗争方向,使铁路沿线以铁路工人为主的反日斗争进一步开展起来。他们主动为游击队购买军火、药品、布匹,运送部队所需物资,为游击队递送敌人军车运行情报等。接着,又去海龙县巡视,检查指导那里的工作。在海龙,杨靖宇整顿了中共海龙县委和县委领导的活动于通化、柳河、辉南、临江毗邻地区(即龙岗地区)的海龙工农反日义勇军(由原海龙游击队和辽宁民众义勇军第九路军余部组成,有80余人)。将这支工农义勇军改编为"中国工农红军第三十七军海龙游击队",队长王仁斋,政委刘山春。并指示游击队负责人王仁斋、刘山春在龙岗地区坚持开展反日游击战争,壮大队伍,不断扩大游击区域。

杨靖宇在磐石、海龙等地巡视期间,废寝忘食,不辞辛苦,所做的工作是富有显著成效的。他根据省委指示,解决了磐石、海龙两县委和吉海路沿线党组织工作中存在的问题,整顿了党领导的刚成立不久的抗日武装,使磐石、海龙两县委的核心更加坚强有力,党内团结进一步加强,红军游击队进一步巩固,为继续发展深入开展反日斗争打下坚实基础。

与此同时,杨靖宇在南满磐石、海龙两县及其他地方巡视过程中,还做了大量的城乡社会调查工作。在调查研究中,他特别注重对南满地区政治、经济情况和党内情况的了解。1933年5月31日,他给省委写出一份报告,详细地记述了所了解的情况。他在报告第一部分目前南满政治经济情况中写道:"南满自九一八事变遭受东方大强盗日本帝国主义侵略之后,广大劳苦群众失地失业,啼饥号寒,叫苦连天,无法生活,且整批整批的日趋死亡的道路。"调查中,杨靖宇看到在城市里,大小商店逐渐倒闭,手工业作坊时常关门。无衣无食、居处无定的汉族、朝鲜族灾民、难民于大街小巷聚集成群,嗷嗷待哺、惨不忍睹。他发现日本侵略者为制造民族隔阂,在较大城镇里设立所谓"韩国难民收容所",专门收容朝鲜族难民,以收买其人心。但这种难民所究竟怎样呢?杨靖宇在其报告中揭露说:"韩国难民收容所名义上广事收容韩国群众,凡衣食住各种迫切要求,好像均代为妥善解决。实际上每人每日仅发几两小米,每人每日食不过两顿稀饭,男女老幼杂居一处,肮脏臭气充人肺腑,传染病盛行,无医诊治,最多每处有日死三百人之谱。据山城镇有一收容所,孤儿寡妇或较小儿童完全皆无,以该处灾民人数过多,日死一二百人,年轻壮年尚自顾不暇,更无余力照顾幼小儿童,以致死亡殆尽。"①从这份报告中,人们可以清楚看出"韩国难民收容所"的惨状。"韩国难民收容所",这还是日本帝国主义标榜其施行"仁政"的地方,而那些未能沐浴"仁政"恩泽的地方,究竟是怎样悲惨,则可想而知了。

杨靖宇在调查中了解到铁路、煤矿工人的日子更不好过。吉海路、奉海路的许多中国工人被开除,进而递补一些日本人,并拖欠工资,曾数月一文不发。曾有二千工人的西安(按,今辽源)煤矿仅剩四百余人。工人的工作时间由原来的八至十小时延长至十八小时,而工资过去每人每天能赚一元五毛,现在最多只能得到八角。工人因工死伤,日本人统治的矿局不予妥善抚恤诊治。工头打骂工人的野蛮行为常有所闻。工人们"日食不饱,精神颓废,面黄骨露,状似魑魅"。苦难中的矿工形象,不由得使杨靖宇想起,他们与自己家乡河南战区灾民的形象,何其相似乃尔!(值得注意的是,杨靖宇早年在河南开封求学时所写的《战区灾民生还时之感想》作文描述乞丐老翁使用了"面似魑魅"词语。在这里,杨靖宇记述苦难矿工形象用的是"状似魑魅",这几乎用的是同一词语描绘苦难之人。)令人同情,令人悲叹!

杨靖宇巡视南满后给省委写的报告

在广大农村,农业经济纷纷破产。较大的地主已跑到城镇。住在乡下的农民无地耕种,叫

---

① 《中共满洲省委张特派员(杨靖宇)关于磐石游击队和党团工作情况报告》(1933年5月31日),载《东北抗日联军史料(上)》,中共党史资料出版社,1989年12月版,第77页。

苦连天,无法维持生活。杨靖宇在调查中注意到,南满地区土地集中情况比较严重,从事耕种的大多数是从山东省为逃荒而来的农民。这些处于赤贫状态的农民耕种方式有三:一是当雇工出卖劳动力;二是组成"跑腿窝棚",即许多贫苦的单身汉自动集合一处,租地主土地,分别自备种子,共同耕种,每年除交纳地租外,剩下的部分分以享用;三是"帮腔",自己无牛马耕具,难以独立耕地,便与租地多的农民在一起共备种子,帮其耕种,自己出卖劳动力以抵偿牛马耕具费用,每年从租地人交纳租粮剩下的余粮中,分得少许部分。

杨靖宇发现,在日本帝国主义的侵略奴役下,由于农村经济破产,这些占农民百分之六十以上的赤贫者无家可归,流离失所。加之城市、矿业、林业大批量工人失业,这种由日寇侵略造成的状况是南满地区能够"发动风起云涌的抗日怒潮,产生成千累万的抗日军、义勇军、大刀会、武圣会、赤色游击队等武装组织、艰苦英勇的实行对日作战"的重要原因。

报告中说,日伪报纸刊登今天把某股胡匪打散,明天把某股胡匪消灭,实际上,日伪统治仅限于铁路沿线和大城市,而农村大部分在抗日军义勇军和赤色游击队控制下。农村中,农民抢粮分粮,吃大户,进而走向游击战争的前途,更是日益发展着。在城镇工人罢工,参加抗日武装团体,实行积极抗日天天爆发着。士兵哗变反对长官压迫斗争日益酝酿着。

在巡视中,杨靖宇了解到,在南满之所以还不能更大地推动抗日战争,完成南满反日民族革命任务,最主要的原因是得不到党正确的领导和我们党的工作薄弱。报告中说,由于"我们党领导下的红军游击队过去只是积极地怎样扩大自己的组织,对国民党胡子头领导下的抗日武装团体不但不去领导他们怎样夺取下层群众和领导权,且时常尖锐的对立起来,以致红军游击队虽英勇的时时战胜敌人给日本帝国主义很大的打击,处处得到广大群众拥护和爱戴,但以党的领导和工作上的薄弱,队伍又陷于孤立状态。不能更大地推动起反日民族革命战争。"在这里,杨靖宇已发现红军游击队陷于孤立状态的原因:与一些胡子头领导的抗日武装尖锐对立。之所以"对立",应该说这是当时受党内"左"的错误的影响的结果。

杨靖宇在巡视各地和在磐石工作期间着重对磐石党团工作做以调查,详细地了解掌握了全县党团组织情况:至1933年5月,磐石县有党员162名,其中游击队中有92名。党员成分百分之二十是雇农,百分之四十是贫农。党员中有四分之一为朝鲜族同志。妇女党员占百分之六,全部是朝鲜族。全县团员90余名,其中游击队中有团员50余名。在党内工作方面,杨靖宇在充分肯定其取得成绩的同时,也看到其不足,党组织自身力量薄弱,干部缺乏,教育训练工作不够,因而一些工作,如工运工作,士兵工作,宣传鼓动工作,没能很好地开展起来。①

杨靖宇在南满磐石、海龙等地巡视期间对社会政治、经济状况的调查和对党内情况的了解,为省委对南满斗争做出正确决策提供了可靠的依据。同时也因为他弄清了"地情",这也给杨靖宇后来在南满领导游击队,开展广泛的反日游击战争,并不断取得胜利,准备了对实际情况具有清晰明了认识的基础条件。

---

① 《中共满洲省委张特派员关于磐石游击队和党团工作情况的报告》(1933年5月31日),载《东北抗日联军史料(上)》中共党史资料出版社,1989年12月版,第83页。

第四章 开展武装抗日斗争

一、出任南满游击队政委

1932年11月中旬,当杨靖宇在完成南满游击队整顿工作任务后,即离开磐石,前往吉海路沿线和海龙等地巡视。

这期间,南满游击队经过整顿,各方面工作开始出现转机,有了新的起色。然而就在杨靖宇离开游击队不久,这支部队接连遭到两次意想不到的挫折,结果致使南满游击队再次面临严重危机。

同年11月27日,游击队总队长孟杰民根据磐石中心县委的指示,把队伍开到磐石、伊通两县毗邻的长胳膊地方,准备向拥有15支长枪的地主张辅卿索取枪支、粮食、生猪,令其支援游击队抗日。当队伍到达距张家大院约二里地时,孟杰民决定队伍隐蔽待命,由他与穆景山参谋长带领一名士兵先去张家大院,并约定如发生意外情况以鸣枪为号,枪声一响,队伍就包围张家大院,以武力解决张家地主武装。而后,孟杰民、穆参谋长及一名战士闯进张家大院,向张辅卿提出献枪、捐粮、捐猪要求,但遭到张的拒绝。这时,穆参谋长按事先所约便在院内鸣枪。正在待命的游击队听到枪响后迅速出动。但因游击队距张家大院有两里之远,队伍赶到时,总队长孟杰民已被张家地主武装枪杀,穆见状逃出,同去的一名士兵被逮捕。游击队赶到后,把张家大院包围起来,攻打一日,但未能攻下,且伤队员两人,子弹耗费甚多。①

1933年1月11日,游击队在磐东地区活动时,被东吉昌子(呼兰镇)高锡甲地主武装包围,遭到袭击。战斗中,游击队代理大队长王兆兰、政治委员初向臣牺牲,第三中队政治指导员张某某和五分队队长受重伤。

这两次不幸事件发生后,磐石中心县委于1932年12月3日、1933年1月13日两次致信省委汇报事件经过及吸取的教训,并要求"省委必须派能够担任政治委员、大队长的同志并征调大批工人来参加红军游击队"②。县委认为这是当前最紧迫需要解决的问题。

这接连两次的重大挫折,对刚刚经过整顿,打起红军南满游击队旗帜的反日武装来说,无疑是个很大的打击。究其原因,一是游击队的领导者孟、王、初皆为青年学生出身,没有军事斗争的经验,不善于处理和应付突发性事变;二是与队内执行的"左"倾政策有关。游击队主要负责同志跑到地主家硬性索要枪支,把地主大粮户与日本侵略者一样作为打击目标,就

---

① 《中共磐石中心县委给省委的报告》(1932年12月3日),载中央档案馆等编《东北地区革命历史文件汇集》甲36,第59页。

② 《中共磐石中心县委给省委的报告》(1933年1月13日),载中央档案馆等编《东北地区革命历史文件汇集》甲36,第63页。

难免遭到地主武装的反对与攻击。

在游击队连续遭受打击,孟杰民、王兆兰、初向臣等部队主要领导人牺牲的情况下,队内个别领导者在斗争失败面前产生畏难情绪,主张把队伍分散开来进行活动。县委有的领导人感到斗争环境恶劣,提出把武器埋藏起来。结果,许多队员开了小差,队伍由160余人降至100余人。南满游击队的命运处于紧要关头。

1月25日,省委在得知南满游击队连续遭到两次打击,牺牲好几位干部的消息后,致信杨靖宇并转呈县委及游击队同志,要求磐石县委和游击队的领导者彻底转变盲动冒险打硬攻坚"左"的路线,坚持发动与领导群众斗争,"把两次事变的教训深入到每个同志与游击队员中"。对于杨靖宇的工作,省委指示说:"乃超同志(按,即杨靖宇)应该部分的时间留磐石工作,以一部分时间指导海龙工作。目前不应回省委。"遵照省委指示,刚在海龙巡视完工作的杨靖宇与李红光又回到磐石。

这时,团省委派来磐石巡视工作的巡视员刘过风也由哈尔滨来到磐石。刘过风坚决反对把队伍分散开来进行活动,与队内错误思想展开了斗争,使队内情绪稍许稳定下来。而后,在海龙巡视完工作的杨靖宇以省委特派员的身份召集磐石县委会议和队内特支扩大会议,研究面临的局势和对策。会上,杨靖宇传达了省委给磐石中心县委及游击队的指示信精神,坚决而又严厉地批评了县委和队内党的领导干部思想中存在的悲观失望、畏难情绪等不正确观念。他用党中央的领导抗日武装斗争的总方针和省委交付给磐石党组织的任务来统一同志们的思想认识。指出,只有在党中央和省委领导下,坚决地丝毫不动摇地为巩固、发展红军第三十二军南满游击队而斗争才是出路。进而使县委领导同志、队内骨干的认识归于统一,坚定了大家一定要把游击队建设好,与日本侵略者斗争到底的决心。

根据严峻的形势和实际情况,为了打开磐石地区反日斗争的新局面,杨靖宇果断地采取了三项措施:

1. 召集全体队员会议,追悼先烈。杨靖宇在部队举行的悼念自游击队建立以来先后牺牲的孟杰民、王兆兰、初向臣等干部战士大会上指出,为革命牺牲是无上光荣的。他号召"我们未死的同志们应脚踏着死者的血迹走上前去,完成革命伟大任务。"追悼大会的召开,激发起干部、战士继承先烈遗志,积极开展反日斗争,誓把日本侵略者赶出中国的斗志,从而恢复了部队的士气。

2. 再次整顿队伍,宣布对新任领导干部的任命。通过整顿,加强了对干部、战士的思想教育,提高了对革命艰巨性的认识,增强了与失败、挫折斗争的信心。杨靖宇为把这支党领导的游击队建设好,决定留在游击队任代理政委。为便于工作,稳定部队情绪,他考虑到因伤离队的首任磐石工农反日义勇军政委姓杨(杨君武),人称杨政委,便也改姓为杨。队员叫他(张贯一)为杨政委。大家还以为杨政委(杨君武)还在队上,没有离队。朝鲜族战士叫杨君武、杨政委的音很似杨靖宇,于是,他说:"我的名字就叫杨靖宇吧!""靖宇"含有铲除变乱,平定四方之意,表明了他矢志抗日的坚强决心。同时,这个名字与朝鲜语杨君武、杨政委又近似谐音,战士们叫起来也方便(当时队内朝鲜族战士占有近半数)。从此,杨靖宇这一名字就叫开了,也就和东北抗日游击战争紧紧联系在一起。经过再次整顿的南满游击队新的领导人是:游击队总队长袁得胜、政委杨靖宇(代理)、参谋长李松波。教导队队长李明海、政委李红光。第一大队队长朴翰宗、政委严弼顺;第二大队队长韩浩,政委朴四平;第三大队队长王平山,政委王绍文。部队新的领导干部名单的宣布,特别是杨靖宇留任游击队政委,对游击队全体干部、战士是个很大鼓舞,使同志们对斗争的前途充满了信心。

3. 主动出击,开展游击活动。在队伍整顿过后,于1933年1月下旬(农历春节期间),杨靖宇率队主动向蛤蟆河子反动武装"保民会"的"会兵"及据点"会房"展开了进攻,缴获"会兵"武装长短枪10支,逮捕包括有"会兵"头目在内的5名汉奸地主,没收其猪羊、粳米、白面、衣服等物品若干,并将没收的粮食分给贫苦农民,扩大了党的政治影响。随即,杨靖宇率队(70余人)于吉海路沿线老爷岭,在铁路工人配合下,击败日本关东军独立守备队(以下简称日军守备队)一小队(40余人),毁坏敌人铁甲车一辆,毙伤日寇30余人。之后,又率队伍100余人在庙岭与伪满军500余人展开战斗,敌死伤20余人。这两次军事行动的胜利使游击队士气为之大振,队内干部、战士欢呼雀跃,情绪高涨,一扫过去愁眉紧锁,满面阴云的景象。

队内的稳固和斗争的初步胜利,使杨靖宇的威信在队伍中很快树立起来了。县委和游击队全体同志一致公认,自从杨靖宇由海龙赶回磐石,再次整顿游击队并出任游击队政委后,磐石地区的反日斗争展现出新面貌。游击队开始置于党的正确领导之下,队内情绪大为改观,红军在群众中树立起很高的威望,广大群众抗日斗争情绪也日趋高涨。工农群众热烈欢迎红军游击队,主动募捐,送慰劳品,许多青壮年积极要求参加南满红军游击队。

中国工农红军第三十二军南满游击队——这支党领导的抗日武装如同一把火炬一样,在日伪统治的黑暗社会里,使广大被压迫、被奴役的南满人民看到了光明。无疑,这把火炬将点燃遍布南满大地的干柴,使反日斗争烈火在东北这块广阔的土地上熊熊燃烧。

南满游击队获得新生后开始进行的几次胜利战斗,使日伪当局感觉到这支赤色游击队及其他反日部队的存在对其在南满的统治实是心腹之患。1933年1月下旬,伪吉林省长、大汉奸熙洽利用所谓"冬深木落,匪失凭藉"之机,发布围剿反日军通令:"令各县长自奉命后,迅即整饬警团,严重痛剿,务将零星小股,克日歼除,以靖地方。"①于是,从1月末起,日伪当局派出大批伪满军配合日本侵略军,前来磐石地区围剿南满红军游击队及其他抗日武装。

面对敌人的围剿,杨靖宇领导南满游击队同敌人展开了激烈的反围剿斗争。从1月末开始,这次围剿与反围剿斗争持续到5月份才结束。无疑,这次反围剿斗争对于刚整顿恢复不久的南满游击队是一次严峻的考验。在4个月的时间里,南满游击队在杨靖宇的指挥下,与敌人进行大小战斗60余次,其中最为激烈的有4次。英勇的南满游击队指战员以不畏牺牲、压倒敌人的英雄气概,终将凶恶的敌人全部击溃,获得了巨大胜利。此后,南满游击队声威远震,城乡各地,义勇军、山林队乃至伪满军中都议论着"红军"与敌人英勇作战之事。在这阶段反围剿斗争中,有"杨靖宇率领游击队冲破敌人4次围剿"之荣称:

第一次冲破敌人围剿。1933年1月29日,日军及投降日伪的土匪"东江好"(驻烟筒山)及毛团(即伪满军毛作彬团,驻吉昌子镇)共三四百人,于上午11时向南满游击队根据地玻

---

① 《盛京时报》(1933年1月22日)。

璃河套进攻。敌军闯进玻璃河套后,大施淫威,枪杀了团省委巡视员刘过风,肆意拷打群众,奸淫妇女,抢掠财物,使玻璃河套惨遭浩劫。因当时南满游击队在海龙三十一户地方活动,敌人未寻到游击队。1月30日,敌兵大增。当时南满游击队行抵一个叫大坑的地方驻下。在此,游击队受到敌军千余人的"围攻"。

1月30日上午10时,"东江好"队六七百人,由北面向南满游击队驻地攻来。杨靖宇指挥游击队当即与其展开战斗。游击队员一面反击,一面发动政治攻势,高呼"士兵不打士兵","红军是穷人的队伍","哗变过来,杀死你们投降日本的走狗长官,投向红军","劳苦兄弟联合起来,去打共同的敌人——日本帝国主义!"在游击队英勇猛烈的反击下,敌人败退。同时,"毛团"本部及其所辖的"四季好"共约三百人又由南面用机关枪向游击队阵地猛射,敌人虽屡次向游击队阵地冲锋,但都遭到了迎头痛击,其妄想占领游击队阵地的图谋终未得逞。

当游击队大部分在大坑与敌人激战时,杨靖宇调动游击队一小部转到三棚碇子,包围了退到那里的敌人——"东江好"。敌军毫无防备,被打得措手不及,死伤多人。最后"东江好"力不能支,落荒而逃。游击队占领了三棚碇子。不多时,又有从西面、西南分别由二道岗和三栋顶来的"会兵"向游击队进攻。游击队员毫不畏惧,越战越勇。他们依据有利地势,沉着与敌应战。战至傍晚,敌人见势不利,损失巨大,便逐渐收兵。此时,游击队在杨靖宇指挥下,也乘机经拐子坑转向红石碇子撤出战斗。天亮时,游击队各部汇合于玻璃河套大生菜地方。

此次战斗,由日寇指挥的敌军共计有千余人,南满游击队与敌人激战了一整天。敌军死伤包括连长、连副共20余人(内计死8人,伤10余人),损耗弹药无数,机关枪也被游击队打坏。南满游击队牺牲队员1名,伤1名。这次战斗旗开得胜,粉碎了敌人的第一次围剿,令敌人胆寒,显示了南满红军游击队应有的战斗力。

第二次冲破敌人围剿。2月27日,南满游击队驻在砖庙子。翌日,敌军——有日寇率领指挥的"东江好""毛团"六七百人,为围剿游击队先向砖庙子扑来,并把南满游击队一部包围。为避敌锋芒,占据有利地势,杨靖宇指挥游击队战士有计划地退至浅草沟山巅。之后,游击队突然向敌人展开猛烈射击。由于游击队占据有利地势,居高临下,敌人虽屡次冲锋,但皆被击退。作战时,游击队战士精神振奋,高唱革命歌曲,向"毛团"士兵喊话,高呼"弟兄不打弟兄!""共同去打倒我们的敌人——日本帝国主义!""拖枪哗变过来!"等口号,用以动摇伪满军,瓦解伪满军。此次激战历经三小时,敌军死12人,伤10人;游击队牺牲1名队员,伤1名队员。此战敌军败北,红军大胜。

不久,日伪当局将战败的"东江好"缴械,"毛团"也不被信任。"毛团"首领毛作彬基于形势所迫,举旗哗变,倒戈抗日。"毛团"曾多次为日伪当局驱使,与南满游击队交战。这次"毛团"首领率队哗变反日,其本身就是对日伪当局的一个打击。同时,使磐石地区广大群众莫不感到振奋,极大地扩展了南满红军游击队的政治影响。

第三次冲破敌人围剿。1933年3月底,日伪当局在其"讨伐队"连续遭到两次失败后,又调动日军守备队(700余人)向南满游击队展开进攻。日军守备队携带机关枪、大炮等轻重武器自磐石、小城子等地出发,至玻璃河套,向驻在杨宝顶子的南满红军游击队包围过来。在杨靖宇指挥下,游击队即布开狭长阵线准备迎战。敌人用两门大炮、四五挺机关枪集中火力向游击队猛烈射击,并在炮火掩护下,多次向游击队阵地冲击。游击队从容迎战,向冲上前来的敌人瞄准射击,敌人在明处,游击队在暗处,敌人集中,游击队战线狭长,敌人在游击队的准确射击下,应声而倒。此战由下午1时战至夜幕降临。战斗中,日军守备队长以下十几人被击毙,伤数人,死伤共20余人。傍晚,敌人见大势已去,全部溃退,狼狈而逃。游击队伤亡各一名,战斗取得胜利。

经过这次反围剿斗争的胜利,游击队员们更加兴奋。当时,磐石中心县委在给省委的一份报告中说:"省委代表杨来担任政治委员领导队伍以后,消灭五六处会兵,解决四五个大地主,缴得了不少的枪械,进行年关枪粮斗争,冲破日本帝国主义直接领导下动员七百名第三次'围剿'(白军死伤共计二十多,我们死一伤一,打坏了白军的机关枪,得了两个枪),大大地扩大了政治影响,队伍日益发展。二七前后,增加队员五十多名,一般队员为得要希望参加共产党和共产青年团,所以在工作中非常勇敢,而且阶级认识更明了,斗争情绪表现的更积极。"①当地群众也兴高采烈,他们说,只有共产党领导的红军游击队才是真正彻底的反日武装;只有红军游击队才有这样的战斗力,才能够给敌人以沉重的打击。

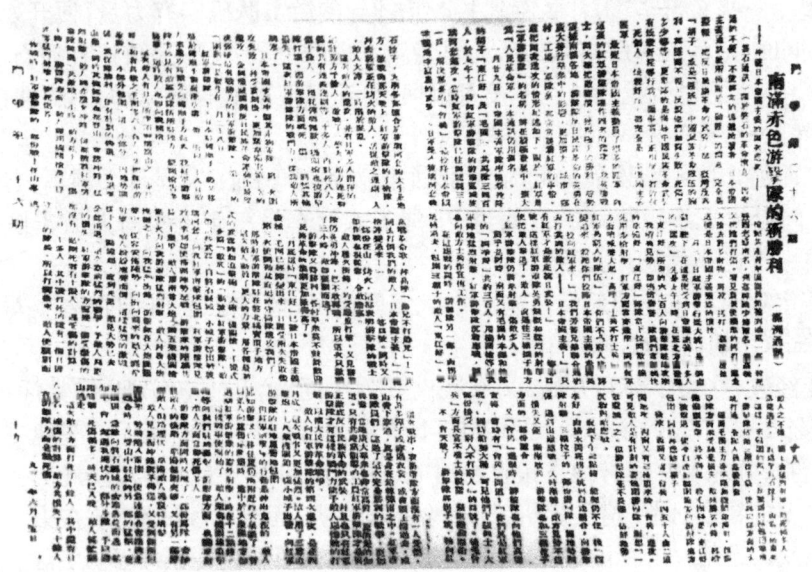

《斗争》所载南满赤色游击队冲破敌人四次围剿的通讯

第四次冲破敌人围剿。距敌人上次大规模进攻一个月后,敌军于4月底又向南满游击队展开第四次大规模围剿。这一次敌人派出大股部队,从小城子出发,动用三门迫击炮、七八挺机关枪,向游击队驻地萝卜地包围过来。杨靖宇得知敌人来袭击的消息后,迅即指挥游击队

---

① 《中共磐石中心县委报告(第五号)》(1933年2月24日),载中央档案馆等编《东北地区革命历史文件汇集》甲36,第73页。

转移到萝卜地附近的大泉眼地方。

中午时分，正向萝卜地贸然开进的敌军在大泉眼地方意想不到地遭到了埋伏于此的游击队的打击。敌人惊魂未定，仓促架起迫击炮、机关枪向游击队阵地开火。此时，杨靖宇指挥游击队于正面和敌人交战，伺机又派出部分马队抄袭敌人背后，并设下埋伏，准备敌人逃窜时予以堵击。战斗中，敌人见正面冲击无法得逞，又受到背面围攻，便急速集合夺路而逃。敌人溃逃时遭到了事先埋伏好的游击队小股部队的迎头痛击。这次战斗毙敌10余人，其中有日军6人，伤敌20余人。游击队方面毫无损伤。至此，取得了第四次反围剿斗争的胜利。①

南满红军游击队自杨靖宇担任主要领导后所进行的四次反对敌人围剿斗争，共消灭日伪军100余人。在反对敌人围剿斗争中，南满红军游击队发展至230人，武器齐备。队员人数较"五洋"队时期增加三倍。这四次反围剿斗争影响很大，声威震撼南满各地，游击队反日民族战争的英勇，在广大劳苦群众中影响更加扩大。城镇、乡村、工人、军队里，常谈论红军事情。对这四次斗争中共苏区中央局机关刊物《斗争》曾以《南满赤色游击队的新胜利——冲破日本帝国主义的四次进攻（满洲通讯）》为题，进行了详细报道。反围剿斗争的胜利，使游击队声威大震，游击队员扬眉吐气、精神振奋。使磐石、伊通、海龙等地的广大群众倍受鼓舞，深感重见天日有望。一些义勇军、山林队看到共产党领导的游击队确实有力量，便开始主动靠近南满游击队。同时，南满红军游击队的活动对伪满军也产生了一定的影响。在磐石、伊通一带的一些伪满军中，有的说："我们与红军没有仇恨，再让打红军的时候，我们不瞄准打了。"南满游击队在磐石一带开始稳固地扎下了根。

在南满红军游击队不断发展的同时，由海龙县委领导下的工农反日义勇军，自杨靖宇于1932年12月间赴海龙巡视将该队改编为"中国工农红军第三十七军海龙游击队"后，于海龙、柳河、清原一带也在积极开展活动。

关于杨靖宇到南满工作前后及南满游击队发展情况，他在5月31日向省委写出的报告中有较详细的记载，现摘录如下：

队伍转变经过：在去年春间开始，又有我们五六个同志，几支老洋炮，经常活动在磐、伊两处，嗣曾逐渐发展到三十余人，新式武器二十余支，在行动上曾枪毙了一些地主豪绅和日帝国主义的走狗，分配了些豪绅地主粮食给穷人，亦颇得到很广大的群众欢迎。但以后磐石党团县委领导上的错误，偶一遭受挫折，即认为环境恶劣，无法单独活动，故在去年7月间极可耻的把自己武器送给一个惯匪常占，并捧他作为我们队伍的公开领导者。实际上不但削弱了我们政治上的影响，竟把群众抗日的武装断送给胡匪之手。至2月党团同志均深感匪首野心勃勃，另有阴谋和单独造成自己的实力。事至无奈，只得无计划的从胡匪窝里哗变出去，人数百名，大小新式武装无法存在，故采取割头换相的办法，改常占胡匪名义换为五洋胡匪名义相号召。行动上不过到处与胡子很和平的会晤而已，企图由桦甸直走东满，万一环境再恶劣时，以便避难苏联。但到桦甸和永吉交界一带，当以种种困难无法东渡，一般同志大半发生

---

① 《南满赤色游击队的新胜利——冲破日本帝国主义的四次进攻（满洲通讯）》（1933年6月15日），载《斗争》第26期。

悲观、消极失望，感觉没有出路。当时一般下层同志多半主张我们的队伍是磐石党领导之下的，应回磐石去干，另一部分同志主张乘机东渡，两方面相争不已，全体又感到无法东渡，只得静候省委前来解决。

当我到队伍后，首先给一切党团同志个别谈话，召开党扩大会议，最后会场一致接受省委的指示。队伍行动方面当然仍回磐、伊等处发动游击战争，名称改为中国红军第三十二军南满游击队。当队伍回磐石时，曾被敌人贾团突然袭击两次，结果牺牲两个同志，丢落三支新式武装，同志中有一部分动摇，群众情绪亦较消沉。旋在磐、桦交界郭家店把在南满、东满鼎鼎大名的国民党首领于宪庚执行枪毙，缴获大小新式武装20余支，一般党团同志和群众情绪均忽然非常兴奋。嗣肃清队伍内流氓和前胡子头常占有关系的分子，改变了队伍的成分。我即前去海龙巡视，预料正在顺利发展当中，原以队伍领导分子均系学生，根本不了解阶级斗争的残酷，在豪绅地主队伍里仍存着相当幻想，以致首先孟队长中了伊通大地主张博卿的阴谋，而被捕牺牲。不数日楚政治委员与新提拔之王总队长，屡以意见不合，互相冲突，放弃领导责任，复遭受磐东吉昌镇大地主高希甲突然的袭击，结果楚政治委员、王总队长及其他负责同志都遭受重大牺牲，剩下其他领导分子，均发生动摇逃跑，以致形成队伍领导上发生非常严重的问题。党内各种不正确的理论相继而起，有的认为队伍不但没有丝毫的转变，现在造成更严重的盲动主义，如前县委书记××的主张，有的认为磐石目前革命大危机，主张把队伍散开，实际上遇敌好跑，甚至再感觉环境恶劣，暂时把武装埋起来，躲避斗争，如县委对队伍特支指示信。复以周围敌人时时声张进攻，可谓内忧外患的纷至沓来。队伍数量上曾发展到百六十名左右，而此时队伍人数仅剩百人，正当紧急关头，团省委同志小刘由团省委赶到，坚决反对队伍分开活动，并与不正确的各种观念做了不少的斗争，旋即我亦由海龙赶到，首先召集党县委会议和队内特支扩大会议，无情的打击各种不正确的观念，并指出只有在中央和省委领导下，坚决的丝毫不动摇的为创造南满苏维埃政权和红军第三十二军而斗争才是出路。复统一党在领导上的意志，次即召集全体士兵追悼大会，一方面纪念很光荣为革命而牺牲的同志，我们未死的同志应脚踏着死者的血迹上前去，完成革命伟大任务；一方面通过新提拔起来领导分子的名单。复又在旧年关进攻蛤蟆河子会兵，缴获会兵武器数十支，逮捕五个地主，内有会兵头一名，没收地方许多猪羊糠米白面衣物，士气为之大振。特别是在老爷岭处打了日本帝国主义的铁甲车，红军的威信在群众中更大大的扩大起来，不但给日本很大的威胁，即投降日帝国民党的队伍如毛团等，亦不敢正面相视。凡我们所影响到的群众都说只有红军才能抗日。

自阳历1月30号到5月初，这3个月当中，日帝国主义虽曾四次动员'围剿'，每次动员武装队约千人左右，头两次是日帝国主义带着他的走狗降队毛团、东江好等用手提式机关枪的进攻，后两次是日本帝国主义亲自出马，如吉海路'剿匪'游击队十四团等，更用了很多的机关枪、大炮来施行他进攻革命势力更残酷的手段。但以我红军英勇斗争的结果，均大获胜利，日匪军以杠抬死伤官兵狼狈而逃。总计自五洋队转变为红军三十二军游击队，5个月内大小60次的战斗。最近据确实调查，日本帝国主义为进攻苏联进一步瓜分中国，巩固前线后防起见，更动员了永吉、双阳、伊通、磐石、长春、海龙、东丰、濛江、桦甸等处武装队伍，准备在最短期内大规模地向我军进攻云云。"①

杨靖宇的这份报告详尽地记述了南满游击队自诞生后曲折发展的情况,使省委清楚地了解、掌握了这支队伍的内情,这对于正确指导南满抗日武装斗争的不断发展具有重要的意义。

红军游击队的存在,使日伪当局惊恐异常,深感共产党领导的游击队继续发展,将对其在南满统治构成威胁。日本侵略者喉舌《盛京时报》,尽其诬蔑之词,该报以《海龙县境一带红军跳梁》为题载文报道说,"以磐石西方、海龙县境一带为势力范围,狂奔扩大其党势之共产党,由首领南方人,参谋磐石人统率之,最近自称为红军第三十二军开始积极运动。普遍袭击附近富豪,强夺财物,分与附近贫民,并向附近各地派遣宣传员,努力宣传,故附近农民之加入红军者日益增多,其数已达二三千名,若再不讨伐,恐陷于不可收拾之状态。故海龙、磐石两县警察队,对此近将开始彻底的讨伐,以一扫祸根云。"②从敌人的这篇报道中,可以看出南满游击队的发展与活动已使日伪当局深感不安。敌人不仅视南满游击队为"祸根",且恐其继续发展,"陷于不可收拾之状态"。当然,文中所载红军已达"二三千名"不算属实,说得偏大,但游击队比"五洋"队时有很大发展的确还是事实。对于这时期的东北抗日斗争,日伪当局记述说:"在这个时期(指1933年)必须重视的是:匪帮由大股变成小股,从平地遁往山间僻地,不断袭击县城、袭击火车。另一方面,作为共产党一翼的共匪,开始逐渐兴起。"③这里所说的"共匪"指的就是南满游击队等共产党领导的抗日武装。

在当时,南满各地不仅广大民众、义勇军在谈论红军游击队的事情,而且在其影响下,一些伪满军发生动摇。驻吉林市的伪吉林警备第五旅步兵第十四团士气低落。该团迫击炮连在红军游击队胜利斗争的影响下,在党组织派入该连队内部的共产党员曹国安、宋铁岩及张瑞麟(起义前二日入党)的策动下,反日情绪高涨,并积极准备起义。1933年4月下旬,伪满军第十四团迫击炮连随团部开进吉林南山进行"讨伐"反日军。士兵们对"讨伐"十分反感,故意放空枪,打空炮。"讨伐"结束后,部队移驻磐石县烟筒山临时驻防。迫击炮连驻在"成德源"烧锅(即酿酒作坊)院内。此时,曹国安等认为起义条件已成熟,要不失时机展开行动。5月28日(即端午节)之夜,伪满军十四团迫击炮连韩仁和等100余名士兵,在曹国安、宋铁岩、张瑞麟领导下举行起义,在击毙反动连长后,携带迫击炮1门、炮弹80发、步枪100余支、子弹2万发,奔赴石虎沟。翌日,起义连队与前来迎接的南满红军游击队取得联系,奔赴游击队根据地——玻璃河套,在那里参加了南满红军游击队,被编为游击队迫击炮大队,曹国安任队长,宋铁岩任政委。④

伪满军十四团迫击炮连起义,是在敌人对南满游击队发动的四次连续围剿后发生的。这支伪满军投入南满红军游击队,极大地扩展了红军游击队的政治影响,使日伪当局震惊,一

---

① 《中共满洲省委张特派员(杨靖宇)关于磐石游击队和党团工作情况的报告》(1933年5月31日)。载《东北抗日联军史料(上)》,中共党史资料出版社1989年12月版,第79~81页。

② 《盛京时报》(1933年5月4日)。

③ 伪治安部编:《满洲国警察史》(1942年),《东北沦陷十四年史》吉林组译,第172页。

④ 张瑞麟:《烟筒山伪军迫击炮连起义前后》,载《东北抗日联军史料(下)》,中共党史资料出版社,1989年12月版,477页。

些伪满军动摇。迫击炮连哗变后,受其影响,7月13日,同步兵十四团机枪连第一班6名士兵携轻机枪1挺,步枪6支投入南满游击队;7月22日,同团士兵30名,携带步枪33支,弹药300发,参加了南满游击队。这些伪满军哗变参加游击队,增加了部队的有生力量,改善了部队装备,特别是携来一门完好的迫击炮,使南满红军游击队有了重武器,这在以后对敌作战中,发挥了一定作用。

上述情况说明,自杨靖宇担任南满红军游击队政委后,队伍状况发生巨大变化,使一支处于濒于瓦解之势的人民反日武装巩固和扩大起来,挽回被动局面。反日斗争开始取得很大成绩。南满红军游击队连续冲破敌人4次大规模围剿,从年初到5月间展开大小战斗60余次,使游击队队员在斗争中得到锻炼成长,十四团迫击炮连的加入,使南满游击队如虎添翼。这些都预示着杨靖宇指挥的这支队伍将成为一支令敌人心胆俱寒的抗日武装;这支在中国共产党领导下的人民的抗日队伍,必将不断发展壮大,成为南满各种抗日武装的核心力量。

二、贯彻《一·二六指示信》精神

1933年5月间,和煦的暖风吹遍广袤的南满大地,烂漫山花开始竞相开放,山川田野翠绿欲滴。

5月中旬,杨靖宇应中共满洲省委之邀由南满磐石来到哈尔滨,研究贯彻1933年1月26日《中共中央给满洲各级党部及全体党员的信——论满洲的状况和我们党的任务》(简称《一·二六指示信》)问题。

《一·二六指示信》是中共驻共产国际代表团依据共产国际执委第十二次全会关于总同盟抵制日本帝国主义及伪满洲国,扩大群众游击运动,反对日本侵略者的精神,在听取部分参加过东北反日斗争同志工作汇报基础上,写给中共满洲省委的一封指示信。该指示信是继中共驻共产国际代表团1933年1月17日,以中华苏维埃临时中央政府、工农红军革命军事委员会名义发表的《为反对日本帝国主义侵入华北,愿在三个条件下,与全国各军队共同抗日宣言》(简称《一·一七宣言》)之后,直接涉及反日斗争策略的又一封重要指示信。1933年4月间,中共代表团派海参崴列宁学校校长李耀奎来东北口头向满洲省委传达《一·二六指示信》精神。不久,代表团将该信从莫斯科送至中共满洲省委吉东局之后,又由吉东局书记孙广英转送给省委。

《一·二六指示信》分析了日本侵略者占领东北之后的政治形势,阐述了东北反日游击运动的性质和前途,提出了党在东北的战斗任务和斗争策略。该信根据"日本帝国主义用全部力量把满洲变为它垄断的殖民地",国内阶级关系发生重大变化,中日民族矛盾日益加深的情况,提出中共在东北现在发展阶段的主要任务是领导东北各阶级、各阶层人民进行抗日斗争,而总策略方针是:"一方面尽可能的造成全民族(计算到特殊的环境)反帝统一战线,来聚集和联合一切可能的、虽然是不可靠的动摇的力量,共同的与共同敌人——日本帝国主义及其走狗斗争。另一方面准备进一步的阶级分化及统一战线内部阶级的基础,准备满洲苏维埃革命胜利的前途。"

这封指示信较为详尽地分析了在东北反日游击运动中四种抗日武装力量(即旧吉林军部队;王德林式部队;农民反日武装;赤色游击队)各自不同的阶级性质、特点,并指出党在执行反日统一战线时,必须具体地注意到客观环境和主观因素,分别对待不同的对象,即要依靠发展共产党领导的赤色游击队,团结农民武装,如大刀会等,争取旧东北军改编而成立的抗日部队,与之订立反日作战协定,共同对敌。同时提出要坚持无产阶级在统一战线中的领导权。要注意处理好上层统一战线与下层统一战线的关系。指示信改变了"北方会议"确定的在东北"深入土地革命"的政策,根据建立全民族反日统一战线的总策略方针,提出了要建立反帝民众选举出来的政权,由最好的游击队构成民众革命军,从而代替了"北方会议"提出的"建立北方苏维埃"和"建立红军"的口号。在两条战线斗争问题上,指示信提出首先是反对右倾,同时要反对各种"左倾",必须成为一切行动及其指导的基础。

但是《一·二六指示信》也有明显的缺点,如在强调建立广泛的反日统一战线的同时,在另一方面仍强调准备进一步阶级分化及统一战线内部阶级的基础,准备满洲苏维埃革命的前途;在建立全民族反日统一战线问题上,仍强调下层统一战线,对上层统一战线仍存在疑虑;此外,对游击运动重要问题——根据地、战略战术等没有涉及。

虽然如此,总的说来,这一指示信肯定了东北的特点,确定了建立全民族反日统一战线的总策略方针,并强调了在统一战线中要夺取和保证无产阶级领导权,改"北方会议"确定的东北地区也要进行土地革命,为巩固反日群众斗争领导,完成自卫、民族解放;改建立"苏维埃",为建立选举的民众革命政权,在农村建立农民委员会,并使其成为实际的乡村政权机关;改建立红军,为由最好的游击队构成民众革命军等等。总之,这封指示信是具有重要的路线、方针、政策、策略转变性质的。正如当时的满洲省委代理书记李实在后来指出的:"这个指示信为我们指出了新的奋斗目标,较之'北方会议'的决议,显然是比较合乎东北的实际情况,给我们工作的转变以必要的依据,也给东北党同志以兴奋。"①

中共满洲省委在收到这封指示信后,曾在内部多次开会研究如何贯彻执行问题。其中一种意见认为南满磐石、海龙地区群众基础较好,红军三十二军的旗帜早已打出来,在群众中有很大影响,因此,在那里仍然要搞红军、苏维埃;另一种意见认为该文件是决定整个东北革命运动的战略方针的,指示中没有规定要搞红军、苏维埃。应按指示信要求,在东北建立反日统一战线,发展抗日罢工,领导农民反日反满斗争,建立人民革命军、民众革命政府。最后,大家联系到自贯彻"北方会议"精神给反日斗争带来的损失之后,意见归于一致,决定接受中央一月二十六日来信,应该予以传达贯彻。

1933年5月15日,省委召开扩大会议,经过充分讨论,作出《关于执行反日统一战线与争取无产阶级领导权的决议》,确定了东北党组织目前中心任务是执行反日民族革命统一战线,联合一切反日力量,开展反日斗争与反日游击战争,发展党组织,建立人民革命军与选举

---

① 李实:《九一八事变前后党在东北领导革命运动的回忆》(1961年5月),载辽宁省社会科学院地方党史研究所编《中共满洲省委时期回忆录选编》第3册。

的民众政府。提出在坚决反日,不侵犯劳动群众利益、予民众以民主权力;不反对共产党等三项条件下与其他抗日武装力量建立抗日联合军指挥部或订立反日作战协定,共同进行抗日斗争。

当时,为使《一·二六指示信》精神尽快传到南满,省委曾召请不久前被确定为省委执委的杨靖宇来哈尔滨参加省委扩大会议。不料,杨靖宇军务繁忙,难以脱身,未能前去哈尔滨参加省委召开的这次扩大会议。此期间,省委派冯仲云同志前往南满传达《一·二六指示信》精神。但冯仲云到磐石前,杨靖宇已应省委之召,于省委扩大会议后不久,来到哈尔滨。他与省委接上关系后,即考虑向省委领导同志汇报南满游击运动形势,学习领会《一·二六指示信》精神,研究如何在南满贯彻执行这一指示信的问题。

杨靖宇来哈尔滨开会住过的地方

当时,杨靖宇假扮来哈尔滨市办货的生意人,住在省委宣传部工作人员姜椿芳同志家(原哈尔滨市道里区十一道街十三号)。这里是阴暗潮湿的地下室,较为隐蔽。姜称他为"远房舅舅"。杨靖宇到姜椿芳家的第一天,省委内部交通就送来了《一·二六指示信》。他如获至宝,仔细研读,甚至对个别字眼也一再推敲,反复体会。读完后,他激动地说,中央和国际总是这样站得高,看得远,抓得住,说得深——他把这封指示信一连读了好几遍。第二天、第三天,他还拿出来阅读。为研究在南满如何贯彻《一·二六指示信》问题,5月28日(端午节)省委领导李实、李耀奎、何成湘等同志在姜椿芳家召开了专门会议。会上,省委领导向杨靖宇传达了《一·二六指示信》精神和满洲省委关于接受这一指示的决议,并与之共同研究了南满地区党和游击队的工作及如何在南满贯彻《一·二六指示信》精神的问题。省委决定取消"中国工农红军第三十二军南满游击队"番号,要求在较短时间内建立东北人民革命军第一军独立师。

省委还决定杨靖宇为省委代表,正式调至南满地区工作,领导南满抗日斗争。

姜椿芳曾深情地回忆说:这次会议选在端午节那天,假装请客过节的样子。会上传达了《一·二六指示信》精神,阐述了种种问题和意见。杨靖宇介绍了游击区的情况,战士和群众抗日热情及存在的问题。省委提出了关于组织抗日人民军队和把红军改为东北人民革命军的问题……杨靖宇在我家前后住了一月之久,像一家人一样,一有空就帮助我们做家务。他也常常和我们谈起战斗的故事,讲到刘过风同志怎样手拿一张正在起草的文件,被敌人追逐,在逃往山上的时候,中弹牺牲。……杨靖宇的鼻子里经常流下清水鼻涕。他告诉我们,那是有一次他被敌人捉住,被倒吊在给马修掌的木架子上,敌人用马尿灌进他的鼻子,从此他的鼻子便弄坏了。他讲起游击队怎样受到群众的拥护。有一次在山上作战,山下有一个老太太摆上了香案,叩头祈求菩萨保佑红军打胜仗。磐石一带的老百姓那时真有人不相信我们的游击队是普通工农组成的,他们传说这是天兵天将,是天上派下来救老百姓跳出火坑的。有些胡匪性质的首领和杨靖宇同志"碰马"①往往一骨碌滚下马来,向他下跪。还有一个胡匪头目,下了马,不是下跪,而是拱拱手,口称"总队员"。杨靖宇觉得这三个字用得很有趣味。杨靖宇一有空便看报看书,他还努力学唱歌,有几次我们用口琴轻轻地伴奏学唱《国际歌》。

姜椿芳还回忆说:他(杨靖宇)临去时把他所穿的一件灰哗叽大褂和所盖的一条单幅的炕被当掉,拿当票请我母亲保存,预备再来哈尔滨时赎出来使用。但是他从此没有再回哈尔滨。在衣服快要满期的时候,我母亲把它赎了出来。后来我离开哈尔滨到上海,母亲一直保存着这两件东西。1945年日本投降后,才得悉杨靖宇同志已经牺牲,我母亲得悉这一消息后,曾哭了好几次。解放后,我们把杨靖宇同志的这两件遗物送往哈尔滨东北烈士纪念馆保存。②

杨靖宇是个善于学习,并能很快领会学习内容、精神实质的人。他通过深入学习《一·二六指示信》精神,收获极大。他从磐石反日游击运动开展的情况中深深感到,自从他留任磐石游击队政委后,虽然部队活动有很大改观,但是由于"北方会议"精神的贯彻,"左"的思想影响,"武装保卫苏联""建立红军""建立北方苏维埃","深入土地革命"还是当时主要斗争口号,一些同志仍存有企图跳过目前阶段,而要急于建立满洲苏维埃,建立红军,没收一切地主阶级土地进行土地革命的思想。结果,致使"左"倾关门主义错误严重地影响了游击运动的发展。在磐石,党领导的武装力量还很弱小,游击队总数仅250人,游击区域也仅限于磐石、伊通、烟筒山之间,队伍虽取得了许多战斗的胜利,但还远远落后于客观形势,即尚未满足人民群众渴望党领导的人民抗日武装迅速壮大,取得予敌以致命打击的需要;还没有能团结更多的义勇军一道去共同与日本帝国主义展开斗争。这种情形正如中共南满(磐石)中心县委《关于县委工作成绩和错误及今后工作的具体任务》这份决议中说的那样:"过去磐石党的路线是创造苏维埃和红军,没收一切地主土地,在玻璃河套首先建立苏区的总策略之下,中心组织区域的群众动摇或逃跑,根本取消反日会,仅仅组织农协,在反日民族革命战争中失掉了广大的反日群众。红军游击队认为小帮胡子为反革命组织而解除他们的武装,使抗日军害怕

---

① "碰马",胡匪骑马见面拱手互拜以示尊重、讲义气,叫"碰马"。"碰马"时无跪拜的规矩。
② 姜椿芳:《忆杨靖宇同志》,载《人民日报》(1958年2月23日)。

不敢接近我们,而跑到敌人——日本帝国主义的怀里去,游击队孤军作战,结果出现地方活动分子工作不了的现象。"①

这种现象,虽然自杨靖宇来磐石后,由于开始注意调整与各种抗日力量的关系,而有所改变,但因当时中央和省委尚没有在总的路线上实行根本的转变,因此,地方党组织、红军游击队也就难以把各种抗日武装力量团结到自己的周围,进而更加广泛地动员各阶级、各阶层人士投身到抗日救国斗争的洪流中来。

在反日斗争实践中,杨靖宇已经觉察到红军游击队执行土地革命路线与客观实际要求存有的距离,特别是对山林队(群众称之为"胡子",官府称之为"土匪")的认识还停留在九一八事变前的认识阶段,没有看到事变后许多"胡子队"开始改变,其队内社会成分,不像从前主要是以无业的游民和流氓组成,专以抢劫为能事,而由于日寇的侵略和压迫,有许多新的工农分子参加,带有反日性质。在这种情况下,我们党领导下的游击队还与之尖锐对立,致使他们害怕红军缴械,而远远躲避着游击队,结果使党领导的抗日队伍备尝陷于孤立的滋味。

在哈尔滨期间,杨靖宇一方面认真学习领会《一·二六指示信》精神,一方面起早贪晚、奋笔疾书,向省委提交了他于5月31日写出的关于南满目前政治经济状况、磐石游击队和党团工作情况的长篇报告。如前所述,报告中详细地记述了南满地区广大工人农民在日本帝国主义统治下的悲惨生活状况;南满红军游击队活动情形及部队的宣传组织工作;磐石全党工作及团的工作状况。报告在谈到游击队活动情形时特别强调指出,过去红军游击队由于对"胡子头"领导的抗日武装团体,不但不去领导他怎样夺取群众和领导权,且时常尖锐地对立起来,以致红军游击队虽英勇的时时战胜敌人,处处得到广大群众的拥护和爱戴,但以党的领导和工作上的薄弱,队伍又陷于孤立状态,不能更大的推动反日民族革命战争。报告中的这段文字说明,杨靖宇已认识到为要取得反抗日本侵略战争的胜利,就必须团结联合反日义勇军、山林队一道斗争,建立起广泛的反日统一战线。

1933年6月上旬,和风习习,夏日明媚的阳光照耀着北国大地,大自然呈现一派生机盎然的景象。此时,杨靖宇从省委所在地哈尔滨出发,又踏上了奔赴南满游击队活动地——磐石的途程。

一路上,他沉着冷静,若无其事,遵循着秘密工作的要求,巧妙躲避敌人,以免引起不必要的麻烦。然而他内心却焦急似火,恨不得插上翅膀马上飞回到磐石,把中央、省委的最新指示迅速地贯彻落实下去。

杨靖宇从哈尔滨带回了中央《一·二六指示信》、省委关于接受《一·二六指示信》的决议和团省委给在磐石活动的团省委巡视员傅世昌同志及团县委的紧急指示信,经数日行程,他风尘仆仆地返回磐石根据地。

杨靖宇从哈尔滨走后,中共满洲省委为了使南满磐石中心县委和南满游击队更好地贯彻中央《一·二六指示信》精神,于7月1日又专门致信磐石中心县委和南满游击队。信中说

---

① 《关于县委工作成绩和错误及今后工作的具体任务》(1933年8月27日),载中央档案馆等编《东北地区革命历史文件汇集》甲36,第78页。

"听了杨同志的报告,经过省委和杨同志共同的讨论之后,省委在改正自己的错误路线,接受中央一月二十六日正确的指示之下,给你们以书面的指示,希望你们能够以斗争的精神在中央与省委新的指示之下积极工作。"信中充分肯定了自1932年12月起在省委和省委代表杨靖宇的领导下,南满反日游击队取得的光荣成绩,同时也指出了前个阶段由于在"左"的路线指引下,县委和游击队在工作中存在的缺点错误:"过早地提出建立苏维埃与红军的任务,对于那些武装反日的队伍,采取用宗派主义的态度,对于广大的反日民众是关门的。"

省委指示信具体分析了目前的形势,提出了路线转变过程中,南满党组织及党所领导的游击队的具体战斗任务:"巩固与发展赤色游击队,树立党及赤色游击队领导权,扩大游击战争,改变游击队的名称,迅速的在发展中改为东北人民革命军,运用反帝统一战线联合各式反日游击队,和他们共同反对共同的敌人,组织与领导群众的斗争,广泛地武装民众,建立最宽广的群众反日组织,发展党的组织,建立巩固党的领导。"省委要求在游击战争中将党所领导的反日游击队发展为"南满的游击运动中领导和团结一切反日势力的和左右全局的力量。"指示信最后说:"省委相信磐石党与赤色游击队每个同志必能继续以英勇斗争的精神为执行中央与省委的指示而斗争。"①

省委在给磐石中心县委和南满游击队发出长篇指示信的同时,还派出巡视员金伯阳(省委常委)到磐石巡视,以协助杨靖宇组织县委干部学习、贯彻《一·二六指示信》精神。

杨靖宇回到磐石后,首先与县委和游击队其他领导同志认真学习《一·二六指示信》,领会党的关于建立全民族反日统一战线精神实质。根据省委关于要运用反日民族统一战线政策,联合一切反日武装力量,反对共同的敌人——日本帝国主义,并夺取统一战线领导权,争取其广大群众到党的领导之下的指示,杨靖宇立即开始做广泛团结、联合在南满磐石、伊通等地活动的反日义勇军、山林队,与其建立统一战线的工作。杨靖宇是党的《一·二六指示信》提出建立抗日民族统一战线政策的最早践行者。

当时,在南满地区有许多股报有各种"字号"的反日义勇军、山林队。其中主要的有,活动在西南部的"老常青"及其属下的"青林""大伦子""傻子"等队,此外还有"朱司令"及属下的"云中飞""爱国""东边好""金山""赵参谋长""宋团""西边好""万司令"等队。在中部活动的有"双胜""两省""吴司令""四海""战北好""臣军""仁义""太平""三江好"等队。在北部地区活动的有"毛团""殿臣""赵团""马团""许团""天虎""曹团""磐石好""四季好"等队。这些反日义勇军、山林队人数多寡不同,信仰主张各异、组织形式也不尽一致。在"马团""毛团""许团"等部队尚有团长、旅长等职位称号,其他部队首领称之为"大掌柜""二掌柜",下有"炮头""总攮""水箱""秧子房掌柜""字匠"等。他们普遍说"黑话"。活动时有时"合绺子"(即几个队伍联合起来)集合几百人,甚至上千人。"合绺子"时采取"合枪合财"或"合枪不合财"②的形式

---

① 《中共满洲省委给磐石中心县委及南满赤色游击队的信》(1933年7月1日),载中央档案馆等编《东北地区革命历史文件汇集》甲14,第43页。

② 几股部队暂时联合攻打某一地,所获战利品按各部队参战人数共同分配,称"合枪合财";而联合攻打某一地,哪队所获战利品就归哪队所有,不共同分配,叫"合枪不合财"。

建立一些组织联系,但这种联系缺少政治上结合的意义,很不巩固,更多的是各自独立行动。他们内部组织之成分、对群众之态度、对抗日之认识也各不相同。有的农民成分居多,有的是属旧东北军余部。有的群众纪律较好,有的对群众态度恶劣。有的抗日坚决,有的处于动摇状态。他们之间往往互有戒心,怕被对方缴械,有时因为利益关系,竟相互对骂,甚至发生冲突,局面很复杂。

这些众多的活动于南满地区的反日义勇军、山林队对日伪统治构成很大威胁。但由于缺乏有计划、有组织的联系和统一集中指挥,很容易被敌人各个击破。自1933年5月,日伪当局为消灭这些反日义勇军、山林队而积极筹划,频繁活动。据同年5月16日《盛京时报》报道,为消灭活动在磐石县境,吉海路沿线上的"殿臣"(首领傅学文)、"毛团"(首领毛作彬)、"六国"等义勇军,日军日野支队长率部曾对其展开过"讨伐"。6月初,吉林地区伪警备司令部司令邢士廉又派骑兵部队与日军铁岭独立守备队相配合,建立"警备网",以"扫灭"抗日军。6月中旬,日伪当局又发出悬赏布告,谓在一个月内能生擒"殿臣"者给以一万五千元之赏金,持来"殿臣"首级者赏八千元。

在这种反日义勇军、山林队受到敌人严重"讨伐",处境十分困难的情况下,杨靖宇根据中央《一·二六指示信》精神主动与这些反日义勇军、山林队相联络。他对一些义勇军、山林队首领大讲我们出生入死,奋不顾身,英勇杀敌,其目的都是相同的。但各部队之间很少联络,不通气,有的还相互对骂,动则冲突,为日寇耻笑事小,妨碍救国神圣事业事大,若是我们各队还不能真诚团结,仍继续保存门户之见,互骂、冲突,就上了日寇的阴谋大当。日寇天天放空气造谣,说某队是红胡子,是国民党,是共产党,其目的是分裂挑拨各部队的关系,分散抗日战线的实力。同时,杨靖宇还采取写信、发传单、派出同志到各反日义勇军和山林队中等办法,做团结争取工作,以便与他们结成反日统一战线,共同抗日。

当时,一些根据地群众见杨靖宇整天和反日义勇军、山林队首领(群众视他们为"胡子头")打交道,很有想法,认为红军怎么能和"胡子"绞在一块?对此,杨靖宇耐心地向群众解释,讲在大敌当前、豺狼入室的情况下,应以对付外患为重,只靠游击队势单力薄,要团结一切抗日力量,要联合起来,共同对付日本侵略者的道理。他说,凡属中华国民,除少数汉奸,皆我同胞,不问其信仰、阶级及党派,只问其是否抗日救国,凡抗日救国者,皆我战友,应当联合一致及争取、改造、利用这些武装,增加抗日力量,只有这样才能打败日本侵略者。他还打着手势形象地说:"一个大拇指比一个小拇指是大的,但是一个大拇指力量还不够大。如果把五个指头握成拳头,打击敌人不是更有力量吗?"群众听了都感到杨政委说得对,有道理。就这样,经过深入宣传,党的反日统一战线政策逐渐深入人心,群众的思想终于被打通了。

杨靖宇为认真贯彻党的反日民族统一战线政策,不计前嫌,团结许多反日义勇军、山林队,为深入地、长期地开展南满反日游击战争,创造了条件。

活动在磐北地区的"赵团"(首领赵宝林)、"马团"(首领马立三),原是旧吉林军队伍,九一八事变后一直坚持抗日。但这两支队伍都曾经攻打过南满游击队,他们想缴取游击队的武器来发展壮大自己,与游击队结有宿怨。一次,这两支队伍在板凳沟遭到日伪军包围,虽数次突围皆未成功,形势极其危险。当时,杨靖宇正率队在玻璃河套活动。他听到这一消息后,立即决定率队助其解围。行前,杨靖宇向战士们做动员说:"我们不能顾念旧怨,要以大局为重,救出马、赵二部,就是给抗日事业增加一份力量。"于是,杨靖宇率部向日伪军后路抄去。敌人见身后有部队来袭,便调转头来应付身后的攻击。顿时,敌军混乱起来。此时,马、赵二部乘敌混乱之机展开勇猛冲锋,敌军因腹背两面遭袭,丢下几十具尸体后仓皇逃走。

战斗结束后,"赵团""马团"首领与杨靖宇相见,感谢红军在他们危难之时予以帮助。赵团长十分感慨地说:"我非常惭愧,以前我打了你们,过去很对不起弟兄们。今天你们救了我们,这回我算知道了谁是我的朋友,以后我姓赵的如果再有三心二意,对不起磐石父老,天理良心不容。"马团长也一再讲:"过去不识真假人,红军不记私仇,真够朋友。"杨靖宇对他们说:"过去的事情就不要提啦,只要我们能够紧紧地团结起来、依靠群众,枪口一致对外,胜利终归是我们的!"

在为建立反日统一战线,广泛团结反日义勇军、山林队共同斗争过程中,杨靖宇经常亲自出面做工作。"毛团"(首领毛作彬)过去曾多次围攻过抗日部队。但该队于1933年3月初一度举行哗变,成立救国军,打起抗日旗帜,杨靖宇就主动去团结这支队伍。一次,该队与游击队相遇,"毛团"士兵十分担心因过去围剿过游击队,怕游击队缴他们的械。但是,游击队没有那样做。杨靖宇亲自真诚地走上前去,向其士兵演讲,宣传共同抗日救国的道理,表示要团结他们一致抗日,并说:"假使你们不是哗变反日的,今天一定要缴你们的械了。"这样一来,"毛团"士兵对游击队产生良好的印象,都说:"红军不报私仇,是真正反日的。"①结果,"毛团"开始向游击队靠拢。

同时,杨靖宇还教育干部战士,对像"毛团"这样的部队,只要它举旗抗日,即使还不十分坚决,也要尽可能争取它们参加到反日统一战线中来。还是杨靖宇去省委开会之前,1933年4月21日,他曾以红军游击队总部名义致信毛作彬,相约共同战斗。此信全文如下:

"毛司令台鉴:以前曾去信,约同进攻双伊各地,并准备即率部前进。但又据探报贵军已撤退去吉昌镇迤北。所以,我们的行动又立即停止。但不知你们的新计划如何?请即来信为盼。以后无论进攻何处,望先来信为盼,以取彼此之联络。

此祝健康!

红军总队部启,一九三三年四月二十一日"

信后又随附一简短信息:"现在帽山烧锅有守备队四OO名,小城子铁道有敌人卡道,数目有二OO余名,望即注意。又及"此信言辞亲切、中肯,特别所附敌情消息,让其注意,使"毛团"官兵深受感动。但"毛团"首领毛作彬对于实行联合还心存疑虑,担心上当。怕红军以联合作招牌,耍手腕。为此,杨靖宇又派宋铁岩同志去"毛团"做该队首领毛作彬工作。宋铁岩坦诚与其商量联合抗日之事,宣传党的反日统一战线政策,解决其诸如"以前冲突过多次,今后游击队能否缴救国军的械","游击队提出联合抗日,是不是想以此作招牌耍手腕,今日合纵,明

---

① 《团满洲省委报告第二号——关于接受中央来信的经过及磐石、海龙情况》(1933年6月6日),载中央档案馆等编《东北地区革命历史文件汇集》甲13,第239页。

日连横,压迫别的义勇军"之类的顾虑。最后,毛作彬同意与游击队实行联合。游击队与"毛团"实行联合,对其他反日义勇军、山林队产生了很大影响。

在杨靖宇努力建立反日统一战线过程中,日伪当局为所谓恢复治安,正积极准备开展"讨伐"反日军。日本侵略者认为:"恢复治安的手段有讨伐、有招抚、有政治工作。但军队恢复治安的唯一无二的手段是讨伐。"[①]1933年6月下旬开始,日伪当局派出大批兵力,"讨伐"活动在南满的包括杨靖宇领导的游击队在内的抗日武装,妄图消灭各种抗日队伍。

为回击日伪军进攻,开展反"讨伐"斗争,杨靖宇首先指挥南满游击队联合反日义勇军"马团""赵团"等与敌人展开一系列战斗。1934年1月30日团省委巡视员傅天飞在《关于磐石反日游击运动情形的报告》中,对这些战斗都有记载。首先于6月25日拂晓攻打了位于磐石、伊通两县交界处的大兴川伪满军兵营。大兴川伪满军兵营距根据地玻璃河套45里,驻有伪满军百余人。

为实现联合作战,取得战斗胜利,事先,杨靖宇派出代表与"马团""赵团"协定,他们各打一面,游击队攻打两面,从东西南北四面向其进攻,并临时协定攻打使用机关枪子弹由三方面共同担负,迫击炮弹同样。缴获手枪归各部队自有,缴获大枪与子弹按各军人数比例分配。为保证战斗胜利游击队出动三大队、二大队、炮队、教导队共160余人,"马团"出动80余人,"赵团"出动70余人。在与"马团""赵团"首领会商后,杨靖宇召集游击队各大队长会议,进行作战部署,并决定各部队要组织有战斗力的冲锋队,确定由教导队队长李明海(外号"老当兵")为冲锋队长、教导队政委李红光为前线指挥。

6月25日夜,天空繁星闪烁,万籁俱寂。南满游击队急速向大兴川挺进。拂晓时分,队伍靠近大兴川。行军途中吠声四起,我军距目的地二里时,见离敌兵营五里处有烧火光亮,并闻枪声十余响,当即与已到达的"马团"取得联系。后得知因"马团""赵团"在向伪满军营房行进时,附近一地主武装放洋炮威吓部队,因之马、赵两团进入地主大院,将大院点燃,结果惊动了敌军,使之有了准备。战斗中,联合部队迫击炮放七响,一弹打在离墙百余步地方,一弹中敌营房后山坡上,此战敌我双方相峙一天。至夜,约定游击队与"马团"两部冲锋队共同组织向敌营冲锋。游击队所属冲锋队在班长小李率领下首先占领距炮台三十步远的一座小屋。此时敌人以猛烈火力还击,战斗中游击队冲锋队班长小李牺牲。由于"马团"冲锋队在后面半里之远,游击队大部队又未能紧跟冲锋队前进,敌人营房后山防线未能突破。天亮前,游击队与马、赵二部共同撤出战斗。此战敌军死伤10余人,游击队牺牲1名,伤1名。次日,驻守该地的伪满军放弃营房狼狈逃往营城子。

这次战斗是贯彻《一·二六指示信》精神后,由杨靖宇部署的南满游击队与反日义勇军首次联合作战。战斗中,游击队员作战勇敢,战斗部署有方,受到义勇军马、赵两部的称赞。此战之后,南满游击队在义勇军中影响迅速扩大。

7月7日,在日军独立守备队井上司令官指挥下,日伪军开始对东边道地区抗日武装进行"大讨伐"。为冲破敌人的"大讨伐",扩大反日武装统一战线,中共满洲省委在党的机关刊

---

① 《关东军实施"扫匪"手段概要》(1933年6月13日),载中央档案馆、中国第二历史档案馆、吉林省社会科学院合编《东北"大讨伐"》,中华书局,1991年4月版,第5页。

物《斗争》第五十一期上以"磐石东北人民革命军第一军"的名义发表宣言,明确提出磐石人民革命军愿在:一、不投降,不卖国,和日本强盗及其走狗"满洲国"作战到底;二、拥护工农及一切反日群众的斗争和运动;三、允许民众自动武装和帮助其武装对日作战等三项条件下,与各种武装队伍订立对日作战联盟。①这一宣言得到许多反日义勇军的响应。此后,南满游击队根据这三项条件与许多反日义勇军签订了联合作战协议,建立了作战团结合作的联盟关系。

7月12日,满洲省委就日伪"大讨伐"做出《关于反对日本帝国主义及其走狗满洲国围攻东边道反日游击队的决议》,指出:"为了争取无产阶级反日游击运动的领导权,为了使反日战争不致为日本帝国主义各个击破,取得战争的胜利,掀动更多更广泛的反日群众参加反日战争,全党专以战斗的动员,冲破日本帝国主义及其走狗'满洲国'对东边道的围攻,这是目前满洲全党工作中心的重要链环之一。"

在反对敌人"讨伐"斗争中,杨靖宇遵照省委指示,领导南满游击队及与之建立联盟作战关系的反日义勇军"毛团""殿臣""宋团""马团""赵团""孙团""韩团"等千余人队伍,避开敌人主力,寻敌薄弱,主动出击,连续与敌人展开数次较大规模战斗。其中主要有:

进攻伊通县营城子镇战斗。7月12日傍晚,杨靖宇率南满游击队与"毛团""马团""赵团""宋团""殿臣"等反日义勇军组成的联合军千余人,向伊通二区营城子展开进攻。联合军将负隅顽抗的伪警察第一、第六两中队(250名)击败。敌谓"匪众,抵御非常之难"②。伪县署马县长得知抗日军进攻营城子镇消息后,慌忙与日军堤中尉率部协同警务指导官稻见及教官佐藤率日军、伪警察队150人向营城子应援。但敌援兵未到时,营城子镇即被南满游击队和反日义勇军组成的联合军占领。13日晨,联合军与应援敌军展开激战,俘虏伪警察6人,伤敌2人。结果将敌人驱走,大获胜利。尔后,联合军部队撤出战斗,顺利向伊通县境南方转移。

进攻三道沟伪满军营房战斗。三道沟伪满军营房坐落在东兴堂大地主王大先生大院内。为打击敌人,缴获军需物资,南满游击队在杨靖宇指挥下准备进攻三道沟伪满军营房。为此,游击队先在三道沟附近展开侦察及考察地势活动。同时还在二道沟召集群众会议,建立了反日会。傍晚,部队正在吃饭时,忽然自伊通方向开来伪满军500余人。杨靖宇派出南满游击队一支小股部队略为抵抗,因敌军不知底细,未敢贸然前进,随后整队退走。三天后,杨靖宇指挥南满游击队以全队力量,向三道沟伪满军营房发动猛烈进攻。战斗中,勇敢的游击队员将敌营房外各据点全部占领并攻破四周炮台,敌人被迫死守大院。正当游击队准备炮击时,三大队政委竟率队退回,致使敌人乘机占领院外后山有利地势。总队部得知此情况后,杨靖宇见情况已变,继续进攻恐怕有损无益,便果断决定全队迅速撤回。战斗中,我军缴获马匹、衣服甚多。撤退时由政治部负责将大部衣物分配与各部队,其余则给当地贫苦群众分配,马匹及逮捕之走狗全部带回。随之,进攻三道沟附近敌部队,捉日军二三十人,同时进攻了反动地

---

① 《满洲磐石人民革命军为反对日本强盗"围剿"义勇军的宣言》(1933年7月10日),载中央档案馆、河南省档案馆编:《东北地区革命历史文件汇集》甲14,第142页。
② 《盛京时报》(1933年7月21日)。

主会兵武装。

战斗结束后,总队部召集游击队各大队队长、政委会议,杨靖宇对此次战斗得失进行总结。对三大队政委在无命令情况下率队撤离,影响整个战斗进行一事,做出批评并撤销其政委职务,另任一同志为三大队政委。攻打三道沟战斗,南满游击队与众多敌军交战,主动攻打伪满军营房,给反日义勇军留下深刻印象,他们对南满游击队英勇行动赞不绝口。部队由三道沟返回玻璃河套时,有一活动在海龙、西安(今辽源)一带的红枪会抗日武装首领带20余人前来商议参加游击队事宜。

破坏吉海路战斗。1933年7月上旬,杨靖宇指示召集各反日义勇军代表会议。参加会议的有"马团""赵团""毛团""孙团""韩团"等部队代表。会议决定为截断敌人在吉林重要交通线吉海(吉林—海龙)铁路,各部队联合行动,破坏吉海路中段即自磐石至烟筒山共120余里间的所有伪满军兵营、车站、铁路。南满游击队与"马团"共同负责攻袭小城子(今明城镇)兵营及位于小城子南20里的老爷岭兵营。7月18日夜,南满游击队和"马团"在杨靖宇统一指挥下向小城子车站兵营展开了进攻,占领了伪满军一座营房。另外两座兵营则由少数部队扼其出路予以截击。马团以强烈机枪火力压迫敌人,敌兵发生动摇,不放枪。忽来铁甲车一辆,战斗未得成功。与此同时,南满游击队之一部破坏了老爷岭附近的一段铁路。随后,向该地伪满军兵营进攻两小时。敌人以恃工事坚固,拼命顽抗,南满游击队30名队员以猛烈炮火还击,战斗中毙敌5人,俘敌6人,缴步枪9支。①伪满军班长在工事里喊道:"你们是哪个队头,请留名!"游击队士兵以"红军"相应。敌班长不相信,问道:"红军中有曹队长,他在队里吗?"(按,指率烟筒山伪满军十四团迫击炮连起义的党员曹国安同志)这时,南满游击队迫击炮大队队长曹国安挺身答言,并要求他带队哗变。敌人见确是红军,便说:"我们现在还不能立时哗变,你们别打了,我们炮弹很多,工事坚固,你们可以去破坏铁路,并在路上多给我们留些传单,明天我们去取。"原来那喊话的敌班长曾与曹国安同在伪满军十四团,相互熟识。他答应待发薪饷后再举行哗变。当时,因游击队子弹耗费甚大,势难攻入,随即退出战斗。当夜,其他反日义勇军也按统一部署分别采取行动,破坏吉海铁路。在烟筒山以北地段,反日义勇军还与敌人展开了激战。

攻打吉林七、八区战斗。吉林七区、八区是吉林与桦甸毗邻地带,有八道河子、横道河子两个市镇(在桦甸县境),有伪满军300余人兵营三四个,还有不少反动地主武装会兵等。7月20日,杨靖宇率南满游击队联合反日义勇军共1500余人,向吉林七、八区展开进攻。南满游击队和"毛团""马团""赵团""殿臣"等反日义勇军一举冲进八道河子并将沿途反动地主武装全部消灭。驻守八道河子的伪满军八连在游击队猛烈攻击下,倒戈哗变。接着,联合部队攻打了横道河子,没收许多物品,之后又攻入七区中部,缴获许多马匹、衣物等军需物资。此次战斗,敌死伤30余人。游击队伤2人。②

---

① 《抗联第一路军一九三二年至一九四〇年主要战斗统计表》(1941年初),载中央档案馆等编《东北地区革命历史文件汇集》甲60,第216页。

② 《磐石人民革命军老傅关于磐石反帝游击运动情形的报告》(1934年1月30日),载中央档案馆等编《东北地区革命历史文件汇集》甲44,第54~56页。

在联合对敌作战过程中，有许多反日义勇军逐渐团结在南满游击队周围。在南满磐石地区与游击队建立密切关系，相处较好的有"老常青""青林""赵参谋长""臣军""朱司令""云中飞""爱国""马团""赵团""天虎""殿臣""曹团""四季好""磐石好""战北""风山好"等反日义勇军。其中"老常青""赵参谋长""臣军""青林"等队伍还能够听从南满游击队的调遣。这期间，曾与游击队有隙的"常占"队首领穆荣山也前来与之谋求建立联系。

当时，许多反日义勇军、山林队逐渐向党领导的南满游击队靠拢，有的要求在组织上实行联合，有的要求在战斗中合作，在这种情况下，杨靖宇认为建立反日联合军组织的条件业已成熟。

1933年7月下旬，杨靖宇在桦甸八道河子附近主持召开了南满反日联合军参谋部成立大会。参加会议的有南满游击队和"马团""赵团""毛团""宋团""韩团""许团""殿臣""三江好"（罗明星）"四季好""窜江龙""常占"等队伍领导人70余人，所辖各部官兵3000人左右。

当时，各部队官兵听说要与共产党领导的南满游击队共同成立反日联合军，个个精神振奋。特别是"常占"队首领穆荣山应邀参加会议，南满游击队与之取得谅解，愿意共同抗日，影响非常好。会议开始时，各部官兵都注视着杨靖宇等主席团里的人，静听南满游击队的代表宋铁岩的讲话。会议决定成立反日联合军参谋部。在选举参谋部领导成员时，一致选出杨靖宇为政治委员长，毛作彬为总司令，李红光为总参谋长，傅殿臣为军需长。当会议主席团宣布选举结果时，各部队官兵欢呼声如雷震天，会议发布了《联合抗日宣言》，大家表示坚决拥护。

此次南满反日联合军参谋部的成立，是南满游击队接受《一·二六指示信》，实行路线转变的重要成果。它标志南满游击队与其他反日队伍"毛团""宋团""马团""赵团""殿臣"等正式结成反日武装统一战线。

1934年1月7日，团满洲省委在《关于反日游击运动的现状与团的工作情况报告》中在讲到1933年上半年斗争时说："在日本帝国主义一开始举行对东边道的'围剿'时，我军便与其他抗日军毛团、马团、殿臣等部采取共同行动（而以我军为主体），在敌人开始'围剿'的一个礼拜中，便立刻予敌人的'围剿'以致命的回答，连陷黑石镇、营城子各地，使日本帝国主义吓得惊慌失措。"同一报告在讲到成立反日联合军参谋部时说，"人民革命军（按，团省委写此报告时南满游击队已发展为东北人民革命军第一军独立师）在运用统一战线上，主要的成绩是与其他反日军的关系大大的改善，共同进行了很多军事行动（'毛团''赵团''马团''殿臣'部等，其中以'马团'与我们关系最好）。在七月间，联合了'马团''赵团''串江龙''常占'等共同成立了联合军参谋部，计包括人数有一千五百人，参谋部设政治委员一人）党省委代表、人民革命军政治委员张冠一同志担任），下设六科（1）作战计划科；（2）侦探科；（3）军医科；（4）政治科；（5）技术科；（6）交通科。"①继南满游击队与"毛团"等反日义勇军建立联合作战关系后，在杨靖宇的领导下，于很短时间又与许多反日义勇军建立了上层统一战线，他们都加入

---

① 团满洲省委：《关于反日游击运动的现状与团的工作情况报告》（1934年1月7日），载中央档案馆等编《东北地区革命历史文件汇集》甲17，第212、214页。（关于联合军参谋部所辖人数此报告说1500人，前引老傅（傅世昌）报告（1934年1月30日）所载为3000人左右。）

到反日联合军中来。同时，随着南满游击队在反日斗争中力量日趋增强，党领导的反日游击队的政治影响迅速扩大，在它的周围吸引着许多反日义勇军部队。

之后，一些绿林出身的义勇军队伍过去专门打家劫舍，扰民害民，老百姓对他们十分忿恨。这些义勇军见红军游击队则不然，有严格的军纪，抗日坚决，爱护百姓，深受群众欢迎，便也开始学习红军游击队，投入抗日阵线。因而，这些义勇军常常托词"我们也随红军了"，以取得农民们的信任。一时，以南满游击队为核心的反日统一战线内的抗日武装达到三四千人。党的反日统一战线政策的实施，使南满游击队团结了大批反日武装。这也正是在南满游击队仅有二百多人时，而敌人却认为红军有二三千人的原因。

南满反日联合军参谋部是南满地区武装抗日统一战线一种行之有效的组织形式，在团结各种抗日武装力量共同战斗中起到了积极作用。为打击敌人，粉碎日伪当局的"讨伐"行动，联合军参谋部政委杨靖宇即召开各反日义勇军首领会议，决定联合攻打磐东重镇东集昌子（呼兰镇）。自8月13日起，南满游击队与"毛团""殿臣""赵团"等各路反日义勇军1500余人连续三昼夜以猛烈的火力围攻东集昌子。其间，来自磐石的200余名敌援兵（伪满军骑兵）被击退。当敌军再次出援时，城内反动地主武装大队长高锡（希）甲率领匪徒疯狂叫嚣："看见没有，高老爷出来了，看老爷的手提式（其实是一匣子枪）。"但其声未尽，这个作恶多端，为广大群众所切齿痛恨的反动地主即被南满游击队队员一枪击毙。其余匪徒见高锡甲毙命身亡，便立即窜逃回城。战斗至第三天，"敌人援军到来百余，即与赵团接触，赵团战不胜，他部因之动摇，殿臣首先率部退却，时我军正下攻击令被抛在敌人包围中，敌军向我军三次猛烈冲锋，均被击退。"①由于敌援军的到来，各反日义勇军先后退走，南满游击队势孤力单，最后也不得不撤出战斗。

此战是南满游击队与反日义勇军一次较大规模联合行动。这次战斗包围东集昌子三天三夜，日夜枪声不绝，使之水泄不通，战斗中击毙反动地主武装大队长高锡甲、日本军官中岛及所部四五人，敌受伤16人，俘敌40人，缴获步枪40余支、军马30多匹及许多军用品。南满游击队牺牲3人（2名党员，1名团员）。此次战斗中，各路反日义勇军普遍称赞南满游击队作战英勇，冲锋在前，退却在后，有好的指挥官。进一步提高了南满游击队的威信，扩大了它在群众中、在义勇军中的政治影响。

南满游击队自东集昌子回返数日后，得到群众报告，东集昌子一股敌人近日将去磐石县城领取给养、枪支子弹。杨靖宇闻讯后，即率部队于敌人回返必经之路哑巴梁子设下埋伏。至期，敌军运输车队遭到伏击，敌死伤10余人，南满游击队缴获大批军需物资。战斗中，游击队第一大队队长张瑞麟负伤。②此战敌军被打得胆破魂散，逃回磐石县城的敌人说："到哪都遇到红军。"此后，磐石一带敌人更加畏惧南满游击队。

---

① 《中共满洲省委关于反日游击运动的现状与团的工作情况报告》（1934年1月7日），载中央档案馆等编：《东北地区革命历史文件汇集》甲17，第213页。

② 张瑞麟负伤后，离队养伤。以后从事党的地下工作，曾任哈尔滨特委组织部长、哈尔滨市委书记、抗联第三路军第十二支队政治部主任。抗战胜利后，任嫩江军区政治副主任，齐齐哈尔市委副书记。新中国成立后，任黑龙江省委统战部部长，省人大常委会副主任等职，1999年逝世。

杨靖宇指挥南满游击队联合反日义勇军在距伪满统治中心"新京"(长春)不很远的吉林省中部地区的英勇活动予敌以沉重打击,致使日伪当局惊恐不安。日伪当局不得不承认:"政军各当局兹查省之南境、西境、磐石、双阳、伊通、桦甸等县胡匪充斥,势甚猖獗,扰害日益加厉。"①从敌人对抗日军进行诬蔑的言辞中可以看出,反日武装力量对日伪统治构成了严重威胁。

8月19日,伪吉林省警备司令官吉兴为消灭吉海铁路沿线各种抗日武装,专赴烟筒山,召集邢士廉旅长(伪吉林防区司令官)以下各团长参加的军事会议,研究所谓"剿匪计划"。8月31日,由新编警卫队一大队数百名、江南伪满军第十团一部、教导队步骑兵千余名及日军数百名组成的日伪"讨伐军"分三路(吉海、吉敦、吉长)出讨各地抗日武装。但这次"讨伐"在南满游击队及各反日义勇军的回击下,归于失败,敌人图谋未能得逞。

在贯彻《一·二六指示信》精神过程中,杨靖宇对义勇军上层做了许多工作,并取得了显著成效,进而推动了抗日武装统一战线工作的进一步开展。在反"讨伐"斗争中,杨靖宇率领所部取得的一个又一个的胜利,使南满游击队员受到了锻炼,队员的思想觉悟普遍得到提高,对敌斗争的坚定性进一步增强。过去那种一遇战斗,有的队员表现出畏惧害怕,找借口"挂号"请假的现象没有了,一些请假的队员受到战斗胜利的鼓舞都回到队伍中来,各级指挥员在斗争实践中也积累了对敌作战的经验。整个南满游击队在杨靖宇的领导下战斗力更加增强。这支人民的抗日武装在与凶恶的侵略者斗争中一天天壮大起来。

杨靖宇在领导南满游击队取得反日伪军围剿斗争胜利中,欣闻以毛泽东为主席的中华苏维埃共和国临时中央政府及红军发布对日宣战宣言(1932年4月15日),即以满洲人民革命军全体战士名义发出致中华苏维埃中央政府和工农红军电。内中说:

"苏维埃政府和红军两次对日正式宣战,但是卖国贼国民党及帝国主义派大军围攻红军,不许红军去打日本,但红军四次冲破'围剿'获得伟大胜利。本军全体战士,异常欣慰。更希望红军及苏区工农群众在苏维埃领导之下,根本消灭帝国主义国民党的'围剿',直接和日本帝国主义作战,本军响应与拥护中央苏维埃政府与红军的号召,与你们订立反日作战协定,共同来收复失地,为中国民族独立与领土完整而斗争到底。"②此电文表明东北人民革命军全体将士坚决响应中华苏维埃共和国中央政府号召,抗日到底的坚决信心。

几个月来,南满游击队在杨靖宇的领导下,取得了许多战斗的胜利,它成为南满一带反日斗争的核心力量。

对于在杨靖宇领导下的南满游击队几个月来的工作,中共南满中心县委③扩大会议给予了应有的评价。同年8月27日,南满中心县委在一份县委的决议中写道:"路线转变以后的成绩是,红色游击队是用了反帝国主义统一战线策略与抗日军毛司令、马团、赵团、殿臣等建

---

① 《盛京时报》(1933年7月24日)。
② 《满洲人民革命军为拥护与响应反日民族战争致中华苏维埃中央政府和工农红军电》(1933年8月25日),载中共档案馆编《东北地区革命历史文件汇集》甲14,第146页。
③ 1933年8月,中共磐石中心县委改为中共南满中心县委,书记李东光。一个月后,又改回为中共磐石中心县委。

立上层统一战线,领导三四千抗日军攻打吉林七区、伊通营城子、八道河子、横道河子、东集昌子等镇,给予日本帝国主义及其走狗'满洲国'势力以严重打击,他们动摇和恐慌,客观上大大的增加了在反日民族革命战争中的政治影响。"又说:"各抗日军的下层群众,不但希望和欢迎红色游击队和共产党(各处抗日军抗日要投入红军和或有以三十二军红军的名义活动),而且他们毫无疑义地接受我们党的主张,在各地方路线转变后造成了客观上、主观上非常顺利的条件。过去抗日军和地主们暗杀、造谣、进攻我们的事实是消灭了,以后我们的活动上有了非常顺利之条件。因此增加了党一倍及群众三倍以上的组织,150名的农民赤卫队为自己的利益而斗争。反日会有了广泛的宣传和组织,一部分扩大了游击区域,增加了新队员。"同时,县委扩大会议满怀信心的提出,"我们的赤色游击队应成为能左右和领导全南满的游击运动,坚决地执行反帝斗争纲领,与日帝和其走狗'满洲国'斗争中争取胜利的力量。要扩大游击队伍,扩大游击区域,必须活动到辉南、桦甸、金川、柳河、海龙等地。"①

9月中旬,为进一步扩大抗日武装,杨靖宇委托省委巡视员金伯阳前往辉南,将寻求共同抗日,要求红军南满游击队改编的抗日义勇军"苏营"(海龙游击队合并于此)编为南满第一游击大队,任命苏剑飞为大队长、刘山春为政委、周建华为政治部主任。该游击大队180余人,下设五个中队。这使红军南满游击队力量进一步扩大。

很显然,自杨靖宇担任南满游击队的领导人和贯彻中央《一·二六指示信》精神后,与1932年12月以前——把游击队引到当"胡子"(与山林队"常占"合并)及四面树敌的道路上的错误领导相比,真是大不相同。那时,战斗员普遍都感到消沉、失望、莫知所从,游击队陷于危机之中,连生存都成了问题。而部队在杨靖宇领导下之后,仅半年时间,经过大小六七十次战斗,战胜日伪军多次大的进攻,毙伤许多敌人,缴获大批武器,游击队迅速发展,武器与战斗员增到二三倍,许多义勇军、山林队都团结在游击队周围,这真是今非昔比。对于这种情况,日后第一军同志在总结这段历史时说:"1933年夏季,接《一·二六指示信》后,极力同任何山林部队争取统一战线而斗争。在初期因为过去影响,有些小部队是不敢接近我们,但是经过一个短时期,那种恐惧的现象克服了。到秋季,曾联合了数千的抗日部队共同进行了攻城破镇的工作,以后更进一步的编入了许多抗日部队,取消了反地主的口号。"②事实说明,对于抗日武装斗争事业的发展,一条符合客观实际的正确路线是何等重要,一个能够执行正确路线,而又富有卓越才能的领导人又是何等的重要。

三、建立东北人民革命军第一军独立师

经杨靖宇数月紧张的从事建立反日统一战线工作,南满抗日游击战争形势呈现出崭新的局面。由于有杨靖宇为代表的共产党人的领导及南满游击队的积极活动,极大地推动着南

---

① 《中共南满中心县委决议》(1933年8月27日),载中央档案馆等编《东北地区革命历史文件汇集》甲36,第78、86页。
② 《磐石游击队的历史》(1941年),载中央档案馆等编《东北地区革命历史文件汇集》甲62,第315页。

满地区抗日义勇军和广大工人、农民反日斗争运动的开展。反日统一战线政策的贯彻实行,使南满游击队周围团结着越来越多的反日义勇军、山林队,南满大地抗日斗争烈火越烧越旺。

　　日本帝国主义为扑灭南满抗日斗争烈火,不遗余力地采取各种反动措施,在军事上不断加紧"讨伐"各种抗日武装的同时,还在政治上严酷、严厉地统治广大人民。日伪当局于1933年12月22日颁布《暂时保甲法》,规定十户为一牌,一村为一甲(街市十牌为一甲),一警察署管辖区内之甲为一保。牌之住民中有所谓犯"内乱罪""外患罪""公共危险罪""惩治叛徒法所规定之罪""惩治盗匪法所规定之罪""枪械取缔法所规定之罪",对该牌各家实行"连坐",一人"犯法"全牌共同承担责任,给予处罚。同时,各保、甲皆要组织"自卫团"。从1934年起,又采取清查户口、照相、按指纹、归屯并户、屠杀、纵火等手段,严格限制群众行动自由。在经济上,疯狂掠夺物质财富,剥削压榨人民群众。广大农村,土地荒芜,收成无望,农民们纷纷破产。城镇里,许多工人失业,处于饥饿线上。未失业的工人工资减少,工时增加,实际是处于半失业状态。对南满游击队,日本侵略者不仅在军事上积极予以进攻,还极力采取分化瓦解的伎俩,派侦探潜入队伍内,用欺骗宣传,散发所谓告红军三十二军同志书来动摇我军意志,并选择目标离间南满游击队与反日义勇军密切关系,破坏反日统一战线的内部团结。

　　在这种形势下,杨靖宇等南满党组织、游击队领导干部认真地总结了自贯彻《一·二六指示信》精神以来的经验教训。杨靖宇认为只有找到不足,设法解决并克服它才能不断取得新成绩。因此在总结工作中,他特别注意找出工作中存在的缺点和错误。这期间,杨靖宇和南满(磐石)中心县委在肯定成绩的基础上着重指出工作中还存在的以下缺点:

　　——机械地运用统一战线的策略。仅与义勇军上层建立统一战线,注重上层外交,没有争取义勇军下层群众的组织。

　　——忽视和忘却了扩大游击队本身,放松了队内的工作,队内党部的工作薄弱。

　　——战斗中,没有很好运用游击战术进攻敌人的后方,而是冒险攻坚,硬攻硬打。

　　——在吉海路工人中没有发动他们开展斗争,忽视了征调他们到游击队的工作。

　　——农民运动虽有反日会、农委会组织,但没有很好地开展反对修公路、捐大界,反对走狗造谣、欺骗等斗争,造成部分农民失望。

　　——党的自身工作还没有打破关门主义倾向。党组织狭小,党内教育工作不够,工作方式从县委到支部缺乏集体的个人负责制,而多是个人包办,命令主义。①

　　杨靖宇和中共南满(磐石)中心县委认为:要改变上述缺点、错误,发展、扩大、巩固南满游击队,使之成为能左右和领导全南满游击运动,与日本和其走狗"满洲国"斗争并取得胜利的武装力量,就要坚决执行反日斗争纲领,征调大批工人到游击队里去,广泛吸收雇农、贫农和中农成分的农民参加游击队;按照军事活动的需要,扩大游击区域,向辉南、桦甸、金川(今已并入辉南、柳河等县)、柳河、海龙等地发展;在党的领导下,组织农民群众开展各种形式的

---

　　① 《中共南满中心县委决议》(1933年8月27日),载中央档案馆等编《东北地区革命历史文件汇集》甲36,第80页。

反日斗争,普遍建立农民委员会,扩大农民自卫队武装;在游击队内要吸收大批先进的工农分子入党,发挥其骨干、核心作用;在运用反日统一战线和争取无产阶级领导权问题上,要向广大抗日军下层群众广泛宣传,揭露部分义勇军首领向敌人投降的阴谋,派出得力同志到一些义勇军中去建立下层统一战线,以下层统一战线工作促进上层工作,争取无产阶级领导权。

在开展反日游击战争的实践中,杨靖宇领导南满游击队积极认真地贯彻上述反日斗争的方针、策略,使部队迅速发展壮大,为中共满洲省委所要求的南满游击队在尽短时间内建成东北人民革命军第一军独立师做了充分准备。

1933年5月15日,中共满洲省委在为接受中央《一·二六指示信》所作《关于执行反帝统一战线与争取无产阶级领导权的决议》中提出,为争取无产阶级在反日游击运动及各种群众革命斗争中起领导作用,为了使反日游击运动取得胜利,在目前满洲反帝民族解放运动的现阶段上,必须执行民族革命的统一战线,开展广大群众的日常政治经济斗争,争取和巩固无产阶级的领导权,建立满洲的人民革命军与选举的民众政府,这是满洲党当前的中心任务。同时指出,要以最好的游击队为基础建立人民革命军,其成分必须大部分是工农,保证党与无产阶级领导的骨干,要建立人民革命军的政治工作与政治部、政治委员的制度。加强军队的政治教育,培养成为革命的铁军,保卫人民政权,以彻底地推翻日本帝国主义在满洲的统治。

同年7月1日,中共满洲省委在给磐石中心县委及南满赤色游击队的信中,又明确提出具体要求:将中国工农红军第三十二军南满游击队"改名为东北人民革命军第一军,目前军队的编制稍稍向前发展时(一倍左右)立刻编制成为第一师"。同时还指出,编制法采用三三制,以班为单位,十人为一班,三班为一排,三排为一连,三连为一团,三团为一师。进行游击战争时,连为独立行动的主要单位,连部必须有强有力的政治指导员与得力的军事指挥员。

为贯彻省委指示,1933年8月15日,杨靖宇在磐石召开的南满游击区和红军南满游击队的代表会议上,依据省委指示精神,决定在积极开展反日游击战争中发展反日武装,于九一八事变二周年时,正式建立东北人民革命军第一军独立师。磐石中心县委把扩大发展游击队组织,完成东北人民革命军第一军独立师的建立,组成反日统一战线,争取无产阶级领导权,冲破日伪在东边道的新围攻,发动领导群众的反日的日常斗争确定为目前的主要战斗任务。

杨靖宇和省委常委、巡视员金伯阳及磐石中心县委为完成中共满洲省委交付的建立人民革命军第一军独立师的任务做了大量筹备工作。诸如,组织工作、宣传工作、干部工作及发展工人、农民加入队伍工作(当时要求各地党部保证征调30~50人参加游击队),使游击队得到发展壮大。至1933年9月,游击队已发展到300余人。这在队伍的人数方面,基本达到了满洲省委关于建立人民革命军一个师队伍的要求。同时,磐石中心县委亦积极发展党和群众组织,开展反日斗争。自8月初起,在一个多月的时间内,发展党员80名、反日会员2000名、农民自卫队员100名,各地群众在党的领导下,深入开展反对日伪当局烧杀、拉夫、修公路、修营房、查户口、收房捐、火药捐、会兵费、照相款及抓汉奸走狗、分汉奸地主粮食的斗争。此期间，拐子坑群众与反日军联合驱逐了强迫群众修公路的日伪军。反日斗争形势在磐石地区各地日渐高涨。这种斗争形势为人民革命军第一军独立师的建立创造了良好的环境和条件。

杨靖宇还亲自到各抗日义勇军部队宣传将南满游击队改编为人民革命军第一军独立师的意义，以取得他们的支持。金伯阳带来省委起草的《东北人民革命军独立师政纲》等文件，并起草了《东北人民革命军第一军第一独立师成立宣言》。1933年9月3日，磐石中心县委给省委的报告中说："我们根据省委指示，在九一八变红军游击队为人民革命军第一军独立师正在准备一切中。"

1933年9月18日，即九一八事变两周年之际，中共磐石中心县委在磐石县北老末沟召集军民大会。宣布东北人民革命军第一军独立师正式成立。①杨靖宇被一致推举为独立师司令。在广大军民的热烈掌声和欢呼声中，杨靖宇宣誓就职并在成立大会上发表讲话。他高兴地说，今天是磐石人民革命军第一军独立师成立的一天，是最有意义的一天。第一军独立师是东北三千万民众的武装力量。他在讲话中痛斥了国民党政府所谓"废止无益抵抗"的投降政策，号召广大农民、士兵、警察、贫民、学生都来积极参加游击队，共同地与日本强盗及其走狗作战，早日达到收复失地，打倒日本侵略者，推翻"满洲国"的目的。

同时，还以独立师全体战斗员及指挥员名义发表了《东北人民革命军第一军第一独立师成立宣言》。宣言引用杨靖宇讲话指出："今天是磐石人民革命军第一军独立师成立的一天，是最有意义的一天。"宣言控诉了日本帝国主义侵略东北，给民众带来无穷灾难的滔天罪行，揭露了国民党蒋介石用《华北停战协定》来出卖东北既而又出卖华北的无耻行径。宣言指出："磐石赤色游击队多次冲破日满敌军的'围剿'，获得广大群众的同情拥护。""全体赤色队员奋不顾身地与日本强盗及走狗满洲国作英勇的流血战争。""现在游击队正式成立东北人民革命军第一军独立师，我们任务更重大百倍。全体指战员誓与日本强盗及走狗满洲国斗争到底，达到收复东北失地驱逐日本强盗出满洲，推翻走狗满洲国的统治，建立民众政权的重大任务。东北人民革命军第一军独立师是东北三千万民众的武装力量。全体战斗员热烈欢迎工人、农民、警察、贫民、学生成群结队的来参加游击队，共同与日本强盗及走狗'满洲国'作战。"②为配合东北人民革命军第一军独立师的建立，9月18日，磐石中心县委还在区内十余处地方组织召开了有二千余名群众参加的反日大会。大会宣传共产党的抗日主张，号召人民不忘国耻，拥护、支援人民革命军的抗日斗争，并开展了募捐活动。

东北人民革命军第一军独立师组织领导为：师长（司令）由杨靖宇担任，并兼政治委员，

---

① 关于第一军独立师成立地点一般说在玻璃河套，具体地点有猪腰领、石虎沟、老末沟等多种说法。《磐石人民革命军老傅关于磐石反日游击运动情形的报告》（1934年1月30日），说在磐石县北老末沟。此文件形成时间距独立师成立时间较近，故本传记采取老傅（傅天飞）报告说法。此报告载中央档案馆等编《东北地区革命历史文件汇集》甲44，第45页。

② 《东北人民革命军第一军第一独立师成立宣言》（1933年9月18日），载中央档案馆等编《东北地区革命历史文件汇集》甲44，第34页。

参谋长为李红光,政治部主任为宋铁岩。独立师下辖第一、第三两个团以及政治保安连、少年营。第一团团长袁得胜、政治委员朴翰宗、参谋长李松波。第三团团长韩浩、政治委员曹国安、政治部主任李明山。政治保安连连长崔山好、政治委员程斌。少年营营长朴浩、政治委员金某。全师共380余人,成分绝大多数是贫农以及一部分雇农、工人,其中党团员160人。全师实行三三制式编制。即师下设团,每团下设三个连,每连下设三个排,每排下设三个班。连为基本作战单位。各级领导设有军事指挥员和政治工作干部。师、团设政治委员,连队设政治指导员。师司令部设有政治部、参谋处、军需处、军医处。

部队武器装备:计有迫击炮一门,捷克式轻机关枪一挺,其余是三八式盒子、一三式盒子、奉天兵工厂造枪、套筒子(德式)、连珠枪(俄式)、快大轮(捷克式)、七门里几(捷克式)、单打一(又名别拉弹,俄旧式枪)、十三太保(每次装子弹十三颗)、六开系(每次装子弹六颗)、三十五年式盒子(日本枪)、金钩子(日本枪)、小口径湖北造(汉阳兵工厂枪)及本地改造的手枪二号匣子、三号匣子、枪牌橹子、狗牌橹子、俄国七星子、六轮子、二十四响等各种长、短枪。大枪以筒子最多,其次是连珠、小口径、金钩子、单打一等。手枪以橹子最多,匣枪次之。杨靖宇经常使用的就是一种匣枪。此外还有地方用各种枪筒子制造的手枪名曰铁公鸡,每次打子弹一发。步枪总数约550支左右,手枪在150支左右。每队枪多于人,有的队员持两支枪。每一队员经常有子弹百余发,有时达200发。①

南满游击队改编为东北人民革命军第一军独立师不只是改个名称,而是有质的飞跃。人民革命军是在反日游击战争中由最好的游击队为基础发展而成的。成立人民革命军要具备一定的条件,首先它要彻底执行党的反日反帝纲领,积极行动,没收日本及其走狗的一切财产,充做反日战费及救济灾民、失业者,发动、领导群众的反日斗争,从而使队伍不断壮大。第二,要保证队伍的工农成分,要用游击队没收日本侵略者和汉奸走狗的武装,武装工农并在斗争中组织工农候补队、自卫队,参加协助正式队伍作战。第三,绝对保证党的领导,在队伍中积极发展党的组织,在党的周围成立广大的士兵组织(如士兵委员会、士兵反日会),把最好的干部输送到队伍中去,领导队伍。只有具备以上这三个条件,创造人民革命军才有可能。东北人民革命军第一军独立师就是杨靖宇领导南满游击队广泛运用反日统一战线的策略,团结南满各抗日军在冲破敌人围攻的胜利中,逐渐具备这些条件而诞生的。

东北人民革命军第一军独立师的诞生,是党领导的南满抗日军民对日本帝国主义侵略屠杀政策的严正回答,是对日伪当局新近对东边道反日游击区进行围攻的有力回击。这正如《中共磐石中心县委关于"九一八"二周年纪念决议》中所说:"红军游击队改为人民革命军不是改个名称,而是回答日本帝国主义'九一八'占领的斗争,它的诞生是在满洲特殊环境中的广泛的全民族统一战线上,它的战斗任务是统一和领导全满洲的抗日运动,为推翻日本和满洲国在满的统治。"东北人民革命军第一军独立师的诞生表明中国共产党建立广泛的全民族反日统一战线政策取得了一个新的胜利。它在全东北树立起一面反日统一战线的伟大旗帜,

---

① 《磐石人民革命军老傅关于反日游击运动情形的报告》(1934年1月30日),载中央档案馆等编《东北地区革命历史文件汇集》甲44,第48页。

这对于进一步争取爱国武装力量,共同抗日,深入开展抗日游击战争具有十分重要的意义。对于人民革命军的成立,日伪当局说:"这里应特别记述的是,满洲事变后在磐石附近曾由中国共产党县委组织起来的武装游击队,人称红军,于大同二年九月最先自称东北人民革命军(军长杨靖宇),在磐石起义。同年10月,在奉、吉省境遭到讨伐后南下,侵入奉天省金川、柳河、清原各县。人数虽十分微弱,却成为其后共匪活动的开端。"[1]此段文字虽多诬蔑之词,但也反映出日伪当局对人民革命军第一军活动的极大关注。

东北人民革命军第一军独立师成立之时,在满洲省委领导下,杨靖宇主持颁布了一系列规则、条例,主要有:《东北人民革命军独立师政纲》《东北人民革命军独立师暂行规则》《东北人民革命军士兵优待条例》《告反日义勇军战士弟兄书》,以后还制定了《参加人民革命军暂行条例》《第一军战斗员作战奖励条例》等。这些规则、条例充分体现了党领导的抗日武装的政治主张、战斗任务和铁的组织纪律。它不仅是东北人民革命军第一军独立师的行动规范,而且由于它的正确性、可行性,也为其他党领导的抗日武装所效仿。如1933年10月,在北满哈东地区,珠河东北反日游击队在其成立大会上,队长赵尚志就表示要执行第一军提出的行动纲领。

东北人民革命军第一军独立师成立后,杨靖宇更加重视部队的自身建设。他严格要求干部、战士认真贯彻、执行独立师政纲和暂行规则。

由杨靖宇亲自颁布的《东北人民革命军独立师政纲》共十条,明确规定了人民革命军的斗争目标、斗争任务和所实行的重要政策。其主要内容是:

(1)推翻日本帝国主义及其走狗"满洲国"政府在东北的统治,驱逐日本帝国主义海陆空军滚出东北及全中国。(2)没收日本帝国主义在东北的银行、矿山、交通工具、海关及其他企业和日本帝国主义的财产,作为反日军费及分配给一切反日战士、雇农、贫农和救济灾民、难民。(3)武装民众并予以民主权利(言论、出版、集会、结社、罢工、二八分粮的自由)。(4)造成民族统一战线,彻底进行反日反帝民族革命战争,打倒日本及一切帝国主义。(5)打倒出卖民族利益的国民党及一切反革命派别。(6)建立东北民众选举的人民革命政府。(7)拥护对日宣战和争取全中国的独立统一和领土完整的中华苏维埃临时中央政府和红军。(8)拥护正确坚决领导民族革命战争的中国共产党。(9)中、韩、蒙被压迫民族亲密联合起来,打倒共同敌人——日本帝国主义及"满洲国"政府。(10)拥护世界反帝大本营苏联和苏联的亲密友谊联盟。[2]

这个政纲以简捷明了的语言表明了党领导的东北人民革命军这一抗日武装的正确的政治方向,全面地体现了党在当时历史阶段的总政策及重要的具体政策。这十条政纲是东北人民革命军一切行动的指针和准则,也是东北人民革命军第一军独立师之所以成其为人民的、革命的军队的一个标志。它是东北人民的"抗日十大纲领"。认真贯彻执行这个政纲就可以保

---

[1] 伪满治安部编:《满洲国警察史》(1942年),第172页。

[2] 《东北人民革命军独立师政纲》(1933年9月18日),载中央档案馆等编《东北地区革命历史文件汇集》甲44,第29页。

证人民的抗日武装沿着正确的轨道前进,否则,就会偏离方向,遭受挫折、失败。杨靖宇经常要求各级指挥员组织战士学习这个政纲,深刻领会其精神实质。他也经常向指战员讲解,使他们明确认识东北人民革命军是为推翻日本帝国主义、伪满洲国政府在东北统治而建立的,是在中国共产党领导下的人民军队,要牢记人民革命军的奋斗目标、宗旨。

由杨靖宇主持颁布制定的《东北人民革命军独立师暂行规则》共20条,主要内容如下:

(1)临阵偷逃者枪决。(2)拖枪逃跑者枪决。(3)强奸妇女者枪决。(4)勾结敌人破坏,组织一切反革命阴谋者枪决。(5)造谣扰乱军心、泄露军事秘密者枪决。(6)偷子弹与军需品者按情形开除与枪决。(7)烧杀人民者枪决。(8)打骂人民者按情形轻重开除或警告。(9)无命令检查人民的财产偷抢者,除将该物还本主外,并按情节轻重留队查看或开除。(10)同志间相互冲突动武装者警告或开除。(11)随意放枪者开除。(12)走火者罚岗五点钟(放枪伤人者按情形处罚)。(13)破坏武装者按情形警告或开除。(14)漏岗者罚岗二点钟到五点钟。(15)秘密行军时吸烟及喧哗者罚岗五点钟或警告。(16)丢子弹与军需品者按情形处罚。(17)随意扰乱者警告或开除。(18)丢文件者罚岗五点钟。(19)对于英勇作战及一切有功之战士分别予以:A、物品奖励;B、升级。(20)如果有特别功绩时得给以名誉奖励(勋章)并升级。①

这20条暂行规则是人民革命军第一军独立师指战员的行为规范。它是全面的、完整的、明确的。言其全面,是因为20条中有惩有奖,其中18条属于惩处,两条为奖励(即第19条、第20条)。立功得奖,违纪受罚,奖惩分明。言其完整,是因为它包括了对敌战斗、与群众接触、同志间相处等各方面可能出现的各种违纪情况。言其明确,是因为这一规则对各种违纪情况如何惩处均有清楚的规定,具有可操作性。

这20条暂行规则又是异常严格、严厉和严峻的,具有言出法随、军令如山的性质,可谓是铁的纪律。在属于惩处性质的18条中,触犯即处以枪决的竟有7条,处以开除的也有五六条之多。暂行规则中特别强调对违犯群众纪律的要予以严惩,体现了党领导的抗日武装与人民群众的关系。这一点也是党领导的抗日武装与义勇军、山林队等其他抗日部队的根本区别之一。

第一军独立师暂行规则是中国共产党领导的东北抗日武装所制定的第一部成文法规。它规范、制约着东北人民革命军第一军独立师全体指战员的行动。这是独立师健康发展的基本保证。杨靖宇要求全体干部、战士必须认真遵守,严格执行。同时,他还经常检查各部队执行纪律的情况。正是由于有严格的军纪相范,律令约束,第一军独立师才成为组织严密,对敌作战勇敢顽强,于民秋毫无犯,深受群众拥护和爱戴的抗日武装。

在印发的《告反日义勇军弟兄书》中宣告,"一切反日武装弟兄们,磐石赤色游击队又名红军,现正式成立为人民革命军第一军独立师,愿在下列条件下与任何反日队伍结成反日作战同盟:(一)不投降,不卖国,反日到底;(二)允许民众言论、出版、集会、结社等自由;(三)允许民众武装起来,共同进行反日战争。"这一文告强调了第一军独立师愿在三项条件下与任

---

① 《东北人民革命军暂行规则》(1933年9月18日),载中央档案馆等编《东北地区革命历史文件汇集》甲44,第27页。

何反日队伍结成作战同盟,充分体现了党的反日统一战线政策,为团结更多的抗日武装共同斗争,打下了基础。

根据对敌斗争的需要,在杨靖宇的领导下,东北人民革命军第一军独立师还建立了与部队发展相关的一些条例及一整套政治工作制度。1933年10月1日颁布的《参加人民革命军暂行条例》中,规定凡参加本军者"必须坚决抗日,履行本军政纲,遵守本军纪律、服从本军指挥。""须接受共产党的代表政治委员为本军最高领导之制度。""在现条件下,进行坚决抗日的群众不问民族、国籍都可参加本军。"1934年又制定了《第一军战斗员作战奖励条例》共14条,其中规定在作战中缴获敌人武器、军需物品及捕获密探走狗,可奖赏给2～100元大洋,若集体立功,亦发给奖金、奖旗("勇敢旗")及其他奖励品。1934年6月,又开始执行《东北人民革命军及赤色游击队政治工作暂行条例草案》。在人民革命军第一军独立师部队里,团、连、排一级都设有政治工作人员,在师司令部除杨靖宇亲自兼任政治委员外,还设有政治部。在团部亦设政委,连设政治指导员,排有宣传干事。部队中有党团组织,政治思想工作十分活跃。新队员加入队伍时,都要经过政治工作人员谈话,进行革命教育。部队经常召开士兵会议,民主议事,讨论作战情况,总结作战经验。战斗间隙经常开展群众工作,向群众宣传抗日道理。同时,还经常开展文娱活动,学习文化,进行革命歌曲演唱比赛。部队政治部办有《人民革命军画报》,供广大士兵阅读。由于思想政治工作的加强,队员思想觉悟高,参军目的明确,作战英勇果敢,组织观念强,群众纪律好。队伍中没有一个吸鸦片、打吗啡的,全队中也没有赌博的事情。

在人民革命军第一军独立师建设中,杨靖宇不仅关心政治工作,还十分关心部队的经济生活。士兵在衣食方面一般都能够得到满足。独立师多数战士有毛衣、皮挂子或皮袄穿。"三团和保安连队员每人能有毛衣一件,皮褂子或皮袄一件,一团少年营有一部分有毛衣、皮袄。我们三团与保安连的衣服在全磐石的抗日军中是最好的,每人的外衣都是绸子或者缎子,全军平均半个月内总能吃猪肉一次,两三个月能吃面粉一次。平时普遍都是吃苞米糁子、高粱米饭,豆油做菜。"①全队战士虽不能经常有卷烟抽,但能抽到叶子烟(当地产的黄烟),在有卷烟时(一般是缴获来的),长官、士兵均分,都能抽得到。队员外出时能得到五元以上路费,平时还发津贴,每人二元。但有许多长官不要,一些战士也愿把津贴借给队上使用。由于部队政治工作不断加强,加之经济生活条件较好,队员思想稳定,情绪高涨。

对于东北人民革命军第一军独立师的成立,中共满洲省委十分关注。1933年9月30日,省委就此专门发出贺电。贺电充分肯定杨靖宇和全体战士的英勇战绩:"你们与日本强盗及满洲国走狗作残酷的流血战争;多次冲破日满匪军的围剿,获得伟大的胜利,这完全是战斗员英勇作战及指挥员坚决的指挥的成绩。"贺电提出了第一军独立师今后的战斗任务及其新的更高的具体要求,"正式成立人民革命军第一军独立师后,你们的任务更加重大。你们的任务是要驱逐日本一切海陆空军出东北,收复失地,保护中国领土的完整与民族的独立和解

---

① 《磐石人民革命军老傅关于反日游击运动情形的报告》(1934年1月30日),载中央档案馆等编《东北地区革命历史文件汇集》甲44,第49页。

放,打倒满洲走狗的统治,建立民众政府,这一重大任务需要更大的决心来完成。"同时,要求为完成这一任务,首先要为完成扩大游击区域及扩大数千队员而斗争。贺电还十分关切地指出:"冬天将到,高粱将倒,青纱帐的掩护就要没有,你们是不是感受到失去掩护的困难呢?但是你们要了解广大群众的拥护比之青纱帐要胜过几千倍几万倍。你们要帮助群众斗争,把秋收与武装反日斗争密切联合起来,就会千百倍的增大反日的力量。"

省委的贺电极大地激励着杨靖宇及第一军独立师全体指战员,他们决心为完成党和人民赋予的神圣历史使命而斗争,一定克服因青纱帐倒,失却掩护而给开展游击活动带来的困难,以取得对敌斗争的新胜利。

因东北人民革命军第一军独立师之前身为红军南满游击队,"红军"的名声在抗日义勇军和广大民众中影响很大。所以,在南满一带,反日义勇军和广大民众,甚至日"满"敌人仍统称杨靖宇领导的军队为"红军"。东北人民革命军第一军独立师成立后不久,杨靖宇即指挥部队在磐石西部地带积极展开游击活动。

当时在烟筒山与取柴河之间有伪满军十四团的一支护路守备队担负巡视铁路任务,经常来往此间。为打击这股敌人,杨靖宇派独立师三团九连预先在铁路两旁设下埋伏,战斗中毙敌3人、伤3人、俘5人,独立师三团九连毫无损伤,缴获新式步枪9支、橹子1支、子弹1000发。所俘5名敌人,在战斗结束后经教育发给每人路费5元释放。9月下旬,第一军独立师于夜间袭击驻有伪军400名的宿营地,击毙敌人20多人,独立师牺牲2人,伤五六人。9月27日,第一军司令部、第一团与政治保安连于夜间向铁路东行进,结果途中遭到敌人埋伏,县委代表刘同志和副官金胜同志牺牲,损失步枪六七支。此次遭受损失的原因是我军活动范围狭窄,对部队常往来的路没有详细考察,结果中了敌人埋伏。①

接着,于10月初杨靖宇主持人民革命军第一军独立师与抗日义勇军"毛团""马团""天虎""赵团"等部队召开一次联合军首领会议,决定共同进攻西安县城(今辽源)。1933年10月4日《盛京时报》曾以《大帮匪由西安折回》为题报道说:"兹据城东五区德胜沟来人称匪首红军、毛团等率领众匪二四千名各股来联合围攻西安,被官兵击退,复回磐境。"攻打西安县城战斗未能达到预期目的的主要原因是在实际行动中,"毛团"首领毛作彬发生动摇,未执行联合军会议决定。结果只"天虎""马团"等抗日义勇军与独立师配合活动,力量减弱。但行动中独立师与伪骑兵70人交战,敌死伤10人,缴获军马20余匹,进攻了夹信子街,"天虎"部进至沙河子街,沿途各地反动"会兵"武装皆被消灭。

攻打西安县城战斗后,敌人加紧对抗日义勇军实施分化瓦解政策,妄图孤立独立师。"毛团"首领毛作彬在此政策下,又投降了敌人。鉴于"毛团"首领投降,杨靖宇及时领导了各抗日义勇军开展反对向敌人投降的斗争。他指出,投降没有出路,抗日义勇军应以驱逐日寇、光复沦陷山河、报效祖国为自己的职责,进而消除了因"毛团"首领毛作彬投降敌人对抗日军造成的坏影响。

---

① 《磐石新通讯(第二号)》(1933年10月5日),载中央档案馆等编《东北地区革命历史文件汇集》甲36,第123页。

时隔不久，有几个农民前来独立师报告：八棵树驻有伪满军300多人正在寻觅红军行踪，请你们注意。原来，这几个农民是被驻守在八棵树伪满军强迫派出打探独立师行踪的。他们不甘心为日伪服务，特地把敌军动向报告给驻在剪羊沟的第一军独立师。杨靖宇得知这一信息后，决定当夜乘敌不备先下手惩治敌人。随即布置部队前往八棵树，袭击这股伪满军。此次战斗共经两小时，打得伪满军魂飞魄散。次日，这支伪满军撤离八棵树。伪营长谈话说："我当兵二十年，打过无数次胡子，都是兵找胡子打，没见过胡子找兵打，这些红军，我佩服。"而后，日本军告诉他们："如遇红军要小心。"并让他们把全队的精锐选出，令之驻守在最前方营房四周，以便应付不测。

在与日伪军正面展开战斗的同时，杨靖宇还指示部队加强对伪满军士兵策反工作，号召他们弃暗投明，不为日伪卖命，倒戈哗变，参加人民革命军。经过工作，驻守在东集昌子的伪满军的一名连副同意组织所部哗变。该连副将敌营口号、营房情况全部告诉独立师，并决定在一夜间由独立师直进其营房进行缴械。至期，杨靖宇派独立师一团直入东集昌子伪满军营房，敌兵在睡梦中被突如其来的独立师部队缴械，一名连长和日本教官当场被击毙。当即有40余名伪满军哗变。他们携带50匹马、40余支步枪、弹药4箱，参加了人民革命军第一军独立师。①

自1933年夏秋，特别是九一八事变两周年、东北人民革命军第一军独立师成立后，士气高昂的第一军独立师战士在杨靖宇的指挥下，以打击日伪统治势力为目的，积极开展对敌斗争，打了许多胜仗，攻破了许多城镇，进一步扩大了共产党和人民革命军的政治声誉。在广大劳苦群众中，在南满许多抗日义勇军中，甚至在伪满军中都知道人民革命军是真正彻底反日的，是保护劳苦群众利益的，是人民大众自己的队伍。南满许多抗日义勇军下层士兵迫切要求人民革命军领导他们。一些伪满军士兵不断发生动摇，意欲哗变出来，投入"红军"。东北人民革命军第一军独立师得到了广大群众、抗日义勇军的拥护、支持和欢迎。

四、进军辉发江南

日本帝国主义在实现武装占领东三省和热河之后，开始极力加强对东北人民的殖民统治。1933年5月31日，国民党政府与日本关东军代表签订了卖国的《塘沽协定》，实际上承认了日本占领东三省、热河"合法化"。这样，就使日本侵略者可以肆无忌惮地推行所谓"治安第一主义"，集中力量对付东北人民的抗日运动。

自从南满抗日斗争的烈火点燃以来，日伪当局始终未停止过对南满抗日武装力量的围攻、"讨伐"。东北人民革命军第一军独立师成立后，南满地区武装抗日烈火愈烧愈旺。随着斗争形势的发展，以磐石为中心的抗日游击区成为敌人注目的地方。日伪当局妄图扑灭遍地燃烧的抗日烈火，日本关东军广濑师团长亲自到吉林磐石"视察"，直接策划指挥，急不可待地

---

① 《磐石人民革命军老傅关于磐石反日游击运动情形的报告》（1934年1月30日），载中央档案馆等编《东北地区革命历史文件汇集》甲44，第61页。

纠集大批武力组织"讨伐军"向抗日军在南满活动的主要区域,即以磐石为活动中心的东边道地区展开大规模围攻。

1933年10月初至12月底,日伪当局调动1.2万人武装,计奉天独立守备队、吉林南营日军2000人,奉天警备司令部(司令于芷山)所属伪满军8000人,吉林海龙等县伪满军2000人,倾巢而出,开展所谓东边道第三次"大讨伐"(前两次东边道"大讨伐"于1933年5～6月、7～10月进行,"讨伐"对象主要是唐聚伍、王凤阁部队)。"讨伐军"首先疯狂地向杨靖宇领导的东北人民革命军第一军独立师经常活动的地区展开围攻。这次围攻,敌人采用的策略是由伪满军在以磐石为中心,方圆约二百里地带进行大包围,再以日军骑兵大队向包围圈中心地带兜围。同时,敌人还派出飞机在游击区上空盘旋,投掷炸弹,以配合地面部队作战。

在敌人的大围攻中,各抗日义勇军与东北人民革命军第一军独立师与敌人每日都在坚持浴血搏斗。10月间,游击区中心区域玻璃河套,曾被日军三次进攻。一些义勇军如"马团"在持有精良武器的日伪军进攻下遭到失败,一些部队自行解散。敌人在一面用武力残酷进攻人民革命军和抗日义勇军的同时,还使用拉拢诱骗抗日义勇军的手段使之投降,伪吉林省警察厅奉省公署之令发出了准予"匪贼"自新改悔的通令,内云:"以吉林地处山林之区,向为匪贼潜逃之所,自事变以来,尤为猖獗。现为给土匪自新之路,特通告改悔前愆,觅保缴械,发给良民证,以示体恤。倘执迷不悟者,将来大军讨伐,悔之晚矣,仰尔受惑之徒,速行改盗为良,不纠(咎)既往。"①这期间,日伪当局收降了"殿臣"部下百余人,并将投降敌人的"殿臣"枪杀。敌人为收买人心,花2000元厚葬"殿臣"的遗体,并用传单、画报等形式大肆宣扬其"归正"。"大老疙瘩"被收降后,其所部被缴械,二三十人被日军屠杀。②

不仅如此,敌人在游击区内大肆施行白色恐怖,推行"三光"政策。到处烧杀、血洗、搜山、抢掠,以种种威逼手段,妄图使群众与抗日军相对立。在游击区内,在每距二三十里处,都建一处日军营垒。敌人通过修筑公路、盘查行人、清查户口、布置侦探等方法"探知"抗日军和中共地下党组织、抗日群众组织活动情况。尔后便以逮捕、屠杀、纵火等极其严酷手段加以镇压。凶残暴戾的日本侵略者在磐石镇、烟筒山两地,于一周之间即屠杀抗日群众300余人。在人民革命军第一军独立师活动区域玻璃河套、拐子坑、伊通、磐北、磐东等地,日本侵略者实行更为严厉的统治,这些地方被称为"匪区",敌人烧杀抢掠,无所不为,对抗日群众的镇压则更是十分残酷。在玻璃河套,烧毁许多民房,屠杀不少群众。在拐子坑,敌人将全村参加反日会的群众一起逮捕、监禁,党员全被杀害。在西吉昌子一带,日伪军屠杀200余人,其中一次竟屠杀40人之多。在其他各村屯,只要精神一点的农民就被怀疑是抗日军而被杀害。敌人若见到朝鲜族人更是不由分说,见一杀一,即使是八十岁以上病汉,亦难于幸免。许多朝鲜族男女老少不得不远离家园四处逃命。③

---

① 《盛京时报》(1933年10月3日)。
② 《中共磐石中心县委给省委的报告》(1933年11月13日),载中央档案馆等编《东北地区革命历史文件汇集》甲36,第126页。
③ 《中共磐石中心县委给省委的报告》(1933年11月13日),载中央档案馆等编《东北地区革命历史文件汇集》甲36,第127页。

在此次日伪军疯狂的围攻中，磐石县的玻璃河套、拐子坑、磐东及伊通等地方的党组织和群众抗日组织都不同程度地遭到破坏。朝鲜族党员同志活动更是异常困难。县委本身也陷于极端困难境地中，有的县委委员牺牲了，有的远离当地去外地活动，个别经不起斗争考验的潜逃了，县委领导力量被削弱。县委机关也不得不由玻璃河套转移到磐北。

面对敌人疯狂围剿，杨靖宇冷静地对斗争形势进行了分析，并提出对策：为加强县委力量，他建议将团省委巡视员傅世昌调到县委工作，省委巡视员金伯阳随人民革命军第一军独立师活动，在部队内开展党的工作。同时，也感到我军只限于狭小区域活动有诸多不当，回旋余地小，难以开展更广泛的游击战争。为了冲破敌人围攻"讨伐"，并扩大人民革命军第一军独立师的实力，开辟新的游击区域，广泛联络各抗日义勇军，扩大全民族反日统一战线，夺取无产阶级领导权，根据中共满洲省委于1933年7月1日给磐石中心县委和南满赤色游击队指示信中，关于"赤色游击队目前主要的任务不是死守住那个很狭小的根据地，而是要扩大游击运动，扩展反日的游击区域"的指示，他提出：应调整游击战略计划，挥师南下，进军辉发江（今称辉发河）南地区，具体是：人民革命军第一军独立师司令部率主力保安连和第三团立即离开磐石，跨越辉发江，进入江南辉南、柳河、金川、通化、濛江（今靖宇）一带，在那更为广阔的地区开展游击活动；留部分人马即第一团及少年营继续在磐石游击区即磐石、伊通、桦甸等地活动，钳制敌人，开展对敌斗争。

杨靖宇的这些提议经县委讨论得到通过，并征得省委巡视员金伯阳的赞同。

杨靖宇所提出的进军辉发江南地区是人民革命军第一军独立师成立之后在军事行动上的一个重大举措。这个决策不仅仅只是为了避开敌人锋芒，使第一军独立师主力免遭敌人围攻，更主要的是为了落实1933年8月27日中共南满（磐石）中心县委提出的活动计划："团结江南各抗日义勇军武装，扩大游击区域，迅速转变在过去保守和死守很狭隘的区域的路线，按照军事之必要和将来在南满全局活动的情形，必须活动到辉南、桦甸、金川、柳河、海龙等地。"①完成进攻三源浦；进攻孤山子；解决辉发江南反动地主"会房"武装；扩大游击区；发展队员等五项任务。因此，杨靖宇提出的进军辉发江南地区的决策在他头脑早已酝酿，并非纯为消极的避敌政策，而是积极的具有重要意义的战略决策。

1933年10月27日，杨靖宇不顾自己身患肺病，率领第一军独立师司令部保安连、独立师第三团第八、九连战士从磐石县玻璃河套生财沟出发，经过小城子、石嘴等地行至辉发江边，于黑石镇附近越过敌人防线，准备在此一带渡江。

辉发江是松花江支流，源于清原县境，流经柳河、辉南、磐石诸县，在桦甸北部注入松花江，是吉林省南部一条大河。当年冬寒来得早，是时已是寒冷季节，辉发江已结薄冰，江上无桥，岸边无船，渡江遇到了困难。为尽快过江，杨靖宇动员战士要以任何艰难险阻都吓不倒抗

---

① 《中共南满中心县委决议》(1933年8月27日)，载中央档案馆等编《东北地区革命历史文件汇集》甲36，第87页。

日英雄的大无畏革命气概,不畏冰河冷水砭人肌骨,勇敢涉水渡过辉发江。他说:"这道江,我们一定要过去。我们连枪炮都不怕,能叫江水吓住吗?"说完,他把自己骑的马让给个子矮小的同志骑上,然后,第一个步入齐腰深的冰河之中。接着,全体指战员在杨靖宇的带领下,毫不犹豫地跟着他踏破薄冰,涉水过江。

人民革命军第一军独立师渡过辉发江后,改变了过去固定一隅,只在狭窄的磐石、伊通地区活动的局面,而是把抗日游击区域向外扩展至更为广阔的辉发江以南的广大地区,即辉南、桦甸(江南地区)、濛江、金川、柳河、通化、清原(属辽宁)等地。这样就为进一步扩大反日游击战争,与江南地区更多的抗日武装结成统一战线,团结他们一道抗日,动员更广泛的民众投入武装抗日斗争中来创造了条件。对此伪满治安部在所编《满洲国警察史》中记载道:"1933年10月,'盘踞'在吉林省东南部到奉天省界一带地方的以第一军长杨靖宇为中心、部下程斌、于满利、万顺等'匪首'与被赶到间岛省的第二军第一师金日成匪进行联系,并同长期以来一直对立抗争的政治土匪王凤阁等相互提携,猖獗至极。"①

杨靖宇率司令部保安连及第三团抵达辉发江南后,首先与活动在辉南的由原海龙游击队与抗日义勇军"苏营"合编的人民革命军第一军独立师南满第一游击大队会合。当杨靖宇得知"苏营"与海龙"游击队"合并后,两队领导人时常发生矛盾,关系并不和谐,便决定将海龙游击队改编为独立师游击一连随司令部活动。"苏营"仍以"南满第一游击大队"的名义单独活动,苏剑飞仍为大队长。为加强该部领导,将独立师政治部主任宋铁岩调往南满第一游击大队担任政委,指示该部在辉南、柳河一带活动。尔后,杨靖宇则率司令部保安连、第三团活动于桦甸、濛江、金川、柳河、通化等地。

人民革命军第一军独立师渡过辉发江后,因其在磐石一带英勇斗争取得的辉煌成绩早已传至江南地区,所以所到之地,皆受到群众热烈欢迎。各地群众无不争先恐后迎接战士们到自家投宿或杀猪宰羊慰劳这支人民的抗日武装,并诚恳地留请部队在当地活动。这种情况,时任团省委巡视员的韩光同志亲眼见过,他曾回忆说:"我在磐石地区工作告一段落后,也随着后续部队渡过了辉发河。11月中旬,在濛江县(今靖宇县)的龙岗区追上了杨靖宇同志。一天晚上指挥部谈到省委关于做好抗日义勇军统战工作的指示。

正谈着,门开了,参谋领进一位参加过大刀会的抗日老人。老人把一件东西递到杨靖宇同志手里,愤恨得声音有些颤抖地说:'看!这样的败类!'原来这是张敌伪报纸,上边刊载着南满大汉奸邵本良的名字;这个土匪头,国民党的团长,摇身一变,当上日本人的少将'讨伐'司令了。

老人望着杨司令:'咱们东三省还有救吗?'杨靖宇同志扶着老人,激动地说:'老人家,有你们这样的中国人,东三省就不会亡!我们共产党领导的抗日军队,坚决和你们在一起!'老人听了杨靖宇同志一番话,眼里一下燃起了希望的火焰。他连声说:'对!对!这就有盼头了!'

这位老人的爱国热情,深深感动了我们,直到把他送出门去,我们的心情还十分兴奋。杨靖宇同志沉思地踱了几步,忽而在地图前待下来,用手坚定地向南满地区一指,对我又像对他自己说:'在这里,我们要扛着党的抗日红旗,打出一个局面,想尽一切办法,把一切反日力

---

① 伪满治安部编:《满洲国警察史》,第180页。

量团结起来！'他的声音，从小草房里传到外面寂静的夜空。"①

日伪当局得知杨靖宇率部渡过辉发江，挺进至金川、柳河境内活动后，深感不安，急令伪满军旅长邵本良率部追剿人民革命军第一军独立师。

邵本良原是土匪头子，曾在东北军于芷山部队任职，九一八事变后，随东边道镇守使于芷山投降日本帝国主义，甘心做日寇鹰犬，任东边道"讨伐"总部所属混成第六旅第七团（后为总部直属部队）团长，少将军衔。他手下的这股走狗部队熟悉当地地理状况，装备精良，故日本人称之为"国军之精华"，邵本良被称之为"武人之龟鉴"。邵诡计多端，骄横恣睢，心毒手狠，无恶不作，是江南地区人民十分痛恨的凶恶敌人。其所部惯匪较多，由于官兵后腰部都挂有"屁挡"（一块皮子，以备坐卧之用），群众称之为"大尾巴队"。又因其据有三源浦、凉水河子、孤山子等军事据点，并派有精兵驻守，替日本人在南满一带"剿匪"最出力，所以许多义勇军、山林队首领都畏惧他。他们通常发誓时就说："如果我如何如何，出门就遇见邵本良。"

11月15日，杨靖宇率人民革命军第一军独立师司令部保安连及第三团向柳河前进途中，行至金川汉龙湾（今辉南县境碱水顶子北方）时，不幸遭到伪满军邵本良部突袭。战斗中，杨靖宇指挥部队英勇反击，毙敌7人，伤6人。但随人民革命军第一军独立师活动的省委巡视员金伯阳等四名同志身中敌弹，光荣牺牲。

金伯阳同志是中共满洲省委常委，原名金永绪，化名"北阳"。1933年7月受中共满洲省委派遣来到磐石巡视工作。在磐石，他协助杨靖宇在贯彻《一·二六指示信》精神，发展党领导的抗日武装，联合各抗日义勇军共同作战等方面做了大量工作。金伯阳在8月8日给省委写出了《关于检查磐石县委工作情况》的长篇报告，这篇报告使省委了解掌握到南满磐石及人民革命军第一军独立师7月以来活动的情况，在同一份报告中谈到，他在南满的巡视时间需要延长，因为磐石县委的工作需要较长时间帮助整理。另外，杨靖宇也委托他去海龙，帮助解决那里的党组织和游击队的问题。此时，正值活动在海龙的抗日义勇军"苏营"营长苏剑飞要求人民革命军第一军独立师派政治委员去领导。金伯阳即以省委代表身份去海龙解决这一问题，9月14日，将"苏营"和海龙游击队改编为东北人民革命军第一军独立师南满第一游击大队。金伯阳从海龙回来曾在致省委信中请示："我决定在九月底回省，可否？望告之。"在省委尚没有明确答复前，金伯阳同杨靖宇一起渡过辉发江。没想到，就在这次战斗中，他竟遇难牺牲，年仅26岁。

金伯阳的牺牲使杨靖宇失去了一位得力助手。这令他十分悲痛。广大战士纷纷要求为金伯阳复仇。杨靖宇考虑到欲在辉发江南开辟新的游击区域，使人民革命军第一军独立师在此站稳脚跟，同时为振奋江南人民的抗日精神，就必须狠狠地打击邵本良这股敌人。汉龙湾战斗后，邵本良妄称"包打红军"，奉日伪当局之命积极追剿人民革命军，这样我军也将不可避免地要与伪满军邵本良部打几仗。杨靖宇指示司令部要特别告诫人民革命军第一军独立师全体："此处乃邵本良之防区，我们应该特别注意。无进攻命令不进攻，无退守命令不退守，违者按军法处置。"他决定伺机狠狠打击邵本良这股伪满军，并决定首先捣毁其重要据点之一

---

① 韩光：《山河欲裂征马鸣》，载《星火燎原》第4期。

——三源浦。

五、攻陷三源浦、凉水河子

三源浦属柳河县,是通向东边道中部的重要市镇,四周群山环抱,地势十分险要。为有效攻袭敌人邵本良的巢穴,杨靖宇巧施调虎离山计,派出王仁斋率独立师游击一连(原海龙游击队)组成的别动队佯攻凉水河子。邵本良得知后,不顾日本人所告知的"人民革命军真厉害,碰到要当心"的"教诲",便率混成第六旅七团向凉水河子开去,外出"讨伐"。三源浦镇里只留所部第九连驻守。就这样,狡猾的邵本良主力被杨靖宇略施小计调出三源浦。当邵本良率部离开三源浦后,杨靖宇抓住战机,指挥人民革命军第一军独立师向三源浦镇内展开进攻。1933年11月24日晚6时,战斗开始。当杨靖宇率独立师师部保安连及第三团200余名战士突然发起进攻时,镇内100余名敌兵乱成一团,经激战,敌兵死伤10余名,余者溃散。三源浦即被独立师占领。指战员遵照司令部命令,除日寇、汉奸、走狗财产外,其他财产一律没有侵犯。战斗中,击毙正在此地的日本驻通化领事馆总稽查及3名汉奸,伤敌7人,捕获走狗数人。捣毁伪满梅河口至通化铁路工程局和当地伪警察署。焚烧伪满军营房数十间,马厩多间,缴获许多棉被、冬装及其他军需物资。此战,原海龙游击队政委刘山春不幸牺牲。

东北人民革命军第一军独立师占领三源浦后,沿街张贴许多抗日反满标语、布告,并召开群众大会宣传党的政策,说明人民革命军抗日救国,收复失地,不当亡国奴的宗旨,受到群众拥护。广大群众看到日本走狗邵本良所部惨遭痛击,都认为人民革命军是真正抗日救国救民的军队,有人民革命军与敌人奋战,民族不会灭亡,人民不会当亡国奴。对人民革命军攻入镇内逮捕20余名狐假虎威、仗势欺压百姓的走狗,广大群众更是额手称庆。群众见人民革命军纪律严明,官兵对街内商店、摊铺秋毫无犯、分文未动,深受感动,各商号均悬挂红旗表示欢迎。

次日,杨靖宇率部队退出三源浦镇时,街内商户,纷纷杀猪备酒,买米面送给人民革命军第一军独立师,以热烈欢送,于是"红军名声威震柳河一带。"①当时一些人对第一军独立师打开三源浦,见商号不抢,见钱不拿,感到"这帮'胡子'真怪",这一消息不胫而走,轰动了柳河,红军的影响扩大起来。于是,许多活动在辉发江南地区的抗日义勇军纷纷前来与人民革命军第一军独立师取得联络,表示愿意与杨司令所率部队联合作战。

三源浦战斗告捷后,杨靖宇在战斗结束休整期间,于12月2日,就独立师一部越过辉发江不久,在汉龙湾遭敌袭击、随后我军攻占三源浦及当时队内缺乏干部等问题以"乃超"化名向省委写了一篇报告。报告中说:"我自从离开省委,业将半载,本应早详为报告,奈以红军名义改编为东北人民革命军第一军独立师战斗任务后,我即担任独立师政治委员兼司令责任,以致终日繁忙对外一切工作。后北阳同志(按,即金伯阳)前来巡视党和群众工作状况,全由

---

① 小孟(韩光):《关于南满抗日游击运动的报告》(1934年4月23日),中央档案馆等编《东北地区革命历史文件汇集》甲18,第369页。

杨靖宇(化名乃超)给省委的报告

北阳同志负责报告,故迄今未曾送来。""近来司令部为扩大游击区域,广泛联合各抗日军,造成全民统一战线,夺取无产阶级领导权,冲破日本帝国主义及其走狗'满洲国'政府围剿东边道起见,于阳历10月27日随带八、九连、政治保安连,由磐石过辉发江,前赴桦甸、濛江、辉南、金川、通化、柳河、清原一带活动。北阳同志为赴海龙巡视起见,亦随司令部前往,我军所到之处,处处得到广大群众的拥护和爱戴。各地群众自动杀猪买酒送给队伍,请求我们队伍常在当地活动。""阳历11月24日,突然占领海龙、柳河、金川交界中心镇市三源浦,六七点钟。枪毙著名走狗三名,缴获大小枪二支,军用望远镜一架,逮捕走狗及其子弟几名,焚烧狗窝数十间,当占领时许多市民欢呼'中华民国万岁',不但队员冬季需用完全解决,将来武装子弹、军衣、经济均可以得到部分或大批解决。"报告在讲述11月15日于汉龙湾部队遭敌袭击,金伯阳(北阳)同志不幸牺牲及独立师胜利攻袭三源浦后,讲到部队干部情况时说:"刻下,司令部本身,我不但担任政治委员兼司令,即秘书长及外交亦由我负责,政治部主任及党内专门负责同志均虚悬无人。余仅是几个韩国同志,说中国话亦较为困难。"杨靖宇在信中迫切希望:"省委应当站在工作立场上,立即酌量情形,抽调几个得力干部前来工作。特别是许多抗日军中,我们的干部缺乏,不能派送,在工作上受了很大的损失。"①

杨靖宇的这一报告使中共满洲省委对于杨靖宇领导的人民革命军第一军独立师活动的情况更加明了。满洲省委对其取得的成绩是满意的,给予了充分的肯定。对于队内干部奇缺的问题(磐石中心县委也曾多次向省委要求尽快派来县委工作干部及人民革命军的军事人才)也十分重视,示以同情。1934年1月,中共满洲省委在一份给党中央的报告中谈到队内领导干部问题时说:"队伍里的领导仅生肺病很重的张观一同志(按,即杨靖宇)一人,县委仅不

---

① 《满洲人民革命军乃超同志关于游击队被敌人袭击的报告》(1933年12月2日),载中央档案馆等编《东北地区革命历史文件汇集》甲17,第121页。

会说中国话的韩国同志一人,北洋(按,即金伯阳)及其他三干部,此次在日兵进攻中全牺牲了。队伍以及县委的领导人很成问题,他们坚决要求派一军长,一政治部领导人,县委一人去。当然的,在南满工作的重要性以及目前的严重情形,的确急于派得力的干部去加强,盖观一同志如病倒不能做工作,或偶然事发生,能够影响到队伍的塌台。"①

但由于当时处在紧张激烈的游击战争环境中,不仅是南满,在北满、东满、吉东等地也都缺乏领导干部和军事人才,所以省委也难以再派出更为合适的干部来解决南满领导干部奇缺的问题。省委只能派出巡视员前来了解情况,帮助解决临时性的问题。1933年4月,团省委巡视员傅世昌(傅天飞)来海龙、磐石和人民革命军第一军独立师巡视工作,并在磐石县委工作一段时间。1934年1月18日、30日,他向省委写出两份详细报告,这使省委详细了解了磐石根据地和人民革命军第一军独立师对敌战斗情况。他向省委汇报后,把磐石游击队从小到大的发展过程,可歌可泣的英雄人物事迹和激烈战斗讲述给作家、他的同学舒群听,希望这位同学能把它写成一本书。他说:"这是一部磐石游击队史事,我讲给你听,咱们两个人,就有两份腹稿,将来总能剩下一人,把一份腹稿留传下来。"舒群听后深受感动,但他另有工作,无时间写作,便把傅世昌讲给他的"腹稿"又讲给青年作家萧军。萧军依据这些素材于1934年10月写成了长篇小说《八月的乡村》。该书于1935年5月由上海容光书局出版,鲁迅先生为之作序,称"严肃、紧张,作者的心血与失去的天空、土地、受难的人民,……搅成一团,鲜红的在读者眼前展开,显示着中国的一份和全部,现在和未来,死路与活路。"②《八月的乡村》是反映九一八事变后,东北人民和人民革命军与日伪军、汉奸地主英勇斗争的著名长篇小说,它对宣传东北人民革命军的斗争起到很大作用。

继傅世昌之后,1933年10月中旬,党、团省委又派巡视员韩光(小孟)来南满巡视工作。如前所述,开始,他在磐石地方工作,向党、团县委传达省委指示。之后,来到人民革命军第一军独立师队伍中。韩光向杨靖宇谈了巡视南满的情况,讲述了省委关于做好抗日义勇军统战工作的指示。杨靖宇对韩光说:"江南桓仁、金川、柳河一带敌人统治很厉害,但群众基础好,是开展抗日游击战争的好地方。这一带各种名号的抗日队伍有上万人,队头很多,需要组织起来,拧成一股绳。"他又颇有感慨地说道:"这些队伍的队头有许多不相信我们的力量,对政策也不托底,要争取联合他们,一方面要显示一下我们的力量,另一方面也要提出我们的政策主张。在这方面,中央和省委已有原则指导,不过我们还要具体化。"杨靖宇的精辟分析和下一步行动计划的决策,使韩光同志对他深感敬佩。杨靖宇给韩光的印象是,他成熟,很懂《孙子兵法》。③当时,在司令部除杨靖宇外,所有同志皆为朝鲜族同志。"对抗日军及一切外交及书信工作完全是老杨一人承担,无论谁来接头都得老杨出面。"韩光到第一军独立师司令部后,根据师党部决定,由他任代理政治部主任。1934年4月,韩光奉召回省委后,独立师司令部的主要领导同志仍是杨靖宇一人。④尽管如此,杨靖宇决心要扛起抗日反满大旗,打出一个局面,想尽一切办法,把一切反日力量团结起来。他以极大的毅力克服重重困难,坚持领导

---

① 《中共满洲省委关于东北抗日形势致中央的报告》(1934年1月27日),载中央档案馆等编《东北地区革命历史文件汇集》甲17,第59页。

② 《鲁迅全集》第6卷,人民出版社,1981年版,第287页。

③ 韩光:《征途漫漫》,中央文献出版社,2000年版。

④ 小孟(韩光):《关于南满抗日游击运动的报告》(1934年4月23日),载中央档案馆等编《东北地区革命历史文件汇集》甲18,第385页。

人民革命军第一军独立师在南满开展抗日斗争。

自伪满军邵本良的老窝三源浦被人民革命军占领，遭到打击后，他虽然知道了第一军独立师不好惹，但是他并不甘心于失败。不久，邵本良调集所属三个连240人兵力，寻觅人民革命军踪迹，妄图与之再展决战。杨靖宇率师部及第三团与敌周旋，忽东忽西，神出鬼没。为打击敌人，显示独立师力量，以团结联合各义勇军共同抗日，于12月23日，又采取调虎离山、声东击西之计，一举攻下伪满军邵本良设在金川（今属柳河）的另一据点凉水河子街，毙敌20余人，俘敌10余人，缴获步枪20余支，没收许多军需物品。①

对于当时杨靖宇指挥的东北人民革命军第一军独立师活动状况，巴黎《救国时报》曾载文介绍说："人民革命军第一军，与日伪军队作战，不下数百次，计陷三源浦、克凉水河等等许多著名战绩，均为杨靖宇亲自所筹划，他亲自所指挥。人民革命军屡败日伪军，弄得日伪军一闻人民革命军之名，便战战兢兢，心胆俱寒。某部日军告诫其部下曰：人民革命军真厉害，碰到要特别当心。而伪军中最凶悍之邵本良吃了多次败仗后叹曰：我邵本良一生也够鬼了，但杨司令比我更厉害。又曰：我的兵打胡子一个能打十个，打人民革命军就不行了，十个打一个也还打不过！"②

敌据点凉水河子街被杨靖宇率部攻下后，邵本良得知杨靖宇所部在凉水河子一带活动后，即派出部分武装前来攻袭。待邵部伪满军赶到时，杨靖宇率部直趋通化东部重镇八道江方向，开始进行新的游击活动。

仅仅几次战斗，邵本良所率"大尾巴队"伪满军被杨靖宇所率部队牵着鼻子打得团团乱转。曾在日寇主子面前夸口要消灭人民革命军的邵本良，经过较量，终于认识到杨靖宇所率领的人民革命军真的是十分坚强，不好惹的。

人民革命军第一军独立师在江南的胜利活动给广大民众以极大振奋，当三源浦、凉水河子被我军攻下的时候，群众兴高采烈，杀猪备酒表示欢迎。许多年轻人和有志于抗日救国的志士仁人都纷纷前来要求参加杨靖宇领导的队伍。在这期间，原义勇军唐聚伍部兵工厂马技师前来投奔人民革命军第一军独立师。这位马技师抗日热情极高。唐聚伍所部失败后，他抗日斗志不减。一天，他来到人民革命军第一军独立师，在司令部与独立师领导同志交谈。谈话间，忽有一人指着杨靖宇为马技师介绍说："这位就是红军的杨司令。"马技师听后连忙站起来，十分敬仰地洗耳恭听杨靖宇的讲话。大家让他坐下，他说什么也不肯，并口口声声说："现在我才找到真正抗日救国的司令。"他一直站着听杨靖宇讲话。约一个小时多，杨靖宇讲完后，他立即跪下叩了三个响头，然后才坐下说："这回我才有座。"之后，他向杨靖宇报告许多自己所知道的军事秘密，表示出真诚的反日意愿。马技师兵工技术很好，以后在人民革命军第一军修械所工作，成为人民革命军一有用人才。

与此同时，在杨靖宇指挥第一军独立师在辉发江南取得连续胜利的影响下，一改南满地

---

① 《抗联第一路军1932~1940年主要战绩统计表》（1941年初），载中央档案馆等编《东北地区革命历史文件汇集》甲60，第219页。

② 杨松：《东北抗日义军之发展与现状》，载巴黎《救国时报》（1936年9月18日）。

区因敌人大围攻开始后,给一般群众带来的悲观情绪。1933年11月间,敌人开始向磐石根据地大举围攻时,因人民革命军第一军独立师主力渡过辉发江,赴江南地区活动,在一些群众和抗日义勇军中曾产生一些误解,他们以为"这回不好打了,连红军都过江了"。但过一段时间,广大群众、抗日义勇军听到第一军独立师在江南地区攻陷了三源浦、凉水河子,伪满军被红军缴械等,于是又恢复了对红军的信任,都认为"红军是真能干的"。他们看到了希望。各种大的、小的抗日武装力量又活跃起来,使这一地区的抗日运动又发展起来。一度不积极活动的抗日义勇军又积极地活动了,曾欲向日伪当局投降的,如"赵参谋长"和"保国"等部也不投降了,悲观失望的也都感到乐观有望了。义勇军主动前来与独立师建立联络者络绎不绝。所有鸭绿江北沿老龙岗一带许多大股、小股的各路抗日义勇军、山林队,都积极向人民革命军第一军独立师靠拢,完全置于第一军独立师的领导之下。曾与第一军独立师有隙的田麟(一山林队首领)前来向杨靖宇请罪说,我有眼不识泰山,冒犯过红军,今后愿追随红军,并要求红军对他队伍予以指导。一支抗日义勇军的首领"老常青"说:"我就信服共产党了,他不但公正,而且还能干,没错。"另一支抗日义勇军首领"赵参谋长"看到人民革命军第一军独立师印制的宣传品爱不释手,口口声声说:"讲得真对,真好。"广大群众都说杨靖宇领导的军队才是抗日的人民军队,有这样的军队,总有一天会把日本鬼子驱逐出去。就是在伪军士兵中也能听到"咱们打红军干什么,人家才真是抗日救国的呢!"①此期间留在磐石的第一团少年营也积极开展游击活动。在呼兰集昌子、烟筒山、泊子等地与伪军交战,致敌死50余人。

在中共满洲省委给党中央的一份报告中谈及南满斗争情况时这样说:"南满自殿臣等投降后,许多义勇军要求我们领导,已改编一些,现有六团,分两部游击。一部到濛江、金川去游击,得到小小胜利。一部留磐石一带活动。最值得注意的是我们一连人(四五十人)能领导四五百义勇军,紧紧跟着游击队,不肯远离。他们在斗争中得到经验,只有在我们党领导之下,才是唯一的出路。"②

自杨靖宇率第一军独立师司令部及部队主力渡过辉发江之后,极大的扩展了游击区域。到1934年4月游击区长达五六百里,可分为三个区域:即北部区域——磐石全境,伊通东部、桦甸西北及吉林七区;中部区域——辉南东部、濛江西北部;西南部区域——金川、柳河之大部,通化、濛江之北部,同时计划向清原发展。在杨靖宇的领导下,第一军独立师在辉南、金川、柳河等地积极开展游击活动,攻占伪满军邵本良的老巢,团结、联合义勇军、山林队共同抗日,极大地提高了共产党和人民革命军的威望,扩大了政治影响。广大群众都说杨靖宇领导的军队是真正抗日的。又说,共产党领导的部队不怕死,不爱钱,不投降,共产党才是抗日的真正领导者。

---

① 韩光:《关于南满抗日游击运动的报告》(1934年4月23日),载中央档案馆等编《东北地区革命历史文件汇集》甲18,第356页。
② 《中共满洲省委关于目前东北抗日形势致中央的报告》(1934年1月27日),载中央档案馆等编《东北地区革命历史文件汇集》甲17,第59页。

六、"东三省第一个执行游击战术的人"

东北抗日游击战争是一场极其艰难而又十分复杂的战争。抗日游击战争是时代的产物。东北抗日游击战争的开展是日本帝国主义武装侵略中国东北后，不甘心屈服日本统治的广大东北民众在中国共产党各级组织领导下，进行坚决抵抗的结果。

朱德在全国抗战展开之初期所著《论抗日游击战争》一文中说："抗日游击战争是在日本帝国主义侵略中国领土这一历史条件之下产生出来的。它的本质是，一切不愿做亡国奴的同胞为了救死求生而采取的一种最高、最广泛的斗争方式。"朱德在该文中还说到："抗日游击战争，这已经是传遍全国的一个新的名词……许多爱国人士、民族英雄，已经在把它付之实践，例如东北的人民革命军、义勇军。"[1]

自杨靖宇担任南满游击队政委之后，为领导反日游击运动胜利发展，他十分注意在战争中学习战争，以便掌握游击战争的战略、战术。正是由于他的刻苦努力，才使之尽快地了解到游击战争的奥秘，掌握了游击战争的内在规律，成为谙熟游击战争战略、战术的指挥员。杨靖宇曾被誉为是"东三省第一个执行游击战术的人"。[2]

在东北抗日游击战争中，由于敌我军事力量对比异常悬殊的这一根本特点，就规定了这场反侵略战争是长期的、艰苦的。为取得战争的胜利，不可能试图通过短时期的若干次战斗即达到推翻伪满洲国，驱逐日寇出东北的目的。在反日斗争实践中，杨靖宇认识到，要赢得这场反侵略战争的彻底胜利，要有党的坚强、正确的领导，要建立人民自己的反日武装，而这种反日武装须建立赖以生存和发展的根据地，须时刻依靠广大人民群众的支持、抗日统一战线政策的运用、队内党组织的建立和政治影响的扩大及广大指战员自觉拥护党的反日纲领和主张。要广泛持久地开展游击战争，在军事行动中必须实行机动灵活的游击战术，不断冲破敌人的围攻，扩大反日游击区，积小胜为大胜。只有这样，也只有这样，才能沉重打击敌人，不断消耗、削弱敌人的有生力量，以至最后战胜敌人。

对于开展武装斗争，杨靖宇并不生疏，他于河南家乡领导农民暴动时就已与敌人展开过武装斗争。但是在东北领导反日游击队进行抗日战争与在河南领导农民暴动，在主客观条件、斗争环境、斗争对象、斗争方式和方法上都有很大不同。正因如此，杨靖宇在担任南满游击队政委初始阶段，便十分注意学习、掌握、运用游击战术的原则指挥部队与凶恶的日伪军作战。为正确开展游击战争，中共满洲省委于1933年7月1日给磐石中心县委与南满游击队的信中指示："在与帝国主义最新式的武装军队直接血战中，你们要负责去创造与学习许多新的游击战术，以及准备将来大的战斗。"[3]对于这一指示，杨靖宇认真贯彻执行。

为掌握新的游击战术，提高战略战术水平，培养军事干部，杨靖宇在领导反日斗争中，积

---

[1] 朱德：《论抗日游击战争》（1938年），载《朱德选集》，人民出版社，1983年8月版，第30页。
[2] 虎啸：《民族英雄杨靖宇》，载巴黎《救国时报》（1935年6月30日）。
[3] 《中共满洲省委给磐石中心县委与南满赤色游击队的信》（1933年7月1日），载中央档案馆等编《东北地区革命历史文件汇集》甲14，第35页。

极引导高级指挥员学习军事知识,不断总结战斗经验和教训。同时,他自己也十分注重在领导游击战争中逐步提高自己的指挥艺术和战略、战术水平。他随身带有从中央苏区那里传来的几本关于游击战争的小册子,经常阅读研究。东北人民革命军第一军独立师建立后,在杨靖宇的倡导下,部队内建立有战术研究会,经常研讨战略、战术问题。每当队伍到达新的宿营地时,杨靖宇总是和战士们讨论、研究假设敌人从某个方向袭来,根据当地的地理形势,如何组织抵抗的问题。战士们反映,这种方法很好,因为敌人真来时,即可有准备地从容应战。在每次战斗结束之后,杨靖宇便及时召集各级指挥员开会进行总结。军部在作战后,常召集下级指挥员开会讨论作战时的优缺点,并由下级指挥员在士兵中传达。通过讨论作战中的优缺点,将讨论的情况和总结出的经验、教训,再传达给战士们,这种方法非常有利于广大指战员战术水平的提高。为提高整个部队的战斗力和战士们的军事素质,还经常进行军事训练,由连长向新队员讲解瞄准、使用各种武器、利用地形地物等军事常识,教导团还经常出操训练。

杨靖宇经过认真地总结斗争经验,不断积累经验,掌握了在殖民地和农村破产条件下开展游击战争的战略、战术。同时,人民革命军第一军整体在运用游击战术方面也有很大提高。杨靖宇和各级指挥员一道在对敌斗争的实践中创造出了多种游击战术,并在作战中能够灵活加以运用。对于这种情况,在1935年4月《东北人民革命军第一军报告》中写道:"在过去多次战争中,是采取硬打硬攻的战术,如在开战时死守山头,只知夜晚攻街等等,这样不易解决敌人武装。在一年多来的残酷经验教训中,我们的战术相当的转变,开始更灵活的运用游击战术,积累许多经验。"①

杨靖宇在领导游击战争中,形成了自己的独具特色的并能够娴熟运用的一整套游击战术。第一军战士说:杨司令打击敌人有"三大绝招"。第一,半路伏击;第二,远途奔袭;第三,化装袭击。通过运用这些战术有力地打击了敌人,取得了多次战斗的胜利。

半路伏击。是利用侦察手段摸取敌人动向,而后在敌人必经之地选择有利地形,利用有利地物,如丛林、堑沟、矮墙等,进行秘密掩护,设下埋伏,待敌人到来时,出其不意,突然予以袭击。1934年9月,杨靖宇指挥第一军独立师教导团及三团在通化至山城镇公路旁密林中,设伏袭击日军汽车队的战斗即是如此。当时我军人员侦知,一支有20余辆汽车的日军汽车队沿此条公路驶来,便事先于山城镇附近公路旁设下埋伏。当敌人汽车队陷入我军包围圈时,战士们猛烈向敌人射击,子弹如同暴雨般射向敌人车队,敌人毫无防备,又是突然遭到打击,死伤惨重。这次战斗,击毙日军大佐以下官兵28人,缴获敌人机关枪1挺、步枪、手枪数支及一批文件。

同年冬,利用埋伏袭敌的战法,缴取伪满军骑兵队某连的全部武装。当时,第一军独立师一部在杨靖宇指挥下,利用河崖上的土坎、树林作掩护,天未亮时就作好埋伏。战士们不畏严寒,为不被敌人发觉,在掩体里一动不动,直至中午,敌人过来时,迅速出击。战斗中,解除伪满军骑兵队全连武装,缴获手提式机关枪1挺。

远途奔袭。驻在距游击根据地较远的敌人,往往麻痹大意,想不到游击队会从很远的地

---

① 《东北人民革命军第一军报告》(1935年4月29日),载中央档案馆等编《东北地区革命历史文件汇集》甲45,第33页。

方摸上门来,警戒较为松弛。根据这一特点,杨靖宇常是选择一合适的攻袭目标,在敌人部队休息或宿营时,率部经长距离行军,出其不意,攻其不备,予敌以突然性猛烈打击。实现作战目的后,即迅速撤出战斗。1934年春,杨靖宇率骑兵队进攻临江县红土崖街就是采取这种战法。他事先派出便衣队打入街内,并与设在敌据点的内应取得联系。尔后,杨靖宇率骑兵队疾速行军,在经过较远距离到达目的地后,通过里应外合,干净利落地消灭了据点内的敌人。此战敌人未及鸣放一枪便举手投降,全部被解除武装。之后,杨靖宇又率骑兵队疾风电掣般撤离红土崖。待敌人清醒过来寻求援军时,杨靖宇所率部队早已无影无踪。

  化装袭击。即采取化装冒充日伪军的办法接近敌人,予以奇袭,缴取敌人的武装。在开展游击战争中,杨靖宇教育干部、战士对在战斗中缴获的敌人武器、旗帜、服装等军需物品要注意保存并予以利用。在反日游击队和人民革命军第一军阶段,他常任用队内会些日语的朝鲜族同志化装成"日军指导官",并配合"翻译",打着日伪军旗帜,带一队身着伪满军服装的部队,攻打汉奸、反动地主武装,摧毁敌人据点。敌人"讨伐"抗日武装中常有联络不密切、信息不灵通的情况。运用化装成日伪军的办法,被袭目标中的敌人往往分不清真假,把冒充的日伪军当成真的日伪军接待,造成游击队、人民革命军能直接挫败敌人,以至克敌制胜的有利条件。1934年4月,人民革命军第一军独立师骑兵战士把缴获来的日伪军服装穿上,打着日伪军旗帜,沿着通往金川的大道出发,在行军途中,就找借口将相遇的敌公安队全部缴械。敌公安队被缴械后还搞不清是怎么回事,以为是哪里做得不对,得罪了这股日伪军。对于这种化装袭击战术,群众编出歌谣称颂道:

    抗联队伍有办法,穿上"狗皮"把装化。
    头上戴着战斗帽,腰间还把洋刀挎。
    粘上两撇仁丹胡,冒充太君来训话。
    没等训上两句半,翻译官员说了话:
    赶快缴枪举起手,谁动让谁回老家。
    敌军官兵傻了眼,一个一个被活抓。

  除上述"三大绝招"外,杨靖宇还善于运用内外夹击、诱敌深入和利用便衣队的办法打击敌人。

  内外夹击。是在侦察清楚敌情后,令便衣队潜入敌据点内,设法解除敌人哨兵,而后再由大部队组织进攻,解除敌人武装。1933年夏,进攻伪满军邵本良部设在柳河县的孤山子据点时就采取了这种战术。事先,杨靖宇派出一批便衣队员潜入街内,神不知鬼不觉地把敌哨兵武装解除掉,而后,大队人马进街,经内外夹击,终将这一敌据点拔掉。

  诱敌深入。即用小部队或鸣枪或虚假进攻,引敌出洞,当敌军陷入我军部署的埋伏阵地之后,猝然加以攻袭。1934年夏,南满游击队后方部队于夜间将三源浦至一伪警察分驻所间的公路木桥毁坏,而后又虚敷架在上面。南满游击队用一小部队引诱来日军汽车两辆,当敌人汽车过桥时,跑在前面的那辆即跌落入水中。后面的汽车上的敌人惊慌不已。游击队战士乘势予以袭击,结果未费吹灰之力,消灭了这股敌人。次日,前来桥下收拾落水汽车和尸体的敌人,仍惊魂未定,生怕再遭游击队袭击,结果把几具尸体拖出后,仓皇回逃。

在整个东北抗日游击战争中,在军事力量的对比上,一直是敌强我弱的。为战胜敌人,使弱小的反日游击队、人民革命军在战斗中打败兵力、装备都占优势的日伪军,杨靖宇想出许多办法。从他指挥的历次战斗看,杨靖宇注意集中兵力,设法分散敌人的兵力,而后以集中我方兵力攻打分散的敌人,或牵着敌人绕圈子,使凶悍之敌变成疲惫之敌,然后袭击之。

1935年4月29日,在《东北人民革命军第一军报告》中对第一军采取的游击战术进行过总结,报告中说:游击战术如何,有什么错误和经验?在过去多次战争中,是采取硬打硬攻的战术(如在开战时死守山头,只知夜晚攻街等等,这样不易去解决敌人武装)。在一年多来的残酷经验教训中,我们战术有相当的转变,开始更灵活运用游击战术,有以下的经验:

(1)埋伏袭击敌人——如去年三团在通化山城镇汽车道旁林中埋伏,缴获机关枪一挺,打死日匪数十名。这是利用丛林来秘密掩护,突然袭击敌人结果。有些同志认为,这种工作夏天能做,冬天不能做,这种错误观念也在去冬被事实打破了。如缴李司令骑兵全连,活捉该连长,是利用河崖树林,很吃苦,从天未明就来埋伏好了,直至午间敌人才过来,当即将该全连武装解除,并获手提机关枪一挺。

(2)利用便衣队攻城破镇——预先得知敌人,令便衣队先进城去顺利解决敌人的岗兵,而解决敌人的武装。如去年我军进攻东边道极有名的最忠实走狗邵本良根据地孤山子,便衣队先进城,把敌人岗兵完全解除武装,大军顺利入城。利用便衣队白昼乘敌不备而突然进攻——最近我骑兵进攻红土崖,便衣队先进城去,一般在我们威力之下前来和便衣队接头,结果骑兵迅速进街,敌枪未抵抗,即解除全部武装。

(3)引诱敌人而袭击之——预先在一定地点后,故用小部队或鸣枪或虚作进攻,使敌应援,进而袭击之。如去夏我军后方部队夜间虚攻距三源浦较近之局所,并将该局所通三源浦大道之木桥截断然后虚敷之,日匪来汽车两辆,机关枪两挺,向前面火光处前进。当过桥时,汽车覆水中,我军没有英勇冲锋,故未获机关枪。敌人次早方将所有死尸与枪械找去。

(4)利用军衣整齐,冒充"满"军缴械——近我骑兵往金川出发,在汽车路上利用此优点将公安队一部缴械。①

杨靖宇临战沉着,有气魄,善思考,有谋略。他常采取避敌锋芒,寻敌薄弱,予以主动出击的办法组织战斗。敌人从总体上看是强大的,但就某些部队来说是不平衡的,仍有强弱之分,就一支部队来说也有薄弱环节。杨靖宇则寻敌人的薄弱环节作为打击目标,变敌人的薄弱为我方的优势,进而达到战胜敌人的目的。

不仅如此,杨靖宇还善于把各种战术巧妙地加以综合运用,不是固守成法,而是机动灵活地运用游击战术打击敌人。他对战士们常说,敌人打仗靠武器精良和弹药充足,我们打仗靠勇敢精神和战术巧妙。

1933年12月23日,杨靖宇率部攻袭伪满军邵本良设在柳河县的凉水河子据点,即是他的一次游击战术巧妙综合运用的典型范例。

---

① 《东北人民革命军第一军报告》(1935年4月29日),载中央档案馆等编《东北地区革命历史文件汇集》甲45,第33、34页。

当时,杨靖宇率第一军独立师刚攻占三源浦,伪满军头目邵本良即组织兵力,前来围剿独立师。不久,邵本良探知人民革命军第一军独立师行踪和驻地,便派出大批队伍于拂晓时分前来包围,妄图歼击独立师。第一军独立师闻讯后,在杨靖宇率领下先转移于距离原驻地五里之外的地方宿营,使敌人扑了空。狡猾的邵本良意欲诱使第一军独立师部队进入他设计的圈套,便给驻通化的伪军旅长廖弼宸写了一封假信。佯言将一部伪满兵调至柳河某地,邵于某日将率兵前来会同包围第一军独立师,并故意让这封信落在独立师手中,以欲使之信以为真,依期出兵,而后于途中予以袭击。

杨靖宇看过这封信后,一眼识破了邵本良的阴谋。他说部队调动是军中重要机密,为何送信人故意拐弯进入我军活动地区,让此信为我军轻易所得?这里肯定有诈,这是欲使人民革命军上当的假信。

《孙子兵法》中说"上兵伐谋"(即用兵之上策是挫败敌人的计谋),又说"兵者,诡道也"。杨靖宇决定将计就计,也发出一封同样性质的假信,以人民革命军第一军独立师司令部的名义致第一团长,说邵本良率兵开往柳河东部某地,要第一团立即前往,与司令部会合,以消灭邵本良部队。此信也有意让它落在邵本良部队手中。邵见到此信后却信以为真,认为是杨靖宇上了他的当,洋洋窃喜,自以为得计。于是,他便兴高采烈地率部向信中所说地点开去,妄图堵截独立师第一团,以报一军独立师攻陷三源浦之仇。而这时,杨靖宇却率第一军独立师部队连夜绕到邵部驻防地背后,将其另一据点——凉水河子街一举攻下。占约四小时,逮捕、枪毙数名走狗之后,安全撤出。

此时,邵本良还在做他的美梦,在杨靖宇信中所说的地点专候独立师一团的到来,好被他消灭呢!当邵本良得知杨靖宇的部队根本没有向他信中所说的地点进发,而是攻占了凉水河子街时,便气急败坏地率部调头前来驰援,以追击人民革命军第一军独立师,与之一决雌雄。但当邵本良部到达凉水河子街时,杨靖宇早已率队撤走。

次日,杨靖宇又令所部四处散布去袭击柞木台子的消息。邵本良得知后心慌意乱,犹豫不决。他一方面怕是假消息,再上当;另一方面又怕人民革命军第一军独立师真去进攻柞木台子。最后,邵调兵西去以防柞木台子被一军独立师袭击。但第一军独立师在杨靖宇指挥下,却秘密迅速地向东南方开去。当敌人发现杨靖宇所部根本没有袭击柞木台子而转移他地难以寻踪时,才知道这又是真的上了当。对此,韩光同志在一份报告中记载说:"他(按,指邵本良)知道我军大概之方向,故写一虚假调兵信,故意传到我军处,以便中他军计。然而我们也估计到这点,当日亦发一同性质的虚信,当晚绕道到他后方,将凉水河子(兵皆出发空城一座)攻下,占约四时多。枪毙日韩走狗数人,逮捕数人。第二天我军即四处发出调兵攻打柞木台子之信,敌人故将大部力量调往西去以防卓街被袭,但我军秘密向东南移去。"邵本良懊丧地说:"我就够鬼的了,红军的杨司令比我还鬼。"他的兵说:"红军我们打不了。"①

就这样,伪满军头目邵本良在杨靖宇的声东击西战术下,被牵着鼻子东奔西走,疲于奔

---

① 韩光:《关于南满抗日游击运动的报告》(1934年4月23日),载中央档案馆等编《东北地区革命历史文件汇集》甲18,第369~370页。

命,不得消停。自从三源浦、凉水河子街被杨靖宇率领的部队攻袭后,邵本良垂头丧气,再也不敢夸口说他能消灭杨靖宇率领的人民革命军了。

经过长期的抗日游击战争的实践,杨靖宇感到,每次战斗胜负虽与兵力多少强弱有关,但更主要的是取决于指挥员对敌我双方整个战斗形势能否做到正确分析和判断。如同《孙子兵法》中所说"知己知彼,百战不殆"。杨靖宇特别强调在每一次战斗中都要认清敌情我情,即自己在这一战斗中所处的位置,同时也掌握敌人的情况,进而寻求有利于我的临战态势。他不打无把握之仗,决不贸然行事,总是正确估计敌我力量对比。战斗中,能够做到"四快":集结快、出击快、分散快、转移快。注意速战速决,在敌强我弱的形势下,决不恋战,不打硬攻坚,以免遭到更大损失。注意在充分了解敌情、我情基础上,把握战机,当机立断,决定派出哪支部队或派出多少、并运用机动灵活的战术与敌人展开战斗。

在具体战斗过程中,杨靖宇善于运用虚实相间的手段造成对自己有利的态势。经常使敌人摸不到第一军独立师的活动规律,而杨靖宇却往往乘敌人行军疲劳,或麻痹大意,或骄横无忌之机,采取《孙子兵法》中"声东击西","以近待远,以佚待劳""避实击虚""出其不意,攻其不备"的战法,打击敌人。与杨靖宇所部打过仗的日伪军常说:"红军如从天降,每战常常措手不及。"

曾与杨靖宇共同战斗半年之久的韩光同志回忆说:"从1933年9月到1934年,我同杨靖宇虽然仅仅相处了半年时间,但由于朝夕相处,印象很深。特别是在军事方面,我参与过他指挥的几次战斗,无论是在战役部署、战术运用、还是在每一次战斗的指挥上,他都表现出高超的军事才能。他有一个习惯,思考问题时总是一个人到外面走来走去,每当部队宿营后,他一个人思考问题时,我们都不去打扰他,他把自己的想法考虑成熟后,就找我们几个同志一起商量,部署工作,制定新的作战方案。"①

杨靖宇在指挥游击战争过程中,善于总结作战经验。他不仅总结出了什么仗该打和怎么打的经验,同时还总结出哪些仗不能打的经验。他曾提出"四不打",令各部队注意掌握:

一、不能予敌以痛击的仗不打。每次战斗,杨靖宇都强调要精心组织部署,不仓促上阵。一旦与敌人展开战斗,就要千方百计消灭敌人有生力量。在对敌人射击时,他总是要求战士们不得空费一颗子弹,射程过远不得开枪。要仔细瞄准敌人,发挥子弹的有效杀伤威力。尽量组成交叉火力,使火力点集中,打出的子弹落在敌群应像筛子网似的。这样打法,既可以节约子弹,又可以有效地消灭敌人。

二、于群众利益有危害的仗不打。在战场的选择上以及运用何种形式展开战斗,杨靖宇首先考虑到群众利益。他认为一些战斗在村屯、街市打,可能伤害群众,另外战斗结束后,部队迅速撤去,留下的是老百姓,敌人也可能向其报复。所以当战斗要在村屯、街市进行时,他总是权衡利弊之后,认为确实对群众无伤害才决定进行战斗。

有一次,杨靖宇率队来到兴京县红庙子附近一村屯,因汉奸告密,敌人急调朝阳沟、陡岭、桓仁县二户来等地骑兵400余人分三路包围过来。此时,地方工作人员建议打过去。一些

---

① 韩光:《抗联和杨靖宇同志的业绩永存》,载《光明日报》(1985年8月15日)。

战士也说:"打他个狗日的。"但杨靖宇说:"不能打,不是我们怕他们,也不是我们人少。现在我们这里有100多人,就是几十个人,也能把他们打得屁滚尿流。为什么不能打?因为打完了当地老百姓要遭殃。你想日本鬼子能不拿老百姓出气吗?他们肯定会再来这里搜呀、杀呀!以后我们就别指望在这里住了。我们可不能连累老百姓呀!"于是,杨靖宇率领队伍在山上隐

《救国时报》关于杨靖宇所部运用游击战术打击敌人的报道

蔽两天,敌人搜查一阵,没能找到我军踪影,就撤退了。此事,使地方工作人员深受教育,当地群众也无不为杨靖宇爱民如父母的精神所感动。

三、不能占据有利地势的仗不打。《孙子兵法》有云:"地形者,兵之助也,料敌制胜,计险厄远近,上将之道也。"在指挥战斗中,杨靖宇特别注意占据有利地势,充分利用地形、地物与敌人战斗。每次战斗前,在派出侦察员侦探敌情的同时,他还亲自察看作战地点的地形、地貌,仔细观察其远近、险易、广狭,是生地还是死地,即有无退路回旋余地。他总是率部设法占据便于作战的具有山险、密林、河堤、围墙等险要地点,使部队处于有利攻守消灭敌人,保护自己的主动地位后,再与敌人开战。

四、无战利品可缴的仗不打。东北抗日游击战争,是在极其困难的条件下进行的。由于敌人的严密封锁,抗日武装的枪支弹药来源十分困难。1935年前尚可通过复杂的社会关系从伪满军中、抗日义勇军中及民间隐藏武器者手中买到部分,以后由于日伪当局收缴民间武器,严格控制伪军,严厉"讨伐"义勇军,这方面的武器来源断绝。人民革命军则完全要靠缴获敌

人的武器来武装自己。衣物、粮食、药品等军需品绝大部分也要从缴获敌人的战利品中得到补充。因此，战斗中能否有战利品可缴，十分重要。杨靖宇在指挥战斗中也着重考虑这一点。从他亲自指挥的与日伪军历次战斗中可以清楚地看到，每战多多少少是必有所得的，或是缴获敌人枪支、弹药，或是缴获给养、药品。有的战斗袭击伪警察署(所)伪自卫团、攻击日伪军、伪警察队是以消灭敌人有生力量为目的，也有一些战斗其目的就是为直接缴获军需物品的。

在抗日游击战争中，杨靖宇不仅注意总结积累开展反日游击战争的成功经验，也注意总结一些战斗失败的教训。

1935年9月，杨靖宇率司令部第一团与政治保安连欲进行一次军事行动，于夜间向吉奉铁路东行进。中途不幸遭到敌人袭击。战斗中，几名同志牺牲，并损失步枪六七支。事后杨靖宇检查这次行动遭受损失的原因，他认为主要是轻敌，以为这是部队经常来往的一条路，没有详细考察行军路上有无敌人埋伏，失却了警惕，造成损失。对牺牲的同志使杨靖宇十分难过，深感轻敌必至受损。他说这是一个值得永远记取的沉痛教训。

杨靖宇在领导东北抗日游击战争中，经过长时期指挥部队对日伪军作战，总结积累了许多作战经验，形成了一整套自己的开展游击战争的战略、战术。可以说他对游击战争的战略、战术运筹自如，是当之无愧的一位优秀军事指挥员、军事家。他的战友抗联第二路军总指挥周保中曾说："靖宇同志果敢刚毅，又遇事深思熟虑，平时勤学好问，善于总结战斗经验，在抗日游击运动中养成卓越的军事天才。1933年到1939年间，所有南满地区的胜利在大、小战斗，攻克日寇和伪军的许多据点，消灭敌人累累，十之六七都是他亲自擘画、亲临指挥，直接参与战斗的。"①对于这一点连敌人也不得不承认说："第一军总司令杨靖宇有才干，是真正具有将才的人物，从人民革命军成立以来，他就是第一军的总司令。"②而正是这位有才干、具有将才的优秀军事指挥员，娴熟地运用机动灵活的游击战术，在日本占据的殖民地东北地区，一直领导指挥弱小武装与强大武装——日伪军进行着英勇作战，并不断取得举世公认的辉煌战绩。

---

① 《吉林日报》(1960年2月23日)。
② 伪满军政部军事调查部：《满洲共产匪之研究》(1936年)。

第五章　建立反日武装统一战线

一、成立抗日联军总指挥部

　　杨靖宇率领东北人民革命军第一军独立师在辉发江南地区连续作战获得胜利的消息令人十分振奋。

　　为扩大、发展辉发江南地区的抗日游击战争，1933年末，独立师一团及少年营根据磐石中心县委指示，亦从磐石县境来到辉发江南。南满第一游击大队（苏营）及抗日义勇军"臣军"部听到独立师司令部在江南数战数捷的消息后，更加相信杨靖宇司令的正确领导。这两支部队继独立师一团及少年营之后，也由辉发江北来到江南地区，在人民革命军第一军独立师司令部直接领导下，开展游击活动。

　　1934年1月中旬，为打击敌人，没收日伪财产，杨靖宇率领第一军独立师第一团、第三团和南满第一游击大队（苏营）、"臣军"、"田麟"等抗日义勇军，发起攻打临江县八道江镇的战斗。

　　八道江镇是临江县一个大市镇，日伪在南满的一个重要据点。七里长街，虽无城池，但街内设有许多炮台。1月17日夜半，杨靖宇率领人民革命军第一军独立师师部保安队、第一团、第三团、南满第一游击大队（苏营）和抗日义勇军"臣军""田麟"各一部300余人如同天兵降临，神不知鬼不觉地摸进镇内。战斗中，二三百名敌人凭借坚固炮台拼命顽抗，大街上一所房子被点燃，火光映天，敌在暗处，我在明处，敌人便乘势反攻。独立师战士不畏顽敌，勇敢回击。一时，独立师和义勇军为强攻炮台，用去许多时间，但因无重炮火器，敌炮台未能攻破，且耗费许多弹药。战至天亮，杨靖宇考虑再战无益，率部退出八道江镇。此战毙敌10余人，缴获大量军需物品。独立师战士在战斗中英勇无畏，敢打敢冲的勇猛精神，在辉发江南各抗日义勇军和群众中都产生了很大影响。广大群众说："打日本非共产党不可。"与第一军独立师一道参加攻打八道江镇战斗的义勇军田司令（田麟）为在共产党领导下，能打出抗日斗争的新局面而感到高兴。他亲眼看到九一八事变后，多少抗日好汉一帮帮揭竿而起，又一伙伙失败溃散；看到军阀、政客一批批投降日寇，当了汉奸。他曾发誓要为国雪耻；可又感叹自己势单力薄，力不从心。他见到共产党来了，新的局面打开了，有了斗争的希望。他郑重地向随军活动的团省委巡视员韩光提出："我要跟共产党走，请给我派个政委吧！"①

　　八道江战斗后，杨靖宇率第一军独立师及抗日义勇军共300人在临江林子头街与伪警察、自卫团70余人交战，缴步枪10余支。

　　1月22日，杨靖宇率部在临江县报马桥与伪满军邵本良部200余人激战6小时。毙伤敌军8人。1月23日又有许多敌人前来围攻第一军独立师，经激战，敌死伤7人（内有日本指导

---

① 韩光：《山河欲裂征马鸣》，载《星火燎原》1980年第11期。

官1人),第一军独立师牺牲1人,伤1人。翌日,敌人派出大批军队前来追击第一军独立师。杨靖宇率领部队与敌军又连战两昼夜,毙伤敌多人。对此,邵本良伪满军部队说:"同这路红军八天打了四仗,我们什么都没得着,还死伤五六十,可是红军却未怎的!"①

当时,士兵在冰天雪地中连续作战,十分艰苦疲劳,杨靖宇率部摆脱敌人追击后,稍事休息。接着,径往东北方向前进。不意,于日落时与邵本良的伪满军相遇,双方展开遭遇战。战斗中,因独立师中间遭敌袭击,故将我军一截两段。被截处正是司令部所在位置,杨靖宇等司令部五人被冲散,与大部队失去联络。当夜,杨靖宇等五人四处寻觅大部队,因天黑山深林密而不可得。次日晚,杨靖宇等与一小股抗日义勇军相遇。经攀谈,这支小股义勇军与早已和第一军独立师建立友好关系的抗日义勇军"青林"队相识。杨靖宇听后,即令其给抗日义勇军"青林"队送信。"青林"队首领见信后,向全队弟兄说:"杨司令五人作战'滑出来'了(按,意为作战脱离了队伍),我们豁出上半截,也得去接应他。"于是便连夜前来接应,把杨靖宇等五人接到了"青林"队中。

杨靖宇等五人被接到"青林"队后,当日又与抗日义勇军"老常青"接上头。"老常青"即隋常青,是活动在辉发江南的一支抗日义勇军的首领。由于杨靖宇所部英勇善战,在江南连续获得胜利,数战数捷,其声威远播于东边道地区各抗日义勇军中,许多抗日义勇军首领都十分钦佩杨靖宇,渴望能够率队加入共产党领导的人民革命军第一军独立师中或接受其指挥,置于其领导之下。"老常青"及所部就是其中之一。"老常青"几次要和杨靖宇见面,也曾前脚赶,后脚跟地追过几次,但都没有赶上。这次,他听到杨靖宇驻在"青林"队的一个楞场,就派一个小队长前去与之联系。杨靖宇对这位小队长说:"我也早想和常青队长见面,苦于没有机会,这次非常欢迎他前来。"这个小队长听后十分高兴,连夜返回报信。次日,"老常青"与那位小队长和一位卫士前来"青林"队所在楞场与杨靖宇会面。

在楞场的一个小窝棚前,杨靖宇见"老常青"大步向前,便忙伸出手要和他握手。这时"老常青"却双膝跪地向杨靖宇叩了一个头。杨靖宇赶忙把他扶起说:"常青队长你的诚意,使我感动,我和我的同志早就知道常青队长为人正直,坚决抗日,今日相会,是件喜事。""老常青"说:"我奔波半生,过的都是黑暗日子,如今见着共产党就是见着了太阳,从前我们百十多名弟兄,不知走哪一条路是好,这两年多,杨司令在这一带坚决抗日,爱民如子,威名远震,使某人佩服得五体投地,弟兄们越来越清楚,只有跟共产党走,才有出路。"并表示请杨司令收下他的队伍,其部下完全听杨司令指挥,指东奔东,指西奔西,坚决跟杨司令走抗日救国道路。②

杨靖宇与"青林""老常青"相会期间,向他们深入宣传党的反日统一战线政策,讲大敌当前各类抗日武装应齐心协力拧成一股绳,共同与日本侵略者进行战斗的道理,使他们进一步明了共产党领导的人民革命军的性质,进而加强了抗日义勇军与共产党领导的人民军队之间的了解与团结。杨靖宇说:"豺狼入门,外患为重,要联合起来对付日本。""抗日打鬼子,这

---

① 韩光:《关于南满抗日游击运动的报告》(1934年4月23日),载中央档案馆编《东北地区革命历史文件汇集》甲18,第372页。

② 李维民:《老常青弃暗投明》,载《吉林文史资料》第二十三辑。

是大家的事。我们不能忘了自己的祖国,自己的祖先。这森林,这高山,还有山外一望无际的平川,这是咱祖先留下来的。东北是一块宝地,出粮食、出钢铁、出煤炭,还有上好的木材。日本鬼子想把这块土地吞掉,让我们中国人给他当奴隶,这不行!我们中国人不是好欺负的。我们要团结起来,拧成一股绳,俗语说,单丝不成线,独木不成林,只要大家抱成一个团,共同对敌,才有力量。"他还说:"再有一点,就是依靠老百姓。老百姓是抗日军的靠山、大本营,不说别的,就是吃和穿,离了老百姓,什么也得不到。我们要把全东北的老百姓都发动起来,都组织起来,那才行!"杨靖宇讲的话,深深地打动了"青林""老常青",他们深感杨靖宇讲得在理,并与之志同道合又意气相投,因而也更加敬重杨靖宇。他们称杨靖宇"他就是我们的司令"。

杨靖宇离开"青林"队后,回到白浆河上游人民革命军第一军独立师大部队驻地(位于濛江)中。此时,杨靖宇考虑到1933年7月在桦甸成立的南满抗日军联合参谋部因总司令毛作彬投降了敌人,实际上该组织已名存实亡,有必要建立一个新的反日武装统一战线组织。为争取一切反日力量,结成广泛的反日武装统一战线,杨靖宇召集师党委会议决定给活动在柳河、临江、濛江、金川、辉南等地各抗日义勇军首领写信,邀请他们前来人民革命军第一军独立师司令部,商讨联合对日作战事宜。

春节之前,各抗日义勇军纷纷前来找人民革命军第一军独立师接头。一时间,各股抗日义勇军约1600余人聚集在白浆河上游一带。杨靖宇认为众多抗日义勇军积极拥护党的建立全民族反日统一战线政策,建立新的反日军联合作战总指挥部的条件已经成熟。为不失时机地把活动在辉发江南地区各股反日武装团结在一起,结成广泛的反日武装统一战线,杨靖宇决定立即召开各抗日义勇军首领会议,议决此事。时逢春节,独立师在驻地搭了戏台、扎了松树门,和各抗日义勇军热热闹闹过了年。

1934年春节过后,杨靖宇率第一军独立师部队与各路义勇军策马扬鞭,经过三道老爷府,来到距白浆河南20华里临江县三岔子附近的城墙砬子(今属江源县),在此住了6天。2月21日(农历正月初八),在杨靖宇主持下,于距城墙砬子街二里远的一个木帮把头的工棚里召开抗日义勇军首领会议。①参加这次会议的有人民革命军第一军独立师和大小抗日义勇军共17支队伍的首领。会议专门研究了联合抗日、建立东北抗日联军总指挥部问题。

当时,会场布置得十分庄严、隆重。会上,杨靖宇代表中共满洲省委首先讲话,分析了目

---

① 此次会议地址,有些书、文说在濛江县(今靖宇县)。查最早纪录此次会议的文件,小孟(韩光):《关于南满抗日游击运动的报告》(1934年4月23日)中载:"在我司令部领导下,在离陈泉砬子街二里地住了六日,成立了抗日联军总指挥部。"该文件还说此次会议召开前半个月,杨靖宇率部在临江县报马桥与伪军邵本良部展开过一次战斗。又查《中共磐石中心县委关于南满第一次代表大会记录》(1934年12月2日)中说:"人民革命军共产党影响之下抗日军关系很好,一月间成立抗日联军指挥部。""正月初八,各主要抗日军云集三岔子一带,开大会宣布我军主张。"另一份谈及此会议的文件《东北人民革命军第一军报告》(1935年4月29日)中说:"去年旧历正月初八日开会,我军军部号召辉发江以南,鸭绿江以北,所有抗日军开会正式建立东北抗日联军总指挥部。"综合以上文件可以说明,是正月初八日,在三岔子一带(陈泉砬子)开大会,建立东北抗日联军总指挥部。据考察,在临江县报马桥北方10公里处有三岔子,其附近有一城墙砬子街,此地距白浆河上游约10公里。据此,本人认为此次重要会议应是在临江县三岔子城墙砬子街附近召开。"陈泉砬子"当是"城墙砬子"之谐音。

前东北抗日斗争形势,阐明了中国共产党的全民族反日统一战线政策。他说:"要想取得抗日斗争的胜利,就必须团结。不团结起来,不仅不能彻底打击敌人,反而将有被敌人各个击破的可能",并特别强调:"斗争是长期的,今日之联合,万不可遇难而退。"各抗日义勇军首领也纷纷表示愿随共产党抗日到底。在城墙砬子召开的这次会议正式决定成立东北抗日联军总指挥部,①并通过许多决议,其中主要有斗争纲领、抗日联合宣言及目前工作任务等。

抗日联军的斗争纲领是在人民革命军第一军独立师政纲基础上形成的,根据实际情况又重申了联合斗争的三项条件:(1)不投降,坚决抗日到底,如有勾结敌人叛变等事情,一经查觉,经由总指挥部下命令解除该队武装,以军法行事。(2)在各队游击区内,反日群众或反日工作人员可任意进行工作,队伍应给予保护。(3)允许并帮助反日群众武装起来,并帮助进行反日斗争。会议通过的抗日联合宣言提出:"我们,南满的抗日领袖们,在祖国山河欲裂,严重危难之际,向三省同胞宣誓:我们一致拥护中国共产党的坚决抗日主张,不分见解、信仰,枪口一致对外……我们一致联合起来。"②

在选举总指挥部领导成员时,会议气氛更显得格外热烈、隆重。与会人员郑重其事地采取投票方式进行选举。"选总指挥人员的时候,尤为郑重,皆采用投票方法",当时,"室内鸦雀无声,选总指挥,共十七张票,十六张写着杨司令。"③副总指挥,隋常青("老常青")当选。总政治部主任,人民革命军第一军独立师政治部主任宋铁岩当选。外交部长,赵铭思(赵参谋长)当选(赵后为副总指挥)。在选总参谋长时,第一军独立师参谋长李红光当选。

从选举中可以看出东北人民革命军第一军独立师的领导干部威望极高。从而,形成了以东北人民革命军第一军独立师司令部为主要领导的东北抗日联军总指挥部。

参加抗日联军总指挥部的,除东北人民革命军第一军独立师所属部队外,其他16支抗日义勇军根据部队活动区域和所属,共编成东北抗日联军八个支队。"老常青"为第一支队,"四海"为第二支队,"臣军"为第三支队,"朱司令"为第四支队,"双胜"为第五支队,"保国"为第六支队,"东边好"为第七支队,"赵参谋长"的部队为第八支队。整个抗日联军共约4000余人。

会上,杨靖宇还具体划分了人民革命军第一军独立师和第一至第八支队活动区域,规定了日后各支队与总指挥部联络办法。

此次会议开得十分成功,会上成立的东北抗日联军总指挥部,较比1933年7月在桦甸成立的南满抗日军联合参谋部,无论在组织形式还是在实际内容上都有新的发展。它不仅是各抗日武装的一般性联合组织,而是具有一定权威性的军事领导、指挥机关。抗日联军总指挥部成立后,各支队在总指挥杨靖宇领导下按共同通过的斗争纲领开展抗日武装斗争。自

---

① 此东北抗日联军及总指挥部是区域性(南满地区)反日武装统一战线组织。与1936年2月《东北抗日联军统一军队建制宣言》发表后要成立的全东北统一的东北抗日联军的概念并不相同。

② 韩光:《山河欲裂征马鸣》,载《星火燎原》1980年第4期。

③ 小孟(韩光):《关于南满抗日游击运动的报告》(1934年4月23日),载中央档案馆等编《东北地区革命历史文件汇集》甲18,第377页。

此，各支队与总指挥部来往交涉都采取了一种领导与被领导之间的正规格式、手续。韩光同志在一份报告中说：当时，"朱司令"（原报号"大善人"）所部还公开贴出布告，声明取消"大善人"山头，布告下落款"东北抗日联军第四支队司令朱××"，表明其所部已编入抗日联军，服从于总指挥杨靖宇的领导。韩光同志在一份报告中说："当时，所有鸭绿江北沿老龙岗一带主要的抗日军皆向我们要求办法，完全在我们领导之下，组织了东北抗日联军及其总指挥部，取消了他们的山头，改换为第△支队的名称。至于群众都说我们才是真正抗日的呢，看我们的队伍如同救星一般。"①

抗日联军总指挥部在南满地区成立，其意义重大。这是杨靖宇率部挺进辉发江南地区，继攻破三源浦、凉水河子、八道江三个重要街市之后的又一要事。它表明党的反日统一战线政策无比正确，南满地区抗日统一战线正式形成。由于共产党的坚决、积极、正确的领导，南满大部抗日义勇军，都团结在人民革命军第一军独立师周围，抗日斗争的领导权牢牢掌握在共产党和人民革命军手中，人民革命军第一军独立师已经成为在南满地区左右一切抗日武装的领导者。这正如团磐石中心县委在1934年3月30日的一份文件中所说："人民革命军在冲破敌人第一期'大讨伐'，扩大新游击区十余县，领导数千（人）抗日队伍，攻破三个重要街市（三源浦、凉水河子、八道江）的斗争中，建立了抗日联军总指挥部，大大地扩大了我军的政治影响，开始形成南满反日运动中的组织者和领导力量，并已有左右一切的形势。"韩光同志在1934年4月23日《关于南满抗日游击运动报告》中说："目前在南满区抗联之成立是有很大意义的。这已经完全在我们领导之下的统一战线的形势，已经有可能将南满一切抗日的队伍组织在这一组织内，这是南满反日战争的新阶段。"②

抗日联军总指挥部建立后，针对少数义勇军匪性不改，在游击区内抢掠扰害百姓的行径，为了保护民众利益，维护抗日联军声誉，杨靖宇与赵铭思以总指挥、副指挥名义发布《东北抗日联军总指挥部布告》，全文如下：

东北抗日联军总指挥部布告

东方的强盗日本帝国主义侵略我国领土，惨杀我群众，又烧毁山里的房屋，欺骗群众归乡，任意杀戮，满足其战欲，民间的痛苦已达极点。

而出卖民族利益的国民党直到今天四年有余，仍未出动一兵一卒，拱手将东北送给日本帝国主义。于是我抗日军兴起，挺身负起保护抗日民众的责任，山里一带地势崎岖、人烟稀少，久为我抗日各军涵养实力之地，需严加保护，以图提高生产，或互相联合抗日。但最近有抗日军的败类，明面标榜抗日名义，暗中作出强奸、抢夺等非行。对于这些大胆不法之徒极有彻底铲除的必要，因此本军与真正的抗日友军会同协商，与大众共同铲除鼠贼。此外并许可广大群众组织反日会、农民委员会，协议抗日事项，以洋炮、大刀、棍棒成立农民自卫队。

---

① 小孟（韩光）：《关于南满抗日游击运动报告》（1934年4月23日），载中央档案馆等编《东北地区革命历史文件汇集》甲18，第355页。

② 小孟（韩光）：《关于南满抗日游击运动报告》（1934年4月23日），载中央档案馆等编《东北地区革命历史文件汇集》甲18，第378页。

在此布告后,倘仍有这种败类存在时,一定将其消灭,本军誓为群众的后盾,仰各安生切勿惊慌,因各地群众未察知本联军的宗旨,特此布告周知。

总指挥 杨靖宇
副指挥 赵铭思
一九三四年四月 日

该布告发出后,在游击区内发挥了一定作用。曾经在游击区内搞过大抓、大绑、大掠、随意"赶边猪"(按,即不论穷富一律抢掠)的义勇军、山林队的匪行大有收敛。游击区内的群众在农民委员会的领导下纷纷组织起农民自卫队,以保护自己生活、生产安全。抗日联军总指挥部的布告受到广大群众的欢迎。

抗日联军总指挥部成立不久,活动于南满地区的一支著名的、规模较大的抗日义勇军队伍,即王凤阁领导的自卫军亦主动慕名前来与杨靖宇取得联系,建立合作关系。王凤阁是吉林省通化人。九一八事变后,在临江红土崖成立抗日武装,被推举为司令。1932年4月,唐聚伍在桓仁成立辽宁民众自卫军,王凤阁所部被编为第十九路军,王凤阁任司令。同年12月,自卫军失败,唐聚伍入关。王凤阁提出,"手不离枪,人不离乡,抗日到底",率领所部坚持就地抗日。王凤阁得知杨靖宇联合许多义勇军共同抗日取得很大胜利,对杨靖宇表示敬佩,并对杨靖宇组织、号召成立的抗日联军总指挥部也十分赞赏。1934年5月4日,王凤阁亲自率警卫队从驻地临江县红土崖出发,赴六道江附近的黑瞎子沟第一军独立师营地与杨靖宇会面。

在独立师营地,杨靖宇、李红光等第一军独立师部队领导人与自卫军王凤阁司令、石振华参谋长举行会议。双方达成了协同作战、共同抗日的协议,其主要内容有:双方表示不分党派,要组成统一战线,救国抗日,收复失地,彻底推翻伪满政权,决心把日寇赶出中国;划分双方游击区域,无特殊情况,各按自己区域行动,打击敌人,不得冒充别人名誉做坏事,一旦发现此等情况,必追责任者;百姓供给红军部队的粮秣等军需物资,自卫军方面不得扣留或堵截,同样,百姓供给自卫军部队的粮食、服装和其他物品,红军方面也不得扣留及堵截;双方共同袭击敌人时,获得战利品应由双方共同分配,不得由单方留用。对枪支弹药作战物资,双方应互相补给,任何一方与敌人作战,另一方须尽全力支援,共同打击敌人;双方还规定了联络地点,提出联络人员姓名及暗号,制定了电台密码、以便随时联络。① 在抗日联军总指挥部成立之后,杨靖宇领导的人民革命军第一军独立师与王凤阁领导的自卫军建立协同作战关系,是南满地区在贯彻党的全民族反日统一战线工作中的又一重大成果。

东北抗日联军总指挥部成立后,在它的号召和领导下,使鸭绿江以西、辉发江以南、沿龙岗山脉左右的主要抗日义勇军进一步联合起来,形成了具有统一意志、统一指挥的抗日力量。无疑,这极大地推动了南满抗日运动的发展。

同时,它的成立也意味着杨靖宇在南满地区贯彻党的全民族反日统一战线政策方面创造了成功经验。这种从实际斗争情况出发,联合各种反日力量组成抗日联军总指挥部,结成反日武装统一战线的做法,是贯彻、落实党的全民族反日统一战线总政策、策略的具体实践,

---

① 周佩卿:《王凤阁与杨靖宇会谈》,载《吉林文史资料》第二十三辑。

实际步骤。

这一经验对全东北党领导的武装抗日斗争都具有重要指导意义。1934年3月,活动在北满的珠河反日游击队队长赵尚志效法杨靖宇的做法,也与抗日义勇军建立了东北反日联合军司令部,以共同对敌。同年4月,曾在东北人民革命军第一军独立师担任政治部主任的小孟(韩光)同志,受满洲省委派遣,由南满磐石奔赴北满珠河赵尚志所领导的珠河反日游击队,传授了杨靖宇在贯彻党的全民族反日统一战线总政策等方面的经验。也正是在杨靖宇于南满创造的与更多义勇军、山林队结成广泛的反日统一战线的经验启迪下,赵尚志在贯彻中央《一·二六指示信》精神中,以珠河反日游击队为中心,团结各种抗日武装组成了东北反日游击队哈东支队。

杨靖宇组织领导的抗日联军及总指挥部,是对中央《一·二六指示信》中所提出的联合各种抗日武装力量"与他们订立某种反帝联盟的形式"的具体实践。他创造的这种联合各种抗日武装,组成抗日联军总指挥部的形式,虽然一度曾被临时中央、满洲省委错误地批评,认为这是"作了上层勾结的错误"①,但抗日联军这一名称仍为上级党组织所肯定。在1935年以中国苏维埃中央政府、中国共产党中央委员会名义发表的《为抗日救国告全体同胞书》(《八一宣言》)中即提出全国人民团结起来,停止内战,一致抗日,组织国防政府和抗日联军,为抗日救国的神圣事业而奋斗。1936年2月20日,中共驻共产国际代表团以杨靖宇、王德泰、赵尚志、李延禄、周保中等人名义发表的《东北抗日联军统一军队建制宣言》明确提出:要将东北人民革命军第一、二、三、六各军与抗日同盟军第四军,反日联合军第五军及各反日游击队,"一律改组建制为东北抗日联军第一、二、三、四、五、六军以及抗日联军游击队。"在这里以及《八一宣言》中所提出的党领导的抗日武装统一战线名称——东北抗日联军,正是杨靖宇在1934年2月最早于临江三岔子城墙砬子会议上提出,并被中共驻共产国际代表团所采用的。

抗日联军总指挥部的成立,使活动在南满地区的许多抗日义勇军更加积极地要求杨靖宇所率人民革命军第一军独立师予以领导。杨靖宇根据各抗日义勇军部队实际情况,将数支真心实意要求共产党和人民革命军领导的抗日义勇军部队予以收编,进而扩大了中国共产党领导的东北人民革命军第一军独立师的力量。日伪当局亦称:"继东北人民革命军第一军第一师南下(昭和八年末)建立抗日联合军以后,东边道方面的人民革命军势力迅速增加。"②

自贯彻党的《一·二六指示信》精神后,杨靖宇率部渡过辉发江,主动绕到敌人大包围圈之外,冲破了日伪军的残酷"大讨伐",取得了攻破三大街市(三源浦、凉水河子、八道江)的胜利,扩大党和人民革命军的政治影响,认真执行、广泛运用党的全民族反日统一战线政策,在辉发江南地区团结了一大批抗日义勇军,建立了抗日联军总指挥部;扩大了游击区,金川、濛江、柳河、通化、临江、辉南等七八个县成为新的游击区域;增加了基本武装,壮大了抗日力量;进而推进了南满抗日游击战争的深入发展。

---

① 《中共满洲省委给南满人民革命军政委、政治部及全体党员信》(1934年5月15日),载中央档案馆等编《东北地区革命历史文件汇集》甲18,第105页。

② 伪满军政部军事调查部编:《满洲共产匪之研究》,第226页。

二、联合义勇军共同对敌作战

抗日联军总指挥部成立后,南满地区反日斗争呈现出一个新的局面。在人民革命军第一军独立师与近 20 支抗日义勇军联合起来的形势下,又有"四季好""大伦子""云中飞""爱国""东来"等抗日义勇军参加了抗日联军。此际,杨靖宇紧紧把握斗争时机,团结参加抗日联军的各路抗日义勇军,在联合抗日三项条件下,共同与日伪军作战。

1934 年 2 月末,杨靖宇为扩大抗日游击区域,了解考察在辽宁省桓仁、兴京(今新宾)等地能否建立新的抗日游击根据地,以便团结联合那里的义勇军共同战斗,曾率独立师政治保安连 20 余人由临江经通化挺进桓仁,抵达老秃顶子山区仙人洞一带。

杨靖宇率部在桓仁仙人洞活动时,以纪律严明,对群众态度和蔼赢得了群众的信赖。战士们一进老百姓家门便问寒问暖,帮老百姓干活,晚上睡觉便打地铺,睡在杂草上,老百姓深受感动。在这里,杨靖宇带领战士挨家挨户进行慰问,向群众进行抗日宣传。元宵节(2 月 28 日)那天,杨靖宇还派战士将高俭地的秧歌队请来,与全村老百姓一起联欢。在锣鼓喧天、兴高采烈的喜庆气氛中,秧歌队的潘国权脱口唱出"十三大辙唱江洋,杨司令在上听其详……"等词句,赢得观众一片喝彩声。秧歌队表演完之后,杨靖宇亲切地让大家喝水,并给秧歌队队员赠送香烟。接着,他便向在场的二三百名观众讲话,宣传抗日道理,号召有钱出钱,有力出力,支援抗日。而后杨靖宇率战士一连几天,对老秃顶子山区进行详细考察,最后决定在这里开辟新的抗日游击根据地,团结桓仁、兴京等地的义勇军一起开展抗日游击战争。

同年 4 月,独立师三团马广福连长,奉命率 50 余人进入桓仁仙人洞、洼子沟、铧尖子一带活动。接着,三团团长韩浩、师党部书记韩震带 30 多人也来此地活动,动员不少青少年参加独立师。仙人洞青年王传圣和他哥哥于翌年初同时参军,王传圣后来成为杨靖宇的警卫员、第一军少年铁血队指导员(他哥哥在一次战斗中牺牲)。在这一带,韩震等积极联络当地的义勇军、山林队达成共同抗日协议。这期间,韩浩还动员铧尖子三乐学校校长、当地人刀会首领李向山参加独立师。同时在抗日形势鼓舞下,桓仁有 30 余名伪警察携步枪 30 余支,匣枪数支,举行哗变,参加了抗日斗争。①

杨靖宇在桓仁考察后,于 3—5 月间,率第一军独立师及抗日联军第一、第八支队,即"老常青""赵参谋长"抗日义勇军连续向日伪军发起攻击。曾在临江三岔子、金川大荒沟、临江林子头等地予敌以痛击。独立师主力部队联合义勇军击退伪满军混成第一旅、第六旅的围剿。杨靖宇指挥第一军独立师及抗日义勇军"老常青""赵参谋长"等部,还与伪满军邵本良部在金川梨树沟,横虎头沟连续展开激战。遭到打击的伪满军头目邵本良在谈及杨靖宇指挥的部队时说:"红军大概有 500 人,加上胡子共约 1 000 人,的确不容易打,他们不像胡子一打就跑,不管你怎样攻,他硬在山上不退。就现在我们 500 来人打不了他们。"②

---

① 《抗联第一路军一九三二年至一九四〇年主要战斗统计表》(1941 年初),载中央档案馆等编《东北地区革命历史文件汇集》甲 60,第 219 页。

② 小孟(韩光):《关于南满抗日游击运动的报告》(1934 年 4 月 23 日),载中央档案馆等编《东北地区革命历史文件汇集》甲 18,第 372 页。

这期间，杨靖宇根据对敌斗争形势，对各部做出新的部署：独立师第一团、少年营等部重返江北磐石老游击区；第五团在金川、柳河、通化、临江等地活动，南满第一游击大队在辉南、濛江、桦甸等地活动。杨靖宇及抗日联军总指挥部还率独立师联合抗日义勇军往返驰骋奉天至海龙铁路以东、梅河口至辑安（今集安）公路两侧袭击敌人。独立师同伪军邵本良部队展开战斗屡获胜利，使日伪当局难以在此实现稳固统治，极大地鼓舞了辉发江南地区广大人民。

1934年春，杨靖宇以全部精力领导东北人民革命军第一军独立师及参加抗日联军总指挥部的抗日义勇军在南满大地积极开展游击活动。激烈的游击战争是极其艰苦的。此时，身负重任的杨靖宇因过度劳累，艰苦而紧张的斗争生活使他在敌人监狱里多次遭到严重摧残的身体又受到损害。他身患的肺病更加严重，每天周身发烧，夜间盗汗，胸痛，咳嗽气促，咯浓痰，身体十分虚弱。但杨靖宇深知部队干部缺乏，他不能离开部队。他以极大的毅力坚持领导第一军独立师，联合各义勇军与凶残的日寇展开英勇的斗争。

此期间，中共南满中心县委也多次向中共满洲省委反映南满党组织及人民革命军第一军独立师缺乏领导干部的情况，要求省委能够尽快增派领导力量。省委对于南满地区缺乏领导干部的情况是明了的，但一时难以按其所需予以配备。为了解决第一军独立师领导干部缺乏问题，满洲省委专门向南满党组织和第一军独立师发出通知："人民革命军的领导机关的组织，我们意见由政委、师长、参谋长三人形成集体讨论。省委指定观一（按，即贯一，杨靖宇）同志为政委（如一时无妥当的人，则同时兼政治部主任），师长及参谋长由你们自己决定。不久前，派给你们的高国忠如果积极性很好，那么可以担任师长，如何决定还需取决你们自己。"①但实际上，人民革命军第一军独立师缺乏领导干部问题并没有得到解决。省委派来的高国忠不善于指挥作战，"积极性"并不好。这样，师长（司令）仍由杨靖宇担任。在当时，杨靖宇置自身病痛于不顾，在上级不能派遣干部接替自己工作的情况下，竭力克服病患的苦痛，以顽强毅力支撑着南满反日游击战争的艰巨局面。

在开展东北抗日游击战争中，中共满洲省委十分关心南满地区游击运动状况，时常派出党、团巡视员到南满地区了解沟通情况，并根据南满党团组织和人民革命军第一军独立师关于反日斗争工作的汇报，针对所要解决的问题发出指示信。这些指示信对于杨靖宇了解整个东北地区抗日斗争全局情况，掌握党在现时期的有关发展抗日斗争形势的各项方针政策，指导其在南满地区开展工作意义重大。对于来自省委的指示，杨靖宇总是悉心研究，并根据南满地区斗争的实际情况，认真加以贯彻执行。

1934年5月15日，中共满洲省委给东北人民革命军第一军独立师政委杨靖宇、政治部及全体党员同志发来指示信。信中对人民革命军团结、联合抗日义勇军与敌人进行的英勇斗争，获得的许多胜利，取得的巨大成绩均予以充分肯定，给予很大鼓励，并且明确提出了人民革命军第一军独立师目前迫切的战斗任务。同时，从发展东北抗日救国运动的更高要求上，也指出了南满党、军工作的不足之处，甚至提出了批评。

---

① 《中共满洲省委关于磐石人民革命军领导机关组织问题给磐石人民革命军的秘密通知》（1934年5月18日），载中央档案馆等编《东北地区革命历史文件汇集》甲18，第141页。

省委指示信中对南满党、军工作的批评，可以肯定地说，是从发展抗日游击运动的形势，进一步扩大党领导的抗日武装影响的目的出发的。但这一指示信中的批评言辞过于苛刻，有些地方受临时中央1934年2月22日给满洲省委指示信"左"的影响，批评得也不符合实际，如说人民革命军第一军独立师所犯主要错误竟有五六条之多，什么"关门主义严重"、"忽视放弃统一战线阶级斗争"、"没有充分运用游击战术"、"忽视巩固人民革命军的任务"、"发动群众领导群众收粮分粮，吃大户等斗争工作非常不够"，说独立师数量没有三倍五倍乃至数十倍的扩大是"完全由于'左'的关门主义"；特别是说与义勇军首领建立抗日联军总指挥部是"作了上层勾结的错误"等。对于这些错误的批评，杨靖宇虽有一定压力，但并不以为然，对于批评中正确部分则虚心接受，认真改正；对于不切实际的内容，如强调把反日游击运动提到土地革命阶段；要求部队数十倍的发展，在当时是难以做到的，批评与义勇军首领建立抗日联军总指挥部是上层勾结，实际上这一指挥部对于扩大抗日统一战线作用很大；关门主义严重；没充分运用游击战术等，则在工作中加以注意，实行有则改之、无则加勉的原则。更主要的是他认真领会指示信中关于"目前人民革命军最迫切的战斗任务"的指示，即"尽量巩固和猛烈扩大人民革命军"，"以人民革命军为中心，号召并团结南满一切抗日军去粉碎日满第二期讨伐"，"建立临时革命政权机关与创造革命根据地"，"坚决地去发动和领导工农群众的斗争与反日游击运动配合起来"。①对于这些正确的指示，杨靖宇则是认真予以贯彻执行的。

在贯彻临时中央、省委指示中，杨靖宇从南满斗争实际出发，注意在过去部队工作基础上进一步做巩固、扩大人民革命军第一军独立师的工作。在斗争中号召、吸收大批工农积极分子到第一军独立师里来，吸收农民自卫队、青年义勇军充实第一军独立师。

在广泛联合抗日义勇军工作方面，杨靖宇在做上层统一战线工作的同时，也不断加强了下层统一战线工作。召集群众会议时，尽量吸收反日义勇军士兵代表参加，让他们了解在会议中通过的各种反日决议，使义勇军中的士兵受到教育。特别是不放松一切可能的机会批评一些义勇军首领动摇情绪，以向敌人投降的义勇军首领造成的罪恶后果和血的教训来教育广大义勇军士兵，使之积极与一切有明的、暗的投降倾向的义勇军首领展开斗争。并通过团结在人民革命军第一军独立师周围的义勇军，来教育其他的义勇军的方式做争取、团结的工作，进一步扩大反日武装统一战线。

在杨靖宇的领导下，南满抗日游击战争如同燎原之火越烧越旺。1934年4—5月份，日伪当局准备新一轮"讨伐"，在游击区放火烧房子实行"归大屯"，强迫农民离开游击区，在农村施行残酷统治；组织壮丁团；豢养走狗密探监视民众行动；进行反动宣传说"红军大部分被击散了"，"红军杀人放火"等等。同时"调动安排部队在游击区，磐石有伪军十四团、绿杠队、警察大队共一千余名。伊通的三营七百名，桦甸的任团一千余名，金川、柳河邵本良的队伍四五百名、濛江、辉南军队约一千名等。这些队伍是'围攻'的中心部队。"②1934年6月初开始，日伪当局进行了第四次东边道"大讨伐"。"讨伐"军由奉天警备军(第一军管区)混成第二、三、五、六旅，

---

① 《中共满洲省委关于南满人民革命存在的错误及目前的战斗任务给人民革命军政委、政治部及全体党员的信》(1934年5月15日)，载中央档案馆等编《东北地区革命历史文件汇集》甲18，第119页。

② 《中共磐石中心县委给省委的报告》(1934年5月25日)，载中央档案馆等编《东北地区革命历史文件汇集》甲36，第224页。

教导队三营共5000人组成。"讨伐"总司令官由廖弼宸担任。为扑灭南满抗日烈火,日伪当局特做出"限期肃清磐石匪患"的决定。6月3日,《盛京时报》对此报道说:"省警备司令部顷以磐石县一带之匪终未肃清,殊为不快,现吉林警备司令官对此异常注意,特令驻屯军骑兵O队、上野队长率领所属兵士限期一个月将磐石及吉海线土匪肃清……"①然而敌人的"讨伐"是难以扑灭抗日烈火的。它只能更加激起抗日军民对日本帝国主义的反抗。杨靖宇领导人民革命军第一军独立师各部,联合义勇军主动与敌巧妙周旋,进行着艰苦的搏斗。在此期间,仅返回磐石一带活动的第一军独立师第一团联合义勇军与敌人进行的战斗就有:

4月,一团一二连联合义勇军250名在吉林八区与吉林伪军400名展开战斗,击毙连长1名,士兵70名。

5月,一团三连在营城子与伪军100名交战,毙伤敌4名,将敌兵击溃。

6月20日,一团三连联合抗日义勇军将吉林八区四间房"会兵"80人击溃,活捉走狗兵30余人,没收牲畜30头(匹)。

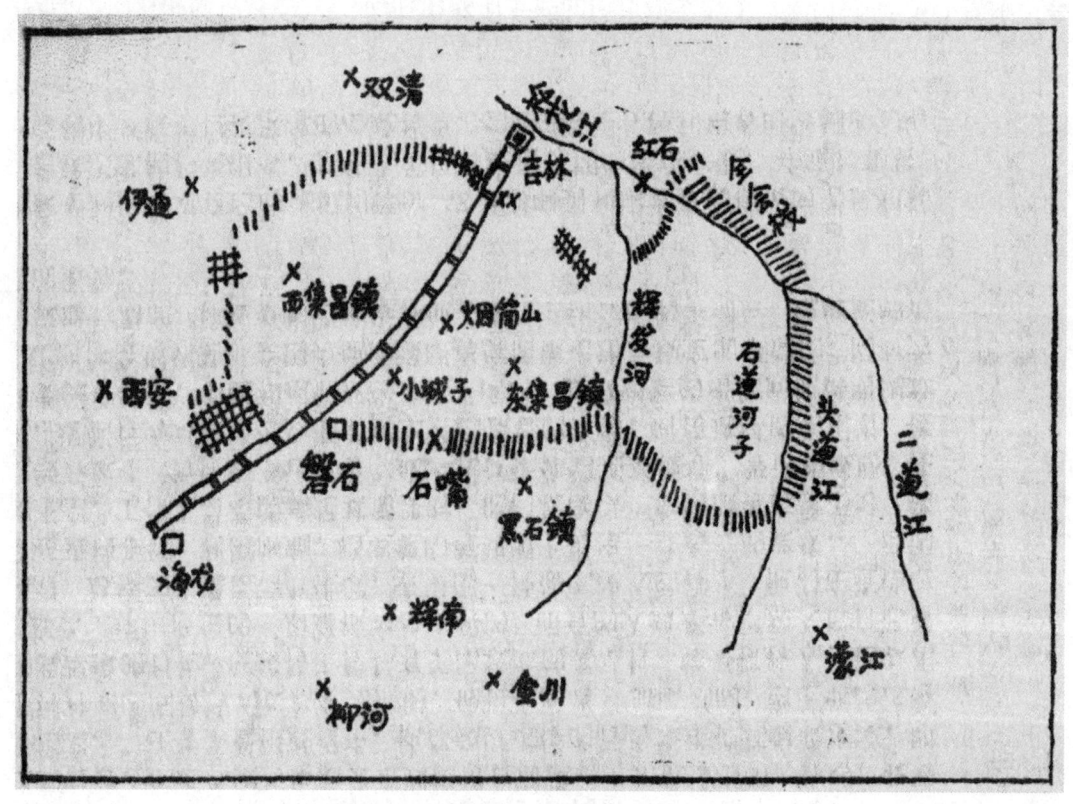

一团及南满游击队游击区域图(1934年8月)

6月29日,一团及少年营联合抗日义勇军共400余人,于伊通二道沟包围长春伪满军刘团骑兵一连70人,俘虏3人,缴获马5匹,三八式马枪12支。敌军被击溃,以后瓦解。

①《盛京时报》(1934年6月3日)

7月,一团三连联合抗日义勇军共400余人,于海龙小白山与日伪军骑兵队300人交战,俘虏3人,缴大枪4支,炮弹2箱及其他军需品若干,敌军被追出10里。

7月,一团少年营联合抗日义勇军300人在朝阳山与敌人150人交战,战斗中活捉日军1人,缴获大枪1支,牲畜5匹(头)。

7月27日,一团二连联合抗日义勇军于磐北消灭青德隆"会兵"30人,缴获粮食300石,牲畜35匹(头)。之后,领导群众展开分粮斗争。次日又于磐北烧毁强房沟"会兵"队部,没收牲畜30匹(头),衣物若干,洋炮30支。

8月2日,一团三连在西集厂子袭击伪警察队,毙敌3名、淹死4名。

8月10日,一团一连、少年营在吉林六区联合义勇军共300余名,与双河镇伪警察及会兵400余人交战,毙伤敌20余名,我军冲锋追击,数里之远。

8月11、12日,一团一连、少年营在吉林六区与伪警察、会兵连续作战,毙敌5名,追击敌人十里。

据统计,自1933年9月12日至1934年8月11日,第一团与敌人作战33次。33次战斗中,有2次败战,31次胜战。与抗日义勇军联合作战11次,22次是一团单独作战的。①

独立师第一团及少年营在磐石、伊通等地区坚持活动至同年10月,而后再渡辉发江南下,挺进至濛江、辉南、金川等地,与司令部会合。

英勇善战的人民革命军第一军独立师第一团在5月间还联合"四季好""马团""天虎"等抗日部队成立了"江北抗日联合军指挥部",进行联合对敌作战。第一团和少年营在对敌斗争中,不断发展,已达120人。第一团少年营联合抗日义勇军不断粉碎敌人的围攻,取得了可喜的胜利。第一军独立师其他各部也都在各自的游击区域展开了英勇的反"讨伐"斗争。对此,伪满警察协会所编《满洲国治安小史》一书亦不得不承认说:"康德元年(按,即1934年)春,南下侵入省内共匪,曾使东边道的治安感到忧虑。当时以杨靖宇为首的共匪,驻在东边道东北部的柳河、金川、辉南各县",又说,"第一军杨靖宇则侵入兴京、本溪、清原等境,其势渐次扩大"。②

1934年初夏,对于杨靖宇和东北抗日武装来说有一件值得庆幸的事,就是得知在江西瑞金召开的中华苏维埃第二次全国代表大会上,杨靖宇被选为中华苏维埃共和国中央执行委员会委员。

第二次全国苏维埃代表大会是在准备冲破国民党蒋介石对中央苏区第五次"围剿"的斗争中,于1934年1月21日—2月1日在瑞金沙洲坝召开的。1933年8月13日,党中央给各级党部发出关于召集第二次全国苏维埃代表大会的通知。中共满洲省委接到通知后,按通知要求积极开展宣传鼓动工作,并选派省委宣传部长何成湘出席这次大会。在第二次全国苏维埃代表大会上,毛泽东做工作报告,大会宣言指出,在国民党蒋介石政府统治下,日本帝国主

---

① 《人民革命军报》副刊之一(1934年9月18日),载中央档案馆等编《东北地区革命历史文件汇集》甲44,第151页。

② 岗部善修:《满洲国治安小史》(1944年),伪满洲国警察协会出版。

义不但并吞了整个满洲与内蒙，而且还要占领整个华北。在日本与其他帝国主义的进攻之下，中国将完全变为帝国主义的殖民地。会议号召，全中国的民众自动武装起来，开展抗日民族革命战争。

杨靖宇虽未参加这次中华苏维埃第二次全国代表大会，但他与另一名东北工人代表，当选为中华苏维埃共和国中央执行委员会委员。很显然，这一殊荣自然是杨靖宇的光荣，同时也是东北抗日将士的光荣。

第二次全国苏维埃代表大会结束后，何成湘回到哈尔滨，向省委传达了这次会议精神及党中央对东北工作指示。这一指示，即《中央给满洲省委指示信》（1934年2月22日）。该信指示满洲省委要坚持下层统一战线的基本策略"竭力号召一切反日武装部队与我们联合"，并指示必须把建立、扩大革命政权与根据地的建设任务提到实际工作日程上来。此指示信也存在一些"左"的错误，如批评杨靖宇与义勇军首领建立联合指挥部是上层勾结等。

同年初夏，杨靖宇应满洲省委之召来哈尔滨，听取中华苏维埃第二次全国代表大会精神和中央对东北工作指示的传达及研究南满工作，对此，何成湘回忆道："1934年夏天，我刚从瑞金回来。满洲省委调他（按，指杨靖宇）来哈尔滨研究南满的游击战争。他来哈尔滨后，住在道里十一道街3号一位同志的家里，我和省委的一位同志每天去那里开会，三个人挤在一间又暗又黑半地下的房子里谈话。靖宇同志穿的虽然还是一件旧大褂，但精神却比以前更加饱满，笑得更爽朗了。本来嘛，一个常年搞地下工作的人，一旦能够拿起武器和敌人面对面的干起来，那种兴奋畅快之情，只有亲身体验的人才会理解的。为了隐蔽，在这三天里，靖宇同志几乎没有走出这家大门一步。几天后，他又回到南满深山密林，回到与之朝夕相处和并肩战斗的红军部队中去了。"①当同志们得知党中央对东北抗日武装斗争如此关心，特别是杨靖宇当选中华苏维埃共和国中央执行委员会委员，受到巨大鼓舞，进一步增强了夺取抗日武装斗争胜利的信心。

1934年夏，杨靖宇率司令部教导团、保安连南下辽吉边境奔赴东丰、西丰、濛江、临江、兴京等地以团结、联合更多的抗日义勇军共同开展抗日武装斗争。

在这一地区，杨靖宇广泛宣传党的抗日主张，使反日统一战线政策深入人心，

日伪报纸对杨靖宇所部进逼兴京县城的报道

---

① 何成湘：《和杨靖宇同志三次会见》，载《松柏常青》，吉林人民出版社，1960年2月版，第24页。

取得很大成效,团结、联合了苏子余、"两省"等一大批抗日义勇军。

6月21日晨3时,杨靖宇率所部联合抗日义勇军600余名突袭临江县七区六道江镇。三天后又进至兴京县境,袭击了兴京县红庙子,驻守该地的伪警察狼狈地退至该县汪清边门。之后,杨靖宇指挥包括义勇军苏子余部在内的抗日部队继续向兴京县城(今新宾)方向进袭。对此,日伪报纸《盛京时报》以《共产匪乘势进逼兴京县城》为题报道说:"共产匪渐次接近县城,共匪军前卫队25日下午四时,分两队,每队各百名袭县城南方约六公里地方。"并说伪满军现正在"死守县城云"。①但为时不久,于7月2日,兴京县城果然在杨靖宇所率部队及抗日义勇军苏子余部、梁瑞凤领导的朝鲜革命军等共同进攻下,被攻陷。兴京县城遭到人民革命军第一军独立师和抗日义勇军袭击,在辽吉一带引起很大震动。日伪当局称:"近来兴京方向所发现之红军匪团虽经日满两军开始彻底讨伐,但匪团之势力仍然强盛。"②

攻袭兴京县城之后,杨靖宇率部北上。7月12日,与抗日义勇军"两省"部联合攻击了濛江县城。杨靖宇率部联合抗日义勇军在十天之内即连续两次攻打县城,扩大了人民革命军第一军独立师在这一带的影响,使敌人惊恐异常。奉天伪满军第二地区司令廖弼宸和日本人顾问小越率所属部队前来围剿,妄图击溃人民革命军第一军独立师部队,阻止其南下。但敌人的意愿、企图都是徒然的,因为第一军独立师有广大群众的支持和拥护,有抗日义勇军的帮助,有杨靖宇的正确指挥。7月下旬,人民革命军第一军独立师在杨靖宇率领下,再度南下辽吉边境地带,在桓仁县境联合义勇军开展游击活动。7月23日,曾于桓仁八里甸子与日伪军展开战斗,攻袭了伪警察署,围歼了日军守备队,俘虏了守备队小队长秀向以下30余人,缴枪15支。不久,在四道岭子、大清沟与前来"讨伐"的敌人再次展开激烈战斗。7月末,奉天伪满军第二地区司令廖弼宸和日本人顾问小越指挥"讨伐队"前来桓仁、通化"讨伐"。而这时,杨靖宇则率部转移至兴京县境,避开了敌人的"讨伐"锋芒。

自杨靖宇指挥第一军独立师南下,在桓仁、兴京活动期间,与一些抗日义勇军建立了相互团结、共同抗日的亲密关系,加之在广大群众中进行抗日宣传,使人民革命军第一军独立师影响迅速扩大,又有大批青年参加到第一军独立师中来。

经一年努力,人民革命军第一军独立师队伍又有很大发展,据1934年11月13日《南满人民革命军关于司令部最近活动情形的报告》记载,司令部设有卫队连,教导团一、二、三连,游击二连,共约170名。第一团和少年营120名。第三团和改编的两支队伍约180名。第五团和少年营有120名。南满游击队(苏营)有五个大队,外有一个教导队,人数约180名。全军共有770余人。另有红枪队,人数约50余名,东边道游击队(农民自卫军改编)有六个大队150名左右亦归属其领导。③

东北人民革命军第一军在杨靖宇的领导下,在联合义勇军共同开展反日游击战争中得到了长足发展。这种情况正如1934年9月《人民革命军报》所载《庆祝东北人民革命军第一

---

① 《盛京时报》(1934年6月27日)。
② 《盛京时报》(1934年7月6日)。
③ 《南满人民革命军关于最近活动情形的报告》(1934年11月13日),载中央档案馆等编《东北地区革命历史文件汇集》甲44,第202页。

军独立师光荣胜利的战斗》一文所说:"在东北革命军各部队领导着抗日队伍转战一年,冲锋陷阵,与日'满'匪军作肉搏血战,多次冲破日'满'大军'围攻',取得无数胜利中,不仅所有部队都是三、四倍以上扩大了,而且新编人民革命军第五团、第九团及无数游击支队成立了。同时,不仅他的旧游击区大大的扩大巩固了,而且新游击区二十余县创造了人民革命军第一军独立师。已经在这一伟大的发展当中,成为不能战胜的力量,成为全南满一切反日民众及抗日部队所环绕着的领导者及组织者,而且要成为着东北三十万抗日武装的领导者。东北人民革命军第一军独立师取得这些伟大光荣的胜利,绝不是偶然的,他是由于中国共产党正确的路线,由于全体指挥员的坚决领导及全体战斗员的英勇战斗,由于广大反日反'满'民众的热烈拥护及援助所得来的。"[①]应该说这些胜利是东北人民革命军第一军在杨靖宇的指挥下取得的胜利,是东北三千万民众,特别是全南满地区民众进行反日反'满'的斗争取得的胜利。

三、反日游击运动的中坚和主要力量

东北人民革命军第一军独立师是在东北反日民族革命战争中诞生、成长起来的光荣队伍。从它诞生的第一天起,就置身于人民群众之中。在广大民众的支持下,这支部队与日本关东军及其走狗伪满军警展开数十次血战,冲破敌人多次围攻,予敌有力打击,不断取得斗争胜利。活动在南满地区的广大义勇军深深认识到共产党领导的抗日部队是最有力量的抗日部队,因而自愿团结在人民革命军第一军独立师的旗帜下。在1934年反"讨伐"斗争中,杨靖宇指挥第一军独立师与日伪"讨伐队"展开顽强、残酷的搏斗。部队继续发展、巩固、壮大,其政治影响不断扩展、提升。党领导的其他抗日部队如相继成立的北满地区第三军(赵尚志任军长)、吉东地区第五军(周保中任军长)等也都以第一军建军为学习榜样。人民革命军第一军独立师已经成为南满地区反日游击运动的中心,东北地区抗日反满斗争的中坚和主要力量。

1935年1月,中共满洲省委在《东北抗日斗争的形势与各抗日部队的发展及其组织概况》报告中,记载有1934年第一军独立师的发展、活动及组织情况。考虑到此篇文献的重要,下面援引有关内容,以展示第一军独立师基本概貌:

A、各部队及其数量

司令部在"九一八"即宣布取消独立师,成立军部。自去年"九一八"纪念正式成立人民革命军(按,应为1934年11月7日正式成立东北人民革命军第一军)一年来队伍的发展有三倍以上,队伍的组织和人数如下:

(一)司令部有卫队,教导一连、二连、三连(四道沟哗变出来的兵士),游击二连(改编义勇军"忠良"队,四十人),共一百七十人。

(二)第五团(过去海龙游击队)和少年营共一百二十人。

(三)第三团和改编的两个队伍(一半以上已成基本队)共一百八十人。

[①]《人民革命军报》副刊之一(1934年9月18日),载中央档案馆等编《东北地区革命历史文件汇集》甲44,第145页。

（四）南满游击队（苏营）有五大队外，有一教导队（半数以上已成基本队），共一百八十余人。

（五）红枪队，已成基本队（半数以上是正式武装）五十余人。

（六）第一团六十八人（注：敌人冬季"讨伐"前一团有一百二十人，"讨伐"中受了一些损失，同时二连一排和少年营一排已去江南，未统计在内，现在统计的六十八人是三连（二十六）、二排（十三）、二连（十五）、少年营（十四）。

以上主要的基本部队，共有七百六十八人。

（七）改编东边道游击队（由农民自卫队改编的）约一千人左右。

把以上七部分统计起来，共有人数一千七百六十八名（十一月十五日止）

备考：四月时人数：

a. 一团　一百一十

b. 三团　八十

c. 海龙游击队　三十

d. 南满游击队　七十

e. 江北游击连　二十

f. 政治保安连、卫队连　六十

共三百七十人。

八月团省委巡视员来时报告及司令部一部分材料，人民革命军共六部分，人数如下：

a. 司令部：教导连、保卫连、三团一排　八十

　　　　新编救国军为第九团　六十

　　　　教导二连（由桓仁公安队哗变出来的）二十六

　　　　新编治国军为游击队　三十

　　　　新编"全胜"一部分为游击队　十二

b. 三团（一、八、九、三连）一百

c. 海龙游击队　五十

d. "忠良"　四十

e. 一团　一百二十

　　红枪队　八十

f. 南满游击队（苏营）一百二十

　　南满第二游击队（臣军）一百

　　共八百一十八人

B、内部组织情形

一部分是按照军队的编制，现在已编成的有一、三、五、九四团，司令部直接领导下的各连（教导一、二、三连及游击二连）有少年营与部队。一部分是人民革命军的游击队，如南满第一游击队（苏营）、第二游击队、红枪队，及其他改编的游击队等。整个人民革命军部队，主要

是由以下这些成分所构成：

第一，从游击队编制而成的，一部分是过去磐石基本游击队（后来改成"红军"游击队），几年来长期斗争中生长发展起来的。这是人民革命军最好的基本部队，即目前司令部直接领导下的一部分，磐石一带的第一团和经常在江南金川一带活动的第三团等部队。其次是由南满海龙游击队编制的，即目前的第五团。

第二，从义勇军改编而成的，如"忠良""全胜""治国军""救国军"等部队。

第三，从"满洲国"哗变的士兵改编的，如司令部的一部分教导连。

第四，从民众武装部队编制的，如红枪队及新近改编的东边道游击队。

队员的成分，在基本部队中，大部分是贫农、雇农，当过义勇军者（从义勇军改编者除外）极少数。旧队员（一年以上者）很少，新队员多；山东人队员多，无家的队员多。文化方面说百分之九十九文盲。武装与人数对比起来，江南队有枪多人少，江北队（一团）有人多枪少的状况（今年五月二十五日磐石报告）。

武装方面：基本部队都是新武装（三团及南满游击队各有轻机关枪一架），其他如红枪队、新编的东边道游击队有新式武装。第一团有一部分马队（四十余人）。

队员物质生活方面，他们的主要要求是吃的穿的改善，有家庭者每月要三、四元去帮助家庭（队员自动提出的）。今年冬曾发给过两次津贴费（每人二元），但许多领导者及队员们把钱交回队用。请假回家的经常有五元以上的路费，服装完全解决，如三团和保安连，每人有毛衣、皮挂袄各一件，一团在最近行动中完全解决了今年的冬衣问题。人民革命军有优待队员家属条件，部分的开始执行。

全军的最高领导机关是"司令部"，组织是司令、政治委员（现在是司令兼政治委员）、政治部、参谋处、军需处、军医处等。在各团及各游击队已有政治委员和政治指导员（各连）的设立，但是真正政治委员制度还不曾建立起来。

C、一般政治、军事、教育工作

各部的政治军事指挥怎样？

在司令部方面政治部，有专门的宣传队、组织队（工作人员八、九人）。他们到处召集群众大会，散发传单，贴标语，组织群众。队内有俱乐部，成立了唱歌班、讨论会等，青年科进行青年群众工作，对队员政治、军事教育，常用开士兵会或谈话的方法，来讲革命的基本问题与研究作战的经验等等。对外宣传，经常出有《人民革命报》画报及各种传单，在义勇军和群众中影响很大。

人民革命军所到的地方，常召集群众大会做广大的宣传报道。有时也建立了一些群众组织（主要是反日会，如一团组织了一百多人的反日会，司令部在进攻二道沟中召集群众大会，当时成立反日会等）。但最大的缺点，就是组织起来（有时组织也未形成），没有人管理与领导，队伍走后，也随即瓦解。

党的组织与干部：

今年五月统计，人民革命军各部共有党员七十八人，司令部、一团、三团有党部，一、三、

八、九连,游击一、二连有支部,各排卫队连、保安连都有小组。党部及支部都有三人至五人的干事会,支部与小组约每月开三次会议(有的不能开会)。党的生活不健全,党员对党的会议无兴趣,机械的参加,负各种专门责任的同志对下级同志的领导,没有经常的讨论与具体的帮助。师党部本身的工作也非常薄弱,党变成了队内的附属组织,没有建立党的生活与对下级的领导。最严重的现象是因为政治委员制度没有真正建立起来,甚至发生参谋长常常干涉了政治委员的权力,有时发生感情上的纠纷。一团过去也很严重,团长与参谋长发生非常大的冲突,以致团长与参谋长各领导一部分队伍分道扬镳,各干各的去了!队内关门主义并未打破,党员数量长时间内没有什么发展。

在人民革命军中同时有青年团支部的组织:(人民革命军、赤色游击队中不应建立团支部,但过去已经建立起来了的还没有取消)。

人民革命军主要的领导干部,在司令部方面主要负责的:

1. 司令兼政治委员,老杨(冠一)知识分子,很老的党员,曾被捕过五次,表现均忠实坚决。九一八事变后出狱,曾在哈领导反日会和做过很长久的市委区委书记。一九三二年北方会议后,派到磐石领导游击队,作政治委员,一直到现在忠实坚决,但政治上还很弱,没有专门军事知识,在党内和群众中均有信仰。

2. 参谋长红光,韩国人,知识分子,曾在磐石县委作过长期的领导工作。

3. 副官长王××,知识分子(当过中学教员),未入党以前(一九三〇年,在奉天入党的,曾参加过改组派,入党后在组织上、工作上的表现还没有问题(老刘知道此人历史)。

4. 政治部主任高××,知识分子。

司令部下面各团及游击队方面:

三团团长寒好(韩国人),过去当过大队长,坚决勇敢。

一团团长袁××(南满人民革命军的干部未写完全,团省委巡视员老傅报告中(九月时)许多中级干部的大概情形可以知道)。

D、人民革命军的活动

两年来,人民革命军与敌人作战共九十余次(最近几月不计)。

(一)一团,经常在磐石、双阳、伊通、桦甸及吉林之一部活动。一年来活动的总结,与敌人作战五十一次(敌人总数五千八百以上),敌人消灭不成军者三连、警察一个队,地方会兵、壮丁团十八个(共八百人以上),敌死伤三百以上,缴械一百二十九支,牲口三百三十八匹(主要的战争三十一次,死伤敌人一百二十,缴械八十四,战马一百一十多匹,俘虏五十五人)。消灭会兵及壮丁团总结——消灭会所七个,击散不成会的十一所,缴械四十五,获大小走狗六十六只,牲口二百二十八匹,与义勇军联合作战十一次。召集群众大会五十一—六十次,组织反日会为人民革命军募捐人数七千—一万。

(二)江南司令部及其他各队,没有总的统计,但是江南的活动比江北范围更大,活动很积极。自去年冬司令部到江南后扩大了十多县的新游击区域,破了许多重要城市(如三源浦、凉水河子、八道江、金川青石砬子、柳河大荒沟等等),司令部从八月以来已知道的主要行动,

见另一来信报告(已寄来中央)。

冬季大"讨伐"以来,人民革命军,是在积极活动中,从敌人报纸片断的消息:十月十一我军二百袭击通化四区;二十日三百余人进攻金川凉水河子,与日"满"军激战;十一月十五在辑安县城东北,我们三百(有机关枪四架)与"满"军、警察队大战,"满"军失败,同日三百余人进攻辑安县;十六日联合二百余义勇军,袭击海龙,同日临江西部(我军司令部独立师)调查地主遗留田地,以武力占领;二十九日司令部三百余人,进攻孤山镇;十二月九日,我军二百余人在临江县境与日"满"匪军大战。

人民革命军的游击区域:

去年十月敌人大进攻以前,南满游击区域只是磐石一带,方圆不过百里。自从司令部到江南以后,发展了很大的新游击区域。在今年春天亦发展到五六百里的游击区,当时分为三部分。北部区——包括磐石全境、伊通东部、桦甸西北、吉林七区等;中部区——包括辉南东部、濛江南、西、北部、桦甸南区;西南区——金川、柳河本部、通化、临江北部。现在南满人民革命军游击的区域已有二十县之多。计磐石、双阳、伊通、桦甸、濛江、辉南、金川、抚松、海龙、柳河、通化、桓仁、临江、兴京、东丰、西丰、清原、西安、辑安、本溪等。

以上二十县,共划分为四个大游击区域:

第一游击区——辉发江以北、磐石一带(第一团游击区域)。

第二游击区——辉发江以南,濛江一带。

第三游击区——八道江、清原、通化、金川一带。

第四游击区——兴京、桓仁、本溪、宽甸、辑安。

过去(九月前)江南各部队活动区域:司令部经常在金川、清原、柳河周围三百里以内活动。三团一、八、九三连,经常在金川一带游击,海龙游击队在清原、柳河一带,忠良游击队在柳河、金川,最近游击区域南部队的配合有很大的变动。"

"南满抗日军概况与党在当中的工作

A、抗日军概况

在西南部游击区

老常青八十(基本队)、一百二十(附属队)百分之八十为农民。国军八十,大多为兵士。朱司令一百二十,保国一百多。东边好五十多,赵参谋长七十多,兵士农民各半,特别表示由人民革命军改编,王殿扬八十多。西边好四十多,宋团六十多,访友六十多。方司令五十多,韩国独立团六十多。

在中部区域主要有:

双盛西省一百多。关司令一百多,四海八十多,战北国五十多,臣军四十多,农民多已改编。仁义太平五十多。三江好七十多。黄海龙五十多,赵旅、天虎、曹团五十多。黄副官四十多。磐石好四十多。四季好四十多。

除以上这些主要部队而外,其他十个、二三十人的小帮很多,已知的有四百多人。

以上这些队伍里没有国民党直接领导的,除王殿扬和吴司令不详外,其余队伍皆以相当的或深切的了解了国民党的罪恶。反日最坚决,与日本斗争最烈的为赵旅、天虎等。

以上是四月二十三团省委巡视员报告材料。

九月,团巡视员报告:磐石、双阳、伊通、西安、桦甸一带有赵旅八十人,天虎五十多人,四季好一百多人,马旅三十多人,双盛三十多人,王臣甫二十多人,其他由十人、二十人到六七十人的队伍共约一千六百人,都散在各处,不相联络。四季好经常躲避一团,与满匪勾结,赵旅兵在江南、江北四百里内游击,但与满匪有勾结准备投降,他的欺骗口号是:我们诈降到县城去绑票,其他义勇军大系绑票。在桦甸、濛江、辉南、抚松一带有双盛八十多人,三江好一百多人,虞国君四十多人,太平二十人,仁义六十人,德林、因XX、X太平,各均二百人,其他小帮会合计共约一千人左右。这些地方的抗日军斗争较少(据说大部分与满匪有勾结),对群众关系比江北差,秋天"捐大界"(按农户抽捐),到冬天大部分埋枪(以上九月团省委巡视员报告)。

B、党与人民革命军南满人民革命军,在抗日军中的工作

南满人民革命军,一般人,甚至敌人目前仍称为"红军",在义勇军和广大群众中的政治影响是很大的。人民革命军,是彻底抗日的队伍,勇敢善战,还在广大义勇军中都有很大的印象和威信,南满人民革命军已经初步的形成为南满反日游击运动的中心的,主要的、强大的力量。在他的影响和领导之下,执行反日统一战线,联合义勇军共同作战方面,做了很多成绩。

去年秋,在他的领导方面,首先建立了上层统一战线形成的"抗日联合军司令部",联合了许多义勇军共同作战。起初在磐东、磐北开抗日军代表大会,参加的有毛团、马旅、赵旅、韩旅、三江好、殿臣、长占、许团等三千人左右,在代表大会中建立了"抗日联合军总指挥部"。在进攻吉林七、八区时,总司令部主任等同志(游击队负责人),后来又与其他部队建立共同指挥部(当时已编成八个支队,参加的是老常青、四海、臣军、朱司令、双胜、保国、东边、赵参谋长等)。在代表大会中通过了抗战的斗争纲领(即人民革命斗争纲领),并加上共同联合作战的协定:1.不投降,坚决抗日到底,如有勾结敌人叛变事情,一经察觉,由总指挥部下令解除该队武装,以军法行事;2.在各游击区内反日群众或做反日工作人员,可任意进行工作,队伍应给以保护;3.允许并帮助反日群众武装及其本身要求的斗争。在选举的结果中,抗联指挥部实际成了人民革命军指挥部包办的形式(司令、参谋长、政治部主任都是我们当选)。

一团在伊通活动中也成立过共同的总指挥部。当时参加的有三百多义勇军,共同行动十天。一团与义勇军一年中共同活动过十一次,接触过和联合作战的抗日军共七八百人(主要是天虎、四季好、马旅、黄副官等)。

许多义勇军,在临时行动中,如果得到我们的通知,大多能参加临时共同作战。

由于人民革命军很大的政治影响,许多义勇军,特别是下层兵士,要求人民革命军的领导或要求参加到人民革命军中来,到现在,在江南、江北都改编了一些部队为人民革命军或游击队。

最近自司令部方面,与义勇军的关系,改编的臣军为第二游击队(二三十人),过去的自

卫军为第三游击队(二〇〇)——这些部队虽已改编,但没有党的下层组织工作。

与人民革命军关系最好的是"老常青"队(六十人),经常的与我军共同活动,其下层一部分愿参加人民革命军,受司令部的领导。

另外,朝鲜革命军(二百人),他们已派代表要求与司令部联合作战。

在磐石方面,与党和一团有关系的部队,在冬季大"讨伐"中已经失掉了。

在义勇军工作中最大的弱点与错误是忽视下层统一战线的基本任务,所以虽然党与人民革命军的政治影响很大,许多部队与我们共同联合作战,但下层组织基础并没有真正建立和巩固起来,例如,磐石八月份统计,在五个区委中,有许多义勇军关系,共有党员十四人,有的部队有支部(登山好),但到现在,已大多失掉了。"①

上述满洲省委报告,从第一军独立师发展历程、部队构成、军政工作、组织干部、军事活动、游击区域、义勇军工作等诸方面展示了第一军独立师的全面情况,包括成绩和不足。值得注意的是报告对第一军司令兼政治委员杨靖宇的介绍。内中肯定他"忠实、坚决","在党内和群众中均有信仰"。但也说他"政治还很弱","没有专门军事知识"。前者似是因为在贯彻统一战线过程中,他为团结义勇军共同对敌,曾率先牵头组织了抗日联军总指挥部。这在党内"左"的思想路线占主导地位时是被指斥为"上层勾结",被中央二月指示信批判的。实际上,杨靖宇组织抗日联军总指挥部是贯彻党的抗日民族统一战线政策重要的正确举措,不应被指责为"上层勾结",恰恰相反,说明他在政治上是很强的。后者说他没有专门军事知识,似是说他没在军校专门学习过,但杨靖宇早年在河南家乡领导过农民暴动,指挥农民军开展过游击战。来到南满,任抗日游击队、人民革命军领导后,又指挥部队对日伪军开展游击战争,冲破敌人多次围攻,狠狠打击敌人,曾被誉为"东三省第一个执行游击战术的人"②。他在战争中学习指挥战争的艺术,取得辉煌战果,而成为一位优秀指挥员。如果仅因为他没有入过军校就说他"没有专门军事知识",应该说这是省委巡视人员在此问题上对杨靖宇的偏见。

四、在反"讨伐"斗争中发展壮大

自党领导的东北地区武装抗日运动展开以来,特别是贯彻《一·二六指示信》精神以来,东北各地反日游击战争蓬勃开展,获得许多显著成就。活动在南满的东北人民革命军第一军独立师和活动在北满、东满的反日游击队成倍增长,密山、宁安、汤原、饶河、海伦等新的反日游击队先后建立。党及其领导下的抗日队伍的政治影响迅速扩大。群众武装自卫运动不断发展,在人民革命军与反日游击队活动区域,群众已经初步获得保护自身利益的可能。与抗日义勇军建立了统一战线关系,团结了大批抗日义勇军于自己的周围,推动了反日游击战争的开展,人民革命军和反日游击队日益巩固。在南满、北满、吉东、东满几个主要游击区,党领导

---

① 《东北抗日斗争的形势与各抗日部队的发展及其组织概况》(1935年1月),载中央档案馆等编《东北地区革命历史文件汇集》甲44,第344~351页。

② 虎啸:《民族英雄杨靖宇》,载巴黎《救国时报》(1935年6月30日)。

下的队伍已初步成为抗日武装斗争的核心力量。

对于党领导的反日游击战争的发展，日伪当局恐惧异常。在一份敌人探得的消息报道中，曾这样描绘杨靖宇领导的人民革命军第一军：

"吉林：据磐石驻屯军步兵旅报告，吉林军事当局据探报称，在县城东南六十余里之距离地区有匪贼甚多，声势浩大，招集胡匪小股组织，自称为'东北人民革命军'。杨雨亭（按，应为杨靖宇）称总司令。以下分第一、二、三团及营等，共称官长，内中分少年团，以10岁至20岁者加入，青年团以20岁至30岁者充之，中年团以30岁至45岁者充之。以团员名义任职，内分文武两组，文组男女均有，担任宣传、贴报、绘图、印刷等事业。武组担任探访、攻击官兵事务，异常惹人注目。"①这则报道除对东北人民革命军第一军尽其污蔑之词，称之为"匪贼"及连人民革命军第一军总司令的名字都搞错外，有许多不确实之处。敌人对人民革命军第一军内部组织结构并未"探明"，什么以"团员名义任职""分文武两组"不过是臆断妄说而已。但是，其中所说人民革命军"声势浩大""招集小股组织"和"异常惹人注目"这还是较为真实的情况。

日伪当局深知中国共产党领导的这股武装力量，眼下虽比九一八事变后风起云涌的抗日义勇军数量大有减少，但其质量却大为提高，发展前途不可低估。日伪当局认为，杨靖宇、赵尚志、周保中等共产党人指挥的抗日部队是轻视不得的，若不迅速加以剿灭，随着活动时间的增长，它将如同滚雪球似的越滚越大，成为心腹大患。

因此，日伪当局把用武力不断地进行"讨伐"视为对付抗日武装的重要手段。

1934年9月，秋风萧瑟，天气渐凉。在东北地区，春秋两季都显得很暂短，秋天一到，漫长的冬天也就随之来临。秋后青纱帐一倒，抗日部队活动失却隐蔽，困难增多。就在这时，日伪当局旨在消灭中国共产党领导的抗日武装的秋冬季"大讨伐"又开始了。

此次"大讨伐"即第五次东边道"大讨伐"。

1934年敌人开展的这次"大讨伐"，较之前几次"大讨伐"规模更大。敌人经过长期准备后，实行日伪陆空两军大动员，集中力量向南满、北满等主要游击区域展开围剿，向人民革命军与反日游击队为核心的抗日武装进行突袭、攻击。在东边道地区，由三毛司令官负责统一指挥，纠集日军本间、浅野、川村、板津、胁坂、岩永等部队与大批伪满军，即混成第二、三、四、五、六旅，并从热河调来大汉奸张海鹏的骑兵，组成"讨伐军"，妄图于十日内将杨靖宇领导的部队"扫荡净尽"。②

这次"大讨伐"，来势凶猛，敌人除用武力外，还竭力破坏抗日统一战线，公开宣扬"只打红军，不打绺子"（按，绺子指抗日义勇军、山林队），妄图分裂人民革命军与抗日义勇军的团结。敌人常制造某某义勇军已投降的谣言，妄图孤立人民革命军，用心理战来动摇军心，以瓦解抗日军队的斗志。在开展反"讨伐"斗争中，杨靖宇指挥部队不失时机地与敌人展开斗争。9月2日，独立师一部和"臣军"等义勇军部队在金川样子哨东南与伪警察队展开战斗，毙伤敌

---

① 《盛京时报》（1934年9月23日）。

② 《大同报》）（1934年10月3日）。

10余人。9月5日,又进攻柳河柞木台子伪警察署,歼敌20余人。敌人在展开"大讨伐"同时,日伪当局还到处成立大排反动武装或利用土匪成立二排,动员这些武装向游击区进攻。更为毒辣的是,开始在杨靖宇所率部队活动地区实行旨在"匪民分离"的"归屯并户",建立"集团部落"(即东北老百姓所说的"归大屯""建人圈")政策。敌人随时随地召集民众"开会",除进行"不要随红军"等各种反动欺骗宣传外,还以"三天内不归大屯者枪毙、火烧"威吓民众,强迫散居在游击区里的居民迁入修建在远离山区、近靠交通要道并派有伪警察监督或驻有伪警备队的所谓"集团部落"内居住。使游击区变成"无人区",割断抗日军与广大群众的联系,使抗日军无衣食之源、生存之地。

　　日伪当局推行的"归屯并户"政策,1933年先在东满地区试点,1934年起逐步推行至南满、北满。这一反动政策给广大农民带来了无穷灾难。不仅广大农民要背井离乡,离开世代久居的家园,修筑"集团部落"的费用要老百姓负担(如磐石,其费用每户出一百元),而且这一政策是伴随着残酷的"三光"政策而推行的。敌人将凡在偏僻山区修建的民房一律烧光,对拒绝搬迁的居民一律杀光,对其物品一律抢光,强令群众搬至"集团部落"内。被迫迁入"集团部落"的居民在铁丝网和高墙之内,在敌人的刺刀下过着暗无天日的生活,出入"集团部落"都要受到极严格的盘查。由于这一政策的实行,使党领导的人民革命军逐渐难以与群众取得联系,给东北抗日游击战争的开展带来了很大困难。

　　为了应对敌人的"大讨伐",使中共满洲省委更加详尽地了解南满地区反日斗争及人民革命军第一军独立师活动情况,磐石中心县委根据独立师司令部来信和杨靖宇所派人员与县委的汇报谈话,起草了《关于南满游击区和人民革命军活动情形的报告》(1934年9月28日)。这是一份内容充分、翔实的报告,报告分为南满游击区状况和游击运动、人民革命军的发展和活动、地方群众的武装、地方群众的组织、敌人活动情形、医院和修械处的设备、满洲国兵士情形等八部分,共一万三千余字,并附一张游击区地图。这份报告使省委更加清楚地了解掌握了南满地区反日运动情形,为省委正确指导南满地区抗日斗争的开展,提供了决策的基本依据。该报告"革命的发展和活动"部分讲:"人民革命军现在分六个部分活动。司令部常带教导连、保卫连还有三团的一个排共七八十人,经常在金川、清原、柳河一带周围三百里以内。三团七、八、九三个连共百余人,在金川县境活动。海龙游击队五十多人在清原、柳河一带。一团一、三连,二连一个排,少年营二个排在江北磐石、伊通、桦甸、双阳、西安(今辽源)、海龙边境一带活动,共一百多人。还有红枪队八十多人,内有快枪三十支,有时和三团一起,有时和司令部一起。南满游击队一百二十人及南满第二游击队(过去臣军)百多人在抚松、濛江、辉南、桦甸一带活动。"

　　在日伪当局展开秋冬季"大讨伐"期间,中共满洲省委为指导南满党组织和党领导的抗日部队正确地开展游击战争和贯彻统一战线政策,以便粉碎敌人的"大讨伐",根据上述报告,于1934年10月19日,发出《给南满磐石、海龙县委、人民革命军杨同志及党部信》。省委指示信对巩固和扩大人民革命军问题,要求"把分散的部队统一集中起来,成立强有力的人民革命军,同时须保存甚至重新建立发展必要的许多游击队,以配合人民革命军日益扩大的更大规模反日战争。"在战略战术方面,指出:"必须采取游击战术来开展广泛的游击战争,另一方面在大的战斗方面总的军事行动上,必须加强司令部对于各团各游击队的领导,各部队的行动应当取得适当的配合,这样才能更有力的打击敌人。"

省委指示信还着重就联合义勇军,建立反日统一战线问题向南满党组织和杨靖宇通报了北满赵尚志领导珠河反日游击队在对义勇军运用"改编"策略上,过早破坏统一战线,形成义勇军与游击队对立情况的教训。指出,改编只有在一定的条件下才可以执行和有用。这条件基本是:1.与游击队或人民革命军关系很好的队伍;2.游击队和人民革命军在其部队中有很好的政治影响,改编不致于破坏统一战线;3.下层群众上层领导对我军有莫大信仰,真诚要求改编;4.新兴的工农群众自发组织起来确实要求改编的部队;5.某些很小的涣散的主动要求改编的部队;6.企图叛变的部队被发觉,驱逐、解决反动首领后予以改编;7.被压迫出来的大排队伍,当其没有形成独立系统的部队将其改编等等。如不是这样的部队而强制"改编"就会适得其反,其结果将过早破坏统一战线。同时提出"改编决不是形式的改编,只换袖标、改招牌,而是彻底改编,就是把那些被改编的部队立刻或逐渐改变它的整个组织系统与质量,真正把领导权夺取和掌握在我们手里。"①

1934年10月20日,中共满洲省委又发出《为粉碎冬季大"讨伐"致各级党部人民革命军、赤色游击队全体同志信》。该信指出:"目前党的中心的迫切的任务是动员最广大群众开展抗日反满斗争,反对冬季'大讨伐',扩大游击战争,把人民革命军、赤色游击队形成一切抗日队伍的中心力量和组织者,团结一切反日部队,粉碎冬季'大讨伐',扩大与巩固游击区域,把民族革命战争提高到土地革命阶段,为建立选举的民众政权而斗争。"省委指示信对人民革命军、反日游击队在反"讨伐"斗争中的具体工作提出了明确要求,强调必须广泛地采取游击战术攻击敌人的弱点,袭击敌人的后方,集中力量消灭敌人的进攻部队,开展广泛的游击战争。信中指出,"我们强大的部队如南满、东满人民革命军与珠河游击队应当团结一切反日部队进行必须的大的战斗,不能把斗争束缚在游击运动范围以内。"指示信中,还专对南满党军组织明确提出,要在粉碎敌人冬季"大讨伐"斗争中"成立坚强巩固的正式人民革命军两个师,完成创造东北人民革命军第一军的光荣任务"②。

对于省委重要指示,杨靖宇结合南满抗日武装斗争的实际,在领导人民革命军第一军独立师的具体斗争实践中认真加以贯彻执行。他根据省委的指示决心在反"讨伐"斗争中发展壮大自己,对那些符合改编基本条件的抗日部队进行改编,并积极改造第一军第二游击队("臣军"游击队)、"忠良"游击队以及其他新收编的队伍,并在此基础上,把这些抗日武装统一编制起来,再建一个师,形成两个师的建制,以便正式建成东北人民革命军第一军,以适应斗争形势发展的需要。而对于省委指示把民族革命战争提高到土地革命阶段,开展农民反地主豪绅,抗租分粮、没收分配土地,并未积极贯彻执行。

在东北抗日游击战争中,日伪当局不断对抗日军民展开"讨伐",抗日军民不断地展开反

---

① 《中共满洲省委给南满磐石、海龙县委人民革命军杨同志及党部信》(1934年10月19日),载中央档案馆等编《东北地区革命历史文件汇集》甲20,第53页。
② 《中共满洲省委为反对冬季大"讨伐"致各级党部人民革命军、赤色游击队全体同志信》(1934年10月20日),载中央档案馆等编《东北地区革命历史文件汇集》甲20,第73页。

"讨伐",这种"讨伐"与反"讨伐"的激烈斗争是敌我双方斗争的主要形式。为了挫败敌人1934年秋冬季的"大讨伐",杨靖宇根据省委指示信,率部避敌锋芒,巧妙与敌人周旋,并采取声东击西、避实击虚战术,伺机打击敌人。第一军司令部会合独立师第三团和南满游击队一部,根据杨靖宇的部署,于9月16日,在通化二密河干沟附近成功地袭击了行驶在通化至山城镇公路上的日军军用车队23辆汽车,击毙日军28人,内有指挥官数名,其中大佐1人,缴获轻机枪1挺、一三式步枪5支、手枪2支。日伪调查抗日部队秘文一件。同时,在第一军司令部领导下,南满第一游击大队(苏营)攻破了通化八区小荒沟街。9月21日,独立师后方指挥部组织、动员金川、通化、柳河等地农民自卫队300余人围攻金川大荒沟三天三夜。9月24日,又在柳河县大牛沟设伏、颠覆敌人汽车一辆,毙敌17人。

东北人民革命军第一军独立师司令部及教导团、保安连在杨靖宇率领下进至兴京附近,计划袭击兴京及通化两县城,但因义勇军王凤阁、王殿阳部刚攻袭通化县城失利,敌人有所戒备,且敌人发现人民革命军第一军独立师行动意图,又有200余名日伪军前来追袭,杨靖宇指挥部队与日伪军展开遭遇战,互有伤亡。而后,决定改变原计划,西进桓仁县境开展游击活动。在桓仁,杨靖宇指挥所率部队又与日伪军展开激战。9月下旬,于八宝沟战斗中毙伤敌22人,俘伪满军8人,缴获步枪15支、子弹千余发、弹夹7个。随之,又转移至兴京县境。该县敌人听到杨靖宇率部进至本县极度紧张,派兵分三路在兴京大荒沟向杨靖宇所率部队进攻。战斗中,杨靖宇率部避实就虚,与敌巧妙周旋,安然退却,无一伤亡。①

10月初,杨靖宇率部进至兴京。1日、8日,在兴京库仓沟、大北沟两地与日伪军"讨伐队"展开激战。敌《军区情报》第七十三号(伪满康德元年十月八日收到)载:"据电报称,骑兵九团三连于一日下午四时,协同兴京友军守备队在库仓沟(兴京东北三十千米)地方与红军匪帮约百余名接战二小时……"敌《军区情报》第七十五号(伪满康德元年十月十日收到)载:"为讨伐潜伏于兴京南方地区之红军匪帮,驻兴京骑兵第三连协同日军及警察队于八日前十一时三十分,在大北沟(县城西南三十五千米)附近与该匪二百名遭遇战三小时……"②库仓沟与大北沟战斗皆予敌以一定打击。之后,杨靖宇暨司令部率队继续在兴京县境活动。至11月初,又奔赴金川河里根据地一带活动。此期间,在第一军独立师影响下,在金川东部之凉水河子被抗日义勇军"老常青"攻破,第五团(过去海龙队,攻破南山城子。"四海山"等抗日军攻破山城镇。

自9月1日,日酋三毛司令统一指挥日伪军向东边道地区展开"大讨伐"开始,至11月初的两个月中,人民革命军第一军独立师各部在杨靖宇的指挥下,同抗日义勇军一道与日伪军警共交战158次,毙伤许多敌人。终使日伪当局部署的这次"东边道大讨伐"遭到破产,日伪"讨伐军"不得不草草收场撤回。

日本帝国主义自发动侵占东北战争以来,就始终遭到中国人民的强烈反抗,其有生力量

---

① 《南满人民革命军司令部关于最近活动情况报告》(1934年11月13日),载中央档案馆等编《东北地区革命历史文件汇集》甲20,第98页。

② 载辽宁省档案馆藏伪奉天军情情报摘录,辽特芬14目录案卷。

大批被消灭。许多充作战争炮灰的日本青壮年亡命东北大地。1934年11月21日,日本帝国主义者为"祭祀"亡命的前关东军司令官武藤信义等日本官兵的鬼魂,于"新京"举行所谓"忠灵塔纳骨"仪式。日本关东军菱刈隆司令官在"祭文"中说:"满洲事变迄今,历时三载有余,其辗转征战遍至全满,我英勇之先烈或战死敌人炮火之下或逢不虞之灾厄,致尸体暴露旷野者达二千九百余名……"[①]可以肯定地说,这个被大大缩小了的数字,即2900余名毙命的侵略者中,有许多就是在南满地区被杨靖宇指挥的人民革命军第一军独立师和抗日义勇军武装消灭的。

1934年反"讨伐"斗争取得胜利后,南满地区反日游击战争深入发展,一些抗日义勇军加入人民革命军,部队不断壮大。党领导的人民革命军第一军独立师成为南满地区反日游击运动的中心和主要力量。在这种情况下,部队的组织形式急需做相应的改变,以适应斗争形势发展的需要。

同年11月5日,在临江县二道四岔召开的中共南满第一次代表大会上,杨靖宇提议,于11月7日正式成立东北人民革命军第一军(军部和两个师)。

南满第一次党代表大会通过了杨靖宇的这一提议。1934年11月7日,杨靖宇在南满一次党代表大会全体会议上的讲话中痛陈日寇的强盗行径及民众的苦痛,报告了独立师在一年中的胜利斗争,最后庄严宣布在原第一军独立师基础上,正式组建成立东北人民革命军第一军。

杨靖宇选择11月7日这一天宣布成立东北人民革命军第一军意义深远。11月7日是一个值得纪念的日子,1917年的这一天,在以列宁为领袖的布尔什维克领导下的俄国无产阶级运用暴力革命手段,推翻了资产阶级统治,夺取了政权,建立了世界上第一个社会主义国家。选择这一天正式成立东北人民革命军第一军,意味着党领导的抗日武装要继承列宁的无产阶级革命的优良传统,克服一切艰难险阻,与凶恶的敌人——日本帝国主义及其走狗斗争到底,驱逐其出中国,夺取民族革命斗争的最后胜利,将来建设社会主义国家。

在大会上,杨靖宇宣布了东北人民革命军第一军的部队建制和组织领导机构。第一军正式成立时,军部下辖两个师,一个游击大队,司令部直属一个保卫队,一个教导团(下辖二个连)。两个师是在原有独立师各团和所收编的抗日义勇军部队基础上重新编制组成的。第一师由原三团、五团、东边道游击大队、少年营及三团游击连、红枪会为基础改编而成;第二师由原一团、少年营及江北游击连为基础改编而成。东北人民革命军第一军军长、政治委员由杨靖宇担任。政治部主任为宋铁岩、参谋长为朴翰宗、军需处长为马占源。第一师师长兼政委李红光、副师长韩浩、政治部主任程斌,军需与党务工作由韩震负责。第一师下辖第三、五、六团。第二师师长兼政委曹国安,参谋长李松波、政治部主任张云志,第二师下辖第七、八、九团。南满第一游击大队队长苏剑飞、政治委员王仁斋。教导团团长杨XX,政委安光浩。全军800余人,此外还有直接受第一军领导的抗日义勇军武装900余人。

东北人民革命军第一军正式编成后,各部队按所划游击区域实行分区作战。具体是:一师

[①]《盛京时报》(1934年11月23日)。

以龙岗山脉一带为后方根据地,在通化、柳河、清原、桓仁、兴京、宽甸、辑安、长白等地活动;二师以江南濛江、金川、抚松等地为后方根据地,在磐石、双阳、东丰、西丰、西安(辽源)、海龙、伊通、永吉、抚松、桦甸等地活动。杨靖宇率军部及直属部队——保卫队、教导团在临江、金川、濛江、通化、柳河等地活动,与第一、二师互相呼应,居中指挥整个南满地区游击战争之开展。

1934年11月下旬,日伪"讨伐队"陆续撤回。乘此之机,杨靖宇率军部直属部队及一师在通化三岔河,将伪满军邵本良部、伪公安队及日军守备队包围,经激战毙敌30余名。11月26日,杨靖宇率所部联合抗日义勇军"苏子余""四海山"等部,在柳河元宝顶子与日伪军交战数小时,毙敌5名。11月29日,杨靖宇率部300余人在金川三区与伪满军邵本良部激战。战斗中,杨靖宇率部于酣战之时,甩掉敌人,于晚8时又乘虚从西门一举攻进了邵本良老巢柳河孤山子镇。是时"枪声爆起,弹雨横飞,继之以炮声隆隆"。先是与伪满军三连接战,而后分股进入镇内。邵本良发现孤子山被袭,急忙带队返回。在十字街头,身边只有五名士兵的邵本良险些被人民革命军第一军击毙。此战进行2小时,毙伤伪满军20人,缴获一批军需品。之后,杨靖宇率队奔赴临江。12月7日,在秃尾巴沟与日军井上部队、伪满军二旅吕衡部队相遭遇,交战5小时。12月9日晚8时,杨靖宇率部在通化东北30公里地方与日伪军交战,致日军匹田伍长腹部受贯通伤。同日,杨靖宇所部约200名,于8时、12时、午后1时,连续三次袭击柳河三源浦,①与驻守当地的日伪军展开激战。驻山城镇的伪满军第六旅司令部闻讯派出日军伊藤中尉率40余士兵乘汽车前来增援,敌援兵到来时,我袭击部队予守敌打击后,早已无影无踪。12月15日晨,在临江石人沟又与驻临江八道江伪满军骑兵、伪警察队交战3小时。而后,杨靖宇率军部暨直属部队与一师分开,向金川进发,在金川县境龙岗山脉南侧热水河子、哈泥河等地活动。

东北人民革命军第一军在杨靖宇领导下,于反"讨伐"斗争中取得了一系列胜利,人民革命军第一军和杨靖宇的名字,在南满城乡大地几乎家喻户晓。抗日义勇军、山林队主动要求同第一军联合的也更多了。1934年12月29日,南满特委代杨靖宇在给省委的一份报告中写道:"我军来到东边道以来,在勇敢地多次击溃著名的强敌邵本良、廖旅部队,胜利地攻破16个城镇,多次与日本正式军队作战,取得光荣的胜利等影响之下,一般的抗日军下层与小帮抗日部队对我们的信仰是非常大。因此现在'老常青'、'四海山'、'赵参谋长'、'保国'主要部队及其他许多小部队更进一步接近我们,要求我们派人去领导改编"②。

1934年末至1935年春,日军和伪满军对抗日军民疯狂开展"大讨伐",磐石游击区广大群众被强迫归入"大屯"("集团部落"),他们原来居住的房屋被敌人纵火烧毁。为粉碎冬季"大讨伐",中共南满临时特委于1935年1月10日发出给各级党部和人民革命军全体同志信。信中强调指出:"我人民革命军军部及各师,应当站在主动的领导立场上,省委指出的

---

① 《大同报》(1934年12月14日)。
② 《杨司令关于军事及干部问题给省委的报告》(1934年12月29日),载中央档案馆等编《东北地区革命历史文件汇集》甲44,第239页。

粉碎敌人'讨伐'中心口号来尽量的号召各种抗日部队,订立具体的共同作战协定把一切抗日武装统一起来,团结起来,反击和粉碎敌人的一切进攻。"鉴于敌人"大讨伐",伴随实行"集家并屯",对于这种情况,杨靖宇认为:今后人民革命军的游击活动,应同抗日义勇军一起尽量向归"大屯"的地区和城镇附近地区拓展,破坏敌人的"集家并屯"政策,破坏敌人交通要道,攻袭敌人据点,不断地扩大游击区域。按照杨靖宇的部署,第一军一、二师分别在各自的游击区域机动灵活地开展起游击活动。

第一师,1934 年 12 月,在临江县秃尾巴沟与日军井上部队战斗后,在师长李红光率领下曾跨越坚冰封冻的鸭绿江,进入朝鲜境内,攻下罗山镇,受到当地群众热烈欢迎。人们杀猪做粳米饭慰劳人民革命军。一军指战员向群众宣传中韩联合共同反对日本帝国主义的道理,当即有十几名朝鲜青年加入人民革命军。一师指战员返回鸭绿江北岸后,于 1935 年 1 月 8 日,由副师长韩浩率领三团在通化二密河附近与日军胁坂支队一部及伪满军一个连,进行 4 小时激战。此战毙敌 11 人(其中日军 4 人)、伤 30 人(其中日军 6 人),缴获机关枪 1 挺、长短枪 10 支。战斗结束后,杨靖宇在龙爪沟召开庆功大会,表彰了第三团指战员。这次战斗,驻上海的东北协会机关刊物,曾予以报道,谓"义勇军首领杨司令率领义军 200 余名与胁坂支队井上队长所率倭队数十名、伪军一连大战于二密河交战四时许,日伪军不支,仍退待援军,义军亦退去。是役毙倭军甚众。"①1 月 24 日,第一师六团在大板石沟与伪满军交战。2 月 12 日,李红光率第一师一部再次跨过鸭绿江攻入朝鲜东兴镇。日本关东军报称"这是国境警备史上的空前事变"。3 月 8 日,第一师六团又在通化半截沟与驻柳河三源浦伪满军交战 4 小时。3 月 15 日,在柳河驼腰岭截击伪通化县长战斗后,李红光根据杨靖宇的部署率第一师一部向宽甸、本溪、兴京、桓仁一带拓展扩大游击区。当时第一师分成四个单独部队活动。第一师师长李红光率三团一部及少年连等,以柳河、兴京、清原等地为中心地带活动。副师长韩浩率三团一部及五团一部在兴京、桓仁一带为中心活动。第六团在通化、柳河一带为中心地带活动,第九连、十一连,另外一部红枪队在通化东部、金川南部后防地带活动,并专理后防事宜。南满第一、第二游击大队在濛江、抚松各单独活动,以便与第二师相配合。②5 月上旬,第一师准备组建骑兵队。师长李红光率队在兴京攻打了一日本人经营的伐木场,缴获骡马数十匹。5 月 11 日当部队向老秃顶子进发,行至兴京与桓仁交界的嘎叭寨老岭沟附近时与日军、伪警察队遭遇。战斗中,李红光身负重伤。战士将其护送至海清伙洛密营治疗,但因伤势过重,于 5 月 12 日不幸牺牲,年仅 25 岁。李红光是南满反日游击队创始人之一,他的牺牲使杨靖宇失去一位好战友。1938 年,毛泽东在与美国合众社记者谈话时,曾赞誉他为"东北有名的义勇军领袖之一"。③李红光牺牲后,由副师长韩浩担任师长,继续在桓仁、兴京、本溪、凤城一带开展游击活动。

第二师,根据杨靖宇的部署,在辉发江两岸抚松、桦甸、濛江地区与南满游击大队一起活动。1935 年 1~2 月间,由师长曹国安率领先在辉南、濛江县境活动。3 月,进至桦甸二道溜河、

---

① 《东北义军最近战况》。载《黑白半月刊》第三卷第二期(1935 年 1 月 30 日)。
② 《东北人民革命军第一军报告》(1935 年 4 月 29 日),载中央档案馆等编《东北地区革命历史文件汇集》甲 45,第 30 页。
③ 毛泽东:《同合众社记者王公达的谈话》,载《解放》(1938 年 3 月 5 日)第 22 期。

抚松三四区一带开展游击战争。在此期间，曹国安在抚松头碇子率部与南满第一游击大队（"苏营"）及义勇军"臣军"部成立联合指挥部。4月，第二师联合"苏营"及"臣军"部队以攻袭日本人经营的金矿为目标展开战斗。4月5日，攻克桦甸县夹皮沟日资大同公司经营的金矿，缴获步枪10余支，伪币数万元，金矿受到破坏。一周后，于4月12日又袭击了日资大同植产会社经营的桦甸老金厂金矿，毙伤日军五六人，烧毁了日军驻所、矿区建筑，缴获步枪10多支及部分衣物。战斗中二师队员牺牲两名，受伤两名。第二师在桦甸活动期间，还攻袭了桦甸红石碇子街，没收许多军需物品，在二道溜河地方进攻了两个反动"会房"，缴枪23支。这两次战斗后，许多青年加入二师队伍，使二师增加一个连的兵力。4月19日，第二师部队与南满第一游击大队（苏营）分头前去攻打抚松万良镇，途中被敌包围，南满第一游击大队队长苏剑飞在组织部队突围中牺牲。不久，杨靖宇得知苏剑飞牺牲消息，深为失去这位忠实的抗日英雄而备感痛惜。他号召抗日战士顽强战斗，为苏剑飞队长报仇。而后，把南满第一游击大队（"苏营"）官兵调至临江板石沟，经整训将这支队伍改编为军部直属第二教导团，由杨俊恒任团长，周建华任政委。

在第一军一、二师根据军部部署英勇地进行分区作战的同时，杨靖宇率军部直属部队也积极开展反"讨伐"对敌斗争。杨靖宇亲自指挥的军部直属部队以军部教导团为主。日伪资料记载："关于红军杨司令部队的情况：杨司令直接率领的部队是以保卫队、教导队、研究班、宣

巴黎《救国时报》关于杨靖宇指挥第一军战士活捉伪通化县长的报道

传队、炊事班组成的，总人数为一百一十名。装备方面，有两挺轻机枪，一挺平均子弹二千发，其部队中，持有长枪的五十名，持手枪和长枪的四十名，一支长枪平均有二百发或三百发子弹。"①《东北人民革命军第一军报告》记载，"军部教导团战斗力最强，"战士及指挥员一闻枪响或有工作，即欢喜之至，英勇前进，自动冲锋""经常胜利作战，每战必冲锋，是敌人最怕的部队。"②1935年1月10日晚，杨靖宇指挥军部教导团100余人在临江红土崖设伏，袭击赴濛江

---

① 伪满军政部军事调查部编：《满洲共产匪之研究》，第230页。
② 《东北人民革命军第一军报告》（1935年4月29日），载中央档案馆等编《东北地区革命历史文件汇集》甲45，第29、32页。

换防的伪靖安军李寿山部混成第五旅第五团骑兵连（50余人）。翌日下午，当毫无防备的敌人陷入我军埋伏圈内时，杨靖宇发出攻袭号令，骤然枪声四起，一些敌人当即毙命、受伤。而后，第一军军部教导团战士勇敢冲向敌阵与敌人展开白刃战，敌军不支，伪满军正副连长等20余人纷纷举手投降。此战，毙敌19人，伤敌10余人。缴获敌人手提式机枪1挺、步枪30余支、望远镜1架、战马40余匹。战斗中，军参谋长朴翰宗不幸牺牲，时年仅24岁。朴翰宗是杨靖宇得力助手之一，他的牺牲使杨靖宇十分悲痛。

为给朴翰宗参谋长报仇和组建骑兵队，不久，杨靖宇率军部直属部队在临江一日本人经营的伐木场缴获大量马匹，使军部直属部队队员都骑上膘肥体壮的高头骏马，原军部直属的保卫队和教导团的两个连扩充为骑兵教导团。随即，杨靖宇率所部利用骑兵能快速前进、转移的特点，纵横驰骋，游击各地，征讨敌人。此期间，曾联合义勇军共1100名于临江一带，与1500名伪军在七日内展开九次战斗，致伪满军死伤百余人。不久，在金川大荒沟与敌人展开战斗，而后向西行进，在通化六区一带破坏敌人交通，打击日伪统治。对此，日伪在《盛京时报》发表评论称："东边道通化地带近来红军匪帮益形猖獗，虽经剿匪军警一再痛剿，奈该等匪徒愈来愈众。日来更形炽盛，现将东边道山城镇至通化间唯一之交通孔道长途汽车隔绝停驶。"①

1935年2—5月，日伪当局连续展开了第六、七两次东边道"大讨伐"。参加兵力有伪满军混成第二、三、四、五、六旅及第一教导队骑兵团共6000人，东边道"讨伐"司令部设在通化，司令官为王殿忠。在反"讨伐"斗争中，杨靖宇率部与敌人展开多次战斗。

3月，正值春暖乍寒时节。杨靖宇与李红光率一师部队在柳河至通化公路上，截击了伪通化县长徐伟儒。徐是铁杆汉奸，为人狡诈，作恶多端，是日寇忠实走狗。他经常以私通"土匪""给胡子上子弹"为名欺压、迫害百姓，为民众深恶痛绝，人称"徐老狗"。3月8日，徐应召参加在"新京"（长春）举行的悼念毙命于"讨伐"战场的日伪军亡灵的所谓"慰灵祭"大会。地方群众得到这一消息后，急速通知第一军部队。为了干掉"徐老狗"这个汉奸，为地方铲除这个祸害，杨靖宇决定在其返回时在通化至柳河之间的汽车路上截击他。之后，通过查访探知徐伟儒在山城镇下火车改乘汽车回县的确切日期，杨靖宇与第一师师长李红光便率部在其回返必经之地——柳河县驼腰岭设下埋伏。3月15日上午8时，当徐乘车行至柳河县驼腰岭时，遭到杨靖宇所率事先埋伏好的第一军一师战斗员的袭击。伪县长徐伟儒和伪警务局官吏加藤富雄等被俘。同车返回的19名伪警察被解除武装。伪县长徐伟儒当即被人民革命军枪毙。当地老百姓和抗日义勇军得知徐老狗被枪毙这一消息后，皆拍手称快，都说："杨军长的队伍真是打日本子的，给地方除害的，抓住徐老狗，想要什么都能得到，可却是什么都不要，为了执行群众意愿，听取群众呼声，把汉奸'徐老狗'枪毙了。"②

3月22日，杨靖宇率骑兵教导团一部80余人采取化装袭击战术，再次进攻了临江县红土崖街。战斗中，将该镇伪公安队50名敌人全部俘虏缴械，另外缴获80余发迫击炮弹及许

---

① 《盛京时报》（1935年1月26日）。
② 《东北抗联第一军英勇战绩之追述》，载巴黎《救国时报》（1937年10月15日）。

多军需物品。此战使远近敌人如惊弓之鸟,害怕说不定何时红军就要来到眼前,被缴械、被俘虏。3月28日,杨靖宇率军部教导团200余名,向金川方向前进,在八里哨附近与一股伪满军展开战斗。3月30日,又在大椅山与敌人战斗大半天。之后,活动在金川八马桥子、大荒沟、北岔子沟一带。4月中旬,杨靖宇率队在临江珍珠门、金川夹皮沟与伪满军邵本良部先后交战2次。而后,杨靖宇率部进入桓仁、兴京县境活动,与日伪军作战数次,每次都使日伪军遭受一定损失。

在反"讨伐"斗争中,第一军所到之处,敌人闻风丧胆。驻守在南满的敌人在杨靖宇指挥的第一军的打击下,情绪极度沮丧。在1935年4月29日人民革命军第一军给省委的一份报告中谈及敌人士兵情绪时,这样说道:"他们(按,指伪满军)一方面怕我军战斗力,另外抱着极大的同情,不愿进攻我们。邵本良部士兵连夜追击我军,疲惫不堪,士兵公开骂邵本良。他们抓农民代为背枪,说,'这枪送给红军去,人家才是中国人'。""由于军部教导团不断解除满匪军的武装,俱着军服经常在大屯中活动,吃的亦较好,并累次发奖金及津费,队员零用钱及烟卷经常有,物质生活不感何等困难。"①这是同一报告对杨靖宇所直接率领的军部教导团物质生活状况的描述。东北人民革命军第一军各部在杨靖宇的指挥下于1934年秋冬至1935年春在南满大地分区开展的反"讨伐"斗争取得了很大成绩。终使敌人布置的东边道第五、六、七,三次"大讨伐"归于破产。敌人亦不得不以赞叹的口吻承认道:"第一军总司令杨靖宇(满人)有才干,是真正有将才的人物。"②

五、团结义勇军扩展游击区

1935年4—5月间,南满大地正是东风送暖、杨柳抽芽、绿满青山的季节。这期间,杨靖宇率领军部直属部队和第一师教导团及一师三团一部正在辽东的兴京、桓仁县境开展游击活动。

此次杨靖宇率部进至兴京、桓仁,其目的是团结活动在那里的抗日义勇军开展游击战争,扩大游击区域,进而由兴京、桓仁继续向本溪、凤城、宽甸等地发展,建立辽东抗日游击区、根据地。

辽东地区政治地理位置十分重要,日本侵略东北的交通命脉安奉铁路(丹东至沈阳)在这一地区,因此,这里一直被视为是战略要地。杨靖宇认为,如能在此地区开辟游击区域,则是如同在日本殖民统治的心腹之地插上一把锋利的尖刀。

游击区域的扩大,是通过开展游击战争和团结联合抗日义勇军共同进行斗争而实现的。4月,杨靖宇率军部直属部队70余人在桓仁砬子沟与日伪军400余人交战,日伪军死伤60余人。我军牺牲5人,而后又至通化二密河与伪军300余人展开战斗,敌死伤20人,我军牺牲、负伤3人。5月5日,杨靖宇率军部直属部队300余人将距兴京约20里的东昌台街攻下,

---

① 《人民革命军第一军报告》(1935年4月29日),载中央档案等编《东北地区革命历史文件汇集》甲45,第31页。
② 伪满军政部调查部编:《满洲共产匪之研究》,第230页。

击伤伪警察署长,缴伪公安队枪械20余支。5月中旬,在兴京罗圈沟附近,与伪满第一军管区所属步兵部队激战七小时。之后,又在二道荒岭、三道沟、砂子沟、大青沟等地与"讨伐队"展开多次战斗。抗日义勇军"灯桔好""青山好"等在人民革命军影响、推动下,也打下了响水河子街等地,缴获许多枪械。"我军给邵本良(满洲国最出力的走狗)队以最大打击(打死人数不详)前后打死日匪20多名。"①杨靖宇率部积极开展抗日游击战争取得的胜利,给兴京、桓仁一带的抗日义勇军以很大影响,使他们通过耳闻目睹,认识到人民革命军第一军这支共产党领导的部队是真正的抗日队伍。

与此同时,杨靖宇继续积极做团结、联合抗日义勇军的工作,并取得很大成效。

当时,兴京、桓仁、本溪等地,还有唐聚伍的民众自卫军余部在坚持活动。对于这些抗日部队,杨靖宇指示第一军一师等部,要与之亲密联合,团结他们,枪口一致对外,共同打倒日本帝国主义。经过多方面艰苦努力的工作,从1934年秋冬至1935年上半年,民众自卫军余部,以及活动在这一带的许多抗日义勇军,都先后与第一军建立了友好合作关系,有的接受了第一军的领导或收编,直接参加到抗日联军总指挥部中或人民革命军第一军部队中来。如自卫军七团杨树汉率所部数十人,在朝阳门加入人民革命军第一军,杨树汉被任命为第三支队长;自卫军第六梯队司令马效先率百余人,在兴京、通化毗邻处头棚甸子加入第一军,马效先被任命为第九支队长;自卫军李春润部参谋长苏子余率百余人,在红庙子也加入第一军,以后,苏子余被任命为一师八团团长。桓仁铧尖子一带大刀会首领李向山(原桓仁县铧尖子三乐学校校长)率五六十人加入第一军一师,李向山被任命为第一师副官。

1935年4月,第一军一师副师长韩浩,奉杨靖宇之命与该部副官李向山率队在桓仁西部活动。当地许多人在李向山影响之下,前来参加人民革命军第一军。当时枪少人多,不能吸收更多的人加入部队。这时,一位大刀会法师找到副官李向山,提议成立一个"大刀会"。这位法师自告奋勇,由他帮助训练,并说"大刀会"战士吃上符,记熟咒语之后,上战场"刀枪不入",百战百胜。刚任一师副官不久的李向山过去也任过"大刀会"首领,知道大刀会的主要武器是大刀片,成立"人刀会"既不用向战士们发枪械,又能将群众组织起来,开展抗日救国斗争,这是件好事。于是便请示了韩浩副师长,韩浩表示同意成立"大刀会"并由这位法师训练。之后,近百人的"大刀会"便成立起来了。4月末,在桓仁县铧尖子西部的黄坑地方,大刀会与日军守备队展开一次战斗。开始时,四五十名敌人被英雄的"大刀会"战士揍得到处逃窜,后来敌人稍作整顿,架起机枪向追赶而来的"大刀会"战士猛烈射击,结果许多以为喝过符水、念过咒语,便"刀枪不入"的"大刀会"战士牺牲了。以后杨靖宇知道了这件事,感到"大刀会"战士英勇斗争精神虽值得赞扬,但这种迷信硬拼的做法是错误的,实不可取。他严肃地批评了韩浩副师长说:"这种原始的做战方法,咱们以后不能再用了。我们是共产党领导的人民军队,绝不能拿战士们的生命开玩笑,我们要爱护每一个战士的生命,珍惜战士们的勇敢精神。"他决定从现在起停止"大刀会"和敌人硬拼的做法,马上解散"大刀会",将该部整编后并入一师四

---

① 《中共南满特委的报告》(1935年6月30日),载中央档案馆等编《东北地区革命历史文件汇集》甲33,第119页。

团。杨靖宇关怀、爱护战士，教育干部要讲求斗争策略，避免战士们遭到无谓牺牲之事，使大刀会法师和大刀会成员深受感动。

对于活动在兴京、桓仁、本溪一带的山林队，杨靖宇也本着团结、联合的原则，争取他们参加抗日阵营。杨靖宇率队来到桓仁、兴京后，将活动在平顶山的山林队"大喜字"（赵文喜）编为桓兴农民自卫队，加入了人民革命军第一军行列，后并入一师四团。随后加入第一军的还有"于胜武""保国军""占中央"等山林队。活动在红庙一带的十几支山林队，也纷纷前来与杨靖宇所率部队"碰马"（按，即乘马相会结拜，谋求联合之意）。1935年5月，杨靖宇在兴京县查家堡子召集十几支山林队首领开会，向他们阐述党的抗日统一战线政策，并将这些山林队编成一个游击大队，下设四个中队。一中队长"四海山"、二中队长"文明"、三中队长"得胜军"、四中队长"天良"。以后又陆续联合了"青山好""日落好""大南洋""占三江""上山好""小白龙""山国军""老北风""朱海乐"等。

在团结、联合抗日义勇军、山林队共同对敌作战，扩大游击区斗争中，杨靖宇与一些抗日义勇军、山林队首领建立了深厚友谊。

朱海乐原是贫苦农民出身，为生活所迫，拉起由150人组成的"绺子"，打家掠舍，杀富济贫。这支山林队曾同日伪军打过几仗，因势孤力弱都失利了。朱海乐得知人民革命军第一军经常打胜仗，内心十分敬佩杨靖宇。杨靖宇为团结更多义勇军、山林队共同抗日，主动前来与朱海乐会见，向其宣传"国家兴亡，匹夫有责""团结一致，共同对敌"的道理。

杨靖宇诙谐地对朱海乐说："你姓朱、我姓杨，咱们是'猪羊'一圈，日本霸占咱东北肯定是要既杀猪（朱）又宰羊（杨）啊！"又说，"只要我们各股抗日队伍团结起来，抱成一个团，拧成一股绳，人多势众，力量增强，就能够打败日本鬼子！"

说罢，杨靖宇让随从人员拿两支步枪赠送给朱海乐，权作见面礼，鼓励他与人民革命军一起联合抗日。

朱海乐见杨靖宇诚心诚意，讲求义气，深受感动。他看到杨靖宇使的是一支旧三号匣子枪，便说："杨司令，我用的是大镜面匣子，它大狗头，通天档，金机满槽，打起来百发百中，是我心爱之物。可惜，这支枪在我手里没有多大用途。今天我送给您，表示我抗日心意，请司令收下。"

杨靖宇说："朱团长太谦虚了，我只收下你决心抗日的诚意，这支枪在你手中一样有用"。

朱海乐见杨靖宇不肯收他的枪，就说："如果杨司令不收我的枪，那就是看不起我朱团长"。

在朱海乐一再要求之下，杨靖宇感到盛情难却，只好将枪收下。然后，杨靖宇解下自己的匣枪说："既然这样，我们就把自己的枪作为团结抗日的信物，互相交换，留做纪念吧。"朱海乐感到杨靖宇十分仗义，便高兴地收下了杨靖宇的匣子枪。

此后，杨靖宇与朱海乐换枪建友谊的佳话在义勇军、山林队中广泛地流传开来。①

在杨靖宇所团结、联合的抗日义勇军中还有一支令人注目的队伍，即朝鲜革命军。这支活动在东边道的队伍是梁世凤领导的，约有400余人，亦称韩国独立军。1934年2月，杨靖宇

---

① 张泉山回忆：《杨军长的枪》，载中共本溪市委党史资料征集办公室编《兴京抗日烽火》。

在临江县城墙砬子组织的抗日联军总指挥部刚成立,梁世凤听到了这一消息后,即派四名干部前去联络,希望杨靖宇所领导的人民革命军第一军早日南下,以便实行联合。5-6月间,杨靖宇曾派人到兴京梁世凤领导的朝鲜革命军驻地,与其研究联合作战问题。拟于7月初联合攻打兴京县城。7月2日,梁世凤率队与杨靖宇所率部队及抗日义勇军苏子余部密切配合,攻克了兴京县城。不幸,同年9月,梁世凤被敌人所派特务奸细杀害。梁世凤牺牲后,朝鲜革命军仍与第一军司令部联系共同作战。人民革命军第一军司令部一份报告中载:"朝鲜革命军是过去国民党领导下的(现改朝鲜革命党)我军司令部第一次在兴京和他们的司令××接头,在政治上对我们主张十二分欢迎,并要联合作战。这次我司令部赴兴京,他们的司令已被日本利用投降抗日军(在东洋大甲子)枪杀了。他们已派代表和我司令部联合作战,人数大约最少二百名(不详)。"①1935年5月,杨靖宇率人民革命军第一军军部直属部队又来到兴京、桓仁一带活动。为共同对敌,人民革命军第一军与朝鲜革命军建立联络,订下了攻守同盟。此后,两支部队关系非常密切。朝鲜革命军与第一军一师,曾在兴京红庙子、响水河子,通化二道沟等地,共同与日伪军展开战斗,取得一系列胜利。

在团结、联合抗日义勇军、山林队与敌人进行艰苦斗争中,杨靖宇逐渐积累了许多对于不同敌人采取不同政策的经验。当时对付敌人政策主要是:对日本侵略者予以坚决打击,见一个消灭一个。对伪满军警中顽固分子、宪兵、特务能够打死就毫不留情地打死,因为这些人为虎作伥,帮助日本侵略者残酷统治中国广大老百姓,战士们对其有刻骨仇恨。所以,战斗中打死最多的是日本侵略者和伪满军警顽固分子。

对于伪满军警中的动摇中立者,则是积极进行分化瓦解工作,促使其倒戈哗变。对伪满军中下级民族自尊心尚未泯灭的军官则进行教育争取工作,利用其为抗日斗争服务。如驻在辑安双岔河的伪满军三旅一团三营六连连长林进忠,一次战斗中曾亲自释放一名被俘虏的第一军战士。杨靖宇认为林连长有民族意识,为争取教育林连长,便亲自给他写封信,讲到那名被释放的战士已回到部队,对其正义行动表示感谢。信中,杨靖宇对林连长进行抗日爱国教育,让其保持中国人应有的良心,要有民族气节,并希望他能与红军保持联系。林连长收到信后,受到教育启发,认识到杨靖宇领导的武装才是由真正的有血性的中国人组成的抗日武装,从而对杨靖宇产生敬意。以后这位林连长与杨靖宇领导的部队建立了联系,曾多次递送敌人"讨伐"行动的情报,救护红军伤员,为红军送子弹和衣物。一次,杨靖宇派人对林连长说这一阶段部队缺乏匣子枪和机关枪子弹。林连长得悉后,派其可靠的联络员为杨靖宇所部送去匣子枪弹150发,机关枪子弹1500发。

1935年5月,杨靖宇指挥军部直属部队联合抗日义勇军攻打兴京县东昌台街之后,奔赴桓仁县境活动。5月16日,杨靖宇所率骑兵教导团,在桓仁铧尖子附近歪脖望地方,遭到日军守备队一部和伪满军廖旅千余人包围。教导团300多人的骑兵部队,因有100来人被抽出看护马匹,仅有200多人参加战斗,敌我力量对比悬殊。在突围战斗中,杨靖宇命令战士们抢占

---

① 《南满人民革命军关于司令部最近活动情形报告》(1934年11月13日),载中央档案馆等编《东北地区革命历史文件汇集》甲44,第203页。

各山头制高点,并向敌人展开政治攻势,于是战士们高喊:"日本人屠杀中国同胞,你们为什么帮助日本人?"高呼"中国人不打中国人"等口号,唱起瓦解伪满军士兵的歌曲:"满洲士兵弟兄们,眼看立了春,大家提精神,快快反正杀敌人,别在梦中睡沉沉,日本是仇人……"伪满军廖旅士兵听后,受到感召,便不打了,所放的几枪也只是打"朋友枪"(把枪口抬高,朝空中放)。

原来,这支伪满军曾与人民革命军第一军骑兵教导团作过战,深受其爱国主义精神影响。他们听到战士喊话、唱歌后问道:"你们真是红军吗?"第一军战士举起红旗做了肯定的回答。这部伪满军看见红旗相信是红军,便申明不打了,并要求第一军派人前去接头。随后第一军部队派出教导团连长许国有前去联系。许连长向伪满军连长进行抗日救国宣传,伪满军连长说:"咱们都是中国人,我们投降鬼子也是没法子……""他表示接受教育,提出保证不打红军,天黑后红军可以从他们控制的一小山沟撤出。此时,从二户来方向开来两辆满载日军的汽车,这伙日本兵一下汽车便随伪满军之后往山头冲来。根据杨靖宇的部署,军部教导团集中力量打击冲上来的日军,敌人往山上爬时,战士们就用滚石头砸,走近了就是一阵排枪,打得敌人丢盔弃甲。同时,用一个排监视伪满军廖旅的行动。受第一军抗日救国政策感召的伪满军连长见日军向山头猛冲,便下达命令让自己的部队用机枪向日本兵冲来的方向射击,并冲下山去。他们见到日军后伴称:"红军冲下来了,千万别往山上去,避免危险。"日军听见后不敢上山,我军安然脱险。①原来天黑后,杨靖宇命令部队突围。第一军军部骑兵教导团在杨靖宇指挥下,从那位伪满军连长说的小山沟,牵马携枪,神不知、鬼不觉地平安地冲出敌人的包围圈。第二天天亮,日军一军官来到第一军曾占据的那个山头,见无第一军踪影,十分不解地说:"杨靖宇哪里去了?难道他飞了?真是太诡秘了。"

由于杨靖宇广泛团结抗日义勇军共同作战,并采取灵活的对敌斗争政策,努力争取群众支援,其所率部队在桓仁、兴京一带影响日益扩大。杨司令的威名使敌人为之胆寒。1935年7月20日《盛京时报》,曾以《东边道红军兵力十万余人》为题报道说:"红军在东边道活动仍然甚强,据称其现在兵员在十万人以上……""对县内贫民努力救济扶助,绝无掠夺绑票事,实行红军政策……"这一报道中,所讲的我军人数虽然不确,但说明了抗日武装所具有的较大声势。对于人民革命军第一军的游击活动,日伪当局日感不安,他们派出大批"讨伐军"对其进行疯狂围剿。与此同时,还制造谣言:"杨司令受伤了",妄图动摇军心。敌人还施行诱骗伎俩,说什么红军战士把枪支交给"满洲国",每支枪给大洋25元至50元,发给"自新证",保证生命财产安全,妄图以此诱使人民革命军干部、战士向其投降。

这期间,为避开敌人"讨伐"进攻的锋芒,使部队适应桓仁、兴京山岳地带活动环境,行动方便,杨靖宇决定把部队的马匹通过地方关系卖掉,将军部骑兵教导团改为步兵。之后,军部教导团活动在桓仁海清伙洛一带。在此期间,军部教导团虽遭敌人六七次围攻,但在杨靖宇指挥下采取灵活机动的游击战术,巧妙与敌周旋,打死日军20余名。中共南满特委一份报告

---

① 《中共南满特委的报告》(1935年6月30日),载中央档案馆等编《东北地区革命历史文件汇集》甲33,第119页。

中说:"敌人便派大队来'讨伐',计日匪约千名,配合满兵很多,我军遂由马队换成步队,并化整为零,悄悄的脱出敌人包围圈,继续六七次大的作战,敌人老是有千名以上的包围,因满兵的同情,民众的拥护,游击战术的转变,我军未受什么损失。"①

1935年6月下旬,杨靖宇在金川河里召集第一军军部、南满特委及第一师师部联席会议,总结、检查、布置了第一师队内工作。悼念光荣牺牲的第一师师长李红光,号召第一军指战员学习他英勇抗日的革命精神。鉴于第一师师长李红光于5月12日牺牲的情况,杨靖宇决定由第一师副师长韩浩任师长,原政治部主任程斌任政委,原五团政委胡国臣任政治部主任。第一师大部分随司令部活动,活动区域为兴京、桓仁、宽甸、辑安、本溪一带,一小部分去清原、柳河、沈海铁路沿线活动。会议还决定派傅世昌(原团省委巡视员)等到兴京、桓仁一带建立一个由南满特委直接领导的中心县委。②不久,杨靖宇又派原三团政治部主任李明山、第一军女干部朴金花到桓兴县委工作,分别任县委书记、宣传部长,以加强党对这一新开辟地区群众抗日斗争的领导。

1935年6—7月份,杨靖宇因过于劳累,患病一个多月,这期间,他带病工作,又专门研究加强第二师工作问题。调第二师师长曹国安、参谋长李松波来军部进行训练数日,研究活动办法、领导方法、统一战线等问题。决定二师部队暂时分为两部分活动,一部分由二师参谋长李松波率领赴磐石、东丰、西安(辽源)一带活动;一部分由八团团长李永浩带领赴桦甸、濛江、抚松、长白一带活动。行前,杨靖宇专门对李永浩提出派人赴东满地区,打通与东北人民革命军第二军联络的任务。根据杨靖宇的部署,第二师在磐石等地与伪警察队交战毙伤敌人10余名。不久,李松波在桦甸红石战斗中牺牲。八团团长李永浩率队进至桦甸大蒲柴河一带,与第二军部队取得联络。

这期间,杨靖宇还处理了军部参谋高国忠欲脱离抗联队伍问题。高国忠是南方人,1934年省委派他到第一军独立师,以增强师部领导力量。省委曾指示,如果他表现积极性很好,可以担任师长。开始时,杨靖宇对他寄予厚望,同意其任独立师政治部主任。但由于高国忠没有坚定的革命信念,畏惧艰苦的游击战争生活,来队不久便多次以言语不通、东北饭吃不了为口辞,提出请假,想离开抗日部队。杨靖宇对其进行严肃批评教育后,军部党委调任其为后方总指挥。以后,他又犯有许多严重错误:一次他带队伍到临江红土崖,竟与伪满军接头,议定双方开枪佯装作战,将所捉一名小帮胡子枪毙,由伪满军割下脑袋,可给一军300发子弹。此事发生后,一些抗日义勇军说,红军出卖中国人脑袋给日本人,造成恶劣影响。他思想动摇,贪生怕死,公开散布说:"革命快完蛋了。"他无视部队规定的严格纪律,与一收编队队长之妻乱搞男女关系,影响很坏。为挽救他,经杨靖宇建议军部党委决定给他留党察看一个月、撤消后方总指挥职务处分,改任教导连教官兼参谋,以观后效。1934年12月29日,杨靖宇给省委

---

① 《中共南满特委的报告》(1935年6月30日),载中央档案馆等编《东北地区革命历史文件汇集》甲33,第120页。

② 《中共南满特委的报告》(1935年6月30日),载中央档案馆等编《东北地区革命历史文件汇集》甲33,第126页。

的信中说:"南方来的高同志来到南满后,为吃饭和言语困难关系,常提出要回省委的问题,并在实际工作中消极怠工。这次代表大会严重打击他不正确的观念,并决定暂时任训练教导连的教官。"对这一犯有严重错误的人,杨靖宇曾以极大的耐心对他进行批评教育。但高国忠对自己的错误缺乏明确认识,还是要求脱离抗日队伍。高国忠实属不可救药分子。为纯洁队伍,消除其影响,同年6月,部队党委在板石沟附近召开会议,根据杨靖宇的提议,将其开除党籍,开除队伍。(高离开部队时,杨靖宇考虑他的安全,还特意送他一支手枪,十余发子弹,望其好自为之。部队指战员常以此事赞赏杨靖宇为人宽厚,人格高尚,也常将杨与高相比,说都是省委派来的领导干部,而两人的思想品质、作风竟有如此天壤之别。)

1935年夏,由于杨靖宇及时果断地解决了军部参谋高国忠的问题,加强了队内团结和巩固,推动了团结、联合抗日义勇军工作的开展,使人民革命军第一军广大指战员斗志昂扬,士气高涨。第一军在杨靖宇指挥下,联合抗日义勇军与敌人展开多次英勇战斗。斗争的胜利打击了敌人,进一步拓宽了抗日游击区域。此时,杨靖宇所领导的东北人民革命军第一军全部活动区域,已由开始的磐石、伊通等五六个县发展到南满二十四五个县。杨靖宇领导的东北人民革命军第一军,已经成为南满地区各种抗日武装公认的领导核心力量。它的活动给身受日伪统治的广大南满人民带来了坚持抗战必能胜利的希望。

六、模范的政治工作者

有无坚强有力的政治工作,是中国共产党领导的人民军队与其他军队的根本区别之一。党领导的东北人民革命军普遍重视政治工作。而其中,杨靖宇重视政治工作,善于做政治工作又最为著名。

东北人民革命军第一军是政治上过硬,战斗力最强,密切联系群众,认真执行革命政治任务的人民武装。第一军之所以能成为这样一支武装,是与杨靖宇重视党的领导,不断加强部队内部党的组织建设、宣传教育、思想工作、群众工作、民族团结工作与抗日义勇军建立密切联系等政治工作分不开的。

首先,杨靖宇模范地、自觉地把自身置于党组织的领导之下,十分尊重省委、县委的领导。对于省委指示总是认真研究,结合斗争实际予以执行,并注意向省委汇报工作。对于县委,他也很尊重。他虽然是省委代表,但作为部队的领导者,他能够认真接受县委领导。1934年春,独立师党部曾向磐石中心县委汇报工作。之后,磐石中心县委于1934年3月10日给人民革命军第一军独立师全体同志发出指示信。同年5月5日,磐石中心县委直接给"老杨同志及人民革命军各级党部全体同志"发出第二次指示信,内中提出"红五月工作任务":创造新游击队,发动群众斗争,巩固和扩大人民革命军,开展义勇军下层工作,在各连建立军事研究班、识字班、唱歌班、读报组等。对于这一指示,杨靖宇在部队内进行了认真贯彻执行。在斗争中,游击区域和人民革命军得到了扩大。在5月25日磐石中心县委给省委的报告中说:"司令部政治部有专门的宣传队组织他们召集群众大会、发传单、贴标语、组织群众,有俱乐部工作,成立唱歌班、识字班、讨论会,业已进行工作。"关于抗日军工作报告中说:"在'臣军'、'两省'部队中已有党的小组","在江北三种游击队'双胜'、'双山好'等部队中有党的组织"。这些都说明,杨靖宇在独立师部队中贯彻了中心县委关于"红五月工作任务"指示,并在较短时间内取得了很好的实际效果。

杨靖宇遵循支部建在连上的原则,始终把部队内党组织建设工作摆在重要位置。他特别注意队内党的工作,教育干部战士认识到党是人民革命军的生命线和取得斗争胜利的保证。他曾对连以上干部讲:"打日本必须有正确的路线、方针和政策。这个路线已经有了,就是在共产党的领导之下,进行抗日斗争。"有一次,一个干部问:"共产党中央在关内,我们在关外,怎么能够领导上我们呢?"杨靖宇回答说:"只要我们执行党的路线、方针、政策,那就是在党的领导之下了。"

据统计,1934年春,第一军独立师有队员370名,其中党员78名,团员88名。师部设有书记1人,连建有党支部。各排和卫队连等建有党小组。1934年11月7日,东北人民革命军第一军建立后,军部设有党部,下属师、团均设有党部。各级党部及连党支部、排党小组,每月开会三次左右,讨论的问题除形势任务外,有群众工作,反日会、自卫队、抗日义勇军工作,还有伪军士兵工作等。当然也有的不能按时开会,个别也有党的生活不够健全的。但党支部建在连上,能够有力地发挥党对部队的领导作用,使加强部队的政治工作有了可靠的组织领导的保障。

杨靖宇强调党员必须发挥先锋战士作用,成为英勇战斗、遵守纪律和群众工作的模范。当时,出于保密需要,队内党团组织不公开,一般队员不知谁是党员,但其影响是存在的,党员能处处起模范作用,冲锋在前,退却在后,从每个人平时、战时的表现,可以看出谁是党员。在第一军1935年4月29日的一份报告中说:"军党部有书记一人,教导团中各连都有支部,能经常开会,自动讨论群众工作(组织反日会、自卫队、抗日军工作,"满洲国"兵士工作),队内检查等。党员大部没有公开。党在群众中影响——队员大都知道人民革命军是共产党领导的,是正确的;党团关系,他们不知道。"

依据加强部队政治工作的需要,杨靖宇根据中共满洲省委指示,在部队建立了政治部、政治委员及政治指导员制度。这一制度是党的政治路线在人民革命军中能够正确执行的可靠保证。在第一军中,杨靖宇亲自任政委。尽管他身任军长,军事斗争为其重要任务,军务繁忙,对外交往等方面工作也都要他出面去做,但他始终不放松政治工作。各师政委由师长兼任,军政治部主任一人,教导团各连都有指导员。使过去对于政治工作轻视、军事万能的观念有相当的转变。杨靖宇在所召集的各种会议上,及时地对政治工作经常予以指示,指明政治部应进行何种工作,明确政治工作的基本任务、目的和主要内容,以巩固党对人民革命军的领导,进而不断提高部队的战斗力。人民革命军中的政治工作,就要巩固无产阶级及其先锋队(共产党)在人民革命军中的领导。彻底执行反日反满的民族革命战争纲领,使之成为反日反帝民族革命,将来成为苏维埃革命的强有力的武装力量。政治工作的目的,是巩固人民革命军的战斗力,扩大反日反帝的民族革命战争。人民革命军战斗力的巩固和加强,不仅要依靠军事技术条件来决定,最主要的是要靠其民族革命的决心和阶级的政治觉悟、政治影响,发动和配合广大工农民众斗争,与瓦解敌人的军队,获得广大民众的拥护。在人民革命军中,无论政治的、军事的、党的和团的组织,都应当向着这唯一目的来进行工作。

根据《东北人民革命军及赤色游击队政治工作暂行条例草案》规定,政治工作的主要内容,是实施反日反帝的民族革命教育和无产阶级的阶级政治教育,使人民革命军的战斗员和指挥员了解其民族的阶级的政治责任,与敌人战争的意义,以及对于地方民众之民族的和阶级的友爱与仇恨,使每个战斗员成为最有纪律的自觉的阶级战士。为加强无产阶级先锋队(共产党)在人民革命军中的领导起见,在人民革命军中设立政治部、政治委员及政治指导员制度。它是党在人民革命军中政治路线及纪律的执行者。连是人民革命军基本战斗单位,在连一级与连同等的部队中设立政治指导员。连的政治指导员,是人民革命战斗员政治教育的指导者,担任政治教育的完全责任。政治指导员必须是中国共产党坚定、忠实、勇敢的积极党员,在自己一切工作中须坚决执行党的决议和指示,并巩固在战斗员群众中的领导作用。连政治指导员,不论在执行自己的任务上和个人的行动上,在行军、作战、集合、操演,均需做全体战斗员和指导员事实上的模范。政治指导员依照上级政治机关或政治委员的规定,指导排长及教授战斗员的政治课。政治指导员须组织读报组、识字班,这一工作由指导员自己担任或文字较好的战斗员来担任。政治指导员管理并指导列宁室或俱乐部晚会及壁报等工作。在队内干部极端缺乏的情况下,杨靖宇坚持选调政治素质好、斗争坚决、经过考验、有工作经验的同志从事政治工作。部队中,青年战士较多,为此,部队还专门成立了青年科,专做青年的政治思想工作。

杨靖宇特别重视加强部队的宣传教育工作。军政治部内专门设有宣传队,有队员八九人。他们承担召集群众大会、散发传单、张贴标语、教唱革命歌曲等任务。1935年7月,电影《风云儿女》主题歌《义勇军进行曲》传到东北后,全军普遍学唱。"起来!不愿做奴隶的人们!把我们的血肉,筑成我们新的长城……"这一高亢有力的歌曲极大地振奋了广大指战员同仇敌忾、百折不挠、勇往直前的革命精神。为加强对部队干部战士的宣传教育工作,在每次战斗开始前及准备战斗期间或战斗结束后的休整期间,杨靖宇总是要召开各种类型会议,如士兵会、代表会、干部会,对干部战士进行政治宣传教育。自贯彻执行中央《一·二六指示信》精神后,队伍不断扩大,队员成分也随之复杂起来,有不少义勇军、山林队和起义的伪满军士兵参加到部队中来。与此同时,他们也把一些打骂群众、随意拿群众东西、吸大烟、纪律松散等坏习惯、坏作风带到部队中。这无疑会影响部队的战斗力。对此,杨靖宇深刻地认识到问题的严重性。为彻底解决这个问题,克服这些坏习惯、坏作风,杨靖宇经常亲自向干部讲目前政治形势、任务、抗日斗争前途、组织纪律等问题,并通过代表会、干部会传达到整个部队。在战士中,经常召开各种讨论会。通过讨论问题,让战士发言,表达自己的思想,以提高他们的政治觉悟,坚定其抗日斗志,增强执行纪律的自觉性。除讨论会外,在各连、排还建立了识字班、研究组,采取运用《南满抗日联合报》《人民革命军报》等小报,开展读报活动等形式,提高干部战士的文化水平、思想水平。

据中共满洲省委宣传部1934年10月25日给中央宣传部的报告称:"在南满定期出版

三种报纸《人民革命军报》《青年义勇军报》《吉海路工人报》和两种画报《人民革命军画报》《青年义勇军画报》。"这些报纸和画报在群众和抗日义勇军中发行非常普遍，尤其是画报，编制和技术相当群众化、通俗化，在群众中很受欢迎，影响很大。

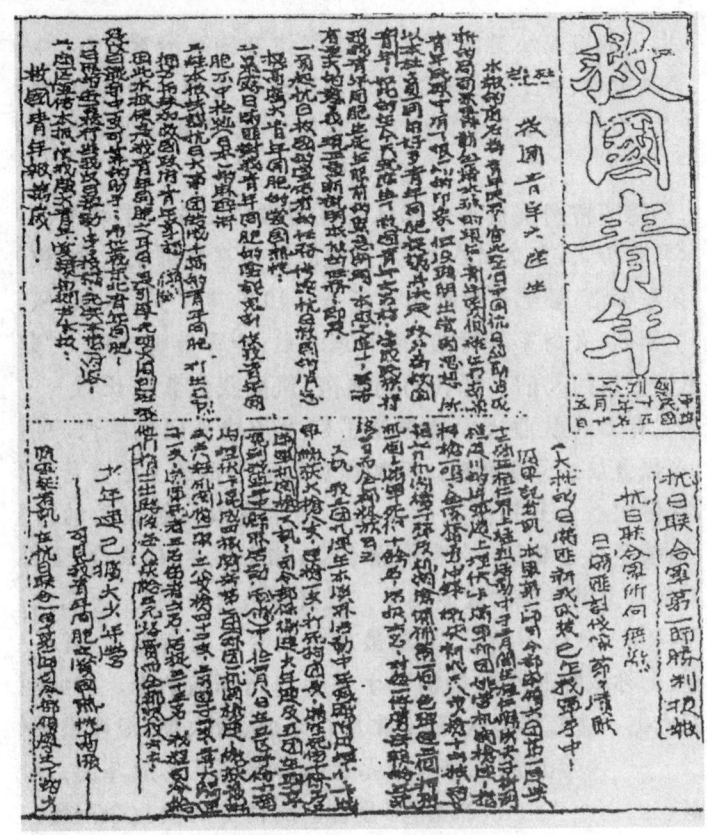

抗联第一军出版的《救国青年》报

杨靖宇对干部战士善于用启发诱导方式做思想工作。他态度和蔼，平易近人，从来不发脾气，不骂人，碰上无理可喻，使人没有办法的队员，他最多只说一句："你真糟糕"。这是他批评人说得最重的话。就是骂起伪满军队，也只是"这群狗崽子"这么一句话。对于遇到的一些问题，有些干部战士思想一时不通，他就耐心细致地进行说服，让大家讨论。在组织大家讨论问题时，他从不把自己意见强加于人，总是让大家充分考虑，从心里服气，自己打通自己的思想，直到解决问题为止。

1935年5月间，杨靖宇率军部骑兵教导团在桓仁、兴京一带活动。当时，大批敌人前来"讨伐"。为避开敌军进攻锋芒，使部队行动方便，杨靖宇决定把教导团所有马匹通过地方关系卖掉，用所得的钱款买枪支弹药。对此，许多干部战士想不通，舍不得把这些跟随自己征战近半年的马匹卖掉（这些马匹一部分是1935年1月在临江红土崖战斗中从伪满军手中缴获的，一部分是从攻袭日本人经营的伐木场没收的，还有一些是从林区购买的）。为了打通大家思想,杨靖宇首先召开了干部会议,先解决干部们的思想问题,然后再由干部做战士的思想工作。杨靖宇说:"骑兵适合大兵团平原作战,我们现在进行的是山地游击战争,不适合骑兵作战。因为马队速度快,很容易闯进敌人埋伏阵地,遭受损失。在战斗中,我们300多人的队伍,就要留下100多人看马匹,只能有三分之二的人参加战斗,这就减弱了战斗力量。行军中,骑兵也不容易保守秘密,一马嘶叫,别的马也跟着叫,这就会影响行动计划。而步兵可以神不知鬼不觉地在夜间行动,等敌人发现时,咱们已经到他跟前,可以打他个措手不及。"最后杨靖宇还说:"这是我的想法,请大家考虑利弊关系,讨论一下。"大家经过讨论,一致认为军长考虑得周到,有道理,便一致同意把骑兵改为步兵。

　　杨靖宇在部队做政治思想工作,从不搞空洞的政治说教,而总是把开展反日武装斗争与干部、战士、群众的切身利益联系起来。他讲的道理大家听到后,都感到入情入理,完全能够接受。此外,他还从关心干部、战士生活,解决实际困难入手,做干部、战士思想工作。杨靖宇的警卫员王传圣回忆,1936年春梨树甸子战斗后,他患了重感冒,浑身难受发高烧,不能随军上路了。杨靖宇便决定把他安排在一个十分可靠的老乡家里养病。六七天后,王传圣病情大有好转便急于找部队。他到军部后,杨靖宇问寒问暖,十分关心地询问他的病是否彻底好了,并让他好好休息一段时间,恢复身体健康。杨靖宇见他年纪小(当年16岁)怕他想家,便在吃饭时问他是不是想家,要是想家的话可以回去看看再回来。王传圣说:"我还是不回去的好"。杨靖宇问:"为什么"?王传圣说:"看见老人和妹妹心里肯定不好受。还是不回去为好!"杨靖宇说:"好哇,小王有志气,将来一定会成为一个很好的革命战士。"王传圣回忆道,杨司令善于抓住每个人的思想,根据你的表现教育你,鼓励你上进,帮助你及时克服缺点,发扬优点,而且使受教育者心悦诚服,使大家感到司令如同自己的兄长。[①]

　　杨靖宇还特别善于运用战士们在斗争中创造的英雄业绩、典型事例来鼓励人、教育人。这种方法效果很好。因为他讲的事情就是发生在战士们身边,大家都看得到,都十分清楚,感到亲切、实在。

　　一次战斗中,教导团机关枪连三排排长被日军守备队的枪弹打断左腿。当时,他痛得昏死过去。周围的同志以为他牺牲了,便用些树枝、野草把他掩盖起来,而后转移到别的地方。三天后,三排长被军部派出的侦察敌情的侦察员在部队所在地附近发现,并将他抬回来。杨靖宇得知这一情况后,立即带警卫员前去探望。三排长见到军长后,汇报说部队走后,下了一场雨,他被浇醒,发现自己被树枝野草盖着,知道是同志们以为他牺牲了,于是他决心找部队。一条腿断了,站不起来,他就顺着部队撤退的方向爬。一路上淌了许多血,疼昏了好几次。最后怎么回到了部队自己也不知道。

　　杨靖宇听了三排长的讲述后,十分激动,他找来军医处长徐哲,让给他检查治疗。经检查,三排长的左腿骨被打断,伤口已经溃烂。徐哲说为使三排长早日恢复健康,需要锯掉半条腿,不然整个左腿都保不住。杨靖宇同意徐哲的意见,将三排长送往后方医院进行手术治疗。事后,他用三排长的事迹多次对教导团干部战士进行教育。杨靖宇讲:"一条腿完全断了的

---

① 王传圣回忆录:《风雪长白山》,吉林教育出版社,1992年版,第73页。

人,能爬回部队,这是多么不可想象的事啊!可我们的三排长做到了。三排长是一个坚强的战士。他坚信一定能找到部队。有了这种精神,他就能克服种种困难,不管伤腿的疼痛,不管饥饿、疲劳,一直爬回部队。他是我们部队学习的榜样,是我们抗日的英雄。"三排长的事迹给同志们以极大鼓舞。大家听了杨靖宇的话,都决心以三排长为榜样,树立抗日到底的坚定信念,克服斗争中遇到的各种困难,争做抗日英雄。

杨靖宇非常爱护战士,视战士如兄弟手足。一次,少年营战士王文清去探听敌人消息,不幸被敌人抓住。敌人残酷地用火红的烙铁烙他,逼迫他承认是红军。但他拒不承认,敌人没办法终于把他放了。就在这位战士外出的六七天中,杨靖宇时常挂念说:"小王这些天还没回来,一定是没有了。"他脸上呈现出哀戚的表情。后来小王被一位与其相遇的战士背回部队,杨靖宇见到小王十分高兴。他看到小王屁股上被烙铁烫的尚未愈合的伤口,竟心疼地流下眼泪。小王在部队养伤期间,杨靖宇亲自为他上药,有时还给他端屎、揩屁股。他对敌人用残酷的非刑迫害少年营战士十分愤恨,并对伤员们讲:"打蛇不死,反被蛇咬;打虎不死,虎就伤人",以此教育战士们要彻底消灭敌人。

杨靖宇在部队中事事以身作则,注意严格要求自己。他作为一名共产党员,无论在何时何地、何种环境中,从来都遵守党组织的指示,遵守党的纪律、贯彻党的决定,从不计较个人利益、个人兴趣、个人安危。在长期独立做领导工作之时,他注重集体领导,发扬民主,工作极端认真负责,从不把自己的责任推卸给别人。他作为一名领导者、军事指导员,凡要求干部战士做到的,自己首先做到。对干部战士不完全靠命令,而是以自己的模范行动——无声的命令,影响全体官兵。他无自己的特殊嗜好和追求,在部队中他与战士同甘共苦。在极艰难困苦之时,没有任何同志在任何时候看见过他愁眉苦脸、在困难面前低头。杨靖宇身为领导,每天工作繁忙,有时连续数日不得休息。他身边的战士向他提意见,希望他爱护自己的身体,好带兵打仗。他却笑着说:"你们提的意见很好,我完全接受。不过我认为,我身体还强壮得很,多做些工作,还是应该的。"他从不摆司令架子,关心干部、战士远胜于关心自己,和战士们同呼吸共命运,同吃、同住、同战斗,团结一起,打成一片,因此深受广大战士们的尊敬和爱戴。一位抗日联军老战士回忆道:"杨靖宇同志对内叫军长,对外叫司令。据传他姓马,高个子,身体较瘦,瓜子脸还沾点四方,白脸皮、大眼睛、高鼻梁、口音轻、河南口音。春秋穿缴获日本呢服经过改装的衣服。夏天常穿绿色单军装,头戴军帽,冬天好穿青色棉衣,外披黄呢子大衣,随身带着一支匣枪。他走到哪里,只要饭做好,就在那里和战士一起吃,战士吃整高粱米、整苞米,他也吃整高粱米、整苞米,从不搞另样的饭菜。对于要做什么事情,总是简单地说一说目的、干法,说完就干。真正是做到简单而又精炼,从不讲车轱辘话。总之,他既是军长也是战士。"①

加强部队内部领导的团结及汉族与朝鲜族干部、战士间的民族团结,是杨靖宇开展政治工作的一个重要方面。杨靖宇十分注意加强军师团级领导干部的团结,共同战斗。他对各级干部要求严格,同时也予以关怀体贴,使之能紧密地凝聚成一个坚强的领导集体。在第一军

---

① 《王洪文回忆》,载中共本溪市委党史资料征集办公室编《兴京抗日烽火》。

中有许多朝鲜族干部、战士。他们许多人是因不堪忍受日本帝国主义的奴役与压迫,随父兄由朝鲜迁居到东北来的。九一八事变后,他们积极响应党的号召,投身到反抗日本帝国主义侵略的斗争中来。为反对共同的敌人——日本帝国主义,杨靖宇特别强调民族团结,教育汉族干部、战士要克服大汉族主义,与朝鲜族干部、战士相互间要像亲兄弟一样,不分彼此。

一次,部队中汉族战士与朝鲜族战士因有神还是无神的问题产生了争论。事情的经过是这样的:部队行至临江县小荒沟金山庙,第一师两名朝鲜族战士在庙上小便,还往烧香的香炉里拉屎。事情被汉族战士知道了,很不满,说他们亵渎了神灵。而朝鲜族战士说根本就没有什么神。汉族战士说有神,如果无神,人们怎么都说关公会显灵呢?双方争论得面红耳赤,没个结果。这时有人提议请杨司令说说吧。杨靖宇听到后,沉思一会说:"有神也好,无神也好,都可以讨论。但千万不要因这件事影响团结。事实上,当然无神。神是人造出来的。但我们现在马上灭神还不行。中国人有几千年信神的习惯,你们那样做——往庙里大小便,老乡会反对我们。"说到这时,他举例说:"我们在这一带活动的队伍和群众关系都很好,三团在南山打仗,一位姓张的老太太手拿成股的香到金山庙去烧,保佑抗日部队打胜仗,还许了一口猪的愿。从这件事上看,如果张老太太知道我们有人往庙里大小便,肯定会反对我们的。"听到杨靖宇这么一说,那两位朝鲜族战士知道做错了,赶紧去金山庙把香炉里的脏物收拾掉,汉族战士也明白了世间无神的道理。一场争论停止了,汉族、朝鲜族战士亲密团结在一起。

杨靖宇在不同的场合曾多次谈及"在开拓东北革命方面,朝鲜人的功劳很大"[①]。他特别强调中朝人民要紧紧地团结在一起,与日本侵略者进行英勇顽强的斗争。在这方面,杨靖宇堪称是民族团结的表率、模范。他对朝鲜族同志,因为他们性格耿直、作战勇敢、守纪律、能吃苦、更是格外敬重。因此,他十分注意提拔任用朝鲜族干部。在第一军正副师、团、连、排长中,有许多人是朝鲜族同志。在1934年5月25日磐石县委给省委的报告中这样记载人民革命军第一军独立师干部情况:"司令部——司令杨靖宇、参谋长李红光(韩人)、政治部主任老高(中人)、军需处马占源(韩人)、党书记韩震(韩人)、副官崔永基(韩人)、宣传部王同志(中人)、传令兵四人(中韩各半)。""一团干部,一团长衷,政委闫(过去朴一韩人)、参谋长李松波(韩人)、副官郑秀勇(韩人)、党书记安同志(韩人)、一、三连长(中人)、一、三连政治指导员都是韩国同志。三团政委曹、团长韩浩(韩人)、政治部主任李明山(韩人)。"根据这个记载,可知独立师司令部11名人员,有朝鲜族同志6人,超过50%,团连级干部中,朝鲜族同志也不少。

杨靖宇与独立师参谋长李红光(后任一师师长、朝鲜族)更是亲密无间。他们二人经常在一起研究工作,讨论问题,部署、指挥战斗,相互帮助,情同手足。在讨论问题时,他们二人都能做到开诚布公,各抒己见,把意见摆到桌面上来。但有时也发生一些意见冲突,产生一些矛盾,同志们反映"师党部内参谋长常有干涉杨同志领导权力,有时起感情上纠纷。"[②]但杨靖宇并不计较这些,依然十分尊重李红光,注意听取他的意见,交流看法,最后达到思想统一,意见

---

① 金日成:《与世纪同行》第2卷,朝鲜外文出版社,1992年版,第62页。

② 《关于司令部最近活动情形的报告》(1934年11月13日),载中央档案馆等编《东北地区革命历史文件汇集》甲20,第102页。

一致。李红光是一员战将,他和杨靖宇一样在南满抗日部队中有很高威望。在民众中流传有:"日本鬼要挨枪,出门碰着李红光;日本鬼运不吉,出门遇上杨靖宇"的民谣。1935年5月,李红光在兴京嘎叭寨老岭沟与日军、伪警察队交战中身负重伤而后牺牲。杨靖宇得知这一消息后,感到十分悲痛。在杨靖宇召集的东北人民革命军第一军军部、南满特委领导人及一师师部联席会议上,号召全军将士要向李红光学习,继承其遗志,努力作战,完成其未竟事业。

在当时,日本侵略者极力破坏中朝民族团结,妄图削弱瓦解抗日力量。1931年九一八事变爆发不久,日本殖民局即在延边地区批准成立了反动组织"民生团",鼓吹"韩人自治",破坏党领导的抗日民族解放斗争(1932年7月,日本当局认为该组织鼓吹"韩人自治",对其殖民统治不利,迫其宣布解散)。1934年7月,又在延吉成立"鲜民援助协会",专门从事破坏党和东北人民革命军的罪恶活动。1934年到1935年,东满特委和人民革命军第二军在开展反"民生团"反奸细斗争中,由于种种原因,使不少朝鲜族干部战士被当作"民生团"分子而遭错误惩处,造成了严重的后果。在对待这一问题上,杨靖宇十分慎重。他在处理部队内部和南满党组织中的一些朝鲜族同志因受"派争"①影响而发生的意见分歧问题时,从未与"民生团"问题相联系。因而,在第一军和南满党组织中没有发生因抓"民生团"分子,而伤害朝鲜族干部战士的事情。杨靖宇在指挥第一军以及后来的第一路军斗争中,始终强调加强中朝民族团结,共同对敌。加强民族亲密团结,成为杨靖宇所指挥的部队不断取得胜利的重要保证。

杨靖宇还十分重视群众工作,他经常和老乡谈话,他对老乡说抗日救国是大家的事,我们部队打鬼子是救国,你们种地支援我们粮食也是救国。大家应有一个信念,就是把日本鬼子赶出中国,使老百姓过上好日子。杨靖宇的谈话使人感到可亲,乐于接受。群众甘愿冒着生命危险为部队筹粮、运粮、送信,带路当向导。杨靖宇要求干部战士严格遵守群众纪律,部队吃用老百姓的东西都要付钱。一次,群众赠送给部队几只羊,杨靖宇说什么也不要,群众非给不可。最后,杨靖宇说:"谢谢老乡,羊肉由我们吃,羊皮还是由老乡拿回去。"杨靖宇要求干部、战士无论是在游击根据地还是游击区,都要尽量减少部队因开展游击战争给群众造成的负担,不要给群众增添麻烦。他强调对老百姓态度要特别和蔼有礼貌,见年老的要叫老大爷、老大娘,见年轻的应叫大哥、大嫂,不许随便招呼老乡,嘿呼"庄稼人"。部队每到一地,都要向群众宣传抗日救国道理,讲清人民革命军性质,动员群众支援抗日部队或积极参加抗日斗争。因为杨靖宇深知,取得群众的大力支持,把群众动员、发动起来是开辟新游击区、发动游击战争的先决条件。对于群众工作,杨靖宇不仅要求干部、战士去做,而他自己也亲自去做。

1934年秋,杨靖宇率队来到桓仁海清伙洛,召集隋相生、姜东魁、于照青、孟广尧、王伯永等当地群众开会。会上,杨靖宇深入浅出地向他们讲述抗日救国道理,启发其民族觉悟,动员他们参加抗日工作。杨靖宇说:"中国一部叫日本占了,咱们得起来救国。别看我们现在人少,

---

① "派争"指原朝鲜共产党内部各派系(主要有火曜派;ML派;京上派,又称再建设派等)对党内一些问题的无原则斗争。1928年,共产国际决定解散朝鲜共产党之后,原在东北地区的一些朝共党员履行个别手续相继加入中共组织,但原来的"派争"影响,在政治上、组织上以及工作方式上还都存在着,它起着破坏、削弱革命力量的消极作用。

可以慢慢扩大,火柴虽小,点着东西就会越烧越旺,也就不易扑灭了。我们的队伍也和一团火一样,也会由小到大,最后一定能把日本鬼子赶出中国去。"又说:"我们是红军,是穷人的子弟兵,有铁的纪律,不准打骂群众,不准动群众一针一线,哪怕群众家里挂着猪肉,我们也不吃。红军不同伪满军。红军是专门抗日的队伍。只要军民一条心,就能打垮日本侵略军。但只依靠军队,没有人民群众的支援和帮助是不行的,比如衣、食、住、行样样都需要群众的支援和帮助。今天,把你们几位请来,打算让你们做些抗日工作,但不知在座的愿意不愿意?"在场的几位听杨靖宇这样一说,齐声回答"愿意"。杨靖宇说:"你们愿意为抗日做工作,那就暂时先做地方工作,经常注意日本队伍情况,照顾过往的抗日部队,给军队筹备粮草……"①以后,他们作为地方抗日工作人员都为抗日斗争做不少工作。姜东魁按杨靖宇所说经常到二户来、铧尖子等地以买东西为由,到来往人员多、信息灵通的商号探听风声,或向给伪警察署、所办事的民工、探子打听消息,一听到有新情况就到高台子向驻在这里的第一军一师韩浩副师长汇报。这项工作一直做到1936年第一师队伍离开桓仁高台子时。在此期间,他还担负跑外交的工作,多次给部队买被服、买弹药、传递书信。参加这次杨靖宇召集的群众会议的隋相生,以后还参加了抗联第一军,任一师四团团长。

  杨靖宇经常教育干部、战士要尊重群众、关心群众,讲军民关系如同鱼水关系,他要求每个干部、战士都要以革命军人的模范行动来影响群众,使群众信任人民革命军。当时,在新开辟的游击区,人民革命军、伪军、义勇军、山林队各式武装队伍很多,群众难以分辨各种部队的性质。由于敌人的破坏宣传,说人民革命军是"红胡子",一些群众对人民革命军的到来,有一种恐惧和怀疑的心理,对其敬而远之。但人民革命军第一军干部、战士都按照杨靖宇的要求严格执行群众纪律,最终赢得了群众的信任和支持。

  1935年正月底一天下午,杨靖宇领导的队伍从桓仁来到兴京苇子峪,在黄木场南边的样儿沟开辟根据地。一时,20来户的小屯子,人几乎跑光了。即便没跑的,见到人民革命军总是躲躲闪闪的。但这支部队来到样儿沟,既不住在老百姓家里,也不翻箱倒柜,抓鸡打狗。那些没往外跑的老百姓注视到这些素不相识、穿戴整齐的军队的行动,思想顾虑逐渐打消了。战士们看到群众就主动地宣传:"大娘,我们是人民的军队,抗日的军队,也就是红军。"还说:"刚才你不在屋时,我们借用了您老人家一个泥盆,一会就给您送来……"有的说:"大爷,我们刚才用了您老的斧子,已放在原来的地方啦。"就这样,干部战士们哪怕动了群众的一针一线,也要告诉回来的群众,并表示歉意。因此,一些老百姓看到这些战士都很惊奇,认为这个军队和别的军队不一样,于是暗暗地叫孩子到山里去找那些没回来的人,并告诉他们:"赶快回来吧,这支军队是抗日的军队,不打人,不骂人,真是自古以来没有的好军队……"刹那间,跑到山里的人都陆陆续续回来了。以后关于红军来了的消息在群众中一传十、十传百地谈论着,很快传遍了整个黄木场的各沟各岔。

  干部、战士在杨靖宇教育下,每到一地都能以严格遵守群众纪律的模范行动来扩大自己的影响,取得群众的信任和支持。结果,群众与抗日部队建立了鱼水相依的密切关系,群众都

---

① 《姜东魁回忆录》,载中共本溪市委党史资料征集办公室编《兴京抗日烽火》。

自愿地积极支援杨靖宇的部队从事抗日游击战争。一次,杨靖宇率部队来到兴京红庙子朝阳沟门姚春德家,将一个生病的小警卫员留在他家养病。部队刚走,敌人后脚即来到。姚母见敌人来搜查,便急中生智,指着躺在炕上的小战士对敌人说:"我儿子得了伤寒病,你们看看吧!"敌人一听说是伤寒病,怕传染自己身上扭头就走。不久,杨靖宇率队又回到朝阳沟门,得知姚家不顾危险保护小警卫员,非常受感动。为此杨靖宇还认姚母为干娘。这件事说明,由于杨靖宇重视群众工作,进而使部队赢得了群众的爱戴,他们把杨靖宇领导的抗日部队看作是自己的部队。群众积极帮助部队作战,当敌人在出发时,便有群众前来送信,详细报告敌情;在战斗进行时,便有群众自动前来送给养。

杨靖宇领导的抗日部队热爱人民群众,人民群众也高度赞扬杨靖宇及其领导的部队:

杨家将,杨家兵,杨家兵将骨头硬。

别夸当年杨六郎,且看今朝杨司令。

杨家兵,杨家将,个个抗日好榜样。

上阵杀敌赛猛虎,鬼子见了就投降。

巴黎《救国时报》载文称杨靖宇为民族英雄

杨靖宇不仅重视队内和群众的思想政治工作,在参加反日统一战线、靠近人民革命军的抗日义勇军中,也积极开展政治思想工作。如在"老常青"等部队派有党员从事政治工作,队内建有党支部。"臣军""两省"部队内建有党的小组,"双胜""双山好"等部队中都建有党的组织,在南满第一游击队(苏营)中还发展有15名党员。①另外,杨靖宇还经常派队内政治工作人员,把人民革命军政治部印制的各种宣传品,如《人民革命军报》《人民革命军画报》等送到抗日义勇军中去,用以影响、教育各义勇军首领、战士。由于在义勇军中进行了卓有成效的政

———

① 《中共磐石中心县委给满洲省委的报告》(1934年5月25日),载中央档案馆等编《东北地区革命历史文件汇集》甲36,第235页。

治工作，对于推动他们积极从事抗日武装斗争起到很大的作用。

1935年夏，在日伪军向抗日武装展开"大讨伐"期间，有些抗日义勇军在敌人进攻下，特别是受到敌特欺骗、挑拨，与人民革命军第一军关系开始疏远。个别义勇军队伍还与人民革命军第一军交了火。如活动在辑安县闹枝沟一带的王凤阁领导的自卫军（1934年5月4日，杨靖宇曾与王凤阁会谈，双方决定建立共同对敌，联合战斗的同盟关系），就与第一军一师六团发生了冲突。自卫军的一支部队将一师六团连长、指导员等4人枪决，并抢去12支枪。一时，两军关系很紧张。对此，杨靖宇"尽力恢复抗日同盟军连部，与冲突之抗日军，亦尽力用统一战线来进行工作"①。当时许多人想不通，战士们意见也不一致。一种意见认为王凤阁部虽说他们是打抗日救国旗号，但蹲在闹枝沟不出来，反而还攻打人民革命军，因而主张坚持打掉王凤阁的这支部队。第二种意见认为，不论如何，他们毕竟是抗日队伍，现在实行统一战线政策，因此还要团结他们，不能和他们火拼。还有第三种意见，究竟如何处理，按上级指示办。

为统一战士们的思想，杨靖宇组织军部直属部队干部、战士进行讨论。一连两天，围绕"对王凤阁部队是打掉他，还是团结他们共同抗日？"这个题目，三种意见争论得十分激烈。持第一种意见的人叫持第二种意见的人为"妥协派"，而持第二种意见的人叫他们为"激进派"，持第三种意见的人被称为"中间派"。三种意见谁也说服不了谁，一时僵持不下。当杨靖宇得知干部、战士讨论的情况后，也来到他们中间参加讨论，讲自己的意见。他说："王凤阁部队是一支抗日武装，是反对日本侵略东三省的。他打日本人很坚决，日本人也打他。在这种情况下，是打掉他，还是留着抗日？我看不能打掉他，应该联合他们共同抗日，这就是搞统一战线。王凤阁打日本，牵制日本人很大一部分兵力，把敌人兵力分散了。这样你打他的胳膊，我打他的腿，一口一口就把敌人吃掉了。如果我们打掉王凤阁，日本人就会把兵力集中起来对付我们，我们自己把自己孤立起来，这有什么好处呢？王凤阁手下的人打了我们，我也很气愤，可气愤不能代替政策啊！我们要从大局着想。"杨靖宇又说："大家讨论问题的目的是提高我们的认识，不能因意见不同，就扣上这个派那个派的帽子。讨论问题要养成尊重别人，虚心听取别人意见的习惯。"杨靖宇的一席话使大家心服口服，大家的思想统一了。②

以后，第一军本着抗日民族统一战线政策，团结王凤阁所领导的抗日武装共同在南满开展游击战争，两支部队又建立了友好关系。王凤阁所部由于受到党领导的抗日部队影响，也注意对部队进行思想教育工作，多次抽调队内优秀人员参加训练班，以提高部队的军事、政治素质。王凤阁领导的这支抗日队伍，从1932年建立到1937年失败，是东北抗日义勇军系统中，坚持斗争时间最长的队伍之一。王凤阁本人则深明大义，坚决抗日，直至牺牲。

对伪满军开展教育，使之分化瓦解也是杨靖宇所注重的一项思想政治工作。如前所述，第一军部队政治部设有宣传队，他们不仅向群众进行宣传，还对伪满军士兵开展宣传，印制、散发一些传单，专给驻在南满的伪满军头目第一军管区司令官于芷山部队士兵，用以启发他们的爱国思想，教育他们弃暗投明，倒戈哗变。其中《告于军兄弟》的诗传单很有特色，内容如

---

① 《东北人民革命军第一军来信》（1935年8月23日），载中央档案馆等编《东北地区革命军历史文件汇集》甲45，第198页。

② 王传圣回忆录：《风雪长白山》，吉林教育出版社，1992年版，第25页。

下：

告于军兄弟

亲爱的于军兄弟！
你们都是中国的英雄好汉，
大丈夫志气凌云冲天，
"保国安民"——你们曾发下过坚决誓言，
但是到而今祖国的山河被人强占！
旧主人变成了奴隶，
新"主人"大逞凶残，
同胞的尸骨抛满了南满和北满，
中华民族的鲜血洒遍了白山黑水间，
日本强盗焚烧了我们的房屋，
霸占了我们的良田，
残杀了我们的父母兄弟，
又把我们妻女姊妹强奸，
有心人谁不流泪心酸，
有心人谁不目眦欲裂怒发冲冠！

亲爱的于军兄弟！
东三省这块丰富的地盘，
是祖宗给我们留的财产，
祖宗的坟墓在此，
亲戚朋友在此，
我们的子孙还要在此接香烟，
我们卧榻的旁边，
安能允许强盗无理的酣眠！
于军兄弟呀！
你们身上背着枪和弹，
为什么敢怒不敢言？
你们成群的痛受着倭奴的皮鞭，
你们闭起眼睛和抗日军无理的为难！
日本强盗借着剿匪的名义再二再三，
使我们同胞兄弟骨肉相残！
他背后里却笑得肝肠寸断，
他把中国人看成走狗一般，
他把中国人看得无心肝！
他把中国人看得比鸡犬还贱！

亲爱的于军兄弟！
你们贪图着吃几顿粳米白面，
你们贪图着几块亡国奴的金钱，
你们就砍着同胞的头颅献在敌人面前！
你们忍心把兄弟姊妹推在火坑里面！
问你们愧不愧对头上的青天？
问你们愧不愧对父母同胞的祈盼？
唉！说起来可恨又可怜！
可杀的卖国贼长官，
对你们实行着可耻的欺骗，
"说什么时机不到"
"少安勿躁"，
"救国不忙"，
士兵兄弟们知识简单，
怎能把卖国贼的面具揭穿！
一句阶级服从命令，
就把你们颈子上套上了亡国奴的铁圈，
每当我们在战场上和你们相见，
问你们为什么杀自己的兄弟？
你们回答说"没有法子"，
听了你们这一句愁惨的呼喊，
就知道卖国害民不是你们情愿。

亲爱的于军兄弟！
请你们觉醒吧！
请你们赶快的暴动哗变，
趁火打铁救国不要再迟延，
请看长白山的森林里，
松花江的两岸，
各大城市的周围，
中东路南满路的旁边，
大红旗迎风招展，
游击运动如烈火燎原。
中国革命成功的曙光前望不远，
日本帝国主义倒台不久将实现。
从来识时务者为俊杰，
倒行逆施的乃是混蛋！

亲爱的于军兄弟！
你们是中国的英雄好汉，
你们的志气凌云冲天。
起来！起来！
杀死日本的将帅！
杀死你们卖国贼的长官！
到革命战线上来聚合！
我们共同解放三千五百万父老同胞的倒悬！
我们的前途光明无限！
我们将在历史上流芳万年！

民众反日游击队总指挥部
一九三五年三月十二日

该诗体传单政治倾向鲜明，情感真挚，激动人心。因当时第一军部队中能写诗词的人极少，此诗传单可能为杨靖宇手笔（传单第二节有"接香烟"一句，此为河南方言）。该诗体传单曾由第一军同志寄往《救国时报》编辑部。《救国时报》编者收到后非常感动，加按语刊登。按语中说："此为东北义军给汉奸于芷山部队的传单，沉痛悲壮，读之感泣。我义军不仅为民族战士，亦民族文豪也——编者。"①

除散发传单使伪满军士兵受教育外，在对伪满军战斗中，杨靖宇经常告诫战士们，要通过喊话、唱歌等形式启发伪满军士兵不要忘记自己是中国人，不要帮助日本屠杀自己的同胞，要枪口对外，共同抗击日本侵略者。一般地说，只要他们举手缴枪就不打死，对俘虏都是经过爱国教育后予以释放。有一个伪满兵，曾被杨靖宇部五擒五纵，当人民革命军战士问他："你缴枪了，怎么又当伪满兵？"他诙谐地说："我不回去当兵，谁给你们送枪？"由于杨靖宇领导的人民革命军第一军采取正确的对敌政策，有些伪满兵和第一军作战时，往往对天放枪，即所谓"打朋友枪"，个别的甚至在战斗中还把枪口对准日本人。

杨靖宇深知，只有不断加强思想政治工作，提高部队指战员的积极性和创造性，才能极大地增加部队的战斗力，不断地巩固部队。由于杨靖宇重视思想政治工作，第一军的干部、战士的对敌斗争的觉悟得到极大提高，对敌斗争的积极性、创造性得到充分发挥。特别是每个队员都有明确的政治目标，知道自己是为抗击日本帝国主义、解放广大被奴役的人民而自愿参军的，并不是雇佣而来的。他们革命自觉性强，作战勇敢，能够吃苦，不怕任何艰难险阻。所以，杨靖宇指挥的队伍斗争坚决、纪律严格、战斗力最强，是一支令人瞩目的抗日劲旅，亦可谓是东北抗日武装中的佼佼者。

---

① 载巴黎《救国时报》，1936年4月1日第4版。

第六章　创建抗日游击根据地

一、抗日游击根据地的开辟与扩大

杨靖宇自1933年1月担任南满游击队政委之时起,就十分重视创建根据地工作。他依据在河南确山开展农民运动,组织领导确山农民暴动和刘店起义的经验,深知建立革命根据地的重要。在开展抗日游击战争中更是如此。建立根据地是抗日武装开展有效活动和赖以生存的基础。只有建立起这个基础,才能达到保存和发展自己、消灭和驱逐敌人的目的,把反日游击战争有声有色地开展起来。否则,反日游击战争难以扩大,抗日武装不能随着抗日斗争形势的发展而迅速成长。

对于建立抗日根据地,中共中央和中共满洲省委也都曾及时予以指示。1934年2月22日,《中共中央给满洲省委指示信》中指出:"满洲党必须把建立和扩大革命政权和根据地的任务提到实际工作日程上来。"之后,省委于5月分别致信人民革命军政委杨靖宇和磐石、海龙县委,专门谈到"建立临时革命政权机关与创造革命根据地"问题。在致杨靖宇的信中指出:"针对南满游击区的情形,首先必须把现在的游击区域(北区、中区及西南区)打成一片,在巩固和扩大现有游击区的基础上来建立人民革命政府。"又说,"省委认为目前必须以北区,中区及西南区三游击区为对象来创造革命根据地。革命根据地的创造必须在下列条件下来建立,最大限度地开展游击区内的群众工作和群众斗争,尽量武装游击区的群众,组成农民自卫队、游击队等组织,摧毁一切反动的统治,镇压一切反革命的活动,建立广大群众工作和群众斗争,巩固和扩大原有游击区。"同时指出"革命根据地的创造,绝对不是死守原有游击区,恰正相反,只有扩大游击区,才能真正走向根据地的创造"[1]。在省委致磐石、海龙县委信中指出,革命根据地、政权的创造必须在动员组织和领导游击区民众进行反日反满斗争,最大限度扩大农民自卫队武装、没收卖国贼财产、土地,组织反日会、农民协会、农民委员会,三倍五倍地扩大党的组织尽量开辟党和群众工作,尽量扩大和巩固人民革命军队及建立各种抗日义勇军中的无产阶级领导权,使之成为革命政权和革命根据地的武装捍卫者的条件下才能真正走向革命政权和革命根据地的建立。[2]

遵照中央和满洲省委指示,杨靖宇等在领导抗日武装斗争的同时,积极从事抗日根据地的创建工作。其所开辟创建的抗日根据地是符合根据地建立的三项标准的,即:一、建有抗日武装部队,并消灭战胜敌人;二、发动民众,组织民众抗日团体,发展民众武装;三、建立和巩

---

[1]《中共满洲省委给人民革命军政委、政治部及全体党员的信》(1934年5月15日),载中央档案馆等编《东北地区革命历史文件汇集》甲18,第119页。

[2]《中共满洲省委给磐石及海龙县委的信》(1934年5月18日),载中央档案馆等编《东北地区革命历史文件汇集》甲18,第131页。

固抗日政权。在实际斗争中,因东北抗日游击战争是在日本独占的殖民地和在日伪军不断向抗日武装展开"讨伐"的条件下进行的,所以,东北抗日武装创建的根据地经常遭到敌人破坏,难以得到长时期的巩固,往往随着游击战争的发展变化而变化。同时,在形态、内容上还不很完备,如政权形式多以农民委员会代行人民革命政府职能,明显地表现出不同于关内苏区的革命根据地和抗日民主根据地。因此,这种根据地也被称之为游击根据地。

在东北抗日游击战争中建立起来的游击根据地一般有三种类型:

一是较为固定的根据地。这里说的"固定"是相对而言的,一般有一定区域,有党的领导和抗日武装活动,有民众组织及其斗争,有抗日政权,政权形式有的是政府,多数是农民委员会。有地方武装——农民自卫队、青年义勇军。在时间上能做到较长支持,即坚持二年或更长一些时间。

二是临时根据地,即在游击战争中,于游击区内,选择一些条件较好的地方作为临时后方。这些较好的地方一般都有群众工作基础,虽未建立抗日政权,但建有反日会或秘密联络点。这类根据地是大量的,特别在较为固定的根据地被敌人破坏之后。这类根据地常常随抗日部队活动地域的变化而变化,一时在此,一时在彼。

三是后方基地(亦称"密营"),这是一种特殊形式的根据地。由于敌人残酷"讨伐",推行"集团部落"政策,较为固定的根据地以及临时根据地遭到破坏,群众被赶进"大屯",在这种情况下,抗日部队则在深山密林,敌人难以寻觅之地广建秘密营地,简称"密营"。"密营"本身虽无群众组织、地方武装,但一般都有与基本群众的秘密联系。抗日部队将其作为休整、活动、生存的依托,长期支持着艰苦的抗日斗争,发挥着后方军事基地的重要作用。

开始时,杨靖宇同磐石中心县委同志一道在磐石红石砬子地方建立了最早的抗日游击根据地。这里群众基础好,是磐石中心县委较早开展党的活动的地方。以后,杨靖宇在领导部队与日伪军开展斗争过程中,又以此为基础,不断巩固、发展建成磐石游击根据地。这一游击根据地有党的坚强领导,相对固定的区域,建立了人民抗日政权(以农民委员会形式出现),有群众抗日斗争活动,是红军游击队休养生息之地。

在此之前,即磐石工农反日义勇军时期,部队在磐石东部开展游击活动,尚未能建立起根据地。1932年12月,磐石工农反日义勇军改编为红军游击队转至磐石西部地区活动后,才开始着手建立起以红石砬子为中心区域,方圆几十里的游击根据地。

1933年1月,杨靖宇任南满游击队政委后,为建立游击根据地,他率领游击队在红石砬子一带,每到一地便向群众进行抗日宣传,帮助建立党领导下的农民协会(后改称农民委员会),作为当地具有一定权威性的行使政权职能的组织。还建立了在农民协会领导下的反日会、农民自卫队、妇女反日会、少年先锋队(童子团)等群众反日组织。其中反日会是普遍性的群众抗日组织,其主要任务是:1.宣传反满抗日;2.对红军进行物资支援;3.补充武装队员;4.报告日伪军警情况;5.开展反对日伪压迫斗争。在创建游击根据地过程中,南满游击队积极帮助农民协会组织群众开展各种斗争,如在玻璃河套、拐子坑等地曾发动农民开展过"二八"减租斗争。为发动群众,在一些地方还开展过分粮、吃大户、抗租、抗债斗争(这种斗争在贯彻中央《一·二六指示信》后开始改变)。在游击根据地边缘地带和游击区开展过反对敌人烧杀、拉夫、修道、修营房、查户口,及收房捐、火药捐、会兵费、照相费的斗争等等。

随着杨靖宇所率南满游击队艰苦奋战,游击区域逐渐扩大。1933年春,在磐石、伊通、烟筒山之间开辟了游击区域,以红石砬子为中心的磐石游击根据地不断巩固。杨靖宇在1933年5月31日给省委的报告中曾写道:"因为中国红军第三十二军南满游击队逐渐发展,战胜了日本帝国主义第四次围剿,加强了自卫的战斗力,大大地提高了党在群众中的威信,声势上威胁着南满各大城市,而更较广泛地推动起抗日怒潮,创造了红石砬子一带东西南北几十里的农民协会的根据地。故日本帝国主义满洲国的统治更是仅仅限于城市内和铁路沿线,在乡村中完全是游击队、抗日义勇军和三五成群的胡子统治着。"

在抗日武装斗争深入开展过程中,游击区域不断扩大。1933年下半年即很快由磐石扩展至伊通县境。杨靖宇十分注意在拓展游击区域的同时不断巩固旧有区域,使之发展成为游击根据地。

在磐石游击根据地内,党组织较为健全。1934年1月24日,中共磐石中心县委一份关于组织问题的报告记载,到1933年末,在磐石玻璃河套已有5个党支部,80名党员;磐北区有4个党支部,35名党员;伊(通)双(阳)特支有16名党员;磐东党支部有16名党员;拐子坑特支有15名党员。在磐东、磐北、玻璃河套、拐子坑及伊通有团员80名。①

在杨靖宇领导的抗日武装的协助下,磐石游击根据地成立的农民委员会、反日会、农民自卫队、农民协会等组织曾发展到很大规模。上述报告记载,至1934年1月,磐石各地共有反日会员3390名,农民委员会会员1200名,农民自卫队(赤卫队)员220名,农民协会会员290名。青少年组织也有很大发展,据1933年10月5日,团磐石中心县委统计,磐石青年义勇军有16个小队,童子团员有750名,少年先锋队员有1100名。②

在游击根据地内,农民委员会实际是乡村政权机关。农民委员会是九一八事变后,在东北特殊环境下,由中国共产党领导的农村基层政权的一种形式。1933年1月26日,中央在给满洲各级党部及全体党员信(即《一·二六指示信》)中指出:"这个农民委员会应该成为实际的乡村政权机关,并且为民众政权宽广和强大的基础之一。"因此,农民委员会具有很大权力。凡经农民委员会做出的决定,广大群众都认真遵守,如在磐石规定游击区内雇工的日工、月工、年工的工价,较非游击区高三分之一,这一规定雇主都表示接受、服从。有的地方,为解决粮食困难,防止粮食外流,农民委员会规定,除大豆、大麦、小麦,其他各种粮食不得向区外贩卖,广大群众也都能遵照执行。农民委员会是有很大的权威性的。无论大事小情,都要通过农民委员会才能解决,甚至一些离婚案件也要由其处理。

在1934年1月,省委巡视员傅世昌《关于海龙、磐石县党团军情形》的报告中这样写道:"我们游击区情形:凡是有组织地方,除伊通城及刘家店全是游击区。在这里面无敌人会兵及驻军,无一切满匪捐税,无地租(大部分如磐西、磐北、磐东)。因地主已全部被驱走,无人敢去。

---

① 《中共磐石中心县委关于组织问题的报告》(1934年1月24日),载中央档案馆等编《东北地区革命历史文件汇集》甲36,第174页。

② 《团磐石中心县委给省委的信》(1933年10月5日),载中央档案馆等编《东北地区革命历史文件汇集》甲36,第376页。

我们的政权组织在磐西有农民委员会,他规定向区外卖粮只限大豆、大麦、小麦三种,并规定雇农日工、月工、年工之工价,较非游击区高三分之一,没收走狗地主粮食、财产,由农委经济部管理,并领导分粮,为游击队准备粮食等。军事部领导全区一百余(多半有武装)自卫队及四十多青年义勇军,这两部是农委组织中工作较健全的。"①

磐石游击根据地内基本没有地主,五分之四的农户是自耕农。每户农民耕种土地一两顷至七八顷不等。因无地主的地租,没有各种苛捐杂税,有大半以上的农民可以自给自足,这与非游击区迥然不同。农忙时,红军游击队及后来的人民革命军都对农民予以帮助,在玻璃河套地区每到春耕时就是由红军游击队(人民革命军)供给农民马匹,使当地农民及时并较多地种上地。在那里粮食较为充足。有三四个农民专门从事买卖粮食、烧酒、食盐及火柴、煤油等日用品生意,故玻璃河套地区一般住户食盐、煤油、烧酒不很缺乏。广大农民生活状况较非游击区要好一些。

在游击根据地内建有农民自卫队、青年义勇军。他们能有效地保卫地方安全和正常秩序。土匪前来骚扰,就迅速出剿,予以打击。因此,小帮土匪不敢出来抢劫农民饲养的牛、马、驴、骡等牲畜。这里的农民有安全感。如磐西农民自卫队一个分队(20余人)曾在蛤蟆河子消灭两股土匪,维护了地方安全,受到了群众的赞扬。农民自卫队和青年义勇军除保卫地方安全外,还经常配合游击队打击敌人或帮助游击队站岗、放哨,进行夜间巡逻。

在磐石游击根据地,杨靖宇所率红军游击队与人民群众建立了亲密的鱼水关系。广大群众在红军游击队的保护下,过着太平日子。根据地群众称之为"红地盘",在这里,不仅土匪不敢前来抢劫,就是其他抗日军前来活动,一般也不敢违犯群众纪律。因其长官对士兵说:"这是红军地盘,不许乱来和有不好的行动。"红军游击队为了保证广大贫苦农民度过春荒,曾多次将在对敌战斗中缴获的粮食分给农民。分粮时,一般由部队政治部负责召集群众开会,按户分给,在组织工作较好的地方,贫苦者多分,较富裕者少分。在新开辟的区域,因无法调查贫富,采取平均分配。这种办法虽有不尽合理之处,但不管怎样,广大农民在春荒之际都能平安度过。这完全得力于红军游击队组织的分粮斗争。

杨靖宇经常教育干部、战士一定要与群众处好关系。他说,红军游击队是人民的抗日武装,是为群众利益、民族利益而进行抗日活动的,因此就要时刻依靠群众,不脱离群众,取得群众对红军游击队的支持。游击队员对群众十分亲热,不管走到哪里,是长住还是暂时停留,对群众总是报以和蔼的态度,不但没有打、骂和随便支使老百姓干这干那的现象,而且游击队员还专门主动地帮助群众挑水、劈柴、扫院子、干庄稼活。住在群众家从不挑吃喝,吃饭总是按价付钱。

杨靖宇所领导的红军游击队经常召集游击根据地内的群众开会,讲抗日救国道理,以抗日的实际行动影响广大群众。由于部队有着严格的群众纪律,广大群众非常热爱红军游击队,称赞他们说:"红军游击队是我们的亲人。"游击队每次作战撤出战斗返回时,游击根据地

---

① 老傅:《关于海龙、磐石党团军情形的报告》(1934年1月18日),载中央档案馆等编《东北地区革命历史文件汇集》甲17,第341页。

群众都主动前来慰劳,亲热地拉着战士们的手问长问短。有的挎来一筐鸡蛋,有的拿来精心制作的军鞋。杨靖宇穿的一双棉袜子就是根据地一位朝鲜族老大娘给缝制的。群众对红军游击队的战斗情况十分关心,对待干部、战士就像对自家亲人一样。

一次,红军游击队与伪满军在磐石道岔沟展开战斗,红军牺牲1名战士,伪满军被打死15人。战斗结束后,当地群众自动捐款买来一口棺材,隆重地安葬了这位牺牲的游击队员并召开群众大会予以追悼,而对被打死的那15名伪满军,群众连理未理。事后,一些伪满军士兵说:"红军是为穷人谋利益而斗争的,因此群众拥护红军,当红军士兵死也光荣。我们不但没有群众拥护,死的时候,无人理。过年以后,我们也要参加红军。"①

在游击根据地,群众一看见红军游击队,便喜露笑容,表示热烈欢迎。一次,红军游击队在小石碴子与敌人战斗中,马匹受惊失散,群众给截住后,都牵到农民委员会,以后送交给部队。在大兴川,红军游击队的医生将所用物品丢失,一位农民拾到后,发现是红军的东西,主动送到红军部队,交给部队医生。

上述这些事例充分说明红军游击队与游击根据地人民的血肉联系是多么密切。人民军队热爱人民群众,人民群众拥护人民军队,军民关系十分融洽,亲如一家。

1934年九一八事变三周年之际,磐石游击根据地内有十余处地方召开反日大会,共约有2000余名群众参加,庆祝人民革命军第一军成立,广大群众还积极募捐支援人民革命军第一军,他们视人民革命军第一军为自己的军队。

在磐石游击根据地建有后方医院和武器修理所。据1934年1月30日傅世昌《关于磐石反日游击运动情形报告》中说,人民革命军第一军在磐石设有医院和修械所。秘密医院共有三处,每所医院都有一名医生,有女同志负责煮饭,一名男同志负责打柴买东西。住在医院的伤病员能经常吃到大米饭,半月能吃到一次猪肉和白面。医院里的医生,其中有两名技术比较好。1933年4月,江北石虎医院曾被敌人破坏,三名养病战士牺牲,药品及医疗器械全部损失掉。磐石医院曾于1934年春为躲避敌人"讨伐"而撤离。9月一份报告讲,在磐西又成立一个秘密医院,安置伤病员,由医官徐哲负责。在伊通有一临时医疗所安置伤员,医生是一位朝鲜同志。部队越过辉发江到江南地区后,司令部又建立一所临时医院,安置伤病员,医生也是朝鲜同志。在南满游击队有一秘密医院,一位姓高的医生负责看病,不仅医治人民革命军部队伤员,还曾收留几名抗日义勇军的伤病员。②

修械所能够修理各种坏枪,有的还能制造少量子弹。游击队员每次与敌人作战后,都把打过的子弹壳拿回来给修械所,让他们重新装药再做子弹用。为防止敌人破坏,修械所地址不固定,春天时在这个山上,夏天时又搬到那个山里。除医院、修械所外,还有缝纫所,工人们自带机器,为人民革命军战士制作服装。

---

① 《满洲磐石报告第四号》(1933年1月28日),载中央档案馆等编《东北地区革命历史文件汇集》甲36,第67页。

② 《×××关于南满游击区和人民革命军活动情形的报告》(1934年9月28日),载中央档案馆等编《东北地区革命历史文件汇集》甲36,第309页。

在当时，尽管因条件所限，这些医院、修械所、缝纫所都十分简陋，但这些设施在游击战争的环境中，为抗日武装的生存，为其取得斗争的胜利都发挥了很大作用。对于游击根据地中的医院、修械所、缝纫所，杨靖宇十分关心，常常亲自过问其工作情况，对于遇到的困难则积极帮助解决，以使之能够顺利开展工作。

1933年10月至11月，敌人多次向磐石游击根据地展开围攻，致使游击根据地遭到破坏。但在中共磐石中心县委的领导下和杨靖宇留在磐石活动的部队协助下，逐渐得以恢复。据1934年5月25日，磐石中心县委给省委的报告中载，磐石游击根据地内有党员191名，其中妇女党员15名，朝鲜族党员35名，建有三个区委、三个特支（伊通特支、江南特支、吉海特支）。两个直属支部（工人支部）。特别值得提出的不少党组织（党支部、小组）是在敌人"归大屯"的地方恢复建立的。这些党组织占磐石全部党组织的三分之二。在磐石之外，还在已"归大屯"的双阳建立了支部。在伊通发展了新区域支部。1934年8月1日，县委组织召开的反日斗争大会，参加人员达1 034人。此期间参加分粮斗争人数有2 090人。六七两个月开展捕捉汉奸、走狗的斗争达18次之多。①

在磐石游击根据地，全县以自卫队员为骨干的抗日群众，在敌人"围攻"后的短短几个月中，于各地开展肃清走狗的斗争共约200次，农民群众没收走狗财产5次。在人民革命军第一军独立师第一团配合下，伊通自卫队和青年义勇军没收了汉奸走狗的牛马、衣物、枪支、钱款。同时，还动员50余户群众开展反对砍林子斗争，取得了胜利。此外，还开展了拥护慰问人民革命军的各种活动。

1934年冬，磐石游击根据地在敌人进攻下，再次遭到严重破坏。中共磐石中心县委曾转移到濛江那尔轰根据地开展工作。1935年10月以后，中共磐石中心县委和人民革命军第一军一部又在磐石、伊通境内恢复游击根据地一些设施，并建立许多密营，以此为依托，继续进行抗日活动。1937年"四一五事件"②中，磐石中心县委及群众抗日组织被彻底破坏后，磐石游击根据地的基础最后丧失。

1933年10月，杨靖宇率人民革命军第一军独立师主力南下，进至辉发江南地区后，不仅冲破了日伪当局极为残酷的大围剿，在血战中保存、发展了自己的力量，而且在更加广阔的地区又开辟了新的游击区域。

这新的游击区域包括桦甸（江南部分）、金川、濛江、柳河、通化、临江、辉南等10来个县。1934年春，第一军独立师又南下进至清原、兴京、桓仁、本溪等地。1935年，杨靖宇又指挥人民革命军第一军部队开拓了凤城、宽甸等辽东游击区及辑安游击区。随着游击区域的不断扩大，杨靖宇经常教育部队干部要不断提高思想认识，明确在发展抗日游击战争中，领导群众开展斗争、建立游击根据地工作的重要意义，并且要求把这两者与开展武装斗争紧密结合起来。

---

① 《磐石中心县委关于党员与群众团体组织状况表及其说明》（1934年8月15日），载中央档案馆等编《东北地区革命历史文件汇集》甲36，第259页。

② 1937年4月15日，日伪当局对东北地方党组织所进行的一次大破坏事件。此事件中，磐石中心县委所属党团员及抗日群众被捕者达197人。

在杨靖宇的带动下,各部队领导都把开展群众斗争、建立游击根据地的工作放在重要地位。每到一游击区都积极配合地方党组织开展发动群众、组织群众、宣传群众的工作,帮助建立农民委员会、反日会、农民自卫队、青年义勇军等组织,为建立游击根据地创造条件。据统计,1934年8月,反日会会员,江北共1000多人,江南200多人。在旧游击区,约有80%的农户都参加了反日会。江北游击区,在党团县委领导下的农民自卫队、青年义勇军约有1500余人。濛江、辉南、桦甸一带,由江南党团特支领导的农民自卫队、青年义勇军120余人,武器有洋炮、快枪等。[①]为加强农民自卫队的领导,第一军政治部专门制定有"自卫队工作大纲",对自卫队的性质、领导、活动方式,都提出明确要求,其中指出"自卫队是民众的反日武装组织","自卫队大队为活动单位","自卫队是人民革命军的后备军","为使自卫队成为人民革命军的得力助手,自卫队活动要坚决执行捉走狗、破坏日'满'匪交通,扰乱日'满'匪军后方,与人民革命军共同作战"[②]。这一工作大纲使农民自卫队,青年义勇军等组织的工作有了明确的规范。

在反日会组织于各地普遍建立的基础上,1934年8月20日,在磐石县磐北召开了南满反日总会代表大会。出席大会的有南满反日总会筹备处委员与磐东、磐西、磐北、伊通等地的反日会代表,妇女反日会代表10余人。会上选举产生了南满反日总会,选出委员9人,通过了《南满反日总会斗争纲领》《南满反日总会章程》和《南满反日总会第一次代表大会决议案》。南满反日总会成立后,各地反日会组织迅速发展。在南满地区磐石、双阳、伊通、桦甸、西安(辽源)、辉南、金川、濛江、柳河、海龙、抚松、临江、清原、桓仁、通化、东丰、西丰等县纷纷建立起反日会。其组织系统为南满反日总会下辖县反日会,区反日会,反日支会,反日分会。分会为基本单位。据1934年11月统计,南满各县共有反日会员6000余人,妇女反日会员700余人。[③]

在游击区域不断扩展的形势下,1934年10月19日,中共满洲省委致信南满党组织和杨靖宇同志,指出:"目前游击区域已包括二十县,暂时依照你们计划分四个区域来开展游击运动,但是必须集中主要的力量在已有的旧游击区域(第一区)及第二、第三区活动,首先巩固与发展这些区域,不要无中心无目的东游西击,顾此失彼,应当立刻准备根据地的创造与建立,但不是死守根据地,同时应当开展其他游击区域,不是死守旧的区域。"遵照省委指示,杨靖宇指挥部队不断巩固发展已有区域,积极从事开辟新的游击区域。与此同时,还在这些区域选择条件较好的地方,积极发动群众,组织抗日团体(抗日会),发展民众武装(农民自卫队),建立抗日政权(农民委员会),使游击区转化为游击根据地。就这样创造、建立了数块新的抗日游击根据地,其中主要有濛江那尔轰、桓仁老秃顶子山、本溪和尚帽子山、金川河里等游击根据地。

---

① 《×××关于南满游击区和人民革命军活动情形的报告》(1934年9月28日),载中央档案馆等编《东北地区革命历史文件汇集》甲36,第307页。

② 《东北人民革命军第一军政治部自卫队工作大纲》(1935年9月17日),载中央档案馆等编《东北地区革命历史文件汇集》甲45,第217页。

③ 《中共南满第一次代表大会决议》(1934年11月5日),载中央档案馆等编《东北地区革命历史文件汇集》甲33,第44页。

濛江那尔轰游击根据地，位于濛江、桦甸、抚松三县结合部，东西90余里，南北200多里，呈狭长状。这块游击根据地是杨靖宇派南满第一游击大队与当地党组织于1934年初开辟建立的。在这里建有党的江南特别支部，农民反日会以及地方群众抗日武装——濛江农民自卫队第一支队。反日分会、青年团、妇女会、童子团等群众抗日组织遍布各村。1935年8月，成立了那尔轰地区抗日政权——同心乡人民革命政府。10月，日伪当局纠集濛江、桦甸、辉南三县日伪军400余人偷袭那尔轰，血洗东北岔，那尔轰游击根据地遭到严重破坏。而后，抗日军民在那尔轰地区建造60多处密营，密营种类有宿营地、粮食仓库、医疗所、修械所、印刷所、被服厂、联络点等。

桓仁老秃顶子山游击根据地，位于桓仁、兴京、本溪三县交界地带。该地区从地理条件上说，范围广大，峰峦叠嶂，方圆百里；山高林密，地势险要，不易暴露目标，进可攻，退可守，便于开展游击战争。从群众基础上说，在九一八事变后，该地有李春润领导的辽宁民众抗日自卫军，开展过轰轰烈烈的抗日斗争。自卫军的斗争虽遭日本侵略者镇压而失败，但广大群众抗日情绪不减，群众基础较好。所以，这里是建立新的游击根据地较为理想的地方。老秃顶子游击根据地是1934年春人民革命军第一军独立师根据杨靖宇指示，与中共桓仁特支[1935年夏改为桓(仁)兴(京)县委]共同创建的。同年2月末，杨靖宇率独立师政治保安连进至桓仁老秃顶子山下仙人洞等地考察后，即着手开展群众工作，对村里的老百姓挨家挨户地进行宣传，号召有钱出钱，有力出力，支援抗日。6月，在兴京碗铺等地，杨靖宇还亲自帮助建立起反日会。之后，在兴京响水河子、四方台、岔路子，在桓仁仙人洞、铧尖子、海清伙洛、高台子、大小恩堡，在本溪小四平、洋湖沟等老秃顶子山区各村屯普遍建起反日会组织。

1934年夏，杨靖宇率人民革命军第一军独立师保安连百余人，由桓仁县老秃顶子翻越草帽顶子山，开进了小四平村(位于本溪县)。当时许多老百姓对人民革命军性质不了解，看到这支队伍人人都戴有红袖标，以为是"红胡子"来了，都拼命逃跑。当地农民张锡祯在放下镐头想往林子里钻时，恰好撞在杨靖宇身边一名战士的怀里。这个战士问："你是老百姓，怎么怕人民革命军呢？"张锡祯回答说："我以为你们是土匪。"杨靖宇见他不了解人民革命军性质，就耐心地向他讲解人民革命军是什么样的军队和作战目的，宣传抗日救国的道理。杨靖宇的一席话使张锡祯受到教育，他当即表示要参加人民革命军。杨靖宇在了解他的家庭情况后，说："我们欢迎你抗日，可我们更需要你能在地方上多为抗日救国做些工作，帮助开辟抗日根据地。"此后，张锡祯按杨靖宇的指示，在大小四平一带开展地方工作。在张锡祯的积极宣传鼓动下，大小四平一带许多群众都主动地节衣缩食，为人民革命军第一军独立师筹集粮食，制作军衣、军鞋，递送情报，帮助伤病员治疗伤病，恢复健康，为部队安排食宿。许多青壮年参加了党领导的抗日部队。

1935年，在桓仁大四平村(今属新宾县)还建起县级反日救国会组织。游击根据地内有许多公开、半公开的各级抗日政权，如外三堡、海清伙洛、大四平等地，有的叫人民革命政府，有的叫政治委员会。大四平政治委员会又称窟窿榆树特区人民革命政府，下设五个科，组织机构健全。同时，还建有多支地方抗日武装——农民自卫队和青年义勇军。1934年6月，杨靖宇派其传令兵张永林在兴京碗铺组建了一支农民自卫大队（70余人）。之后第一军独立师在大四平村建立了桓兴反日农民自卫队，下设两个大队。第一大队长赵文喜，第二大队长于殿仲。每大队下设数个分队。此外，在老秃顶子山游击根据地内还建有许多地下交通站，建有10余处宿营地、6个医疗所、1个修械所、4个粮食仓库、2个被服厂。其中在二层顶子建有一处能住几百人的密营地。杨靖宇所率第一军部队依托这一被群众称为"中国地"的老秃顶子山游击根据地，广泛活动在桓仁、兴京、本溪、宽甸等县，直至1938年夏才撤离此地，北上辑安、濛江一带。

本溪和尚帽子山游击根据地，与桓仁老秃顶子山游击根据地同时建立。1934年11月，人民革命军第一军正式成立后，一师部队以此为依托开展游击活动。该游击根据地内碱厂二、三道沟建有抗日地方委员会（属乡、村抗日政权）及一支有110人组成的农民自卫队。该自卫队下设三个分队，一、二分队活动在碱厂及附近地区，三分队活动在和尚帽子山、铺石河一带。1935年秋，这里已建有10余个抗日会分会，会员分布于各村屯。在该游击根据地内修筑有许多密营，是人民革命军第一军一师休整、训练的基地。1936年、1937年的两个春节，一师主力部队就是在和尚帽子山顶两个规模较大的密营中度过的。在密营地附近建有许多附属设施，如在小东沟、倒木沟建有临时医院，洋湖沟建有印刷厂，万人沟有被服厂，大青沟有粮食仓库等。

金川河里后方基地，位于金川县境龙岗山脉中段哈尼河上游的金川、临江、柳河、通化等数县毗邻处。这里山高林密，交通不便，日伪统治较为薄弱，也是进可攻、退可守的建立战略后方极为有利的地方。杨靖宇考虑到在敌人大肆推行"集团部落"政策，把在浅山区居住的农民赶到指定"集团部落"，及游击根据地不断遭到破坏情况下，党领导的抗日武装为要生存必须建立可靠的秘密营地。鉴此，杨靖宇决定在地理条件较好的哈尼河谷地河里建立巩固的后方基地（密营）。从1935年开始，原建在磐石、伊通等地的修械所、医院、被服厂先后迁到这里。同时，在这里还陆续建起新的后方医院、被服厂、小型兵工厂（修械所）、弹药库、粮食仓库等。在河里后方基地，杨靖宇命令安弼顺率约两个团的兵力作为后方部队留守此地，以保卫这里的安全。另外，为了给医院提供制药原料，还派有小股部队在深山老林、人迹罕见之地种植一些罂粟。当金秋时节，罂粟成熟时，送至后方医院熬制成鸦片作为止疼、镇痛药品（对于鸦片使用，部队有严格规定，不许随便吸食，主要专为医用）。这在当时敌人对人民革命军所用医药用品实行严密封锁的情况下，所采取的这种办法是较为有效的。河里后方医院人员因陋就简，千方百计运用中草药为战士医治伤病。其中一位医生所熬制的治疗枪伤的膏药很有效力。1935年8月23日，第一军军部给上级写信在汇报一军活动等情形后，专门谈到"二、三军如缺医生时，我们这里有一个会熬膏药的，该膏药治枪伤很有把握，且价值不贵，他们用时可以派去专熬膏药。"这里除说明第一军的军医工作一般情形外，也说明杨靖宇在艰苦的抗日斗争中始终是关怀兄弟部队，不忘兄弟部队困难的，是富有可贵的顾及全局、团结互助精神的。河里后方基地的粮食仓库，有时一处竟存储有够四五百人吃三四个月的粮食。在这里修筑的密营,安全可靠。部队在春夏秋三季外出作战后,待到冬季需要休整时,就返回密营进行休整训练。有时在这里也召开重要会议。河里后方基地如同先前磐石地区被老百姓称之为"红地盘"一样,这里被战士们称作是"人民革命军的老家"。

在杨靖宇领导下,南满地区游击根据地建设不断加强,人民抗日武装在政治上、军事上的威信,在广大群众中的影响不断提高,甚至非游击区的民众也了解到红军(按,群众对游击队和人民革命军的习惯称呼)是真正的抗日军队,是保护民众的队伍,值得他们欢迎和拥护。游击根据地农民踊跃参加开展反对汉奸走狗,没收走狗财产和抗捐税、分走狗粮食的斗争。广大反日会员积极从事抗日反满活动,为抗日部队传递信息,筹粮筹款。据日伪资料《满洲共产匪之研究》记载:"桓仁兴京反日会地方委员王德茂以下13人从昭和十年四月(1935年4月)到昭和十一年二月(1936年2月)间,征收现款382元,军饷米81石,作为170名会员义务捐款,提供给红军李相山。又,反日会于显廷以下2名,在同一时间作为给红军的义务贡献,从每户村民征收了两角至三角,共收现款60元,军饷米11石,交给农民自卫队队长。""桓仁县阜康村反日会地方委员闫桂铭给红军征收了衣、粮、税款,共收现款127元,高粱、大豆95石,交给红军韩部长,又收了15套衣服和15双鞋,交给了红军大队长,而且把杨司令以下的300名红军的宿营安排在赵文喜家。"①在游击根据地,还有许多破产的青壮年农民纷纷加入杨靖宇领导的人民革命军第一军独立师的行列。许多群众也积极行动起来,为人民革命军第一军做宣传说:"我们这里是红地盘","在七八百里区域内都有红军活动。"由于杨靖宇对开创抗日游击根据地工作十分重视,在"红地盘"不断扩展的情况下,有更多的抗日义勇军主动到人民革命军第一军的游击根据地、游击区里来,要求与杨靖宇领导的人民革命军第一军建立抗日武装统一战线,密切合作,以共同开展抗日斗争。

在杨靖宇领导下,建立在长白山区哈达岭、龙岗、老岭山脉的磐石、濛江那尔轰、桓仁老秃顶子山、本溪和尚帽子山、金川河里以及后来的辑安老岭等游击根据地,在抗日游击战争中起到执行自己的战略任务,达到保存和发展自己,消灭和驱逐敌人之目的战略基地的重要作用。1938年5月,毛泽东在其所著《抗日游击战争的战略问题》一文中说到:"山地建立根据地之有利是人人明白的,已经建立或正在建立或准备建立的长白山、五台山、太行山、泰山、燕山、茅山等根据地都是。这些根据地将是抗日游击战争最能长期支持的场所,是抗日战争的重要堡垒。"②这里所说的长白山根据地,就是杨靖宇领导的东北人民革命军第一军以及东北人民革命军第二军(以后合组为抗联第一路军)所开创、建立的开展抗日游击战争的游击根据地。人们注意到,在这段论述中,毛泽东是把杨靖宇所率抗日部队创建的长白山根据地置于诸根据地首位阐述的。应该说,毛泽东对杨靖宇等领导创建、开辟的抗日游击根据地是给予了充分肯定和高度的评价的。

---

① 伪满军政部军事调查部编:《满洲共产匪之研究》,第216页。
② 毛泽东:《抗日游击战争的战略问题》(1938年5月),载《毛泽东选集》第2卷,人民出版社,1991年6月第2版,第419页。

二、召开南满地区第一次党代表大会

自从党领导的红军游击队成立以来,南满地区反日斗争蓬勃开展。随着党的全民族反日统一战线的贯彻,许多抗日义勇军、山林队团结在党领导的抗日武装周围。杨靖宇率领的抗日武装也由反日游击队发展为东北人民革命军第一军独立师。其游击活动的区域不断扩大。到1934年春,如前所述,游击区已由开始的几个县扩展到20余县。游击根据地、游击区各种反日群众组织,如反日会、妇女会、农民自卫队成员成倍增长。党员,在地方有192名,游击队中有100名,共292名。与此同时,日伪当局不断采取种种毒辣措施,诸如破坏、分裂党领导的抗日武装与义勇军的统一战线关系,实行"归屯并户"、建立"集团部落"政策,对抗日军民进行一次又一次的"讨伐",妄图消灭抗日力量。

在这种形势下,为进一步开展抗日武装斗争,加强对南满地区抗日运动的领导,一方面为使党的领导系统更加适应于斗争形势发展的需要,改变在南满地区只有磐石、海龙两中心县委,没有一个统一的领导机关的状况(1933年春,中共满洲省委曾任命杨靖宇(张贯一)为南满特委书记①,但没有建立特委机关);另一方面也须很好地总结过去反日斗争的经验教训,研究当前形势,确定今后的战斗任务,十分有必要召开一次南满地区党的代表大会。杨靖宇认为,随着反日斗争的不断发展,从当时南满地区反日斗争开展的情况看,应通过召开一次南满地区党的代表大会成立一个直属省委领导的特委,再由特委领导磐石、海龙等南满地区党、军组织和群众斗争工作。同时召开党的代表会议,也能够通过认真地总结近二三年来对敌斗争经验,进一步统一党组织和人民革命军内部的思想认识,进而把南满地区抗日游击战争,推向一个新的发展阶段。为此,他向省委提出了这个建议。

杨靖宇的想法得到省委赞同。省委在1934年5月18日给磐石、海龙两中心县委信中写道:"关于南满最高领导机关,目前迫切的需要特委的组织,才能集中统一南满整个党的领导。"同时省委提议,"在省委没有派来特委书记以前,暂时成立临时特别的组织,指导磐石、海龙及南满整个党的组织。"

从1934年5月起,在杨靖宇的领导下,经过五个月筹备工作之后,中共南满第一次代表大会于11月5日至10日在临江县四道二岔(按,应为二道四岔,即二道阳岔沟里的四岔)地方召开。

此时,临江大地已是一派冬日景象,气温骤降,冷风阵阵吹来,雪花漫天飞舞。四道二岔附近莽莽山林完全被皑皑白雪神秘地覆盖着。

杨靖宇确定在二道四岔开会,是因为此地距临江县城较远,这里是第一军独立师开辟的游击根据地,比较隐蔽安全。为了保证党代表大会顺利召开,杨靖宇亲自在会场四周布置严密防线。11月初,各地代表分途来到二道四岔,杨靖宇高兴地与他们会面。11月5日,会议正式开始。

---

① 《中共满洲省委关于党的组织、干部及工作情况给中央的信》(1933年4月25日),载中央档案馆等编《东北地区革命历史文件汇集》甲13,第36页。

参加南满第一次党代表大会的代表共有 32 人，代表主要由地方和部队两部分组成。磐石党团县委各 1 人，海龙党团县委各 1 人。伊通、磐北、磐东、磐西、拐子坑区代表各 1 人。吉海路、西安（辽源）、江南特支各 1 人。清东（清原、东丰）、柳河、金通（金川、通化）各 1 人。人民革命军第一军独立师党委 4 人，师青年团委 2 人。南满游击队（苏营）2 人。五团 3 人，少年连、教导连、一团、三团、抗日义勇军"臣军"部各 1 人。从民族说，汉族有 22 人，朝鲜族有 10 人。从成分上看，工人 7 人，贫农 11 人、中农 2 人、富农 2 人，知识分子 9 人。①总之，出席这次会议的人员具有较广泛的代表性。

会上，杨靖宇以省委代表资格做国际、国内形势报告。报告中正确地分析了当时的形势，提出党在南满地区的任务。各地代表做关于南满各地情形报告，李东光做磐石工作报告，吴振山做关于海龙工作报告。韩震做人民革命军第一军独立师工作报告。大会一致通过杨靖宇关于正式成立东北人民革命军第一军（两个师）与组织临时南满党特委的提议，选举了临时特委的委员，决定了关于编制队伍与干部分配等问题。②

此次大会上，杨靖宇所做形势报告是根据共产国际第十三次全会决议及讨论大纲，中共六届五中全会决议及讨论大纲，满洲省委致各级同志信，八一、九一八宣传要点及其决议作的。他指出，目前在满洲各地普遍进行的反日民族革命战争已发展到新的阶段。这个形势已经在帝国主义后方造成一条新战线。在南满，广大群众抗日反满的斗争更加扩大与深入，人民革命军第一军在党的正确领导下，英勇作战，胜利地粉碎了日"满"第一期"讨伐"，在南满一带逐渐形成领导抗日运动的中心力量。游击区已扩大到二十四五个县，枪支、人员壮大了五六倍，攻破城镇十六七个，击溃和消灭无数的敌人。南满全党必须在这种顺利的形势下，不疲倦而正确地运用反日统一战线的策略、方针，去把这一切反日反满的斗争在我党的领导下，争取过来，并统一起来，这就是反日战争胜利的保障。

会议在讨论问题时，所采取的方式是，各主要报告完毕之后，提出几个中心问题，各位代表即围绕这个中心问题进行讨论，而后由杨靖宇做结论。讨论中，杨靖宇总是鼓励大家畅所欲言，各抒己见，并细心听取大家的发言，针对同志们提出的问题进行积极引导，以统一思想认识。所以，会议气氛十分热烈。与会同志感到采取这种方法讨论，使人能受到很大启发和深刻的教育，便于统一思想认识。

在讨论抗日武装斗争所要依靠的对象这一问题时，有的同志存有模糊认识，说贫农是小资产阶级，贫农太多建立人民革命政府成问题。对此，杨靖宇讲工农是我们最可靠的基本群众，认为贫农是小资产阶级，贫农太多建立人民革命政府成问题，这是错误的。他说贫农是无产阶级最坚决的同盟军。农业国家工人不领导农民这就破坏了革命。列宁主义认为工人在夺取政权当中，农民是工人的可靠同盟军，那种要肃清小资产阶级的理论是一种错误的理论。

---

① 《中共南满临时特委给省委的信》（1934 年 12 月 26 日），载中央档案馆等编《东北地区革命历史文件汇集》甲 33，第 65 页。（此统计，出席会议代表的单位和成分两项各少 1 人，原信如此）。

② 《中共南满第一次代表大会的通知》（1934 年 11 月 5 日），载中央档案馆等编《东北地区革命历史文件汇集》甲 33，第 33 页。

共产党是无产阶级的先锋队,出身不好的小资产阶级分子经过无产阶级化,那就是无产阶级了。

另外,对于海龙县委等个别朝鲜族同志之间因过去受"派争"观念的影响而存有意见分歧,闹无原则纠纷,影响团结的问题,杨靖宇也严肃地提出了批评。

讨论中,杨靖宇在各位同志发言结束之后,对南满整个工作成绩、缺点、办法一一作了阐述。他说,我们的成绩有没有?有。今天的大会,今天保护大会的队伍,特别是参加大会的代表,在成分上、政治上都很好。这是因为我们工作的发展,人民革命军巩固扩大,游击区巩固扩大,政治影响的扩大,党的工作路线转变及地方工作努力的结果。特别是人民革命军已逐渐形成中心力量,部队战斗力大大提高,许多抗日义勇军要求领导,游击战术初步转变,都有相当成绩,打破了十六个城镇,在经济上也有了办法。政治工作方面,党的组织不断扩大政治影响,深入到群众中去了,磐石领导了几次分粮斗争,海龙也有群众斗争,吉海路工人举行了怠工、罢工。妇女工作方面,磐石也有相当成绩。广大群众相信党、拥护党。这些都是我们工作中取得的成绩。

在谈到工作的缺点时,杨靖宇着重谈到最严重的是对客观形势估计不足,对群众斗争领导不够,落在群众革命情绪之后,轻视群众的旧式武装,看不起抗日义勇军,工作中还有关门主义倾向。领导群众斗争不够,有时放弃领导抗日义勇军,一度形成孤军开辟工作,自己单独活动的局面。在谈到人民革命军工作时,他说,人民革命军政治教育不够,游击一连发生哗变,说明还有不巩固之处。游击战术方面还有硬打硬攻,乱打子弹的现象。扩大队伍工作,由于群众工作、抗日义勇军工作、伪满军士兵工作都存在缺点,因而不能使人民革命军队伍很好扩大。

在谈到南满地区党组织、军队面临的新的工作任务时,杨靖宇讲到十个方面:

(1)巩固人民革命军,地方党组织应动员组织群众参加到人民革命军中,调动工人来充当人民革命军的骨干,发动群众斗争。

(2)争取南满一切群众的反日斗争的领导权。人民革命军第一军司令部要抓紧"老常青""四海山"的工作,整理新收编的队伍,积极配合东边道游击队斗争。

(3)找各种关系进行伪满洲国士兵工作,鼓动其哗变,"不拘多少,拖出一棵枪也好"。

(4)抓紧领导工人斗争,西安(辽源)要调换干部,领导木厂工人斗争,吉海路代表要负责打通自己本线各站,并推动奉海路工作。

(5)建立人民政府和根据地。如通化为一根据地,磐石为一根据地,海龙党组织要配合这一工作。

(6)扩大党的组织。组织南满特委。西安(辽源)要面向产业工人发展组织。

(7)开展反对叛徒、奸细斗争,检查肃清动摇悲观分子。

(8)转变游击战术,反对硬打硬攻,灵活地运用游击战术。

(9)工作要打入大屯,打入城市,深入群众。

(10)党团组织要建立秘密关系,团的工作应青年化,党团对立是不容许的。要加强妇女工作,在日本强盗奸淫烧杀的形势下,妇女生活无出路,加强妇女工作是必要的。①

南满第一次党代表大会,根据与会代表对会议议题的认真讨论和杨靖宇对所讨论的问题做的结论,作出了《中国共产党全南满第一次代表大会之决议》。决议分析南满斗争形势说:南满的重要性,不仅在日满的经济、政治、军事上有决定性的意义,而且在满洲反日革命战争上有重大意义。南满是满洲五大游击区中重要地区之一,更是东北人民革命军第一军和抗日军正在胜利地进行反日战争的战地。决议着重阐述了南满抗日斗争形势的特点。指出,当前南满革命形势的特点是:第一,广大群众抗日反满的斗争更加扩大与深入。在游击区,广大群众踊跃地进行分粮、抢米斗争,广大的农民自动武装起来,参加反日战争。第二,人民革命军在南满一带逐渐形成领导抗日运动的中心力量。游击区扩大到二十四五个县份。枪支、人员扩大到五六倍。攻破城镇十六七个,击溃和消灭无数敌人。许多抗日军主要部队围绕于人民革命军的周围,还不断有许多抗日军要求共产党的领导和人民革命军的改编。第三,抗日军队伍的政治觉悟与军事能力逐渐提高,与群众关系更加好些。第四,是共产党和人民革命军的领导与政治影响在广大反日反满群众中不断增长。

《决议》正确地分析了一年来党和人民革命军的工作,充分肯定了斗争的成绩,也指出了工作中存在的缺点、错误。会议所做决议提出目前南满全党总的战斗任务是:"千百倍的加强我们的革命的群众工作,用一切力量来扩大巩固人民革命军,最大限度的扩大反日游击战争,领导和扩大反日反满的群众政治、经济的斗争。在正确地运用反日统一战线策略的基础上,把一切抗日反满力量团结和统一起来,冲破敌人第二期'讨伐',创造临时人民革命政权与根据地,并在这个运动中争取巩固无产阶级领导权。"②

《决议》提出南满全党的具体战斗任务是:

1.动员一切力量扩大巩固人民革命军,积极吸收广大工农群众到人民革命军中来。2.争取反日统一战线与一切革命斗争中的领导权。3.以最大的力量恢复和扩大矿山、铁路工人运动。4.把军部及一、二师经常活动的游击区巩固、扩大起来,创造建立政权的条件,以创建临时的革命政权和根据地。5.扩大各种反日会及武装自卫委员会。6.组织广大朝鲜族民众参加反日斗争。7.扩大党的组织,大批介绍反日战争中的先进分子和工农积极分子入党。

会议对组织问题决定成立中共南满临时特委,并要求省委派来特委书记,在特委书记未到任并未接到省委具体指示的情况下,杨靖宇提议先组织临时南满党特委。待省委派遣的书记来到后,再经省委同意成立正式特委。由于杨靖宇为省委代表,又主要从事军事工作,他决定自己不参加临时特委。经选举,南满临时特委由五人组成:李东光(磐石中心县委书记)为常委、特委书记、兼宣传委员,纪儒林(磐石中心县委常委)为常委、组织委员,宋铁岩(人民革命军第一军独立师政治部主任)为委员,程XX(吉海路代表)为委员,张XX(西安即辽源支部

---

① 《中共磐石中心县委关于南满党第一次代表大会记录》(1934年),载中央档案馆等编《东北地区革命历史文件汇集》甲36,第350、351页。

② 《中国共产党全南满第一次代表大会之决议》(1934年11月5日),载中央档案馆等编《东北地区革命历史文件汇集》甲33,第51页。

书记)为委员。

会议决定撤销海龙中心县委、柳河县委,通化临时县委改为通化中心县委,成立中共通化区委、海龙区委、柳河区委,均隶属通化中心县委。这样在南满临时特委直接领导之下的地方党组织有:磐石中心县委、通化中心县委和西安(辽源)、江南、清东(清原、东丰)三个特支。

关于临时特委机关驻地,由于游击区域广阔,难以规定中心地点,决定在省委派来特委书记之前,暂在江南特支地域内驻特委机关,在特委书记派来后,在军部活动的附近地区去建立特委机关。

11月7日,会议集中讨论人民革命军第一军独立师工作,根据杨靖宇的提议,决定正式建立东北人民革命军第一军。杨靖宇宣布了第一军部队建制和组织领导机构。

值得提出的是,在会议将近结束,起草《中国共产党全南满第一次代表大会之决议》时,杨靖宇曾代表大会主席团提出,在决议案中不必重复国际、国内及满洲的形势,要根据中共六届五中全会决议与省委最近文件,只分析目前南满形势的意见。与会代表对杨靖宇从实际出发,并不因为国际、国内及满洲形势的报告是他所作,就都非得写进决议不可,而要求重点放在分析目前南满形势上,表示赞同。最后大家一致同意通过了这个决议。

11月9日,中共南满第一次代表大会结束。12月26日临时特委专门给省委写出关于南满第一次党代表大会经过与临时特委组成的报告。报告指出:"我们接到省委五月指示以后,为召集全党代表大会与成立南满党总领导机关问题,与杨司令共同进行五个月准备工作,结果已完成了这一任务。代表大会在杨司令领导下,在我军保护之下,于11月5日在临江县四道二岔(按,应为二道四岔)地方开会,继续五天,顺利地结束了自己的任务。"①

三日后,即12月29日,杨靖宇也就军事及干部等问题给省委写出报告(南满特委代写)。报告中说:"全队内主要干部中,最大的困难问题就是政治干部的不够。因此,队内党工作和全体政治工作,再不可允许恶劣,军部与各师部还没有健全的政委领导,甚至于许多连内也没有政治指导员,同时许多抗日军要求派人指导,无法应付这些要求。因此我特向省委坚决提出,无论如何派来两个得力的干部——一个是担任南满特委书记,一个是队内政治工作人员。如果你们没有队内政治工作人员,则可以派军事干部来担任军长,那么我可以做队内政治工作。我在自我批评精神之下,极诚恳地接受省委批评南满'无人'的观念与没有培养干部的错误。但你们不估计队内实际情形,而不尽量帮助干部也是不妥当的。目前南满并不是没有干部、人才,下层干部是在斗争中成群的涌出,我们的要求是训练这些干部的政治人员。"报告中又说,"自接到省委的指示后,根据南满的实际情形,我也同意建立南满特委,即与南满党同志共同进行全党代表大会的召集,并由我代表省委直接领导这次代表大会,胜利地完成了。大会中选举五个同志为临时特委的委员而组织临时特委。"报告中简要介绍了五位委员情况,并强调省委尽早派来特委书记。报告中说"吉海、西安两个工人同志是政治上幼稚,而且将来能不能参加特委的专门工作还未一定。担任组织的老纪同志(按,即纪儒林)的

---

① 《中共南满临时特委给省委的信》(1934年12月26日),载中央档案馆等编《东北地区革命历史文件汇集》甲33,第65页。

自动工作能力极薄弱,老李(按,即李东光)暂时任书记兼宣传,老铁同志(按,即宋铁岩)也不能离开队伍,所以在这样的情形之下,我提出,省委无论如何派得力的同志来担任特委书记。"①

1935年2月19日,中共满洲省委致信南满特委,批准临时特委组织和成员名单。并指出,"特委书记人选省委正在准备中,但必须经过相当时期才能派来。在书记未派以前,这一工作暂以东光同志代理。"又说:"因干部的困难,特委本身很难形成集体领导的条件下,暂经常留东光、全光(全光不是特委委员但可参加特委会议)在特委机关中工作。特委机关设于人民革命军司令部附近。省委指定杨同志(按,指杨靖宇)为特委常委之一,杨同志或铁岩轮流参加特委会议。但在铁岩参加特委会议时,应征求杨同志对会议的意见,以形成三人会议的领导。"这样,杨靖宇根据省委指示,任南满特委常委,参加特委领导工作。

中共南满第一次代表大会是在杨靖宇领导下,于日伪当局开展1934年冬季"大讨伐"期间召开的。这次会议是一次重要会议。它认真地分析了南满目前斗争形势,检查了地方和部队反日斗争各项工作,总结了过去的斗争经验,提出了新的斗争任务,建立了特委机关,统一了南满地区党组织和地方党组织以及部队的领导。1月10日,新成立的南满临时特委发出《给南满全体同志信》,即针对敌人开展第二期"讨伐"提出了反"讨伐"斗争工作任务。及时履行特委职责。此次会议正式宣布成立了东北人民革命军第一军。这次会议对于壮大抗日武装,建立巩固抗日游击根据地,深入开展南满地区的抗日斗争意义深远,是一次具有重要指导性作用的会议。1935、1936年南满地区的抗日斗争,可以说就是根据这次会议通过的决议中所确定的斗争任务、方针开展的。

三、筹备成立南满特区政府

在抗日游击战争中,发动民众斗争,并在斗争中建立实行抗日民族统一战线政策的抗日政权,是抗日根据地建成的重要标志。

1935年2月1日,中共满洲省委就广泛宣传《满洲临时人民革命政府纲领》及做好召开全满代表大会的准备工作,向各级党部发出指示信。信中要求"全满洲各级党部应以这一纲领为第一等重要的文献,应当动员全体的同志,在人民革命军、游击队与义勇军及广大群众中,进行最广泛的宣传鼓动,使它成为群众自己的斗争纲领,成为他们反日反满的旗帜。应采取一切办法为建立人民革命政府及为这一纲领的实现而斗争。"指示信还要求"在南满、东满、珠河,应当即刻准备全区代表大会建立特区政府的任务,在这个过程中同时把各县区政府建立起来。"

建立人民政府意义重大。很明显,这一代表人民利益的政权是与日伪政权相对立的。有了这个政权,就能够更好地团结广大民众,动员一切力量,向日本帝国主义及其走狗汉奸反

---

① 《杨司令关于军事及干部等问题给省委的报告》(1934年12月29日),载中央档案馆等编《东北地区革命历史文件汇集》甲44,第244页。

动派作斗争。人民政府筹备成立的过程,将是对抗日军民掀起新的抗日斗争高潮的再动员的过程,它的建成将极大鼓舞更多的民众积极踊跃地投入到伟大的抗日运动中来。杨靖宇对此项工作极为重视,因为他有在河南家乡领导农民革命军建立确山革命政权的经验,他深知建立人民政府的重要。当然,这一任务要在日伪当局的严密而又残酷的统治之下完成,也是相当艰巨和困难的。而建成之后,使之不流于形式,真正发挥其职能作用也是十分不易的。

为贯彻省委指示,杨靖宇与南满特委积极展开组建南满特区人民革命政府的筹备工作。1935年7月13日,南满特委给省委报告中专门汇报了这一问题:"我们已通过人民革命军、抗日军及所有党团群众组织,准备于八一在那尔轰、临江两处召开人民委员会(其性质是人民政权筹备委员会)。九一八召开南满人民代表大会,正式宣布政纲及其他有关系的法律。"报告中并向省委提出:"建立人民政府的选举运动的方法等,有否专门文件或意见,望指示。"

在筹备建立南满特区人民政府中,杨靖宇等南满特委同志对于省委提出的《南满临时人民革命政府纲领》(草案)中的个别条文有不同意见。主要是"纲领"中的第九条,即"为改良广大的劳苦群众之生活,人民革命政府,主张确立八小时工作制度,增加工资,社会保险,并主张没收一切卖国贼、汉奸、地主阶级的土地将其分配给贫苦的群众。"对于这一条中所主张的没收一切卖国贼、汉奸的土地将其分配给贫苦的群众是没问题的,关键在于还要没收一切地主阶级的土地,这是有问题的。对地主阶级应作分析,汉奸地主应没收土地,一般地主不应没收其土地,而应是减租、减息。当时,南满特委把人民革命政府纲领(草案)发下去征求意见时,一些中小地主见到后深感"恐怖",怕自己土地被没收,因而对草案不发表意见。由于他们在思想上有抵触情绪,即使向其解释,也感到难以理解。

对此,杨靖宇等南满特委同志认为《纲领》(草案)第九条中的没收地主阶级的土地,有些过火,这可能使一部分同情抗日的地主脱离抗日阵线,走向反对临时人民革命政府道路,有过早破坏统一战线和削弱反日力量的危险。他们主张不应提没收地主阶级的土地,而应提减租减息。在南满特委致省委的一封信中,对此问题说:"在满洲提出没收走狗等财产,不至降低贫苦农民的抗日情绪,而实际上又不至破坏统一战线。在今天讲,仍以没收走狗等土地为相当。在目前日满匪烧杀之下,民众不得安居乐业,其恨日帝及走狗等心理最为高涨,真正执行没收走狗的土地,在阶级分化的程度和抗日情绪的比较上,也是不必在今天提出没收地主阶级的土地。""所以我们认为没收地主阶级土地的口号是与统一战线相冲突,是过早破坏统一战线,在今天讲仍是不提出有利。"对此,南满特委于7月13日向省委写报告请示"究竟怎样执行,望省委马上详细答复"。①

对于这一问题,杨靖宇等南满特委同志的意见是正确的。因为人民革命政府是抗日民众的民主政权,其任务是在于领导组织各阶级各阶层广大民众开展民族解放战争,以驱逐日本帝国主义的侵略势力,打倒日本帝国主义御用的傀儡政权,推翻"满洲国",争取并确立广大民众的自由平等与民族的解放。这一政权的任务有别于土地革命时期的苏维埃政权。它是在

---

① 《中共南满特委的报告》(1935年7月13日),载中央档案馆等编《东北地区革命历史文件汇集》甲33,第132页。

日本帝国主义侵占东北的形势下建立的政权,这一政权要体现党的抗日民族统一战线政策,团结一切可以团结的反日力量,代表一切维护民族利益的阶级、阶层的利益。在当时的历史条件下,地主阶级成员并不都是卖国贼、汉奸、走狗。因此在制定政策时,应当把卖国贼、汉奸、走狗与一般地主(不论是大、中、小地主)区别开来。不然,把参加或同情抗日的地主的土地也同汉奸、走狗的土地一样都没收分配给贫苦的群众,无疑等于排斥他们。这是"为渊驱鱼,为丛驱雀",会使他们脱离抗日阵线,进而倒向敌人方面,这就有损于整个抗日救国运动的发展。

经过一段时间的筹备,中共南满特委于1935年8月17日,在人民革命军第一军后方基地金川河里,召集了有25名代表参加的民众代表大会,成立了南满特区人民革命政府筹备委员会。杨靖宇对这次会议十分关注。他于8月23日,在以人民革命军第一军名义给上级的报告中专门汇报了该筹委会成立问题。报告中说:"建立政权问题,特委已于八月十七日在临、金、柳三县附近召集民众代表大会,成立了筹委会,通过行政和筹委会暂行条例,代表二十五名,代表了五百家民众,情绪较比热烈。"又说:"大会能代表一千家,于九一八定成立。临(江)、金(川)、柳(河)一带特区政府各地已成立了区乡政府。"①

8月17日,这次代表大会通过了《临时东北人民革命政府南满特区政府组织条例(草案)》和《临时东北人民革命政府南满特区政府筹备委员会暂行条例》。

南满特区政府组织条例共十四条。条例中规定,东北人民革命政府南满特区政府由南满(吉林南部与奉天东部各县份)人民代表组成,其目的在领导组织南满中国民众的反日民族革命战争,为实现东北人民革命政府纲领而斗争。在南满范围内,不论职业、籍贯、性别、民族、政治派别、宗教等,凡不愿当亡国奴,而年龄在十六岁以上者,都有选举权与被选举权,汉奸、走狗、卖国贼无选举权与被选举权。南满人民代表大会为最高权力机关。人民代表直接由各游击区、抗日根据地以及人民代表大会选举产生,在人民代表大会中选举出执行委员会。在大会闭幕后,执行委员会为最高机关,监督和执行大会一切决议。在执行委员中选举七人为常务委员,组织常务委员会,是为南满特区政府之常务政权机关。在常务人民委员会以下,设立八个部,为办事机构:

(一)人民军事部——管理一切抗日武装队伍、兵工厂、部队医院、军事政治学校等事项;

(二)人民粮食部——管理一切军粮、征收及分配事项,并分配给贫民,救济失业者与灾难民;

(三)人民财政部——管理政府一切预算及决算,赋税收入等财政事项;

(四)人民内务部——管理人民政府统治区域内一切行政事项,并兼理政治保安局之事项;

(五)人民司法部——管理执行人民政府一切法律事项,司法部长兼人民法院院长,担任审判处罚一切反革命者之责;

----

① 《东北人民革命军第一军来信》(1935年8月23日),载中央档案馆等编《东北地区革命历史文件汇集》甲45,第198页。

(六)人民教育部——管理人民政府区域内一切学校、教育、文化等事项；

(七)人民外交部——管理联络关内一切抗日反满讨蒋的政府、军队及公团事项，并在不违反中华民族独立与统一原则之下，联络世界上对我国抗日民族革命战争同情与善意中立之国家；

(八)人民民族部——管理联络各地少数民族事项，在民族部之下，设少数民族委员会，由韩、蒙、满族若干人组织之，民族部长兼任少数民族委员会主席。①

《南满特区政府筹备委员会暂行条例》共十一条。根据条例规定，南满特区政府筹备委员会以筹备建立南满特区人民革命政府为任务，在政府未建立以前，实际起代行政府职权的作用。

这一《暂行条例》主要内容有：

——本会以筹备建立南满特区人民革命政府为任务，并在政府建立以前，行列各条规执下定之事项。

——号召民众自动组织参加农民自卫队、青年义勇军、保安队、游击队及一切抗日队伍，武装保卫本区。

——号召全体民众配合一切抗日队伍彻底消灭日"满"机关及其走狗，不使敌人任何统治势力存在。

——取消日"满"机关的一切捐税和命令，取消一切高利贷，不还日"满"机关及走狗的债务。消灭一切口头或书面上的自租契约，不纳租粮。

——号召民众与抗日队伍没收日本及走狗的财产(如土地、房屋、牲口、粮食、物品等)分给贫农并充作反日战费。号召民众积极参加反日斗争，配合抗日队伍共同攻城破街，没收敌人军粮、财产，解决民众生活上的困难。

——确认一切抗日武装队伍，是推翻日"满"统治建立人民革命政府之主力，号召民众参加各种抗日队伍，并进行领导"满洲国"兵哗变的工作，实行拥护各种武装队伍并优待抗日战士。

——保证反日民族革命战争之彻底胜利，承认民众有组织各种反日革命团体（如农民会、工人会、妇女会、青年团、学生会、士兵会、反日会等)的自由，并尽力领导帮助这些团体发展与活动。

——本区内发生偷窃事件，通令偷窃者偿还原物或按价赔偿，并进行处罚。对杀人、放火、强奸妇女者，枪毙或予以严重处罚。②

从8月17日通过的上述《南满特区政府组织条例》及《筹备委员会暂行条例》看，其所规定的内容是符合当时实际情况的，对抗日游击区域广大民众是有益的。

---

①《南满特区政府组织条例(草案)》(1935年8月17日)，载中央档案馆等编《东北地区革命历史文件汇集》甲33，第287页。

②《南满特区政府筹备委员会暂行条例》(1935年8月)，载中央档案馆等编《东北地区革命历史文件汇集》甲33，第291~293页。

南满特区政府筹委会成立后,各地即积极开始按《暂行条例》进行工作,特别是着手建立基层政权——在区和乡建立人民革命政府的工作。

9月15日,南满特区筹备会发表宣言说:"已在临江、金川、柳河、通化、濛江、磐石、西安(辽源)、海龙、桓仁、辉南等地,建立了很多乡政府。临江、濛江、金川及柳河等地的民众,目前正在准备建立区政府。"10月6日,东满、南满特委代表联席会议决议说:"南满已建立十五个乡政府,五十六个区政府。"

以后,虽然囿于当时客观条件,原定于9月18日要成立的南满特区人民政府,由于种种原因未能成立起来,但在其筹备组建中,特别是各地区、乡人民革命政府的成立中,却都凝结着杨靖宇的心血。这些基层抗日政权的建立,使广大抗日军民受到鼓舞。尽管这些在游击根据地内成立的抗日政权仅是初具规模,并不十分完备,具体工作还存在一些缺点,如未广泛开展宣传,未总动员全党和全体群众进行选举运动,一些抗日政权无抗日军及附近城市的群众与士兵代表参加等。同时也由于条件限制,其在某些方面的职能尚未得到充分发挥,但它们在组织领导广大群众积极开展抗日斗争,拥护、支持党领导的抗日武装,包括参军参战,筹集钱款和军需物资、建立各种抗日组织,如反日会、妇女会、儿童团、青年义勇军等方面都发挥了重要作用。

南满特区人民革命政府筹委会及南满各地区、乡人民革命政府的建立,也有力推动了东满、北满等地区抗日政权的组建工作。杨靖宇和南满特委同志所积极从事建立人民抗日政权的工作得到了中共满洲省委的肯定。因为这项工作是建立全东北人民革命政府工作的一个组成部分。后来,尽管由于日伪军的不断"讨伐",全东北人民革命政府未建立起来,已建立的区、乡抗日政权存在时间不长,但这项工作的意义是不可低估的。因为这是在日本帝国主义霸占东北四年之后,在中国共产党的领导下,克服各种困难,在白色恐怖之中进行的建政工作,已建立的区、乡人民革命政府是旨在推翻日本帝国主义和伪满洲国在东北的统治,争取中华民族独立解放的人民政权。

四、为巩固发展游击根据地而战

东北人民革命军的成长发展和壮大,游击区的拓展,游击根据地建设的加强及抗日义勇军的英勇奋战,严重地威胁着日伪当局的反动统治。日本关东军参谋部在题为《关于昭和十年度(1935年)秋季治安肃正工作概况》一份文件中说:"大小匪团(按,敌人对抗日武装的诬称)散在广大地区巧妙地避开警戒网,威胁阻碍王道乐土之建设。特别是共产思想之影响日益扩大和加深,实乃治安维持上极为忧虑之事。"

1935年6月,自从第一军军部来到通化、桓仁一带后,因军长杨靖宇所患肺病复发,军部未有大的活动。第一师出征辑安一带,第一师三团赴东丰一带活动,进而出征抚松。第二师在磐石一带活动。军部计划在"九一八"前赴桦甸、濛江一带与八团及苏营一部接头,并以一部队伍与第二师接头。8月,日伪当局为消灭"威胁阻碍王道乐土建设"的杨靖宇领导的人民革命军第一军等抗日武装,铲除抗日武装赖以生存的游击根据地,破坏第一军军部活动计划,提前展开了秋冬季"大讨伐"。

自1932年以来,日伪军对抗日部队不断展开定期的"讨伐"。在"讨伐"与反"讨伐"战争中,杨靖宇已掌握了敌人"讨伐"的规律。敌人一般是以草木凋零、天寒地冻,抗日军活动困难的秋冬季为"大讨伐"期。时间一般是由阳历9月开始到翌年3月止。敌人的"大讨伐"往往不常驻一个地方,而是分区进行,其进攻的战术多采取包围、追击、正面进攻等方法。而1935年,敌人为消灭杨靖宇领导的东北人民革命军第一军这支抗日武装,却提前一个月开始了秋冬季"大讨伐"。

东北人民革命军第一军司令部在1935年8月23日给省委的一份报告中说:"秋冬季'讨伐'已开始,敌人一方面利用收降来消灭抗日军,另一方面在游击区附近调来忠实部队驻扎,并加强附近城镇的军事设备,常到游击区各要道卡道阻止、袭击我军,派奸细到队内谋杀军事领袖和破坏枪械,实行多路包围等。"敌人的意图是十分明显的,就是妄图采取各种反动措施,不断压缩杨靖宇领导的东北人民革命军第一军的游击活动区域,破坏其游击根据地,使之失去开展游击战争的依托,进而包围合击、歼灭之。

为支持长期的抗日游击战争,游击根据地的巩固和发展是一个十分重要的问题。杨靖宇在根据地建设工作中,一个时期注意根据地内的政权(农民委员会)、群众组织(反日会)、群众武装(农民自卫队)的建设,如前所述,召开中共南满第一次代表大会,筹备成立南满特区政府等;一个时期则针对日伪当局的"大讨伐",积极开展反"讨伐"的军事斗争,在对敌斗争的胜利中,不断巩固、发展游击根据地,扩大游击区域,壮大抗日武装。

1935年,敌人的秋冬季"大讨伐"来势凶猛,新任第一师师长韩浩在通化刘家街三道沟与敌作战牺牲。新的斗争形势,迫切需要杨靖宇制定出应对敌人"大讨伐"的策略、办法。

在反"讨伐"斗争开始时,针对敌人的军事进攻,杨靖宇考虑到其所部游击区处于桦甸、濛江、通化、金川、临江、柳河、桓仁等县山林地带,决定既不固守游击区,又不放弃游击区,采取分兵两路,一部往东,一部往西,冲破敌人包围,有时又突然回来,用这样的办法把敌人引开,用以巩固、发展游击根据地,创造和巩固游击区。①

根据这一部署,杨靖宇率军部直属部队教导团约150人,由桓仁经通化奔向柳河县境活动。

为回击敌人的"讨伐",杨靖宇等军部领导意欲伺机袭击柳河县城。8月中旬,杨靖宇率军部教导团秘密向西行进,经侦察得知敌人从三源浦调来伪满军第六混成旅邵本良部二三百人,加上原守城伪满军,敌人力量明显增强。在此情况下,杨靖宇决定放弃攻袭柳河县城计划,故意暴露军部教导团踪迹,将前来"讨伐"的敌人调动出来,采取设置埋伏的办法消灭敌人。

之后,杨靖宇率队向西南方向行进。果然,伪满军第六混成旅一部及伪公安队发现我军

---

① 《东北人民革命军第一军来信》(1935年8月23日),载中央档案馆等编《东北地区革命历史文件汇集》甲45,第199页。

踪迹后,便跟踪而来。敌人连续追踪四天,当部队行至柳河与清原交界的黑石头地方时,杨靖宇见此处地势很好,便决定在这里设下埋伏,消灭这股追踪的敌人。他说道:"敌人追击我们已有四天了,再向前跑,也是退不出去,不如就在此地给他一个打击,叫他们知道人民革命军并不是熊种。"战士们说:"军长,你有什么好计策就施行吧!我们是不怕死的,我们绝对听从军长的命令。"

1935年8月20日清晨,天空中布满阴云,微风阵阵吹来,别有一番凄凉的景象。似乎老天给人以暗示,今天将有一场好仗。杨靖宇率军部教导团连同抗日义勇军"四海山"部共250余人,埋伏在前来跟踪追击的敌人必经之地——黑石头大道两旁树丛蒿草间。茂密的树丛蒿草将抗日健儿遮得严严实实,战士们从树枝草叶缝隙间,紧紧盯着黑石头通往南山城子大道。

上午时分,毫无防备的伪满军混成第六旅某骑兵一连、步兵二连、机关枪迫击炮连各一部及公安队共约300余人从荒山坡的小路走了上来。前面走的是伪满军侦探队,杨靖宇告诉战士们将其放过。随后敌人的大队人马接踵而来,且愈走愈近,敌兵说话声都听得很清楚,当敌人大部队步入伏击线内时,只见杨靖宇将匣枪高举,一声枪响,战斗开始。人民革命军战士密集的子弹猛射敌群,敌人措手不及,被打得人仰马翻。战斗中,敌两名连长被击毙,敌人乱作一团。紧接着冲锋队战士高喊"缴枪不杀!""中国人不打中国人!""欢迎满兵参加抗日!"等口号,迅即向敌人冲杀过去,与四处逃窜的敌人短兵相接,展开白刃战。经半小时战斗,敌军溃败。此战,第一军缴获迫击炮1门,炮弹8发,三八步枪40多支,战马数十匹,其他军用品甚多。敌人死伤五六十人,被俘虏10余人。战斗中,第一军战士牺牲7人。

巴黎《救国时报》刊载的关于抗联第一军黑石头战斗的通讯报道

战斗结束后,杨靖宇与被俘虏的敌人谈了话,大意为:"你们是受了军官和日本人的欺骗,我们人民革命军是打日本鬼子的。我们知道你们当兵也是无法子,但是你们替日本人和你们的长官打仗,死了也是冤枉。你们要赶快醒悟参加抗日军,把日本鬼子打出去,那有多么光荣!"同时,又发给他们抗日救国传单看。经教育有十几名伪满军士兵参加了人民革命军,其余每人发给路费五元,被释放回家。

黑石头一战在南满地区产生很大影响。中共驻共产国际代表团主办的巴黎《救国时报》对这一战斗进行了报道。日伪当局也不得不承认:"清原、柳河交界地方讨匪一役,军警死伤不少。"(《盛京日报》1935年8月23日)战斗中,当第一军战士以迅雷不及掩耳之势出现在敌人面前时,敌人顿时乱成一团。伪满军承认,这样的打法,我们无力还手,只好缴枪被俘。一伪满军俘虏对我军战士说:"你们太厉害了,突然袭击,不等我们反应过来,刺刀就捅到身上了。"人民革命军对被俘敌人采取进行教育释放回家的政策,使俘虏深受感动。伪满军俘虏当拿到发给的五元钱,听说放他们回家时,竟不敢相信这是真的。在黑石头战斗影响下,伪满军混成第六旅有50人哗变抗日。据第一军8月23日给省委的一份报告说:"8月20日,我军率教导团一部约150人,秘密埋伏于柳河黑石头大道两旁。是役敌人死伤五六十人,俘虏十余名,均给路费五元释放。我方牺牲七名,全皆无恙。战后该匪哗变50名,现我军正派员联系中,敌人经此战役后心惊胆战,更加动摇。"①

人民革命军第一军在清原黑石头战斗取得的英勇战绩,也使活动在柳河、金川、通化、临江一带的抗日义勇军对杨靖宇及其所部更加钦佩。各部抗日义勇军、山林队见杨靖宇所率部队在敌人"大讨伐"期间,仍敢于主动与敌人交战,便纷纷要求其领导,许多小股义勇军、山林队自动集中起来,热烈拥护人民革命军第一军,有的表示愿意自动出来"拉道"(当向导),有的要求配合第一军攻城袭镇。在通化、八道江一带活动的"北海""太平洋"等200余人要求改编,参加黑石头战斗的义勇军"四海山"等百余人,则要求共同活动,参加杨靖宇领导的人民革命军第一军。

在这种情况下,杨靖宇教育干部战士要进一步积极开展对抗日义勇军的团结联合工作,改变前一阶段个别部队在贯彻统一战线政策中,存在的对一些义勇军要求过高的关门主义偏差。经过努力,抗日义勇军更加紧密地团结在第一军周围,一些义勇军对人民革命军不再敬而远之。当时,在东边道地区,绝大多数抗日义勇军都参加了抗日联军总指挥部,与人民革命军第一军共同对敌作战。

黑石头战斗也振奋了广大人民群众的抗日救国斗志。战斗开始前,当地群众听说杨靖宇率领人民革命军要与伪满军打仗,得知部队没有粮吃时,便把自家地里长的青苞米掰下来煮熟送给战士们,让战士们吃饱好打胜仗。战斗结束后,对于人民革命军第一军取得的胜利,广大群众无不拍手称快,为之庆贺,倍感欢欣鼓舞。部队携带战利品返回河里后方根据地后,群众兴高采烈,竟杀了十几口猪慰劳部队,鼓励抗日将士继续打胜仗。

黑石头战斗结束后,杨靖宇率第一军军部直属部队活动在柳河、金川、通化、临江数县毗

---

① 《东北人民革命军第一军来信》(1935年8月23日),载中央档案馆等编《东北地区革命历史文件汇集》甲45,第201页。

邻地带。8月末，第一师师长韩浩在桓仁与通化交界的二道沟与日伪军交战时，不幸牺牲。一师政治部主任程斌在通化找到军部，军部任命程斌为一师师长，派一军军需处长胡国臣兼任一师政治部主任，提拔少年营政委李敏焕为一师参谋长。

1935年9月上旬，军部秘书处处长韩仁和用电话机通过在敌人电话线路上侦听，得知伪满军邵本良部混成第六旅第七团运输队由柳河孤山子前往八道江。这支运输队由10余辆大车组成，由七团刘副官率一个连护送。车上满载给养、军服、弹药等很多军需品。此外还有一些随行伪满军军官眷属。为截获敌人的这批军需物资，粉碎敌人的"讨伐"计划，杨靖宇决定采取在黑石头与敌人战斗的办法，在敌人运输队必经之地金川与临江交界处的旱葱沟设伏截获敌人军需物资，打击敌人。

战斗开始前，杨靖宇作简短动员说："我们连日来昼夜兼行，同志们都困乏了吧？但是我们还要凭着素来的勇气与精神，来做这一不可多得的工作（按，当时称战斗为做工作）。邵部第七团带许多军需品，要向八道江移防，他们必经这里，我们就在此地截击他。"①

9月11日，杨靖宇指挥军部直属部队300余人在金川旱葱沟岭北大道两侧设下埋伏。上午10时，伪满军邵本良部第六旅步兵七团一连及机关枪排运送军需物资的大车队缓缓走进第一军所设的埋伏圈内。顿时，杨靖宇指挥枪响，埋伏在草丛中的英勇战士向敌人发起进攻。战斗中，战士们高喊"缴枪不杀！""中国人不打中国人！"经半小时激烈战斗，毙伪满军官兵10人，伤15人，护送大车队的伪满军一连人除刘副官乘隙逃跑外，其余敌人皆被俘虏缴械。此战缴获步枪30余支，子弹1万余发，10余箱炮弹及大量棉衣、鞋帽等军需物品。战斗开始时，附近农民自卫队拿着土枪、红缨枪、大刀也迅速赶来，同第一军战士一起，与敌人展开战斗。他们英勇的斗争精神和在战斗中发挥的重要作用受到了杨靖宇赞扬。为表彰这些农民自卫队员，杨靖宇决定赠送他们缴获的一些枪支和许多战利品。

在这次战斗中，人民革命军第一军战士遵照杨靖宇的命令，严格执行对俘虏缴枪不杀，不搜俘虏腰包的政策。对敌人军官眷属不侮辱，不收受送给的东西。当时，一些伪满军军官眷属将自己戴的金银首饰取下送给第一军战士，请求饶命。但具有严格的铁的纪律的人民革命军战士坚决不收，只是对其进行爱国教育，而后释放回家。这使被俘人员及伪满军军官眷属深受感动。混在眷属中的伪满军头目邵本良的大老婆也承认了自己的身份。

值得提出的是，为加强对伪满军军官眷属教育，使她们回去之后做自己丈夫的工作，不再为日伪当局效劳，支持同情抗日武装的斗争，杨靖宇还亲自召开一次伪满军军官眷属谈话会，对其进行宣传教育工作。据刊登在1937年11月10日巴黎《救国时报》上的《东北抗日联军第一军英勇战绩追述》一文载，杨靖宇和伪满军军官眷属谈话内容如下：

军长："各位女同胞们！你们不用害怕，你们的性命和你们的身体，我是绝对负责保护的。我们并不是土匪，乃是真正打日本鬼子的军队。"

各位妇女都说："谢谢军长的好意！"

军长又说："你们都是谁的家眷？"

---

① 《东北抗日联军第一军英勇战绩追述》，载《救国时报》(1937年11月10日)。

妇女们答:"亲日派的家属。"

军长又问:"你们的男人,都做什么呀?"

妇女们答:"都当亲日走狗呢。"

军长问:"既然他们是亲日走狗,你们也即是亲日走狗的老婆,该有多么羞耻呀?你们怎么不劝劝他们呢?"

军长又问:"你们知道我们是干嘛的呀?"

妇女们答:"你们是人民革命军,真正打日本的军队。"

军长又问:"我们把你们放回去,你们能做些什么呀?"

妇女们答:"我们只有尽我们的力量来劝自己的丈夫不要和你们真正打日本的军队来作对。可是,军长,当亲日兵的也是无法子呀!我们的话,说不上他们听不听呢!"

军长说:"一日夫妻百日恩,只要你们妇女有爱国天良,架不住你们天天躺在床上劝说呀!"

妇女们又说:"好了,军长,我们只有尽我们的能力就是了。现在我们看你们这样待我们好,又看你们辛辛苦苦的,吃的不好,穿的不好,去打日本子,我们也是中国人,哪能不动心呀!"

军长又向邵本良的大老婆说:"你的男人就是真正的走狗,对不对?"

她答:"对的。"

军长又问:"那么你回去后,对他怎么办呢?"

她答:"我是一妇道,说话他也不听,回去后,也只能用各种方法来劝解他,叫他不打你们就是了。"

军长又叫队上的女同志来和她们谈话,做宣传教育工作。她们看到部队上有女同志,都表示非常惊奇。谈话结束,有的感动得掉下眼泪。休息一两天后,部队派人把他们送到大路上,这些伪满军军官眷属便回家去了。

这次截击伪满军混成第六旅第七团运输队战斗,无论在军事上还是在政治上都取得了很大胜利。人民革命军严格执行俘虏政策,缴枪不杀,不搜腰包,不侮辱妇女,并释放被俘人员及伪满军军官眷属,对伪满军产生的影响很大。日本人经营的《盛京时报》以《官匪大战金川》为题对此战报道称:"此役交战异常激烈","为剿匪以来未有之恶战"。[1]人民革命军干部、战士严格执行纪律的模范行动有力地揭穿了敌人关于共产党"共产共妻",人民革命军是"杀人不眨眼的红胡子"的谣言和欺骗宣传。这次战斗结束后,有人说:"杨司令真傻,得着了那一帮很漂亮的女人,怎么没留下一个当老婆呢?"有的则反驳说:"杨司令不是猫三狗四的人,是真正的热心救国救民的英雄。为什么要人家的老婆呢?"有的赞叹说:"杨司令肯定也有七情六欲,但他以抗日救国为天职,以模范军人相范,无私心杂念,真是一个正义的君子呀!"此次战斗后,一些伪满军士兵对杨靖宇所部都表示抱有好感。这在以后的一些战斗中,可以从有些伪满军士兵故意打"朋友枪",即在日本指导官逼迫下,不得不往天上放几枪,以应付差事的

---

[1] 《盛京日报》(1935年9月15日)。

行动中清楚看出来。在这次旱葱沟战斗中,由于缴获了大批军用物资,特别是许多弹药、服装,补充了部队军需,改善了部队装备,干部战士也更换了新服装。

1935年9月下旬,日伪当局调动伪靖安军(因该军服装袖头上镶有红边,俗称"红袖头")及教导队约3000余人,四处寻觅东北人民革命军第一军司令部,妄图大举"讨伐"歼灭之。为避敌"讨伐"锋芒及与第二军部队会师,杨靖宇率军部及直属部队迅速进至濛江,会师活动结束后,又渡过浑江转赴辑安一带活动,日伪当局的这次追寻终归宣告失败。

10月上旬,杨靖宇指挥军部直属部队80人在辑安马蹄沟与伪军骑兵25人交战,敌死伤20余人。而后又指挥军部直属部队及第一师300余人攻袭辑安县榆树林子伪警察署,俘虏伪警察25人,缴步枪25支及许多弹药、布匹等物品。[①]10月中下旬,杨靖宇率军部直属部队转至桓仁、通化、宽甸县境活动,在此期间新收编500余名抗日义勇军,使部队得到壮大。

11月1日,杨靖宇率部300余人经辑安三道阳岔、夹皮沟向跑马川一带转移。11月2日下午,担任东边道"讨伐"任务的伪安东地区司令官王殿忠、小越顾问得知杨靖宇率部抵达三道崴子西方鹿圈子沟一带,即派加藤上尉率队实地侦察,令骑兵第五团一部及横泽中尉所率机关枪连前去攻袭。小越顾问为捕捉杨靖宇,还特将杨靖宇的年龄、相貌、穿着情况通告全体"讨伐队"士兵。但战斗一开始,敌即"死一伤五",遭到失败。此战后,杨靖宇率部队向荒岔沟转移。11月4日,在龙爪沟与田中部队展开战斗。而后,在葫芦沟被敌包围。敌人自以为胜券在握,狂叫"杨部灭亡期即在目前,东边道讨伐即告成功"。然而,人民革命军第一军在杨靖宇指挥下胜利冲破敌围。之后,杨靖宇率部时南时北牵着敌人鼻子兜圈子。

在此期间,杨靖宇以第一军全体将士名义发表《告伪军官兵书》,号召其倒戈哗变。此文告全文如下:

"满洲国士兵、军官同胞们!

正当冰天雪地、昼夜不分,你们奉着鬼子命令,名义上讨伐胡匪,实际上到处杀人放火,大批屠毒同胞,对吗?

为利哩!幸亏咱们东北有抗日的红军、义勇军、救国军等。鬼子采取自残政策,驱使利用你们,每月给几元纸票,好替效劳。清楚的,如没有抗日部队时,早已把你们完全缴械砍头了,还有每月几千元纸票事吗?升官发财更谈不到。看看高丽国吧。

为名哩!常常出发,不知那时饮弹而死,落个千古遗臭,绰号亡国鬼,身名俱裂,对得起祖先父母吗?后世子子孙孙吗?

同胞们:本军站在正确立场上,特忠告一条出路,你们应该勒马悬崖,联络起来,成千成万,调转枪头,杀死鬼子顾问、教官、指导官、讨伐司令,哗变出来,为光复我大中华民族独立而战,为使我大中华民族享受独立国幸福而战,比那偷生怕死,维持现状被万人唾骂胜强百倍。就看你们有没有勇气,为国争光。我们也准备打着红旗欢迎你们哗变。

庆祝我大中华民国独立,四万万同胞解放万岁!

[①]《抗联第一军一九三二年至一九四〇年主要战斗统计表》(1941年初),载中央档案馆等编《东北地区革命历史文件汇集》甲60,第223页。

东北人民革命军第一军全体将士同启

大中华民国二十四年十一月"

11月上旬,日军三毛司令官派出大批兵力,重点"置于杨司令强力追击"。其中,在宽甸一带有日军铃木部队、岩永部队、野田部队;在东丰一带有本间"讨伐队"、须藤骑兵队;在辑安有田中部队;在濛江有洒井支队之小川小队;在通化有本间"讨伐队"之风间中队;在柳河有小见山部队北原支队。日军"讨伐队"一心期望捉获杨靖宇,消灭其所率部队。杨靖宇率部时而与敌展开激战,时而于敌军缝隙之间穿插往来,主动与敌人周旋。日军"讨伐队"疲于奔命,被搞得精衰力竭,并受到一定损伤。日伪当局不得不承认说"其间日军受苦难不少。"①

11月中旬,杨靖宇率队进入桓仁县境与在那里活动的第一师部队会合。11月26日,杨靖宇指挥军部直属部队第一军教导团和第一师一部并联合抗日义勇军左子元部,在宽甸太平哨与伪警察队交战2小时,毙伤敌25人,俘虏20人。11月28日,又攻袭了宽甸县步达远街,战斗中毙伤伪警察14人,余者鼠窜而逃。此街打开后,杨靖宇召见街内"会仙泉""日兴宏""庆向东""福德昌"四大商号掌柜,向其进行抗日爱国教育,号召捐献抗日物资、钱款,募集到大批粮食、布匹、棉鞋等军需物资及部分现金,使部队越冬服装得到解决。12月间,军部直属部队100余人连续在通化三棵树,金川横虎头与日伪军展开战斗,日军死伤50余人,缴枪20余支,望远镜一架。活动在辉发江北的第二师联合"七侠""登山好"等10余支抗日军部队曾组成江北抗日联合军指挥部,共同作战,11月24日,远道奔袭伊通营城子伪军十三团驻地,取得胜利。

自从1935年8月开始,至同年底,杨靖宇指挥人民革命军第一军经数月艰苦战斗,粉碎了敌人1935年秋冬季"大讨伐"。这种状况,正如东满特委书记魏拯民于1936年2月20日给中共驻共产国际代表团的信中写的那样:"我党所领导下的人民革命军第一军,虽然在东边道遭受寇贼日军空前未有的进攻,但我第一军军部及教导团、少年营以及第一、二两师部队,在东边道十余县之活动,并不因'讨伐'而完全失去主动,实力既未减损,使日寇费近半年围剿搜查,对于日寇认为必须实行消灭之主要敌人我一军部队一无获得。反之,我第一军与第二军两部队取得联络后,第一军近今渐得进出于桦甸江西以及吉林附近西南方面,努力伸张活动,出没安奉铁路线,以达于日寇所谓三角地带岫岩附近。"②

同时,在反"讨伐"斗争中也使部队得到发展,游击根据地得到巩固。杨靖宇在这期间开展的反"讨伐"斗争,有利地保证了南满特区人民革命政府筹备委员会的顺利召开。如前所述,1935年8月17日,在金川河里有25名各地代表参加的民众代表会议,通过了《临时东北人民革命政府南满特区政府组织条例(草案)》,正式成立了南满特区人民政府筹备委员会。此次会议之后,南满抗日游击区临江、金川、柳河、通化、濛江、磐石、西安(辽源)、海龙、桓仁、辉南等县相继召开群众大会,建立许多乡级、区级人民革命政府。乡、区级基层政权建立的过

---

① 《盛京日报》(1935年11月12日)。

② 魏拯民等:《给中共中央、国际代表团王明康生的信》(1936年2月20日),载中央档案馆等编《东北地区革命历史文件汇集》甲22,第183页。

程,既是贯彻党的抗日民族统一战线政策的过程,也是宣传群众、组织群众、动员群众投身抗日斗争的过程。广大乡、区级人民革命政府的建立,标志着游击根据地进一步得到巩固和发展。而这一巩固、发展是与杨靖宇率部积极开展反"讨伐"斗争是分不开的。正是由于反"讨伐"斗争的积极开展,才把敌人的视线、注意力引开,减轻了对游击根据地巩固发展工作的压力,使各地乡、区级人民革命政权建设能够得以顺利进行。同时,也使游击区域得到扩大。

对于杨靖宇及所领导的人民革命军巩固发展游击根据地,壮大自己的情况,日伪当局曾有如下记述:"红军杨司令从去年(按,指1935年)秋季以来,一方面对抗讨伐,动员组织民众进行自卫,以图获得坚固地盘。另方面则奇袭小讨伐队,解决武装,壮大自己,凶猛地扰乱治安,与遁避讨伐队而活动。杨靖宇在去年进入结冰期后,以讨伐队行动不便为机会,已纠合各地少数匪贼发展到拥有600名的大匪团,活动于通化、桓仁、辑安县内。"①日伪当局的这段记述说明,杨靖宇所率部队主动出击,积极进行反"讨伐"斗争,在斗争中不断"坚固地盘"并使队伍得到发展壮大。但其中所说的人民革命第一军人员数字是大大被缩减的,实为不确。据统计,截至1935年底,杨靖宇所指挥的东北人民革命军第一军人数已达1600余人,比1934年第一军成立时增加近一倍,部队的战斗力也明显增强,游击根据地得到巩固,游击区域也不仅限于通化、桓仁、辑安几县,已发展扩大到遍及南满地区各县。

五、欢迎第二军部队前来南满根据地会师

在1935年秋季反"讨伐"斗争中,还有一件值得喜庆的大事情。那就是在这期间,杨靖宇领导的活动于南满地区的东北人民革命军第一军,与由军长王德泰、政委魏拯民领导、活动在东满地区的东北人民革命军第二军,在南满濛江县那尔轰根据地胜利地实现了会师。

东北人民革命军第二军是在东满地区党组织及朝鲜共产主义者领导建立的延吉、和龙、珲春、汪清和安图等抗日游击队基础上成立起来的。

和南满地区一样,九一八事变后,中共东满特委根据党中央和中共满洲省委的指示,积极组织领导群众开展反日斗争。1931年秋,东满延吉、和龙、珲春、汪清、安图等县农民在中共东满特委领导下,开展了大规模的反对日本帝国主义及其走狗侵略、剥削压迫的斗争。同年12月,东满特委书记童长荣在延吉县瓮声砬子(今属安图县)召开的东满各县负责人和党团积极分子会议上,明确提出开展"春荒斗争""减租减息""夺取敌人的武器,开展武装斗争"的口号,要求各县委要组织建立反日游击队,开展游击战争。而后,经多方努力,于1932年春夏,延吉、和龙、珲春、汪清、安图等县先后建立起反日游击队(安图反日游击队后合并于汪清反日游击队)。东满地区的延吉、和龙、珲春、汪清等县反日游击队在反日斗争中不断发展壮大。到1934年1月,全东满反日游击队已发展到900人。其中,朝鲜族战士占绝大多数,党团员占队员总数的80%,战斗力很强。特别是贯彻执行中央《一·二六指示信》精神后,各反日游

---

① 《奉警委第二二六号报告》(1936年5月22日),载东北烈士纪念馆编《东北抗日斗争史料汇编》(附录四)。

击队与活动在东满地区的其他抗日义勇军部队加强了团结,经常在一起联合作战。中共东满地区党组织和东满各反日游击队的威望很高,影响很大。

1934年3月,中共东满特委根据中共满洲省委1933年12月3日来信中,关于"以延吉、和龙、汪清和珲春四县游击队为基础,准备建立人民革命军第二军,把人民革命军造成东满一带反日武装中唯一的领导力量"的指示,在延吉三道湾张芝营抗日游击根据地,召开了东满特委和游击队干部会议,建立起东北人民革命军第二军独立师。1935年5月30日,东北人民革命军第二军正式组成,军长王德泰、政委魏拯民、政治部主任李学忠、参谋长刘汉兴。军部下辖四个团,一个游击大队。军部设警卫连、教导队、随军学校,全军约1 200余人。

东北人民革命军第二军在东满地区广泛开展游击战争,多次冲破日伪军的"讨伐",在延吉、和龙、珲春、汪清等四县开辟了大片游击区,并树立了延吉县的王隅沟、石人沟、三道弯、苇子沟抗日游击根据地;汪清县的大小汪清、嘎牙河、大荒崴、腰营沟抗日游击根据地;珲春县的大荒沟、烟筒砬子抗日游击根据地;和龙县的渔浪村、牛腹洞等抗日游击根据地。

如前所述,1935年6月,杨靖宇曾指示第一军二师八团团长李永浩派人赴东满,与第二军和中共东满特委建立联络。同时,为打通与活动在南满的人民革命军第一军的联系,以"促成全满人民代表大会,建立人民政府以及组成全东北反日联军总司令部之目的",①同年8月初,东满特委派遣组织部长、第二军政治部主任李学忠率领第二军第二团二、三连约150人组成西征部队,从安图出发,经抚松向南满濛江远征。第二军二团西征部队翻山越岭,经一个月时间的艰苦跋涉,终于抵达南满濛江那尔轰根据地,与第一军二师八团一部会师。

第一、二军胜利会师,使南满、东满广大抗日军民深受鼓舞,无不为两支抗日部队取得联系,加强、扩大了抗日武装力量而高兴。

1935年9月3日,东北人民革命军第一、二军部队与那尔轰地方反日会举行军民联欢大会,庆祝两军会师。对此,

《人民革命画报》刊载的第一、二军会师盛况

---

① 《人民革命军第二军、反日联合军第五军党委特别会议记录》(1936年1月20日),载中央档案馆等编《东北地区革命历史文件汇集》甲45,第379页。

第一军《人民革命报》"九一八"纪念专号报道说:"那尔轰民众接到东满人民革命军西征军到江南游击区消息后,自动进行欢迎工作,于八月初六日(公历9月3日),在当地反日会领导之下举行盛大的联合欢迎大会。到会军民2 000余名,并且民众自动送面、送猪、杀牛,预备大餐。热烈欢迎我东满人民革命军第二军西征部队的到来"。①

9月14日,当地人民抗日政权同心乡政府组织抗日民众捐款,制作两面锦旗,一面赠给东北人民革命军第二军西征部队,上书"欢迎西征"四字;一面赠给东北人民革命军第一军军部,上书"敬祝胜利"四字。

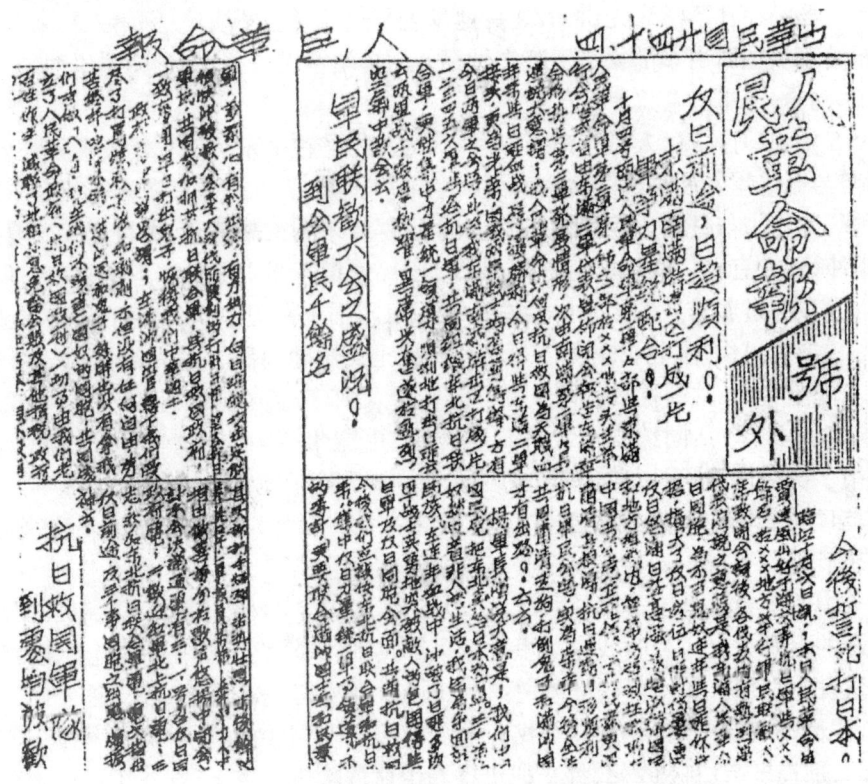

《人民革命报》关于第一、二军会师的报道

9月18日,南满反日总会印发传单,对两军胜利会师表示欢迎。当时,第一军政治部所办《人民革命报》九一八纪念专号以《东满人民革命军西征队已接头南满人民革命军》为题对此进行了报道:"英勇善战的东北人民革命军第二军西征队150名,在该军李政治部主任率领下,已经来到我江南游击区,于八月初(按,为农历)已与南满人民革命军第一军第二师八团之一部接头,并共同配合行动。"

9月中旬,杨靖宇得知第二军部队前来南满根据地的消息,十分高兴。在金川旱葱沟战斗

---

① 《抗联第一军人民革命报九一八纪念专号》,转载自《抗联一路军在濛江》,吉林大学出版社1990年版,第22页。

结束后,即率军部及直属部队教导团专程来到濛江那尔轰,欢迎前来南满根据地会师的第二军西征部队。

为庆祝第一、二军这两支党领导的抗日部队实现会师这一历史性胜利,根据杨靖宇决定,于10月4日在距那尔轰约十余里的老龙岗于家沟正式举行两军会晤式暨军民联欢会。

参加这次会晤式、军民联欢会的有东北人民革命军第一军教导团、二师八团,东北人民革命军第二军西征部队和抗日义勇军"双胜"以及那尔轰附近的抗日会员、群众共1000余人。第一军军长杨靖宇、政治部主任宋铁岩、二师师长曹国安和第二军政治部主任李学忠参加了大会。会上,杨靖宇让李学忠先讲话,之后他发表了热情洋溢的演说,因第二军来的战士皆为朝鲜族,杨靖宇讲话时由军部秘书王晓文做翻译。杨靖宇讲一句,她用朝鲜语翻译一句,以示尊重第二军同志,非平时会议所能比拟。

据1935年10月4日《人民革命报》号外载:会晤式"首由东满二军代表宣布开会,报告东满革命形势与第二军发展情形。次由南满第一军军长演说,大意谓:"我人民革命军向以抗日救国为天职,四年来与日匪血战,屡获胜利。今日得与东满二军接头,更为光荣。因我两军战士,均奋勇冲锋,方有今日两军之会晤"。又说"国民党把东北卖给日本强盗,东北三千万同胞沦为日本的奴隶,过着非人的生活。我军为争回祖国国土捍卫中华民族,几年来在战斗中冲破了日匪无数次"讨伐"围剿。东满二军西征队战士英勇地突破了敌人的包围与南满人民革命军及反日同胞会面,共商抗日救国大计。此后,我东满、南满游击区打成一片,一、二、三、四、五、六军与各抗日军,共同组织东北抗日联合军,更能集中力量,统一领导,顺利地打击日匪。"[①]杨靖宇讲话言简意赅,富有真知灼见。特别讲到今后东满、南满游击区打成一片,共同组织东北抗日联合军时,两军战士鼓掌欢呼,异常兴奋,情绪激昂。之后,第一、二军战士分别表演了文艺节目。

据于家沟的于会斌妻子刘世琴回忆说,1935年10月4日杨靖宇的部队和二军部队是在我家院里开的会师大会。当时我家院里比谁家都热闹,一杆大红旗在房顶上飘扬,我为他们烧水做饭。这次大会后,杨司令热情地说:"小刘同志,我们吃你家粮食,都记账了吧?等到打垮日本鬼子,我们的政府一定还给你。"我有生以来,第一次听到有人叫我一声"同志",而且是杨司令叫的,别提多亲切啦!我想,红军战士冒着生命危险去打鬼子,吃我家点粮食算什么?我回答说:"杨司令,你们打日本鬼子不知吃了多少苦,可我们为你们做得太少了,这些粗米饭你们尽管吃,只要把日本鬼子打跑了,吃光了我家的粮食我也高兴啊!"杨司令十分高兴赞扬说:"小刘同志真开通,支持部队打日本鬼子,抗日就需要你这样的人啊!"

大会结束后,两军战士拿出自己的特长、技能进行了投掷手榴弹、拼刺刀和射击等军事表演,为两军会师助兴。

接着,杨靖宇、宋铁岩等第一军军部、党委及南满特委负责同志与第二军军部、党委及东满特委代表李学忠,举行了"一、二军和东、南满特委联席会议"。会议相互交流了对敌斗争的经验,共同确定了为巩固、发展游击区域、互相配合开展游击活动的计划:"一、二军以自己精

---

① 《人民革命报》(号外)(1935年10月4日)。

锐的兵力之一部在某一时期,实现对安图县城的进攻,以必胜的决心,夺取军事根据地。"①交换了军政干部,第一军调给第二军一名妇女干部——江南特支妇女委员宋吉凤,第二军调给一军一个炮手。同时,两军还订立了"抗日救国竞赛公约",规定在一年内做到:(1)改善装备,为全部换成三八式步枪而斗争;(2)把第一、二军完全变成能征战、必取胜的铁军;(3)互相提供对敌斗争经验。竞赛公约拟定后,双方负责者签了字。为纪念这次会师,双方还交换了礼品,一军送给第二军两支匣子枪,第二军送给一军数枚手榴弹。

联席会议结束后不久,第二军政治部主任李学忠率队返回东满。临走时,杨靖宇指示派一支小部队为之送行。

对于东北人民革命军第一、二军胜利会师一事,杨靖宇十分重视,因为这次会师意义重大。

首先,使自九一八事变后党领导的抗日武装突破各自活动区域范围,打通了联络。使相互隔离的东满、南满军事活动得以贯通。打破了过去各自为战,被敌人分割包围的孤立状态,使第一、二军之间在军事上可以协同动作,配合活动。由此而后,于1936年初,东满与吉东党组织领导的抗日武装(以第五军为主)打通了联络。1936年秋,吉东与北满党组织领导的抗日武装(以第三军为主)也打通了联络。这样就使党领导的抗日游击战争从整体上来说,在军事行动上渐趋有了联系性。各抗日军队就将不再是孤军独立作战了,而是出现东满、南满、吉东、北满遥相呼应、共同发展的崭新局面。

第二,第一、二军会师酝酿了将东北人民革命军改编为东北抗日联军问题。这为东北人民革命军第一、二军改编为东北抗日联军第一、二军,及以后两军统一合组为抗联第一路军奠定了初步基础。1936年夏,根据斗争形势发展的需要,东北人民革命军第一军、第二军合组成立东北抗日联军第一路军,使东满、南满抗日武装有了统一指挥,使东满、南满抗日游击区连成一片,增加了抗日武装力量。

第三,这次会师使两军的领导对当前抗日斗争中面临的形势、任务、前途取得共识。同时,交流了斗争经验,相互间都从对方学到不少关于开展抗日游击战争、开辟抗日游击区域、建立根据地、贯彻党的抗日民族统一战线政策,以及开展群众工作的好经验,使两军在政治上愈加巩固、成熟。两军订立"抗日救国竞赛公约"使两军都为实现公约规定的一年内要达到缴日本"三八式"步枪武装自己的目标而英勇奋斗,进而促进了部队的建设。经过一年努力,第一军百分之八十的枪支已换成"三八式",使部队装备得到改善,战斗力得到加强。

第四,两军的会师使东满、南满广大群众受到极大鼓舞。它使广大群众对党领导的抗日游击运动有了更为深刻的认识,认识到党领导的抗日游击运动是普遍存在的,东满的民众看到共产党领导的抗日部队不仅东满有,南满也存在;同样,南满的民众也看到共产党领导的抗日部队,不仅南满有,东满也存在。各地的斗争不是孤立的,而是相互联系的。在中国共产党领导下的抗日军队无论从任何方面看都是整体一致的。这就极大地扩大了党及党领导的抗日武装的影响,增强了东南满广大民众抗日必胜的信心。

---

① 《东北人民革命军第二军、反日联合军第五军党委特别会议记录》(1936年1月20日),载中央档案馆等编《东北地区革命历史文件汇集》甲45,第381页。

第五,第一、二军胜利会师,使东满、南满地区的抗日义勇军也感到十分振奋。他们看到了共产党领导的抗日武装力量之所在,从而大大提高了人民革命军在他们心目中的威信。同时,对于进一步扩大抗日民族统一战线,使更多抗日义勇军团在第一、二军周围也起到一个很大的推动作用。

最后,第一、二军会师,实现东满、南满两地军事活动的贯通,使日本侵略者深感进行殖民侵略之棘手与殖民统治之不易稳定。这本身也是对日伪当局的一个很大打击。

总之,东北人民革命军第一、二军胜利会师,其意义是深远的。以此为标志,东南满地区的武装抗日斗争逐渐展现出了一个新的局面。

六、粉碎敌人破坏阴谋

在杨靖宇率队拓展游击区,开辟建设游击根据地过程中,日伪当局为扑灭东北抗日烈火,消灭党领导的抗日部队,在不断进行军事"讨伐"的同时,还施展各种阴谋诡计,用多种卑劣手段,对抗日斗争进行破坏。在这方面,敌人可谓处心积虑,无所不用其极。

首先日伪当局实行挑拨离间,诱降政策,破坏人民革命军与其他抗日军的团结,结果使在贯彻抗日统一战线上出现一些问题。据《东北人民革命军第一军来信》记载说:"最近破坏统一战线的现象更加严重。我二师之八团与周(太平)抗日军打了二、三次仗(周原来欲投降,现在常和日本军作战)并周之队员有十余名当中加入双胜抗日军内,来侦探我党的场所,并双胜队亦常假周太平名义到党所赶粮,有时出门辱骂我同志。辑安一带之王凤阁抗日军因我一师六团去收大烟税而起冲突,将我连长、指导员四名枪决,抢去十二支枪。现在一般抗日军均和我脱离关系。仅磐石一带小的抗日军当和我军有密切关系,接受领导。敌人用一部分忠实部队赴各地号召抗日军投降,抗日军投降者不少,如北海等准备投降期间,因我自己队抓走狗(与北海有关系),而将我自卫队绑去十余名,枪缴去。现军部正尽力恢复抗日同盟军联系,与冲突抗日军,尽力用统一战线来进行工作。"①

敌人除破坏抗日武装统一战线外,还直接在破坏党领导的抗日队伍上打主意。由于是在开展游击战争的情况下,抗日队伍在发展过程中不可避免地会出现考察不细、工作疏忽等弱点。这给敌人以可乘之机。他们不时派遣奸细、特务打入抗日部队内部,以伪装积极的面目骗取信任,待到他们认为时机成熟时,便开始其阴谋活动,或刺探秘密,或挑拨离间,或策动叛变,或谋杀军政领导人,并与军事进攻相配合,妄图达到破坏游击根据地建设,瓦解、涣散抗日队伍实力的目的。

1935年秋,杨靖宇率部队由河里后方基地渡过哈泥河,朝孤山子方向前进。途中,尖兵班在岭上发现一个可疑之人。该人自称是从关内来的,有要事须见部队领导,尖兵班见他只身一人,经询问后,即将其带到第一军军部。

---

① 《东北人民革命军第一军来信》(1935年8月23日),载中央档案馆等编《东北地区革命历史文件汇集》甲45,第197、198页。

杨靖宇问他："你有证明吗？"

他说："我有信为证。"说完便扯开衣服里子，掏出一封信。

杨靖宇见后，便详细询问这个送信人是什么时间、从关内什么地方出发的？关内红军斗争的情况怎样？临来的时候，组织还有什么嘱咐等等。但这个人所答非所问，顾左右而言他，什么也说不清。这时，杨靖宇当即决定率部队折返河里后方基地。

部队到达河里后方基地后，杨靖宇根据对"送信人"初步询问情况判断，认为这个"送信人"来历不明，不是关内党组织派来的人，可能是敌人派来的奸细。为此，杨靖宇决定对这个"送信人"进行审讯。

审讯一开始，这个"送信人"便吓得浑身发抖，脸色苍白，战战兢兢，手足无措。审问中，对所问问题的回答更是驴唇不对马嘴，语无伦次。最后，他感到实在装不下去了，便交代了自己的真实面目。不出杨靖宇所料，原来他是孤山子伪警察署的特务。敌人派遣他携带假信，冒充关内来人，以与东北党组织、抗日部队取得联络为词，欲混入杨靖宇所部。妄图先取得信任，然后再往孤山子发情报，报告部队活动方向和游击根据地情况，最后以便日伪军包围袭击第一军部队，破坏抗日游击根据地。

审讯结束后，军部决定将这个特务处死。

处死这个特务后，干部、战士都感到杨靖宇料事如神。大家便问他，为什么一开始你就料定他是个特务？杨靖宇说："我说他是特务，是有根据的。第一，他的那封信很新，不像时间很长，从关内到这里，要走很长时间，信不能那么新。第二，既然关内组织上派来的，就应该知道组织的意图，很多内容不能写在信上，可他什么也不知道。第三，他从关内来，怎么关内的情况一点也说不清楚？"大家一听，感到很有道理，都十分佩服杨靖宇真是善于分析、思考问题。同时，干部、战士们也进一步提高了对敌特阴谋活动的警觉。

敌人一计不成，又生一计。1935年秋末，又以假人头冒充杨靖宇头颅的办法，进行造谣欺骗，说杨司令已被日军"射杀"打死，妄图瓦解抗日武装和抗日群众士气，达到消灭杨靖宇所率队伍和破坏游击根据地的目的。

当时流传这样一个故事：

在抚松，宪兵特务岳某（外号"岳癞爪"），将一无辜百姓杀害，砍下头颅，装在一个木匣里，谎称是杨靖宇头颅，摆在县城十字街一木架子上。架子上贴着"剿共战果辉煌""共匪伪司令杨靖宇被射杀"等标语，一时诓骗了不少人，闹得人们心里没有底数，许多百姓以为杨靖宇真牺牲了，在背地里流下了悲伤的眼泪。

东北人民革命军第一军军部通过地下工作人员了解到这一情况后，为戳穿敌人阴谋，派出一支小股游击队执行辟谣和消灭汉奸特务的任务。游击队员化装成平民百姓，带着"良民证"来到抚松县城。次日，只见城内大街小巷四处贴着以民间"送哭夜郎"形式用黄表纸书写的传单：

"天皇皇，地皇皇，日寇侵占咱家乡。

杀人并屯抢财宝，黎民百姓遭了殃。

反日烽火遍地起,抗日武装打东洋。
打得日寇团团转,无奈假头把人诓。
行路之人念三遍,司令健在日寇亡。"

此传单张贴出去后,人们真相大白,知道杨靖宇根本没有被敌人"射杀",转忧为喜。同时,人们发现贴在杨靖宇假头木匣上的标语全被撕掉了,木架上又多了一个人头。这个人头不是别人的,就是那个宪兵特务"岳癞爪"的。只见上面贴有一张又宽又长的标语,上面写着:

"真是真来假是假,这人就是岳癞爪。
背叛祖国罪恶大,如今脑袋搬了家。"

落款为"杨靖宇游击队。"

数日后,此事不胫而走,传遍了长白山区的沟沟岔岔,村村屯屯。人们都喜笑颜开地称颂:"咱们的杨司令还在领导抗日战士打鬼子呢!"①

1935年冬,杨靖宇率队在桓仁老秃顶子游击根据地一带活动。在这里,清除了混进队内的奸细,再次粉碎了敌人的破坏阴谋。

还是在1935年秋末,有一天,一个赶着毛驴的"盐贩子"闯进第一军军部驻地桓仁县东部摇钱树岭,不久他参加了人民革命军,被分配在教导三连。时间一长,战士们发现这个"盐贩子"会使用各种武器,懂得许多军事知识,还是个大烟鬼,并经常散布吃喝嫖赌等奇谈怪论。战士们把"盐贩子"的情况反映到军部后,引起了杨靖宇的注意。"一个小盐贩子怎么能熟知军事呢?"杨靖宇指示教导三连指导员金光学严密监视、仔细调查这个人的行动和来历。这个"盐贩子"来到队内后不久,便开始活动,经常与由伪满军哗变后加入第一军的几个人勾勾搭搭。其中主要有教导三连连长、军部的史号长及一排长、关号兵等人。经调查,原来这个"盐贩子"是一个伪满军中尉,是受敌人派遣打入人民革命军第一军内部,联络混入队内的伪满军史号长等人,妄图谋害杨靖宇,制造队内叛乱的。对于这些混入内部的敌人,杨靖宇指示,提高警惕,继续观察,看他们究竟如何动作。

入冬,部队开至桓仁西部老秃顶子根据地一带活动。一天,部队在八里甸子旱葱沟休整时,史号长买来三只野鸡,交给司务长让做给军长吃。据杨靖宇的警卫员王传圣回忆,他们十多个警卫员跟着杨靖宇等几位军部首长走向军部驻地一间屋子。老远就闻到一种炖肉的香味,进屋后,杨靖宇看到桌子上的饭菜,又看了看其他几位领导,便问:"什么肉这么香?"

司务长说:"野鸡肉。"

杨靖宇又问:"哪弄来的野鸡肉?"

"是史号长老史买来的。一共三只,他叫给军长做了吃。"司务长说。

杨靖宇点点头,用筷子点着野鸡肉,意味深长地说:"这是要命的野鸡啊!"

当时说得司务长、警卫员们丈二和尚摸不着头脑。

饭后,杨靖宇命令各部队迅速集合出发,向倒杨树岭前进。行军路上,杨靖宇与韩仁和秘书长,高大山参谋长,教导一团安昌勋政委商量着对付敌人的策略。而后,部队抵达倒杨树岭

---

① 石乐实:《真是真来假是假》,载《杨靖宇的故事》,中国民间文艺出版社,1985年5月版。

附近的姜家大院。在这里,召开了由团以上领导成员参加的会议,会议上揭露了敌人的阴谋,决定采取果断措施,将混入内部的敌人一网打尽。军部参谋长高大山率王传圣等五名警卫战士去教导三连驻地将三连长及那个"盐贩子"缴械。另有干部、战士在军部将史号长、关号兵、一排长逮捕。

原来,混进部队的那个"盐贩子"与史号长等已串通好,预谋在军长吃野鸡肉当日夜十二点钟,搞反革命叛乱。审讯时,狡猾的敌人妄图把水搅混,一会说这个人参加了他们的活动,一会又说那个人参加了他们的活动。反复无常,真假难辨。但由于审讯是分别进行的。经过反复核实,终于搞清了参加谋划叛乱的人员和敌人妄图制造叛乱的图谋。敌人计划先从军部下手,谋害杨靖宇等领导人后,再由三连长和那个"盐贩子"率教导三连包围军部,企图打个措手不及,然后把队伍拉出去投降日寇。

敌人的阴谋被杨靖宇识破了,被忠实于抗日救国事业的第一军干部、战士彻底粉碎了。在全体官兵大会上,军部公布了三连长、史号长、"盐贩子"等人受敌人派遣打入内部,阴谋发动叛乱,妄图搞垮人民革命军第一军的罪行。在处理阴谋制造叛乱的罪恶分子时,杨靖宇宣布首恶分子必须严厉惩办,胁从和被利用者从宽处理。而后在姜家大院南河套将三连长、"盐贩子"、史号长、一排长、关号兵等七名首恶分子处死。不久,杨靖宇决定从一师五团调来一个连改编为新的教导三连。①

杨靖宇粉碎敌人妄图从内部破坏抗联队伍的阴谋,得到了广大军民的称赞。在1937年12月,抗联第二路军总指挥周保中向抗联七军同志介绍抗联各军情况谈到一军时说:"第一军的干部,军长杨靖宇,是'足智多谋,英勇善战'的抗日救国革命家——这是南满一带人民所称道赞扬的。敌人也很怕他。因此,不断用各种阴狠卑鄙手段,总想祸害杨靖宇同志。可是杨同志为人机警,又得到群众拥护,而第一军军队内部亦较巩固,所以没有敌人所想象的事情发生。"②

队内奸细分子被清除,广大指战员深受教育,一方面进一步认识到了日伪统治者的阴险毒辣,为消灭抗日武装力量,破坏游击根据地建设无所不用其极;另一方面也使大家极大地提高了革命警惕性。此后,第一军对入队人员更加严格地予以审查,以防奸细混入。同时,也进一步加强队内保密教育。当时,第一军内部军事活动、行动计划是保密的,党组织也是保密的,以后在警卫旅一般队员也以代号相称。

清除奸细分子、粉碎敌人破坏阴谋之后,杨靖宇率部并联合抗日义勇军攻进了本溪碱场。随后,他率第一军军部及直属部队回返桓仁仙人洞、蚊子沟,后经兴京响水河子、通化英额布、二密河,返回金川河里后方基地,进行暂短冬季休整。

---

① 王传圣回忆录:《风雪长白山》,吉林教育出版社,1992年版,第33页。
② 《第二路军特派员给七军同志作关于联军概况的书面报告》(1937年12月20日),载中央档案馆等编《东北地区革命历史文件汇集》甲50,第197页。

第七章　广泛开展抗日游击战争

一、痛击伪满军邵本良部

1935年下半年,日本帝国主义进一步加快侵略整个中国的步伐。10月,日本外相广田弘毅[1]对中国驻日大使提出所谓"对华三原则",其内容是:要求中国取缔一切抗日运动,放弃依赖英美的政策;承认伪"满洲国",树立中日"满"经济合作;与日本共同防共,根除"赤化"运动。为使华北五省二市"独立",日本侵略者极力收买汉奸,鼓动"防共自治运动",制造华北事变。11月25日,日本帝国主义指使国民党河北省政府滦榆区行政督察专员、汉奸殷汝耕[2]在通县成立傀儡政权——"冀东防共自治委员会"(又称"冀东防共自治政府")。12月,国民党当局计划在北平成立冀察政务委员会。这个委员会实际上是要使华北过渡为第二个"满洲国"。至此,华北危机达到极点。

日本帝国主义扩大侵略的罪恶行径严重地威胁到全中国人民的生存。在此国难日益加重的时刻,全国人民的反日爱国运动开始呈现出新的高涨形势。12月9日,北平学生在中国共产党的领导下,举行大规模的爱国示威游行,高呼"反对华北防共自治运动""停止内战、一致对外""打倒日本帝国主义"等口号。当游行的学生遭到国民党政府的镇压后,全国人民立即纷纷行动起来,一个反侵略、反投降,支持学生反日爱国运动的新高潮在全中国掀起来了。"一二·九"运动的爆发对东北抗日军民是个很大鼓舞。

在东北地区,广大人民包括民族资产阶级及地主、开明士绅在全国抗日救亡运动的推动下,抗日反满热情进一步高涨,一个新的抗日斗争浪潮也正在酝酿并逐步形成。

为适应这一斗争形势,杨靖宇率部队主动出击,多次攻袭极力效忠日本侵略者的伪满军邵本良部。

1935年冬,伪满军邵本良部在清原县黑石头与杨靖宇所率部队战斗中大败,日伪当局装备给他的一门迫击炮,连同炮弹,皆被人民革命军第一军缴获。为此,日本主子对他十分恼火,曾暗使一姓马的人作假证,控告邵本良在孤山子派人给杨靖宇送去3000发子弹,结果将其关进大狱。

1936年初,人民革命军第一军活动倍加活跃。1月上旬,第一军教导团、第一师一部与抗日部队"老北风"联合攻打了本溪碱厂街。1月13日,杨靖宇率部在通化县大泉源附近与日军、伪警察队交战。战斗中将日军东濑队长及所部包围,东濑以下12人被歼。战斗结束后,顺

---

[1] 广田弘毅,日本战犯。1933—1936年任日本外相。1936—1937年任首相兼外相。任内制定所谓"国策基准",发动全面侵华战争。日本投降后,经远东国际军事法庭判处绞刑。

[2] 殷汝耕,汉奸。曾任国民党政府驻日代表。九一八事变后,先后参加签订卖国的《淞沪停战协定》《塘沽协定》。1935年11月,在日本帝国主义指使下,制造"冀东事变"。抗战胜利后被捕,1947年被枪决。

利转移至通化东方石庙沟一带。日军三毛司令部发表消息说,"东濑队长四面被匪团包围,尽全力拼杀四面八方之敌,但因寡不敌众,全员逐壮烈战死。"[1]为追击围剿杨靖宇所率部队,日本侵略者除派遣铃木、志波两"讨伐队"出动外,又想到谙熟山路、深知地情的走狗邵本良,将他从大狱放出,要重新起用他,令其围剿人民革命军第一军。

日伪对通化大泉源战斗的报道

1936年春节过后,杨靖宇率部来到通化县水洞一带。此时,战士们摩拳擦掌,主动对杨靖宇说:"咱们又好多日子没与敌人作战了,还不找个机会干一下子。"杨靖宇胸有成竹地说:"别着急,不过五天就有工作可做。"杨靖宇总是把作战说成是"做工作"。原来,第一军部队连指导员王德裕被军部派到通化以中学生为掩护,开展秘密侦察工作。数日后,王德裕通过打入伪满军邵本良部当马夫的老刘提供的情报,前来军部向杨靖宇报告邵本良部的伪满军混成第六旅第七团团部在热水河子的驻防情况。杨靖宇听取汇报后,决定攻袭热水河子伪满军第七团团部。

热水河子是日伪当局设置在通化地区的一个重要军事据点,有公路与通化、八道江镇相连。街里驻有日军守备队30余人,伪警察30余人,伪自卫团20余人,伪满军七团人员70余人。伪满军七团团部位于热水河子街中间,对面有一座较为坚固的炮台。

为使攻袭伪满军七团团部战斗万无一失,顺利取得热水河子战斗胜利,杨靖宇组织召开连以上干部会议,研究作战方案。会上同志们一致认为敌人守卫严密,只能智取,不宜强攻。

---

[1]《盛京时报》(1936年1月17日)。

杨靖宇在充分听取同志们的意见后，做出决定，利用地方组织打入伪满军邵本良部的内应关系，采取突然袭击的办法，进攻伪满军第七团团部。具体部署为：军部直属部队教导团团长许国有率领20名战士组成手枪队，先行冲入街内，解决伪满军团部对面炮楼的敌人，而后由机枪班占领炮楼，控制全街，再由手枪队及大队人马迅速解决伪满军团部敌人。杨靖宇说："敌人团部多是机关人员，没有什么战斗力，我们要有信心。如果敌人一旦发现我们，就坚决、果断地打进去，不等敌人清醒过来就消灭他们。"

2月26日晚10时，杨靖宇率300余人组成袭敌部队乘夜深人静之际出发。为避免在冰封的浑江上行走发出声响，暴露目标，战士们都用麻袋片把靰鞡鞋包裹起来。为夜间战斗不致发生误会，战士们每人脖子上系一条白毛巾。午夜，部队到达水洞沟口。27日1时，杨靖宇率部过江到达对岸。根据行动计划，教导团团长许国有率手枪队由打入伪满军团部当马夫的老刘引导，顺利解除西门哨兵及街内伪满军七团团部附近的炮台上的武装。随即机枪班紧紧跟上，占据该炮台，控制了伪满军七团团部和全街。一份反映此次战斗的文件记载说："我们最勇敢的卫队团的徐团长和连部的宣传干事吕鹤三他们光着头，披着军衣（我军军衣都是黄的与满军一样）装作本营的人刚要睡觉的样子，腰中藏着手枪，直扑警戒兵的面前，将手枪逼上警戒兵时，果然他以为是自己的人，'你还不睡觉，别来开玩笑'，再次向他正颜厉色地说：'你快把枪拿下来，要出声就打死你。'警戒兵这才傻了，脸立刻变成白色，悄悄地把枪拿给人家。"[①]当伪满军七团团部警戒兵被缴械后，杨靖宇率大队人马旋风般地冲进敌军营房。

伪满军七团团部营房内，60余名伪满军在睡梦中被枪声惊醒，没等起床拿起枪来，于迷蒙之际便当了俘虏，很顺利地把全部武装予以解除。杨靖宇在伪满军团部问一被俘敌军士兵："你们的邵团长在哪里？"敌军士兵回答："邵团长和日本指导官到通化去了。"杨靖宇又问："还有哪个当官的在家？"伪满军士兵回答："杨凤武副团长在家。"而后杨靖宇派教导一连一排战士由这个伪满军士兵带路，把刚逃跑出去的伪满军七团杨副团长捉了回来。同时，又把驻在伪满军七团团部办公室东屋的敌人全部缴械。还俘虏了日满殖产会社经理福岛力藏、伪税务局长和死心塌地甘愿为日本侵略者效劳的汉奸走狗伪满军七团刘副官（外号"刘大绝户"，即在1935年9月11日旱葱沟战斗中逃跑的那个副官）等7人。战斗中还有一个小故事，我军的王传令兵去收缴东北炮台的武装时，碰到了"老朋友"，原来那守炮台的兵是被我军缴过三次械的。他认识王传令兵，当王传令兵一进炮台时，他说："老弟你又来了，我再给你一支枪吧……你们赶快去缴团部。"王传令兵一手把他的枪接过来，一面笑着说："谢谢你'老朋友'，团部我们已经缴了。"他哈哈大笑说："过去三次我每次只送给你们一支枪，我以为这次可以多送给你们些，哪成想这个功劳我未捞着……"

拂晓前，杨靖宇见攻袭伪满军七团团部的目的已达到，便下达命令：先将缴获的武装及一切军需用品运走，在临街墙上张贴宣传抗日救国的标语、传单。而后撤离热水河子，向四道沟方向退去。

此次战斗，俘虏伪满军60余人，缴获三八式步枪40余支，自来得步枪20余支，子弹3

---

① 《东北抗日联军第一军的几个战斗情况》（1936年），载中央档案馆等编《东北地区革命历史文件汇集》甲47，第88页。

万发,其他军服及布匹、胶鞋等军需用品甚多。①部队撤离热水河子时,第一军战士烧毁了伪满军营舍,把效忠日寇的"刘大绝户"处决。对伪满军士兵进行不许仰人鼻息,再替日本人杀害自己同胞的教育后,每人发放五元路费令其回家。在处理敌俘虏过程中,杨靖宇见伪满军杨副团长(杨凤武)是知识分子出身,这个年轻的伪满军副团长尚有一定民族意识,便对他进行耐心教育和争取工作。最后,杨副团长表示绝不再当亡国奴,为日伪当局效劳,愿意参加人民革命军当一名抗日战士。根据杨凤武出身知识分子的情况,杨靖宇将他安排在后方印刷处工作。杨凤武在革命队伍中不断受到抗日爱国教育,进步很快。以后,在临江西南岔一次战斗中为抢救负伤的同志牺牲了。

　　对于攻袭伪军热水河子兵营战斗,敌人有如下记载:"二月二十七日一时三十分,红军匪杨司令以下 150 名,袭击通化第二区热水河村西门哨兵,并掠去大枪 1 支(子弹 15 发),以后随即袭击国军第二旅第七团兵营,掠走三八式大枪 23 支,子弹 1793 发,手枪 6 支,子弹 150 发,军刀 5 把,骏马 4 匹,并将该营舍放火焚烧,同时并掠去民团大枪 1 支(三八式),俘走第七团团长、刘副官、税务局主任及赴该地之日满殖民经理福岛力藏(日人)等 7 人,袭击后向同区四道沟逃去,贼方损失不详。"②此记载有些处与实际情况不同,如一些数字,俘去第七团团长,(应是俘虏第七团副团长)等,但从中可以看出此次战斗大体情况,诸如时间、过程、结果等。

　　攻袭热水河子一战,杨靖宇布置周密,行动迅速、果断,取得了圆满胜利。这次袭击伪满军七团团部的战斗,正值日伪当局在通化召开"讨伐"抗日军会议之时。这次战斗的胜利,打乱了日伪当局"讨伐"抗日军的部署。

　　热水河子战斗后,杨靖宇再次率领军部教导团南下到辑安县境开展游击活动。在辑安,杨靖宇为争取利用伪警察署、所,分化敌人,曾亲自写信给头道崴子伪警察署长,做争取教育工作。当时,日伪军在四处追寻杨靖宇所率军部及直属部队,因此,军部行动到什么地方都是保密的。这段时间,杨靖宇走到哪里一般都以人民革命军第一军大队部"刘大队长"自称。4月3日,头道崴子伪警察署长前来会见"刘大队长"。杨靖宇向这个伪警察署长说:"你们头道崴子小街我们只去一连人就能打下来,不过看同是中国人朋友的面子不能去打,现在我们的士兵都要做点'工作',你是否有什么办法呢?"伪署长说:"今天我接电话,听说后天奉天第一军管区教导队骑兵一团团部要经过此地。"杨靖宇从伪警察署长口中得到的这个消息,也得到军部秘书长韩仁和的证实。韩仁和通过将军部电话机电线搭在敌人电线杆线路上,侦听敌人电话确实听到敌骑兵团要由通化赴辑安驻防的消息。杨靖宇认真分析敌人动向并详细地观看地图后,决定在二道崴子沟口设伏袭击敌奉天教导队骑兵团。

　　但部队在行进时因隐蔽得不够好,行动暴露了。敌人听说人民革命军第一军在二道崴子附近活动,未敢轻易出来。为把敌人引出,杨靖宇当即决定,公开拉部队向东撤退一段路程,并扬言队伍东下,给人以部队避战转移的感觉,以迷惑敌人。而后,乘敌人不备又迅速西回转

---

①《东北抗日联军第一军的几个战斗情况》(1936年),载中央档案馆等编《东北地区革命历史文件汇集》甲47,第89页。

②《安东公署警务厅电报》(1936年2月27日),载东北烈士纪念馆编《东北抗日战争史料汇编》(附录四),第12页。

到二道崴子沟口,将部队埋伏在乡村大道两旁。

4月5日,伪奉天教导队骑兵团以为杨靖宇的部队已撤走,上午伪骑兵团来信叫此乡农民去修路。杨靖宇对群众说:"你们去修路,不要说我们在这里,不要害怕,硬气点说,没乱子。"10时许,敌军便经过头道崴子向二道崴子开来。当走在前面的三个尖兵越过第一军布置的埋伏线,敌大部队70余人连同运送弹药的十几辆大车接踵而来踏进埋伏圈时,杨靖宇鸣枪为号,顿时,枪声大作,第一军战士以密集的机关枪子弹猛烈地射向敌群。猝不及防的敌人被打得人仰马翻。第一军战士一面向敌人猛冲,一面高呼"缴枪不杀!优待俘虏!"一些敌人未及下马,一条腿还挂在马镫上,就被打死,有的被马拖跑。冲锋队到敌人面前时,敌人没办法,只得老老实实地举手缴枪投降。

战斗结束后,杨靖宇以第一军大队部"刘大队长"名义对38名敌骑兵团的俘虏讲话,进行爱国教育。开始,伪满军俘虏十分害怕,但听到杨靖宇讲的人民革命军对俘虏的政策及中国人要有爱国心,不能当亡国奴后,内心受到教育。在杨靖宇讲完话后,伪满军俘虏中一个排长出来讲话,他说:"我们在满洲国得不到真实消息,只受日本子的欺骗,我们早知道你们这样为国为民,早就出来同你们一起干了……"另一个伪满军俘虏听过杨靖宇讲话后说:"你看人家一个大队长(按,指杨靖宇)讲话就这样呱呱叫,要是军长更该怎么样?咱们满洲国的官连人家一个眼角也赶不上。"还有一个俘虏兵对一军战士说:"你们这样齐心,还有不打胜仗的。我听见枪声刚要下马,你们四面八方的便都上来了,我不能开枪,要开枪你们就打死我了……不信你们验我的枪。"对俘虏教育后,按惯例给俘虏每人发五元大洋,释放其回家。侥幸逃跑的伪满军骑兵团长跑在半路上看到自己部下全被缴械,仰天长叹:"真倒霉!这回弄个净吊光,怎么回去见日本子!……"①

这次伏击伪满军奉天教导队骑兵团的战斗仅用15分钟。战斗中毙敌10余人,其中有日本教官1人,俘虏伪满军骑兵38人,缴获迫击炮1门、重机枪1挺、轻机枪2挺、三八式步枪42支、手枪18支、子弹2万发、战马30余匹、军用电话机1部、望远镜2个。

在这次战斗中还缴获敌人部分文件。其中有一份是敌人在春季于通化召开"讨伐"会议的绝密文件。内容为日伪当局对付人民革命军和抗日义勇军所采取的方策。其中主要有三条:1.探知抗日军驻地后,夜间包围,天亮进攻;2.探知抗日军行动方向后,调集兵力,前堵后追,左右夹击,使之吃不好,睡不好;3.利用冬季漫长,气候寒冷的条件,大规模进行军事围剿。对于敌人这三条诡计,杨靖宇进行了认真研究,相应地提出了对付敌人的三项办法:1.部队每驻一地,先占据制高点,严密搜查四周,安排好岗哨,并勤查哨,以防敌人偷袭,如发现敌人,则利用有利地势,消灭敌人;2.行军时如有敌人穷追,就设法拖垮他,然后设伏消灭之;3.到冬季,则利用在深山密林中修筑的密营,储存粮食和越冬物资,休整部队。

伪满军奉天第一军管区教导队骑兵团被杨靖宇所率部队缴械后,日本侵略者的忠实走狗邵本良率大批兵力,并有伪满军第一军管区参谋长满良和日本顾问武田乘飞机指挥,分数

---

① 《东北抗日联军第一军的几个战斗情况》(1936年),载中央档案馆等编《东北地区革命历史文件汇集》甲47,第91页。

路追击杨靖宇所率部队。4月8日,杨靖宇率部在哈塘沟与敌人激战三个小时,而后在头道阳岔地方乘夜跳出敌人包围圈,向东南方向转移。次日清晨,自以为将杨靖宇所率部队包围,只等展开进攻的敌人发现,杨靖宇率部早已无影无踪,不知去向。

这期间,第一军第一师部队在兴京、本溪积极活动。4月1日,袭击了杜家店伪军机枪连俘敌45人。4月8日,在呼伦小南沟毙俘伪军42人。缴迫击炮1门,轻机枪1挺,长短枪47支。期间还夜袭本溪火车站,缴获一批军需物资。第二师在辉发江北活动,曾在桦甸会全栈与日军200名激战,歼敌50余名。

4月15日,杨靖宇指挥部队进出通化、辑安,乘隙袭击了辑安台上伪警察署和花甸子伪警察分驻所,将这两处伪警察全部缴械。而后杨靖宇率部进入桓仁、兴京、宽甸县境,牵着前来追击的邵本良所率伪满军翻山越岭兜圈子。当时,差不多杨靖宇所率部队一到宿营地,次日邵部的伪满军就跟踪赶到。邵本良还派出许多侦探,只要侦知杨靖宇所部行军线路和宿营地点,便马上通知日伪当局派飞机前来轰炸。1936年4月25日,伪满《大同报》曾报道:"杨司令匪于桓仁县境经讨伐队包围,21日午后1时许,又以00号飞机0架向杨根据地爆击……"当时敌人经常采取派飞机出动,与地面"讨伐"部队相配合,实行"陆空呼应"办法,"围剿"杨靖宇所率部队。一次,敌人飞机飞得很低,杨靖宇所部竟用机关枪打下一架飞机。

对于邵本良的伪满军部队,杨靖宇总是主张先不和他交火,而是先拖着他们走,把敌人拖得精疲力竭,直至拖倒、拖垮,然后再予以致命打击。这期间,杨靖宇所率部队在兴京大脑子沟与伪满军邵本良部展开一次战斗,而后,率抗联战士忽南忽北、忽东忽西,继续牵着伪满军邵本良部兜圈子。

4月下旬,为消灭邵本良这股被军部直属部队牵着鼻子团团转的敌人,杨靖宇命令部队将破烂家什、破衣物、鞋袜等扔在行军路上,让邵部伪满军误认为抗日部队被撵得"丢盔卸甲""溃不成军"的样子,给敌人以一个错觉。果然不出所料,邵本良从路上看到丢弃的破烂物品,认为杨靖宇所部已失去战斗力,更是紧追不舍,幻想尽快消灭这支抗日部队,好向日本主子请功。4月末,杨靖宇率队抵达宽甸县双山子附近与一师师部、少年营会合。当时,军部直属部队加上一师部队人数达500余人,远远超过敌人数量,并有10数挺轻重机关枪。杨靖宇感到消灭伪

日伪报纸对杨靖宇所部在兴京大脑子沟战斗的歪曲报道

满军邵本良这股追敌的时机已到。

4月30日,杨靖宇率军部教导一团机枪连和一师三、六团,少年营进至与宽甸毗邻的地势较好的本溪县梨树甸子设下埋伏。

当日下午1时,紧追不舍的敌人终于被诱入埋伏圈。据1936年第一军军部关于几个战斗情况的一份报告说:"他们(按,指伪满军邵本良部)跟我们一个月零一天到本溪县梨树甸子,军部与第一师会合,我们的力量超过敌人一倍,并有多量的重火力,于是计划打击邵本良。地势对我是很有利的,两边是山,中间是道,敌人来必须经过此路。我军埋伏于两山,轻重机枪四面八方地架着,邵的马队走入伏兵线内,四面一齐射击。敌人向南山坡抢。当时十数架轻重机枪向南山坡集中火力,结果把敌人打得落花流水,人马死得满山坡,状极悲惨。搜查阵地结果,敌人共死100多人。"①参加此次战斗的第一军一师参谋长李敏焕在其日记中对这次战斗有如下简要记载:"4月30日(农历四月初十)早饭后,集合行军到达梨树甸子附近休息。午后,出现200余名敌人,立即开始战斗。通过白刃格斗,解除敌武装。下午6点钟,打扫战场之后,到三道沟里宿营。"②此战第一军缴获步枪100多支,手枪20多支,无线电1台,迫击炮1门。邵本良脚被打伤。他到一老乡家抢来一套便服,化装逃走。梨树甸子战斗是人民革命军第一军成立以来,与敌人展开的最为激烈的战斗之一。因为邵本良所率这股伪满军是新编的军队,在邵的威胁欺骗下,他们宁可被打死也不敢投降,所以战斗激烈异常。

梨树甸子战斗,有"吓坏了日本鬼子,轰动了伪奉天省"之称。日伪当局说"红军要大干了"。于是由奉天动员了千余日军带有重炮出来"围剿"。但杨靖宇已率队化整为零迅速转移。日本兵在作战地点白白地搜查了七天,连个"红军"的影子也未看见。

梨树甸子战斗后,第一军部队又在本溪苇子沟与日军50人战斗,敌死伤10余人。梨树甸子战斗、苇子沟战斗是敌人于春季对人民革命军第一军展开

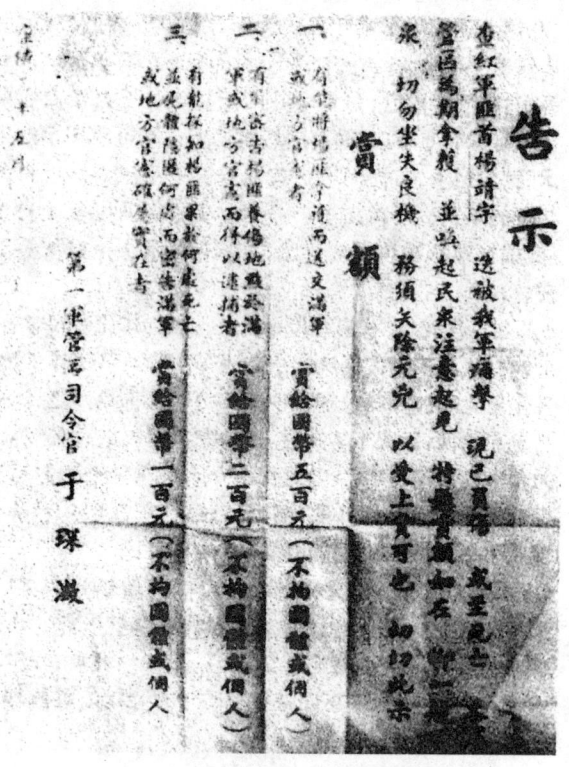

日伪当局悬赏"拿获"杨靖宇的告示

---

① 《东北抗日联军第一军的几个战斗情况》(1936年),载中央档案馆等编《东北地区革命历史文件汇集》甲47,第95页。

② 《李敏焕日记片断》(1936年4月9日至7月15日),载李鸿文主编《东北抗日斗争史论丛》第一辑,第261页。

"讨伐"时进行的。本来敌人是要把第一军赶到安奉线附近,以便一举歼灭。但第一军在杨靖宇指挥下,却牵着敌人的鼻子在山里转了一个月圈子,直到把这支敌人拖垮。最后,在游击战中终于歼灭了邵本良主力部队,粉碎了敌人的春季"大讨伐"。

对于这一时期杨靖宇所领导的抗联部队的发展、活动,日伪当局有如下记载:"红军杨司令从去年秋季以来,一方面对抗讨伐,动员组织民众进行自卫,以图获得坚固地盘。另方面则奇袭小讨伐队,解除武装,壮大自己,但虽凶猛的扰乱治安与遁避讨伐队而活动,杨靖宇在去年进入结冰期后,以讨伐队行动不便为机会,及纠合各地少数匪贼,发展到拥有600名的大匪团,活动于通化、桓仁、辑安县内,如其部下丁参谋率300名合流匪,袭击满军讨伐队教导骑兵团六七名,解除该满军武装,强夺迫击炮1、重机1、轻机2、大枪38支、子弹600粒。程司令所率约200名于4月1日在兴京第五区杜家店包围袭击满军机枪连45名,掠去轻机1挺、步枪40支。该匪现盘踞在桓仁县泉石业地区。杨统率及纠合他匪总数已达七八百名。武器和装备有:重机2挺、轻机8挺、步枪800支、子弹10万发,并在加强中,其战斗力较强,活动范围已较宽阔,并有企图袭击县街的表现。"①由此可见杨靖宇及所率部队已成为日伪当局的心腹大患。

不甘心于失败,无时不处心积虑妄图消灭杨靖宇及其指挥的抗日部队的敌人在梨树甸子一战失败之后,又采取造谣说杨靖宇负伤或死亡及用"悬赏"的办法捉拿杨靖宇。

1936年5月,伪满军第一军管区司令官于琛澂发布署名"告示":"查红军匪首杨靖宇,迭被我军痛击,现已负伤,或至死亡,本军管区为期拿获,并唤起民众注意起见,特悬赏额如左,仰一般民众,切勿坐失良机,务须矢除元凶,以受上赏可也。切切此示。赏额:一、有能将杨匪拿获而送交满军或地方官宪者,赏给国币五百元(不拘团体或个人);二、有能密告杨匪养伤地点于满军或地方官宪而得以逮捕者,赏给国币二百元(不拘团体或个人);三、有能探知杨匪果于何处死亡,并尸体隐匿何处而密告满军或地方官宪确属实在者,赏给国币一百元(不拘团体或个人)。"

6月10日,伪满《大同报》以《五百元大悬赏,捉拿杨靖宇匪首,即发财又可除患》为题又进行报道:"在东边一带盘踞之匪帮,其势力雄厚,羽党最多者,为红军司令杨靖宇,有匪徒五百多人,分在东边一带,实施反满工作,近来经日满军警一面严重剿伐,俟匪帮已受重大损害,并传闻有负伤及死亡之说。奉天第一军管区得此消息后,除饬各部队并为一般人民拿获特拟悬赏格,唤醒民众全意努力拿匪,以资铲除元凶,而谋地方安全。"

显然,敌人使出造谣中伤及"悬赏"捉拿杨靖宇的办法,足见其是黔驴技穷。杨靖宇的警卫员张泉山曾回忆说:"1934年,我刚16岁就给他当警卫员,以后形影不离地跟了他三年,大大小小打了一百多仗,不少仗都打得漂亮痛快。靖宇将军称得起顺境不骄,逆境不馁。运筹帷幄,有勇有谋,日本侵略者恨透了他。到处悬赏通缉,我和他在一起时就看到过好几次通缉令。

---

① 《奉警委第226号报告》(1936年5月22日),载东北烈士纪念馆编《东北抗日战争史料汇编》(附录四),第12页。

有时他只是付之一笑，有时边看边幽默地说："我还很值钱的呀！"①日本侵略者动用日伪军进行"讨伐"消灭不了杨靖宇及其所部，就采取"悬赏"这种卑鄙的办法。无疑，这也是枉费心机，徒劳无用的。

邵本良在梨树甸子一战被第一军打坏一只脚，在奉天养好伤后，又带领部队妄图与杨靖宇所率部队较量。7月末，邵本良从奉天来到通化，数日后要路过热水河子，准备去八道江街驻防。这时，杨靖宇所率部队得到第一军驻通化县城地下工作人员王德裕报告：邵本良率部队已从通化出发，于8月4日晨去八道江驻防，内有数十辆载运军需物资的大车。杨靖宇接到报告后，立即召集连以上干部会议，研究攻袭邵本良所率伪满军部队问题。经研究确定，在地势险要，敌军必经之四道江与五道江之间的浑江大转弯处设伏打击敌人，夺取其所携辎重。杨靖宇决定此次战斗的战术是"放两头，打中间"，进攻对象主要是敌人队伍中间运载军需物资的车队。所派出的前后两支狙击部队要坚决狙击住敌人，以保证冲锋队顺利完成拦腰截敌，夺取敌人运载军需物资车队的任务。

8月3日夜晚，杨靖宇率领400余人来到四、五道江间浑江大转弯附近处，布置好伏击线。战士们秘密地隐蔽在公路旁边的蒿草和黄瓜地里。8月4日上午10时左右，敌军几个尖兵进入伏击线。之后，邵本良等骑马走在前面，因大车队在后，杨靖宇决定先放过他们，以截击后面的大车队。但不巧，走在前面的一名伪满军跑到附近的黄瓜地发现埋伏在这里的第一军冲锋队，便大叫"红军！红军！"第一军冲锋队目标暴露，顿时战斗打响。战斗中，第一军战士猛烈向敌人开火，敌军乱作一团，四处逃窜。邵本良险些丧命，他乘隙丢掉所乘马匹逃跑。日本指导官英俊志雄躺在路边的水沟里装死，第一军战士打扫战场，发现了他，将其当场击毙。此次战斗第一军共毙伤敌30余人，俘敌20余人，缴获轻机枪一挺、步枪五六十支和大车八九辆，军需物资主要有粮食、军服、弹药等。战斗中，第一军有两名战士负伤。

此次邵本良虽侥幸逃脱，但不久，其所部在回头沟被杨靖宇所率部队包围，全部被歼。邵本良负伤逃回八道江。以后，日本侵略者以邵部总挨杨司令打，每次行军路线、时间红军都能得知，怀疑邵部有人"通匪"，对包打"红军"的邵本良不再信任，并对邵部大加审查。同时以给邵本良治病为名将其送进奉天陆军医院，实际将其软禁起来。翌年春，奉天日本宪兵队下山大佐命令，由日籍医生将邵本良毒死在该医院。邵本良这个民族败类以为卖国可以求荣，可临终仍落个不得好死的下场。邵本良这条日本帝国主义的忠实走狗，多次遭到杨靖宇领导的人民革命军第一军痛击，直至被消灭，使第一军及杨靖宇威名远震。许多抗日义勇军、山林队都要求第一军收编，加入人民革命军。从而，东北人民革命军第一军队伍进一步扩大。

二、贯彻《八一宣言》精神

随着日本帝国主义不断加紧对中国扩大侵略，全国工人、农民、小资产阶级，乃至于部分地主、开明士绅普遍仇恨日本侵略者野蛮的罪恶侵略行径，积极要求停止内战、举国抗日，到

---

① 《怀念我的军长——访杨靖宇将军警卫员张泉山》，《黑龙江日报》（1982年4月4日）。

处都酝酿着新的抗日斗争热潮。

在国际上,自德国希特勒上台后,法西斯主义日见嚣张,世界反法西斯和反战争威胁的斗争也在发展。共产国际面对国际局势的变化和各国共产党工作的情况,开始改正过去整个地打击社会民主党,打击中间阶层"左"的错误。开始在统一战线的策略上,实行转变,主要是强调建立广泛的世界反法西斯统一战线,抛弃了那种认为统一战线只能在下层实行的观点。随着共产国际总策略方针的转变,当时负责领导东北工作的中共驻共产国际代表团在听取来自东北的同志关于南满、东满、珠河、吉东、汤原等地抗日斗争实际情形汇报后,由代表团负责人王明、康生于1935年6月3日,就东北抗日游击战争等问题,发出《给吉东负责同志的秘密信》(按,此信由吉东党组织转发各地时改名为《给东北负责同志的秘密信》,简称《六三指示信》或《王康指示信》《王康秘信》)。这封指示信因是在共产国际筹备召开"七大"期间形成的,其基本精神反映了共产国际关于建立广泛的世界反法西斯统一战线的策略思想。信中提出了扩大游击运动与联合一切反日武装力量共同抗日的任务,强调了要打破关门主义,以我们自己队伍为中心,与各种反日队伍建立上层与下层统一战线。信中认为,"东北目前阶段的游击战争还不是最后决定胜负的时期,而是要更大的准备群众,积蓄力量,保存和发展游击队实力,培养大批军事干部,以作为准备将来的更大战争和更大事变的基础。"但这封指示信也存有明显的教条主义、主观主义成分,有的政策、提法不明确或有错误。如"更大事变"究竟指何而言不甚清晰,在统一战线问题上,对无产阶级领导权强调不够,认为对伪军工作应"占党的工作的第一等的主要地位",对发展人民群众力量的作用估计不足等。

1935年冬,《六三指示信》传到南满。杨靖宇在贯彻这一指示信中,是根据南满抗日斗争实际情况,灵活地加以运用的。他不拘泥指示信中的个别词句,而是坚持从实际出发,把着眼点放在广泛地建立抗日民族统一战线,团结各式抗日武装,共同对日本侵略者开展游击战争上。因此,在南满地区没有出现如同北满与吉东省委及北满省委内部在围绕贯彻这一指示信而展开激烈争论、并影响到党内、军内团结的问题。

1935年7月25日,共产国际"七大"召开,会议根据国际政治局势的变化,提出建立广泛的反法西斯人民战线的主张。8月1日,中共驻共产国际代表团根据共产国际"七大"精神,以中国苏维埃中央政府、中国共产党中央委员会名义起草了《为抗日救国告全体同胞书》(即《八一宣言》)。《八一宣言》,文稿经共产国际批准之后,于10月1日在中共代表团于巴黎出版的《救国报》上刊发。这一重要文件,不久也传到南满。

《八一宣言》分析了由于日本帝国主义的侵略和国民党蒋介石的不抵抗政策所造成的紧迫形势,充分揭露了日本帝国主义自九一八事变以后,由东三省而热河,由热河而长城要塞,由长城要塞而"滦东非战区",由"滦东非战区"而北方各省,不到四年,差不多半壁山河已被其占领、侵吞的罪恶事实。《八一宣言》指出:"田中奏折所预定的完全灭亡我国的毒计,正着着实行;长此下去,眼看长江和珠江流域及其他各地,均将逐渐被日寇所吞蚀。我五千年古国将完全变成被征服地,四万万同胞将都变成亡国奴。"

《八一宣言》疾呼:"近年来,我国家、我民族已处在千钧一发的生死关头。抗日则生,不抗

日则死,抗日救国,已成为每个同胞的神圣天职!""领土一省又一省地被人侵占,人民千万又千万地被人奴役,城村一处又一处地被人血洗,侨胞一批又一批地被人驱逐,一切内政外交处处被人干涉,这还能算什么国家!?这还能算什么民族!?同胞们,中国是我们的祖国!中国民族就是我们全体同胞!我们能坐视国亡族灭而不起来救国自救吗?不能!绝对不能!"

《八一宣言》中褒扬以杨靖宇为代表的东北抗日健儿所创立的不朽功勋:"尤其是我东北数十万武装反日战士在杨靖宇、赵尚志、王德泰、李延禄、周保中、谢文东、吴义成、李华堂等民族英雄领导之下,前仆后继的英勇作战,在在都表现我民族救亡图存的伟大精神,在在都证明我民族抗日救国的必然胜利。"

《八一宣言》中说:今当我亡国灭种大祸迫在眉睫之时,共产党和苏维埃政府再一次向全体同胞呼吁,无论各党派间在过去和现在有任何政见和利害的不同,无论各界同胞间有任何意见上或利益上的差异,无论各军队间过去和现在有任何敌对行动,大家都应当有"兄弟阋于墙,外御其侮"的真诚觉悟,首先大家都应当停止内战,以便集中一切国力(人力、物力、财力、武力等)去为抗日救国的神圣事业而奋斗。宣言号召:"大家起来,冲破日寇蒋贼的万重压迫,勇敢地与苏维埃政府和东北各地抗日政府一起,组织全中国统一的国防政府;与红军和东北人民革命军及各种反日义勇军一块组织全中国统一的抗日联军。""同胞们起来!为祖国生命而战!为民族生存而战!为国家独立而战!为领土完整而战!为人权自由而战!"

《八一宣言》是共产国际"七大"精神在中国的具体化、实际化。体现了建立广泛的反法西斯统一战线精神,其要点是组织全中国统一的国防政府,组织全中国统一的抗日联军。

《八一宣言》表明中国共产党坚决抗日的主张,代表了中华民族的根本利益,因而这个宣言一经发表即引起全国各民族、各阶级、各阶层人民的重视和拥护。在这一宣言精神鼓舞下,东北抗日游击战争得到进一步发展,抗日民族统一战线得到进一步扩大。

在东北,南满党、团特委首先响应《八一宣言》号召,也相继发表宣言,指出:"大战争的恐怖,首先加到东北人民的头上,日本帝国主义强盗屠杀中国人民的战争,不但在东北更加残酷,而且正向华北扩张。"宣言号召大家动员起来,一致对日作战,坚决响应党中央的号召,"有枪出枪,有粮出粮,有钱出钱,有力出力",来协助人民革命军驱逐日寇。

10月11日,中共驻共产国际代表团以东北抗日联军第一军军长杨靖宇(领衔)与东北抗联各军军长名义发表《东北抗日联军呼吁一致抗日通电》。《通电》致南京林主席,四川毛主席,南京蒋总司令,中国红军朱总司令,广东陈总司令,广西李总司令,香港陈铭枢先生,李济琛先生等全国各党政军要人,全国同胞,指出:"日寇亡我东北业已四年了……我们艰苦血战也已四年,我们天天等关内出兵抗日,但至今尚未派出一兵、发一卒。日寇现在又公开在我北五省组织所谓'华北国',同时干涉我国一切内政外交,并积极准备占领全中国。""日寇政策,乃利用中国人杀中国人,我们为着不中日寇阴谋诡计,我们为着抗日救国,争取中华民族独立和统一,我们主张不分党派、信仰、职业、籍贯等等之不同,一切抗日的中国人都联合起来,去共同武装抗日。""我们最近接到中国共产党与中华苏维埃政府今年八月一日的《为抗日救国告全体同胞书》,提议建立全中国统一的国防政府与全中国统一的抗日联军,并申明中国红军首先愿参加抗日联军。我们代表东北四千万同胞和各地反日队伍,向诸公们诚恳地要求,不论蒋总司令的军队也好,不论其他党派的军队也好,不论共产党领导的红军也好,不论过去参加抗日战争的军队或未参加过的也好,互相打过战的或没有打过的也好,都应该不分党派、信仰、籍贯等之不同,都应不记旧仇宿怨,都应该以中华民族利益为前提,马上停止内战,枪口一致对外,一致去武装抗日,一致去争取中华民族独立与统一,一致去保护中华祖国领土完整。"《通电》说:"我们代表东北四千万同胞与各地抗日队伍向诸公诚恳要求,马上互派代表,开始谈判,共谋国防政府与全国抗日联军总司令部之建立,抗日联军之改编,抗日联军之筹划等等事宜。""中华祖国处在危险之中,日寇得寸进尺,正在准备新的进攻,时机迫切,不容迟缓,请速行动。"①此《通电》于1935年12月9日在中共驻共产国际代表团主办的《救国时报》创刊号上发表,影响很大。

1936年2月10日,中共驻共产国际代表团以中共中央名义发布了《为建立全东北抗日联军总司令部决议草案》,提出全东北抗日军队统一名称,改为"东北抗日联军"。紧接着2月20日,又以东北抗日联军第一军军长杨靖宇及第二、三、四、五、六军军长王德泰、赵尚志、李延禄、周保中、谢文东和汤原游击队、海伦游击队名义发表了《东北抗日联军统一军队建制宣言》。该《宣言》宣布"为顺应全国救国运动之转移,使抗日军队组织越加巩固与行动统一,统一建制名称不同的东北我各军军队一律改组建制为东北抗日联军第一、二、三、四、五、六军,以及抗日联军游击队"。"欢迎目前东北各反日武装参加东北抗日联军组织。"(按,应该指出,如前所述,东北抗日联军这一名称是杨靖宇于1934年2月最早提出。而由人民革命军各军与其他抗日部队组织东北抗日联军,也是杨靖宇较早提议。1935年10月,东北人民革命军第一、二军在濛江那尔轰会师大会上,杨靖宇就提出了"一、二、三、四、五、六军与各抗日军共同组织东北抗日联合军,更能集中力量,统一领导,顺利地打击日匪"。)

为响应《八一宣言》号召,建立更为广泛的抗日民族统一战线,落实《东北抗日联军统一军队建制宣言》精神,杨靖宇为建立东北抗联第一军积极着手进行各项准备工作。据中共满洲省委常委、团省委书记小洛(张文烈)写给中共驻共产国际代表团的一份报告中讲:"在他们(按,指东北人民革命军第一军)接到'八一宣言'及指示信……相当地开始了军事上统一战线的工作。辉发江北的二师司令部主动之下,已经建立了一个南满抗日联军江北总指挥部,总指挥公推我二师师长曹司令,该指挥部下团结有千余人的新联合的部队。在第一师司令部周围也已新取得五六百山林队的联合,至于怎样建立指挥机关尚未一定。在军司令部直接活动之下,与老军长王凤阁的关系都有相当转变,有可能将来联合行动。对于韩人独立军亦有相当联络(这一部队完全是韩人,有三百人上下,最多时到过千人,司令赵某过去其一部曾和我军冲突过)。南满抗日联军临时总司令部亦于前2月成立。当然大家一致以杨靖宇为司令。"②

这里所讲的"南满抗日联军江北总指挥部""南满抗日联军临时总司令部"都是为了贯彻

---

① 《东北抗日联军呼吁一致抗日通电》(1935年10月11日),载中央档案馆等编《东北地区革命历史文件汇集》甲45,第241页。

② 小洛:《关于南满情形的报告》(1936年7月26日),载中央档案馆等编《东北地区革命历史文件汇集》甲22,第402页。

《八一宣言》精神，贯彻党的抗日民族统一战线政策，扩大抗日武装力量而成立起来的。

对于南满地区贯彻《八一宣言》精神，扩大抗日民族统一战线情况，日伪当局在所编《满洲共产匪之研究》一书中曾有如下记载：

"在南满以及哈东的两游击区，过去以人民革命军为中心屡次试行过建立抗日统一战线，结果都失败了。然而自从中国共产党以'八一'宣言，提倡建立国防政府和抗日联军以及支那的抗日人民战线发展以来，果然受到最有利的影响，使这两个过去运动不振的游击区，呈现出统一战线运动的扩大和巩固的局面。

一、在南满游击区，昭和十年（1935年）九月，是以人民革命军第一军第二独立师为中心，纠合了抗日匪二十四个部队，成立了抗日联合军江北总指挥部。

二、在同年十月南满的东北义勇军系抗日匪七个部队的匪首联名提议以杨靖宇为军长，组织了南满抗日联合军。

三、其后以东北抗日联合军的名义，第一军长杨靖宇以下到第六军的各军长（人民革命军第一、第二、第三各军，在中国民族武装自卫委员会成立后，按照其指示，从一九三五年以来根据需要采用了东北抗日联合军的统一战线形式的名称）及东北义勇军总司令吴义成、副总司令孔宪荣、汤原及海伦反日游击队联名发表了支持'八一'宣言的声明。

四、这样一来，同人民革命军第一军向来势不两立经常开火交锋的南满政治匪的中心匪首王凤阁，也来加入了此人民战线运动，明显地表示了和第一军协作的态度，实行共同作战，而且朝鲜革命军也积极地参加了抗日人民战线。"①

在杨靖宇的直接领导下，南满地区抗日民族统一战线工作取得巨大的成果。自1935年8月第一、二军部队会师后，到1936年5月，第一军队伍迅速扩大。第一师扩大一倍半，第二师扩大一倍。这为组建东北抗日联军第一军创造了有利条件。

1936年5月，杨靖宇率军部直属部队在兴京县草盆沟与王仁斋率领的游击大队会合。根据联军"三三制"建制的要求，杨靖宇决定为适应部队发展扩大的需要，以军部第二教导团、游击大队等部队为基础，改编成立第三师，第三师师长王仁斋、政委周建华、参谋长杨俊恒、政治部主任柳万熙。下辖第五、第七两个团。第三师活动于兴京、清原、抚顺、开原、西丰、柳河等县。与此同时，全军装备方面也有很大改善，约百分之八十的武器为三八式步枪。第三师的建立及全军武器装备的改善，使成立东北抗日联军第一军的准备工作基本完成。第三师成立后，杨靖宇率军部返回金川河里后方基地，继续从事筹建东北抗日联军第一军和筹备召开南满党第二次代表大会工作。

三、召开南满地区第二次党代表大会

1936年夏，为了总结南满特委的工作，进一步贯彻党的《八一宣言》精神，分析斗争形势，确定新的斗争任务，解决党组织建设中存在的问题，组建东北抗日联军第一军，杨靖宇等南

---

① 伪满军政部军事调查部编：《满洲共产匪之研究》，第34页。

满特委领导决定召开南满第二次党的代表大会。

经过一段时间的认真筹备,中共南满第二次代表大会于1936年6月末,在第一军河里后方基地的惠家沟密营召开。

出席会议的有东北人民革命军第一军军长兼政委杨靖宇、南满临时特委书记李东光、一军军部秘书长韩仁和、一军军医处处长徐哲、一军教导团政委安昌勋、一军教导团政治部主任黄海峰、一军三师师长王仁斋、团南满临时特委代表刘佐健、一军军需处长马占源、一军一师少年营张政委及地方代表纪儒林等共五十余人。东满特委书记魏拯民应邀参加了会议。杨靖宇是这次会议的组织者、领导者。

中共南满第二次代表大会是一次重要会议。自1934年11月中共南满第一次代表大会以来,南满地区抗日斗争形势不断发展,特别是在党的抗日民族统一战线政策指引下,杨靖宇领导的东北人民革命军第一军的队伍不断壮大,游击区域迅速扩展,抗日斗争呈现出新的高涨形势。但日伪当局自华北事变后,为巩固扩大侵华的后方基地,更加严酷地"讨伐"抗日武装,镇压抗日运动,斗争日趋激烈。这次代表大会认真地总结了自1934年11月中共南满第一次代表大会以来的党的各项工作,分析了国际国内形势,进一步明确了斗争任务。

在中共南满第二次代表会议上,杨靖宇作军事报告、李东光作地方工作报告,魏拯民作国际形势和共产国际"七大"报告。"在大会上没有什么政治意见上的分歧,一致通过政治决议,拥护中共中央和国际七次大会的路线。"①与会各位领导同志根据所掌握的有关报道国内外时局材料(主要是巴黎《救国时报》及敌伪报纸上的资料),认真分析了所面临的国际、国内形势。会议对国际形势认为:"目前的国际政治形势是'革命与战争'的前夜,同时,'革命与战争'已经实际公开的开始了。如西班牙的革命,中国苏维埃的运动,日本武装占领中国广大领土,意大利公开占领阿比西尼亚领土,日本东京的'二·二六'事件,德国占领萨尔区,法国出兵莱茵河等事件都是'革命与战争'的迅速爆发的直接现象。苏联社会主义制度和她的二个五年计划的伟大建设,广大群众得到政治和生活的改善,已经形成了世界革命光明的灯塔。他更有力地推动世界革命向前发展。目前国际的革命运动发展的形势,虽然有不平衡性,特别是有决定意义的资本主义国家内,'英、美、法、德、意、日'等的革命斗争不能是马上夺取政权的形势。但在现在条件下,整个革命斗争的发展比以前更加迅速。"②

从上述会议对国际形势的分析中看,杨靖宇等南满党军领导并不因长年在深山密林中从事艰苦抗日武装斗争而对当时国际发生的大事件及形势发展的大趋势不甚了了。而恰恰相反,杨靖宇等领导同志是十分关心国际形势的发展变化的。正是由于有一个对国际形势发展趋势的明确估计和清楚的认识,才使得南满党组织和人民革命军第一军所确定的斗争策略有正确的方向。

---

① 《论东北抗日联军游击运动之发展与中国共产党在东北之工作报告》(1937年),载中央档案馆等编《东北地区革命历史文件汇集》甲50,第273页。

② 《中共南满第二次代表大会决议案》(1936年7月7日),载中央档案馆等编《东北地区革命历史文件汇集》甲33,第135页。

接着，会议对国内形势及东北反日民族革命战争的形势作以研究。认为，日本帝国主义"乘欧美各国忙于欧非问题紧张之际，企图独吞中国，把中国四万万优秀民族变为它的牛马奴隶。在这种民族危机极重之下，东北和华北的人民受日帝的血腥统治，全国人民（不但是工、农、兵、学生、小资产阶级反对日帝，一部分有民族意识的地主、资产阶级亦恨日帝）成千成万的起来，直接和间接地参加反日民族革命战争。有全国人民总动员反对日寇的可能。因为全国人民已经看破国民党南京政府和蒋介石卖国的真面目，因此，不但不愿当亡国奴的人民起来反对南京政府和蒋介石等卖国贼，连国民党中有民族意识的领袖，广大下层群众，也宣布脱离国民党南京政府。如国民党北方党部、黄埔军校、冯玉祥、宋庆龄等，公开提出容共联俄、抗日反蒋、停止内战、抗日救国，公开宣布抗日救国要求和苏维埃政府红军订立共同抗日反蒋的协定，赞成和接受我们提出的'组织国防政府和抗日联军'的主张。"

会议根据共产国际"七大"和1935年6月3日中共代表团所发《王康指示信》精神，在对形势分析时认为，"目前满洲反日民族革命战争的形势是日益深入和扩大。但反日运动的阶段仍然是准备阶段，还没有发展到和日帝作最后决战阶段。因为我们反日的力量还不很大，而正在发展和收集的时候，广大群众还未在我党领导之下武装起来，组织起来。同时又没有外部大的有利于满洲反日运动事变的爆发，更不能即刻得到外面的实际帮助，实际是孤军奋斗，与强大的日帝血战。我们中心策略，不是将一切反日力量总动员去和敌人作拼死一战，而是发动组织各种的反日斗争来更大的准备和蓄积群众的反日力量，保存扩大我们的实力，培养大批的领导干部，准备不久将要到来的大的战争与万恶日帝拼命最后一战。"①会议就《八一宣言》提出的策略，指出"我党中央公开提出"全民反日统一战线"的策略，正正的适合于中国目前政治环境和群众的要求。我党全体同志应为这一伟大正确策略胜利而斗争。"②

会议指出：为了不久将来更大战争的胜利，顺利地冲破敌人"讨伐"政策起见，必须正确地运用全民反日统一战线新策略，极广泛地开辟新游击区，改善战术，使党和队伍千百倍地扩大巩固起来，这就是目前我们中心任务之中心环节。

杨靖宇等领导同志在会上回顾了自南满党第一次代表大会后，一年半来所取得的成绩：在地方工作方面，党组织数目扩大了五分之一，成立了五个新县份的党部。伪满军工作和城市工作得到初步开展，培养提拔了许多汉族干部（原先在地方上朝鲜族干部比重较大），其政治水平和工作能力有很大提高。在部队方面，队伍数目扩大，军部直属部队扩大五倍，一师扩大二倍，二师扩大一倍，新成立一个第三师。游击战术和战斗力大大增长，缴获许多日伪军武装，使部队装备有很大改善，轻重机枪增加六倍，大炮三倍，全部队伍四分之三以上战士换上了三八式步枪。扩大了游击区域，在新开辟的15个县份中发动了群众武装斗争，建立了反日群众组织。在领导抗日军收编队伍方面，得到相当大成绩。在队内坚决地开展了反叛徒斗争，使队

---

①《中共南满第二次代表大会决议案》（1936年7月7日），载中央档案馆等编《东北地区革命历史文件汇集》甲33，第137~138页。

②《中共南满第二次代表大会决议案》（1936年7月7日），载中央档案馆等编《东北地区革命历史文件汇集》甲33，第137页。

伍更加巩固了。总之,党和人民革命军的影响加倍地提高了,党领导的人民革命军是南满反日战争中最有坚强战斗力的队伍,已形成了中心领导力量。

会上,杨靖宇等同志也分析了自身工作的不足,检查了工作存在的缺点、错误,主要的是:对于中央《一·二六指示信》了解得不十分深刻,因此犯忽"左"忽"右"的错误。同时,对于东北目前革命阶段估计得不正确,有的同志根据中央二次来信(二月十日的来信)认为现在已经是土地革命的阶段,对于建设政权和根据地问题也了解得不正确,在我政权区域之中有许多地主已经逃走(但没有公开的当他们是走狗),对地主的土地加以没收等。在人民革命军经常活动的区域中,有很多地方还没有建立起党团的组织。城市工作薄弱,南满地区的两处大煤矿和四大铁路还没有党的基础。在领导群众斗争中,还存有强迫命令主义问题。对伪满军士兵工作、少数民族工作和妇女工作有所忽略。在群众组织中建立领导权问题上,犯有急性病,如在反日会中必须选有我们同志当会长。在部队工作中,军部与各部队有时联系不密切,以至各部队发展扩大巩固的情形不平衡。对于一部分抗日义勇军、山林队等关系不密切,与个别的义勇军相互间的关系仍然不好。队内党组织忽视建立地方工作,队内政治教育工作,还不是有系统、有计划地进行。

杨靖宇等同志认为,为了适应目前南满斗争的形势,完成现阶段抗日斗争任务,必须以布尔什维克精神消灭以上缺点和错误。

会议期间,根据党中央的《八一宣言》和《东北抗日联军统一军队建制宣言》精神,正式宣布东北人民革命军第一军改编为东北抗日联军第一军。杨靖宇任抗联第一军军长兼政委。宋铁岩任政治部主任,安光勋任参谋长。军部下辖教导团及第一、二、三师。

杨靖宇等领导同志与会议代表共同讨论确定了会后南满党组织和抗日联军的战斗任务,其中关于抗日联军的任务主要是:"巩固扩大东北抗日联军,利用抗日民族统一战线、机动灵活的游击战术扩大游击区域,广泛地组织抗日救国群众,动员群众积极拥护帮助抗日联军。"还有加紧内部的政治、军事等教育训练工作,改善队员内部的生活,号召广大工农、真诚抗日救国的分子加入队伍,进一步研究运用全民反日统一战线的各种方法,与拥护我军的义勇军、山林队建立各种密切关系,用联合军的名义大批地把他们改编过来。同时,在扩大东北抗日联军运动中,派很好的干部同志到伪满军中开展士兵工作。

除部队工作外,会议还规定了工人工作,农民工作,伪满军士兵工作,城市反日战线工作,反保甲制度工作,反奸细、叛徒工作及健全地方党部和军队中领导机关等工作的任务和要求。其中关于健全地方党部和军队中的领导机关,强调要形成具体和集体的领导,对于领导方式从党团到群众组织,应当很大转变,上级和下级用各种实际办法保持密切的关系,最主要是培养干部,应当大胆提拔新干部到各级领导机关中担任工作,还应当设法办训练班,对于军事和党的干部的培养应下很大决心培养。对于反奸细、叛徒工作,强调这是我们主要工作之一。我们党和抗日联军的政治威信的提高和实力的扩大,斗争的尖锐和激烈,引起敌人对我们进攻的积极和残酷。敌人采取从外面实行大规模的'讨伐'不能将我们消灭,又实行向我们派遣奸细,利用叛徒,企图用内外夹攻的办法,消灭、瓦解我们的队伍,为了我们工作顺利发展,毫不动摇地肃清奸细、叛徒,巩固内部,要提高队员和同志们的政治水平和革命警惕性,经常实行工作检查,加强民族和阶级教育。①

中共南满第二次代表大会通过对形势的分析,进一步明确了东北武装抗日斗争在中国革命斗争中的地位、意义。会议所确定的工作、任务和要求,使党组织、军队、群众等方面的工作方向更加明确。这无疑对南满地区抗日斗争及游击战争的发展,将起到巨大的推动作用。

会议期间,宣布东北人民革命军第一军改编为东北抗日联军第一军是杨靖宇等南满地区党、军领导人响应党的《八一宣言》号召,贯彻《八一宣言》精神的实际措施、具体步骤。东北抗日联军第一军编成后,可以在党的抗日民族统一战线的指引下,吸收更多的抗日部队参加到党领导的抗日武装中来,进一步壮大抗日武装力量。当时,由于东北人民革命军改称东北抗日联军,没有了"革命"两字,有些战士还想不通,感到没有"革命"两字不光荣。对此,杨靖宇等领导同志耐心地给大家做工作,讲道理:人民革命军的称呼不适合统一战线,改称为抗日联军就可以更广泛地运用抗日民族统一战线政策,把更多抗日义勇军、山林队团结到党领导的抗日武装周围,有的可以改编到抗日联军中来。以后,大家的思想都通了。

《八一宣言》的深入贯彻,中共南满第二次代表大会的召开,东北抗日联军第一军的建成,对于扩大武装,壮大抗日武装力量,集中军事上、政治上的领导,进一步掌握抗日游击战争的领导权,推动南满地区抗日斗争的新高涨都具有重大意义。对此,日伪当局也不得不承认说:"满洲匪贼(按,敌人对抗日武装的诬称)自《八一宣言》以后,已由散漫而趋于统一,一时匪势非常紧张,东边之杨靖宇,三江之赵尚志,赫赫之名,未有不知者。"又说"康德三年(按,即1936年)8月,转变抗日人民战线以后,以共匪为中心之统一战线积极发展,所有满洲匪贼殆无不受共匪之统制。"敌人哀叹:"彼等活动基础完全建立在穷乏农民、反日民众身上,此等民众竭力拥护,故欲武力讨伐,实难成功。"②

四、建立东北抗日联军第一路军

1936年6月间,广阔的东南满地区漫山遍野郁郁葱葱,林木枝叶繁茂遮地。这正是一年一度的开展游击战争的好时节。在此期间,东满特委书记、东北抗日联军第二军政委魏拯民率领一个机枪班共十五六人的队伍(内有两名女战士),自东满来到南满特委和抗联第一军军部所在地金川河里地区。

还是在1935年夏,魏拯民曾去莫斯科向中共驻共产国际代表团汇报东满地区党的工作和开展武装抗日斗争工作情况,听取代表团对东北工作的指示。魏拯民在莫斯科期间曾写出八份报告:《东满党团特委人员、人民革命军干部简历》《关于义勇军的工作》《特殊部门—兵工厂、被服厂、后方、印刷厂、财神处及监狱等情形》《关于绥芬大甸子及安图的反日工作等问

---

① 《中共南满第二次代表大会决议案》(1936年7月7日),载中央档案馆等编《东北地区革命历史文件汇集》甲33,第146页。

② 《国内治安问题》,载伪满治安部参谋司编《铁军》第2卷第11号。

题》《关于民生团问题》《关于东满特委的工作计划》《关于义勇军与统一战线等问题》《东满一般情况的报告》(这些报告皆署名冯康,签署日期为 1935 年 12 月 20 日)。这八份报告对中共代表团了解、掌握东满乃至东北党、军工作情况十分重要。1935 年 7 月 25 日至 8 月 20 日共产国际在莫斯科召开"七大"。共产国际"七大"是一次具有极重要历史意义的会议。有 65 个国家的代表出席这次大会。会议鉴于法西斯势力的日益猖獗和国际形势渐趋紧张,确定广泛建立反法西斯统一战线的斗争策略和任务。魏拯民以东北抗日武装代表身份参加了这次大会,因此他比在东北领导抗日武装斗争的其他同志较早的得知共产国际"七大"确定的建立广泛的世界反法西斯统一战线的策略、中共驻共产国际代表团以中共中央名义发表的《八一宣言》精神以及代表团关于撤销满洲省委,在东北按四大游击区域(即南满、东满、北满、吉东)成立四个省委的指示。

1936 年 1 月,根据代表团指示,他从莫斯科回国,其任务是"除传达七次大会路线外,在组织上他为东满省委书记,调学生来学习"①。2 月初,魏拯民到达吉东地区。2 月 5 日,首先在宁安镜泊湖南湖头,召集了有第二军和第五军主要领导人王德泰、周保中等同志参加的联席会议。会上,魏拯民传达了共产国际"七大"会议精神,研究了进一步贯彻党的抗日民族统一战线政策和筹建东北抗日联军及选调一些同志(学员)赴莫斯科学习问题。此次会议之后,东北人民革命军第二军和东北反日联合军第五军分别按《八一宣言》和《东北抗日联军统一军队建制宣言》的精神和要求,改编为东北抗日联军第二军、东北抗日联军第五军。

抗联第二、第五军成立后,魏拯民率队穿山越岭,经过长途跋涉来到了第一军金川河里后方基地惠家沟。当时,中共南满第二次代表大会正在进行。杨靖宇得知魏拯民带一个机枪班来到河里地区,便与军部秘书长韩仁和等去二里路外一个小山岗迎接。

抗联第二军政委魏拯民

杨靖宇见到魏拯民后,兴奋异常,他紧紧握着魏拯民的手,望着这位昔日战友清秀的脸庞。他想起在 1932 年哈尔滨发生水灾组织灾民开展反日活动时共同斗争的情景。杨靖宇知道魏拯民是山西人,1927 年入党。1931 年九一八事变后,他由关里来东北工作。1932 年冬杨

---

① 《中共驻共产国际代表团负责人给春山的信》(1935 年 11 月 26 日),载中央档案馆等编《东北地区革命历史文件汇集》甲 21,第 412 页。

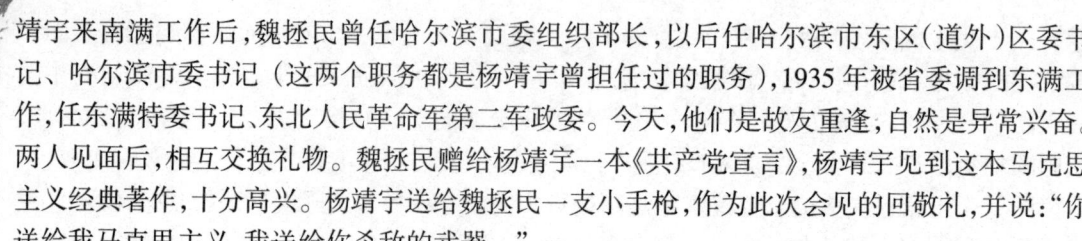

靖宇来南满工作后,魏拯民曾任哈尔滨市委组织部长,以后任哈尔滨市东区(道外)区委书记、哈尔滨市委书记(这两个职务都是杨靖宇曾担任过的职务),1935年被省委调到东满工作,任东满特委书记、东北人民革命军第二军政委。今天,他们是故友重逢,自然是异常兴奋。两人见面后,相互交换礼物。魏拯民赠给杨靖宇一本《共产党宣言》,杨靖宇见到这本马克思主义经典著作,十分高兴。杨靖宇送给魏拯民一支小手枪,作为此次会见的回敬礼,并说:"你送给我马克思主义,我送给你杀敌的武器。"

杨靖宇和魏拯民两位领导人相会,第一、二军战士更是十分兴奋,大家握手拥抱,欢呼跳跃,一时形成十分热烈的场面。因为这是在敌人严密封锁"讨伐"的情况下,抗联第一、二军领导同志、战士自1935年9月在濛江那尔轰首次会师之后的再一次相聚。

为欢迎东满党组织和抗联第二军领导人魏拯民的到来,杨靖宇特意指示后方密营的安政委一定要照顾好魏拯民等第二军同志的生活,并强调改善一下伙食。为此,安政委搞来了十多袋白面和一口大肥猪。在艰苦斗争环境中,指战员们难得改善一次生活,大家为欢庆两军相会,才得以大饱口福。

这次东南满党组织和抗联一、二军领导人相会,是东南满地方党史、抗联斗争史上的一件重大事情。他们将召开重要会议,商讨共同关心的重大问题,决定有关东南满党军的重大事宜。

如前所述,为使南满第二次代表大会代表尽快了解共产国际"七大"会议精神,杨靖宇邀魏拯民为会议做了国际形势和共产国际"七大"会议精神报告。

在中共南满第二次代表大会之后,紧接着,于1936年7月5日杨靖宇和魏拯民共同主持召开了东南满党军领导干部会议(即"河里会议")。这次会议,除第一军一师少年营张政委返回部队外,其他参加中共南满第二次代表大会人员都参加了。会上,魏拯民进一步传达了共产国际"七大"会议精神和中共驻共产国际代表团关于撤销满洲省委、按四大游击区组成四个省委和组织建立东北抗日联军三个方面军(按,后来实际组成吉东、北满、南满三个省委及抗联第一、二、三,三个路军)及选派学员去莫斯科学习等指示。通报了2月间第二、五军领导人在宁安镜泊湖南湖头召开联席会议的情况。

会上,杨靖宇与魏拯民等详细讨论了东满、南满抗日斗争的形势和第一、二军的任务以及党的整个工作问题。最后,根据东满、南满抗日斗争不可分离的实际情况,决定将东满、南满党组织合并组成中共南满省委,省委书记魏拯民,委员有杨靖宇、王德泰、李东光、李学忠、纪儒林、宋铁岩、王仁斋、吕伯岐、孙永浩、曹亚范、周树东、陈翰章、韩仁和、王润成、全光、刘佐健等。会议决定将共产主义青年团改为抗日救国青年团。将抗联第一、二军联合编成东北抗日联军第一路军,由杨靖宇任总司令兼政委、王德泰任副总司令、魏拯民任总政治部主任。同时规定了第一路军开展抗日游击战争的方针和任务,划分了第一路军所辖第一、二军各师活动区域。

抗联第一路军领导第一、二军,共六个师,即第一军的一、二、三师,第二军的一、二、三师分别改称四、五、六师。

第一军军长兼政委杨靖宇、政治部主任宋铁岩(1937年2月牺牲后,由安光勋接任)、参谋长安光勋、秘书处长韩仁和、军需部长严弼顺(1936年10月牺牲后,由胡国臣接任)、军医处长徐哲,军部直属教导团团长许国有、政委安光浩、政治部主任黄海峰。一军下辖第一、二、三师,三个师。

第一师师长兼政委程斌、政治部主任胡国臣(后调任军部军需部长)、参谋长李敏焕、军需处长韩震。一师下辖三个团和少年营、警卫连。

第二师师长兼政委曹国安、参谋长李希敏、政治部组织科长宋茂璇。二师下辖一个团和少年营。

第三师师长王仁斋、政委周建华、参谋长杨俊恒、政治部主任柳万熙。三师下辖两个团。

第二军军长王德泰、政委魏拯民、政治部主任李学忠(后为全光)、参谋长刘汉兴,军部直属教导团团长李兴绍。二军下辖第四、五、六师,三个师一个旅。

第四师师长安奉学、政委周树东、参谋长朴德范。四师下辖三个团。

第五师师长史忠恒(陈翰章代理)、政委王润成、参谋长陈翰章。五师下辖三个团。

第六师师长金日成、政委曹亚范、参谋长林水山。六师下辖四个团。

独立旅(1937年3月由五师五团编成)旅长方振声、政委伊俊山。独立旅下辖两个团。

在各军、师、团中分别设有军部、师部、团部。军部中设有政治部、参谋部、军需部、秘书处和军医处等部门。师部中亦设有政治部、参谋部、军需处和军医处等部门。团部设政治部、参谋处和副官处等部门。在编制上,每团下设若干连,每连下设若干排,排下有班。第一路军总人数约5 000人。其中第一军约3 000人,第二军约2 000人。

根据会议确定的游击活动方针、任务和计划是:"一、二军主力坚决地脱离东山林游击区域到广大区域中去活动。"第一军一师为扩大新游击区,打通与关内联系的通道,同党中央和中央红军取得联系,向辽西、热河方向远征。第二师部队继续留在南满老游击区活动。第一军三师,第二军四师(原二军一师)也要准备远征;到辽西再向热河、外蒙一带活动(按,第二军四师后来未执行远征计划,在安图、抚松、临江等地开展游击活动,用以牵制敌人兵力,策应第一军主力部队的西征)。第二军军部率六师(原二军三师)深入南满原第一军的游击区和第二师配合,在坚持老区活动的同时,巩固长白山区游击根据地。第五师留在东满和绥宁地区,与抗联第五军配合,坚持开展游击战争,并保持第一、二军及南满省委与第三、五军和吉东、北满省委的联络,使东满、南满、吉东、北满抗日游击区有机地联系起来。

会上根据中共代表团选派学员的要求,杨靖宇决定派军部共青团委书记赵振华去莫斯科学习。临行前,杨靖宇对赵振华说:"你现在工作很好,但还是一把小剃头刀,你去学习吧,党要把你锻炼成一把战刀。"

在会议休息期间,与会人员召开了一次联欢会。一、二军战士高唱革命歌曲,随魏拯民同志来的第二军两名朝鲜族女战士跳起欢快的民族舞蹈,第一军的战士还演出快板,有两名同志还演出了一场"双簧",杨靖宇、魏拯民等看得很是开心,不时鼓掌叫好。许多战士头一次看到"双簧",只见蹲在后面的战士又说又唱,站在前面的战士光张嘴不出声,紧跟后面战士说唱的内容表演各种动作,十分滑稽,更是开怀大笑。这次会议开得很紧凑,计三天时间于7月7日即宣告结束。

会议结束后,魏拯民特意致信活动在吉东地区的抗联第五军军长周保中,通报了会议情况:"我今年阴5月之际到南满特委和一军部去,□第二次代表大会会议后和主要军党负责同志,讨论了□满党及整个问题。一、二军合组织抗日联军第一路军总司令□的一切活动,东满党和南满党团合组一路军的关系□组织一个省委,一个特委,特委在省委直接领导下。"此信还通报了"一、二军的军事计划"[①]。

东南满党军领导干部会议,即"河里会议"决定成立中共南满省委和抗联一、二军合组成立抗联第一路军,显示了第一、二军的团结和战斗友谊,增强了活动在东南满地区的抗日武装力量,使这一地区的抗日游击战争在统一领导下结成一体,战线长达千余里,活动区域为吉林、通化、间岛、安东、奉天五省40余县,其外缘接近奉天(沈阳)、吉林、间岛(延吉)等中心城市附近,从而极大地推动了东南满地区抗日斗争迅速形成新的高潮。同时表明抗联部队为抗日反满共同目标,可以采取内部联合的方式,结成更符合斗争形势发展需要的即"路军"的统一组织形式。东北抗日联军第一路军的组成为吉东、北满抗联部队树立了榜样。1937年10月,活动在吉东地区的抗联第四、五、七、八、十军组成抗联第二路军,周保中任总指挥;1939年5月,活动在北满地区的抗联第三、六、九、十一军组成抗联第三路军,张寿篯(李兆麟)任总指挥。东北抗联三个路军的编成对于打破敌人的分割,统一军事行动,扩展东南满、吉东、北满三大游击区域意义重大。

这里值得提出的是在东北抗日联军各军建立的同时,为解决日益开展着的整个东北反日游击战争的统一领导问题,建立东北抗日联军总司令部的问题已提到议事日程。1936年3月8日,中共吉东特委向中共驻共产国际代表团报告工作时建议成立统一的东北抗日联军总司令部,"东北总司令部按活动历史及军队实力可以杨靖宇为总司令,赵尚志、周保中、吴义成为副司令。"[②]此建议虽然后来未能成行,但从中可以看出杨靖宇已名孚众望,是东北抗日军民心目中位居最前的抗日领袖。

抗联第一路军成立之后,杨靖宇十分感奋,文思涌动,亲自挥笔创作了《东北抗日联军第一路军军歌》:

> 我们是东北抗日联合军,
> 创造出联合军的第一路军。
> 乒乒的冲锋杀敌缴械声,
> 那就是革命胜利的铁证。
> 正确的革命信条应遵守,
> 官长士兵待遇都是平等。

---

① 《魏拯民给周保中同志的信》(1936年7月9日)(引文中□处,系原信破损缺字,各处所缺字数不详),载中央档案馆等编《东北地区革命历史文件汇集》甲22,第201页。

② 《中共吉东特委一年来的工作报告》(1936年3月8日),在中央档案馆等编《东北地区革命历史文件汇集》甲35,第185页。

铁般的军纪风纪要服从，
锻炼成无敌的革命铁军。

亲爱的同志们团结起，
从敌人精锐的枪刀下，
夺回来失去的我国土，
解脱亡国奴牛马生活。

英勇的同志们前进呀！
赶出日寇推翻满洲国。
这一次的民族革命战争，
要完成弱小民族的解放运动。

高悬在我们的天空中，
普照着胜利军旗的红光。
冲锋呀，我们的第一路军，
冲锋呀，我们的第一路军。

  杨靖宇创作的这首军歌生动而又庄严地宣告了东北抗日联军第一路军的性质、宗旨及对官兵的要求及号召。它充分表达了抗联第一路军指战员的心声，鼓舞着广大抗联干部、战士把部队建成克敌制胜的革命铁军，在反日战争中奋勇杀敌，完成民族解放神圣的任务。

  东南满党军领导干部会议刚结束，金川县大荒沟有群众报告第一军军部，得知有日军矢岛小队20余人前来"讨伐"，翌日晚要住在大荒沟东部的白家堡。当时，第三师的卫队也来到军部，武装力量明显增强，杨靖宇决定消灭这股敌人，以胜利的战斗作为第一、二军领导人会师的献礼。他对战士们说："我们解决这几个日本鬼子，你们有信心没有？"战士们都信心百倍，坚定地回答："有信心！"对此，魏拯民也十分赞同。1936年7月8日清晨，杨靖宇率领军部教导团一部及第三师卫队，二军机枪班战士共300余人，从惠家沟出发来到白家堡附近一高地设下埋伏。这里地势很好，高岗下面是一片开阔地，可谓居高临下。上午7时，日军矢岛小队进入我军埋伏线后，即遭到伏兵袭击，一排枪就打倒好几个敌人。无处躲藏的鬼子兵拼命反抗，但为时不久，这支日军小队被彻底消灭。此战，共缴获敌人轻机枪2挺、南洋快手枪2支、步枪10支、子弹2 000余发，还有望远镜两架、战刀两把。战斗中俘虏一名日本兵，经教育后释放。临走时，他还说一句话："中国人的，日本人的一个样。"[①]《盛京时报》对此战报道说："铃木讨伐队中山〇队之矢岛〇队，8日上午五时由金川县第三区大荒沟东方白家店出发，七时在白家店西方二公里地点遭遇附近潜伏有力共匪300余人，因匪方人众，日军节节失利……

---

  ① 《东北抗日联军第一军的几个战斗情况》(1936年)，载中央档案馆等编《东北地区革命历史文件汇集》甲47，第97页。

矢岛队长遂引寡兵冲入重围……日方尾吹上等兵11人血染东边砂尘而阵亡矣,重伤者5人。"①

杨靖宇率部消灭矢岛小队后,返回惠家沟联军密营。在处理战利品时,杨靖宇看到第二军同志携带的武器较差,便说:"缴获的武器采取这样的办法分配,二军同志缴获的步枪不算,再发给他们每个同志1支三八式步枪,子弹100发。另外再送给二军1挺机关枪,1000发子弹,作为一军与二军部队的见面礼。"魏拯民笑着说:"我们无功受禄,怎么好意思呀!"杨靖宇说:"我们是兄弟部队,不要客气。"

当魏拯民等第二军同志要返回东满时,为保证其回返的安全,杨靖宇决定派部队护送一段路程。杨靖宇考虑到,我军消灭了日军矢岛小队,敌人肯定要派大部队前来报复,果然送魏拯民等第二军同志回东满的那一天,日军铃木"讨伐队"主力前来"追剿"。第一军教导团与之展开了激战。为确保魏拯民等第二军同志绝对安全,杨靖宇亲自指挥教导团与敌作战。战斗中,杨靖宇率队且战且退,把敌人吸引过来,让魏拯民等第二军同志沿临江县西南岔方向返回东满。待魏拯民等第二军同志走远已无任何危险时,杨靖宇才率队甩开敌人,撤离战斗。

五、深入贯彻抗日民族统一战线政策

东南满党军领导干部会议结束后,杨靖宇率军部直属部队从金川河里惠家沟出发向南行进。

南进途中,军部直属部队指战员得知,日军矢岛小队在白家堡战斗中被消灭后,日本侵略者制造了骇人听闻的"白家堡惨案"。原来,敌人"追剿"不到抗日联军,就迁怒到无辜的老百姓身上,把白家堡周围方圆五十公里地方定为"通匪区"。1936年7月15日(农历五月二十七日),日军守备队第五大队第一中队队长中山八郎率队将白家堡包围,把全村男女老少,包括吃奶的婴儿在内都赶到大荒沟南山坡,用机枪射杀,或用刺刀挑死,施行集体屠杀,一时间屠杀370多名老百姓,焚烧民房60多座。日本侵略者的暴行激怒了广大抗联指战员,都表示要广泛团结抗日义勇军,扩大抗日武装力量,与日本侵略者血战到底,为死难的同胞报仇。

当军部直属部队进入宽甸、桓仁与辑安后,杨靖宇根据东南满党军领导干部会议精神,进一步贯彻党的抗日民族统一战线政策,广泛联系活跃在桓仁、宽甸、本溪一带的抗日义勇军、山林队。这期间,吸收不少积极向抗日联军靠拢、要求改编和愿意接受抗日联军领导、指挥的抗日义勇军、山林队到抗联第一军中来。其中较大的队伍有左司令(左子元)领导的"抗日联合救国军"和抗日军于万利部、高维国部等。

左子元部有400余人,活动在桓仁、宽甸一带。左子元率领"抗日联合救国军"多次与日伪军交战,该部与群众关系较好,斗争坚决,在抗日义勇军、山林队中有一定影响。1935年11月末,左子元率部主动与杨靖宇所率部队联合作战。共同攻打了宽甸县步达远街。左子元见杨靖宇对抗日义勇军竭诚相待,因而对他十分钦佩,早就渴望将所率队伍改编为抗日联军,

---

① 《盛京时报》(1936年7月10日)。

接受杨靖宇的领导和指挥。1936年8月,杨靖宇率队来到宽甸王家屯,在此与左子元进行多次接触,双方经共同商议,决定联合作战。当时正逢雨季,江水暴涨,杨靖宇率队准备渡过浑江,正愁无渡船时,得到左部的帮助。左子元闻讯后,派出五条木船,用一天一夜时间将杨靖宇所率部队渡过江去。以后,两支部队住在一起,吃在一起。左子元见杨靖宇平时爱学习、读书,还把原辽宁民众自卫军十六路司令孙秀岫从北平捎来赠送自己的田军(萧军)所著反映东北人民革命军战斗生活的《八月的乡村》一书转赠杨靖宇。杨靖宇见到此书,爱不释手,挑灯夜读。对鲁迅先生在序言中所说"这本书当然不容于满洲帝国,但我看也因此当然不容于中华民国。这事情很快就会得到实证。如果事实证明了我的推断并没有错,那也就证明了这是一本很好的书"及"一方面是庄严的工作,另一方面却是荒淫与无耻"十分感慨。左子元所部与杨靖宇所率部队在一起活动一段时间后,左子元迫切要求杨靖宇能收编他领导的队伍。据此,杨靖宇主持召开第一军党部会议,决定将左子元领导的抗日联合救国军改编为东北抗日联军第一军直属第十一独立师,下辖两个团,左子元任师长。

于万利部原是伪宽甸县公安队哗变出来的队伍。1936年9月,当于万利听到杨靖宇率部来到宽甸活动时,他只身一人来到军部专要与杨靖宇相见。他对杨靖宇说:"我叫于万利,外号于黑子,我有200多人,是从伪县公安队里拉出来的人马。我拉部队不是为了占山头当土匪,也不想当官发财。我是一个中国人,死也不想当亡国奴,不愿给日本当汉奸走狗,更不愿意替日本人杀中国同胞。我决心跟你们打日本。"他主动要求杨靖宇收编他的部队。杨靖宇见他实心诚意,态度坚决,便对他的要求表示欢迎。杨靖宇说:"你有中国人的骨气,你是一个有民族气节的人,你的想法完全对。我们抗日救国不分民族、党派,不分宗教信仰,只要是抗日打鬼子,我们就要联合起来,协同作战,共同抗日。"于万利见杨靖宇对他的要求表示欢迎,十分高兴。他说:"可惜,我找到你们太晚了。"数日后,杨靖宇正式宣布,于万利部改编为东北抗日联军第一军直属独立旅,于万利任旅长。

为了欢迎于万利部加入抗日联军,杨靖宇指示买四口肥猪送给独立旅。以后,杨靖宇应于万利之邀,专门到独立旅向干部们讲话,其大意为:从今天起,独立旅就是在中国共产党领导下的一支抗日救国队伍,是人民子弟兵。我们这支队伍要有铁的纪律,绝不允许损害人民群众的利益。我们大家戮力同心起来抗日,是要解放东北三千万苦难同胞,把日本强盗从我们这块土地上赶出去。他说,"只要一天不把日本侵略者赶出去,我们的斗争就一天也不会停止。"他希望独立旅的战士要有长期抗战的思想准备,并祝愿独立旅多打胜仗,多消灭敌人。之后,杨靖宇部署了独立旅的活动区域和行动计划。于万利十分敬重杨靖宇,听了杨靖宇讲的一番话心悦诚服。他令其所部响应杨靖宇号召,抗日到底,多杀敌人,为救国救民事业立功。当杨靖宇率军部要出发返回时,于万利放心不下,专门带100多人将杨靖宇所率军部安全护送过牛毛坞到错草沟的公路,而后才恋恋不舍地分手。

抗日军高维国部也被杨靖宇收编,编为东北抗日联军第一军第十三独立师。

左子元、于万利、高维国这些加入抗联的收编部队的首领,在杨靖宇的帮助、教育、领导下,抗日救国斗志坚定,矢志驱逐日寇,推翻伪满洲国,以拯救民族危亡于水火为己任,他们不畏艰难，勇敢地与敌人展开斗争。

由于杨靖宇认真、深入贯彻党的抗日民族统一战线政策，彻底打破关门主义，在"不分见解、信仰，枪口一致对外，坚决抗日"的口号下，团结、联合了更多的抗日武装。至1936年秋，抗联第一军收编各种抗日部队5000余人。与此同时，活动在长白、抚松等地的抗联第二军部队也积极落实东南满党军领导干部会议精神，同抗日救国军吴义成余部、李洪斌部，反日山林队"万顺""压五营"等15支部队达成共同作战协定，有的被收编加入抗联第二军。

抗日民族统一战线的巩固、扩大，使东南满地区抗日斗争形势再次展现出新局面。活动在辽吉东部安奉、奉吉铁路沿线的各式抗日武装，大都团结在杨靖宇指挥的抗联第一路军周围，有的加入了第一路军行列，使东南满抗日武装力量有系统地组织起来。党的各项抗日政策深入人心，得到了很好的贯彻和落实。广大民众精神振奋，积极地以人力、物力、财力支援抗日部队。这一切都有力地推动了抗日游击战争的发展。

杨靖宇在深入贯彻党的抗日民族统一战线政策中，能够从具体情况出发，在坚持大的原则（即坚持抗日到底等三项条件）前提下，表现出严肃、灵活、实际的特色：

第一，坚持统一战线的无产阶级领导权，使党领导的抗联部队成为抗日统一战线中的核心力量。体现中国共产党是抗日民族统一战线的唯一领导者。

第二，根据抗日义勇军、山林队不同性质和表现，采取不同联合措施，有的订立临时作战协定，有的订立长期作战联盟，有的收编到抗联行列，但保持其独立性，有的改编为抗联基本部队等等。总之，以多种形式与之结成统一战线。

第三，注意对参加统一战线的抗日义勇军、山林队进行教育改造，加强政治工作，使之树立正确的抗日救国宗旨，改正与群众对立的错误和随意抢劫行为。但对其一些不影响共同对敌的固有的落后陋习，则不作过高要求，亦不予歧视。

第四，统一战线的具体对象具有广泛性，组织方式具有多样性。统一战线的对象中有义勇军，有山林队，有地方士绅甚至有"内红外白"的伪保甲长等。组织方式除正规的谈判、签约外，还采用"交朋友""拜把子""在家礼"①等方式开展统一战线工作。

杨靖宇在领导抗日游击战争中，认真贯彻党的抗日民族统一战线政策，其团结各式抗日义勇军及在与日伪军作战中所获之成就远播中外。中国共产党在抗战期间，1938年1月于汉口创办的《新华日报》（这是中共在国统区唯一公开出版的报纸，同年10月迁重庆出版）曾发表署名文章，热情赞颂杨靖宇等执行党的抗日民族统一战线所取得的成绩："反日民族统一战线做得最成功要算抗日联军了，杨靖宇、赵尚志诸抗日联军领袖是东北反日民族统一战线的发动者与组织者。由于他们不断地艰苦斗争，首先建立起抗日联军，他们根据自己的斗争经验，认为统一战线不扩大起来，是不能完成历史任务的。他们的'御侮团结'、'共同抗日'的真理说服了各部义勇军、山林队、游击队。大家在互相帮助，不互相攻击条件下结成了统一战线，再经过政治教育与实际的互相帮助，于是在军事、政治上取得了空前的密切联合，抗日联军由六个发展到十个。同时，他们把反日的民族统一战线扩大到东北每一个角落。只要是抗日联军

---

① 入"家礼会"俗称"在家礼"。"家礼会"为旧时民间秘密组织。入会者供奉老佛爷、观世音菩萨，须戒烟酒等。讲求义气，有难互帮。当时为广泛团结民众，抗联也利用这一民间组织开展抗日反满斗争。

努力所达到的地方就有统一战线的宣传与统一战线的组织,他们不但把统一战线作为宣传的口号,同时把它作为行动的口号。"①

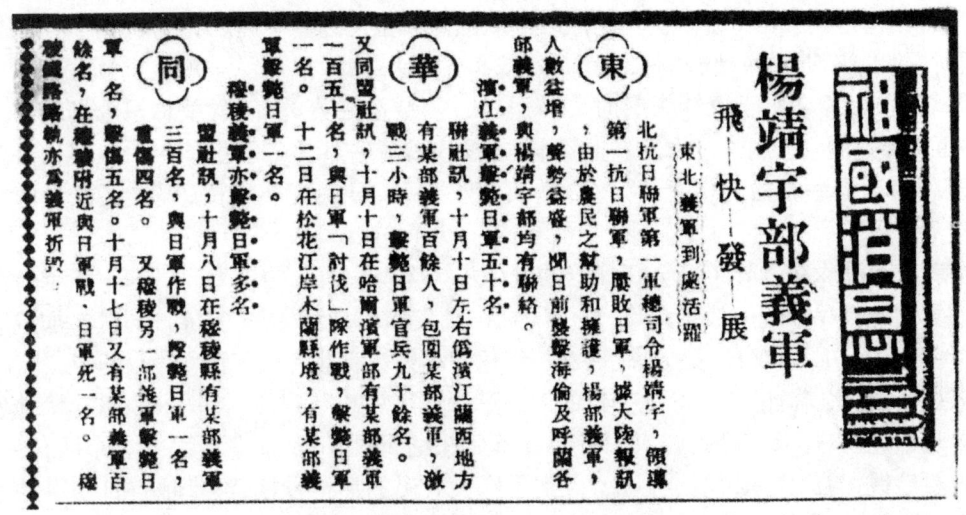

巴黎《救国时报》有关杨靖宇所部飞快发展的报道

中共满洲省委对杨靖宇的工作也予以很高的评价。1936年7月,满洲省委常委、团省委书记小洛(张文烈)在莫斯科向中共驻共产国际代表团汇报南满地区工作情况,谈到东北抗日联军第一军军长杨靖宇时说:"军长老杨——他的履历,中央知道的很清楚。他的政治水平工作能力,不仅在南满首屈一指,在全东北也是最强的一个。自他到南满以来,工作有很大成绩,始终毫不懈怠地努力。在队内、地方、党内、南满人民中,信仰威信均极好,自己一举一动,个人行为,亦为全体所钦敬。在忠实于党及坚决执行党的决定这一点上,比特委书记更要强些。在运用游击战术方面,一年来也有很大进步。这表现于:(1)已经不至于作冒险的战争,对于保护干部上也已充分注意。(2)开始自动地学会运用机动的战术。(3)不硬攻实打,不死守旧区,南满各活动部队相当能互相响应,正因为老杨有这些进步,所以自秋到今年以来,第一军损失较其他各军要少得多,而胜利反而要多些。游击区更要扩大些。在运用统一战线方面,最近已开始获得很大成绩。但是老杨的身体,诚如《救国时报》所说,是弱了!而且最不好是摆子病,在他给士兵讲话到一点钟以上,往往要休息半天才能继续讲下去。"②上述有关对杨靖宇工作实绩的评述是真实的,符合实际的,也是中肯、妥切、恰当的。对于杨靖宇的能力,连日伪当局也不得不承认说:"第一军总司令杨靖宇(满人)是北京大学出身,有才干,是真正具有将才的人物。从人民革命军成立以来,他就是第一军的总司令。"③这里所说"北京大学出身"虽不准确,但他

---

① 雷丁:《铁一般的东北人民的英勇奋斗》,载《新华日报》(1938年8月11日)。

② 小洛:《关于南满情形的报告》(1936年7月26日),载中央档案馆等编《东北地区革命历史文件汇集》甲22,第406、407页。

③ 伪满军政部军事调查部编:《满洲共产匪之研究》,第230页。

有才干,是将才确是真实的。

自东南满党军领导干部会议之后,杨靖宇率军部直属部队在宽甸、桓仁、辑安一带积极活动,频繁出动。其英勇打击日伪军之战绩经新闻媒体报道远播中外。1936年7月8日,巴黎《救国时报》以《东北义军捷报频来,杨靖宇部屡挫日伪》为题报道说:"东北抗日联军策略地之鸭绿江沿岸,我义军于青纱帐起时,人轻马快,杀贼益见英勇,而联军总司令杨靖宇之威名,亦更震慑寇胆。据六月二十五日上海电,各报载杨靖宇部下义军近分为二十大队,在安东凤城及朝鲜边界一带极为活跃,屡挫日伪'讨伐'部队,日寇接连增援,现在又派大队前往云。"

本着东南满党军领导干部会议确定的进一步扩大统一战线的旨意,杨靖宇指示所部深入贯彻党的抗日民族统一战线政策,广泛团结抗日义勇军,吸收更多的抗日部队参加抗联第一路军。1936年7月19日,党中央机关报《红色中华》载《东北人民革命军发展近状》中说"据东北来人谈,通化、临江、长白等地一带的人民革命军声势甚大,人数众多,枪支齐全。他们里面不单是东北人,还有许多朝鲜人……人民革命军纪律很好,不乱拿人民一点东西,买一个鸡蛋也要给钱,与广大人民联成一片,得到了广大人民的拥护爱戴,经常报告日伪军的消息给红军,帮助他们作战。所以,他们能经常打胜仗,弄得日本鬼子恐慌的不得了,而人民革命军迅速发展起来。"

由于抗日联军第一军的领导者杨靖宇认真贯彻抗日民族统一战线政策,善于运用神奇巧妙的游击战术,以寡敌众,不断击破日伪军的进攻,而使抗日联军第一军日益扩大。在中共代表团工作的杨松同志在1936年9月18日发表《东北抗日义勇军之发展与现状》叙述第一军时说:"东北抗日联军第一军乃由前东北人民革命军第一军,唐聚伍旧部和各抗日山林队等共同组织而成。军长兼政治委员为杨靖宇并兼任南满抗日联军的总司令。联军总参谋长为李红光。杨靖宇是中国共产党党员,曾参加1925-1927年大革命,'九一八'事变后,由中共中央派至东北工作。先任当时所谓中国红军三十二军赤色游击队队长(因此直到现在,日寇称杨靖宇部为红军),直接在中共磐石中心县委领导之下。于1933年夏,接中共中央指示信后,杨靖宇同志就极力主张,以赤色游击队为基础,号召南满磐石、伊通、桦甸一带唐聚伍旧部与各抗日山林队,共同建立人民革命军。是年'九一八'二周年纪念日,就成立东北人民革命军第一军。后来,杨靖宇与前国民党影响下部队毛、宋等司令,共同组织南满抗日联军临时总指挥部。因为这一联合战线之建立,抗日队伍不仅未被日寇冬期'讨伐'击溃,反而扩张数倍。去年接到中共中央八月一日宣言后,又向其他各部队提议,共同建立抗日联军,以谋抗日战线之更加扩大。就成立了东北抗日联军第一军,公举杨靖宇为军长兼南满抗日联军总司令。人民革命军第一军,与日伪军队作战,不下数百次。计陷三源浦,克凉水河,进占汪清门,偷渡鸭绿江,进入高丽境,绕道陷东兴等等许多著名战绩,均为杨靖宇亲自所筹划,他亲自所指挥。人民革命军屡败日伪军,弄得日伪军一闻人民革命军之名,便战战兢兢,心胆俱寒。某部日军告诫其部下曰:'人民革命军真厉害,碰到要特别当心。'而伪军中最凶悍之邵本良吃了多次败仗后叹曰:'我邵本良一生也够鬼了,但杨司令比我更厉害。'又曰:'我的兵,打胡子,一个能够打十个,打人民革命军,就不行了,十个打一个也还打不过。'该第一军现在吉林之磐石、双阳等五县,及辽宁之柳河、金川、安东、凤城、安图、临江等30余县活动。"①

1936年10月30日,巴黎《救国时报》在祖国消息专栏中以大字标题:"杨靖宇部义军飞快发展"报道说:"东北抗日联军第一军总司令杨靖宇,领导第一抗日联军,屡败日军。据大陆报讯,由于农民之帮助和拥护,杨部义军,人数益增,声势益盛……"的确如此,由于杨靖宇深入贯彻党的抗日民族统一战线政策,在人民群众的大力支持下,到1936年底,抗联第一路军所属第一、第二军又有较大发展,整个第一路军已近6000余人。

六、组织西征

在1936年内,杨靖宇组织抗联第一军主力部队以辽西、热河为目的地进行两次西征。第一次西征是在6月间由第一师部队进行的。第二次西征是在11月间由第三师部队进行的。组织西征是杨靖宇在指挥南满地区抗日游击战争中的重大军事战略部署,一项具有战略意义的重要举措。

为什么在短短的半年时间之内,杨靖宇竟组织两次西征呢?

原来自1934年10月,党中央领导红军开始长征以及负责领导白区工作(包括中共满洲省委)的上海中央局遭到破坏后,东北党组织与党中央便逐渐失掉了联系。如前所述,东北党组织及其工作便由中共驻共产国际代表团负责领导。因中共驻共产国际代表团王明、康生对满洲省委主要领导成员存有奸细怀疑(实际上满洲省委成员中并无奸细,王明、康生的怀疑纯系子虚乌有),1935年春,就三番五次电令满洲省委成员去莫斯科汇报工作(实际是接受审查)。同年4月5日,满洲省委向各地党、团组织发出了《满洲省委临时通知》,要求"各地党团应经常遵循中央的指示,努力把它适合各地的状况,勇敢地、独立地、有信心地、自主地进行工作"。1936年1月,中共驻共产国际代表团为改组满洲省委以适合满洲秘密环境,适合游击战争的条件,缩小各地党的管理区域,正式撤销了满洲省委,决定按四大游击区成立四个省委(按,实际成立三个——北满、吉东、南满省委)。由于满洲省委被撤销,中共驻共产国际代表团又远在莫斯科,鞭长莫及,与东北党组织的联系时断时续,断而不续,结果严重地削弱了党对东北地区抗日斗争的统一领导。在这种情况下,南满地区党组织、东北抗日联军第一路军只能由自己独立地开展抗日游击战争,在摸索中前进。

为了寻求党中央对东北抗日游击战争的领导,及时听取党中央的指示,杨靖宇早就决心打开与关内联系的通道,拟派人进关与党中央、红军取得联系。但1936年上半年以前还没有这样的条件。1935年10月,党中央领导红一方面军长征才到达陕北,南满距陕北远隔千山万水,加之正在开展反对敌人部署的1935年秋冬季"大讨伐",打开与关内联系通道的意图,难以成行。1936年2月,党中央决定组织"中国人民红军抗日先锋军",东渡黄河、进入山西,并

---

① 杨松:《东北抗日义勇军之发展与现状》(1936年9月18日),载刘晶芳编《杨松文集》,人民出版社,2013年版,第246、247页。

发表《东征宣言》，准备东进绥远，与日军直接作战。红军北上抗日的消息，不仅极大鼓舞了东北抗日军民，同时，也为东北党组织和杨靖宇等抗日联军领导人试图打通与党中央及关内红军抗日先锋军的联系创造了一定条件。

而正是这时，参加共产国际"七大"的魏拯民从莫斯科归来，他带回来了共产国际"七大"关于建立广泛的世界反法西斯统一战线精神，也带回来中共驻共产国际代表团的一些指示，其中关于抗联部队要西征热河，扩大游击区域即是其中之一。一直想尽快实现与在关内的党中央、红军取得联系的杨靖宇，对于中共驻共产国际代表团的指示表示赞同，他认为：组织部队向辽西、热河远征，有希望与进行东征的红军抗日先锋军靠近，打开与关内联系的通道，如有可能，也可由西征部队将关内抗日军队引入东北，参加抗日游击战争。这对于直接取得党中央对东北抗日武装斗争的领导，对于实现改变东北抗日联军孤军作战的局面，意义是十分重大的。

除与党中央、关内抗日军队建立联系这一主要原因外，杨靖宇认为也有必要把南满抗日游击战争推进到辽西一带。九一八事变后，辽西一带曾有大规模抗日义勇军活动，自1933年初大规模义勇军活动遭到失败后，南满党组织领导的抗日武装（红军游击队——东北人民革命军——抗日联军），基本活动在辽宁和吉林东部地区。辽西地区尚无党领导的抗日联军活动，若能动员部分兵力，将抗日游击战争推向辽西，唤起那里的人民的抗日热忱，开展起英勇的抗日斗争，对于促进东北抗日游击战争全面发展也是很有意义的。为贯彻中共驻共产国际代表团关于西征的指示，出于上述打通与党中央、关内红军联系和开辟新的游击区域的目的，杨靖宇和第一军军部决定组织活动在兴京、本溪一带的抗联第一军一师主力进行西征。西征部队由第一军一师师部、保卫连、三团、少年营约400余人组成，领导人员为：第一军政治部主任宋铁岩、一师师长程斌、参谋长李敏焕。

此次西征是经过认真准备的。1936年5月23日，第一军军部在本溪汤池沟附近召开了一师党的干部会议，对西征进行具体部署：第一师三团从本溪、凤城中间突破，进入辽阳，之后越过南满铁路和辽河，直插辽西、热河。四团、六团在远征部队南北两翼活动，以分散敌人兵力。5月24日，第一师部队"在军部接受军长指示精神后行军"①。而后，杨靖宇率第一军军部及直属部队由本溪返回宽甸、辑安一带活动，以吸引敌军，掩护一师西征。6月，第一师部队则一边行军，一边筹集给养。6月22日，经过大十湖，到赛马集附近征集粮食。6月23日，第一军政治部主任宋铁岩召开中队部党的会议，再次传达军部关于西征指示。6月25日，在西于沟附近，召开各分队军事干部会议，宋铁岩进行具体行军部署。会后三天，即6月28日下午6点，部队全体集合，进行动员讲话后，从铺石河出发，开始向西行进。

西征部队由上石棚经沙窝沟、大东沟到达草河口站，与敌人交战半小时后退出。7月1日，经过二道沟、三道沟、黄柏峪，在南芬游击队配合下越过安奉铁路，到达朝天贝。而后，昼伏夜行，翻越本溪与辽阳交界的摩天岭，进入辽阳境内。途中，第一军政治部主任宋铁岩因肺

---

① 《李敏焕日记片断》（1936年4月9日至7月15日），载李鸿文主编《东北抗日斗争史论丛》第一辑，第264页。

病复发,由数名少年营战士护送,返回本溪和尚帽子山后方密营休养。西征部队继续向前挺进至岫岩境内。西征过程中,尽管部队注意隐蔽行军,但仍被敌人发觉。敌人调动大批兵力对西征部队进行堵截。部队经常遭到敌人袭击,只得且战且走。加之西征地缺乏群众基础,对地理不熟,西征部队前进受阻。

为避免遭到敌人的致命围攻,7月8日,西征部队出狐狸沟北岔到达倒岔沟姜家堡子,在这里师部决定停止西征,化整为零,回师东返。具体分为三路,由师长程斌、参谋长李敏焕所率师部、保卫连为一路;由团政治部主任李铁秀所率第三团为一路;由营长王德才所率少年营为一路。三部分部队于7月上旬分别行动。师部及三团两路基本按原路返回,少年营一路则沿岫岩、庄河一线迂回前进,其中一连与营部失掉联系,一连长张泉山率队进至庄河龙潭沟,以后又折向海城。①师部一股在回返途中,于7月15日中午在本溪与辽阳交界的摩天岭与驻连山关日军守备队第二中队展开一次激烈战斗。此战歼灭队长今田大尉及所率日军守备队80余人,缴获步枪30余支,手枪5支,望远镜1个。下午,又与尾追之敌展开战斗,敌死伤60余人。战斗中,一师参谋长李敏焕不幸牺牲,时年仅23岁。7月下旬,参加西征的一师各部队先后返回本溪、宽甸、桓仁老游击区。第一军一师西征损失很大。行军中有些人员掉队,数次战斗中不少战士牺牲,当一师返回老游击区时,只剩百余人。此次西征未能达到预期目的。

1936年10月上旬,杨靖宇率军部来到兴京窟窿榆树沟里四平街堡子与第一师师部会合,听取了一师师长程斌关于一师西征经过的汇报。在干部、战士大会上,杨靖宇肯定了第一师西征的英勇行动,鼓励同志们说,摩天岭战斗取得了重大胜利,给日寇很大打击。在讲话中,他眼含热泪带领干部、战士,为在摩天岭战斗中牺牲的李敏焕参谋长默哀三分钟。会后,杨靖宇指示一师师长程斌率部队好好休养生息,并给一师补充些战士,使一师重新整编起来,令其准备再战。与此同时,杨靖宇也认真研究了一师西征失败的教训,认为一师西征失败主要原因是:步兵行动迟缓,目标明显,易于暴露;行军季节在夏季,天热雨多,行军多有不便所致。杨靖宇并不因一师西征失败而对与党中央、关内红军打通联系一事感到失望,为冲破敌人布置的"东边道独立大讨伐"与关内红军打通联系,他坚持要按"河里会议"所议定的,再次组织第三师进行西征。

1936年11月上旬,时令已入冬寒季节。杨靖宇率军部及教导团两个连由宽甸天桥沟密营出发,来到桓仁外三堡,与第三师部队会合。在此地,杨靖宇召集有军部领导同志和三师负责同志参加的会议,与会者有第一军参谋长安光勋、秘书处长韩仁和、军医处长徐哲、军需处长胡国臣、三师师长王仁斋、三师政委周建华、三师参谋长杨俊恒。会议决定利用敌人集中其兵力在东边道地区开展"大讨伐"之机,完成一师未完成的任务,组织三师进行西征,跨越南满铁路和辽河,挺进热河,以与关内红军取得联系。

在这次由杨靖宇主持的会议上,认真地总结了第一师西征的经验教训,决定把第三师部队改编成骑兵,在冬季利用江河封冻之际,由第三师骑兵队伍进行第二次西征,快速突向铁

---

① 张泉山回忆,载《本溪地方党史资料·浑太两岸的抗日烽火》。

岭、法库一线,挺进热河,与关内红军取得联系,进而找到党中央,使东北的抗日游击战争能与关内的抗日战争紧密结合起来。

第三师领导接受军部授予的西征任务后,返回兴京、清原,积极进行准备工作,用半个月时间配备马匹、武器,将步兵部队改编成骑兵部队。11月下旬,三师西征部队400余人在师长王仁斋、政委周建华、政治部主任柳万熙、参谋长杨俊恒率领下由兴京县境出发。西征部队经清原、过铁岭、跨越南满铁路北段,历经半个多月时间即到达辽河东岸石佛寺地方。出乎意外的是,1936年冬季气温偏高,时令已近深冬,辽河尚未封冻,西征部队又找不到渡船,前进受阻。由于三师西征部队昼夜兼程,快速前进,人马难以得到休息,加之一路上不断遇到敌人封锁,战斗中部队大量减员。在三师于辽河岸边滞留期间,敌人听说部队中有姓杨的当指挥(第三师参谋长杨俊恒与杨靖宇体貌相似,又同姓),误以为是杨靖宇亲自率队西征,便派出大批敌人对西征部队前阻后追。因道路不熟,敌人集中追击,西征部队连安稳吃饭的时间都没有,人马过于疲劳,失掉联络者陆续不断,加之向导又牺牲,队伍难以继续前进。在此情况下,三师西征部队只好绕道返回。此次西征部队损失很大,前进和回返途中掉队、牺牲人员很多。当部队返回兴京时,只剩百余人。第二次西征又遭失败。

1936年6月、11月,杨靖宇亲自部署的两次西征都未达到预期目的,并使部队遭到很大损失。

西征失败原因是多方面的,从主观上说,主要是,中共驻共产国际代表团关于令抗联部队进行西征热河的决策是不切实际的,试图将分布在伪满首都新京(长春)东北部至东南部的抗联武装向西部热河推进,形成对伪都的半月形包围,其本身就是具有冒险主义色彩的。让抗联以有限的兵力撤离根据地和便于隐蔽、活动的山区,向敌兵遍布、路途遥远的平原地带出征,严重地违反了军事战略原则。在敌人重重严密封锁条件下,谋求抗联部队与关内红军会合是脱离实际的。1936年7月,魏拯民同志在致东北抗联第五军军长周保中同志信中曾通报过第一、二军军事行动计划,信中说:"根据王明、康生二同□大游击区的任务下,我们原则决定一、二军主力坚决的脱□到广大区域之中去活动。因此,我们具体的决定,一军一□地带活动,现已回来报告已到。一军三师,二军一师全□线到辽西再向热河、外蒙边境一带活动。一军三师已□报告,二军一师还在蛟河活动,已去信调回来之后再转向西□,一军二师留老游击区活动,二军□各部活动。"①

对于西征,当时即有的同志即提出不同意见,当中共吉东道南特委书记张中华得知第一、二军军事行动计划的通报后,即于10月5日致信魏拯民,信中说:"关于同志来信,谈及一、二军的军事计划,是根据王、康指示,一、二军主力部队坚决的完全脱离东(部)山林游击区域,冲到广大区域中去活动,决定问题。我认为主力部队应分向某些主要对我们有利条件方向远征活动,扩大游击区域与军队。另外,留一部分军队到旧游击区域去活动。"②显然,张中华认为西

———
① 《魏拯民给周保中同志的信》(1936年7月9日)。引文中□处,系原信破损缺字,各处所缺字数不详,载中央档案馆等编《东北地区革命历史文件汇集》甲22,第202页。
② 《张中华给魏民生(即魏拯民)同志的信》(1936年10月5日),载中央档案馆等编《东北地区革命历史文件汇集》甲35,第239页。

征热河并不是"对我们有利条件"的方向,同时"完全"脱离东部山林游击区域是不应该的。

当时,杨靖宇、魏拯民等领导人,急切寻求打通与党中央、关内红军的联系的愿望是好的,其心情是可以理解的,但试图以大部队远征的方式打通与党中央、关内红军的联系是不够妥切的。因为人马众多,势必引起敌人注意,遭到敌人的围追堵截;同时,途中所遇困难如给养供给也不易解决。一般地说,这种与党中央、关内红军取得联系的工作,应是极端秘密隐蔽的工作,只能采取派出少数人化装进关或许尚有可能。另外,试图以部队西征的方式开辟新游击区也难以成为现实。因部队在一个地方往往是一走一过,群众对远征部队性质、军事行动的意图缺乏应有的了解和认可的过程,群众不能迅速得到发动,自然也不可能开辟出新游击区。

从客观上说,当时的历史条件,总的敌我力量对比是敌强我弱,途中频频遇到敌人前堵后追、左右夹击和四面围攻。第一军西征部队在行进中处于被动状态,虽然曾进行有摩天岭那样的胜利战斗,但不能从根本上改变敌我双方力量对比悬殊的基本态势。另外,远征西进之地缺乏群众基础,第一军西征部队对这些地方人生地不熟,群众不了解我军,斗争得不到群众支持。如一师西征时,由于敌人的反动宣传,西部地区许多村屯的群众被敌人逼迫组成"棒子队",搜寻隐蔽在高粱地里的西征战士(敌人诬称"红胡子")。至于给养,更是严重缺乏。在敌人严密的统治下,抗联部队也难于从群众手里搞到粮秣,因而,无法供给拥有众多人马的西征部队使用。还有,地理、天时条件对西征部队不利。从地理条件看,两次西征都要穿越辽河平原地带,且接近敌人在南满统治的中心区域奉天地区。这对于习惯于山区作战的第一军战士来说,无疑是一个很大困难。第一军战士缺乏平原行军作战经验,加之敌人统治中心区域兵力多而强,封锁严且密,这就难免不遭受较大损失。从天时说,本来第二次西征冬季行军可以跨越坚冰封冻的辽河,顺利到达辽西地区。但天公不依人愿,时令已是冬寒,却气温偏高,天还降雨,为历年所未有,使远征部队有了一个不可逾越的天然障碍。

总之,抗联第一军的两次西征因上述主客观原因,未能达到预期目的,遭到失败,部队的力量也因之受到削弱,教训是极其沉痛的。但这两次西征也还有其显著的积极意义,主要是:西征部队于途中宣传中国共产党的抗日主张,辽阳等地群众欣喜相传,"东山里的红军打过来了",扩大了中国共产党和抗日联军在辽河流域的影响;西征部队在冲破敌军堵截中,消灭了一批敌人的有生力量,取得了摩天岭战斗等重大胜利,打击了日本侵略者;西征部队勇于冲进敌人统治严密地区,再一次显示了抗联第一军指战员为寻求与党中央和关内红军联系,争取上级领导的英勇无畏的革命精神。同时,第二次西征正当敌人开展"东边道独立大讨伐"之时,由于进行西征,在某种程度上说,转移了敌人的视线,减轻了老游击区的压力,这对于第一军其他部队冲破敌人的"东边道独立大讨伐"是有力的配合。所以说尽管西征以失败告终,但西征不失为一英雄壮举,内中含有积极、胜利的因素。因此,当第一军一师部队西征结束后,杨靖宇曾专门作《西征胜利歌》,以鼓舞士气,纪念这一重要军事行动。

《西征胜利歌》全文如下:

红旗招展枪刀闪烁我军向西征,
大军浩荡人人英勇日匪心胆惊。

纪律严明到处宣传群众俱欢迎，
创造新区号召人民为祖国战争。

中国红军已到热河眼看到奉天，
西征大军夹攻日匪赶快来会面。
日匪国内党派横争革命风潮展，
对美对俄四面楚歌日匪死不远。

紧握枪刀向前猛进同志齐踊跃，
歼灭日匪今田全队我军战斗好。
摩天高岭一场大战惊碎敌人胆，
盔甲枪弹缴获无数齐奏凯歌还。

同志们快来高高举起胜利的红旗，
拼着热血誓必打倒日本帝国主义。
铁骑纵横满洲境内已有十大军，
万众蜂起勇敢杀敌祖国收复矣。

  杨靖宇为寻求与党中央和关内红军的联系，所组织的两次西征都未达到预期目的，杨靖宇和南满党组织的同志们，便欲转而设法与中共驻共产国际代表团取得联系。1937年1月初，杨靖宇收到来自中共代表团转来的纪念中国共产党成立15周年的文件。这是1936年7月共产国际和中共代表团为宣传中共光辉战斗的15年，在莫斯科举行纪念活动时形成的一些文件。在纪念活动中，中共驻共产国际代表团成员陈潭秋撰写了《中共第一次代表大会的回忆》文章，并在纪念大会上发表讲话。[1]陈潭秋是熟悉东北，曾受党中央委派来东北巡视（1929年）、任满洲省委书记（1930年）、是党内资深望重的老同志。杨靖宇于1月16日化名元海，写信给陈潭秋（化名文光[2]），以寻求与中共驻共产国际代表团联系。信中建议在东北建立总的领导机关，急速派来几个干部，特别是军事干部，寄来各种党内文件。此信全文如下：

"文光兄：

  我们在去年6月开南满党代表大会时，根据到国际七次会议上参加回来的东满魏同志带来的中央指示，东南满建立了南满省委。以后魏同志担任书记的责任到东满去，一方面给中央详细作报告，另一方面建立交通关系。但他去后因敌人进行'大讨伐'关系，特别交通关系之恶劣，早已断绝联络关系，所以不知魏同志给你们写去报告没有，更不知你们接到他的报告没

---

[1] 载《共产国际》(中文版)1936年第4、5期合刊。

[2] 陈潭秋化名或笔名中有"文光"。见陈玉堂编《中共党史人物别名录》，红旗出版社，1985年11月版，第95页。

有。同时我们与你没有发生关系,甚为着急,想要经哈关系,将与你发生联络中。这次更带来经他发生关系之通知后,今天才写头一次的报告。但因我们交通关系之恶劣,这次不提关于党在执行整个路线中,特别几年的游击运动中我们的胜利与缺点和我们队伍的布置等问题。这要下次详细作报告,这次不过提出简单紧要不提不可的几个问题。

1.我们自从满省时代至现在差不多二年多的长时间,除在前年冬(按,指1935年冬)接到一封王明同志给东北负责同志的信外,没接到一封的整个指示与文件。不过最近十日前接一份中共十五周年纪念的文件。同时满省取消后,至今与你没有联络关系,不能得到指示与领导,而完全独立的状态中进行工作。这在工作上有了很大的损失,对这一问题感觉到有了最大的遗憾。因此,我们要求不仅现在要有密切的联络关系,而且最好是在东北建立总的领导机关,否则建立与你能发生密切关系的机关为要。

2.关于干部问题,上次已在经哈关系向你报告过,这当然我们自己没培养出更多的新干部,是我们站在自我批评的立场上,首先指出这是极大的错误。同时原则上在斗争中培养出新的干部是我们承认的,但在实际上在现在环境中困难到极点。在数年的游击运动中,特别最近二年中,队伍虽然没得到应有的发展,但无论如何也是不断发展的情况下,更增加干部的损失,特别是军事干部。现在干部困难到在现在的队伍数量的范围内,维持现状的干部也不够。这种严重现象更障碍于队伍的更大发展。因此我们在以先虽然对满省在每次报告中都提出过,但一个也没给帮助。所以这种严重情况不仅有了报告的责任性来作报告,而且站在领导整个南满革命运动的立场上,不得不着重的提出这一问题,望你们勿论如何急速帮助几个干部,特别是军事干部为要。

3.我们经常得不到各方的消息——整个政情的变动与党内文件。望以后(寄)大批的各种党内文件与各方的消息。

4.代名,以后的代名,你名文光,我名元海。

别的问题这次不提。

此致布尔什维克敬礼!
元 海
1月16日"①

此信写好后,由派送莫斯科学习的战士经吉东由第五军交通员送至中共驻共产国际代表团。但事与愿违,中共驻共产国际代表团领导人王明、康生对杨靖宇来信中的恳切要求未能予以答复,未与东北党组织建立密切联系,未在东北建立起总的领导机关,未派来干部,南满党军组织也未能与中共驻共产国际代表团联络上。1937年下半年之后,东北党组织与上级组织联系完全断绝。在这种情况下,杨靖宇更加意识到自己肩负的担子责任之重。为了党的抗日救国事业,他以百折不挠的精神,依据党一贯的抗日救国的方针、政策,领导广大抗日军民在独立自主地坚持着艰苦卓绝的抗日武装斗争。

---

① 《元海给文光的信》(1937年1月16日),载中央档案馆等编《东北地区革命历史文件汇集》甲22,第205页。

七、冲破"东边道独立大讨伐"

杨靖宇所率抗联第一路军所辖第一、二军在东南满地区的英勇斗争,赵尚志领导的活动在北满地区的抗联第三、六、九、十一军(后编为第三路军)的斗争,以及周保中领导的活动在吉东地区的抗联第四、五、七、八、十军(后编为第二路军)的斗争,在整个东北地区构成了对日本帝国主义进行殖民统治的严重威胁。

日本侵略者认为:"满洲国内的治安,逐渐得到肃正,原有的贼匪,已明显窘困,但共匪的猖狂仍未止熄。"①这里所说"原有的贼匪"指的是九一八事变后,各地涌现的各种名目的抗日义勇军、山林队。这些义勇军、山林队由于缺乏明确斗争目标,组织成分复杂,基础不稳固,在日伪当局的大力"讨伐"下,不少队伍先后失败,但还有义勇军余部、山林队在坚持抗日。而"共匪"则指的是由中国共产党领导的抗日联军。日本侵略者说其"猖狂"正表明其活动的英勇、主动和积极。

日本侵略者为彻底消灭中国共产党领导的抗日联军及其他抗日武装,曾于1936年3月炮制了一个"三年治安肃正计划",即《关作命第七七八号令》及该文附件《满洲国治安肃正计划大纲》。该大纲计划于1936年4月至1939年3月三年内采取"治标""治本"和"思想工作"三位一体的治安方针,"彻底肃清在满共产党及其领导的抗日武装"。这里所说的"治标",即是对抗日武装进行军事"讨伐"。"治本"是建立"集团部落",制造无人区,严密实行经济封锁,推行保甲制度,组织自卫团,修筑警备道路,架设警备电话线,断绝抗联与人民群众的联系。所谓

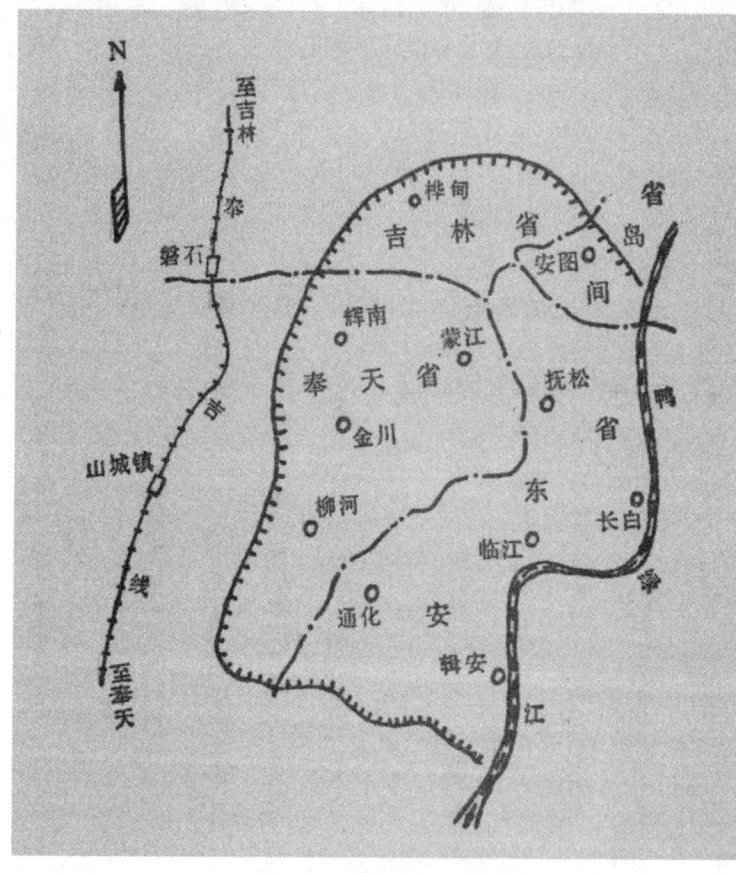

日伪东边道北部"讨伐"地区图

---

① 《关东军第八五三号命令》(1936年7月22日),载《东北抗日联军史料(下)》,中党史资料出版社1987年版,第814页。

"思想工作"就是强化警察、特务组织,对抗日武装进行策反,破坏地下党和抗日群众组织,宣传"王道乐土""日满共存共荣","从根本上排除赤化思想"。日本侵略者为推行这一罪恶的计划,于1936年7月22日下达了《关东军第八五三号命令》要求各地迅速进行昭和十一年度(1936年)第二期(8月1日至11月末)治安肃正工作。各地防区司令官要"力谋各自所担地区内治安肃正工作的彻底化"。8月26日,伪满军政部发布"命令"(满作命第一号),对各军管区所属部队进行部署,"以与关东军行动密切合作,歼灭共匪。"日伪当局为在东边道北部地区[①]执行日本关东军"八五三号命令"和"军政部命令"实施"治标、治本相结合"的治安肃正计划,于1936年10月开始展开了所谓"东边道独立大讨伐"。

这次"大讨伐"是在伪军政部最高顾问佐佐木到一少将直接掌握下,以伪满洲国军单独力量为主体,采取"治标、治本、宣抚"综合统一方式进行的。

这次"大讨伐"敌人之所以不用日军为主,而以伪满军独自力量为主,日伪当局称,"是因为要检验满军的现有机构,即在省顾问以下日本人交织在内的现有机构的讨伐肃正能力究竟如何。"而实际上,其阴险用意在于减少日本侵略者的流血死亡,让中国人杀中国人,使本民族自相残害。这一点伪满军政部最高顾问佐佐木到一曾公开表白说:"现在皇军仍在各处流着鲜血,并且为了治安工作用去了极大的力量,牺牲之大有目共睹。如能把这种费力之事委之于满洲国各机关,由其承担,皇军便可以减轻负担而从事其本来的任务"[②]由此可见,日本侵略者之阴险用心何其毒也!

日伪当局在所编《满洲国警察史》中记载说:"从康德三年春季以来的情况看,盘踞在安东省南部到奉天省界一带地方的以第一军军长杨靖宇为中心,部下程斌、于万利、万顺等匪首,与被赶到间岛省的第二军第一师金日成匪进行联系,并同长期以来一直对立抗争的政治土匪王凤阁及从吉林省逃来的吴义成相互提携,到处联合,猖獗至极。到八月间已显示出要大举进攻抚松县城的气势。对此,从十月起,在军政部最高顾问的直接指挥下,对东边道北部进行了治安肃正工作。"[③]这里所说的"治安肃正工作",就是"东边道独立大讨伐"。为开展这次"东边道独立大讨伐",于10月1日,日伪当局在通化设立了以伪满军政部最高顾问佐佐木到一少将为头目的"讨伐指导部"。任命伪第一军管区司令官于琛澂为司令官、满良为参谋长,纠集军政部大臣直属部队,伪靖安军主力,国都宪兵队、无线电及通讯鸽部队,独立第一汽车队主力及第一军管区(驻奉天)司令官属下第一、二、三、四、五、六混成旅及第一教导队;并调来第三军管区(驻齐齐哈尔)司令官属下部队混成教导队及混成第十四旅;第五军管区(驻热河)司令官属下部队索混成旅、第五宪兵队等,共约2.75万人兵力。这次"大讨伐"中敌人大部兵力主要是用以"讨伐"杨靖宇指挥的东北抗日联军第一路军及其所联合的王凤阁等抗日武

---

① "东边道"是清光绪三年(1877年)所设"东边分巡兵备道"的简称。九一八事变前后,东边道镇守使署辖辽东二十县。"东边道北部"指辑安、通化、柳河、辉南、金川、濛江、临江、抚松、长白各县和磐石县东部、桦甸、安图两县南部地区。

② 佐佐木到一:《在通化军政部讨伐指导部各机关负责人会议上讲话》(1936年11月24日),载中央档案馆、中国历史第二档案馆、吉林省社会科学院合编《东北"大讨伐"》,中华书局,1991年4月版,第315页。

③ 伪满治安部编:《满洲国警察史》,第180页。

装的。

1936年秋，日伪当局为实现"治本"工作要达到的要求，进一步推行早在1934年就在东南满地区开始实行的所谓"匪民分离"政策，把抗联第一路军经常活动地带的居民住房烧毁，设立"无人区"，将在山林地区散居的农户强迫迁入"集团部落"中，结果山林中间的居民点处处着火冒烟，许多不愿离开家园的无辜百姓惨遭屠戮。日伪当局采取这种惨无人道的手段，使抗联和各种抗日武装与广大群众分离开，以断绝其衣食之源。同时，在各中心部落之间，修建警备道路、通讯网，用以增加"讨伐"抗日部队的机动能力。

为冲破敌人部署的"东边道独立大讨伐"，杨靖宇指挥部队一方面与敌巧妙周旋，伺机打击敌人；一方面对全军活动做以新的部署，其中包括动员其所部修筑密营，组织冬季军政整训等。

当时，杨靖宇正率队活动于桓仁、宽甸一带，在辽宁东部山区转战。在反"讨伐"斗争中，杨靖宇指挥第一军军部直属部队及第十一独立师(左子元部)采取化装袭击战术，于9月18日一举攻占宽甸县大荒沟。

大荒沟是宽甸县一个较大集镇。镇内有经营烧锅、油坊买卖的宝兴厚商号。镇四周有又高又厚的围墙，三面都是开阔地，一面临鸭绿江，防范甚严。为冲破日伪当局的"大讨伐"，打击敌人，开辟扩大宽甸新游击区，同时，也为解决冬季御寒服装和军需物品，杨靖宇决定攻占大荒沟。

战斗开始前，杨靖宇做了战斗动员。他说："大荒沟四周有又高又厚的围墙，地势平坦，鸭绿江对岸朝鲜境内驻有日军守备队，敌人可以居高临下控制大荒沟，我们应吸取去年夏天攻打柳河柞木台的教训，为了不暴露目标，减少伤亡，也不伤害群众，决定化装袭击。"又说"大荒沟街里有个宝兴厚商号，如果老板还有点中国人的良心，我们就向他借一些布匹、胶鞋等物资，等将来抗战胜利了再由人民政府偿还。他自己愿意主动捐献，则更好。如果他没有了中国人的良心，死心塌地与人民为敌，替日本人卖命，我们就没收他的财产。但一定要注意遵守群众纪律，不能乱动群众的东西。"

杨靖宇决定由抗联第一军十一独立师的张团长带部分队员化装成土匪，在大荒沟附近一村屯活动。由教导团一部化装成伪治安军，教导团政治部主任黄海峰化装成伪治安军连长，刘宣传干事化装成日本指导官，带队"追击土匪"，待至大荒沟时，乘机攻入。

第一军教导团干部战士化装完后，杨靖宇对黄海峰说："你要沉着冷静，和独立师张团长配合好，装得真像是那么回事，如果一旦暴露，奇袭不成，我们就强攻，指挥要灵活，不能给敌人以喘息的机会。"

之后，化装的"土匪队"与"伪治安军"先后出发。沿途"土匪队"在前面跑，"伪治安军"在后面紧追不舍。双方假打了一小时。当"伪治安军"到大荒沟东门要求进街时，守城敌人说没接到上级电话通知，不让进街。这时骑在高头大马上的伪装成日本指导官的刘干事大声说了几句日语，旁边的翻译官向守城敌人喊道："皇军指导官说让你们快开门，不开门就按通匪论处。"守城敌人听到后，不得不把大门打开，并列队迎接。化装的伪治安军进街后以"土匪就在大荒沟前面屯子住着,为什么不去出剿"为由,将驻守大荒沟的伪警察30余人(其中日巡警1人)全部缴械,搞得敌人丈二和尚摸不着头脑,深感莫名其妙。

随之,杨靖宇率后续部队开进大荒沟街里,并来到宝兴厚商号。杨靖宇向宝兴厚商号掌柜(老板)宣传抗日救国道理后,提出向他借用一些布匹、胶鞋等物资,以支援抗日联军。宝兴厚掌柜满口答应,愿支援抗日,不要说是借用,本商号自愿捐献。但宝兴厚掌柜害怕抗日联军走后,日本人和"讨伐队"找上门来,无法交代。杨靖宇指着伪装成日本指导官的刘干事对掌柜说:"他们追查,你就说东西让一个日本指导官拿走了。"

而后,第一军部队从宝兴厚商号拉出数辆马车面粉、布匹、胶鞋等货物,顺利撤离大荒沟。部队返回驻地后,根据杨靖宇指示,将缴获的30余支步枪和弹药全部分配给十一独立师,以改善他们的装备。大荒沟战斗选择在九一八事变五周年之际打响,其本身就具有很大政治意义。此战打击了敌人,缴获了一批枪支弹药,征集了许多越冬御寒的军需物资。杨靖宇巧妙运用化装袭击的机动灵活的游击战术,将敌人防守严密的据点打开,扩大了抗联的影响。1936年9月22日,日本人经营的《盛京时报》在以《红匪四百袭破大荒沟》为题,对此战所做的报道中不得不承认说抗日联军"突使迅雷不及掩耳手段,奋力袭击,袭破大荒沟。"

大荒沟战斗不久,杨靖宇率军部和十一独立师共300余人,于9月29日,在大错草沟公路上,伏击了日军驻宽甸牛岛部队中熊小队前往太平哨运送粮食的运输车队。当日上午11时左右,从宽甸方向开来10辆汽车,当敌人车队快到第一军伏击阵地时,狡猾的敌人似乎发现了什么,汽车停了下来,日军今仓曹长等下车搜索前进,汽车在后面慢速行驶。此时,若继续拖延时间,就可能丧失伏击的有利时机,只见杨靖宇把手一挥,果断地下达向敌人出击的命令,第一军战士立即勇猛地向敌人发起进攻、冲锋,并在公路上与敌人展开了白刃战。经激烈战斗,终将敌人消灭。此战,击毙日寇臼井彦次郎伍长等14人,伤7人。战斗结束后,第一军战士将敌人汽车所载物资全部运走,并把9辆汽车烧毁。10月,杨靖宇率领军部直属部队及三师一部共250人,进至外三堡与日军守备队200余人、伪满军500余人交战,毙日军野口大队长,敌死伤30余人。①

由于日伪当局在"东边道独立大讨伐"中,极力推行"匪民分离"政策,在抗联第一路军活动地区,大搞"归屯并户",烧、杀、抢、掠,制造"无人区",致使东边道地区抗日游击根据地相继被破坏,丧失了群众对部队的物资支援。这给部队在衣食住等基本生存条件上造成极大困难。东北抗日联军在物质生活方面,如果说1936年以前,衣食住尚可维持的话,1936年敌人实行"三年治安肃正计划"大搞"归屯并户",建立"集团部落"之后,就困难得多了。1936年,部队开始露营生活,部队每到一处只得在野外以天作棚,以地作炕,露天休息。夏季,日晒雨淋,酷暑难熬,很不好过。特别是山林中的蚊子、小咬、瞎蠓、草耙子等专吸人血的害虫十分猖獗,干部、战士裸露的身体无不被咬得大包遍起,甚至成片地红肿起来。冬季,天寒地冻,大雪飞扬,冷冻难忍,晚间,干部、战士只好围着火堆,脚朝里、头朝外躺一圈,眯上一会。有时怕火光暴露目标,只好寻找背风的山窝躺在雪地上,手脚常被冻僵。常年如此艰苦的战斗生活,使一些干部、

---

① 《抗联第一路军一九三二年至一九四〇年主要战斗统计表》(1941年初),载中央档案馆等编《东北地区革命历史文件汇集》甲60,第229页。

战士的思想情绪不够稳定。对此,杨靖宇一方面教育干部、战士要坚强勇敢,要以与日本侵略者进行坚决斗争的精神,去克服自然界带来的困难。另一方面,杨靖宇和军部一些领导干部多次开会研究,下决心要想办法解决部队宿营条件问题。他曾暗自感叹:我们有多少好的干部战士,忍饥挨饿,不怕冷,不怕苦,一心同敌人进行拼死作战。我们必须想办法解决宿营这一难题。他说:"我们是共产党领导的人民军队,连部队宿营问题都解决不了,还怎么谈得上坚持长期抗战。取得最后胜利呢?不用敌人来打我们,就是冻也把我们冻垮了。"又说"战士们长期得不到很好休息,斗争就很难坚持持久。我们一定要解决这个问题,改善部队宿营条件,设计出一种适合部队需要的行军帐篷。"①

以后,杨靖宇便经常考虑行军帐篷这个问题,并亲自组织几个人动手制作。但搞了几次都没成功。一次,杨靖宇受战士们戴的草帽启发,先是制成一个圆锥式的帐篷。中间用一根埋在地里的立柱将白花旗布或苦布支起来,四周用绳子穿好,再固定在地上。这种帐篷能防雨、防风、防雪、防晒,里面能住十五六个人。但时间一久,这种帐篷的缺点暴露出来了。冬天时,因大地封冻,中间的立柱坑很难挖,四周也不好固定。再者敌人突然袭击时,人不好往外跑,即使跑出,帐篷也不能马上拆下拿走。于是,杨靖宇又和大家进行研究,又经过多次试验,终于研制成一种长方体式帐篷。这种帐篷简易、实用。用四根带叉的立柱架起四根横梁,把白花旗布或苦布往上边搭好抻开,四周用石块压住即可。帐篷两头开门,顶部留一个方口。两头门一开,可过穿堂风,敌人来了,能从两头跑出。帐篷内能生火,烟可以从顶部方口冒出。这种帐篷可大可小,不受季节、地形限制,好安装、好拆卸。夏天可以防雨、防蚊子和瞎蠓;冬天可以抵御风寒。如同房子一样,里面可住十几人、几十人。

这种行军帐篷研制成功,使干部、战士能够得以好生休息,这是第一军能够长期坚持艰苦斗争的一项重要保证。战士们在长途行军、激烈作战之后,能住进新研制的帐篷内休息都异常高兴,感谢杨军长对战士们生活的关心,思想情绪更加稳定。杨靖宇也高兴地说:"从今以后,我军宿营再也不受各种地形限制。我们房子可以随便搬动。无论是平地或是山沟,无论是山坡还是山顶,只要地形对我们有利,我们就可以放心地住下。有了行军帐篷,我们就能在大山里生存和坚持战斗下去,直到把日本帝国主义赶出中国。"

行军帐篷研制成功,宿营问题基本解决后,杨靖宇便着手解决储存给养问题。当时,由于敌人的严密封锁,给养供给一年比一年困难,十天半月见不到粮食已是经常之事。食粮不足,抗联部队经常缺粮断炊,影响部队战斗力,影响部队生存,其活动受到极大限制。为了改变这种局面,保存实力,储存大批粮食,以供部队急需,粉碎敌人推行"匪民分离"政策,消灭抗联部队的图谋,杨靖宇决定从各部队抽调人员在收集粮食、筹备越冬给养的同时,选择深山密林中地势险要、易守难攻,有水源,便于生活和活动的地方广建密营,储存粮食并作为抗联部队生活、休整的基地。

修建密营工作早在1935年就已开始。1936年下半年则进一步扩大修建规模。密营一般都建在人迹罕至,地势优越,背风向阳,易守难攻,水源充足的丛山密林之中。密营房屋有的

---

① 王传圣回忆录:《风雪长白山》,吉林教育出版社,1992年1月版,第114页。

是木克楞式,即用许多大圆木两头凹凸相搭,建成四周围墙,上面搭上房盖,前后开门。这样房屋比较坚固,能储存大批粮食,同时,住的人也较多,但费工费力。抗联的密营一般建为"马架子式""地窖子式"。这两种形式,修筑较为简易,其外部有繁茂树林作隐蔽,不易被敌人发现,屋内修有土炕烟道,可生火取暖,供人休息。密营种类有营地、粮食仓库、裁缝所、修械所、临时医院、印刷所等,也有营地与粮食仓库等建在一起的。密营分布广泛,如在桓仁县前后夹道子、老秃顶子山里,修建十多处大小密营,在濛江县那尔轰、青江岗等地修有几十处密营,在本溪县和尚帽子山里也修有几十处密营,在宽甸县四平街、北天桥沟都修有多处密营。入冬,抗联部队可以安全在密营过冬,即使有的密营被敌人发现,抗联战士可以据险与敌搏斗,一处密营被破坏,还可以转移到另一处密营。

密营的修建是十分艰苦的。据抗联一军一师战士王洪文回忆,他曾专门负责修建储存粮食的秘密仓库。当年7月间,杨军长把胡部长(按,指胡国臣——军需处长)、孟指导员和他召集到桓仁县烟囱沟开会。会上决定由他担任工程队长,率30名战士,在兴京黄木场东山后样儿沟和本溪碱厂羊湖沟里修建两座秘密仓库。

秘密仓库修建在沟塘子里树木较多的山坡上,先剥土挖洞,挖进10米左右,按上保险门,再往里挖若干米后,开始挖宽两丈、高一丈二尺的空间,作为一间仓库。采取的办法是边挖、边搭棚子、边支柱。棚子和墙均是用从山林砍下来的树木砌成的。挖出来的土都倒在沟塘子里。然后,再到较远的山上挖来树和草栽在上边,使敌人看不到这些新土。每座仓库的外间都建有一、二间宿舍,再在宿舍内搭成炕。但这里的山沟没有砖头和石片,炕面只好用扒了皮的细木杆,一根根排好,盖在挖好的炕洞子墙上,再抹上一层稀泥,然后再盖上一层木杆,再用稀泥墁上,将炕搭成。烟道是顺着地皮挖出一趟一二里长的小沟,用木头棚在沟上,盖上土,烧炕时的烟就顺着这小沟,渗到地皮外边去,这样不易暴露目标。修筑这两座仓库,共计13间,贮存着各村屯缴纳、捐献的粮食,以解决部队用粮问题。① 从以上王洪文的回忆中可以看出修建密营的大致情况。

另外,从日伪当局的歪曲性报道里面,也可以看出抗联第一路军所修建的密营的规模和储存物品的情况。1938年11月伪满《大同报》上载,"00部队26日在抚松东方60基罗(按,即千米——公里的英文音译)的1164

抗联第一路军修建的密营

---

① 《王洪文回忆》,载《兴京抗日烽火》。

高地附近人烟稀少的大密林地带发现了共匪的山寨，获得了匪团的枪械和食粮品多数……缴获品有小枪六、子弹百卅、洋炮三、衣服五、修补衣服的材料多数、背裹八、米八石、大麦五十石、白菜萝卜一万斤、猪肉三百斤、盐五十斤、豆油八十斤、大豆××斤和其他宣传文多数。这些东西是共匪金日成和杨靖宇准备过冬用的……"这则敌人报道，仅是其中一个密营（按，敌人称之"山寨"）的情况。当时，抗联第一路军各部所修建的密营一般都储存着够几个月使用的物品。

1936年10月底，杨靖宇率军部直属部队来到宽甸县北部四平街附近山林地区。这里为龙岗山区，是宽甸、桓仁、本溪三县结合部，山高林密，有后方部队田指导员负责修建的几处密营。每处密营都储存着够400人吃四个月的口粮。这些粮食都是心向抗联、不畏日寇迫害，不甘心做亡国奴的广大群众冒着生命危险送来的。杨靖宇对田指导员领导修建的几处密营十分满意。

11月，漫长的冬天已来临。北方进入寒冬季节。为在敌人"大讨伐"中免使部队遭到更大损失，杨靖宇采取避战策略，躲开敌人进攻锋芒，率部移入天桥沟密营，在这里进行了冬季休整。

在密营里，杨靖宇亲自组织干部战士读书读报，讨论时事，进行政治学习，组织军事训练，开展唱歌、演剧等文化活动。为对部队干部、战士进行抗日爱国教育，活跃部队文化生活，杨靖宇还亲自编写了一个四幕话剧《王二小放牛》，由战士们扮演其中的角色，在密营中公演。这个话剧内容大意是：在抗日游击区某山村，有一四口人家。剧中主人公叫王二小，一天他上山放牛去了，爸爸也外出去砍柴。日寇"讨伐队"和伪警察进了村，烧杀抢掠无恶不作。敌人来到王二小家，日本指导官踢倒了王二小的妈妈，抢走了他的姐姐。刚放牛归来的王二小看到家中的惨象，仇恨的烈火在心中燃烧，他要去找敌人与之拼命，但被乡亲们拦住了。这时抗日联军进了村，王二小领抗联部队袭击伪警察署，把姐姐救出来，处决了日本指导官。王二小参加了抗日联军，许多乡亲也把自己的子弟送去参军。而后，随抗联部队出发到别的地方打击敌人。

杨靖宇亲自编排的这出四幕话剧在密营演出两次，据杨靖宇的警卫员王传圣回忆，当时他在剧中扮演王二小，机关枪连王射手演老妈妈，警卫战士小许扮演姐姐，刘宣传干部扮演日本指导官。排练中大家十分认真，杨靖宇亲自导演，演出时效果非常好。因为剧情反映现实，许多战士都有亲身感受，所以大家看了深受教育，极大地激发了全体指战员的抗日救国热情。

关于第一军的政治文化生活，1937年12月，在抗联第二路军特派员给第七军同志所做的联军概况报告（书面）中，有如下记载："第一军中每连有进行政治教育的'政治讨论会'、'读书报会'、'识字班'等等。还有抗日救国青年团以及中国共产党的宣传和公开的政治活动。随着军队活动及因工作而组成的宣传队、戏剧组或妇女宣传队等，在作战工作不妨碍时常常举行娱乐会，有唱歌跳舞，多种技艺的表演。"实际上，第一军的政治文化生活正是这种状况。

在密营进行冬季休整中,杨靖宇领导建立了"随营学校",经常对干部战士进行形势任务教育。在长期艰苦的游击战争环境中,为使广大干部了解外界革命斗争形势——全东北、全国,乃至全世界被压迫人民是如何开展革命斗争的,在敌人严密封锁的情况下,杨靖宇十分注意搜集敌伪报纸上刊载的各种消息,研究、了解外界发生的重大事件,以及国内外形势。特别是当时中共驻共产国际代表团在法国巴黎出版的《救国时报》传到东北抗联部队后,在"随营学校"中,杨靖宇便以《救国时报》刊载的文章为教材,组织军部战士学习,教育广大指战员。通过阅读学习,第一军干部、战士认清国内外形势,受到了深刻教育,抗日灭贼的意志愈益坚定。

1936年秋冬,在抗联第一路军第三师进行西征的同时,第二、四、五、六师根据第一路军总部部署(一师进行整训,原定四师参加西征,以后改变),坚持活动在安图、临江、抚松、濛江、通化、长白、宁安、穆棱等地,开展反对敌人的"东边道独立大讨伐"斗争。10月10日,第一路军副总司令王德泰率第四师200余人,在安图东清沟与伪满军第七旅第十团展开激战,毙敌第二军管区日军上校石川隆吉和中校河村以下数十人。10月末,第四师包围驻在临江大阳岔的伪满军营地,在抗联战士猛烈袭击下,将两连伪满军全部解除武装,缴获机关枪2挺、步枪50支及大批军需品,而后将伪满军驻地烧毁。11月上旬,第四师主力和六师一部300余人在王德泰的率领下,来到抚松县小汤河一带活动,不幸,突然遭到伪满军骑兵第七团600余人袭击。王德泰指挥部队奋力反击,激战中,毙敌60余人,伤敌数十人。战斗中,王德泰及13名战士不幸牺牲。王德泰牺牲时年仅29岁,他的牺牲是第一路军重大损失。

王德泰牺牲后,第一路军第二军领导工作由魏拯民担负起来。12月,魏拯民率第二、四、六师转移至临江县境,先后在五道沟、七道沟、长白八道沟与敌人展开战斗,敌我双方互有伤亡。在七道沟战斗中,第二师师长曹国安不幸牺牲,时年36岁。而后,第一路军总司令部决定调六师政委曹亚范任二师师长。在长白八道沟伐木场与日伪"讨伐队"战斗中,毙伤敌数十人,缴获轻机枪2挺、步枪数十支。1937年1月,四师在抚松小夹皮沟口伏击伪靖安军一个连,取得胜利。2月,第六师在师长金日成率领下,于抚松县城南15公里处与伪靖安军激战,击毙靖野定吉中尉以下23人、伤11人。与此同时,留守长白县的六师部队在红头山、桃泉里与敌"讨伐队"展开激战,消灭大批敌人。而后,四师、六师相会合,并于2月26日在鲤明水设伏,袭击了伪满军两个连,毙俘敌150余人,缴获轻机枪3挺、长短枪130余支。第五师部队与周保中领导的抗联第五军部队相配合,在中东铁路东段南北两侧即宁安、穆棱地区坚持斗争,取得很多胜利。

1936年末至1937年初,杨靖宇正率部在宽甸天桥沟密营组织整训。此时,敌人根据第三期(12月1日至翌年3月末)"治安肃正"计划所谓"搜查、逮捕有力的匪首,以便直接压抑匪势",在东南满地区城乡各地遍贴布告,出资万日元,购买杨靖宇首级。①抗联第一军部队曾频繁出现在宽甸县四平街北部一带。敌人以为抗联第一路军司令部在此,便在宽甸四平街、桓仁外三堡一带组织大规模搜山围剿活动。

---

① 《辽宁省抗日军最近活动状况》,载巴黎《救国时报》(1937年6月13日)。

1937年2月,执行搜捕任务的日军守备队中岛"讨伐队"80余人进驻四平街。鉴此,杨靖宇决定,在敌人未摸清我军情况之前,先发制人,攻其不备,打他个措手不及,全歼来犯之敌。

　　在连以上干部会议上,杨靖宇根据敌情,对战斗做出如下部署:决定由教导团一连奔袭敌军侧翼,把敌人赶出驻地,逼进驻地西南一片开阔地中。教导团其他各连埋伏在开阔地坎梗上,以全歼从驻地跑出的敌人。

　　2月27日夜11时,部队集合向四平街进发。夜半,战斗按预定计划打响。战斗中,先跑出驻地的敌人被打倒。但后跑出来的敌人并未被逼进西南方开阔地中,他们见形势不妙,便返回兵营,凭借围墙做掩护,用机关枪封锁住围墙大门,拼命抵抗。这时,杨靖宇果断急调教导团其他各连一同攻击敌兵营。战斗持续三四小时,毙敌20余人。天将拂晓时,杨靖宇下令,派出部队打扫战场,而后撤出阵地。四平街一战,予执行搜山围剿任务之敌以迎头痛击。此后数日内,敌人先后多次派出飞机侦察抗联第一军部队行踪,出动周围数县日军守备队、伪满军、伪警察对四平街一带山林进行搜索。但杨靖宇早已率部离开四平街一带,经外三堡,奔赴桓仁老秃顶子山中密营。

　　向来,日伪宣传媒体,总是颠倒事实真相,"报喜不报忧",用以蒙骗伪军官兵的。四平街一战本来是杨靖宇率部主动攻袭敌人,日军遭惨败,可他们却是另种相反说法。1937年3月6日《盛京时报》以《中岛讨伐部下击破杨靖宇共匪》为题报道说,"(园部部队发表)中岛讨伐队之青木部队于2月27日午前1时倾,在宽甸第二区四平街附近发现杨靖宇所率共产匪200,当即攻击,予以大打击后,匪已四散。于该战日军上田上等兵已壮烈战死,军曹土方、曹长八藏桥西代均负伤。再,山口、牛岛、岩永各讨伐队正追击该匪中,予料杨匪不久将必歼灭。"显然,这则报道荒谬不经。但它记录了此次战斗的准确时间,其中日伪当局也不得不承认此战中,日军有伤有亡。

　　日伪当局开展的"东边道独立大讨伐"是十分残酷的。日伪当局曾公布:伪第一军管区各部队1936年11月份"剿匪"战斗次数为381次,覆灭山寨209处。①另据"国军在东边道讨匪统计"称,自1936年10月份至1937年3月份5个月中,"剿匪"战斗563次,"讨伐"累计20808人,毙"匪"1243人,伤448人,虏获步枪553支、手枪363支、洋枪466支、马222匹,烧毁山寨646处,捕获"通匪者"149名。

　　这次"大讨伐"对东南满抗日武装斗争造成的损害是极大的。据伪满战犯王之佑供认:"1936年秋,东边道独立大讨伐……到1937年5月作一结束。这期间纯战斗约计200次。死伤抗日军各有千人以上。焚烧的山寨约百处,搜出和缴获的物品都有,抗日军的总员数约减去1万名。而地方人民(内有朝鲜族)被逮捕杀害的约有数百人。尤其是无人区人民,失去田庐,走死流亡者不下两万人。1937年春夏之交,瘟疫流行,死亡者当有数千,这些恶果都是这次讨伐给予的。"②

---

　　① 《大同报》1936年12月23日。
　　② 《王之佑笔供》(1954年8月8日),载《东北"大讨伐"》,中华书局,1991年版。王之佑,1936年任伪满军政部参谋司长、训练教育总监。同年10月,晋级中将。1939年后历任伪第八、第三、第一军管区司令官。东北光复时被捕。1961年12月15日,中华人民共和国最高人民法院根据国家主席特赦令宣布将其释放。

在这次"大讨伐"中,于 1937 年 1 月,第一军一师副官李向山在密营中养病时被敌人逮捕,后牺牲在狱中。杨靖宇的战友,在本溪和尚帽子山密营养病的第一军政治部主任宋铁岩于 1937 年 2 月 11 日,被前来"讨伐"的日伪军包围,在突围战斗中牺牲,时年 27 岁。宋铁岩牺牲使杨靖宇失去一位重要的助手。同时,在此地军部建造的一些密营也遭到破坏。1937 年 3 月,第十一独立师师长左子元在与敌人战至弹尽粮绝时跳崖自尽。另有一些义勇军、山林队首领被逮捕,有的被处死,有的投降了敌人。活动在辽东三角地带的抗日义勇军首领王凤阁,于 1937 年 3 月 27 日在通化县六道沟附近与敌人战斗中被敌人包围、俘获。之后,因拒绝投降,王凤阁及夫人、儿子(仅三岁)于 4 月 6 日在通化玉皇山下惨遭杀害。王凤阁牺牲后,其所部仍坚持抗日。1938 年初,东北抗日游击战争进入极端艰苦时期,王凤阁抗日义勇军余部万兆荣团。感到无法再单独活动,由潘副团长率 100 余人投奔抗联第一路军,请求杨靖宇收编。杨靖宇决定将其所部改编到第二军,潘副团长被调到军部担任副秘书长职务。

1937 年 2 月,杨靖宇和司令部及教导团人员,在桓仁老秃顶子密营度过了春节。而后由老秃顶子出发,路经横道河子、铧尖子西谷草垛沟、蛤塘沟、文治沟到富尔江岸,而后又奔浑江,绕道来到桓仁东部,与辑安县毗邻的摇钱树岭、刀尖岭一带。经过月余时间长距离行军。杨靖宇率部转移至预定地点。1937 年,二三月间,杨靖宇率军部教导队约 150 人先后在马蹄沟、摇钱树岭、刀尖岭与伪军四五百人交战,敌军死伤 70 余人。至此,在杨靖宇指挥下,终于冲破了敌人部署的"东边道独立大讨伐"。

八、情系《救国时报》

从 1935 年末开始,东北抗日联军第一军陆续收到中共驻共产国际代表团在法国巴黎出版发行的《救国时报》(其前身为《救国报》)。这份报纸以宣传党的抗日民族统一战线为宗旨,主张组织抗日联军,不分党政派别,联合一致,共同抗日。时常刊载中共中央文件及党内领导同志撰写的文章,还有国际、国内革命运动发展状况的通讯、消息等。

《救国时报》传到东北,其途程是十分艰难的。有的是通过中共代表团与设在海参崴负责东北党、军联系的联络站(负责人为杨春山,又名石大纲、斯达干诺夫)先送到吉东地区,再由地下交通员辗转送到其他各地的,有的是通过东北义勇军领导人李杜驻上海办事处由关内传递到东北。当时,由于日伪当局的严密封锁,对新闻、舆论的严格控制,东北党组织、抗日联军很难得知外界真实信息。在那艰苦的抗日战争的环境中,能看到党的领导机关主办的报纸,得知党中央的声音,怎能不令杨靖宇高兴呢?

《救国时报》为对开 4 版,开始时每月出版 4 期,主笔是吴玉章同志。该报是中国共产党在国外从事抗日宣传的机关报。该报创刊号明确指出在民族危机空前严重的条件下,中国的唯一出路,就是全民族一致对外,建立全民救国的联合战线。《救国时报》所刊载的内容,深受读者欢迎,在国内外都有订户。在国外,发行至 43 个国家,各大洲都有它的读者。

在《救国时报》创刊号上(1935 年 12 月 9 日),头版即以显著标题刊登了以东北抗日联军第一军军长杨靖宇领衔发表的文告:《东北抗日联军呼吁关内军政领袖枪口一致对外,建立抗日联军》(署 1935 年 10 月 11 日)①。在第二版刊登有"中国红军快邮代电":中国红军总司令朱德及周恩来、王稼祥,各军团长林彪、贺龙、彭德怀、徐向前等致东北抗日联军第一军军长杨靖宇等各军军长及全国各军、师、旅、团、营、连、排长官信。这两份文告都呼吁一致团结,共同御侮,组成抗日联军,抗击日本侵略者。创刊号还登载有《东北义勇军致本报通信》,反映的是抗联第五军的战斗生活(该文为连载)。以后诸期皆有关于东北抗日义勇军战斗和东北人民生活状况的消息。如第二期,续登了《东北义勇军致本报通信》,还有《与日军残酷作战之东北义勇军》《为成立东满抗日联合军指挥部致各反日部队的信》。第三期,续登了《东北义勇军致本报通信》(续完);刊登有《东北同胞生路被日贼剥夺殆尽》。第四期,刊登有《东北义勇军英勇反日》属战地消息。还有揭露日本侵略者罪行的《旷古未闻之残暴,日贼抽东北同胞鲜血》等文章。

  杨靖宇看到最初几期《救国时报》,如获至宝,兴奋异常,视其为重要的精神食粮。杨靖宇指示第一军政治部要充分利用这份报纸。一时,《救国时报》成为第一军部队内开展思想政治工作的重要教材。他要求第一军的干部、战士都要认真阅读所得到的每一期《救国时报》,并分组进行讨论。通过学习,以了解、深入领会党的抗日民族统一战线的总政策、总策略,认清国内外形势,不断增强抗日救国必然胜利的信心。同时,他还指示抗联第一军有关人员,把第一军指战员看到该报的情况及第一军贯彻执行党的抗日民族统一战线、抗日联军组成的经过,写给《救国时报》。

  1936 年 1 月 9 日,《救国时报》第 6 期,即刊登了东北抗联一军一团胡育致《救国时报》的信。信中说:"……我们此次接到贵报,大家都把它当作宝贝一样。我们的军司令部下了一道命令:(1)全军将士及弟兄均须分组读完各期报纸;(2)读后各组分头进行讨论;(3)读后,报纸由各班班长保管,均须一律实行照报认字等等。在我们未读到该报之前,军司令部即向我们作了一个报告,说明贵报抗日救国的主张,及接到贵报的困难情形等等。"又说"贵报志在抗日救国,收复失地,不为亡国之奴隶,这与本军数年来从事于抗日反满战争之宗旨完全符合。我们想把我们所做的抗日反满事业写些出来,寄给你们,转告国内外同胞。"

  之后,《救国时报》的第 11、12、13、14、15、17、18、19、21、23、26 期连载了署名胡育的《东北义军致本报信——述东北抗日联军组织的经过》文章。该文作者以自己的亲自经历详细地讲述了 1933 年时,南满游击队是怎样贯彻中共中央《一·二六指示信》精神,团结毛作彬、傅殿臣、宋国荣等救国军,结成抗日统一战线,组成反日联合军指挥部(又称参谋部)的。

  1936 年 4 月 20 日(第 25 期)登载的《学习东北抗日联军的教训》一文中说,"现在的东北抗日部队,虽然多零星散乱的颇带自发之现象,可是总的趋势则趋向一致团结,统一指挥的抗日联军的组织。据我们所知道的,在东北已成立了六个抗日联军,就是在杨靖宇率领之下

---

① 此文告是中共驻共产国际代表团以杨靖宇等抗联领导人的名义发表的。1935 年 11 月 26 日代表团给杨春山的信中说"现将东北抗日联军致关内军政领袖电给你。该电已转一份入关里去了,请你将原稿转达往那方(按,指东北抗日联军)去"。

的第一抗日联军,在王德泰率领之下的第二抗日联军,在赵尚志率领之下的第三抗日联军,在李延禄率领之下的第四抗日联军,在周保中率领之下的第五抗日联军,及在谢文东率领之下的第六抗日联军。①这六部抗日联军,都由许多部队结合而成,都是与日满军队作过无数次残酷战争而成立起来的,绝非乌合之众可比。"

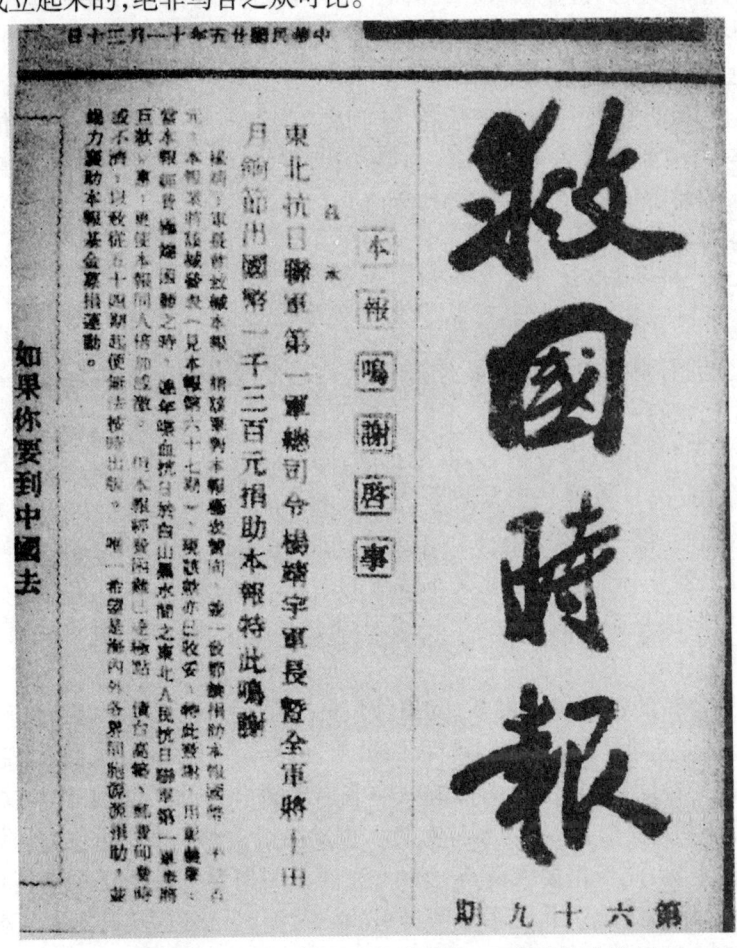

巴黎《救国时报》对东北抗日联军第一军捐助的鸣谢启示

5月15日(第29期)刊载了《义军名将李红光大败日伪,占领通新城》的报道,并刊有"(路透社讯)杨靖宇部下抗日义军三百余人于四月二十五日与日满军激战"的简短消息。1936年6月30日(第39期)刊有转载《世界知识》第四卷第四期的署名虎啸的题为《民族英雄杨靖宇》的文章。文中讲"杨靖宇与赵尚志、王德泰等成为东北人民唯一有希望、有信仰的能有把握收复失地的民族英雄","杨司令是东三省第一个执行游击战术的人","杨司令不但现在是东北反日反帝战争的坚决领导者,我们敢相信,不久以后,他会变成伏罗西洛夫一样的世界伟大人物之一。"文章对杨靖宇给予了高度评价。《救国时报》所登载的这些消息令抗

---

① 谢文东所部后编为东北抗日联军第八军。

联第一军将士深受鼓舞。每期《救国时报》传来,大家都争相传看,反复阅读,爱不释手。

1936年6月5日,《救国时报》(第33期)发表社论《敬向海内外求援》,讲述《救国时报》在办报过程中,遇到的许多困难。一、发行困难。随着该报影响的扩大,引起国内外反动派的注意,他们以种种借口进行"检查"、破坏,因而报纸常常被扣留、没收,致使读者看不到该报。二、经费不足,因办报支出大,印刷、邮递费用颇巨,一度难以为继。为解决经费困难,该报决定开展广泛性的募捐活动,并说"惠捐本报,数目多少,悉随捐款者力所能及。"杨靖宇得知《救国时报》办报经费困难,在开展募捐活动,感到决不能扼于经费而让这份宣传抗日救国的报纸停刊,他号召第一军指战员节衣缩食,为《救国时报》捐款,并于1936年8月12日,亲自动笔写下致《救国时报》的一封信。该信全文如下:

"救国时报诸位爱国同志公鉴:

关内某代表来,带来贵报及其他救国刊物等数十份,我们因为做游击战争,驻地不定,国内消息,非常隔阂。今得读贵报,全军如获至宝,无不争先抢阅。原先以为国内有此好报纸,诚不可多得,事后乃始悉,贵报在法国巴黎出版,且为热心爱国志士等所创办。从前我们原听第四军李军长说过,巴黎有一个《救国报》,不但宣传救国,尤其同情义军。今读《救国时报》不知与《救国报》有何关系?贵报之内容精彩,议论正确,固不必说,而所标出之宗旨为'不分党派,不问信仰,团结全民,抗日救国',正与敝军之宗旨相合,我们的口号也是不分党派,不问信仰,只要是抗日救国的,都一致联合起来。正因为如此,故贵报甚得敝军全体士兵欢迎。我们应该更感谢贵报的,就是你们关于东北义军抗日的消息,登载独多,使我们全体士兵看到,抗日杀贼的意志愈益坚决兴奋。我们在不顾一切困难情形之下,进行不断的苦战,正和你们的远在海外艰苦努力一样。

看见贵报上所公布的各地读者捐款,知道你们的办报经济上是很困难,似有不能维持之势。贵报的救国事业,也即是我们的事业。我们虽苦,给养尚可获得各地人民之志愿供应。所以我们全体士兵都一致同意通过,由本月饷项中节捐出国币一千三百元,作为援助贵报捐款外,并公推兄弟用全军名义致函贵报,聊伸微意。捐款已设法由上海汇上,谅能收到。

兹更代表全体士兵,向贵报要求两点:第一,我们在关内设有东北义军情报处,向国内外送发情报,请贵报尽量多登载东北义军艰苦英勇的抗敌消息,藉以鼓起同胞救国勇气;第二,光靠我们东北义军收复失地,目前实力有未逮,故甚望贵报多在督促国内各党派及实力满腔热情团结方面尽量宣传,以期达到早日出兵抗日,并与我们会师。现在东北义军的实力尚有十余万人,所苦者给养与械弹常缺,不能给日寇以重创;倘使关内有朝能够出兵抗日,则东北义军之活动力必更加强,东北四省之河山固不难恢复旧观也!军中不便,恕用铅笔,草率不恭。此致救国的敬礼!

东北人民革命军第一军总司令杨靖宇率全体士兵同启
八月十二日写于与日贼作战后磐石军中"①

---

① 文末署"八月十二日写于与日贼作战后磐石军中",似因军事行动保密,故意而署。1936年8月,杨靖宇正在辽宁宽甸开展抗日游击活动,并非在磐石。

杨靖宇写的这封信,心意诚恳,感情真挚,充分表达了抗联将士对《救国时报》的尊崇和渴望结成全国抗日统一战线,实行抗日救国及关内迅速出兵东北,尽快收复失地的意愿。

《救国时报》社收到该信后,编辑人员深受感动。除在11月15日的《救国时报》(第67期)上,全文登载了该信外,编者还特意写一按语,登在信后:"这是很宝贵由东北辗转寄来的一封信,信是杨靖宇军长亲笔,但可惜是用铅笔写的。因辗转传递,字迹已异常模糊,没有方法把这封信制版登了出来。杨军长是现在东北义军中极有威信的抗日民族英雄,谁都知道。当我们意外地收到了这一封从远道寄来的信时,本报同人全体读之,真是感动得要流泪了!杨军长及全军士兵同胞们!你们的钱也是从中国广大的劳苦群众间一点一滴的捐来的,你们一样的也是感到经济困难,承你们对本报的同情与赞助,慨然捐赠本报一千三百元,这算得是极可感的一件义举!本报同人对杨军长所指示的两点,那是我们应尽的天职,义不容辞,同人自当勉力做去。本报出版不及一年,已能风行海内外,尤其是能达到志切抗日救国的东北义勇军手中,这也是我们引为极大欣慰的一件事!同人等除极端敬佩杨军长及全军士兵在东北作艰苦卓绝的抗日战外,特在此仅布谢忱,用彰义举。本报同人。"

11月30日,《救国时报》(第69期)在头版头条又刊登了"本报鸣谢启事":"兹承东北抗日联军第一军总司令杨靖宇军长及全军将士由月饷节出国币一千三百元捐助本报,特此鸣谢。杨靖宇军长曾致笺本报,谓该军对本报极表赞同,并一致节饷捐助本报国币一千三百元。本报业将该笺发表(见本报第六十七期),现该款亦已收妥,特此致谢,用彰义举。当本报经费极端困难之时,连年喋血抗日于白山黑水间之东北人民抗日联军第一军慨将巨款见惠,更使本报同人倍加感激。"

杨靖宇代表抗联第一军捐款前后,海内外各界也捐款不绝,《救国时报》不时发表鸣谢启事,以彰义风。《救国时报》在经费极端困难的情况下,靠海内外广大爱国同胞的捐赠坚持出版。

1936年10月30日,《救国时报》(第64期)登载了《毛泽东先生致章陶邹沈四先生信》,①内中对东北抗日义勇军抗日战绩及作用有如下高度评价:"我们东北抗日义勇军能够进行继续英勇的抗日斗争。敌人的报纸都承认东北义军已使敌人损失'十万以上的生命和几万万的金钱',并使日本帝国主义不能很快地侵入中国内地。虽然他们还未取得彻底的胜利,可是对于国家、民族已有了巨大的功劳与帮助。"该报还发表有季米特洛夫等共产国际领导同志的论文和讲演词,国内抗日救亡运动,特别是东北抗日联军的斗争情况报道,还不断报道苏联社会主义建设成就,以及国际共产主义运动的发展情况等。

这些内容对于在日本侵略者严密统治、封锁的伪满洲国坚持抗日反满斗争的东北党组织和抗联领导人来说是十分重要的。

在1936年夏中共南满第二次代表大会上,杨靖宇所作报告中国内外形势的材料大部取自《救国时报》。1936年8月30日的《救国时报》(第52期)登载了署名王亚《东北义勇军战迹拾零》一文,记述了1933年冬,杨靖宇率部到辉发江南地区开展游击战争,既陷三源浦,又克

---

① 章陶邹沈四先生,即章乃器、陶行知、邹韬奋、沈钧儒。

凉水泉子战斗的经过，反映了杨靖宇娴熟的游击战术。特别值得提出的是，1936年9月18日、1937年9月18日，该报都以较大、较多篇幅，集中登载了东北抗日联军发展、斗争的长篇通讯、报道。其中有杨松（吴平）撰写的著名论文《东北抗日义军之发展与现状》（6 000余字）、松五撰写的《东北最坚强的抗日武装——东北抗日联军第一军》（4 000余字）。从1937年10月10日的《救国时报》（第128期）开始，分四期（128、129、130、134期）连载署名松五《东北抗日联军第一军英勇战绩之追述》的文章。文章详细记述了抗联第一军战士在杨靖宇指挥下，于1935年进行的桓仁砬子沟（歪脖望）战斗、柳通汽车路上活捉伪县长徐伟儒战斗、黑石头战斗、旱葱沟战斗。据统计，《救国时报》从创刊，到1938年2月10日终刊（第152期），登载"日寇铁蹄下的东北"专栏文章14篇；"东北义军捷报"27篇；"抗联文告"16篇；"抗日烈士传略"5篇；反映抗日联军各军斗争的通讯29篇，其中反映抗联第一军斗争的有11篇；照片11幅；还有不少篇抗日诗歌、歌曲。这些文稿向国内外传达了东北抗日联军的英勇活动和光辉战绩，全世界都知道了在中国东北白山黑水之间有一支名为东北抗日联军的队伍，在为中华民族生存而战斗。所以，这份报纸曾给杨靖宇及广大抗联指战员以极大的鼓舞和激励。

　　1962年，吴玉章同志撰文回忆《救国时报》说："因为《救国时报》反映人民的要求，所以他得到国内外广大群众的支持。1936年8月12日，东北抗日联军第一军总司令杨靖宇同志来信说：'贵报内容之精彩，议论正确，固不必说，而所标出宗旨为不分党派，不问信仰，团结全民，抗日救国，正与敝军之宗旨相合。我们的口号也是不分党派，不问信仰，只要是抗日救国的，都一致联合起来。正因为如此，故贵报甚得敝军全体士兵的欢迎，我们应该更感谢贵报的，就是你们关于东北义军的抗日消息登载独多，使我们全体士兵看到，抗日杀贼的意志愈益坚决兴奋。'1958年，我到哈尔滨参观革命博物馆时，就看到东北抗日联军保存下来的《救国时报》，有些还是烈士的遗物。据说明员同志说，该报在当时东北抗日联军中广为流传，深受广大官兵热爱，对于他们坚持东北游击战争，起了很大的鼓舞作用。各地读者不仅在精神上支持我们，而且在经济上也援助我们，其中有杨靖宇同志和全体将士捐输的，也有国内外同胞捐输的。"①

　　杨靖宇与《救国时报》存有深厚情结。当时，广大抗联干部、战士通过学习此报的内容，进一步了解了党的抗日民族统一战线总政策、总策略，认清了国内外形势，不断增强了抗日救国必然胜利的信心。

　　1938年2月10日，《救国时报》因"本报同人将全体回国参战"，发表了"暂时停刊，清理手续"的《启事》。《救国时报》的停刊，使东北党组织、抗日联军失去了一个了解党中央对抗日战争方针、政策指示和了解国内外形势的重要信息载体，杨靖宇等抗联将士对此甚感可惜。

九、召开第一军军党部扩大会议

　　1937年四、五月间，春归大地，万物复苏。山间向阳坡的积雪开始融化，野火烧不尽的山

---

① 吴玉章：《关于＜救国时报＞的回忆》，载《吴玉章文集（下）》，重庆出版社，1987年10月版。

间小草从枯叶中窜出嫩绿的新芽,满山的树木枝条在春风中轻轻摇曳。漫长的冬天已过去,春天来到了。

为迎接新的战斗,杨靖宇率军部直属部队正在桓仁摇钱树岭、刀尖岭一带组织干部、战士进行政治、文化学习和军事训练。在此期间,抗联第一路军第一军所属一、三师部队因西征受挫,也分别在休整,总结斗争经验,以恢复战斗实力。二师仍与第二军部队在一起活动。6月,在抚松庙岭和长白间山峰等伏击战中联合行动,获得胜利。二师还和二军部队不断进出鸭绿江东岸朝鲜咸镜南北道,扩展具有更大意义的胜利活动。

天有不测风云。此期间,由于哈东特委宣传部长傅景勋在哈尔滨投敌叛变,敌人有计划地在全东北制造了"四·一五"大逮捕事件。南满省委所属柳河县委、抚顺特支、磐石中心县委等党组织,在这一事件中皆被破坏殆尽。祸不单行,4月间,第一军军部所在地发生一场严重的伤寒病。这种传染性很强的疾病使约40多人倒下了。患病的战士头痛腹胀,四肢无力,严重者高烧恶心,神志昏迷。当时医疗条件很差,病号被安排在一个大帐篷里,由几位年岁较大的战士照料。杨靖宇十分关心患病同志,他通过地方关系,买回一些药品进行治疗,并亲自去看望患病同志。他告诉战士们要静心休养,多饮水,不想吃东西也要强迫自己吃东西,使体内增长抵抗力,以逐渐恢复健康。大约一个月左右时间,患病同志经过治疗、休养,病情才逐渐有所好转。当患病的同志痊愈后,杨靖宇才放下心来。

1937年5—6月间,杨靖宇率军部直属部队在桓仁、宽甸县境活动。据伪满中央警务统制委员会所编辑的:《思想对策月报》记载:

"5月29日,桓仁县警务局巡官以下50名乘汽车从工作地返回途中,突遭杨靖宇等匪团约100名袭击,汽车被烧毁,巡官以下4名战死,负伤者很多。"

"6月14日,桓仁县特别工作队乘安东产业汽车八辆于当日正午在宽甸县第三区黄家炉沟通行中,遭共匪约150人袭击,死伤××人,烧毁汽车5辆。"①

杨靖宇率所部在桓仁县境活动一段时间后,转赴宽甸县境活动。曾于宽甸大牛沟与日军守备队80余人缴战,敌军死伤20余人,我军伤亡3人。不久,收编了在宽甸、兴京一带活动的朝鲜革命军。朝鲜革命军即韩国独立军,自1934年9月其司令梁瑞凤被敌特奸细枪杀后,其所部在副司令朴大浩、第二方面军司令崔允龟率领下继续在宽甸、兴京一带活动。1937年5、6月间,该部活动困难,朴大浩、崔允龟等部(约60余干部、战士)在桓仁摇钱树岭正式加入抗联第一军。

此时,杨靖宇为总结第一军一年来抗日斗争的经验教训,确定以后斗争方策,决定召开一次军党部会议。在领导抗日游击战争中,杨靖宇十分注意及时地进行工作总结,并总是能够根据斗争形势变化发展的需要,及时地提出新的斗争任务,做出新的战斗部署。

当时,正值连日阴雨,河水暴涨,部队行动很不方便。加之给养不足,部队生活相当困难。杨靖宇和战士们每天都是一半粮一半野菜掺起来吃,条件是很艰苦的。就是在这种艰苦的环境下,杨靖宇为开好这次会议做了许多准备工作。他认真地阅读研究当时所能见到的中共驻

---

① 伪满中央警务统治委员会:《思想对策月报》(1937年6月24日)。

共产国际代表团主办的巴黎《救国时报》和部队搜集到的日伪报纸,以从中对国际国内形势作出正确的分析判断。同时,他也认真地研究了第一军各师开展游击活动的情况,特别是第一、三师西征受挫的情况,以总结斗争的经验和失败的教训;认真地研究了在新形势下,如何开展抗日斗争和应对秋冬季敌人"讨伐"等重大问题。

1937年6月15日,杨靖宇在宽甸县境抗联一军密营,主持召开了抗联第一军军党部扩大会议。第一军军党部扩大会议主要内容是分析形势,总结1936年6月以来抗联第一军党的工作、群众工作、统战工作、对敌斗争及部队的政治工作,确定今后战斗任务,研究为冲破敌人1937年秋冬季"大讨伐"而要采取的斗争策略等问题。

会上,杨靖宇在报告中详细地分析了目前国内外特别是南满地区的斗争形势。指出,由于资本主义崩溃和没落,形成国际帝国军国主义整个经济危机的恐惧,更造成革命与战争新周期的紧迫。帝国主义掠夺殖民地的战争愈益剧烈、互相间的矛盾更加尖锐化。日本更加法西斯化,疯狂地镇压东北革命运动,对抗日军民实行残酷的进攻、大烧大杀、归屯并户、修警备道路、经济封锁、保甲制度及不分季候进行所谓"大讨伐"。同时利用特务机关"协和会"破坏统一战线,宣传什么"共存共荣""王道政治"掩盖其血腥的统治。杨靖宇说,在这样受异族非人待遇条件下,广大民众更能清楚了解日寇的残忍和侮辱,必然地同情、拥护真正抗日救国的队伍。他指出,由于国际革命运动的威迫和牵制,国共二次合作,抗日运动的蓬勃发起,有利于推动东北群众抗日的热潮。这证明,东北的反日运动不是孤立的。杨靖宇对形势的分析,可谓是真知灼见,第一军军党部扩大会议召开时,"七七事变"尚未爆发,但杨靖宇根据斗争形势的发展、分析判断,已预见到将要出现国共两党二次合作局面,实属难得。

杨靖宇在会上对抗日联军第一军过去一年来的各项工作进行了检查总结。他说,在过去一年的工作中,第一军取得了不可磨灭的工作成绩。其主要是:一、收编了南满几个义勇军主力部队,如左司令、靠山红、于万利、高维国、朝鲜革命军等。特别是对朝鲜革命军的收编,在推动中韩反日战争上,有更大意义;二、各小部队灵活活动,大部队顺利冲破了敌人冬季"讨伐";三、组织上党的数目扩大一倍。队内一般政治工作有了新的办法来进行,如随营学校的建立,竞赛运动的开展,进行演剧等。提高了部队政治水平,队员流动性减少;四、接到新政策后(按,指《六三指示信》),了解到政策重要性,执行中,在民众工作方面及其他方面有些成绩。

在讲话中,他还具体谈到抗联第一军一年来的辉煌战绩:我军的迅速发展,推动了神圣的反日民族革命战争走向更新更高阶段。1936年春夏两季中,瓦解了敌人教导队骑兵团部、东边游击队、邵贼司令部,歼灭两个日伪军大队,打得满匪军混成六旅七团溃不成军等等。

杨靖宇总结工作,在肯定成绩的同时,总是要找出工作中存在的不足,这是他一贯的工作方法。这次会议也是如此。他在充分肯定一年来取得的成绩后指出,在目前环境下,虽然取得以上这些成绩,但第一军工作还落后于客观形势,还存在一些缺点、错误,主要是:在日寇实行保甲制度严厉进攻后,部队脱离群众的现象严重,有些部队不去进行群众工作,甚至完全放弃了这一工作。对抗日义勇军工作方面,还未把南满最主要的主力部队,如三角地带曹、赵、闫等指挥的部队统一起来。对已收编的部队不能运用适当方法抓紧工作,表现置之不理,使有的收编部队如于万利部等在冬季受到了严重打击。在军事行动上,军事工作未得有利推动一般抗日运动,特别是第一、三师对形势认识不够,实行死板的、机械式的领导方式,如一师的前进及第三师前进时蛮干一阵的事实(按,指第一、三师的两次西征),结果遭到部分损失。

对于上述工作中存在的缺点、错误,杨靖宇要求要以新的精神立刻纠正。

在会上,杨靖宇对冲破1937年秋冬季敌人"大讨伐"工作进行了部署。虽然第一军军党部扩大会议召开时,刚刚进入炎热的夏季,但根据历年反"讨伐"斗争的经验,杨靖宇预见到秋冬季到来之时,敌人一定要对抗联部队进行更加残酷的"大讨伐"。为此,杨靖宇对开展反对敌人秋冬季"大讨伐"的斗争及早做出部署,以争取反"讨伐"斗争的主动权。

他指出,根据目前的客观环境,估计到今秋冬敌人"讨伐"的策略,而我们的对策是:正确地运用全民族抗日统一战线的政策,与民众更深切地打成一片,采取灵活的化整为零、化零为整的忽聚忽散、神奇莫测的战术,酌情实行中心部队与小部队配合活动。

根据这一总的对策,杨靖宇对抗联第一军各部反"讨伐"斗争等工作做了具体布置:对部队工作,确定了军部、第一师、第三师活动方向,要求各部队应抓住加强抗日义勇军工作及群众宣传,马上前进,灵活活动。各小部队应根据各种情况适当分配活动区域,并实行领导同志个人负责制进行具体领导。领导者要了解怎样运用统一战线政策与群众打成一片的办法,要解决部队给养、军需品和宿营问题。要经常检查部队各项工作,及时纠正错误,以免遭受损失。

对抗日义勇军工作,要求把这些队伍统一起来,抓住中心部队,派干部去进行政治教育工作,巩固队伍,逐步建立党的领导权。

会上,杨靖宇重点讲述了对党的工作,他特别强调说:要了解队伍健强与否,主要靠党的工作如何而决定。党是生命线。但在这方面,有的不了解党的工作的重要性,没有把党的工作列为第一等工作。其表现是:在组织上存在严重的关门主义现象,党的组织生活薄弱;领导工作方式不是以一贯的精神,而是忽高忽低形式或机械的进行;党部对干部训练不够,不能经常详细检查与布置他们的工作。他要求同志们把一切精力集中到党的工作上来。大胆地打破关门主义,自今秋至明春,应扩大三倍党员,运用各种各样的新方式,如支部代表联席会,互定竞赛条例,开展模范党部、宣传周、肃反周等把工作深入到支部中去。

杨靖宇历来重视党的工作,在这里他提出了"党是生命线"的命题。强调要把党的工作列为第一等工作(这与王明、康生在其指示信中所说伪军工作占党的工作的第一等的主要地位不同),他把党的领导作用,用简练的语言概括为"党是生命线",反映了杨靖宇的关于抗日部队要置于党的绝对领导之下的思想,体现了杨靖宇作为一个政治家的远见和革命家的成熟。为把加强党的工作落到实处,开展好创建模范党部活动,他提出具体要求,首先要充实军党部,要有系统有计划地加以具体领导,每师要最低限建立两个模范党部。并规定了模范党部的条件和奖励办法。其条件是:(1)由下层党员来清除叛徒;(2)每个小组自动开会;(3)每支部按时开会;(4)扩大三倍党员;(5)每个党员须认五百字以上;(6)每个党员对新政策得深刻了解。奖励办法是,合乎以上条件的党部,除授予模范党部称号外,奖励望远镜一架。

会议最后,杨靖宇根据党内、队内部分领导畏惧困难,对革命前途存在的种种模糊认识,甚至错误观念、右倾情绪进行了批评。他指出，革命运动愈发展，斗争愈尖锐，困难问题愈多，各种不正确的观念愈容易产生。这是革命过程中的必然现象。在敌人新的进攻和困难面前，我们一些同志没有看到有利条件，不了解革命发展过程的困难，便产生不正确观念，发生悲观、动摇，认为活动困难，革命成功遥遥无期；日寇势力强大，东北革命不易成功；精神上表现沉闷，对前途没有信心等，都是错误的。他指出，无论哪国革命都是有困难的，决不能因为困难，就说革命无望。这种右倾的错误观念影响军事领导趋向保守、逃跑，阻碍革命战争的胜利，实际是混乱我们的队伍，帮助了敌人。他最后说，我们为保证争取光荣的、神圣的、反日民族革命战争最后的成功，应当与右倾机会主义者和一切不正确的观念做不调和的斗争。①

第一军军党部扩大会议，根据杨靖宇的报告于1937年6月28日（农历五月二十日）作出《东北抗日联军第一军军党部扩大会议决议案》。还作出《政治决议案》《抗日军工作决议案》等。

杨靖宇主持召开的第一军军党部扩大会议，是东北抗日联军第一军历史上又一次重要会议。这次会议统一了第一军高级干部的思想认识，确定了今后斗争方略，对于巩固抗联第一军队伍，推进南满地区乃至全东北抗日斗争的发展，迎接新的斗争形势，冲破日伪当局部署的1937年秋冬季"大讨伐"，都具有十分重要的意义。

---

① 《东北抗日联军第一军军党部扩大会议决议案》（农历一九三七年五月二十日）。

第八章 积极配合全国抗战

一、主动出击钳制日本关东军

1937年7月7日,日本侵略者蓄意制造的卢沟桥事变爆发。

穷兵黩武的日本帝国主义为推行对华侵略扩张政策,在侵占东北六年,自以为确立了牢固的满洲后方之后,又按其既定的所谓"大陆政策",重演九一八事变故伎,制造事端,发动了妄图吞并整个中国的战争。7月7日夜,日本侵略军在北平西南的卢沟桥附近以"军事演习"为名,并以一士兵失踪为借口突然向卢沟桥一带中国驻军第二十九军发动进攻,炮轰宛平县城,发动了全面侵华战争。7月底,日军即占领北平、天津。8月13日,日军又把战火烧到上海。日本帝国主义自恃军事实力强大,幻想"速战速决",尽快占领整个中国。

日本帝国主义发动全面侵华战争,中华民族面临亡国的严重危险。在此紧急关头,中国共产党以全民族最高利益为重,于卢沟桥事变的第二天,即向全国发出《为日军进攻卢沟桥通电》,呼吁:"平津危急!华北危急!中华民族危急!只有全民族实行抗战,才是我们的出路。"号召"全中国同胞、政府与军队团结起来,筑成民族统一战线的坚固长城,抵抗日寇的侵掠!"同日,毛泽东、朱德、彭德怀致电蒋介石,表示红军将士愿意"为国效命,与敌周旋,以达保土卫国之目的。"之后,中共中央采取一系列实际措施,促使国民党实行国共两党合作,团结抗日。7月中旬,周恩来在庐山将《中共中央为公布国共合作宣言》送交蒋介石。在中国共产党不断倡议国共合作抗战和全国抗日救亡运动不断高涨的形势下,南京政府不得不放弃不抵抗的误国政策,接受中国共产党和爱国人士的建议,同意实行国共合作,共赴国难,实行自卫,抵抗强暴。为促进全国抗日民族统一战线的形成,8月25日,中共中央又发表了《十大救国纲领》,号召全国军事总动员,"为收复平津和东北而血战到底","援助东北抗日联军,破坏敌人的后方"①。

9月22日,国民党通过中央通讯社,发表了《中共中央为公布国共合作宣言》。次日,蒋介石发表讲话,在事实上承认了共产党在全国的合法地位。这标志着国共两党第二次合作开始,全国抗日民族统一战线正式形成。

国共合作的实现,举国抗战局面的形成,使全国人民兴奋起来,特别是使已被日本帝国主义残酷压迫六年的东北三千万同胞增强了抗日胜利的决心与勇气,因为中国抗日战争,由东北局部抗战已转变为全国总抗战,这给为实现民族解放而努力拼搏、战斗在白山黑水间的东北抗日联军的斗争,展现了广阔的前途。

随着全国抗战的爆发,关内变成中国抗日战争的主战场,东北抗日游击战争的战略地位

---

① 毛泽东:《为动员一切力量争取抗战胜利而斗争》(1937年8月25日),载《毛泽东选集》第2卷,人民出版社,1991年6月第2版,第354、355页。

和东北抗日联军的战略任务发生了一定变化。其战略地位,即东北抗日游击战争已由独陷敌占区的局部抗战变成了全国总抗战的一部分;其战略任务,也由过去的组织发展抗日武装,不断冲破日伪军事"讨伐",动摇日本殖民统治的单独作战,变为与关内抗战呼应,广泛开展游击战争,袭击破坏敌人后方,钳制日军入关,配合关内正面战场作战。这种变化正如毛泽东所讲:"东三省的游击战争,在全国抗战未起以前当然不发生配合问题,但在抗战起来以后,配合的意义就明显地表现出来了。那里的游击队多打死一个敌兵,多消耗一个敌弹,多钳制一个敌兵使之不能入关南下,就算对整个抗战增加了一分力量。至其给予整个敌军敌国以精神上的不利影响,给予整个我军和人民以精神上的良好影响,也是显而易见的。"①

抗联第一路军总司令部发布的《为响应中日大战告东北同胞书》

为适应这种新的斗争形势,号召东北各族人民行动起来,7月25日,杨靖宇以东北抗日联军第一路军总司令部、全体将士名义,发表了《为响应中日大战告东北同胞书》,指出,东北全体同胞应本着"天下兴亡,匹夫有责"的原则,乘机崛起,为"恢复中国人之东北"而战,"中国人大联合起来,暴动起来,响应中日大战,驱逐日寇滚出中国"。8月20日,杨靖宇又署名颁布《东北抗日联军第一路军总司令部布告》,再次号召广大民众响应中日大战,打倒日本帝国主义,为独立自由幸福之中国而奋斗。布告全文如下:

"为布告事,查日寇霸占我东北三省,成立傀儡政府'满洲国',复侵略我热河,蚕食我华北,到处焚劫,惨杀我同胞,犹不满其兽欲。近竟于7月7日,捏造卢沟桥事件,企图由华北鲸

---

① 毛泽东:《抗日游击战争的战略问题》(1938年5月),载《毛泽东选集》第2卷,人民出版社,1991年6月第2版,第416页。

吞我全国版图。足证日寇穷凶极恶,贪婪无厌。我中国人民无论如何酷爱和平,善睦国交,无补于事。我民族要想生存,亦只有武装自卫,别无他策。故我全国总动员令业已颁发,实行御侮,以谋生存。朔自我全国总动员令颁发后,所有陆海空军全体将士,靡不义愤填胸。誓灭倭丑,为国争光。近日来,因我各路军奋勇杀敌之结果,无论华北、上海各方战线,大军一到,势如破竹,日寇死伤狼藉,步步败北,惨遭大败。日寇虽强,歼灭在迹,祖国光复,指日可待。我东北全体同胞,应在全国总动员之下,凡系中国人皆应抛弃过去旧仇宿怨,亲密联合,响应中日大战,暴动起来,打倒日本帝国主义,推翻傀儡政府'满洲国',为独立自由幸福之中国而奋斗。万勿丝毫受日寇挑拨离间,互相观望,有失机宜。特此布告周知,切切此布。"

总司令杨靖宇
大中华民国二十六年八月二十日。"①

同日,杨靖宇又以抗联第一路军总司令部、全体将士名义发表了《为响应中日大战告满军同胞书》,指出:"日寇霸占了我们东北,惨杀了我们无数同胞仍不满其兽欲,复侵略我长城各要塞,蚕食我华北,近竟于七月七日采取他一贯的卑鄙伎俩,捏造了卢沟桥事件,故启战衅,企图由华北起点,鲸吞我整个中国。"还指出"日寇过去为镇压我们东北同胞们反抗东北抗日联军的义举,曾利用你们发给武装,镇压屠杀同胞,以达到他以中国人灭中国人的毒计,抚心自问,你们每月全为日寇效劳,挣钱来糊口,轻则受异族打骂侮辱,重则受异族屠杀砍头。""种种铁例,不胜枚举,幸而不被日寇残杀,也不过虚度岁月,生为日本奴,死为倭狗魂,遗臭千古有何意义?"《为响应中日大战告满军同胞书》号召伪满军"当此抗日救国良机,万不要再受日寇利用,自残骨肉,应勒马悬崖,陡举义旗,参加我东北抗日联军,为祖国独立而战,以雪耻辱而谢国人。""勿踟蹰犹疑不定,快刀斩乱麻,当断则断,马上哗变,一致携手夹攻日寇,使日寇首尾不能兼顾,腹背受敌,争取祖国独立、民族解放早日实现而战。"②

抗联第一路军总司令部及杨靖宇具衔发表的这一系列文告、檄文,在七七事变后的一段时间里,在东南满地区得到广泛宣传,抗联部队每到一地都进行散发。伪奉天宪兵队《共产主义及反日满宣传谍知防卫月报》(1937年10月)记载:

"10月8日,共匪吕指导员侵入宽甸县第二区河川村,在当地散发了如左(下)宣传品:

《为响应中日大战告东北同胞书》;

《东北抗日联军第一路军总司令部布告》。

10月20日,共匪合流匪袭击宽甸县第一区大川头村,逃走之际散发了如左(下)若干宣传品:

《中华画报》(第三期);

《南满抗日联合报》(第二期);

---

① 《东北抗日联军第一路军总司令部布告》(1937年8月20日),载中央档案馆等编《东北地区革命历史文件汇集》甲49,第275~276页。

② 《东北抗日联军第一路军总司令部告满军同胞书》(1937年8月20日),载中央档案馆等编《东北地区革命历史文件汇集》甲49,第279页。

《为抗日救国告各界青年同胞书》；
《东北抗日联军第一路军总司令部布告》。"

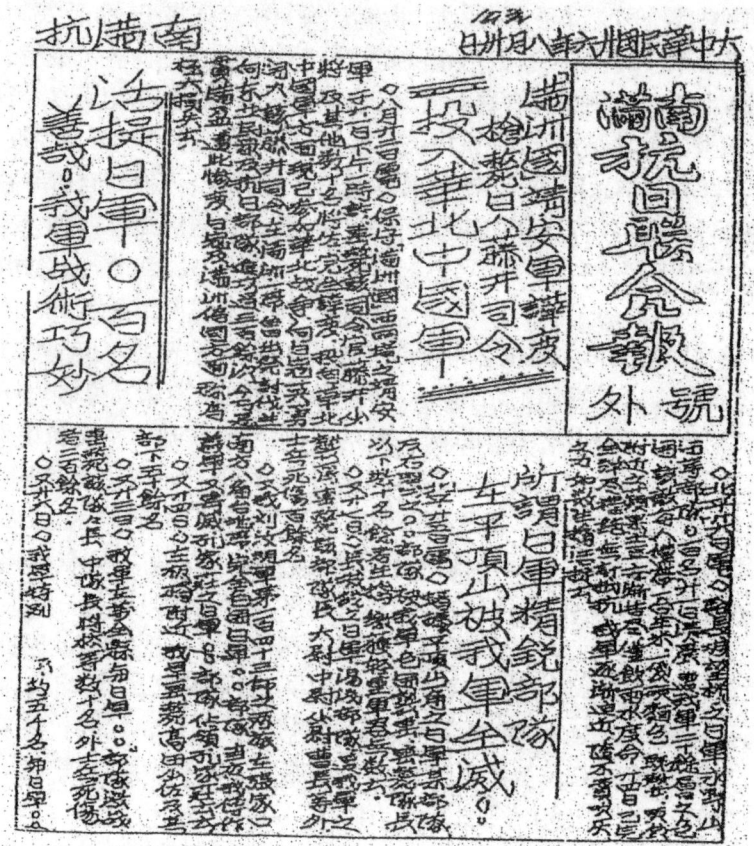

抗联第一路军总司令部印发的《南满抗日联合报》

伪通化独立宪兵分队《共产主义及反日满宣传谍知防卫月报》（1937年10月）称：

"10月21日，桓仁县第三区沙尖子警察署密侦得知东北抗联第一军约60名在第三区五里甸子就'支那事变''上海战事状况'进行反日满宣传、共产主义宣传，现得到印刷的檄文五种送到警察局。

10月27日，共匪杨靖宇匪团在桓仁县第五区八里甸子蜂蜜沟与八里甸子驻屯日本军交战逃走之际，在附近一部落散发东北抗日联军第一路军总司令部印刷《中华画报》《南满抗日联合报》其及四种檄文，约100份。"

杨靖宇签署发布的这些文告、檄文，表明东北抗日联军积极、热烈地响应全国总抗战号召和坚持为收复东北、驱逐日本帝国主义出中国而血战到底的坚强决心。它代表了东北广大抗日军民的斗争意志，其作用犹如在新形势下发布的抗战宣言，对日本帝国主义的宣战檄文，对广大人民群众投身中日大战的动员令。

自七七事变爆发之后，杨靖宇即确定以积极开展游击战争，钳制日本关东军入关，支援、配合关内抗战为己任。因日军兵源有限,日本军部就打算从东北大量抽调关东军,到关内从事侵略华北战事。鉴此,杨靖宇曾勉励全军指战员说:"我军处于日寇侵略华北的后方基地,又是内地抗战的前哨与先锋,每一个忠诚的共产党员、共青团员、爱国志士必须贡献最后一滴血,来绊住敌人,打击和消灭敌人,长期苦斗下去,胜利一定是属于伟大的中国人民。"

在杨靖宇的指挥下,抗联第一路军频繁活动,主动出击,钳制日本关东军,以英勇作战的实际行动与关内抗战相呼应,有力地配合了全国的抗日战争。

7月中旬,杨靖宇率抗联第一军军部直属教导团150余人,从桓仁夹道子向西北进发,经兴京,欲奔赴清原,以与第三师会合。此时,第三师经过一段时间的休整已恢复了战斗力。当时的作战计划是欲乘隙袭击吉奉铁路上的列车,借以向旅客进行抗日宣传,通过旅客将抗联活动传到关内外,进而扩大东北抗日联军的声威和政治影响。

为此,杨靖宇率领部队于白天在山林中隐蔽,夜间行军,翻山越岭,迅速行进。当部队在向导带领下,行至兴京县(今新宾县)黄寺八九道沟附近时,因向导迷失方向,部队滞留于兴京县第三区永陵街附近山林中。7月16日中午,在永陵街东方约八公里黄土岗地方,日军守备队200人及伪满军300余人发现杨靖宇所部行踪,追了上来。这股敌人采取化装办法,穿着白色衣服向第一军军部驻地进逼。开始时,第一军战士以为是一群老百姓(朝鲜族居民多穿白衣服),没有开枪。敌人接近第一军驻地后,突然向第一军部队射击。于是一场恶战展开。杨靖宇指挥第一军部队英勇反击。战斗中,第一军教导团阵地的一个制高点被日军占领,致使部队伤亡15人。军部教导团政委安光浩及随军行动的中共南满省委组织部部长李东光牺牲,秘书处处长韩仁和负伤。此战共经6小时,敌我双方曾相持不下。第一军战士在杨靖宇指挥下顽强战斗,终于给敌军以一定杀伤,致日军死伤20余人,伪满军死10余人。战斗中,我军伤亡15人。①随即,杨靖宇集合整理第一军部队撤至附近山岭丛林中。

由于敌人调集大批兵力,加强铁路沿线防范,第一军军部原定赴清原截击敌铁路列车的计划未能成功。

黄土岗战斗后,杨靖宇率队来到清原与新宾两县交界处,将伤病员送往第三师在北龙岗山北坡修建的医院中,而后在清原县沙河子同第三师会合。在此地听取了第三师负责同志关于西征后部队恢复情况的报告,具体研究部署了第三师1937年下半年的活动计划和工作安排。

不久,杨靖宇率军部直属教导团部队回返兴京、桓仁、宽甸游击区,与第一师共同进行对敌战斗。8月7日,曾在兴京东昌台街袭击了伪治安队,毙敌5人、俘敌10余人,缴获步枪30余支。随后在东昌台西方之朝阳村与日军松原部队作战,日军死1人、伤3人。而后,又在宽甸马鹿沟、青沟子等地采取灵活机动的游击战术,积极与敌人展开战斗。据日伪资料伪中央警务统制委员会《思想对策月报》(1937年9月、10月)记载,9—10月份,杨靖宇指挥抗联第一军军部直属部队及一军其他部队,有如下主要战斗:

---

① 《抗联第一路军一九三二年至一九四〇年主要战斗统计表》(1941年初),载中央档案馆等编《东北地区革命历史文件汇集》甲60,第234页。

9月5日，第一军军部直属教导团部队在宽甸县马鹿沟附近，袭击监修警备道路的伪警察队，毙伤俘共5人。

9月13日，杨靖宇指挥军部直属部队300余人，分别攻取了兴京县第五区马架子和小堡两个"集团部落"。

9月16日，第一军一部约50人在桓仁县第五区大马沟与大同邦之间，与伪警察队交战，击毙日、伪警察各1人。

9月24日，第一军一部约三四百人在桦甸关门砬子，与驻防治安队三连接仗，将敌包围，毙敌2人，击伤4人。

10月21日，第一军一部袭击宽甸县第一区三道沟"集团部落"，焚烧了伪自卫团团部，缴获部分枪支弹药。

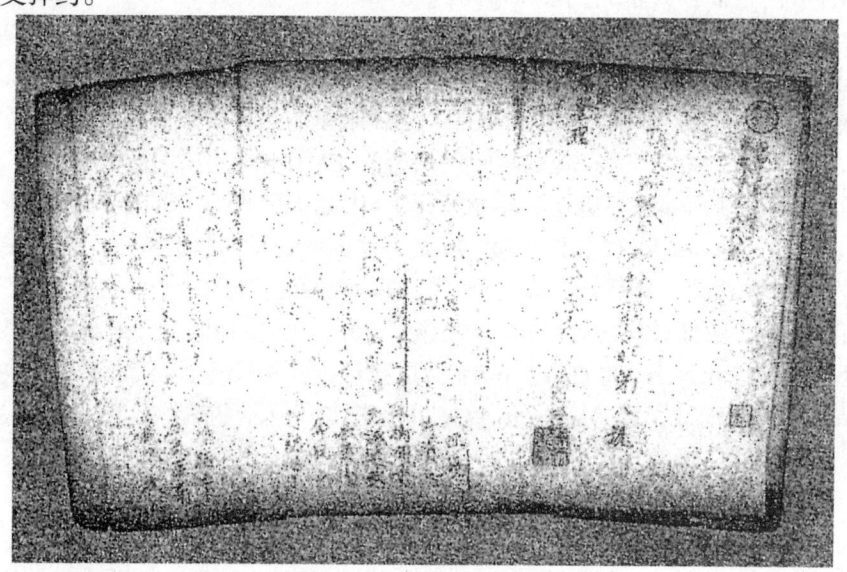

日伪《思想对策月报》所载杨靖宇所部活动情况

10月下旬，杨靖宇率军部直属教导团与第一师三团约200余人由桓仁八里甸子来到宽甸县四平街一带。10月31日，杨靖宇指挥部队在小佛爷沟设伏痛歼了来自双山子、四平街的水出佐吉大队长所率日军守备队和陆岛元三所率的一个小队。

宽甸县双山子驻有日军守备队、四平街驻一个小队。为打击敌人，保证这次战斗胜利，杨靖宇在战斗开始前召开军事会议，详细地研究了作战方案。会上，部分同志主张双管齐下，一起攻打四平街、双山子的敌人；另部分同志主张应集中兵力，先打一处。杨靖宇说："两下一齐打，我们力量太分散。敌人在围子里，易守难攻。如果我们久攻不下，就会遭到损失。"接着，他详细地分析了两地敌情，提出围点打援、诱敌袭击的办法。杨靖宇说："我们派一个排带一挺机关枪，佯攻四平街，敌人一定会向附近的敌军求援，敌人援军若出动。我们就可以在其增援途中设伏袭击它。"

根据杨靖宇的部署，10月31日凌晨，战士们将四平街通往本溪、桓仁的电话线掐断，只留下通往双山子的线路。军部直属部队和第一师三团共200余人,在四平街与双山子中间的小佛爷沟口公路两侧和木桥之下设下埋伏。这时,派往四平街的一个排,开始向敌人猛烈射击,佯攻战斗打响。驻守在四平街的日军见有军队来袭击,急忙向本溪、桓仁、双山子求援,但本溪、桓仁线路不通,只有双山子线路畅通。驻守双山子的日军守备队接到求援电话后,即由水出佐吉大队长率日军守备队和部分伪军乘三辆汽车,急驰四平街救援。当三辆汽车驶进小佛爷沟口第一军埋伏阵地时,杨靖宇一声令下,英勇的抗联战士用机关枪、步枪猛烈向敌人射击。头一辆汽车当即被突如其来的强大火力打瘫在路上,其他两辆汽车也停了下来。这时,第一军战士端起刺刀勇猛冲上前去,与敌人开展白刃战。战斗中,水出佐吉大队长被刺毙。水出毙命,敌军失掉指挥,乱成一团。第一军战士将敌军团团包围,终将敌人全部歼灭。第三辆汽车坐的都是双山子伪军,他们见势不好,一枪未放主动投降。

小佛爷沟口伏击日军守备队战斗打响后,驻守四平街的日军得知援军受阻,派出陆岛元三率小队支援水出佐吉大队长。结果,又被杨靖宇率领的部队截击,陆岛元三小队长等多人被击毙。此次战斗共约2小时,共毙伤日军水出佐吉大队长、陆岛元三小队长以下30余人,伪军10余人。烧毁敌人汽车1辆,缴获步枪30多支、望远镜1个,其他军需物品若干。战斗中,第一军伤亡12人。①此战,杨靖宇对敌情分析正确,战斗部署巧妙,指挥果断,显示出了他对游击战术的娴熟和对敌斗争艺术的高超。战斗结束后,对随日军守备队从双山子乘汽车来的被俘伪军经过教育后,全部释放。小佛爷沟口伏击战是七七事变后,抗联第一军展开的一次重要胜利战斗。此战打击了日本侵略军,扩大了抗日联军为配合全国抗战而主动出击的政治影响。

七七事变后,在1937年下半年,东北抗联第一路军所属各部,根据总司令杨靖宇的部署努力作战,广泛开展游击战争,积极配合全国抗战。

第一军一师一、二团曾在本溪与伪满军300余人交战,毙伤敌30余人,缴轻机枪1挺、步枪30支。据记载,第一师150人于10月在桓仁冷沟与日本守备队60人、伪军300人展开战斗,敌军死伤10人。而后,第一师120人在本溪与伪军300人展开战斗,敌军死伤30人,缴获轻机枪1挺、步枪30余支。②第二师于七七事变后,曾召开全师大会,进行战斗动员。全体指战员兴奋异常,决心勇敢杀敌,与关内抗战相配合,早日将日寇驱逐出中国。该师在濛江、辉南、桦甸等游击区内,积极向群众进行形势、任务宣传,使广大民众知道七七事变后的举国抗战新形势,号召他们出人、出力、出钱、出物,积极投入到抗日救国斗争中来。同时还增修了数处密营,储备了大批粮食,为冬季斗争做了准备。第三师经过休整后,在清原、开原、西丰一带积极开展活动,曾与义勇军相配合,颠覆四平开往开原的火车一列。7月18日,在开原县松木岭,与日军园部部队所属冈田"讨伐队"展开激战,击毙冈田中佐、坂本少佐以下13人,缴

---

① 《抗联第一路军一九三二年至一九四〇年主要战斗统计表》(1941年初),载中央档案馆等编《东北地区革命历史文件汇集》甲60,第234页。

② 《抗联第一路军一九三二年至一九四〇年主要战斗统计表》(1941年初),载中央档案馆等编《东北地区革命历史文件汇集》甲60,第235页。

获步枪8支、手枪5支、望远镜2个。之后,又在清原七道河子截击日军汽车一辆,毙敌20余人。8月间,第三师60人在海龙南山城子街,与日本守备队20人、伪警察100人展开战斗,俘敌2人,缴步枪2支,没收布匹甚多。随之,又在海龙某地与日本守备队50人,伪警察100人展开战斗,日军死伤50人。① 9月13日,第三师师长王仁斋率手枪队潜入沈阳郊区,在东陵附近擒获伪奉天省公署建设厅高级官员村上博。以后又潜入抚顺城内进行扰敌活动,使敌人惊恐异常。

第二军教导团与第四师一部550人,7月间,在魏拯民率领下,于抚松庙岭与伪满军200

抗联第一军三师袭击南满铁路,颠覆敌方列车

余人展开战斗,大获全胜。敌死伤80余人,俘敌60余人,哗变20余人,缴获迫击炮1门、重机枪1挺、轻机枪3挺、步枪120支、匣枪10余支、炮弹65发、子弹数万发、望远镜3个,及许多其他军用品。9月间,第四师部队在柳河与日军守备队及伪满军300人交战,击毙日军大队长以下10人。而后,又袭击了濛江县那尔轰"集团部落"。10月,袭击了濛辉边界四方顶子敌据点。11月,攻打了桦甸县红石砬子,把伪警察、伪自卫团员全部俘虏。第五师四、六团于7月

---

① 《抗联第一路军一九三二年至一九四〇年主要战斗统计表》(1941年初),载中央档案馆等编《东北地区革命历史文件汇集》甲60,第235页。

间先后在中东路牡丹江岸、穆棱、东宁、宁安等地袭击敌人据点,截击敌军车,破坏铁路桥梁,伏击日伪军,毙敌多人。曾活动在依兰、方正的第五师五团于1937年3月组成第二军独立旅,由绥宁地区远征南满,冲破敌人多次围攻,经四个多月艰苦行军,历尽千辛万险,终于在8月,在濛江与第二军军部会合。9月,第五师部队攻击宁安县南湖头湾湾沟"集团部落",将一连伪满军缴械。第六师在临江、抚松、濛江、辉南等地,积极开展游击活动。7—8月间,第六师与第四师配合作战,先后攻下濛江那尔轰、抚松榆树川,长白新房子和八道沟敌据点。8月间,第六师七、八团120人在长白山八道沟与伪军40人展开战斗,毙敌5人,缴步枪7支,牛30头。9月间,第六师教导队一部袭击了抚松西岗伪满军驻地,与80名伪军展开激战,毙伤敌14人,缴获轻机枪1挺、步枪10支、手枪3支。10月,第六师七、八团联合义勇军在抚松榆树河口与600名伪满军展开激战,毙敌65人。①

10月26日晨3时,第一路军第二军教导团、独立旅、第六师八团和义勇军"万顺"部共400余人攻入辉南县城,击溃守城日伪军,攻下伪警察署,烧毁了南门派出所,缴获了城内伪警察武装,消灭了守卫军需仓库和炮台的敌人,缴获了大批军需物资。随后在城内散发大量《告民众书》《告满军士兵书》等传单。拂晓,部队顺利撤出县城。抗联第一路军第二军攻袭辉南县城战斗是七七事变后,东北抗联部队首次攻打县城的一次规模较大的战斗,它有力地打击了日寇扩张侵略的嚣张气焰,极大地鼓舞了东南满人民的抗日斗志。

七七事变之后,杨靖宇为配合全国抗战,指挥抗联第一路军英勇作战,其所部与吉东、北满抗联部队遥相呼应,积极活动,攻袭敌人据点,破坏敌人交通,骚扰敌人防守区,打击敌人,有力地钳制了日本侵略军。

东北抗日联军的存在和积极活动,使伪满洲国"治安"难得巩固。日本侵略者深知守护好"满洲国"这个侵华后方基地的重要性,在七七事变爆发后的第9天,即7月16日,日本关东军司令官植田谦吉即下达"作战命令",认为通化省等地区"至今仍系匪贼根据地,匪势仍很活跃。"因此,要求根据"昭和十二年度(1937年)第二期治安肃正计划","将日满军高度分散配置在各地,积极搜索并消灭残匪","对匪贼根据地进行坚决讨伐"。同时要求,在结冰期前完成"集团部落"、警备道路、警备通讯网等修建。根据这一命令和计划,部署在东南满的日伪军为消灭阻碍其扩大侵略的"心腹之患",经充分准备,于同年冬展开了对抗联第一路军的大规模军事"讨伐"。

1937年11月至1938年2月,日伪当局开展的这次对东南满的"大讨伐",动员了大批日军,伪满政、军、警、宪各种力量,支出"讨伐"费用近100万元,纠集2万兵力。同时还利用宪兵、伪警察、叛徒、特务组成以宪兵曹长长岛玉次郎为头目的"长岛工作班",用政治诱降的办法,对东南满地下党组织、群众抗日团体及抗联部队进行破坏、分化瓦解。

这次"大讨伐"来势凶猛,敌人"剿抚兼施",手段毒辣,致使抗联第一路军部队和地方党组织受到很大损失。在反"讨伐"斗争中,第一军三师师长王仁斋、政委周建华先后牺牲,其余

---

① 《抗联第一路军一九三二年至一九四〇年主要战斗统计表》(1941年初),载中央档案馆等编《东北地区革命历史文件汇集》甲60,第238页。

部由师政治部主任柳万熙率领坚持斗争。曾被改编为抗联一路军直属独立旅的于万利部,在此次反"讨伐"斗争中,于宽甸牛毛坞、错草沟一带活动时,不幸被敌人包围。于万利指挥独立旅多次突围,均未成功,其所部大部牺牲、负伤。战斗中,于万利手抱机关枪向敌人猛射,当子弹打光、双腿负重伤时,他宁死不降,为避免机关枪被敌人得去,便把机关枪零件拆卸下来,扔到雪地里,最后自刎英勇牺牲。当杨靖宇得知他牺牲的消息后,十分痛惜。他深情地说:"于旅长不愧为一抗联的优秀指挥官,是个有骨气的中国人,是个好同志;他为了抗日救国大业,浴血奋战,英勇献身。到最后连手中的枪都不留给敌人,我们活着的人,永远不要忘记他,要替他报仇,向日本强盗讨还血债。"

为冲破敌人"大讨伐",有效地保存实力,杨靖宇指示抗联第一路军各部避敌锋芒,向敌人"讨伐"力量薄弱处转移,并采取分散队伍,密切联络,以小部队活动方式伺机歼击敌人。根据杨靖宇的指示,抗联第一路军各部,将主力部队适当地分成若干小部队,机动灵活地开展活动。待有大部队活动必要时,则采取神速集中,完成必要任务后,仍适当分成小部队进行活动,以避免遭到敌人的攻袭。在反对敌人冬季"大讨伐"斗争中,第一路军各部相机开展游击活动,给敌人以意想不到的打击。

第一师部队,1937年11月,在凤城二区与伪满军补充团交战,毙敌7人,伤敌8人,缴轻机枪1挺、步枪8支。12月,在宽甸毛甸子,袭击了伪警察和伪自卫团武装。

第二师部队化整为零,根据军部部署,在濛江、辉南、桦甸等地,深入群众开展抗日救国宣传,并广建密营,储备越冬食粮。同时,该师一部采取夜袭战术,击败一股敌人。

第三师部队在西丰、清原、开原一带开展反"讨伐"斗争。该部曾在开原、清原、西丰交界的夹皮山与敌"七县联防队"遭遇,与敌人展开激烈战斗。

第四师部队实行分散活动后,一部去通化、辑安等地,一部留在濛江、抚松等地活动。1938年1月,该师一团在蛟河县黑瞎子沟偷袭敌宿营地,歼敌百余人。同年2月,该师二团袭击了通化发电厂,毙敌16人,其中日军10人。

第五师部队坚持活动在中东铁路东段道南镜泊湖沿岸,进出宁安、敦化、汪清、珲春等地。经常袭击日伪据点,破坏敌人交通、通讯,扰乱敌人后方。

第六师部队于抚松、长白、临江、濛江一带,一面修建密营进行休整,一面伺机伏击敌军运输队车辆。该师一部曾于濛江双山子、安图小沙河袭击日军运输队,缴获许多军用物资。12月,该师一部在桦甸草帽顶子与敌"讨伐队"展开遭遇战,毙伤敌多人。1938年2月,该师连续攻袭了濛江花园口、肖家营、大东沟、腰甸子等"集团部落"。

第二军军部直属部队1937年12月间,在濛江南泊子摸敌人"火堆"(宿营地)战斗中,许多敌人被击毙、击伤,一部被俘虏,或被冻伤,此战共歼敌100余人,缴获许多枪支弹药。

在反对敌人冬季"大讨伐"斗争期间,杨靖宇率军部直属部队由宽甸向西北移动,在本溪、宽甸、桓仁三县毗连地区活动。11月下旬,在本溪南营房附近大石湖地方与第一师师部会合。在此地,杨靖宇与一师领导共同研究了配合全国抗战,冲破1937年冬季敌人"大讨伐"和1938年春开展游击活动等问题。之后,他指挥第一军军部直属部队和第一师及十三独立师

（高维国部），在本溪大石湖、老边沟，同日军、伪治安军共五六百人，展开一次大激战。

12月4日，由日军川野、木越、福本部队及本溪、兴京伪警察队、南营房伪治安队组成的"讨伐军"共530余人，从四面向南营房附近的大石湖包围过来。面对敌人进攻，杨靖宇沉着指挥部队予以反击。一师部队在西面与赛马集方向来的日军交火，十三独立师在北面狙击由碱场方向来的敌人，军部教导团在东面与日军守备队激战。第一军战士在杨靖宇指挥下，从西、北、东三个方向多次打退敌人进攻。当夜幕即将降临时，敌人开始收缩撤退。这时，杨靖宇决定派出两个连追击敌人。他诙谐地说："敌人撤退，咱们派两个连送他一程"。根据杨靖宇的命令，教导团团长许国有率两个连，从后面追击撤离阵地的日军守备队。战斗中，跑在后面的几名日军皆被击毙。大石湖战斗击毙日军50余人、伪治安军10余人，缴掷弹筒一个、炮弹20余发。战斗结束后，第一师部队去和尚帽子密营休整。杨靖宇率军部直属部队教导团及十三独立师移住老边沟南山。

此时，杨靖宇与军部领导同志在共同研究下一步的战斗行动。杨靖宇对大家说："大石湖战斗刚打完，敌人会以为我们已经撤走，不会在这里，所以一定很麻痹，我们可再给敌人来个突然袭击"。之后，杨靖宇对战斗进行了具体布置。杨靖宇说："冬天伏击敌人，我们困难很多，没有草丛树枝作掩护，隐蔽很困难。伏击部队不能离敌人太近，势必拉大距离，更主要的是埋伏时间长了，天气寒冷，战士受不了，枪栓也容易受冻，请大家注意些问题。和日本鬼子作战要有拼刺刀的思想准备。指挥员要机动灵活指挥作战，不能给敌人以喘息的机会。"①会后，部队进入设在南营房东南的老边沟沟口阵地。

果然不出所料，12月5日上午10时，敌人又来了。这股敌人是片野部队所属上原中队及长岛工作班。当敌人走进第一军于老边沟设下的埋伏阵地时，一军教导团部队用上满子弹的机关枪、步枪、匣枪一齐射向敌人，敌军死伤惨重。日伪资料对此次战斗有如下记载："为歼灭盘踞在奉安境内的抗联第一军杨靖宇以下300名匪团，组织日军及警察队，密切配合进行讨伐，计有日军川野、木越、福本各部队及驻南营房治安队，以本溪、兴京两县警察队（本溪县副县长以下58人，第四区碱厂森野警佐警察署长以下50名，第二区警察队80名，兴京五区警察队150名，城场办事处警察50名，并各地自卫团200名），于1937年12月4日在南营房七公里地方，小部队接触交战，日军死伤各1名，伤匪1，死50，次日（五日）接到杨匪大队300余人在南营房东南老边沟集结之情报，讨伐队即予围攻，但匪据守险峻的山岳地带，以轻重机枪进行顽抗。约9小时战斗，匪团分散奔跑，在战斗中，日军死12人、伤10人，治安队战死1人、负伤3人，自卫团负伤1人，敌方不详。"②从这一敌人记载中，足见此次战斗时间之长，战况之剧烈，日伪当局也不得不承认日军死伤20多人。

老边沟战斗结束后，杨靖宇率部队行至桓仁县境。不久，为夺取给养，又进攻雅河口日军守备队兵站，捣毁了兵站仓库，缴获大米五六千斤，大量罐头、香烟等物品，取得了反对敌人"讨伐"斗争的又一个胜利。

抗联第一路军在杨靖宇的指挥下，在反"讨伐"斗争中巧于聚散，行动敏捷，有时集中活

---

① 王传圣回忆录《风雪长白山》，吉林教育出版社，1992年版，第132页。
② 《奉天警备情况第34号报告》（1938年1月8日），载东北烈士纪念馆编《东北抗日斗争史料汇编》（附录四），第35页。

动,袭击敌人部队,有时以小部队攻袭敌军据点,致使敌军经常遭受意想不到的袭击,而自己却安然无恙,避免了损失。1937年在一份中共驻共产国际代表的秘密报告中这样谈到杨靖宇领导的第一军:"一军乃由前红军三十二军赤色游击队发展而来,作战能力最强,干部亦忠实可靠,正确执行中央的路线。一军各团有党支部,各连有党的小组。""一军军长为杨靖宇,杨南方人,党员,1931年由上海中央派到东三省工作的。军部内政治部主任宋铁岩,大学生出身,二十八岁,党员。附属军部有军需处、军医处等,并有无线电一架,后方有军械修理厂一、被服厂一。""在一军司令部领导的基干队和被联合的反日军共有四千余人。"①

至1938年2月,经英勇战斗,抗联第一路军终于冲破了敌人部署的冬季"大讨伐"。

对于这次杨靖宇率部开展反"讨伐"斗争的胜利,日伪当局"讨伐"的失败,可从伪满治安部《铁军》杂志编辑部召开的所谓"东边道讨伐体验谈"座谈会上一些伪满军官的发言中略见一斑:

《铁军》杂志编辑问:"军队(按,指"讨伐队")到地方时,地方倾向如何?"

一伪满军官说:"由出发地至讨伐地一路差不多都是山林辟地,人家很少,往往走百八十里地也看不到人家。我们讨伐队无论到何处必得多带给养,不然免不了饥饿。一般百姓对待我们讨伐队没有多大欢迎之色。"

另一伪满军官说:"我到东边道各地,看见军人(按,指伪满军)求百姓做什么事的时候,他们都不乐意的样子。""杨靖宇是共产党匪,匪到的地方,往往有妇女预备饭给他们吃。"

问:"匪团编制装备怎样?"

一伪满军官说:"依六道沟方面匪缴警察枪械时候,匪见枪皆是旧的,他们一支也不要,可以推知。""匪团编制骑兵,旅分团,团分连。每团约百人,三八式枪很多。"另一伪满军官说:"辑安十三道沟满洲国侦探被杨靖宇部掳去,带至少年团给他看武器,少年团有150余人,新机关枪10架。住一宿放出来。据说全数有800人,枪甚新,比国军强。匪行动快,联络好,五十里远有通信处,子弹壳仍带回去,自己有机器,能制火药。"

又一伪满军官说:"二年以前有各种匪团,现在皆合流了,小合大都是趋向共匪了,团结力量大,虽然数目减少而力量强化,抵抗力很大,数次战斗火力旺盛,联络谍报较满洲国军是占优势的。"

还有一个伪满军官说:"杨靖宇匪大约都在辑安,因为食粮补充容易,新修的梅辑线,他们打算破坏铁道","匪团一百,国军一百相对峙,国军不能取胜。"

问:"匪团惯用之战法怎样?"

一伪满军官说:"匪避免与讨伐军战,他们惯用突袭","匪伪装甚妙,讨伐军一不注意,突然出来袭击,送给养部队易被匪袭。专伺弱点袭国军,先让过尖兵,战我本队,不轻易放枪,国军山头上看不见匪人。"

问:"匪团团结力、统御力如何?"

一伪满军官说:"匪团团结力甚坚。"

---

① 《论东北抗日联军游击运动之发展与中国共产党在东北之工作(秘密报告)》(1937年),载中央档案馆等编:《东北地区革命历史文件汇集》甲50,第272页。

另一伪满军官说:"匪团都是青年二十岁左右,统御力大。"

问:"最初讨伐之感想如何?"

一伪满军官说:"第一次参加讨伐到东边道,夜半发生匪情,我们带给养很少,吃硬饼子,喝凉水,辛苦万端。走一天一夜始到宿营地,饿了一天,晚间吃的小米粥,吃不饱。感觉百姓对军人没有好感,军人受痛苦为谁受呢?"

问:"讨伐期间劳苦状况怎样?"

一伪满军官说:"部队讨伐实甚劳苦,夜营于野外,给养困难,地形也不熟,一冬天大雪,一片白色,讨伐更感劳苦。"

问:"各位将讨伐成功说一说。"

一伪满军官说:"士兵听当地人说红军如何勇敢,先有一种害怕印象,因士兵有这种心理,所以很受影响。"

又一伪满军官说:"讨伐军射击不良,重火器不能携带,皆为失败原因。部队行动有日系指导官,日满系意见不合,亦有关系。"

一伪满军官说:"共匪与土匪不一样,共匪联络警戒好,如能断绝资源也好。"

一伪满军官献策说:"断绝资源的实施须与行政方面联络,看他们背景怎样。曾国藩对太平天国就采取这个办法。"

另一伪满军官说:"匪不见有利,不与讨伐军战,所以我们也应当确知匪情,然后讨伐。东边道先有10万匪现在只剩1000余,我以为算是成功,虽然红军顽强,国军击灭很多。"①

上述援引伪满军官"座谈会"上的一些发言,清楚地表明尽管有的伪满军官把失败视为"成功",为自己撑腰打气,但掩饰不了"讨伐"遭到失败之后的心态和这次"讨伐"被杨靖宇指挥的抗联部队彻底打破的事实。日伪当局不得不承认,经过历年"大讨伐",杨靖宇率领的部队,不仅没被消灭,反而乘七七事变全国总抗战之势,更加活跃了。杨靖宇领导的抗联部队之所以能够不断取得胜利,是因为这支部队有共产党的坚强领导,指战员有抗日救国的坚定信念,同人民群众保持有密切的联系。人民群众热爱这支部队,积极支援踊跃参加这支部队,并能娴熟地运用机动灵活的游击战术与日伪军展开不懈的坚强战斗。可以说,日伪当局在1937年冬季开展的"大讨伐"根本没有取得什么成效。

杨靖宇在七七事变后,指挥抗联第一路军主动出击与敌人交战,冲破1937年冬季敌人"大讨伐"的意义重大。因其勇猛地开展游击战争,使日本侵略者频频遭到打击,极大地鼓舞着身受欺压的广大东北人民反抗日伪当局反动统治的斗志。同时,对于抗日联军的英勇斗争,日伪当局深感头痛。由于杨靖宇指挥的抗联第一路军活动区域处于日寇侵略东北的"生命线"——南满地,拖住日寇重兵,使大批日军深陷侵略泥沼之中不能自拔。日本侵略者不得不抽调大批兵力,动用大量资金搞所谓"治安肃正",开展"讨伐",以巩固"后方"基地。这种抗联武装反日活动对日本关东军钳制的情况,早在七七事变前,日本关东军参谋长东条英机即有如下说辞:"满洲国治安肃正工作,从现状看,国内只有一半地区稍接近理想境地,其余的

---

① 《东边道讨伐体验座谈会》,载伪满治安部参谋司编《铁军》第1卷第6号(1938年9月)。

一半还距离很远。在这些地区,不得不把日军广泛分散部署于各地,来亲自充当治安肃正的中枢。"①七七事变后,东北抗联主动出击,积极开展游击战争,致使日本侵略者的"后方基地""前院冒烟,后院起火",侵略者不得不用相当数量的兵力对付抗联。东北抗联的活动成为日本关东军的心腹大患,有力地钳制了一部分日本关东军,耗费了侵略者大批物力、财力,使之不能入关作战,无法把全部人力、物力、财力投放到向关内扩大侵略上,从而也就是积极地响应、配合、支援了全国总抗战。

对于东北抗日联军主动出击,积极配合全国抗战,1937年10月《救国时报》发表评述说:"中国共产党领导的东北人民抗日联军在白山黑水间与日寇肉搏战争中,更加坚定起来,成为我国在东北之伟大武装力量。彼等乘我国奋起抗战之时,倍加活动,使日寇不独不能调关东寇军继续入关,而且使日寇不得不将已抵平津之军队与军实调回东北,是则东北抗日军队及民众之抗战,对于我国全面抗战有极重大的意义,其属显然。"②《救国时报》的这段评述,对杨靖宇等抗联将领领导的东北抗日武装斗争的历史地位、在全国总抗战中所起的配合作用给予了高度的评价,应该说是十分中肯的。

二、开辟老岭游击区

杨靖宇指挥东北抗联第一路军为配合全国抗战,在东南满积极开展游击战争,使日伪统治当局不得安宁。同时,有力地钳制了部分日本关东军,使之不得入关。因而,日本侵略者视杨靖宇领导的抗联部队为危害"满洲国"治安的一大祸患,被称之为"治安之癌"。

日伪当局为铲除"心腹之患",巩固东北这一扩大侵略的后方基地,不断在东南满地区对抗联第一路军展开疯狂"讨伐",狂叫要"发动全国(按,指伪满洲国)之兵力,消灭东边道敌匪"。由于敌人抽调重兵进行残酷的"讨伐",在抗日游击区大肆推行"三光"政策,游击区许多村庄被焚毁,大批抗日民众被杀害,抗日游击根据地大部分被破坏,游击区域不断被压缩。

在这样严峻的形势下,杨靖宇为谋求与中共南满省委书记魏拯民会合,商讨游击运动策略和开辟新的游击区域问题,决定离开桓仁,奔赴辑安。1938年1月中旬,杨靖宇对桓仁、宽甸、本溪、凤城等地游击活动做出部署后,率领军部直属部队由桓仁县境出发,冒着严寒,转至辑安县境活动。1—4月,第一军军部250人与第二军四师二团50人在辑安沉沟、太平沟、五道沟、大长沟等地先后与日伪军展开数次战斗,致敌死伤120余人,俘虏50余人,缴获机枪2挺、步枪85支,望远镜一架及其许多军需用品。③而后为开辟老岭地区根据地展开积极

---

① 东条英机:《关于东北防卫地区治安肃正问题的讲话要点》,(1937年6月11日),载《东北抗日联军史料(下)》。东条英机,日本甲级战犯。日本投降后,自杀未遂,被远东国际军事法庭判处死刑,1948年12月23日被绞死。

② 《救国时报》(1937年10月20日)。

③ 《抗联第一路军一九三二年至一九四〇年主要战斗统计表》(1941年初),载中央档案馆等编《东北地区革命历史文件汇集》甲60,第239页。

活动。

老岭是长白山在辑安地段的山脉,该地区重峦叠嶂,峰高林密,地势极为险要。杨靖宇率部来到辑安县境,便以老岭山脉为依托,在以大东岔、八宝沟为中心的方圆百余里的老岭地区建立起游击根据地。抗联第一军干部、战士遵照杨靖宇的指示在八宝沟、天桥沟、蚂蚁河上下围子、大小蚊子沟、小荒沟、梨树沟等地,采取认干亲、拜把兄弟等各种办法,广泛结识了一批基本群众。这些群众经过宣传教育,积极支持抗联活动,抗联部队如鱼得水;使部队探听敌人情报,消息更加灵通;购买布匹、棉花、胶鞋、食盐等物资,有群众帮助;遇到敌情,有群众掩护;战斗中,战士负伤,有群众帮助救护料理。结果在这里很快奠定了开展对敌斗争的坚实基础。

为开辟老岭新游击区,杨靖宇指示部队在发动群众,取得群众主动支持和帮助的基础上,要积极开展对伪警察署(所)的斗争。斗争中,杨靖宇尊重群众意见,对残害民众、鱼肉乡里、甘为日本侵略者效劳卖命的伪警察署(所),则坚决打掉,为民除害;对一些尚有民族意识和爱国天良的伪警察署(所)长,则积极争取,迫使其接受抗联部队提出的条件,以使之为我所用。前种情况如位于榆树林子和麻线沟之间的太平沟伪警察署,就是被杨靖宇率部打掉的。

太平沟伪警察署共有20余名伪警察。日本指导官村上警尉是个无恶不作的坏家伙。其他伪警察跟其身后,狐假虎威,干尽掠夺乡民物资、抢男霸女、残害百姓的坏事。当地民众十分痛恨这伙作恶多端的伪警察之所为,纷纷向抗联部队提出收拾掉这群坏家伙的要求。1938年4月28日,杨靖宇应群众要求派20余名手枪队员采取化装袭击的办法,拔掉了这一敌人据点。

根据杨靖宇的布置,两名战士佯装喝多酒的醉汉,撕打在一起,并逐步接近太平沟伪警察署门前。化装成老百姓的手枪队员在前面围观看热闹。一伪警察出来干涉,手枪队员乘势将其缴械,而后冲进伪警察署大门。当抗联战士持枪出现在20几个伪警察面前时,他们丢魂丧胆皆举手投降。抗联战士随即进入炮楼搜索,将正在寻欢作乐的日本指导官村上警尉逮捕,并将其处决。对被缴械的20余名伪警察经过教育后,释放遣散。太平沟周围方圆几十里的老百姓,得知伪警察署被抗联部队砸掉,日本指导官村上警尉被处决的消息后,无不拍手称快,都赞扬杨司令所率抗日联军为民除了大害。

对于能够争取利用的伪警察署(所)长,杨靖宇则不失时机地根据实际情况开展争取工作。当时,杨靖宇所率部队驻在辑安蚂蚁河上游东岔沟里。此地距东岔(原蚂蚁河上围子)伪警察分驻所较近。杨靖宇了解到该伪警察分驻所所长刘邦林和村里的伪甲长王绍先情况后,知道他们尚有爱国之心,便派人去做工作并亲自在驻地接见他们,向其进行抗日救国教育。

一天,刘邦林和王绍先来到第一军司令部驻地。杨靖宇问清他们谁是甲长,谁是警察所长后说:"你们来这里害怕不害怕?"

他们说:"害怕。"

杨靖宇向他们讲:"别害怕,我们是抗日的。抗日救国人人有责,日本侵略者是兔子尾巴

长不了。日本扩大侵略,发动七七事变,入兵关内,他们国家兵员已经枯竭,抽兵已抽了六期,已无青壮年出来当兵。现在日本关东军,有不少人是朝鲜人,形势发展越来越对日本不利,我讲的这些你们信不信呢?"

他们说:"我们相信。"

杨靖宇问:"那根据是什么?"

刘邦林说:"日本人每年都来这里要房子,说是关东军来住,可是从没来住过,这不是吹牛皮放大炮吗?再有,警察署发来的报纸有一份中间挖了一个天窗,这可能是有什么对他们不利的内容,怕人们看,也许是仗没打好。"

杨靖宇说:"对了,日本人肯定长不了。"说罢,他从挎包中拿出一块日军炮弹皮问刘邦林、王绍先:"今年日本是什么年号?"

他们说:"昭和十三年。"

杨靖宇指着炮弹皮上写的年号,说:"这是昭和十二年即去年出的炮弹。这说明他们国内库存的弹药没多少了。等于当年出的弹药当年使用,他们还能支撑多久呢?我们中国人都应团结起来,抱成一个团,与日本侵略者干到底,直到把他们赶出中国。"

刘邦林和王绍先听后,表示愿意帮助抗联做抗日工作。之后杨靖宇向他们提出"不准祸害百姓,不得伤害抗联,有情报及时提供"三项要求,作为不攻打该地伪警察分驻所的条件,并欢迎他们帮助抗联做抗日工作,刘邦林当即答应。

此后,他们不仅对抗联的情况不向敌人报告,而且还为抗联部队筹粮购物,做过不少有益工作。他们完成几次任务,受到了杨靖宇的表扬。以后,刘邦林还曾提出参加抗联部队的要求。杨靖宇考虑到当时斗争的需要,对刘邦林说:"你还不能来部队,你一个人力量不大,还是在那当所长力量大。"

不久,刘邦林按杨靖宇的指示组织了秘密抗日小组,动员青壮年参军。为不暴露真实情况,刘邦林采取以伪警察分驻所名义派一些青壮年外出做侦探,半途中,再由抗联部队将其"劫走"的办法,送他们去参加抗联部队。这种做法可以蒙蔽敌人,其行动不至于被日本人追究,有利于抗日队伍的扩大,又能使参加抗联部队的青壮年有借口保留下"户口",使家属不致遭受迫害。

在杨靖宇的帮助教育下,刘邦林还利用伪警察分驻所所长身份为抗联部队提供敌人行动的情报。1938年6月12日,杨靖宇所部在蚊子沟痛击伪满军索旅,就是刘邦林从敌人电话中得到消息后,告诉我军而展开的胜利战斗。杨靖宇曾对刘邦林说:"你的任务完成得不错,东岔是我们的根据地,你是我们的'无线电'。"抗联经常得到敌人情报,敌人接连失利,使伪通化警务厅特务股长八岱对刘邦林产生了怀疑,认为他"通匪"。刘邦林向杨靖宇说明这一情况后,杨靖宇决定采取佯攻东岔伪警察分驻所的办法迷惑敌人,掩护刘邦林的行动。

一天,东岔伪警察分驻所遭到了抗联部队"袭击"。之后,刘邦林马上去青沟子伪警察署报告:"东岔所被红军给砸了。"青沟子伪警察署长见此,便说:"谁说东岔刘邦林通红军?真通红军他能挨打吗?"就这样,敌人解除了对刘邦林的怀疑。刘邦林回忆说:"这年(1938)秋天,杨司令把我找去说,我们要上北边去,你一定要好好注意,千万不要让敌人给套了去。我当时一听红军要走,就表示坚决跟着走,但杨司令怎么也不同意。并再三嘱咐,你不能去,我们用不了很长时间就会回来,现在不但需要你继续当所长,等我们回来,你要能当上署长那更好了。对我们工作更有利了。"①

驻在双岔河的伪满军马营机枪连纪连长信奉"在家礼"。杨靖宇指示第一军干部采取"在家礼"办法做他的工作,使其同情抗联斗争。一次,纪连长的太太带着皮箱坐车去双岔河,路经小五道沟沟口时,抗联部队给她写了一个"路条"。她手持"路条",一道上没遇到什么麻烦,平安地到达了双岔河。纪太太回家向丈夫讲述途中遇到抗联和受到保护的经过,伪满军纪连长听后很受感动。数日后,纪连长与杨靖宇所部取得联系,杨靖宇对他进行抗日爱国教育,把他争取过来。纪连长表示日后其所部奉命"围剿"抗联时,只要抗联部队向天上打三枪,他向天上还四枪(称"三老四少枪"),作为联络暗号,保证不伤害抗联。纪连长果然信守承诺,不再攻击抗联部队。他还帮助抗联部队解决过弹药。当时,事先双方联系好,佯装交火,他们胡乱放几枪后,扔下许多新枪和子弹便撤退,让我军取走,而我军也扔下几杆破枪让他们拣回,当做"战绩"向上峰报账请赏。杨靖宇所部就这样与其保持了很长一段时间联系。②

杨靖宇率队在老岭地区除将伪警察署(所)制服外,对各村屯部落的伪保甲长也采取了新的斗争策略,能够争取过来的就想方设法争取,使之同情、支持抗联部队活动。如上蚂蚁河围子伪副甲长王庆祥被争取过来后,就曾帮助第一军安置过伤员。1938年8月,长岗战斗中,第一军有20几名伤员需要安置,当时找到王庆祥,让他找一处有水源、生活方便、隐蔽安全的地方,安置照顾这些伤员养病,使之早日康复。王庆祥毫不犹豫地承担起这一任务,将伤病人员妥善安置在一个山沟安全僻静之处,并派出几名老年妇女悉心照料。以后,这些伤员很快康复归队。

上述实例说明,杨靖宇根据实际情况,对敌伪基层政权,包括伪满军下级军官、伪警察所长、伪保甲长,根据不同情况,采取不同政策,既坚持了对敌斗争的原则性,又体现了对敌斗争的灵活性。该解除武装的则解除武装,该争取利用的则争取利用,这就使抗联第一军在这一地区开展的游击战争获得了主动权。

到1938年夏季,老岭山区的伪警察署(所)一部分被打掉,一部分被争取过来,使这一地区成为被抗联部队控制的天下。广大群众见到以前横行乡里的伪警察再也不敢对老百姓"炸翅",无不高兴万分。在老岭游击区,许多青年积极参加抗日联军,广大群众热情支持抗联活动,每当第一军部队要转移它地或到达新地点都有群众送水送饭,欢送欢迎。这种情况曾被第一军在同年6月19日攻打通辑铁路工程俘虏的日本工程师竹内仁助亲眼见到。竹内获释回到原工程工地后说"附近的农民和匪贼(按,指抗联部队)都有联系。他们转移之前都准备好伙食等着。在这样状况下不能认为目前缺乏粮食……他们几乎每天到辑安、大青沟、大荒沟方面去买东西,三个人一起去,其中一个人带着手枪,他们天天这样出去也抓不住。"③

---

① 刘邦林:《我任伪警察分所长的时候》,载《集安县文史资料选编》第一辑(1981年12月)。
② 王传圣:《抗联在辑安的统战活动》,载《吉林文史资料》第二十三辑(1987年)。
③ 南满铁路株式会社:《通辑线建设工事志》(1942年11月)。

在老岭根据地，许多村落建起抗日救国会，其任务是：1.向抗联部队提供服装、粮食等物资；2.提供日伪军警配备情况和防卫、行动等情报；3.对群众进行抗日宣传；4.反对建立"集团部落"，反对赋役出劳工，并施行消极怠工。据日伪资料记载，"辑安县太平村救国会于1938年8月到10月间，为杨靖宇所率部队提供大米2石，现金1780元。同期二道坎子抗日群众提供打糕20斤，苞米2石、花旗布1匹。榆树林子抗日救国会于6月至10月份，为抗联部队提供花旗布22.5匹，苞米37.45石，水袜子（按，即高腰胶鞋）163双，袜子60双，大酱200斤，猪肉180斤，现金6000元。"①

从1938年初，杨靖宇率军部所属部队到辑安开展游击活动至同年夏，仅仅几个月时间，抗联第一军即在老岭地区建立起以大东岔、八宝沟为中心的方圆百余里地方新的游击根据地。在杨靖宇领导下，其所部的英勇活动使辑安的抗日斗争形势发生很大变化，用抗联老同志的话讲，"真正把这一带搞得天翻地覆"。而敌人则称，辑安县山区变成了通化省"第一癌肿地带"。

三、召开第一次老岭会议

1938年春，杨靖宇率部从桓仁北上奔赴辑安老岭山区，如前所述，除开辟新的游击区域外，还有谋求与中共南满省委书记、抗联第二军政委魏拯民会晤，共同分析面临的斗争形势，商议在新的一年里，抗联第一路军如何开展游击战争等重大问题的目的。

同年3—4月，魏拯民率抗联第二军教导团和独立旅、四师一部及一军二师共400余人队伍，由临江经通化、绕道桓仁，向辑安前进，以与杨靖宇会合。一路上多次冲破敌人的围追堵截，其间于4月26日在通化与辑安毗邻地带哈塘沟、二道阳岔与伪通化省警务厅长岸谷隆一郎率领的"讨伐队"交战。之后，魏拯民率队分兵两路，向桓仁刀尖岭和摇钱树岭前进。5月上旬，两路部队在桓仁甩掉伪通化省敌第二"讨伐队"后，分别向辑安县境移动。一路在辑安五区双岔河袭击了伪警察所，另一路袭击了辑安五区大青沟"集团部落"，而后向八宝沟方向进发。

杨靖宇得知魏拯民率第二军队伍来到辑安县境后，立即派出他的警卫员及一些战士，分成数组去寻找魏拯民所率第二军部队。

5月初的一天，杨靖宇对警卫员王传圣说："小王，有个紧急任务要交你办，可能有些困难，要想尽办法必须完成。"杨靖宇告诉王传圣说："根据情报，魏政委带二军队伍过来了，你要在三天时间内，一定把魏政委找到。"王传圣感到时间有些过于紧迫，请求宽限两天。杨靖宇说："限你三天还不够吗？多一天时间也不行。你要知道他们从东边过来是一边行军，一边打仗，对这一地区情况不了解，找我们又马上找不到，他们一定很急。他们的粮食也一定很困难，我们不马上找到他们行吗？"②王传圣知道了任务的紧迫性，立即表示，三天内保证完成任

---

① 日本关东宪兵司令部：《满洲共产抗日运动概况·1938年》，存吉林省档案馆。
② 王传圣回忆录：《风雪长白山》，吉林教育出版社，1992年版，第150页。

务。然后,王传圣与另一名战士带着三天吃粮便上路了。他们首先到前几天发生过战斗的双岔河一带向群众打听消息,得知了第二军行动方向。经过多方寻找,他们终于在第三天找到了魏拯民率领的第二军部队,然后将其带领至第一军司令部。

为迎接魏拯民所率第二军部队,杨靖宇下令通知所属各部队迅速集合,做好准备,欢迎兄弟部队的到来。在第一军司令部驻地五道沟,战士们用松枝搭上了彩门,周围还插上数面迎风招展的红旗,彩门上贴着数条欢迎标语。魏拯民率所部来到五道沟时,杨靖宇带第一军队伍列队欢迎。杨靖宇与魏拯民紧紧握手,相互致敬。顿时,第一军司令部驻地响起一阵阵口号声、鼓掌声。

会见时,杨靖宇从第二军独立旅政委伊俊山汇报中得知,该部一度活动在吉东、北满地区,根据抗联第二路军总指挥周保中指示,于1937年夏从方正县大小罗勒密出发向南满远征。入冬,在辑安与第二军军部魏拯民政委会师。而后,又在魏拯民政委率领下,谋求与第一军军部会师。经过八个月时间走过伪满三江、牡丹江、吉林、通化四省,历尽千辛万苦,终于完成了南满远征的任务。杨靖宇听完这一汇报后,十分高兴,连声说:"真是了不起,了不起。"

而后,在第一军司令部驻地一块草坪上,召开了欢迎第二军同志大会。会上,杨靖宇致欢迎词,魏拯民致答词。杨靖宇对两军再度会师予以高度评价。他引述第二军独立旅由吉东、北满地区远征到南满的英勇事迹,激动地说:"共产党这条蛟龙就是锁不住、斩不断的,独立旅行军八个月,走了四个省,战胜了千难万苦,终于来到南满。敌人想把我们割成一块块,是永远办不到的。现在形势很好,关里八路军、新四军打了很多大胜仗。我们在东北的任务,不但要扯住日本人的后腿,而且要配合关内作战,最后胜利的一定属于中国人民。"①杨靖宇的讲话很有鼓动力量,干部、战士们听到后十分受鼓舞,内心十分激动。

第二军部队与第一军军部会师后,杨靖宇和魏拯民于1938年5月11日,在辑安老岭山区五道沟第一军司令部驻地(密营),共同主持召开了抗联第一路军总部与中共南满省委高级干部联席会议,即第一次老岭会议。

出席这次会议的有十五六人,其中有杨靖宇(抗联第一路军总司令兼政委,第一军军长兼政委,南满省委委员)、魏拯民(中共南满省委书记,抗联第二军政委)、杨俊恒(抗联第一军参谋长)、韩仁和(抗联第一军秘书处处长)、黄海峰(抗联第一军教导团政委)、徐哲(抗联第一军军医处处长)、吕伯岐(抗联第二军四师政委)、伊俊山(抗联第二军独立旅政委)、宋茂璇(抗联第二军党委组织部长)、陈秀明(即李明山,原桓兴县委书记)等。

这次会议所确定、研究的议题主要是:

(一)建全南满省委;

(二)补选一、二军的军党委委员;

(三)总结一、二军1936年7月到1938年5月冲破日伪当局"讨伐"的经验、教训;

(四)分析南满地区对敌斗争形势,提出新的任务和采取的战略战术;

(五)加强军队的思想政治工作,特别是对战士的爱国主义教育;

---

① 伊俊山:《南满远征》,载《星火燎原》第四辑。

（六）在坚持长期抗战中，保存实力，粉碎敌人的全面进攻；

（七）在东南满地区进一步发展游击战争，主力部队打开局面后，派出若干小部队积极开展群众工作，为建立新的游击根据地创造条件；

（八）为了和党中央、关内八路军取得联系，决定抽调人员补充第一军三师，加强三师力量，在适当时机再次进行西征；

（九）划分游击区，第一、二军互相配合作战，共同钳制敌人。

会议第一天，杨靖宇身着已经洗得泛白的黄色军装，头戴一顶军帽，精神抖擞地与魏拯民等领导同志走出帐篷，一起进入会场。会议在一阵掌声中开始。首先，由杨靖宇作报告，除报告国际形势外，主要详细讲解了中日战争双方力量的对比，在经济上、军事上、政治上、人口上和地理上的对比。他说，因为我们的战争是正义的，所以在国际、国内都得到了广泛的同情和极大的支持，斗争取得了伟大的胜利，尤其是对于我们抗联的胜利，这都是我们同志所熟知和亲身经历的事实。他说，中日战争的结局，最后的胜利一定属于中国人民。最后他讲到，我们第一路军的同志们为要响应关内抗战，就要在长期抗战中，注意保存实力，更加勇猛、积极地去进攻敌人，歼灭敌人，直至把日本帝国主义驱逐出中国。①杨靖宇讲完话，大家报以热烈的掌声。同志们一致认为杨靖宇在会上所讲的话，这也是向第一路军指战员发出的战斗号召。

会上，认真讨论、研究了各项议题，做出相应决定。抗联第二军独立旅政委伊俊山还汇报了北满、吉东地区抗联部队的斗争情况和独立旅用数月时间由北满、吉东地区向南满远征，于1937年10月在濛江与第二军军部会师的经过。

此次会议还决定，因抗联第一路军副总司令王德泰已牺牲，由魏拯民兼任抗联第一路军副总司令一职。

6月1日，会议宣布结束。

由杨靖宇、魏拯民共同主持，在老岭抗联第一军司令部密营召开的这次会议，是第一路军继河里会议之后的又一次重要会议。会议根据东南满敌我斗争形势及1936年7月以来的斗争经验教训，提出了在对日本帝国主义的游击战争中，坚持长期抗战，保存实力，粉碎敌人的全面进攻的策略方针。②这对于抗联第一路军在东南满地区坚持长期斗争，打击日本侵略者，配合全国总抗战，具有十分重要的意义。

会议期间，杨靖宇见到第二军中许多斗志坚强、雄武英俊的朝鲜族同志，积极参加抗日斗争十分高兴。他利用会议闲暇之时，创作了一首歌颂民族团结、共同战斗的《中韩民族联合抗日歌》。这首歌是杨靖宇接受第二军独立旅政委伊俊山建议写成的。伊俊山与杨靖宇进行交谈中说："独立旅进入通化后，听到抗联战士都在唱杨司令创作的抗联一路军军歌，使大家深受鼓舞和教育，杨司令应再为一二军战士创作一首新歌。"杨靖宇对伊俊山说："你是大学生，请你挥笔吧。"伊俊山说："我哪有写诗作词的天才，还是司令写得有诗意。"几天后，杨靖

---

① 伊俊山：《难忘的战斗岁月》，载《抗战一路军在濛江》，吉林大学出版社，1990年版，第150页。
② 宋茂璇：《关于抗联一军的产生和发展历史中的一些问题》（1962年9月）。

宇的一首新作《中韩民族联合抗日歌》就和大家见面了。其歌词是：

　　山河欲裂，万里隆隆，大炮的响声，
　　帝国主义，宰割弱小民族的象征。
　　国既不保，家何能存，根本无和平。
　　黑暗光明，生死线上，斗争来决定。
　　崛起呀！中韩民族，万不要再酣梦。
　　既有血，又有铁，只等着去冲锋。

　　全世界上，最大仇敌，日帝属头等。
　　焚烧掠夺，奸淫侮辱，亡国且灭种。
　　并韩吞中，莫非"田中奏折"的兽行。
　　同仇敌忾，共赴国难，决不让再久逞。
　　团结呀！中韩民族，离则亡团结则生。
　　谨防备离间计，手携手打冲锋！

　　热血沸腾，杀声冲天，民族齐觉醒，
　　壮夫断臂，争先恐后，共夺万年灯。
　　旌旗所至，势如破竹，房焰自息影，
　　阵容强化，战线巩固，基础早奠定。
　　联合呀！中韩民族，相互间本赤诚。
　　誓杀到敌人的大本营，勇冲锋！

　　照耀全球，灿烂不灭，最惊人火星，
　　万恶日寇，自掘坟墓，非人能回生。
　　这是明证，吉凶祸福，并非天来定，
　　事在人为，诚至金开，自有曙光逢。
　　前进呀，中韩民族，既有始要有终，
　　坚持那最后的五分钟，猛冲锋！①

　　杨靖宇所创作的这首歌曲，是根据东北抗日联军第二军中有许多朝鲜共产主义者和革命战士，同中国人民并肩打击共同的敌人——日本侵略者的实际情况而写的。它表达了中朝两民族亲密团结，在对敌斗争中建立的友谊。它号召民族联合，民族团结，同仇敌忾，携手并进，迎接胜利曙光。这首战歌曾在抗联第一路军中长期传唱，极大地激励着各族抗联干部、战士们的英勇斗志和夺取抗战最后胜利信心。

---

① 伊俊山：《痛悼靖宇学习靖宇》，载《抗联一路军在濛江》，吉林大学出版社，1990年版，第144页。

四、开展通辑铁路破袭战

杨靖宇率部进至辑安后,在开辟老岭游击区斗争中,于1938年春开始,即以破坏、攻袭敌人修筑的通辑线(通化至辑安)铁路工程为目标,展开了一系列的战斗。

通辑铁路破袭战是东北抗联斗争史上的光辉篇章。

通辑线铁路为梅河口至通化铁路的延长线,全长115公里。这条铁路是日本侵略者为了掠夺东北物资资源和加强"讨伐"在东南满地区的抗日武装的机动力量而修建的。这条铁路于1937年3月开始施工,预计二年完成。通辑线修成后,东可与朝鲜平壤至满蒲铁路相接,北可与四平至梅河口的四梅线贯通。这将是一条日本从朝鲜伸向我国东北内地的最近通道。日本侵略者可以利用这条最近通道,把从东三省掠夺来的木材、煤炭、粮食、矿产等物资运到朝鲜,然后再用轮船运至日本;也可以利用这条铁路快速运兵抵达杨靖宇所部活动区域,开展军事"讨伐"。对此,日本侵略者也毫不讳言,在南满铁道株式会社编撰的《通辑线建设工事志》一书中明确地说:"通辑线的意义是重大的。从大陆经济政策和维持东边道治安的观点看,说它的重要性是其他的建设线路所无与伦比的。"因此,可以说通辑铁路是日本帝国主义侵略东北的战略铁路。

修筑中的通辑铁路

为打击敌人,破坏日伪当局为掠夺东北物资资源和所谓维持东边道治安而修建的这条铁路,杨靖宇曾在所召集的第一军高级干部会议上说:"这条铁路对我们活动不利,它既为掠夺我国丰富资源服务,又妨碍我们开展游击战,必须不断破坏它。"据此,从1938年3月至1939年1月,杨靖宇率所属部队采取夜袭、伏击、抄袭等战术,曾多次攻袭日本侵略者正在紧张施工的通辑铁路工程,使这一工程频频遭到破坏。

通辑铁路破袭战是从袭击老岭隧道工程开始的。

老岭隧道工程位于老岭山脉老岭站与黄柏站之间，由全长近4 000米的两个隧道组成。这里是通辑铁路全线最为艰巨的关键工程，当时正在紧张的施工过程中。1938年3月上旬，杨靖宇派出侦察人员对老岭隧道工地进行了详细侦察：该隧道西口有"东亚土木株式会社"工地现场，在十一道沟设有发电所，在十二道沟建有供应仓库。该工地有许多劳工，他们身着更生布，食不果腹，每天在工头严密监视下，干14小时繁重而危险的劳动。工地由日军守备队一小队和伪满铁路警备队一个连担任警备，并设有电网，戒备森严。根据侦察情况，杨靖宇决定，先派便衣手枪队伪装成建筑工人，混入内部，大队随后进攻，采取内应外合的办法袭击敌人，破坏工地设施。杨靖宇说："要采取一切办法，能烧的烧，能炸的炸。一句话，进行彻底的破坏，延缓敌人的工期，解放劳工，要达到我们的目的。"

3月13日晚，杨靖宇暨司令部率警卫旅一团、三团约500余人，兵分三路同时袭击"东亚土木株式会社"施工现场、十一道沟发电所和十二道沟供应仓库。

当晚7时，身着伐木工人衣裳，化装成劳工的手枪队员混入工棚区。但敌人很快发现工人中增加许多陌生人，于是开始盘查，不得已手枪队战士首先开火。随之，大队人马冲了上来。英勇的战士们在杨靖宇指挥下，以迅雷不及掩耳之势一举冲破警戒线，捣毁敌人设在工地四周的"铁丝网"，并分兵三路攻占了工地现场后山宿舍、十一道沟发电所和十二道沟供应仓库。战斗中，杨靖宇率部击毙、俘虏了日军守备队及伪满铁路警备队员12人，烧毁工程事务所等建筑物12栋、汽车3辆及储存的大批建筑材料，破坏了施工现场所有机器设备和电气设施，缴获面粉800袋、大米12包及一批衣物，解放劳工1700人，致使日伪当局损失20万日元。此即被日伪当局称之为"东边道肃正史上最巨大的一章"[①]的著名的奇袭老岭隧道工地事件。

对这次战斗，"南满铁道株式会社"于1942年11月编著的《通辑线建设工事志》中做如下记载：

"昭和十三年（1938年）3月13日，距通化71公里的老岭隧道西口。

通辑线从离通化60公里附近全辑安间，是重叠的山岳地带，反满抗日匪的活动极为猖獗，不断派便衣在老岭工程区努力搜集情报。黄昏时分，突然有共产匪200余人分别袭击了东亚土木会社现场、十一道沟发电所及十二道沟供应仓库。袭击十二道沟供应仓库的匪团约百余人，主力包围了旁边栅栏，并越过供应仓库的警戒线。接近正门，其余匪破坏铁丝网，从而重重包围供应仓库建筑物。

正站岗的满人警员唐连中、李清山一面紧急射击，一面急报。久保调度员立刻急报老岭守备队并老岭工区，在漆烟警备助理的指挥下，戌亥警备员和久保调度协力应战。因寡不敌众，遂壮烈战死。

匪团之一部约50余人袭击十一道沟发电所及机器库，但在宫光电气助理以下全体充分准备，与其应战，终于击退。

在第一老岭隧道西口东亚土木会社现场，匪团一部约100余人，对后山一带的宿舍，采

---

① 《通化县老岭通辑线铁道工场匪袭事件概况》（1938年），存黑龙江省档案馆。

取了包围队形,正等待开始攻击。当听到十二道沟供应仓库方向枪声后,即从各方面蜂拥而入,极为惨暴。一部分人员打开一条血路逃入第一老岭隧道内,其他人在匪团凶恶袭击下全部殉职。"

不言自明,这段出自敌方的文字记载,完全是站在日本侵略者反动立场上的。它把我军英勇战斗诬为"猖獗""惨暴",而对敌人则尽量美化。但是,我们完全可以从这段敌人的文字记载中,清楚地看出杨靖宇指挥的这场激烈战斗的状况。

次日,即3月14日下午5时,杨靖宇又率部在老岭西南方约10公里的十七道沟,与前来应援的驻六道沟的日军角田部队和伪警察队120人展开激战,予敌以一定杀伤,将其击退。而后,战士们踏着厚厚的积雪,将在老岭隧道工地战斗中缴获的物资运至附近山上,隐蔽收藏起来,部队经老土顶子、吊水湖、蚊子沟返回到蚂蚁河、大东岔一带山林中。

自奇袭老岭隧道工程工地之后,杨靖宇所部在通辑铁路及沿线地区,声东击西,继续展开战斗,其中主要有:

1938年3月18日,在距通化71公里第一老岭西方约8公里1285高地,与日军角田部队交战4小时。毙日军1人,伤多人。

4月1日,袭击水洞站北方3公里的水洞沟"集团部落",缴获大批粮食、食盐、胶鞋等物品。

4月10日,再次袭击水洞沟"集团部落",缴获玉米175公斤及衣物、食品若干。

4月27日,在石湖站西18公里处,与通化县伪警察"讨伐队"交战。

5月9日,在距通化101公里阳岔西北7公里小青沟,袭击了东亚土木会社坑木采伐场,缴获衣物、食品若干,解放劳工16名。

5月17日,在老岭西南方约10公里的1500高地,与濛江县伪警察队交战。

6月19日,杨靖宇、魏拯民率部600余名,分兵三路,于夜11时,同时攻击了距通化101公里的阳岔工程分区今井组合宿舍、第十一、十二号老岭河桥梁工地办公室,以及距通化109公里的土口子隧道工程、东亚土木会社值班室。这次战斗是继袭击老岭隧道工程后,又一次较大规模的战斗。此战烧毁了工程分区的房舍、工程现场建筑物、设备材料等,毙敌10人,俘虏80人,解放劳工700余人。俘虏日籍工程师竹内仁助和小林喜一两人(后被

通辑路土口子铁路桥

日方赎回)。此次袭击,给敌人造成的直接经济损失达22万日元。日本侵略者称"损失甚大","6月19日是通辑线建设史上用血染成的最悲惨的日子"。①

6月24日夜,又袭击了土口子隧道工地现场。杨靖宇率部将敌人据点破坏,修好的铁路扒掉,筑路器械烧毁,修好的隧道炸塌。战斗中消灭了敌人警备队,解放劳工250人,其中部分工人参加了抗联第一军。缴获的大批粮食、军需物资被运走。这次战斗中,东亚土木会社日本工人福健一夫参加了抗联第一军。

土口子隧道工地之战是一次取得重大战果的胜利战斗。据说,这次战斗后,有这样一段故事:辑安县一个日本指导官给杨靖宇写了一封信,信中说:"土口子一仗没什么了不起,对于满洲国来说,不过是等于被蚊子叮了一口。"杨靖宇看过信后,哈哈大笑,并把这封信念给战士们听。而后他风趣地对大家说:"这位日本指导官很有点阿Q精神。②来而不往非礼也,咱们也给他回封信。"杨靖宇在给这个日本指导官的回信中写道:"你很有点文学天才,你的这个比喻很有意思,可惜不尽恰当,如果四万万中国人民每人叮你们一口,那么你们这些侵略者,也就难得活命了。"③

6月25日,杨靖宇率队又攻袭了距土口子9公里的东岗辑安工区及伪满军骑兵第五团团部。战士们切断了这里的通讯线路,以猛烈火力攻击东岗辑安工区第一、二瞭望楼。同时第一军一部与伪满军骑兵第五团展开激战。此次战斗击毙日军警备队长铃木义雄等10余人。敌称:"匪军对骑兵第五团的袭击是相当猛烈的。"这次袭击东岗辑安工区战斗,致使东亚土木会社在此地进行的工程不得不停工两个月。

7月5日,在距通化42公里的果松站东南方约9公里处602高地,伏击了由七道沟开往作业现场的敌人汽车1辆,毙伤敌12人。

7月29日,在距通化85公里附近的老岭至大青沟间,袭击了敌人由辑安开往老岭方向的敌铁路工程专用汽车1辆。敌死伤10人(日警备队7人,伪满军3人),俘敌2人,并将汽车焚毁,缴获武器、服装其他物品若干。日伪记载:"老岭附近一带进入7月以来,匪情日益险恶,局面异常紧张。……丁7月29日11时30分左右,迫近距通化85公里附近老岭至大青沟间,突然受到山上下来的共产匪杨司令的部下150余名包围袭击……"

8月14日,在距通化101公里的阳岔西方11公里处,袭击东亚土木会社搬运采伐木材的汽车4辆。

8月19日,夜11时,袭击了辑安县青沟子"集团部落"。与伪警察署佐藤警长交战,烧毁炮台、割断电线,解除了敌人武装,缴获许多物品。

9月14日,于当日晚8时袭击辑安西北约30公里的陡沟子"集团部落",随后与伪满军

---

① 南满铁道株式会社:《通辑县建设工事志》(1942年11月),存黑龙江省档案馆。
② 阿Q是鲁迅小说《阿Q正传》中的主人公。阿Q精神指阿Q的精神胜利法,明明是失败,内心却自以为是胜利。
③ 邹玉述:《信的故事》,载吉林省民间文学研究会编《杨靖宇的故事》,中国民间文艺出版社,1985年版。

及台上伪自卫团交战约4小时。

9月20日,在向三道沟移动中,于午后1时在陡沟子与伪满军"讨伐队"相遇,展开遭遇战。

10月6日,利用夜半月明之机,分兵袭击了距通化42公里果松东南六道沟、七道沟、郝家街三处"集团部落"。在六道沟与加藤准尉指挥的驻屯日军展开战斗,烧毁伪警察分驻所房屋1栋,缴获白面20袋,高粱米4袋,解放吉川组、今田组、神谷组劳工30余名。

10月13日,晨2时,袭击了果松西方约80公里的大西岔"集团部落",与当地驻屯伪满军及伪警察交战1小时。缴获敌人步枪7支、子弹250发、手枪1支。

11月9日,在距通化15公里水洞北方约12公里的966高地,与活动在水洞站一带的伪满军杨岳部队交战半小时。

11月12日,将通化至水洞间13.8公里地方的电杆砍倒,切断电线,使电话线路遭到破坏。之后,敌人派出通化山本部队,以装甲列车警戒线路,又派出保护建设的日军出击,满铁现场工人即赴现场抢修,此事件使从通化发出的旅客列车晚点半小时。

11月13日,在距通化15公里的水洞北方约13公里地方,与日军谷崎部队展开战斗。

12月13日,在距通化15公里的水洞北方约13公里地方,再次与日军谷崎部队交战2小时。

1939年1月12日,在老岭西南口大壶沟山,与日军中川游击队激战3小时,毙伤日军10人。

1月16日,在距通化15公里的水洞南方18公里的楼子沟,与伪满军陈明部队交战1小时。

以上是杨靖宇率部自1938年3月来到老岭山区后,到1939年初约10个多月时间,其所部在通辑铁路及沿线地区,以袭击破坏通辑铁路工程为主要目标的战斗情况。无须多言,可以清楚地看出战斗是相当频繁的,对日本侵略者通辑线工程的破坏是严重的。当时,日本侵略者为抵御杨靖宇所部的攻袭,不得不采取增调警备人员,增加警犬、警鸽等手段,但仍无法抵御杨靖宇指挥的英勇的抗联第一军的不断袭击。这一系列战斗使通辑线铁路工程难以按期竣工,使主持修建这条铁路的敌人心神不定,惊恐不安。日本侵略者供认:"昭和十三、十四的两年间(即1938年、1939年)通辑线建设工程期间的匪情极为严重,加上重叠的山岳地带,给警备带来很多困难。沿线的匪团大部是共匪,以杨靖宇为首领的约600人的集团最顽固且极凶暴,由于他们无休止地疯狂干扰工程,以致使工程遭到数十次袭击,受害很大。"①

杨靖宇率部以攻袭、破坏日伪当局修筑的通辑线铁路工程为目标展开的一系列战斗,一度使该工程呈现出瘫痪状态。以后,抗联第一路军司令部向辑安以北山林地区转移,通辑铁路工程才得以全面复工。通辑铁路原计划1939年3月通车,但由于杨靖宇率部不断予以袭击、破坏,结果直到1939年9月才最后修筑竣工。整个工期推迟了半年多时间。在杨靖宇率

---

① 南满铁道株式会社:《通辑线建设工事志》(1942年11月),存黑龙江省档案馆。

部开展通辑铁路破袭战的日子里，日伪当局不住哀叹："通辑铁路工程不断遭破坏是满铁的铁道建设史上未曾见到的悲惨事。"

五、对日籍抗联战士的关心

在1938年6月24日夜，抗联第一军袭击通辑铁路土口子隧道工地战斗中，一名日本籍东亚土木会社工人——福健一夫[①]参加了抗联第一军。

一个日本人参加东北抗日联军，是一件十分稀罕的事，这在东北抗日武装斗争史上是绝无仅有的。

在袭击土口子战斗中，杨靖宇率部解放了250名劳工，一些劳工参加了抗联，大部分被给资遣散。在俘虏中，有一名30岁左右、小个子、满脸连毛胡子、有点罗圈腿的日本人。由于日本帝国主义发动侵略中国的战争，变东北为其殖民地，残酷欺压、统治中国人民，抗联战士对日本人都有一种仇恨心理。这个日本人怎么样呢？经第一军战士向工人们询问，知道这个日本人叫福健一夫，不是日军官兵，是土口子隧道工地绑架子工工头。他为人和善，不欺侮中国人。根据抗联对俘虏的罪恶严重者惩处、轻微者经教育后释放的政策和工人们对他的反映，对他进行教育后，准备释放他回去。但他说什么也不走，并恳切地要求参加抗日联军。

是什么动机，促使一个日本人要参加抗日联军呢？一些战士很不理解。对于这一情况，军部秘书处长兼作战参谋韩仁和向杨靖宇做了汇报。杨靖宇听后，便亲自与福健一夫进行了交谈。

杨靖宇问他："你一个日本人，为什么要参加抗日联军？"

福健一夫用生硬的中国话回答："日本侵略中国是不好的事，我是个工人，反对这种做法。我国的平民百姓也反对这么干。眼下只有制止这场战争，才能挽救中国人和日本人。"

杨靖宇认为他说得在理，也很实在，但考虑到游击战争生活的艰苦性、斗争的复杂性和残酷性，便婉言地谢绝了他。然而福健一夫却执意要求参加抗联部队。

福健一夫诚恳地说："我明白，当红军在山上，生活是无比艰苦的。拿一般的武器和有优势装备的日军作战，也是很危险的。另外，两个民族的习俗上有差异，工作也会有困难的。可是，我想了，你们不怕流血和失去生命，我为什么不能做到呢？为了制止战争，我就是死了，也是心甘情愿，理所当然的。将军阁下，你只管放心好了。"

杨靖宇被他执着的心志和诚恳的话语所感动。他考虑到如能吸收一名日本人参加到抗日联军队伍中来，对于扩大抗联影响，号召日军反战、伪满军哗变都会是有好处的。同时，在战斗中也会发挥特殊的作用。于是，就决定吸收他参加抗日联军，将他分配在教导团（1938年7月后改编为警卫旅）机枪连二排当战士，被编为"八号"（当时，部队战士都有编码代号）。

抗联部队中吸收一名日本籍战士，杨靖宇对此十分重视。他指示军部秘书处长兼作战参

---

① 福健一夫，一些文件、回忆录写作富健一夫或福间一夫。

谋韩仁和一定要在政治上多关心他,在生活上多关怀他,在作战时多关照他。

根据杨靖宇的指示,韩仁和参谋以及机枪连的指战员们经常与他谈心。一次,战士沈凤山问福健一夫:"你是日本人,怎么还和我们在一起打你们日本人?"

他回答说:"我们日本国侵略你们中国是不对的,不对的战争,谁都应该去制止。"

福健一夫回答得十分干脆、果断。他的回答使周围的战士们都很受感动。一个日本人能主动帮助中国人打击日本侵略者,怎能不令人受到鼓舞呢!

福健一夫在抗联第一军亲眼看到杨靖宇平易近人,身先士卒,与战士们同甘共苦,官兵平等,一个司令官没有一点官架子,深感不可思议。他说,这在日本关东军中是根本不可能的。仅从这点说,抗日联军就不是一般军队所能比拟的。他看到抗联战士们为了祖国的解放,甘愿抛家舍业、吃苦受累、流血牺牲,对他们深感敬佩,他坚信有杨靖宇这样的指挥官,有他身边这样的战士,抗日战争一定会胜利。

福健一夫在机枪连表现不错,他关心同志,能吃苦,行军时帮助别人背东西,宿营时主动上山打柴,作战时非常勇敢、顽强。他除了英勇参战,还积极进行反日宣传工作,干得很出色。

一次,韩仁和参谋问福健一夫:"你想参加中国共产党吗?"

福健一夫回答说:"我为什么不想参加共产党?中国能要我参加吗?"

韩仁和参谋说:"你好好干,将来会要你参加的。"

福健一夫说:"我提一个问题,将来中国革命成功了,我留在中国行吗?"

韩仁和参谋说:"行啊!中国是一个多民族的国家,你对中国革命有功。只要你要求留在中国,中国政府会把你留下来的。"

福健一夫高兴地说:"还是中国人好,日本军队心的坏啦坏啦的,他们到中国什么坏事都干,一定要把日本军队赶走。"他继续说:"今后我就不是日本人,我是中国人啦!行吗?"

韩仁和参谋和同志们都热烈鼓掌,表示欢迎,同志们高喊:"噢!福健一夫变成中国人喽!"福健一夫听后,激动地和同志们一一握手。①

时间一长,福健一夫和战士们就处熟了。他们相处得很融洽,他和战士们也有了深厚的感情。同志们对他也不见外,有时还与他开玩笑,给他起了两个外号,称他为"老日本"或"罗圈腿"。对此,他也没有反感,竟愉快地答应着。一次,杨靖宇听到了战士们叫他外号,认为这是不尊重人的表现,虽然福健一夫没反感,但这很不礼貌,也含有歧视人的味道。他告诉韩仁和参谋,不要让战士们再这样叫了。韩仁和把杨靖宇的指示传达给大家,同志们再也不这样叫了,而是叫他"福健"或代码"八号"。福健一夫知道是杨司令不让战士们叫他的外号,司令这样关心他,爱护他,使他很受感动。

1938年秋,杨靖宇率警卫旅向北转移。途中,一个夜晚,由于敌人追击,部队走错了路,走到了敌人封锁的公路上。

月夜里,只能看到模糊的人影,看不清彼此的服装和面孔。这时,恰有一支日军巡逻队走过来,发现公路上有队伍,便叽哩哇啦地问,你们是哪部分的。此时,如果要回答不上来,或回答得有出入,日军巡逻队就会开枪,引来更多的敌人,那结果将是十分危险的。就在这关键时

---

① 姜殿元:《我在桦甸的抗联生涯》,载《桦甸党史资料》第一辑。

刻,福健一夫高声用日语回答了日军巡逻队的问话。日军巡逻队听到后,没有再追问,我军顺利地跨越公路,进入公路旁的庄稼地里。①

福健一夫对日军巡逻队的及时而又果敢的回话,使我军化险为夷,大家都深深地松了一口气。事后,杨靖宇对他的机智和勇敢给予了表扬,号召同志们向他学习,说他是一个有正义感的国际主义者,要从他身上受到斗争的鼓舞。因为,一个日本人为了中国人民的解放事业,都敢于冒生命危险,在关键时刻勇敢地挺身而出,那么,一个中国抗日战士还有什么可说的呢?

在艰苦的抗日斗争中,杨靖宇十分关怀福健一夫,经常通过韩仁和参谋和机枪连的战士们了解他的思想、生活、作战状况。当他知道这位日本籍的抗联战士能吃苦,表现很好,很是高兴。他一再叮嘱大家一定要照顾好这位特殊的抗联战士,比如在生活上可以给他一点特殊待遇,吃东西时,尽量让他吃多点;穿衣服,尽量让他穿好点;在战斗中,要注意保护他的安全,避免出现伤害他的危险。根据杨靖宇的指示,同志们真的这样做了,尽量去照顾他。对此,福健一夫十分感激。可过一段时间,他感到这样做很不好,这不是对他另眼看待,把他视同特殊的抗联战士了吗?他坚决不同意对他给予另样的待遇。在以后的日子里,他和其他战士一样同甘共苦,没有鞋穿,他就学其他战士的样子用块麻袋片包在脚上;没有吃的,他就与别的战士一样吃河边长出的小叶芹(一种野菜)。尽管这样过着极其艰苦的战斗生活,可他参加反抗侵略战争的决心一点也没有动摇。在一次袭击敌人木场、夺取给养的战斗中,福健一夫带病参加战斗。在俘虏伪警察时,他动作敏捷,首先冲进敌人住房就撂倒一个。在战斗结束往外背给养和衣物时,他强忍病痛和其他战士一样去背。他一步三晃,异常吃力。同志们看到后,都要替他背,可他不答应,最后经再三动员他才勉强同意,把粮食让给别人背,而衣物,仍坚持自己背。他为了不拖累大家,咬紧牙关,坚持往前走。同志们看到他,无不佩服这位日本籍抗联战士的坚强毅力和苦战精神。

1940年初,根据战斗需要,福健一夫随韩仁和所率部队北上桦甸,离开了杨靖宇直接率领的部队。分离后,杨靖宇还时常想念福健一夫,但由于战斗频繁、紧张,他再也没有见到这位日本籍的抗联战士。

福健一夫是东北抗日联军中的一位特殊战士。在1941年抗联一路军同志在苏联野营整训期间撰写的《磐石游击队的历史》中,曾这样记述他:"1938年我们破坏梅辑路时,抓来日本工人中有一名富健一夫者,坚决要求参加我队抗日。我们收留以后,他在队内确表现出勇敢、吃苦耐劳的模范,在政治上起了不少的作用。可惜在1940年作战牺牲了。"②

福健一夫在艰苦的游击战争环境下,与中国抗日战士并肩战斗二年零五个月。1940年11月,他随队转移,于东宁二道沟战斗中不幸牺牲。③

---

① 沈凤山:《忆福间一夫》,载《吉林文史资料》第二十三辑。
② 《磐石游击队的历史》(1941年),载中央档案馆等编《东北地区革命历史文件汇集》甲62,第318页。
③ 《东北抗日联军第一路军一九三二年至一九四〇年阵亡统计表》中,对福健一夫有如下记载:"姓名,福健一夫;性别,男;民族别,日;职别,机枪连队员;是否党,空白;牺牲年月日,1940.11;牺牲地点,东宁二道沟。"

杨靖宇对福健一夫的关心和福健一夫的斗争事迹,成为抗联队伍中盛传的佳话。

六、召开第二次老岭会议

随着抗日武装斗争的深入开展,日伪当局不断加紧"讨伐"党领导的抗日联军,斗争形势越来越严峻。如前所述,1937年冬,敌人已在东南满集中力量大规模"讨伐"抗联第一路军。日伪当局认为"于康德二年抛弃根据地磐石进入东边道的东北抗日联军第一军军长杨靖宇为总指挥,拥有金日成、崔贤、程斌、方振声、朴得范等经过沙场战斗千锤百炼的巨魁,而大逞凶威,成为东边道产业开发上的恶性肿瘤。扫荡这些匪徒已成为完成国策的重要问题,有关各省自不消说,乃至日满军警也都把殊死的努力集中到这里。这些共匪占据天险,巧揽民心,捕获或歼灭他们实难如愿以偿,而是越来越猖獗,乃至达到极点。"①日伪当局为了消灭活动在东南满地区的抗联第一路军各部,采取各种办法:在军事上,敌人派出大批兵力进行军事"围剿",为剿灭活动在本溪的第一军一师部队,遂令装备优良,训练较好的470余名警察队于4月中旬分四路实施包围攻击,双方展开激战。在经济上,进一步实行封锁政策,制定所谓"经济犯条例",凡布匹、棉花、粮食、食盐、药品等物资一律严格控制购买数量,并不许百姓向外地带出。同时,极力推行并强化旨在分割抗联部队与民众关系的所谓"匪民分离"政策,大建"集团部落"。据统计,1938年日伪当局在杨靖宇所指挥的抗联第一路军部队活动的吉林、通化地区建有2500个"集团部落"。不仅如此,还大量修筑"警备道路",架设"警备电话线",以增加"讨伐"的机动能力。仅在1938年,通化、柳河、金川、辉南、濛江等县,修筑"警备道路"472公里,架设"警备电话线"长度872公里。由于日伪军的残酷"讨伐",抗联第一路军经过艰苦努力开辟的根据地皆被破坏,有的地方变成了"无人区"。

日本侵略者还采取"剿抚兼施"的手段,在进行军事进攻、经济封锁的同时,一改过去屠杀抗联投降人员为招降纳叛、拉拢利用的政策,对抗联实行政治瓦解。为此,敌人的口号由"专打红军,不打胡子"改为"专打杨靖宇直属部队,不打红军小部队"。同时,不断加强所谓特别"归顺"工作。在日本人操纵下,由伪警察组成许多"推进队""游击队""特别工作班",其中由长岛玉次郎军曹长组织的"特别工作班"活动更加猖狂。这个"特别工作班"除有宪兵、伪警察、特务参加外,专吸收敌人认为有利用价值的投敌叛变分子,其任务是搜集有关中共南满省委及抗联第一路军情报,对抗联部队进行秘密策反、招降,做所谓"归顺"工作。

在这种敌人疯狂向抗联第一路军进行"讨伐"的形势下,为使抗联干部、战士认清抗日武装斗争前途,渡过难关,杨靖宇对干部、战士经常做政治思想工作,教育干部、战士不为困难吓倒,要坚定信心,经受起任何艰难困苦的严峻考验,坚守革命气节,坚信抗日斗争终将取得最后胜利。同时,也大讲丧失革命气节,向敌人屈服定为抗日军民所不容,更不会有好下场。但是,随着斗争形势日趋恶化,思想政治工作并不能在所有人身上都发挥作用。抗联队伍内部的极少数不坚定分子,在残酷斗争面前,思想开始发生动摇。他们经受不起艰苦斗争的考

---

① 伪治安部编:《满洲国警察史》(1942年),第209页。

验,对斗争前途感到绝望。有的逃跑脱离了抗日队伍,有的听信敌人欺骗宣传,下山向敌人投降,有的被敌人逮捕后叛变。一些可耻的投敌叛变分子被日伪当局所利用,认贼作父,甘心为其充当鹰犬。他们或被吸收到特务机构中,专事破坏共产党的地下组织;或被分配到"长岛工作班"从事诱降、分化抗联活动;或被委以"讨伐队"头目,专门进行寻觅"围剿"抗联部队及其指挥部。

自1937年冬到1938年夏,抗联第一军出现的投敌叛变分子中为害最烈的有三人,他们是胡国臣、安光勋和程斌。

胡国臣,叛变前为中共党员,抗联第一军军需部部长。1937年12月9日,日军贞明大尉率黑崎游击队(属木越部队)连同"长岛特别工作班"、伪警察队袭击了位于桓仁县第六区的第一军军需部所在密营,致使胡腿部受伤。21日,胡转移至另一密营养伤时,被日军上原部队俘虏。在"长岛特别工作班"威逼诱惑下,胡动摇叛变,投降了敌人。

安光勋,叛变前为中共党员,抗联第一军参谋长兼政治部主任。1938年2月13日,叛徒胡国臣引领敌人在桓仁小通天沟抗联第一军密营,将南满省委宣传部印刷主任李永浩(又名"反帝")打死,同时将安光勋捕获。安被俘后,亦在敌人威逼诱惑下叛变。

程斌,叛变前为中共党员,抗联第一军一师师长,1938年6月下旬,日伪当局按叛徒胡国臣所献计策将程斌之母亲、兄长由伊通抓至本溪碱厂,迫使程斌之兄程恩与其见面进行劝降。6月29日,日军黑崎游击队和"长岛特别工作班"在碱厂东12公里短脖沟,将程斌所率部队包围。程屈服于日伪当局的军事"讨伐"及"长岛特别工作班"招降政策,表示愿意解除武装,无条件投降。同时,程斌枪杀了反对他投降的三团政委李铁秀(又名"茨苏")。而后胁迫所部86人在本溪四区投降日军守备队。之后,又命令所部其他人员下山投降,结果第一师三、六团又有近30人投敌。7月1日,日本人经营的《盛京时报》报道了程斌等全部缴械投降的消息。7月31日,日伪当局在本溪日本小学校校园,为程斌及其部下共115人举行了所谓的"归顺"仪式。

胡、安、程叛变后,详细地向敌人供述了中共东北党组织和抗联内部机密。据"程斌供词提纲"所载,他向敌人供述了本人自然状况;入党以前的经历;在"共匪"中所担任的管理事宜;军党部的组织责任;队员训练情况;行军宿营的部署;募兵要点;部队武器子弹、衣服、粮食的补充办法;所采取的战术;通信联络方法;搜集情报的方法、手段;外围团体情况;抗联第一路军编制、装备、干部及成员;"共匪"行动方法;抗联第一路军军部行动、地址;第一师在东边道行动情况;东北抗日联军的主义纲领;宣传鼓动要点;对共产主义的认识;共产党的目的纲领;中国共产党的组织联络系统;中共的南满"赤化"工作要点;"共匪"及党部与国外的关系;南满省委;南满共产运动的过程及现在的情况;中共的路线过程;东边道共产运动的批判;现在的心境;现在对日本的看法;对中日事变的看法等共34个方面的情况。胡、安也按敌人要求供述了大致如上的情况。

无疑,胡、安、程等叛徒,供述给敌人的涉及党、军核心机密的问题,都是日伪当局极力想得到而难于得到的。当敌人得到他们的详细供述后欣喜若狂,深为其策反政策在这些意志薄弱者身上获得的成功而感到庆幸。因此，对于这些叛徒，他们都准备加以任用，利用他们协助日伪当局，消灭东南满地区党组织和抗日武装。敌人在得到胡国臣的详细供述后，作出对胡的处理意见是："该人是共匪第一军长杨靖宇最信任的一名，同时对第一军及南满省委情况最熟悉。因此，我们认为将来利用于消灭共匪工作上效果是很大的。现下于长岛工作班准备计划利用。"[1]对于安、程也是如此，敌人根据他们的供述，进一步对其软硬兼施、拉拢、腐蚀，以便利用他们去分化瓦解抗日武装，破坏党领导的抗日运动。

胡、安、程投敌后，甘心为敌人效劳。8月1日，这些叛徒身穿日本的协和服，头戴协和帽，由"长岛工作班"班长长岛玉次郎引领赴"新京"（长春）。8月2日，他们在"新京神社""忠灵塔"前，奴颜婢膝地顶礼膜拜后，又去拜访关东军司令部、关东宪兵司令部、伪治安部及协和会总部。这期间，日伪当局乘机大造舆论，在报刊上连篇累牍地发表报道：《绿林好汉程斌与记者一问一答》(《大同报》8月2日)，《原东边道共产匪首程斌深知共产主义之非，与胡国臣，安光勋等幡然悔悟》(《大同报》8月3日)，《长岛工作班工作成功，残匪输诚归顺》(《大同报》8月7日)。

胡、安、程的可耻叛变，对党对东北抗日联军造成极其严重的坏影响，对祖国对人民犯下了滔天的罪行。这些叛徒向敌人摇尾乞怜，表示"深悔以往之非，愿为王道政治下良民"。程斌还无耻地说，"我们过去敌视日本，进行黄色人种互打的行动，想起来令人感到赧然。将来应该以我们黄色人种的先驱日本人为骨干，大同团结，为建设健全的大亚细亚而前进。表示"愿让其所部一部归农，一部随长岛工作班从事工作，以对其他'匪团'，誓赎前罪"。敌人根据程斌的供述和彻底投降的态度，认为"有使其彻底了解王道之趣旨，认识满洲国之现状，对其他匪贼讲求分解之策"，即要充分起用这个叛徒，来从事分化瓦解抗联第一路军的罪恶活动。据伪满《大同报》报道，程斌投降后，通化日伪当局对其"训练"后，即以"程斌部队为中心，组织特别工作班，第一班辑安；第二班长白、濛江；第三班抚松、金川；第四班通化、柳河、辉南"，协助各县进行"治安工作"。而后日伪当局又先后委任叛徒程斌为富森工作队"讨伐队"副大队长、伪森林警察大队长，专事"讨伐"杨靖宇指挥的抗联第一路军。

在中国革命的历史上，国内外敌人无疑是极端凶恶可恨的，而那些卖身投敌、叛变革命，变成敌人的人更可恨。因为他们深知革命队伍内部情况、活动规律、行动路线、驻扎地点、密营所在等，由这些叛徒充当敌人鹰犬，就能起到敌垒中一般特务密探难以起到的作用。因而，革命事业也就将会遭到更大破坏。胡国臣、安光勋、程斌这三个曾在抗联第一军担任过重要职务的高级干部的叛变行动就是这样。他们的叛变不仅给革命队伍带来极大的坏影响，而且由于他们投敌之后，任从敌人摆布，尽效犬马之劳，给南满党的组织和抗联第一路军带来极大危害。

胡国臣叛变后，向敌人献出消灭南满省委和杨靖宇的对策：首先歼灭目前行动区域的游击队权、李、田、马、孟等五个指导员，阻断后方联络和衣粮的供给，依靠宣传，瓦解分散内部。

---

[1] 通化独立宪兵分队：《东北抗日联军第一军军需部长胡国臣审讯状况》(1938年2月)。

安光勋叛变后，在其出卖下，中共南满省委秘书处主任、第一军政治部宣传科长傅世昌于1938年2月25日于桓仁县第五区柞木台子被捕，并使敌人知道其确切政治身份。敌人极力向他劝降，傅世昌拒绝投降，最后于3月4日自杀牺牲。不久，敌人又按安光勋所述，于3月15日将位于桓仁四区前牛毛沟西岔的南满省委一处秘密营地捣毁，搜去大批省委重要物品如油印机、照相机以及《为粉碎冬季"大讨伐"给全党同志的信》《中央紧急通知》《目前南满形势与任务》《新政策全民族统一战线》等80余种党内军内文件和《列宁旗》《战斗》等党刊。程斌投敌后，即命令活动在其他地方的部下迅速下山投敌，并疯狂破坏地下党组织，使活跃在桓仁、本溪、兴京、宽甸的桓兴县委领导人陈秀明(李明山)，在地方上难以立足，桓兴县委自行消失。由于叛徒协助敌人破坏地下党组织，致使南满省委属下地方党组织，均处于无组织实体的状况。①这种破坏结果，无疑给杨靖宇领导的抗联第一路军所从事的抗日游击活动带来严重困难，并造成极大的危险。

程斌投敌事件的发生，是杨靖宇所始料不及的。程斌1932年就参加了抗日武装斗争，后任第一军一师师长，为了解程斌叛变的真实情况和尽最后的努力挽救他，杨靖宇曾派原由伪满军投诚来的张永海赴敌营打探，并给程斌写了一封信，信的大意为你若为"救母救兄"一时错打主意而走错路，尚属无奈。若你幡然醒悟，可密约地点，军部可派部队解救你。但杨靖宇得知程已死心塌地，不可救药后，便对这个丧失立场，背叛党和人民的民族败类极端鄙视。杨靖宇对叛徒十分痛恨，他过去五次被捕，历经的信阳、洛阳、开封党团组织被破坏、抚顺党团组织被破坏，无不是由于叛徒告密所致。此次程斌等叛变，肯定会给党领导的抗日事业带来严重的损失。杨靖宇在认真考虑办法，以应对由于程斌叛变将会产生的局势的变化。

抗联老战士于连水曾回忆道，1938年杨靖宇在一次大会上针对队内叛变分子的罪行向战士们讲话说："我们为了救中国，保卫老百姓，南征北战……要想真心保国，就不能调过枪来打中国同胞，我们要牢牢记住：先有其国，后有其家，同胞们，我们就是死也不能投降！大家说，能不能向叛徒学？"战士们异口同声道："不能！"杨靖宇又接着讲："我们现在受些苦，几天几夜不睡觉，这算得了什么？我们将来会胜利的，会过好日子的。"②

在这里，杨靖宇是以叛徒为反面教员，用抗日救国的真理教育广大抗联战士，鼓舞他们战胜各种困难，更加坚定地在白山黑水间，与日本侵略者进行英勇的战斗。

在程斌投敌叛变后，为使南满抗日运动免遭严重损失，根据当时紧急而又十分严峻的形势，杨靖宇及时地确定了应急措施，重新做出军事部署。同时，决定召开中共南满省委和抗联第一路军领导干部紧急会议，以进一步统一思想，认清局势，确定新形势下的斗争方略。

1938年7月中旬，杨靖宇在辑安老岭地区大阳沟附近抗联第一军密营，主持召开了中共南满省委和抗联第一路军领导干部紧急会议，即第二次老岭会议。

参加这次会议的有魏拯民、韩仁和、曹亚范、徐哲、陈秀明、伊俊山等。

---

① 日本关东宪兵司令部：《满洲共产抗日运动概况·1938年》。
② 于连水：《杨靖宇将军转战在白山黑水间》，载《红旗飘飘》第五辑，中国青年出版社，1957年12月版。

会上,讨论了第一路军及地方党组织在过去两年斗争的经过,分析了面临的形势,杨靖宇讲话指出,有人看到抗日艰难的现状就放弃了抗日,认为中国军队全失败了,便投降或企图投降。对日作战失败的观点在事实上是错误的。现在,举国人民都看到了残暴的日本侵略者真面目和本质,已进入一个长期抗日阶段。中国共产党受到绝大多数人民的信赖,我们必须执行中共主张的长期抗战政策,要树立直到战至一兵一卒的彻底抗日思想,获得最后胜利。东北抗日联军和党员应当开阔眼界,成为将来东亚革命的先驱。

为扭转因程斌等叛变造成的危险状态,会议决定:

1.改组原有的南满省委,为适应长期抗战,南满省委和一路军总部实行战时体制,抗联一路军总司令部内设置省委代行机构,实行党军一体化。

2.鉴于地方党组织及外围团体有可能受敌人破坏和镇压,暂将一些组织撤销,地方干部转入部队内。坚持对一般群众抗日宣传,树立抗日救国观念,致力于积蓄抗日力量,以期一旦时机成熟,同时起来进行地下工作。

3.取消抗联第一、二军及各师番号,将一、二军分别改编为抗联第一路军第一、二、三方面军,在总司令部下新设警卫旅。

4.因程斌等叛变一师大部损失,桓兴县委等地方组织遭损坏,失去西部地区活动基础,故取消原定一军西征计划,所有部队东进,依托长白山大森林与敌人展开斗争。各部队实行分区作战,具体为:第一方面军,在金川、临江、通化、辑安等地区。第二方面军,在濛江、抚松,长白、桦甸等地区。第三方面军,在额穆、绥宁等地区。警卫旅随司令部活动。

5.抗联第一路军总司令部在领导第一、二、三方面军开展活动之同时,及时派人去关内与中共中央取得联络,并获得指挥。

此次中共南满省委、第一路军领导干部紧急会议所做各项决议,在全局范围内重新调整了军事部署。这一整体的调整,致使日伪当局以为通过叛徒了解到我党我军情况便可立即将南满省委、抗联一路军一举消灭的梦想遭到破灭。

对于这次中共南满省委、抗联第一路军领导干部紧急会议,日本关东宪兵司令部评议说:"统治东边道且作为中共东北最高领袖杨靖宇与中国的中共中央长期全民抗日战争相呼应,坚决对南满党委及东北抗日联军第一路军进行彻底改组。""此次南满党军已改组而刷新阵容,绝非杨靖宇个人的独断专行,尽管由于前半期满军警继续加强布置治标工作和特别工作班(队)彻底地强化思想谋略工作,但他们仍对恢复祖国失地而'执迷不悟',和梦想在中国进行长期彻底抗日,全民战争之最后胜利一定是属于中国,且仍怀有一线希望,还坚持坚定的抗日信念,誓为抗日救国战线献身而直到最后一人。"日伪当局又说,"对一心纠合在此种坚定信念下燃起旺盛果敢斗志之同志,孜孜不倦地逐步积蓄抗日力量之杨靖宇一伙,应注意他们之动向,且现状已不容许片刻偷安。"[①]

在上述日本关东宪兵司令部的评议中,虽对杨靖宇及其领导的抗联第一路军极尽其污蔑之词,但他们又不得不承认杨靖宇及其领导的抗联第一路军仍在坚持坚定的抗日信念,斗

---

① 日本关东宪兵司令部:《满洲共产抗日运动概况·1938年》。

志旺盛,坚信经过长期彻底的全民抗战,最后的胜利一定是属于中国,誓为抗日救国献身直到最后一人。

以杨靖宇为代表的广大抗联战士十分清楚地知道,由于种种原因,关内抗战不能给东北抗日斗争以直接援助,东北抗日游击战争的困难有不断加剧的严重趋势,但是他们坚信日寇消灭不了在东北的中国共产党组织,消灭不了抗日联军,消灭不了东北人民的抗日救国运动。因为,日本侵略者尽管在政治、军事、经济上不断加强对东北人民的统治和镇压,但它造不成殖民地统治的社会基础,即东北各族人民对其统治始终处于对立的反抗地位,永远不会甘作亡国奴。换句话说,日本侵略者无法解决中日之间的尖锐的民族矛盾。中国人民与日本帝国主义冰炭不同炉,誓不两立。日本侵略者越是加紧对东北人民进行压榨,东北人民为了寻求生存的出路,就必然要对日寇强暴的摧残、踩躏进行更为坚决的反抗。虽然日本帝国主义不断镇压破坏中国共产党领导的抗日救国运动,但他们不能消灭广大人民群众对共产党的信仰,不能消灭共产党领导的抗日救国工作。因此,抗日联军中除程斌等民族败类外,绝大多数指挥员的斗志是坚定的,是能够忍受一切艰难困苦,与日本侵略者血战到底,直至取得最后胜利的。杨靖宇等就是固守这一抗日必胜、任何时候都要忠诚于党的、人民的、伟大抗日救国事业的坚定信念,而坚持领导开展艰苦卓绝的抗日武装斗争的。

第二次老岭会议结束后,按照会议精神,首先组成了警卫旅。警卫旅由原第一、二军教导团和第二军独立旅组成,旅长方振声,政委韩仁和,下设第一、三团。一团(原第一军教导团)团长许国有,政委黄海峰,参谋长丁守龙,团部下设四个连。三团(原第二军教导团)团长朴先锋,团部下设三个连,每连下辖三个班。第二团为司令部代号。警卫旅共500人,由第一路军总部直接领导,随杨靖宇一起活动。

同时,将第一军二师、三师编成第一方面军。指挥曹亚范、政治部主任伊俊山、参谋长尹夏太。第一方面军下辖一个团,共250人。该方面军编成后,在曹亚范率领下,在辑安与敌人展开英勇斗争。曾进攻辑安北大街,袭击驻守在双安村的铁路保安队,攻下活龙盖,打进青沟子"集团部落"。1938年冬,第一方面军离开辑安,转战到临江、通化、濛江等地活动。

第二方面军是同年11月25日,在濛江南泊子以原二军六师为基础编成的。指挥金日成,政治部主任吕伯岐、参谋长林水山。第二方面军下辖四个团,共350人。该方面军编成后,在金日成率领下,由濛江向临江一、二、三道沟等地挺进,经过艰难的进军到达目的地,在那里开展游击活动。

第三方面军成立较晚,1939年7月,在安图汉窑沟附近以原第二军第四、五师为基础编成,指挥陈翰章、副指挥侯国忠、参谋长朴德范。第三方面军下辖三个团,共300余人。该方面军编成之前,在陈翰章率领下,在宁安、东宁、额穆、敦化等县开展游击活动,曾于1938年7月对日本侵略者苦心经营的镜泊湖水电站建筑实施大破坏,捣毁了工程事务所。之后,在新塔二站与日军交战,歼敌30余人。8月,在宁安粉碎敌军对横道河子的进攻,毙伤敌200余人,缴获大批武器、弹药及测量器材等军需物资。第三方面军在积极开展游击活动,打击敌人的同时,还担负着贯通东南满与吉东、北满地区抗日联军联络的任务,以使整个东北抗日游击战争密切联系起来。

杨靖宇主持召开的第二次老岭会议,针对程斌叛变后出现的新情况,将整体军事部署及时做以调整,决定改编第一路军各部队,实行分区作战,对于扭转由于队内出现叛徒而造成的困难局面,冲破敌人的"讨伐",坚持开展长白山区的抗日游击战争,有着十分重要意义。

七、痛歼"满洲剿匪之花"

还是在1938年6月初第一次老岭会议结束后不久,第一军司令部即通过被抗联一军团结争取过来的辑安东岔伪警察分驻所所长刘邦林得知,伪满军混成旅旅长索景清率步兵第三十二团、三十三团、教导骑兵队来到辑安,连同辑安县伪警察大队驻在热闹街和青沟子,要前来"讨伐"抗日联军。

伪满军索旅穷凶极恶,号称"满洲剿匪之花"。这支军队原驻热河,专门与抗日军作对。因在热河"剿匪"有功,1936年即被调到通化地区,令其"讨伐"抗日军王凤阁部队,而后又被调来"讨伐"杨靖宇领导的抗联部队。该旅旅长索景清少将军衔,自恃部队训练有素,装备精良,又有日本人饭冢中佐任教官,①曾狂妄叫嚣"包打杨靖宇",妄图在东南满再一显身手。此时,正当第一次老岭会议结束不久,第一、二军干部、战士斗志高涨,都要求和这股敌人打一仗。杨靖宇和魏拯民等经过认真研究,制定了战斗计划,决定采取诱敌袭击战术消灭这股气焰嚣张的敌人。计划确定先由魏拯民率第二军教导团先行袭击蚊子沟伪警察分驻所,引诱伪满军索旅到蚊子沟方向来。然后,由杨靖宇率大部队埋伏在蚊子沟西南面的家什房子,待其从蚊子沟出来,好消灭这股敌人。

依据战斗计划,6月6日晚,魏拯民率第二军教导团和二师一部共250人,攻下辑安县蚊子沟"集团部落",解除了伪警察分驻所、伪自卫团武装,缴获步枪20余支。之后,于次日凌晨撤出蚊子沟。

果然不出所料,伪满军索旅派出步兵三十二团一个营的兵力,由热闹街向蚊子沟方向赶来。这股敌人在伪县警察大队引领下,经天桥沟,转到蚊子沟围子,但未发现抗联踪影。于是,在蚊子沟驻扎下来。

至6月10日,杨靖宇率部在家什房子沟口已埋伏四天,仍不见伪满军索旅从蚊子沟出来的动静。有的战士表现出不耐烦,杨靖宇让大家坚持下去,不要松劲。6月11日晚,伪满军索旅打电话向辑安县城索取给养,此情况被第一军电话员侦知。当夜,杨靖宇派一支小部队在公路上设伏,在小青沟拐弯处卡截了敌人运送的给养——一车白面饼,俘虏了押车的敌人,并故意放掉两个,让他们跑回报信,以调动敌人。

6月12日晨,伪满军索旅步兵三十二团一个营约120人,被从蚊子沟围子调动出来。当敌人行至家什房子沟口第一军埋伏阵地时,杨靖宇一声令下"打!",便遭到了在此等候数日的第一军战士猛烈痛击。十几挺机枪强大火力一起射向敌群。顿时,猝不及防的敌军被打得鬼

---

① 伪满军各旅配属的日本军官称"教官",实为各旅指挥官。

哭狼嚎。接着,第一军战士勇猛冲向敌人,与敌军展开肉搏战。敌人见第一军战士来势凶猛,纷纷投降。此战进行得干净利落,可谓速战速决,不到一个小时即结束了战斗。战斗中,毙伤伪满军索旅 30 余人,俘虏 80 余人,缴获轻机枪 7 挺,步枪 100 多支、手枪 10 支、望远镜 2 个,及大量弹药和给养。①

家什房子沟口战斗遗址

这次战斗消灭伪满军索旅一个营,第一军伤亡二人。战斗结束后,部队返回驻地召开了庆功大会,杨靖宇高兴地说:"这是老岭会议之后,我们和第二军部队会师后打的头一仗,收获不小。'满洲剿匪之花'开始'蔫巴'了。"会上,表彰了有功战士。杨靖宇还另外表彰了为第一军提供准确情报的辑安东岔警察分驻所所长刘邦林,称他是第一军的"无线电"。

7 月上旬,伪满军索旅奉命又从临江来到辑安。一天,第一军又通过东岔伪警察分驻所所长刘邦林得知,伪满军索旅三十二团纠集两个连,组成先锋营要来双岔河。次日,当"先锋营"行进到离双岔河不远的六道沟时,被杨靖宇事先布置于此的第一路军警卫旅缴了械,两个伪满军连长被俘虏。战斗结束后,杨靖宇对军部参谋长杨俊恒说:"这回,咱们又摘掉'满洲剿匪之花'两个花瓣,以后有机会,要把这朵毒花全部打掉!"

伪满军索旅接连两次受挫,大伤锐气。但伪旅长索景清不甘心失败,总想与杨靖宇所率部队再进行一番较量。7 月末,伪满军索旅教导骑兵队和步兵三十三团共 350 余人,从辑安县城出发,来到通辑公路长岗段"追剿"杨靖宇所率部队。

当时,杨靖宇率领警卫旅和第一方面军(一军二师),正在辑安长岗庙岭一带筹集给养。

---

① 《抗联第一路军一九三二年至一九四〇年主要战斗统计表》(1941 年初),载中央档案馆等编《东北地区革命历史文件汇集》甲 60,第 239 页。

因忙了一天,部队便住在离长岗庙岭不远,仅隔一道岭的八宝沟里的小堡屯。8月1日晚,杨靖宇与魏拯民、军部参谋长杨俊恒、第一方面军政治部主任伊俊山等研究第二天的军事行动,准备去小堡西北边的一村屯筹集给养。

8月2日上午,部队刚向西北方向出发,一位来自庙岭的老乡气喘吁吁地前来报告,说长岗公路上来了一支日伪军。原来,这位老乡住在公路旁。他家来了两个伪满军,一进门张口就要大酱,说是团长要吃。这两个伪满军在他家没翻着,骂骂吵吵一顿走了。两个伪满军走后,这位老乡出门一看,公路上有不少敌军,便赶忙翻过岭来向我军报信。

杨靖宇听到这一消息后,即派一名战士在小堡屯里弄来一盆大酱和一把大葱。然后,告诉那位老乡带上大酱、大葱回去,如此,如此……并派一名侦察员陪同前往。

到了庙岭,侦察员隐蔽在公路旁的树丛草棵子里,察看公路两旁的敌情。而那位老乡拿着大酱、大葱来到伪满军团长住屋。老乡一进屋,看见还有几个日本人,便说:"好不容易搞来了一盆大酱,请皇军、老总们用吧。大热天,皇军、老总剿匪真是辛苦啦!"伪满军团长见有老乡送大酱来,很是得意。这位老乡一边侍奉日伪军官,一边探听消息,得知这支伪满军是索旅教导骑兵队和三十三团。不一会儿,伪满军团长抓大葱让日本指导官和其他伪满军军官吃,并说:"快点吃,下午四点好起队。"这时,这位老乡说:"这大葱太埋汰了,我拿到外面洗一洗。"日本指导官以为这老乡是在为他效劳,连声说:"你'满洲国'大大的良民。"老乡拿起大葱连忙跑到侦察员隐蔽的地方,告诉他这股伪满军是索旅,屋里有不少日伪军官和下午四点钟要出发的情况。而后,侦察员便返回部队驻地,将侦知的情况向杨靖宇做了汇报。

原来,让老乡拿大酱、大葱去伪满军团长住屋摸取情况,是杨靖宇想出的办法。

根据侦知的情况,杨靖宇临时召开一个干部会议,决定把队伍(约450人)开到庙岭去消灭这股敌人。于是,将后队变为前队,翻过山岭,穿过沟膛、草甸,来到接近庙岭的山上。

这时,只见许多害怕伪满军抢劫的老百姓背包撅伞跑了过来,跟在队伍后面。他们知道这是抗联队伍,来寻求保护。杨靖宇决定让部队暂时停止前进,将跟随部队后面的老乡安排、隐蔽好。

之后,杨靖宇继续率队前进。部队来到庙岭后,杨靖宇站在山顶用望远镜向公路望去,只见长岗公路两旁的小树上挂满白花花的衣衫。原来,这股伪满军还在休息,因天热,便脱掉衣服挂在树上,有的在乘凉,有的在吃饭,有的在睡觉。看来,敌人没有发现我军。杨靖宇仔细地观察了周围的地形,然后问伊俊山:"地势怎样?"伊俊山说;"不错,只是射程远点。"杨靖宇说:"把敌人再往下放一放,待距离近一些再打。"又说:"可派一个连穿过长岗公路占据对面的制高点,再在长岗公路与通向八宝沟山路的交叉口处设下伏兵,等敌人起队行进到我军设下的埋伏线时,就能彻底消灭这股敌人。"杨靖宇的意见得到了司令部同志的赞成。为争得主动,抢占有利地势,切断敌人的退路,杨靖宇派第一方面军一个连去占领这个制高点,并再三嘱咐这位连长一定要守住这个制高点。他说:"我们占领了这个制高点。就可以居高临下打击敌人,敌人就没有了退路。"接着,杨靖宇率领部队,沿埋财沟向长岗公路行进,把伏击部队布置在长岗公路通往八宝沟沟口山路两旁。

近下午四时,看见敌人开始穿衣、集合整理队伍,准备上路了。这时,有的战士说:"司令,快下命令吧!"杨靖宇说:"别着急,作战要掌握时机,现在敌人刚起身,离林子很近,我们一开枪,他们就会钻到林子里去,达不到我们消灭敌人的目的。要等敌人进入我们的埋伏线再打不迟。"又待一会儿,敌人队伍终于全部进入了警卫队和第一方面军的埋伏线,只听杨靖宇高喊一声:"打!"接着,约有二十几挺机枪和四百多支步枪一起向敌人射击。敌人在抗联战士的猛烈火力下,被打得晕头转向,四处乱跑。有的钻进路旁深沟,有的跑到草丛里,有的趴在马肚子底下,乱成一团,狼狈不堪。在敌人遭到沉重打击后,埋伏在树林、草丛里的警卫旅、第一方面军战士在冲杀声中,一跃而起,似猛虎下山,冲向敌阵,用刺刀与敌人展开搏斗,缴获不少武器。

这时,占守山上制高点的第一方面军一连战士,看见大部队在公路上与敌人搏斗说:"人家在与敌军搏斗,我们却在这观景,咱们也应该下去捉俘虏,缴几支枪,给杨司令送去。"于是,便也跑下山来参加缴枪、捉俘虏的战斗。结果,一股敌人乘虚而上,占领了这个制高点,用机枪向我军猛射。

顿时,战场形势发生不利的变化。杨靖宇见此,立即下令,一定要把这个制高点夺回来。但是,一个阵地丧失容易,夺回却很难。第一方面军战士经几次冲锋,皆因敌人火力压得过猛,没有成功。这时,军部参谋长杨俊恒亲自率队冲了上去。当快到山顶时,不幸,杨俊恒中弹牺牲。杨靖宇听到杨参谋长牺牲的消息,立刻命令必须把这个制高点夺回来。他说:"纵然打死一百个敌人,也抵偿不了一个优秀共产党员的生命,一定要为杨参谋长报仇。"说罢,他亲自指挥机枪连,掩护冲锋队冲上山头,战士们在"为杨参谋长报仇!"的震天响的口号声中,勇猛向山头冲击,终于夺回了一度被敌人占领的山头。第一方面军夺取了制高点,又争得了主动。最后,经激烈战斗,伪满军索旅彻底失败,敌人的尸体摆满公路和山坡,一部分被俘虏,其余官兵狼狈逃跑。

这场战斗,警卫旅和第一方面军指战员击毙日本指导官骑兵中尉西田重隆和步兵上尉高冈武治,毙伤日伪军60多人,俘虏30多人,缴获机关枪4挺、步枪50多支、匣枪4支、望远镜2个,以及大量军需物品。①对于这次战斗,群众称之为是抗联的"长岗大捷"。1938年8月8日《泰东日报》和同年10月伪满《治安概况月报》记载说:"满军索部队在辑安县第一区长岗,同杨部毕团长以下约300名交战,受到重大伤亡和损失。"因为此次战斗发生在日本侵略者在中、苏、朝边界挑起张鼓峰事件②之时,故这一战斗的胜利在客观上起到呼应、配合苏军攻击日军的作用。

如前所述,第一次老岭会议之后,杨靖宇率队与伪满军索旅较量,消灭其大部。这次长岗

---

① 《抗联第一路军一九三二年至一九四〇年主要战斗统计表》(1941年初),载中央档案馆等编《东北地区革命历史文件汇集》甲60,第239页。

② "张鼓峰事件",1938年7月底日军在中国、苏联、朝鲜三国交界处的张高峰(今称张鼓峰)地方向苏军挑衅,在苏军的有力回击下,日军失败求和。8月11日,在莫斯科签订了张高峰停战协定,规定双方立即停战。

战斗又是与这支伪满军较量。经过这次战斗后,号称"满洲剿匪之花""包打杨靖宇"的伪满军索旅全部被歼灭。从此,这支骄横的伪满军在通化地区,再也看不到它的踪影。人们说日本"皇军"十分欣赏的这支毒花在杨靖宇所率部队的打击下,彻底"凋零",被连根拔掉了。

八、组建少年铁血队

在抗联第一军中有一些少年战士,小的十四五岁,大的十六七岁。他们有的是随父兄参加到抗日联军里来的,有的是无家可归的流浪儿,有的是家人被日伪军杀害,自己投奔抗日队伍的,也有的是几次作战中解放劳工里的童工。这些战士人小志气大,他们和部队中的青壮年战士一样都有革命到底、誓把日本侵略者赶出中国的坚定信心。这些小战士曾分别编排在各团少年营中。据1934年一份报告中说:"少年营是团领导的。现在和一团共同活动,共三十五六人,两个排;营长请假,现在还没有营长,政委是团韩国李同志,过去当营长,两个排长都是团同志,队员十分之七八是同志,有团支部,每排一个小组。班长以上负责人都是团同志"①

杨靖宇十分关心这些小战士的成长,他把这些小战士视为抗联骨干的预备队。杨靖宇考虑到这些小战士分编在各队之中,行军作战不够方便,他决定用在长岗战斗中缴获的三八式马枪把这些小战士进一步武装起来,统一编成一个部队,在司令部直接领导下进行活动,以引导他们在反日战争中学习军事,学习文化,锻炼成长。这一决定得到魏拯民等其他领导的赞同。

开始时,这些小战士统一被编入少年连。以后杨靖宇还专门给这支由小战士组成的特殊部队起了个名字,叫"少年铁血队",以表现少年的英武、坚强、不怕流血牺牲的革命精神。在抗联第一军做过军部团委书记工作的赵振华深情地回忆说:"少年连的战士年龄都很小,部队首长特别爱护他们。根据不同的情况使用他们,一般都是交给他们一些较轻的战斗任务,战斗有利,胜利有把握,伤亡不大时就把任务交给他们。比如部队打胜了,冲锋、追击敌人让他们参加,使他们受到锻炼,得到收获,增强他们的胜利信心。还组织他们进行学习,开展文艺活动,宣传群众等等,少年连像个大学校,培养出许多优秀的青年干部。"②

一天,杨靖宇从他的木制文具盒里拿出两支钢笔,对他的警卫员王传圣说:"小王,送给你一支钢笔,你要哪一支?"

王传圣知道这是司令常用的心爱之物,怎么要给自己呢?很是不解。

杨靖宇见小王发愣,便解释说:"组织上决定成立少年铁血队,任命你当指导员,送你一支笔,好学习用。你跟我一回,这也是我一点心意。"

王传圣见杨靖宇这样关怀他,十分激动,但他不愿离开杨司令。便说:"还是调别人去吧,

---

① 《×××磐石巡视工作报告》(1934年9月24日),载中央档案馆等编《东北地区革命历史文件汇集》甲20,第195页。

② 赵振华:《难忘的战斗生活》,载《东北抗日联军史料(下)》,中共党史资料出版社,1987年版,第562页。

我不离开你,我也没经验,不会干。"

这时,杨靖宇耐心地说:"小王,我也舍不得你离开我,但总得有人去当少年铁血队的指导员呀!哪个人生下来就会带兵打仗?都是边学边干锻炼出来的。"

王传圣听罢,只好接受下来。

杨靖宇很高兴,拍着他的肩膀说:"小王,你不愧为我的警卫员,是好样的!"

1938年8月中旬,少年铁血队在辑安蚂蚁河上游六道阳岔正式成立。全队共50余人,高玉信为队长,王传圣为指导员。全队分为第一、二、三班,少年铁血队组建后,杨靖宇更是常到部队内看望小战士们,有时还给小战士讲课,做报告,组织他们学文化。他常常给少年铁血队的队员提出一些问题,如什么叫革命?为什么要革命?当前主要的敌人是谁?日本帝国主义侵略东北都干了什么坏事?我们应怎样对待这帮混蛋?让少年队员认真讨论。他还要求少年铁血队指导员王传圣把学习、讨论领导好。

一天,杨靖宇来到少年铁血队给小队员做报告,他讲道:"第一,少年铁血队是连队,又是学校,要学习文化;第二,要培养警卫员;第三,要求大家听从指挥,服从领导,锻炼打仗。"他的报告浅显易懂,小战士听后十分高兴,都决心按司令提出的要求去做,一定要听从指挥,服从领导,在对敌斗争中锻炼自己,使自己快快成长。以后这支队伍就一直跟在他身边。

一次,少年铁血队的小战士们看到其他连队都有威力很大的机关枪,就对杨靖宇说:"司令为什么不给我们发一挺机关枪?"

杨靖宇解释说:"你们刚成立,没有战斗经验,部队的每挺机关枪都是战士们用鲜血换来的,不能随便就丢掉了。等你们锻炼一个时期就可以使用机关枪了。"

一位小战士见杨靖宇这样说,就提出:"要是我们自己从敌人手里夺来机关枪呢?"

杨靖宇说:"自己夺,有志气,夺得来就归你们使,不过夺一挺机关枪可不是一件容易的事呀!"

杨靖宇的一番话,对小战士是个鼓舞,大家都把司令的这些话记在心里,总想从敌人手里夺挺机关枪。

不久,部队进行长途行军。临行前,杨靖宇叮嘱少年铁血队的队长、指导员:"行军时你们跟在司令部后面,一旦发现敌人,叫打再打,叫撤马上撤,要听从指挥,服从命令。"

有一天,部队从临江六道阳岔驻地出发,少年铁血队队员跟在司令部之后,当部队向北进入红土崖附近时,与一股敌人相遇。少年铁血队的小战士见到敌人后,也积极冲向敌人。当司令部发现少年铁血队队员向敌人展开进攻时,杨靖宇怕这些少年队员战斗经验少,吃敌人的亏,即命令司令部特卫排赶快支援他们。在特卫排的支援下,少年铁血队队员越战越勇,把一股敌人赶到沟底下。这时少年铁血队高队长和王指导员发现四五个敌人扛着一挺机关枪在拼命逃跑,他们缴枪心切,便穷追不舍。追击中,虽然击毙两名敌人,但扛机关枪的敌人终于逃跑。少年铁血队没有能缴到这挺机关枪,大家都感到十分遗憾。

对此战,时任少年铁血队指导员的王传圣回忆说:

"一天,我们进到临江县境内,准备从红土崖东北方向插过去。不料从红土崖来了一股敌人,和我军一团尖兵连遭遇。许国有团长指挥部队将敌人堵住。司令部抢占北岗制高点,少年铁血队紧跟司令员前进。

　　我一回头,发现右后方小山头出现敌人,就立即命令铁血队反击,决不让敌人袭击司令部。我们扭过头来冲向敌人,高队长发现敌人有些慌乱,就发起冲锋。这时司令部发现铁血队反击敌人,特卫排的三架机枪开始向敌人射击,支援我们冲锋。战士们听见司令部的机枪打响,更来劲了。我们一口气冲上右边敌人占领的小高地,把敌人赶到沟底下,之后,敌人便被警卫旅一团从东、南、西三个方向包围住了。一、二两个班在班长带领下冲向沟底,把敌人顺利的缴械。

　　我和高队长带第三班追击向东逃跑的敌人,这时,发现有四五个敌人扛着一架歪把子机枪向红土崖方向逃窜,便紧追不舍。敌人跑进一片深蒿塘子里,我们个子太小,看不见。许团长在岗顶上喊:'敌人就在你们前边!'高队长跑进去,两枪打死两个,缴到一支三号匣枪和一支步枪。

　　战斗结束了,部队来到岗顶上休息。高队长问我:'奇怪,一团为什么不打呢?'我也纳闷。

　　这时见一团团长许国有在不远处,我便跑过去问他。许团长哈哈大笑说:'小王,你也不想想,我们要打,还有你们的份了吗?你们进去消灭敌人,我们给你们观敌瞭阵。敌人不反扑,我们就不打了,一旦敌人反扑,我们就该参战了。'

　　我恍然大悟,许团长是在保护我们,同时也在锻炼我们。我向他表示感谢。"

　　事后,杨靖宇让少年铁血队队长、指导员总结战斗经验教训,两位小领导讲了自己的想法,总结了得与失。

　　王指导员讲:"今天让敌人扛机关枪跑了,是不应该的,挺恼火,更主要的是指挥上有错误。只顾追敌人的机关枪,忘记了指挥部队,没担负起指挥的责任。"

　　杨靖宇听到后很高兴地说:"你能发现自己的缺点毛病,这很可贵。谁也不是生下来就会打仗,要边学边打才行。今后吸取教训就行了。"同时还鼓励说:"你们今天在没有思想准备的情况下,发现敌人就能马上扭过头去猛反击敌人,很有秩序地冲锋,使敌人乱了阵脚,说明你们指挥主动灵活,战士们勇敢、顽强,仗打得不错。另外,一团把你们放进去消灭敌人,是为了很好锻炼你们成长,主力团都很关心少年铁血队,我相信你们少年铁血队很快就会成长起来的。"[1]

　　少年铁血队队员受到了军长的表扬十分高兴,表示要在战斗中把自己锻炼得更加成熟起来。

　　又有一次战斗结束后,司令部的传令兵跑来对少年铁血队的王指导员说:"司令让你去。"小队员们问是"什么事?"传令兵眨眨眼说:"好事,要给你们发机关枪了!"大家听到后,高兴得连蹦带跳,一窝蜂地来到杨靖宇所住的帐篷前。

　　大家见杨司令从帐篷里走出来了,立即列队整齐地站好。

　　杨靖宇对这些可爱的少年队员说:"过去你们争着要机关枪,那时我没给,现在你们没提

---

[1] 王传圣回忆录:《风雪长白山》,吉林教育出版社,1992年版,第183页。

出要,我倒要发给你们。我相信你们有了机关枪,更能发挥战斗力了。"少年铁血队的战士听了司令的话,又是高兴,又是有愧,感到还是应该自己从敌人手中夺机关枪才好。于是小战士们就对司令说:"这枪算是我们借的,以后我们夺了机关枪再还给司令部。"杨靖宇听了,便夸少年铁血队的小战士有志气,内心十分欢喜。

1938年农历八月初,杨靖宇正率队在辑安天桥沟和大小龙爪沟一带活动。这时他想到中秋节快到了,"每逢佳节倍思亲",少年铁血队的小战士一定会想家,于是便与曹亚范师长专门到少年铁血队驻地看望小战士们。一到驻地,杨靖宇便问:"快过中秋节了,你们想不想家?"小战士们回答:"革命部队就是我们的家。"他听了很是高兴。

为使这些小战士过好中秋节,杨靖宇命令警卫连马连长下山给小战士们弄点吃喝,并特别强调一定要弄些月饼来,让大家乐乐呵呵过个团圆节。马连长心想弄吃喝好办,可以到老百姓家去买,可月饼买不到,感到很为难。这时杨靖宇笑着说:"咱们马连长能打鬼子,怎么弄些月饼就犯难了,可以从敌人手里拿嘛!"杨靖宇接着说:"现在头道崴子住着日军守备队,要过节了,鬼子要从辑安城里给他们送吃的,你带20人,就在天桥沟设下埋伏,把敌人汽车截下来,把车上的吃喝全部缴获运回来。"马连长接受了命令。几天后,果真有辆敌人汽车从辑安县城开来。马连长指挥战士胜利地打了一个伏击战,汽车上所载包括月饼在内的各种给养及其他物品全部被截获。

中秋之夜,明月高悬,皎洁的月光洒满山川原野。群星在闪烁,天上的薄云在随风飘动。一轮圆月似在云中急速穿行。大地一派沉寂,不时吹来的金风令人感到有些凉意。夜色是喜人的。

当时,部队正在通化六道沟一带与敌人紧张周旋中,但杨靖宇、曹亚范和马连长仍带着月饼来到了少年铁血队驻地,同小战士们一起过中秋节。小战士们吃着月饼,高兴异常。杨靖宇和小战士们边说边笑,他问小战士知不知道中秋节吃月饼的来历,小战士们说不知道,杨靖宇便给他们讲起古代中原人民为反抗外族侵略,于中秋节,在月饼馅里夹藏字条,利用互赠月饼传递统一行动的消息,杀死侵略者的故事。之后,他对少年铁血队队员讲,本来中秋节是个团圆节,可今天日本帝国主义侵略中国,要想灭亡我们中华民族,使得广大人民家家不得团圆,我们必须动员群众奋起抗日,坚决把日本帝国主义赶出中国,让三千万东北同胞和全国人民一道过上团圆的日子。

小战士们听了杨靖宇讲的话,从中受到教育,增强了救国救民的责任感。他们在月光的映照下,看着自己十分敬仰的司令,都从他的身上汲取了无穷力量。这时,只见杨靖宇以严肃的神情,把自己分得的一个月饼拿出来,加上剩下来的两个,放在一块干净的大石头上,又把小战士搞来的山葡萄、山丁子、山梨等山货放在一起,与小战士们共同举行供月仪式。杨靖宇仰头望月,深情地说:"今天咱们圆月,不要忘记死难的同志们。让我们和烈士们共度中秋佳节吧!"①

杨靖宇特别关心少年铁血队队员的成长,经常教育他们要培养坚强的意志、无所畏惧的

————————
① 卢庆福:《八月中秋》,载《吉林民间文学丛刊》1980年第二辑。

精神和胆量。一次,部队穿越通化至辑安的铁路线时,敌人铁路装甲车开来了,车上一个探照灯照得满山通亮。少年铁血队的小队员从来没见过这玩意儿,以为是什么怪物,心里有点慌乱。杨司令告诉大家:"不要怕它。这是火车上安的探照灯,它看不见咱们。它只能在铁路上跑,离开铁路就完蛋了。"小战士们听后,便不慌乱了,胆子也大了。

为使这些小指战员快些成长起来,成熟起来,每次战斗打了胜仗,杨靖宇就鼓励他们,告诫其不要骄傲;打了败仗时,他便教育他们不要气馁。特别是还经常向少年铁血队的小指挥员教工作方法,怎样指挥打仗,怎样做思想工作,怎样带兵等等。从生活到思想,从学习到作战,可以说是关怀得无微不至。

一次战斗中,少年铁血队指导员王传圣的脚受了伤。杨靖宇见他从火线上下来,一瘸一拐的,便问:"你怎么啦?"王传圣回答:"脚被子弹打了。"杨靖宇看了看他的脚之后,告诉他:"你赶快到徐军医处长那里,让他给处置一下。"到军医处长那,徐军医见他的脚肿得脱不下鞋,便拿起剪刀把鞋子剪开,将二寸多长的伤口擦干上好药,用药布包扎好。王传圣觉得把鞋剪坏实在是可惜。正当王传圣穿着一只鞋,坐在一旁犯愁之际,杨靖宇派传令兵给他送来一双棉布袜子,一双大号鞋。王传圣一看这双鞋和棉布袜子,便知道是司令的,因为以前他给杨靖宇当警卫员,知道司令有一双备用的鞋和棉布袜子。王传圣对传令兵说:"这是司令备用的,我不能穿。"传令兵说:"司令知道你脚负伤了,我临来时,他命令你必须穿上,不然他会亲自来的。"当时,战斗还没结束,王传圣听司令命令他穿,不穿他会亲自来,于是就穿上了。还真亏是司令给的一双大号鞋,肿得很高的那只受伤的脚,穿上去还正合适。王传圣瞅着这双大鞋,心里十分受感动。

1938年秋,第一军总指挥部警卫旅第一、三团在通化五、六道沟、火烧铺、大青沟、红土崖等地几次战斗中,杨靖宇都让少年铁血队战士参加,在战斗中锻炼他们,使他们快些成长。

1939年4月,一次战斗结束后,军司令部的传令兵找少年铁血队指导员王传圣和队长到杨司令那里去。

杨靖宇对他们说:"这次战斗缴获不少军衣,你们少年铁血队队员的衣服都换换吧,别穿的像叫花子似的。"

王传圣问:"怎么换?"

杨靖宇说:"每人发两套衣服,一套单的,一套呢子军衣,你们队长、指导员每人多发一件呢子大衣。怎么样?"

王传圣说:"呢子大衣我可不要。"

杨靖宇问:"为什么?"

王传圣说:"穿上大衣,就走不动道了。"

杨靖宇说:"不要可以,但你们每个班要领一件大衣,站岗好用。"并让王传圣马上派人领来了军衣。

王传圣见杨司令这样关心少年战士,便代表少年铁血队全体队员,向司令表示感谢。随即,小战士们从头到脚都换上了新装,破烂衣服丢到火堆里烧掉。当时小战士们都乐得合不上嘴,又蹦又跳,真是情绪高涨,斗志昂扬。①

在长期的对敌斗争中,杨靖宇关怀爱护小战士,小战士对杨靖宇也更加尊敬、爱戴,视杨靖宇是司令,又如自己的亲兄长。在东北抗联第一路军青少年战士心目中,杨靖宇早就是一位"在队伍中信仰很伟大的一个人"。1937年7月10日在巴黎《救国时报》上曾登载一篇题为《小英雄口中的杨靖宇》的通讯。此文是以记者与第一军小战士的对话形式写出,内容生动感人,在此不妨引述若干段落。

巴黎《救国时报》刊登的《小英雄口中的杨靖宇》

记者问:听说杨司令在队伍中的信仰很大,我想他一定有什么特长,你能够告诉我吗?

答:是的,他有很多使人不能不佩服的地方。首先就是他的不怕困难,不怕牺牲,舍身救国,坚持抗日到底的精神。自九一八事变发生后,他就投身于抗日运动,组织抗日游击队、人民革命军,直到现在的东北抗日联军第一军,经过了数百次的战争,遇到无数次的危险,但是他从没有灰心动摇过,所以东北各地的老百姓都称他是抗日英雄。至于其他令人佩服的地方,那还多得很。比如说我们吃什么,他也吃什么。老百姓给他送的野鸡,哪怕只有一只,他也叫熬一大锅汤,使大家都喝点,他什么时候也不自己吃。如果说,到什么地方,睡的地方很狭小,他也和大家一样,挤在一块睡,如果挤得很厉害,他第二天早晨只是笑,从来不说一句不满意的话。

---

① 王传圣回忆录:《风雪长白山》,吉林教育出版社,1992年版,第221页。

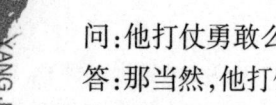

问：他打仗勇敢么？

答：那当然，他打仗勇敢极了，越到困难的时候，他越有精神，大家都佩服他，事实多得很。当袭击敌人的时候，他怕队员有些胆小，自己就拿着匣子枪，跑到一切人的前面。一个队员一手把他拉过来，问道："司令干么？"杨司令说："前进哪！"队员理直气壮地说："难道我们不会前进么，把你打坏了，我们怎么办呢！"这样一来不要紧，大家你拉我推地把杨司令送到后面，个个勇敢地前进起来了。

问：我听说杨司令在山林队中的信仰也很大，这是事实么？

答：是事实，他的信仰一天比一天大了。

问：老百姓对杨司令有什么感想呢？

答：我说一件事实，你一听就知道。有一回，当杨司令向老百姓讲话之后，一个老头对别人说："我活的年纪也算不小了，可是从没有见过这样的队伍。说是胡子？也不抢不夺！说是军队？他不打不骂！真的！这是日本鬼子逼出来的好人。"于是老头偷偷地买鱼、肉、酒送到队上，一面交给司令，一面说："我是穷人，没有什么好东西送给弟兄们，这点小意思，司令留下吧！让弟兄们吃点，好去打日本子。"这样的事情很多。

问：你们常吃好东西，难道你们没有过着困难生活么？

答：哪里的话！困难的时候多得很，但有杨司令和我们在一起，一点也不觉痛苦。有一次在过新年的时候，我们什么吃的都没有，只有苞米。但是没有磨不能磨成面，大家只好炒苞米花吃。杨司令一面吃，一面给大家讲故事，说南方红军曾遇到过如何的困难，曾经过了多少艰难，然后问大家："你们现在过年吃苞米花，觉得难受吗？"大家都说："不，不，真香！很好吃！北方人难道比南方人熊么！"

问：这样说，杨司令的品格实在不错，但是杨司令没有使队员不高兴和不佩服的时候吗？

答：他平时很和气的，虽然他批评人的时候很厉害，很不客气。无论如何狡猾的人都逃不过他的手。可是他不轻易发脾气，他很能忍耐。要真是到了不得已的时候，他一定能不客气地把人说得闭口无言，所以除了真正的坏蛋，谁都佩服他。

问：听说杨司令是共产党员，对吗？

答：对了！杨司令常对我们说共产党的反日民族统一战线的政策，说共产党和红军的英勇事实。我们几年来能打败日本子，都是靠共产党领导我们的好策略。不只是杨司令，而且在我们部队的官长弟兄中有很多是共产党员。他们都是特别勇敢不怕死。打冲锋他们领头，打败仗，他们就挡后，弟兄们都特别敬爱他们。

以上就是少年英雄所讲述的杨靖宇。

杨靖宇对少年队员影响至深，当年的小战士曾任过杨靖宇传令兵、警卫员的黄生发在时隔数十年之后，对杨靖宇的音容笑貌仍记忆犹新。他说，杨司令身材魁梧，长瓜脸，高颧骨，单眼皮，浓眉毛，双眼炯炯有神。他不留长发，剪光头，门牙一个大些一个小些。平时着装，夏秋穿缴获的日军黄军装，脚蹬大号五眼黄胶鞋，经常打副绑腿，冬天穿一件皮大衣，腰扎扣环的皮带，佩戴红色暗扣式武装带，身上带着金机满槽大镜面匣子枪。他身材高大，显得非常威武。

他在思考问题时,常常习惯于用牙咬大拇指。杨司令从不像有的干部那样发火骂人,实在气急了,就说:"岂有此理!"这句话对他来说是口气分量最重的话了。他批评人很讲究方法,经常向同志们讲要相互团结友爱,所以同志间很少有吵嘴的事。他始终注意加强部队纪律教育,不拿群众一针一线,不准搜俘虏腰包。对俘虏实行缴枪不杀、经教育后释放的政策。杨司令还经常亲自对俘虏宣传党的抗日救国政策,好多俘虏听了他讲的话痛哭流涕。他对同志对下级态度和蔼,平易近人,平时大家吃什么,他就吃什么,从来不搞特殊。在最艰苦的时候也是如此。他以自己的模范行动教育着广大干部、战士,使他们紧紧团结在抗日斗争的旗帜下。[①]

杨靖宇关怀部队中的小战士,小战士们敬重杨靖宇,他们之间结成了深厚的战斗友谊。

① 黄生发:《杨靖宇将军的生活与风采》,载《吉林文史资料》(第二十四辑)。

第九章　艰苦转战长白山

一、岔沟突围

自 1937 年夏到 1938 年春，由于日伪当局对抗日武装的残酷军事"讨伐"，对游击区的强力"压缩"，东北抗日联军各军之大部逐渐向伪三江省（今黑龙江省佳木斯市及周边地区）聚集。当时，东北抗联共组建十一个军，抗联第三、四、五、六、七、八、九、十一军，共八个军之大部，皆活动于伪三江省（抗联第十军活动于五常、舒兰）。在这种情况下，杨靖宇领导的抗联第一路军（第一、二军），坚持在东南满地区活动，独撑此地斗争危局，对于保持东北抗日游击战争的广泛开展具有重要意义。正因如此，日伪当局对于活动在东南满地区杨靖宇领导的抗联第一路军一直视为一块心头大病。于是，日伪当局在对伪三江省地区进行 1938 年春季"大讨伐"后，又由北而南，将"大讨伐"的矛头指向杨靖宇领导的抗联第一路军。

1938 年 8 月 19 日，杨靖宇率队攻袭了辑安青沟子"集团部落"。日伪当局记载说："8 月 19 日午后 11 时 30 分，红军杨靖宇以下 500 名，为筹集食粮，便趁夜深之际袭击青沟子部落，依其人多用包围逼攻方式破坏铁丝网五处，迫近部落大门，王署长及佐藤警长勉励部下据以炮台抵抗，但因寡不敌众，迫退至警察署院内应战，匪团便从各门蜂拥而入，烧毁炮台两座，割断电线，并将八名自卫团员全部解除武装（八名俘去、步枪八支）并掠走食品若干。当援军赶至，匪即惊慌向蚂蚁河方面进攻。"①青沟子战斗后，杨靖宇率队返回辑安蚂蚁河后方根据地，进行短暂休整。

1938 年 9 月，日伪当局经过充分准备，在东南满地区对抗联第一路军开始展开了秋冬季"大讨伐"。这次"大讨伐"敌人纠集日伪军 1.5 万余兵力。"大讨伐"采取"断其粮道，绝其补给，逐步压缩包围"的办法，进行跟踪追击杨靖宇及所率直属部队。敌人在其经常活动的地区，派有以叛徒程斌"讨伐队"为先锋的各路"讨伐"部队。其中在辑安地区有张益部队，在通化地区有李佑、中川部队，长白地区有高明部队，临江地区有铃木部队，抚松、濛江地区有渡边、有马、董国部队，金川、柳河地区有赵秋部队等等。

面对敌人的疯狂"大讨伐"，为了保存实力，免遭重大损失，杨靖宇即决定抗联第一路军总部直属部队，撤离辑安老岭游击根据地，分批北上转移至濛江、金川、抚松、临江一带山区，坚持开展抗日游击活动。根据杨靖宇的部署，第一路军警卫旅一团一部先行，由辑安出发北上转移。而后，杨靖宇和魏拯民率警卫旅大部及少年铁血队 400 余人，于 9 月 26 日从辑安蚂蚁河上游出发，拟先行进入通化，而后经过临江行进至金川河里。由那里再去桦甸，以与第二军四师部队取得联络，贯彻第二次老岭会议精神。

---

① 《通省警情第 320 号》（1938 年 9 月 5 日），载东北烈士纪念馆编《东北抗日战争史料汇编》（附录四），第 36 页。

但部队刚出发,即与前来"讨伐"的日军中川部队展开遭遇战。9月28日,杨靖宇率部行至白鸡腰子。次日抵达通化东北二道沟地方,拟继续北上,横断通化至鸭园铁路,但因敌军严密封锁未果。杨靖宇率部返至白鸡腰子山中。10月6日晨,杨靖宇率部转而向东突越通化至辑安铁路,并攻袭了通化六道沟、七道沟和郝家街三处敌人据点,俘敌16人,缴获步枪18支,子弹1300多发。而后转移。这时敌人为阻止杨靖宇所部前进,调集大批兵力,前面堵截,后面跟踪追击,妄图消灭之。

抗联第一路军总部警卫旅第一、三团和少年铁血队共400多人在转移中,为与敌人抢时间,在杨靖宇率领下昼夜兼程,并经常与前来"讨伐"的敌人展开战斗。这一时期,战斗格外频繁、激烈。在十三天的行军中,与敌人进行十四次战斗。其中如前述10月6日,杨靖宇率队袭击了六道沟、七道沟、郝家街三个"集团部落"。日伪当局记载说:"10月6日午前1时10分,共匪杨靖宇以下300名匪团,分兵三路,指向六道沟、七道沟、郝家街三个部落,意图进行袭击,然因六道沟警戒严密,约百名警察游击队坚守,匪受到一些损失后,见势难达目的退出。七道沟方面20分钟战斗,因匪群力量远超过自卫团,因而被攻占该部落,掠去警士5名,自卫团员5名,掠去步枪11支,子弹950发。郝家街方面,虽然自卫团与警察奋力抗敌,但匪势如狂风,历经30分钟交战,因寡不敌众,致匪团侵入了部落,射杀我警士1名,俘去自卫团员6名,掠去步枪7支,子弹400发,匪方损失不详。"①此期间,杨靖宇率部与敌连续作战,甚至一日数战,可见战斗之异常紧张的状况。10月11日,日军侦察飞机在通化六道沟南20里地方,寻觅到杨靖宇所率部队踪影,日伪当局即派出伪满军团长杨春煜所率"讨伐队"前来进攻。杨靖宇指挥部队在988高地与伪满军杨部交战7小时,战斗中将伪满军指导部长石井少校击伤,随后迅速北进。

10月17日午夜,杨靖宇率部抵达浑江岸边。时值深秋,已临霜降,江水冰凉,寒气逼人。为争取时间及时过江,杨靖宇派出侦察部队寻找涉江地点,但沿江数十里一无桥梁可行,二无渡口乘船可过。面对寒冷彻骨的江水,杨靖宇决定涉水过江。他率队走在前面,把匣子枪高举过头,首先下水,干部战士们扎紧裤腿,跟随其后。当涉到江心时,因水深流急,个子矮小的同志就由个子高大的同志架着过江。杨靖宇身材高大,也架着个小战士一起趟水,并一再叮嘱同志们脚步要稳,要保护好武器弹药。上岸后,干部、战士们个个浑身湿透,冻得直打冷战。杨靖宇见此,诙谐地说:"怎么样,该给这条江记上一功!长途行军的疲劳,都让这冷水澡洗得一干二净了。"同志们都深为杨靖宇的乐观主义精神所感动,兴致勃勃地将衣服拧干,穿着湿衣又摸黑上路了。部队渡过浑江后,继续向北行进,从八道江敌方部队的间隙向北抵达临江岔沟地区。这里是山连山,岭靠岭,一山分两岔的大山沟,里外岔沟偏僻荒凉,人迹罕见。部队拟经此越过四方顶子奔赴金川河里。由于二十多天来连续急行军,加上刚趟过冰凉的浑江,战士们都很疲劳,一些小战士更是走不动,司令部决定在外岔沟搭起帐篷就地宿营休息。杨靖宇见身边的警卫员黄生发十分疲惫的样子,关切地说:"你也抓紧时间睡一会吧,我这里没

---

① 《通化县警司密情第224号》(1938年10月6日),载东北烈士纪念馆编《东北抗日战争史料汇编》(附录四),第37页。

事。"黄生发说:"司令也早点睡吧!"杨靖宇说:"我年纪大,觉少,你们年轻,觉多。快去睡,免得打起仗来,眼睛睁不开,枪打不准。"他一面说着,一面帮黄生发在地上铺草打铺。不一会警卫员小黄睡着了,一直到天亮。

10月18日清晨,战士们还在休息,忽然一架敌机在天空出现。飞机飞得很低,连飞机上的"红膏药"都看得很清楚。当飞机飞临部队所在地上空时,盘旋几圈后,撒下了一些传单。这些传单写的都是妄图用高官厚禄引诱杨靖宇投降的内容。刚刚睡醒的警卫战士黄生发在山上捡来一张,交给了杨靖宇。杨靖宇看过后向大家说:"你们听听,这上面胡说些什么?匪首杨靖宇,我们已摆下铜墙铁壁阵,死活两条路任你挑选,你若能归顺,东边道归你统辖……"念到这里杨靖宇严正地予以批驳说:"一个忠实的共产党员,一个民族革命的战士,为着伟大的共产主义理想,为着民族的解放事业,头颅不惜抛掉,鲜血可以喷洒,而忠实不二的革命意志,是不会动摇的,最后胜利的信心是坚定的!日寇用威胁利诱的无耻手段只可以玩弄那些民族的败类。"接着他又诙谐地说:"东边道若归了我们,日本人可就得滚蛋了。"杨靖宇的一番话,引得同志们都笑了起来。这笑声使死寂清冷的山沟,变得热闹并充满了生气。

有敌机撒传单,说明敌人已发现杨靖宇所部行踪。这时,杨靖宇与魏拯民等司令部人员,一边开会研究部队行动方案;一边布置各部队增加岗哨,注意敌情,准备战斗。

为做好战斗准备,杨靖宇亲自查了一遍岗,和魏拯民巡视了周围的地形。之后,他又打开地图详细察看,认为此地于我不利,不宜久留。于是便叫警卫员黄生发,让他去各连队传达命令,让赶快开饭,饭后把火熄灭,拆帐篷,马上转移。

就在部队刚刚出发,走入里岔沟不远时,大约上午8点钟左右,敌人在东南山上出现了,摆着战斗队形涌了过来。远远看去,黄黄的一片,全是敌人。大队后面似乎有日本的督战队,战刀在太阳光下一闪一闪地发亮。杨靖宇所率队伍及时发现大批敌人。原来富森、中川、李佑、牛天及叛徒程斌等所率日伪军"讨伐队"十三个团约上万人,在此设下包围阵形,杨靖宇所率400余人队伍陷入重重包围之中。

当时,在陷入敌围,已不能转移情况下,杨靖宇临危不惧,指挥部队抢占有利地势,与敌人展开战斗。敌人越来越近了,500米,300米,200米,到150米左右时,杨司令大喊一声:"打!"所有武器一齐向敌人射击。子弹有如暴风雨般向敌群里倾泻过去。前面敌人倒下一片,后面敌人扭头朝回跑。跑一阵,又回来向前冲。战士们继续向敌射击。敌人那种疯狂劲不知哪里去了,趴在地上不敢动了。战斗中,杨靖宇一面命令警卫旅三团作掩护,一面带领大队占领岔沟制高点。第三团指战员刚占领岔沟制高点,敌人便如同饿狼扑食一样冲上山来。杨靖宇指挥警卫旅一团和少年铁血队战士一次次打退敌人进攻。但敌人依仗人多势众,又有飞机配合,拼命向山上猛冲,抗联将士虽多次反击,意欲突破敌围,但均未成功,且渐渐被敌人火力压缩到山间数座大石砬子上。战斗从早晨开始一直进行到下午。午后三时刚过,敌人又开始大举进攻,并有飞机指挥调动兵力,战斗激烈异常。

战斗中,甘心为敌效劳的叛徒程斌带领士兵频频发动攻势,并不时进行劝降嚎叫,让杨靖宇率所部下山归顺皇军。为压倒无耻叛徒的嚎叫,痛斥其叛变行为,杨靖宇令少年铁血队中选出二十名会唱歌的队员组成宣传队,向其开展政治攻势。少年铁血队队员爬上石砬子高呼"中国人不打中国人,留着子弹打日本!"的口号,高唱抗日救国歌曲。悲壮激昂的歌声在山间回响,震撼着岔沟山谷。结果,压倒了叛徒程斌部队的劝降嚎叫声,敌军中有些是受过抗日教育的,他们攻击抗日联军,是被叛徒程斌所迫,不得已而为之的。他们听到少年铁血队战士呼喊口号,高唱悲壮激昂的反满抗日歌曲,再也不喊让杨靖宇下山投降了。

战斗在继续进行。最激烈时双方最近距离仅 50 米左右。我军虽经激战竟日,使敌遭到一线高地轻机枪猛射,"富森工作队"与中川部队联络断绝,予敌以一定痛击,但仍未冲出重围。傍晚时分,敌人进一步缩小了包围圈,形势已呈现出十分严峻的局面。但杨靖宇却十分镇静。敌人称其"顽强地沉着应战,不慌不忙地边指挥边策划逃脱之计"①。

杨靖宇对身边的干部说:"今天的形势很严峻,敌人是想一口吃掉我们。我们弹药充足,要坚决阻击敌人,把敌人放到百米之内再开枪,要千方百计保住现有的阵地。天黑后,再杀开一条血路,冲出去。我们的口号是:人在阵地在,用刺刀和子弹挡住敌人的进攻,把敌人消灭在阵地前。"

根据杨靖宇的部署,警卫旅一团、少年铁血队、司令部机关枪连、特卫排共 29 挺机关枪在所占山头集中火力,在敌人进至百米之时,便向敌人猛烈开火,阻击敌人进攻。警卫旅三团所占据的阵地在岔沟顶岗,这里是整个阵地的制高点。敌人对这一阵地一次又一次展开疯狂进攻,妄图夺取,以便控制在他们手中,因此这里的战斗更为激烈。杨靖宇深知三团阵地如果失守,全军就有覆灭的危险,所以他十分关心三团的战况。敌人每冲锋一次,他就让警卫员黄生发传达一次坚守阵地的命令。就这样,黄生发传达十三次坚守命令。三团团长朴先锋和战士们也十三次表示:"人在阵地在!"就在回击敌人的第十三次冲锋之后,三团团长朴先锋不幸中弹牺牲。杨靖宇得知朴团长牺牲的消息后,冒着炮火,跑到三团阵地,跪下一条腿,扶起朴团长遗体,对战士们说:"朴团长精神不死,他永远活在我们心里。我们一定要打退敌人的进攻,为朴团长报仇。"战士们坚定地表示:"一定守住阵地,人在阵地在,请司令放心。"之后,英勇的三团战士又接连击溃敌人多次冲锋,保住了这块阵地。②

天渐渐黑了下来,敌人开始进一步缩小对我军的包围圈,把山脚团团控制起来。敌人称"以至日暮各部队在敌前五十乃至一百五十米的附近包围监视着"③。之后,停止了进攻,只是远近不时传来零星的枪声。入夜,敌人在山脚各沟口,笼起了无数露营火堆,把杨靖宇所部围在中间。敌人以为在这严密包围下,杨靖宇所部已插翅难逃,次日便可再决雌雄,全部消灭。

此时,根据司令部的命令,一团、三团及机枪连的领导离开原阵地,来到司令部阵地。当晚,杨靖宇和魏拯民召集各团、连干部紧急会议,分析面临的形势,对突围战斗进行周密部署。杨靖宇说:"今天的战斗,我们打得很好,敌人伤亡很大,现在敌人暂时停火,为的是要休息、吃

---

① 《通化警备情况第 387 号报告》(1938 年 10 月 26 日),载东北烈士纪念馆编《东北抗日斗争史料汇编》(附录四),第 38 页。

② 黄生发:《岔沟突重围》,载《松柏常青》,吉林人民出版社,1960 年 2 月版。

③ 《大同报》(1939 年 1 月 1 日)。

饭，等待明日拂晓决战，我们必须在今晚组织突围，冲出敌人的包围圈，否则就有全军覆灭的危险。"他根据白天作战时用望远镜对周围阵地地形和敌人分布情况的观察，分析说："别看东南方火堆少而小，但那是敌人主力。正南方向一点声音也没有，敌人也有重兵在那里防守。四方顶子主峰及北岗上的敌人虽然没打枪，最少也有一个团的兵力。而山势陡峭的西北方山岗有十几个火堆，敌人又打枪又喊叫，这是虚张声势，这里敌人兵力肯定薄弱。敌人以为我们会向北突围，因为过了北岗就是森林地带，敌人肯定在那里布置了大批兵力。我们应当使敌人出其不意，从西北方寻找突破口，冲出敌围。突围后，各队到板石沟大岗集中。"

经过讨论，大家一致同意杨靖宇的意见。最后，杨靖宇决定从警卫旅一团抽出两个排，每排配备一挺机关枪，从机关枪连抽调一个排配备两挺机关枪，再从少年铁血队抽出一个班，以精干人员组成突击队，由一团政委黄海峰和会说日语的机关枪连连长朴成哲负责率领打开突围缺口。由司令部机关枪连一个排和少年铁血队一个班随后跟上，对付敌人第二道封锁线，司令部紧跟突击队，一、三团部队殿后，边掩护、边突围。并要求所有干部、战士迅速做好突围的准备工作，把一切不必要的东西全部扔掉，轻装行动。

午夜时分，伸手不见五指，正是突围的好时机。各部队准备工作完毕后，黄海峰、朴成哲率领突击队首先出发。其他部队一队接一队，根据原计划向西北方行进。部队离敌人越来越近了，连坐在火堆旁的敌人说话声都听得很清楚了。大家屏息无声，一个跟着一个轻手轻脚地走。次日凌晨，突击队神不知鬼不觉摸到守在西北山岗敌军牛天部队面前。正在烤火休息的敌人见有人摸上来，便开枪射击。这时突击队长朴成哲一面喊日本话："打什么，都是自己人。"一面分头向敌人攻击。一时把敌人弄蒙了，搞不清是怎么回事。待走近时，才知道是抗日联军，于是拼命抵抗。突击队员斗志顽强，用机枪打，用刺刀捅，经三次猛冲，终于扩大了突破口，杀出一条血路。紧接着，杨靖宇率司令部及一、三团部队一边打，一边往外冲。战斗中，还毙伤一些敌人。就这样秩序井然地冲出了敌人包围圈。之后，部队爬过一个又陡又滑的大石砬子，又经过一段急行军，穿过一个长满野草、荆棘满地的沟膛，到达板石沟大岗，安全地带。此时，其他三个方向的敌人听到枪声后，都往山上摸去。但因夜色朦胧，敌我难分，相互都以为对方是抗联部队，便开枪相互对射，结果敌人自相残杀，死伤不少人。

此时，杨靖宇和魏拯民站在板石沟大岗上，指着枪响的方向说："打得好，他们自己打自己，是狗咬狗一嘴毛。"

当大部队突出敌围之后，杨靖宇发现战斗中，炊事班的十几名同志和一部分女战士与大队脱离开，分散了，便十分着急，始终惦记他们，一会就让警卫员打听一次情况。原来，这部分同志所处位置是在队伍中间，紧挨着司令部。行动开始时，他们为轻装把大锅等炊具都扔掉了。扔掉后又觉得太可惜，于是又找来背回，一时跟不上队伍。战斗打响后，便和大队脱离了。但勇敢的炊事班战士闯入敌阵后，毫无畏惧，他们用扁担打，用菜刀砍与敌人展开肉搏，缴取敌人枪支。就这样，他们也一个个冲出敌围与大队联系上了。杨靖宇见到他们，高兴得了不得，还给他们讲了话，表扬他们勇敢突围并缴获敌人武器。杨靖宇的话使他们都深受感动，炊事员老孙说："我们没有执行轻装命令，该受批评，突围行动落后，让司令惦心啦，可是我们实在舍不得这几口锅啊,炊事班没有锅,还算什么炊事班呢?"此时东方现出鱼肚白,霞光照耀着崇山峻岭。战士们又唱又跳,欢呼突围胜利,一宿紧张战斗的疲惫,早已烟消云散了。

待到天大亮,敌人再寻觅杨靖宇所率部队时,我军早已无影无踪。

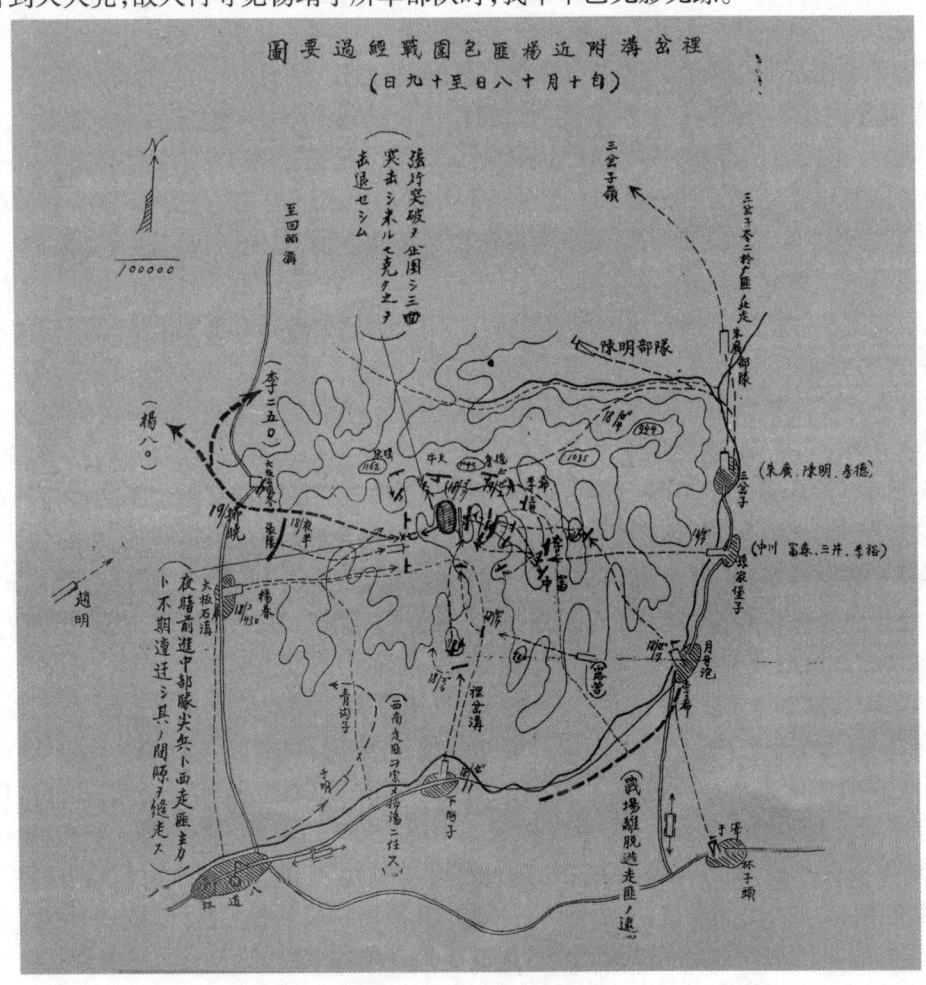

日伪所绘里岔沟作战经过图

对此日伪《大同报》报道说:"19日拂晓,在大激战中,杨等乘着夜色而脱走。"[1]岔沟战斗无论对我方、敌方都是一次重要战斗。此战结束后,日伪当局大肆渲染其围攻胜利。这里不妨引述一段日伪资料,从反面印证一下此次战斗的激烈程度:

"临江北里岔沟有名的大激战

记者:请把临江县北部里岔沟有名的大激战简单的说一说。

友座参谋:当开始大讨伐的时候,杨匪想要从辑安南部经过,受到猛烈攻击所以才东西的逃避。十月十四日,开到临江县。战斗司令部移到八道江。全军尽力遍处搜查匪贼,妖然消

---

[1]《大同报》(1938年12月13日)。

息断绝,至十七日乘八道江东方部队的间隙向北方逃去。全军遂向北方追击。到十八日午前,大体结成了包围阵形。午后三时稍过,则开始猛烈的攻击。富森、中川、李佑各部队竟冲入匪团内。我方的攻击倍加猛烈,进到敌前五十米左右。前在杨部下充第一师长业已归顺我方的程斌氏,此时劝告杨归顺,杨畏恐我军攻击,等待程等才归顺。片刻彼方才开始射击。我方不得已开始了总攻击。比至日暮,各部队在敌前,五十至百五十米的附近包围监视着。十九日拂晓,敌人向着北方牛天部队正面前后迂回试行拼命突破包围阵。午前三时左右才断念逐四散向西方逃亡。在此次战斗中,约有500名的匪团,被我方歼灭了200名。匪团暗想如果集合此四散的部队总得需要十天,不过现在该战斗我军抱有绝对的自信力,匪团遭了精神打击很大。"①显然,敌人在这里对杨靖宇及抗联部队极尽诬蔑之词,是无限夸大其所谓胜利战果的,但又不得不承认杨靖宇突破了包围阵。

岔沟突围战是杨靖宇指挥的一场重要战斗。当年通化警备司令部另有一份反映此战内容的报告,现援引如下:

据敌一九三八年十月二十六日通警备情第三八七号报告称:"我为全歼盘踞在辑安县内之杨靖宇五〇〇名匪团,遂在秋季大讨伐来到之际,调我军精锐部队包围,并向其内部派遣特务,进行秘密工作。杨匪判断情况后,决定突破重围,向老虎山方向移动。东边道讨伐司令部不给敌以片刻喘息机会,便分兵两路,施以两翼攻击,但终于被杨匪团突破二线封锁圈,向村子头西南方撤走。十八日十二时,我接敌一线阵地,此时工作队已与中川部队断绝了联系,遭到自一线高地轻机猛射,后方又受友军炮击,于是便换队形向右侧展开,二、三中队则于左侧向敌突击,激烈的战斗达三十分钟,终于攻陷敌一线阵地,我正在集结部队以便继续向敌进攻,当即发现飞机指示:'前敌被困,你队任二线攻击。'此时中川部队在攻击途中受敌火力射击,负伤二名,历两小时的激战,即占领第二阵地,经短时间调整部署,向匪最后防线(该司令部)即第三阵地发起总攻,但顽抗而沉着应战的杨匪不慌不忙边指挥边策划逃脱之计,口称投降以拖延时间,我队看破敌此计,便令工作队在中川队掩护下突击,直至六时半,以负伤四名的代价攻下山头一角,到八时完全占领该阵地,但杨匪乘星夜逃走。此次讨伐检查,我方死二伤四,敌弃遗体十二,缴敌步枪一,子弹一一八粒,其他物品很多。"②此报告从一个侧面反映了岔沟战斗的战况。当然是站在敌对的角度,对其受损各项数字极其缩小,而对我方则极尽其诬蔑。但敌人也不得不承认,此战"激烈",杨靖宇在沉着应战,最后乘夜里突破重围。

岔沟突围战极其激烈、凶险,是东北抗联斗争史上的一次著名战斗。此战,粉碎了敌人苦心经营20余天围攻抗联第一路军司令部及直属部队的计划,使我军转危为安。战斗中,毙敌团长1人,毙伤敌士兵80余人,缴步枪20余支。③第一路军警卫旅伤亡16人。杨靖宇率部冲

---

① 《大同报》(1939年1月1日)。
② 《通化警备情况第387号报告》(1938年10月26日),载东北烈士纪念馆编《东北抗日斗争史料汇编》(附录四),第38页。
③ 《抗联第一路军一九三二年至一九四〇年主要战斗统计表》(1941年初),载中央档案馆等编《东北地区革命历史文件汇集》甲60,第240页。

破由大批日伪军组成的包围圈,获得突围战的胜利,充分地显示了他的卓越军事指挥才能。敌人万万想不到杨靖宇率队于夜半能杀出重围。他们对此十分不解,竟说:"难道杨靖宇插上翅膀飞走啦?"

临江岔沟胜利突围后,魏拯民率第二军一个团向东部山区转移。杨靖宇率抗联第一路军司令部警卫旅、少年铁血队,迅速向北转移,进至濛江西南部山林中。以后,又离开濛江去金川河里地区。

二、在南泊子的友谊相会

1938年11月中旬,杨靖宇率领第一路军军部直属部队,由金川河里地区北上,以便尽快将第二次老岭会议精神,贯彻到活动在濛江、桦甸县境的第二军四、六师部队中去,以使其更有效地在东南满地区开展长期持久的游击战争。

11月25日,杨靖宇率部在第二军六师师长金日成派来的向导引领下,赴濛江南泊子与金日成及所部相会。

濛江的原始森林地带,当地人称为"泊子"(有的书文写作"牌子""排子"),按其方位分为东泊子、西泊子和南泊子。泊子森林地带人烟稀少、林木茂密、泥沼遍布。南泊子更是地势险恶之处,夏季到处都是杂草覆盖的泥沼地,稍不小心,一脚踏进去,就难以拔足,越陷越深,最后被泥沼吞没。冬季大雪封山,这里人迹罕至,是举行秘密集会的好地方。

杨靖宇早就知道金日成及所率六师是抗联部队中的一支劲旅。此前,他虽与金日成没见过面,但他通过魏拯民介绍知道金日成是朝鲜平壤万景台人,从少年时代起就随父亲由朝鲜来到中国东北从事革命活动。他从中朝人民共同斗争利益出发,把朝鲜革命与中国革命密切联系在一起,在反对共同的敌人——日本帝国主义的斗争中,与中国人民紧密团结,建立了深厚的友谊。他领导创建了安图反日游击队,后来安图反日游击队与汪清反日游击队合并,成为东满地区的一支重要反日武装力量(安图反日游击队诞生日——1932年4月25日,后为朝鲜人民革命军建军节)。1935年5月,东北人民革命军第二军成立时,他任三团政委。1936年3月,根据《八一宣言》精神和《东北抗日联军统一军队建制宣言》要求,东北人民革命军第二军改编为东北抗日联军第二军。这时,他任第二军第三师师长。1936年7月,在东南满党和抗联一、二军领导干部会议(即"河里会议")上,决定抗联一、二军合编为东北抗日联军第一路军,下辖第一军、第二军。第一军辖一、二、三师;第二军原所辖一、二、三师分别改编为第四、五、六师。金日成任第六师师长。金日成指挥的部队代表着全体朝鲜人民民族的希望,是朝鲜人民革命的先锋队。金日成英勇善战,并极富谋略。1933年9月,他率队联合救国军吴义成部,攻打了东宁县城(三岔口);1936年8月,率队联合义勇军围攻了抚松县城;1937年6月,率队挺进朝鲜国内,攻袭了边境重镇普天堡;1937年10月,为配合全国总抗战,率队参加了攻袭辉南县城战斗。1938年9月,率队伏击濛江县伪警察队。敌人一份报告说:"九月十八日上午七时二十分,濛江县警察队20名,在完成护送出席县警备会议人员归途中,行至

大沙河,突然受到预先埋伏好的金日成百余名匪团的射击,经一小时三十分的战斗,我方战死二名,负伤二名,被缴去步枪三支(同子弹全部),马一匹,生活用品甚多,敌方无损。"①金日成屡次战斗的胜利及所率队伍的发展壮大,使其威名大震。对于这样一位富有传奇色彩的抗日名将,杨靖宇早就心仪其人,想与之相会了。而十分敬仰抗联第一路军杨总司令的金日成知道他要前来,也急切地希望其能早日成行。

1938年11月25日,杨靖宇率军部直属部队来到濛江南泊子,与金日成及所率部队会合了。此时,已入严冬季节,濛江山区天气虽已寒冷,但相会时热烈气氛好似驱散了北国初冬的寒气,给人们带来了温暖。人人都兴高采烈,内心感到暖烘烘的。

相会时,杨靖宇紧紧握着金日成的双手,他们都显得格外激动。

当杨靖宇看到第二军六师这支大多是由精神饱满、斗志昂扬的朝鲜同志组成的部队时,内心十分高兴。他对金日成说:"第一军里也有许多朝鲜人,都是有名的战将,可是,他们没能都来。"他还一再痛心地说:"在对敌斗争中,失去了许多朝鲜同志。"他对失去的那些朝鲜同志表示非常难过。

金日成一见到杨靖宇,就给他以很深刻的印象。他曾回忆说:"杨靖宇那双炯炯有神的大眼睛,一眼就吸引了我。人值千斤,眼值八百。我一看杨靖宇的眼睛,就知道他是一个忠厚而热情的好汉。"②

金日成为了迎接杨靖宇的到来,早就为其一行准备好了宿营帐篷、饮食、换用的衣被等用品。当金日成将杨靖宇及随行队伍领到宿营地让其好好休息,睡上一觉,以解疲劳时,杨靖宇说:"那怎么能行,还没有向战友打招呼,怎么能先休息呢?"金日成听了这话很受感动。他心想,杨总司令果然不同于一般的人。从前他也接待过友邻部队的客人,但像杨总司令这样没卸下行装,就要向部队战士打招呼,而不先休息的人是很少见的。根据杨靖宇的要求,金日成将杨靖宇一行带到第二军六师部队驻地密营(这里与杨靖宇所率司令部及直属部队宿营地仅隔一个山脊)。在六师驻地密营前,六师的战士们为杨靖宇举行了隆重的欢迎仪式。而后,金日成设便宴为杨靖宇一行接风洗尘。

在谈话中,金日成进一步了解了杨靖宇。过去,他只听东满特委书记童长荣向他简单地介绍过杨靖宇的经历。这次,他们虽是初次见面,却无所不谈。杨靖宇也讲到了自己的身世。当金日成听到他年轻时曾在工业学校学习过纺织印染,感到十分惊讶:"如今的抗联司令当年去学纺织印染,这多有意思呀!他说学纺织印染是为了让世世代代穿不暖、过着穷苦日子的中国同胞穿上漂亮衣裳。我认为这是阶级意识的表现。为被压迫、被剥削的人民群众的闹革命的决心,正是从这种阶级意识出发的。"

杨靖宇讲到第一军的两次西征及其深刻教训,赞扬了金日成领导有方,有主见,保存了部队的实力。在讲到岔沟突围战斗时,杨靖宇特别赞扬了在激烈战斗中英勇牺牲的朴先锋团长(朝鲜族)和率先突围的朴成哲(朝鲜族)率领的连队。他说:"在岔沟突围中,起了决定性作

---

① 《通警备情三六一号报告》(1938年9月30日)。
② 金日成回忆录:《与世纪同行》第7卷(续编),朝鲜平壤外文出版社,1996年中文版,第78页。

用的是朴成哲连队。是他们冒着生命危险打开了突破口，才使整个部队顺利突围。他们在这一战斗中立了特殊的大功勋。"他对朝鲜同志特别能战斗表示高度赞许。

之后，在南泊子，杨靖宇与金日成等六师干部在一起连续开了六七天会议（即"南泊子会议"）。会上，杨靖宇向六师指战员讲述了国内外形势和第一路军的战斗任务，传达了第二次老岭会议精神，并根据第二次老岭会议决议精神，将第六师部队改编为东北抗日联军第一路军第二方面军。第二方面军由金日成任指挥、吕伯岐任政治部主任、林水山任参谋长、毕书文任副官长。指挥部辖第七、八、九、十，四个团和一个警卫连。第二方面军活动区域为通化、辑安、桦甸、长白、抚松、濛江、临江、和龙、安图、延吉、珲春、汪清等地。

抗联第一路军第二方面军指挥部的同志们

第二方面军编成之后，金日成率全体指战员冒着严寒，冲破敌人经济封锁、军事"讨伐"，经过百日"艰难行军"，由濛江挺进至临江、长白县境活动。第二方面军在金日成的指挥下，采取分散游击的策略方针，机动灵活地打击敌人，有效地保存了自己。1938年冬，金日成率七团去中朝边境长白县十三道沟一带开展游击活动，并在那里做了大量群众工作，成立了许多秘密的抗日群众团体，有效地组织和领导了当地群众的抗日救国斗争，受到各族人民的拥护和爱戴。第八团开往长白山密林深处马鞍山密营，该部在进行休整的同时，积极进行备耕工作，为来年春季在长白山密林垦荒耕地，解决部队用粮，做了充分的准备工作。第二方面军另一部在副官长毕书文率领下，转战辑安、通化等地，曾攻克了辑安县头道阳岔、蚊子沟等敌人据点。

1939年4月，第二方面军指挥部在金日成的主持下，在长白大顶子召开领导干部会议。会议重新确认了南泊子会议确定的斗争方针，总结了1938年和1939年春抗日游击战争经验，讨论研究今后游击活动计划，决定集中各团兵力，运用机动灵活游击战术，伺机挺进朝鲜境内，打击敌人。之后，金日成率队在长白县连续展开了邱家店、十五道沟和半截沟等战斗，并一举挺进朝鲜境内，进行了著名的茂山战斗，获得胜利。茂山战斗是继普天堡战斗之后，为朝鲜革命的胜利举行的又一个奠基礼。

自第二方面军组建以来,该部在金日成指挥下,纵横驰骋长白山区,并挺进朝鲜国内,广泛开展极富成效的游击战争,予日伪军以沉重的打击,予广大民众以解放的呼唤,使日伪惊恐不安,令民众拍手称快。

杨靖宇与金日成在濛江南泊子相会,是具有重要历史意义的事件。他们的这次相会正值抗联斗争转入极端艰苦的斗争时期,此次相会,起到了鼓舞斗志,增进友谊,进一步明确今后斗争方向的重要作用。数十年之后,金日成回忆这段历史时曾说:"以南泊子会议为转机,朝鲜革命又向前跨出一大步。人民革命军全体指战员从这个会议中受到很大鼓舞。我们的队员能够经得住'艰难行军'这样的考验,并不是单靠意志和毅力的。他们从南泊子会议的精神中,获得了巨大的精神力量。"金日成还深情地说:"南泊子会议结束后,各部队向所分担的作战地区开拔了,与杨靖宇离别,跟相逢时一样,留下了深刻的印象。我和他以两国革命者的名义约定,一定要转祸为福,成为胜利者时再会。可惜,此后我没能再见到杨靖宇。"[①]

杨靖宇虽与金日成只见此一面,但他们在共同的抗击日本帝国主义侵略的斗争中,建立了深厚的战斗友谊。

三、来自党中央的关怀

长期以来,除敌人疯狂的军事"讨伐"、严厉的经济封锁外,令杨靖宇等东北党组织、抗联领导干部最为苦恼忧虑的事情,就是与党中央失去了联系。由于敌人严密封锁,关山险阻,得不到党中央发出的文件、通讯和具体指示。自1936年1月,中共驻共产国际代表团撤销中共满洲省委后,代表团对东北工作的领导也是时断时续,断而不续。1937年以后,东北党组织与上级领导联系完全中断。这种情况如同后来魏拯民在1940年写给中共驻共产国际代表团的一份报告所说:"我们有如在大海中失去舵手的小舟,有如双目失明的孩提,东碰西撞,不知所从,当目前伟大的革命浪潮汹涌澎湃之际,我们却似入于铜墙铁壁中,四面不通消息,长期闷在鼓中。……我们很忧虑,万一再长期断绝联络时,不知将来更要遭到怎样严重的后果?"[②]为寻求党中央的直接领导,与上级党组织(党中央或中共驻共产国际代表团)建立联系,杨靖宇和魏拯民等先后采取组织部队进行大规模远征(1936年6月与11月组织两次西征),派遣交通员前去联络或写信致函等办法,但由于敌人的严密封锁,远隔千山万水,皆未如愿。

杨靖宇和他的战友,时刻都在想念着如何实现与党中央取得联系。当然,党中央对东北抗日武装斗争,也一直是十分关怀的。

1937年,党中央在延安成立了东北工作委员会专门从事处理东北工作问题,研究总结东北抗日斗争的经验教训,并让在延安、冀东、山东等地的中共组织和八路军,多次派人到东北

---

① 金日成回忆录《与世纪同行》第7卷(续编),朝鲜平壤外文出版社,1996年中文版,第85页。
② 魏拯民:《给中央代表团的报告》(1940年4月),载《东北抗日联军史料(上)》,中共党史资料出版社,1987年版,第199页。

寻觅东北党的组织和抗日联军。但同样由于敌人的严密封锁,多数未能成功。其中不少人被捕入狱。只有极少数人与东北党组织和抗联取得了联络,如王鹏即是其中之一。该人原名彭森年,以前是第七军派往苏联学习的战士,后去延安。和他一起经由山东经海路来东北的还有一名叫李义广的人专门负责前往南满地区找第一军的部队(李后下落不明)。王鹏曾在吉东地区饶河县境寻找到抗联七军,说是受党中央派遣来东北寻找抗日联军的。因其随身未携带任何证件,七军人员对其似信非信,后将其转送到抗联第二路军总指挥部周保中处。周保中在与其详谈后,认为他可信。并说"关于中央交通员来历已经查清楚,无问题,王鹏同志现留本部。"①周保中曾试图让他从苏联通过新疆去延安,以与党中央建立联系,但因苏方答复难以做到而未果。此例说明在当时,东北党组织与党中央以及党中央与东北党组织建立联系是相当困难的。

尽管如此,党中央是十分重视东北地区抗日武装斗争的,历来对东北抗日武装斗争的历史地位、作用都给予高度的评价。1937年末,中共中央政治局为总结党的"六大"以来的革命斗争的经验,作出召开第七次全国代表大会的决议。为开好这次党代表大会,有系统地进行一切有关准备工作,中共中央政治局于12月13日决定成立一个"准备召集中国共产党第七次全国代表大会委员会"。这个委员会共有25人组成,这些委员在党内都是有很高地位、威望或一定资历的人。其中第24位即是杨靖宇同志。②其名列陈毅之后,高岗之前。在当时条件下,尽管杨靖宇无法脱身去延安参加有关准备"七大"委员会的实际工作(以后由于皖南事变爆发,形势变化,"七大"未及时召开,被拖延下来;1945年4月党的"七大"在延安召开时,杨靖宇早已牺牲),但在东北党组织已与党中央及中共驻共产国际代表团失掉联系的情况下,党中央决定成立的这样一个重要的专门委员会中,还确定有东北代表的名额,而这个名额由东北抗日联军指挥者之一的杨靖宇担承,其本身就表明党中央对东北抗日武装斗争是十分重视的。同时,也表明杨靖宇在党内所占有的地位,更表明党中央对杨靖宇同志是无比信任的。

1938年2月,一批国内外记者到延安访问。毛泽东接见了美国合众社记者王公达先生,并回答了他所提出的问题。

王公达问:"东三省义勇军的抗日活动有中国共产党前去领导吗?"

毛泽东答:"中国共产党和东三省抗日义勇军确有密切关系,例如有名的义勇军领袖杨靖宇、赵尚志、李红光等等,他们都是共产党员,他们的坚决抗日、艰苦奋斗的战绩,是人所共

---

① 《周保中给王效明的信》(1940年9月12日),载中央档案馆等编《东北地区革命历史文件汇集》甲58,第359页。

② 《中国共产党中央政治局关于召集第七次全国代表大会的决议》(1937年12月13日):政治局决定成立一个准备召集中国共产党第七次全国代表大会委员会,准备委员会由下列同志担任之:一、毛泽东,二、陈绍禹,三、朱德,四、周恩来,五、项英,六、张闻天,七、张国焘,八、秦邦宪,九、赵容(康生),十、廖陈云(陈云),十一、王稼祥,十二、彭德怀,十三、任弼时,十四、邓发,十五、刘少奇,十六、何克全,十七、林祖涵,十八、吴玉章,十九、董必武,二十、徐特立,二十一、曾山,二十二、张鼎承,二十三、陈毅,二十四、杨靖宇,二十五、高岗。载《解放》第二集第28期。

知的,那里也是民族统一战线,除共产党员外,还有其他的派别及各种不同的军队与民众团体,他们已在共同对敌斗争方针下团结起来了。"①

毛泽东的这一回答,指明了东北抗日武装斗争与中国共产党的关系,肯定了东北地区实行的抗日民族统一战线和在共同对敌斗争方针下所进行的团结工作,褒扬了以杨靖宇、赵尚志、李红光为代表的抗日武装斗争领导人的坚决抗日、艰苦奋斗的业绩。值得提出的是毛泽东与王公达先生的谈话向国内外公布了杨靖宇、赵尚志、李红光的共产党员身份是有重要意义的,它有力地批驳了国民党关于东北义勇军的斗争没有共产党领导的谎言。谈话中列出朝鲜族的李红光(虽已牺牲3年),为的是说明在东北实行的统一战线,确为各民族共同的统一战线。毛泽东的这番谈话,通过美国合众社传播各地,在中外影响很大。

在毛泽东与美国合众社记者王公达先生谈话不久,驻于山西五台山地区的八路军为收复失地,扰乱日伪军后方,和东北抗日武装取得联系,于1938年3月到达冀东宛平县东斋堂。其中一部于同年6月进至热河滦平县并沿长城一线,在兴隆、承德、青龙向日伪军展开猛烈进攻。

中共扩大的六届六中全会给东北义勇军及全体同胞电

1938年冬,就在杨靖宇等渴望党中央的消息时,交通员吕英俊带来了第二军五师师长陈翰章从抗联第二路军传来的"延安来电":中共扩大的六届六中全会于11月5日,发出的给"东北抗日联军杨司令转东北抗日联军的长官们、兵士们、政治工作人员们"致敬电,即《给东北义勇军及全体同胞电》。

---

① 毛泽东:《同合众社记者王公达的谈话》,载《解放》1938年3月5日第22期。

中共扩大的六届六中全会是1938年9月29日至11月6日在延安召开的。会上毛泽东做了《论新阶段》的政治报告和会议总结。会议阐明了党在抗日战争时期的基本政策,确定了坚持抗日民族统一战线的方针和全党从事组织人民的抗日武装斗争的极端重要性,决定党的重要工作方向是战区和敌后。这次会议基本克服了王明的右倾错误,再次强调中国共产党必须独立自主地领导人民进行抗日战争,从而进一步统一了全党的思想和步调。

六届六中全会对战斗在沦为日本殖民地的东北地区的党组织和抗日联军部队表示极大的关注。会议专门给以杨靖宇为代表的东北抗日军队和全东北同胞发来致敬电。电文说:

"东北抗日联军杨司令转东北抗日联军的长官们、兵士们、政治工作人员们:

在中共扩大的六中全会开会的时候,我们代表中国共产党全体党员及共产党所领导下的抗日军队与游击队向沦陷在敌人统治下已七年多的东北同胞们,在冰天雪地与敌周旋七年多的不怕困苦艰难奋斗之模范的东北抗日军队,表示最深刻的同情,并向你们致以最崇高的民族敬礼!"

电文中,高度评价了活动在沦陷于敌手的东北地区的抗日联军,称其英勇斗争为"在冰天雪地与敌周旋七年多的不怕困苦艰难奋斗之模范"。致敬电表达了党对东北三千万同胞的亲切关怀:"我们在过去、现在和将来都不会忘记沦陷在敌人铁蹄统治下的东北三千万同胞,我们也不会忘记在最艰难困苦的条件下,同民族死敌作长期斗争的亲爱的同志们。"电文分析了七七事变后十六个月,特别是武汉、广州失守后的抗战形势,指出了努力方向和斗争前途。电文说:"我们坚信,只要我们坚持民族抗战到底,坚持持久战,坚持以国共合作为基础的抗日民族统一战线,我们定能克服目前的困难,团结全民族的力量,继续抗战,停止日寇的进攻,以准备将来的反攻。"电文中又说"东北四省①是中华民国的领土,东北三千万同胞是全体中华人民的一部分,我国全民族抗战的目的,不仅是要把日寇从内地各省驱逐出去,并且要把日寇从东北四省驱逐出去,以建立领土完整的、行政统一的独立、自由、幸福的新中华民国"。电文中还说:"八路军一个支队曾到冀东游击,希望在东北各地的民族志士及全体同胞,在敌人后方响应与敌进行更加长期的持久的艰难的游击战争,更加巩固和扩大各党派、各阶级、各军队的抗日民族统一战线,以准备我国军队在将来反攻,而达到收复东北的目的。"

电文最后以"驱逐日本帝国主义出中国!独立自由幸福的新中国万岁!东北抗日联军及一切抗日义勇军万岁!"三条口号为结束。

党的六届六中全会称"东北抗日联军及一切抗日义勇军万岁!"这在东北抗日武装斗争史上还是第一次。中共扩大的六届六中全会《给东北义勇军及全体同胞电》为东北人民指出了抗战胜利的美好前景,即克服目前的困难之后,对日本侵略者的反攻阶段终将到来。同时,也进一步明确了东北抗联指战员面临的任务:在敌人后方响应与敌进行更加长期的持久的艰难的游击战争,更加巩固的扩大各党派各阶级各军队的抗日民族统一战线,以准备我国军队在将来反攻,而达到收复东北的目的。

---

① 东北四省,指辽宁、吉林、黑龙江及热河四省。热河省于1956年撤销,分别并入河北、辽宁省及内蒙古自治区。

据时任少年铁血队指导员的王传圣回忆,1938年末,杨靖宇在桦甸老营沟宿营地主持召开一次重要会议。参加会议的有魏拯民、韩仁和、伊俊山、方振声等。会议研究了开辟新的游击区,坚持抗日武装斗争,加强对部队思想教育,粉碎日伪"讨伐"问题。在这次会议上,传达了党的扩大的六届六中全会给东北义勇军及全体同胞的致敬电。这一致敬电给与会人员以极大鼓舞,给今后斗争指明了方向。

中共中央对东北党组织和抗日武装的关怀,即派出八路军一个支队到毗邻东北的冀东地区开展游击活动及六届六中全会致电杨靖宇,引起日伪当局的极大注意。日本关东宪兵司令部分析说:"今年6月,扬言收复东北失地之共产党八路军突然侵犯热河省西南部国境,开展勇猛果敢之抗日游击战,竟欲给我军招致相当之困扰。此项活动绝非仅为扰乱我军后方,而是基于企图与在东北地区之抗日势力东北党(军)密切联络,从而导致对在关内的所谓全民抗日战争有利。"又说:"此次会议中(按,指中共扩大的六届六中全会)中共党向在满东北党致电,鼓励继续长期抗战等情况,中共党不仅从未放弃其长期抗日之迷梦,还希望东北党(军)亦与之相策应,顽强且积极地开展抗日游击战。对此点乃不难预想,因而绝不能轻视其将来之动向。"①

党的六届六中全会召开不久,于1939年1月26日,中央书记处召开工作会议,会议专门讨论了东北抗日联军问题。毛泽东在讲话中说:"东北义勇军抗战最久,有七年的历史,现在虽只有一万人,但成为很好的基础。现在的问题是使中央同东北抗日联军建立联系,首先派交通员并设法派电台去。东北抗日联军,如果有好的领导,在有山村及反对民族敌人等条件下有发展的可能,否则也有削弱的可能。"②这里毛泽东讲话所指出的情况是十分正确的。杨靖宇、魏拯民、周保中、赵尚志、张寿篯(李兆麟)、冯仲云等都是东北抗日联军好的领导,但自中共驻共产国际代表团将满洲省委撤销后,在东北地区失去了就近的统一领导,抗联没有成立起全东北的统一的指挥机关。抗联三个路军指挥部(司令部)各自为战,难以形成合力、主动配合打击敌人,有效应对敌人的围攻,因而难免会有削弱的可能。

应该说党中央派遣工作人员赴东北,以与东北党组织、抗联军取得联络,派遣八路军支队向冀东、热河挺进,六届六中全会致电给以杨靖宇为代表的东北抗日联军、义勇军以及全体同胞,党中央书记处工作会议专门研究东北抗联问题,这都充分地体现了中共中央对东北抗日联军、义勇军和东北人民的关怀和爱护。无疑,这对东北抗日军民是一个很大的鼓舞,极大地增强了他们夺取抗战胜利的信心。

四、鏖战桦濛山区

1938年10月武汉失守后,从全国抗日战争局势看,进入了战略相持阶段。在这一阶段中,日本侵略者极力实施"以华制华"的政治进攻和"以战养战"的经济侵略政策,以巩固其占

---

① 日本关东宪兵司令部:《满洲共产抗日运动概况·1938年》。
② 中共中央文献研究室编:《毛泽东年谱》(中卷),人民出版社,1993年12月版,第107页。

领地。同时,日伪当局为了保护侵略战争的后方基地,按其所谓"三年(1936年至1939年)治安肃正计划",采取"治标"(军事"围剿")、"治本"(收揽民心)相结合的办法,残酷镇压抗日军民的正义斗争,对抗日武装疯狂开展更大规模的所谓"不给片刻喘息机会,分路攻击"的军事"讨伐"。随着战略相持阶段的到来,敌后斗争更加紧张残酷。日伪当局为消灭杨靖宇及所率部队,无时不密切注视杨靖宇在东南满活动的动向,通过各种渠道、手段搜集有关情报,并按时发出所谓《思想对策月报》《匪首调查月报》。

在伪奉天、通化省警宪机关编印的《思想对策月报》中,记载杨靖宇及所部活动情况的内容都占有相当多的篇幅。而在其《匪首调查月报》中,杨靖宇的名字总是排在第一位的。如1938年11月21日伪通化省警务厅长岸谷隆一郎向伪治安部警务司令植田贡太郎所报"康德五年(1938年)10月份《匪首调查月报》"第一名中载:

"匪首:杨靖宇。

部下数:350人。

隶属关系:东北抗日联军第一军长。

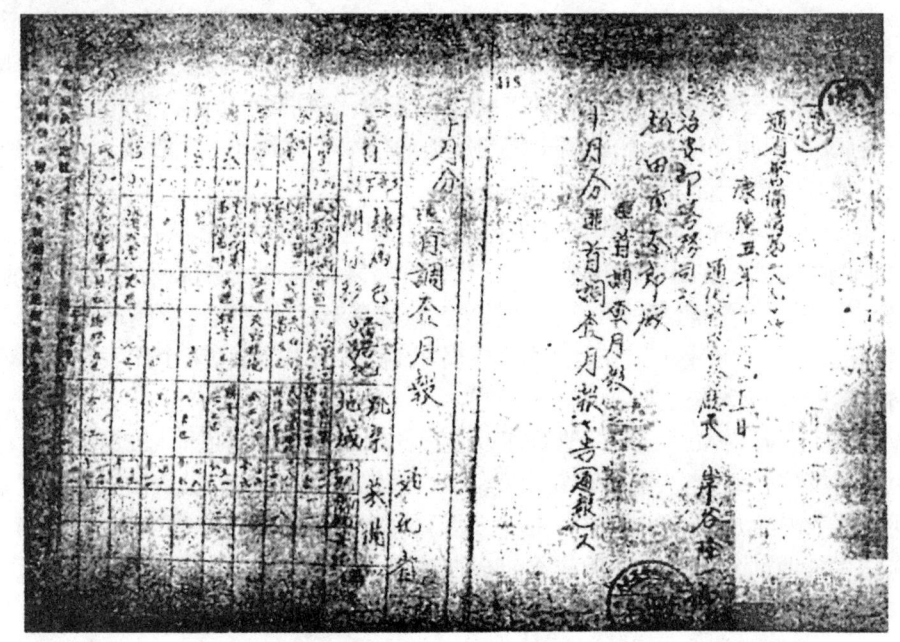

日伪当局编制的"匪首调查月报"

色彩:共匪。

盘踞地:临江第五区、濛江第二三区。

跳梁地域:金川、临江、濛江、辑安、通化一带。

装备:步枪300支,手枪50支,机关枪12挺。"

这种每月一份的《匪首调查月报》,除上报给伪治安部外,还抄报有关日伪军"讨伐队"及各省伪警务厅、各伪军管区司令部,供其掌握杨靖宇活动基本情况,以便进行"讨伐"。

在反"讨伐"斗争中，为打破敌人采取的"不给片刻喘息机会，分路攻击"的策略，英勇的抗联第一路军战士在杨靖宇指挥下积极与敌人周旋，对敌战斗次数明显增多。但由于敌人"集团部落"计划的完成，实行经济封锁政策，造成我军粮食供给极其困难，部队内物质生活日趋恶化，斗争呈现出十分艰苦，且随时都可能出现危机的态势。在这种情况下，杨靖宇指挥的抗联第一路军，不得不将主要活动区域逐渐转移到东部桦甸、濛江以至临江长白山森林地带去。对此敌人记载："在通化省，由于枭雄杨靖宇匪的跳梁，使辑安县变成该省第一个肿瘤地带，袭击集团部落，破坏隧道工程，或拦击讨伐队等，时有所见。随着军警肃正活动的逐步深入，使其无法继续盘踞该地，而向濛江、临江寻求遁路。他们巧妙地偷偷闯过森严的警戒网，北上成功，达到目的地濛江县。"①

1938年11月末，杨靖宇率部从濛江南泊子行至东干饭盆宿营时，叛徒程斌"讨伐队"嗅踪跟来，妄图偷袭抗联第一路军总司令部。杨靖宇派出一支小部队与之交战并佯装溃退，引诱敌人尾追，准备将其牵入东干饭盆深处予以歼灭。"干饭盆"是原始森林腹地，方向难辨。因不识路径者进入此地会由于迷失方向而葬身林海，俗称"闷干饭"，故此地取名为"干饭盆"。战斗中，程斌见抗联部队有秩序地边打边往密林深处撤退，知道情况不妙，害怕被牵入干饭盆"闷干饭"，只好扔下数具尸体，拖着伤兵收场。②杨靖宇命令部队休整数日后，率部队经空杨树村、二道花园、三道花园向桦甸县境进发，谋求与第二军四师会合。数日后，抵达桦甸、濛江、抚松三县交界的两江口，而后在蒿子湖与尾追的伪靖安军展开一次激战。战后，杨靖宇率部转移至桦甸县老金厂西部老营沟一带活动。

12月间，当杨靖宇率队来到桦甸大柳树河子地方时，日军菊池部队及伪靖安军约500余人，从濛江那尔轰赶来，妄图堵截我军。一天，夜幕即将降临时，这支日伪军沿着柳树河沟搭起12座帐篷，每座帐篷前还燃起一堆篝火，开始宿营，准备第二天继续搜寻杨靖宇所率部队。

面对这股来敌，杨靖宇决定在其未找到我军行踪时，乘其不备，来个先发制人，展开一次袭击敌宿营地的"摸火堆"战斗。

当夜，杨靖宇即做好战斗部署，他对连以上干部们说："敌人远道而来，走了一天的路程，他们支上帐篷就放心睡大觉，还没有发现我们，一定很麻痹。在他们没有防备的情况下，我们采取夜间突然袭击的办法，可以打他个措手不及。"根据他的决定，从警卫旅一、三团及三师、少年铁血队中抽调部分身强力壮的战士组成夜袭突击队，10人一组，共12组，兵分两路，一路顺柳树河子沟往下，一路往上，每组配备一挺机关枪，各负责攻打一座帐篷。杨靖宇要求作战中要迅速出击，猛打猛攻，速战速决。

夜半，杨靖宇和警卫旅政委韩仁和分别率领夜袭突击部队，沿着冰封的河道，悄悄向敌人帐篷摸去。当突击部队接近敌人帐篷时，战斗打响。杨靖宇指挥部队跳上河堤，冲着篝火向敌人帐篷猛攻。顿时，枪声大作。战斗中，敌人帐篷被打着，火光冲天，一些敌人在睡梦中就被送上西天，一命呜呼。一些被惊醒的敌人，仓促拿枪拼命抵抗。但因杨靖宇所部在暗处，敌军

---

① 伪满治安部编:《满洲国警察史》(1942年)，第183页。
② 刘贤:《抗联一路军在濛江的战斗》，载《抗联一路军在濛江》，吉林大学出版社，1990年11月版。

在明处,许多敌人当场被击毙。战至天将亮时,残敌扔下轻重武器,狼狈逃跑。杨靖宇命令警卫旅一团派二个连,由许国有团长带领乘胜追击。已成惊弓之鸟的敌人只顾逃命,抗联战士追击七八里地。敌人又扔下一些伤兵,留下一些尸体。

此次"摸火堆"战斗,日伪军伤亡惨重。100多名敌军被击毙击伤,12座帐篷被烧毁,并缴获机枪1挺、步枪10余支及大批军需品。我军牺牲、受伤15人。①次日晨,杨靖宇所率部队还用机关枪击毁前来低空侦察的敌机一架。

当时,有两架敌机飞来,在抗日联军营地上空盘旋。因战士们隐蔽在树林里,敌人帐篷又被烧毁拆掉,敌机没有发现抗联部队踪影,盘旋一阵便飞走了。这时,杨靖宇对战士们说:"敌机可能还会飞回来,它不会什么也没发现就飞走的。把机枪准备好,敌机再回来就打,我们不能等它发现我们再打,这样会造成很大损失。"战士们闻此,立即做准备,果然,不一会两架敌机又飞了回来。杨靖宇看到敌机飞临我军营地上空,一声令下:"打!"十几挺机枪一齐向敌机进行交叉射击,敌机也低空扫射。战斗中,一架敌机中弹起火,拖着长长的黑烟一头栽入松花江里,另一架敌机则向东北方飞走。②杨靖宇见战士们用机枪打下飞机,他和同志们都喜笑颜开,十分高兴。因为这是抗联部队在没有高射武器情况下,打下的敌机,这在抗联斗争的历史上是少有的,应该说是一个奇迹。

柳树河子"摸火堆"战斗后,杨靖宇决定警卫旅和少年铁血队分兵两路活动。一路300余人,即第一路军总司令部和警卫旅大部由他率领去会全栈,与第二军四师崔贤部会合;另一路100余人,内有少年铁血队40余人,由韩仁和率领从水曲柳沟经那尔轰到头道溜河、抚松一带活动。

杨靖宇率总部警卫旅从红石砬子江南赴会全栈行进途中,经过四五个"集团部落",每到一处,伪警察和伪自卫团听说杨靖宇的队伍开来,便闻风而逃。部队在所经村屯筹集了行军所用给养。

杨靖宇率领抗联第一路军纵横驰骋,与敌人巧妙周旋,不断粉碎敌人围攻,打击敌人,终使日伪当局对其深感头疼,拿杨靖宇毫无办法。敌人也十分疑惑地提出,杨靖宇"究竟是一个怎样的人?"的问题。

1939年1月1日,伪满《大同报》以《匪首杨靖宇究为何如人》为题,用记者和东边道"讨匪"作战部参谋问答形式,做了如下很不确实的报道:"记者(有冈芳一):现在我军在东边道所追击的杨靖宇究竟是怎样一个人呢?"

友座参谋:"杨是河北省人,今年三十七岁,从北京大学毕业后,1923年又从保定军官学校卒业。1927年当民国革命北伐时曾任营长,在河南、湖北一带纵横活跃。大同元年当满洲国的时候潜入满洲的吉林省磐石、海龙地方,任红军游击队政治委员,大同二年担任东北人民革命军独立师长,潜入了通化省的金川、柳河、临江一带,康德二年任革命军第一军军长,在

---

① 《抗联第一路军一九三二年至一九四〇年主要战斗统计表》(1941年初),载中央档案馆等编《东北地区革命历史文件汇集》甲60,第240页。

② 姜殿元:《我在桦甸的抗联生涯》,载《桦甸党史资料》第一辑。

通化省内从事扰乱。因受我军猛追，在本年一月跑到临江，其后又到辑安、桓仁县境，为着躲避我军最后大讨伐的锐锋，现在竟东躲西藏的没有一定地方。"

这则报道对杨靖宇的籍贯、年龄、学历记载得都不准确。伪满《大同报》之所以登出这样报道，主要想告诉人们杨靖宇及所率部队正受着伪满军的"猛追"。但也透露出杨靖宇率部以机动灵活的游击战术，声东击西，使敌人摸不着其踪影的事实。

1939年1～2月间，正是三九严寒，天冷难熬的季节，整日里，零下四十度的低温——砭人筋骨；席卷暴雪的凛冽寒风——断指裂肤；无边无垠没膝深积雪覆盖的森林山谷——举步维艰。

杨靖宇率领第一路军司令部直属部队警卫旅、少年铁血队和第三师部分队伍（共400余人），就是在这样恶劣的自然环境里转战于桦濛山区、第二松花江、富尔河流域的高山密林之间，冰天雪地之中。

1939年1月24日，杨靖宇指挥部队在桦甸大砬子与一支伪警察队交火，歼敌30人，缴获步枪30支。而后当部队行至红石东北沟时，有一支约200余人的伪满军从后面追来，双方交战约1小时左右。在击退敌人进攻后，从容撤离。次日，杨靖宇率部到达老营沟口宿营地。之后，在苇河沟与一支伪军展开战斗，敌军死伤50余人。不久又在大楞场一带与第二军四师崔贤部胜利会师。

2月18日，即农历大年三十。杨靖宇暨第一路军总司令部，所属警卫旅与第二军四师部队在桦甸县老金场抗联密营举行春节联欢会，欢度春节。联欢会上，战士们载歌载舞，兴奋异常。杨靖宇讲了话，祝贺汉族、朝鲜族干部、战士在过去一年所取得的斗争胜利，号召同志们在1939年坚持艰苦斗争，力争取得新的胜利。他和警卫旅及第四师的战士们，共同度过了一个热闹的除夕之夜。

春节过后，抗联第一路军总部利用休整之时，在桦甸头道溜河抗联密营，举办了党员干部训练班。杨靖宇和魏拯民分别在训练班上做专题报告，讲述全国抗战形势，讲解党中央对东北抗联的关怀和期望，提出了抗联第一路军今后一个时期的战斗任务。训练班集中学习、讨论了"中国革命的性质""抗日战争的胜利需多久"等问题。通过训练，使参加学习的党员干部明确了抗日战争是一场持久战，要有长期作战的思想准备，必须克服急躁情绪。在杨靖宇激励下，参加训练的全体党员干部都表示：要发挥先锋模范作用，冲破各种艰难险阻，夺取抗战最后胜利。

1939年3月以后，阳气上升，天气开始逐渐转暖，杨靖宇指挥抗联第一路军警卫旅、少年铁血队、第二军四师抗日健儿，积极主动向敌人展开进攻，取得了袭击木箕河林场、大蒲柴河镇等较大战斗的胜利。

袭击桦甸木箕河林场战斗。

日本侵略者为掠夺桦甸森林资源，早在1934年就在桦甸建立了营林署，设立数处林场，木箕河林场是其中较大一处。该林场位于桦甸县富尔岭下，木箕河上游。当时是满洲林业株式会社北海木业组合开办，由日本人经营。约有上千名劳工被强迫为日本人进行采伐木材劳动,这所林场场部周围修筑有高墙,墙外还架有铁蒺藜网围墙,四面设有炮楼,有100余人的伪森林警察队负责保护。大门包有铁皮,昼夜派有岗哨把守,用以监视伐木工人劳动和防备抗日部队袭击。距场部30米外,另有一较大院落,住着伐木劳工,他们大都是被骗来的农民和被抓来服役的青壮年。劳工们吃不饱穿不暖,每天天不亮就被赶到山上,从事繁重的采伐劳动,直到太阳下山以后才收工,他们过着牛马不如的生活,受尽日本侵略者的欺凌和折磨。

当时,因部队长期在野外风餐露宿,久无食盐吃,战士们四肢无力,全身肿胀,有的患上抽筋、咳嗽等疾病。同时,许多战士棉衣也破烂不堪,难以抵御春寒。为打击掠夺我国森林资源的侵略者,解放林场劳工,缴取粮食、食盐、棉衣等军需用品,杨靖宇从侦察战士那里得知桦甸木箕河林场有粮、盐、服装等情况后,便决定攻打木箕河林场。

3月10日,警卫旅、少年铁血队和第二军四师共450人,首先袭击了林场外围几个"集团部落",缴获许多食盐、粮食,收缴了伪警察的武装,补充了枪支弹药。

3月14日夜,开始攻袭木箕河林场场部。杨靖宇派韩仁和率警卫旅三团和少年铁血队,埋伏在林场西边沟口准备伏击敌人援兵。之后,他亲自指挥部队,以小部分兵力佯攻四周炮楼牵制敌人,而以大部分兵力集中火力主攻场部大门。警卫旅三团和少年铁血队战士用手榴弹和4挺机枪对准大门猛烈轰炸和扫射,大门终于被打开。战士们勇猛地冲杀进去,当即将负隅顽抗的伪森林警察队长李海山、警尉补郑文彬等10余人击毙。战斗中,许多伪警察见抗日联军攻势凶猛,便从场部后门逃到山上。战士们追至山脚,高喊"中国人不打中国人""缴枪不杀",跑到山上的近百名敌人先后下山投降。4名钻进地道的日本人被抓获。林场敌人宿舍及贮存的木材被战士们浇上汽油点着,大火烧了一天一夜。日本人苦心经营的木箕河林场化为一片灰烬。此次战斗,使千余名受苦劳工得到解放。工人们看到抗联打了胜仗十分高兴,战斗结束后,有上百名工人帮助抗联部队运送缴获的物资,更有许多人要求加入抗联。杨靖宇当即发表讲话,欢迎工人兄弟加入抗联部队,号召大家一致奋起,赶走日本侵略者,推翻"满洲国"。最后吸收70余名年轻力壮的伐木工人,加入抗联第一路军部队。

木箕河林场战斗消灭了林场全部守敌,缴获机关枪1挺,步枪30余支,匣枪2支,无线电台1部,望远镜1个,马牛200余匹(头),大批粮食、食盐、布匹、单棉呢子服装、烟酒、弹药等许多物品,使部队给养、装备得到补充。①

木箕河林场战斗后,部队转移至木箕河南4公里地方休整。3月16日,敌中川部队、富森工作队及桦甸县伪警察队800余人,跟踪急追而来,杨靖宇指挥部队与之在八道河子地方展开激战,在历时7小时的战斗中,打退敌人数次进攻,敌人被击退,毙伤伪警察80余人。②抗联战士也有伤亡,警卫旅一团团长许国有等10余人在反击敌人的战斗中牺牲。战后,杨靖宇率部迅速撤至木箕河以东地方,甩掉敌人,并一路上又袭击了数处"集团部落",其中将大砬

---

① 《抗联第一路军一九三二年至一九四〇年主要战斗统计表》(1941年初),载中央档案馆等编《东北地区革命历史文件汇集》甲60,第243页。

② 《抗联第一路军一九三二年至一九四〇年主要战斗统计表》(1941年初),载中央档案馆等编《东北地区革命历史文件汇集》甲60,第243页。

子"横范村"伪警察30余人全部俘虏,缴步枪30余支。随后,杨靖宇率警卫旅和少年铁血队、第四师崔贤部共450人,进行为期一周的急行军,越过了富尔岭。不久,又长途奔袭了敦化县大蒲柴河镇。

日伪报纸关于杨靖宇率部袭击大蒲柴河的报道

攻袭大蒲柴河镇战斗。

大蒲柴河镇地处敦化县南部,富尔河畔。这里是日伪当局在桦甸、敦化一带的一重要军事据点,驻有日军守备队50余人,伪满军警200余人。镇内修有一座军火仓库,戒备森严。为保证攻袭战斗的胜利,首先,杨靖宇派人探明敌情。随后,召开警卫旅、少年铁血队和第二军四师连以上干部会议,对战斗做出部署。

4月7日晚9时,杨靖宇指挥部队由西、南两个方向向大蒲柴河镇发起猛烈攻击。抗联战士以10余挺机关枪英勇顽强地按预定计划攻袭了伪满军兵营,击败了日军守备队,击毙日警尉藤田一夫、警尉补下田敬藏、坂本道义、山田德雄、西村幸一、鲜满拓殖会社主任甲斐真一等8人,击伤伪警察署长李际元、自卫团长李荣等10余人。攻下伪警察署、桦东办事处并将20余名伪警察全部缴械、俘虏,没收伪币8万余元,打开了敌人军火仓库,缴获轻重机枪各 1 挺、步枪 50 余支、匣枪 5 支、子弹数万发等一大批军火。①参加此次战斗的少年铁血队指导员王传圣回忆说，当时，西北角炮楼里还有几个敌人在顽抗。我和高队长商量，派几个人去看住他，不让他出来就行。就在我俩说话时，有人从屋子里顺窗户朝外打枪。我说："这里还有敌人，干掉他！"

高队长大喊一声："缴枪不杀！"里面仍然往外打枪，高队长顺手在地上摸了两块石头，碰一下说："再不交枪，就扔手榴弹了。"

这一招很灵，敌人在里面喊："别扔别扔！我们交枪。"接着从窗户里扔出两支二号匣枪，两个敌人举着手出来了。

我问："你们是干什么的呢？"一个士兵说："管仓库的！"我问："仓库里有什么？"他说："有枪，子弹。"我说："好，你领我们去把仓库门打开。"

被俘的士兵把我们领到仓库，开了门。我说："找个灯来。"

"不用，里面有电灯。"

当时我不知道电灯是什么玩意，只见他在墙上一按，仓库里通亮。我一看，好家伙，里面弹药堆得像小山似的，枪架上步枪也不知有多少！我和队长商量，赶快派两个战士去找司令部报告，我们占领一个弹药库，赶快派人往外运弹药。

我看有几支英门力马枪和一挺轻机枪，就让战士拿上，又发现大批匣枪子弹，我和高队长就往子弹袋里装子弹。刚一装满，杨司令带领部队来到仓库，我们向他报告了战斗经过和占领仓库的情况。

杨司令说：你们打得不错么！铁血队已经是呱呱叫的队伍了。

这时有战士来报告，说搜查过程中发现了 10 多个鬼子军官，都被我们打死了，还缴了几支手枪、望远镜和军刀，还找到一个保险柜，用大斧子劈开，拿出了不少钱。战斗结束之后，战士们将伪警察署、桦东办事处和敌人军火仓库点燃。次日晨 3 时，部队从镇西顺利撤走。②

大蒲柴河战斗影响较大，中国共产党在重庆出版的《新华日报》(1939 年 4 月 19 日)以《东北义勇军袭击敌垦区》为题援引外电作以报道："中央社东京十八日电，据日方消息，吉林省的游击队又趋活动，上星期五有游击队 300 人进攻日屯垦区附近之大蒲家河村(译音)，将村长办公室焚毁，然后退去。"对此次战斗，日伪《大同报》报道说："红军枪声如爆竹而起，势颇猛烈，突击其情势，总数不下三百多名，在黑暗夜里兼以寡不敌众，故于瞬间，第一道防线被突破，以至办事处及警察署等被焚烧。"③事后，吉林省伪警察厅长曾亲临现场"视察"，向被消灭的日本侵略者搞了所谓"慰灵祭"，督促"讨伐队"加紧"进剿"抗联第一路军。

大蒲柴河战斗后，杨靖宇指挥部队又与前来追击的敌人在大蒲柴河西南交战，终将敌人击溃。4 月 9 日，杨靖宇率部又袭击了小蒲柴河"集团部落"，烧毁了伪警察分驻所，筹集了一

---

① 《抗联第一路军一九三二年至一九四〇年主要战斗统计表》(1941 年初)，载中央档案馆等编《东北地区革命历史文件汇集》甲 60，第 243 页。

② 王传圣回忆录：《风雪长白山》，吉林教育出版社，1992 年版，第 228 页。

③ 《大同报》(1939 年 4 月 13 日)。

些给养。4月10日夜8时,再次向大蒲柴河镇袭来,与日伪军交战5小时,歼敌70余人,缴获重机枪1挺。4月11日袭击了柳树河子"集团部落"。4月下旬,又攻打了浪柴河敌人据点,毙伤敌多人,缴获许多军需物品。而后,部队进至富尔岭深山里进行了短期休整。

杨靖宇率部在短短的几个月时间里,于桦甸、敦化等地,连续攻打了柳树河子敌宿营地、日本人经营的木箕河林场、大蒲柴河镇、小蒲柴河、柳树河子"集团部落"及浪柴河敌人据点,这些胜利战斗,使敌人胆战心惊,深感防不胜防。

日伪当局为消灭活动在桦甸等地的杨靖宇及所率抗日部队,1939年4月18日,日本关东军第二独立守备队司令官三浦发布作战命令,具体部署"讨伐"作战行动:助川部队长"治安肃正"重点在桦甸县第五区、敦化县东部和南部地区;末长部队长"治安肃正"重点在桦甸县第四区、第七区、第八区;小林部队长担任桦甸县第六区"治安肃正",配置一部分部队,协助当地伪警察,以对杨靖宇进行所谓"积极讨伐"。在第二独立守备队制定的《治安肃正要纲》中,强调"在防卫司令官直辖下,以杨匪首为目标,坚持追击,捕捉歼灭,行动地区不受限制,神速灵活行动,努力利用夜间进行急袭和奇袭,进行捕捉"。[①]5月,日伪当局为加大"讨伐"杨靖宇领导的抗联第一路军的力度,从伪"第一军管区"分立出一个"第八军管区",由王之佑任伪司令官,日本人立花大佐为顾问,辖伪混成第一旅、第二旅、第三旅及伪步兵第六团,总兵力共1万人,专门负责安东、通化两省的所谓"治安肃正"。

面对日趋严峻的斗争形势,第一路军司令部曾在辉南石道河子召开一次由杨靖宇主持的干部会议,讨论部队行动方向问题。参加会议的有魏拯民、韩仁和、李兴绍等。会上有的同志提出是否把部队转移到苏联去,以便保存力量,待形势好转再回来。杨靖宇不同意这种方案。他说:"我们是东北抗日联军,是抗日的队伍,抗日抗日嘛,你跑到苏联去还叫什么东北抗日联军?你跑到苏联去,日本鬼子就能自己跑回去,就不用打了?抗联是打鬼子的,就得坚持战斗。"又有人提出把司令部转移到长白山深山里去,其余部队化整为零在外打击敌人,搅乱敌人保卫司令部。这种方案也被杨靖宇拒绝了。他说,"抗日抗日,你走了这叫什么抗日?你到长白山里'猫'起来,这叫什么抗日?敌人来侵略我们,你不打敌人能走吗?"又说"我们在这里坚持下去就能牵制敌人的一部分力量,对关内抗日战争有利;如果我们转移走了,这里的抗联没有了,敌人就会乘机宣传抗联被消灭了。这样对群众影响肯定不会好,特别是敌人会更加集中兵力到关里去,给党中央增加压力。我们力量虽然不大,但是在这里打下去,起码能拖住敌人一部分力量,支援全国抗日战争。"会议争论得很激烈,杨靖宇说到激动处,声音非常大,"嗷嗷"的。最后,还是统一了思想认识,部队既没有转移去苏联,也没有到长白山的深山密林中躲避,而是按杨靖宇意见决定在辉南、桦甸、濛江、抚松等县坚持开展斗争。[②]

这一时期(1938年末至1939年春),杨靖宇率总部警卫旅在桦濛地区的斗争是富有成效的。据统计,这期间共缴获敌人"十一年式"轻机枪3挺,重机枪1挺,手枪40支,步枪500余

[①]《第二独立守备队昭和十四年度(1939)治安肃正要纲》(1939年4月18日),载日本帝国主义侵华档案资料选编《东北"大讨伐"》,中华书局,1991年版,第241页。

[②] 张秀峰:《我在抗联部队的经历》,载《抗联一路军在濛江》,吉林大学出版社,1990年版,第250页。

支,各种弹药3万余发,伪币约8万余元,无线电台2个,其他战利品许多,消灭日伪军500余人。杨靖宇所率警卫旅取得的战绩,对其他部队是很大鼓舞。另据敌人记载1939年1月至5月抗联第一路军与日伪军交战次数为:1月,37次;2月,63次;3月,62次;4月,51次;5月,51次,总计264次。敌人战死111人,负伤162人。①

1939年5月9日(农历3月20日),杨靖宇为有效地组织部队打击敌人,加强部队建设,推进游击战争的发展,曾以"大队部"名义致信第一方面军指挥曹亚范。信中分析了当时的形势,提出了第一方面军近期战斗任务,指出:"目前国际战争之密布,日寇的凶暴行径日益暴露,中日大战日益扩大,波及到东北,日寇暴行已极,东北同志的气愤日益高涨,伪满统治日渐削弱","我们应乘满洲统治逐渐削弱时机,加强部队训练和第一方面军的活动,补充武器弹药。"信中指示第一方面军"加紧进行队内政治教育训练工作";注意"对敌人的矿山、铁路的袭击,同时可以扩充工人参加抗日";"今后沿梅辑线活动,对矿山、林业工人作为扩军的对象";"部队执行游击战";"到王凤阁以前根据地,还有鸭绿江沿岸的大山峰地区去活动,以得到第一路军的互相配合"。"要鼓动群众反日气氛","解决队内物资缺乏"和"补充武器弹药"问题。信中对部队内部出现问题强调说:"对于队内存在的问题和注意事项应在会上研究解决。"

最后,杨靖宇在信中信心百倍地指出"我们部队士气高昂,群众对我军是拥护爱戴的,我们胜利,敌人统治就削弱,日寇暗叹去年秋冬'大讨伐'已经失败,这样敌人的动摇和悲观已达极点,我们要用革命的实践揭露敌人的花言巧语的骗局,要依照我党政治决议和口号,用真理和事实宣传我们取得最后的胜利。"②

杨靖宇致曹亚范的这封信为第一方面军的斗争指明了方向。该部在1939年春夏不断加强部队政治教育训练工作,提高部队战斗素质,在辑安抗日游击区先后出击敌人20余次,歼敌上百人,夺取许多军需物资,补充了部队装备,取得了很大胜利。

五、负伤之后

1939年4—5月间,春风送暖,冰消雪化,和煦的阳光照遍桦濛山野。此时,杨靖宇率警卫旅一团、少年铁血队、机关枪连约200人,返回桦甸老金厂、老营沟一带活动。

5月初的一天,第一路军总司令部在老营沟从截听敌人电话中获悉,有一排伪满军30余人,于5月4日从老金厂去会全栈接运军需物资。为打击这股敌人,夺取军需物资,杨靖宇率警卫旅一团和少年铁血队乘夜行军,于5月4日拂晓前,即在老营沟口附近南山、西山设下埋伏,准备截击路经此地的敌人运输队。

战斗开始前,杨靖宇考虑少年铁血队队员还没打过伏击战,为了锻炼少年铁血队,决定把敌人放到少年铁血队跟前打。同时也做了准备,一旦他们打不好,再由警卫旅一团歼灭这

---

① 日伪资料:《南满省委及一路军概要》(1939年),载东北烈士纪念馆编《东北抗日战争史料汇编》(附录四),第39页。

② 《杨靖宇给曹亚范的信》(1939年5月9日),载张群良等编《杨靖宇将军诗文选》,1995年内部刊印,第124页。

股敌人。具体部署是警卫旅一团阵地设在西面,少年铁血队阵地设在东面,敌人从东边走来,先路过少年铁血队阵地,可由少年铁血队战士解决这股敌人。

根据战斗部署,少年铁血队队长、指导员接受命令后,便率队埋伏在警卫旅一团东面公路边的沙金坑内。但由于数日来连续活动加之一夜急行军,大家都很疲惫困乏,年轻的小战士在伏击阵地久等敌人而不来,便在太阳高高升起的时候不知不觉地打起瞌睡,而后便睡着了。在上午10时左右,来自老金厂的30余名敌人渐渐朝少年铁血队设伏阵地走来。杨靖宇在指挥部所在阵地上用望远镜冷静观察,看到敌人已走到少年铁血队设伏阵地,仍不见少年战士行动。杨靖宇见少年铁血队阵地失去战机,便决定把敌人放到少年铁血队西面的警卫旅一团埋伏阵地前再打。当敌人进入警卫旅一团埋伏阵地前时,杨靖宇抽出匣子枪,连打三枪。这时指挥部山头上站着一些人在分析猜测发生了什么问题,有的人还大声呼唤少年铁血队。警卫旅一团战士见指挥枪响,便迅猛出击,不到半小时就结束了战斗,30余名敌人全部被缴械当了俘虏,所运送的物资也全部被缴获。

但战斗中,陷入伏击阵地的敌人见老营沟对面南山头上(即指挥部所在山头),有不少人,便朝这里胡乱开枪。不幸,一颗流弹打中杨靖宇右小腿,致小腿肚子受了贯通伤。战士们见杨靖宇腿部负伤,气愤地便端起刺刀要去挑俘虏,但被杨靖宇劝阻了,他说:"缴枪不杀是政策,不能因为我受了伤,就杀俘虏。"①这些俘虏经宣传教育后,全部予以释放。

战斗结束后,少年铁血队战士看到杨靖宇负了伤都十分难过,队长、指导员心里更感到很内疚。因为是由于他们睡了觉,指挥部人员在山上大声呼喊,使敌人注意到指挥部所在山头,才使杨靖宇受了伤,他们都难过得掉下眼泪来。

杨靖宇忍着伤痛,安慰少年铁血队的指导员王传圣说:"你们睡觉当然是不应该的。但我也疏忽了,你们这些天太疲劳,没有照顾到你们。另外,指挥部人员也太轻敌了,指挥部枪响后,这里聚一大堆人,大喊大叫,引得敌人朝这里开枪,这不能全怪你们。"少年铁血队两位小领导听后很受感动。

杨靖宇负伤后,由警卫旅机关枪连一排、少年铁血队、特卫排护送至松花江上游西岸桦濛交界一带抗联一军密营养伤。

当时,抗联后方密营医疗条件十分差,药品奇缺,只能用盐水消毒,用战士们自制的"狗皮膏药"敷在伤口上。这种膏药用小狍子胎加上冰片、黄碘及黄菠萝树嫩皮配合熬制而成。用它贴在伤口上,几天后再换一次。

杨靖宇受伤失血身体十分虚弱。警卫战士们都想弄点有营养的东西给他吃,让他补好身体早日康复。一天,警卫战士看到附近河里有细鳞鱼,就开枪打了一大条,并高兴地告诉杨靖宇这回可有大鱼吃了。杨靖宇听到报告便问:"刚才枪响,是谁打的?"他严厉批评了开枪打鱼的战士说:"这鱼我不能吃,为了吃鱼连军纪也不遵守了吗?"杨靖宇不让警卫战士天天守护着他,为吃什么操心,而是让他们抓紧进行军事训练和文化学习。

在养伤期间,杨靖宇经常手不释卷,把看书、钻研问题当作自己的任务。他很爱读报,身

---

① 王传圣:《桦甸抗日历事记》,载《桦甸党史资料》第1辑。

边总是有些从敌人那里搞到的报纸,行军时带着,宿营时坐下就看。他不仅自己学习,还组织战士们学习文化,用桦树皮当纸练字。在他的耐心教育下,一些原来没有文化的战士,经过学习认识了许多常用字。

当时,毛泽东在1938年5月26日至6月3日于延安抗日战争研究会上所做的讲演——《论持久战》,已辗转传入东北。当年给杨靖宇当过警卫员的黄生发回忆说,我印象最深的是,有一本《论持久战》,是油印本,他经常阅读。①《论持久战》是毛泽东在抗日战争期间的一部重要的论著,它总结全国全面抗战爆发以来的经验。对一些人感到迷惘的抗日战争的全过程究竟会怎样?中国能不能取得胜利?怎样才能取得胜利等问题,给予了明确的回答。对当时到处流传的"亡国论""速胜论"等错误观点进行了批判,对敌我双方存在着的相互矛盾着的各种因素,以及他们的发展变化做了深刻的分析,从而得出结论:"中国会亡吗?答复:不会亡,最后的胜利是中国的。中国能够速胜吗?答复:不能速胜,抗日战争是持久战。"毛泽东将持久战分为三个阶段:战略防御阶段,准备反攻阶段,战略反攻阶段。毛泽东对当时正处在的第二阶段指出,第二阶段是整个战争过渡阶段,是中国很痛苦的时期,我们要准备付出较长的时间,要熬得过这段艰难的路程。此阶段的战争是残酷的,地方将遇到严重的破坏。但是游击战争能够胜利。毛泽东的这篇重要论著使杨靖宇如获至宝,正像他的警卫员黄生发所说,爱不释手,经常阅读。这使他从中获得了夺取抗战胜利的思想武器。在以后的战争岁月,他正是按《论持久战》一书中所阐述的道理,指导抗日军民从事艰苦的抗日战争的。

这期间杨靖宇十分关注部队政治宣传工作,指示要克服困难,坚持做好党、军宣传刊物、小报的出版工作。

早在1938年底,为进一步加强部队思想政治工作和对广大民众的宣传鼓动工作,使全军干部战士牢固地树立起坚持长期的、持久的抗战观念,广泛开展游击战争,杨靖宇和魏拯民等中共南满省委领导同志决定,将原东满党组织与第二军办的宣传刊物《战旗》与原南满党组织与抗联第一军办的宣传刊物《列宁旗》,统一编为《列宁旗》,作为中共南满省委机关刊物,供领导干部学习。杨靖宇曾亲自为该刊撰稿。同时还决定由抗联第一路军政治部办好面向部队及游击区群众的《中国报》。

《中国报》1934年时即已出版,原为对开,铅印,后因印刷厂被敌人破坏,改为八开,油印。该报内容丰富,经常报道关内抗日状况、抗联第一路军战绩及东北各地抗战消息。仅据1939年发刊的第105期《中国报》所载内容看,主要有:"全国各地展开大游击战",报道了中央政府自4月下令总进攻以来,全国各路抗日将士与日本侵略军鏖战取得的胜利情况。"西北战况"有包头、太原等地五条电文,其中有红军游击队、马占山、何柱国等部队与敌军展开大歼灭战消息。"江北战况"有汉口、开封两条电文;"华南战况"有广东、上海两条电文。此期还有其他消息数则。第106期《中国报》刊有社论一篇,痛斥了《每日新闻》关于"满洲国不断巩固","抗日联军被消灭"的无耻谰言。其后刊有关于抗联第一路军5月18日石人沟战斗、5月31日桦甸五道沟战斗等战况报道。第108期《中国报》(1939年6月26日)《我一、二路联合

---

① 黄生发:《杨靖宇将军的生活与风采》,载《吉林文史资料》第24辑。

冲锋第一声》为题,报道了第一路军第四师和第二路军南征部队联合,与日军守备队牛岛大尉率领的日伪军200人交战,击毙日军大队长牛岛以下73人的情况。同期还报道了一路军第二军五师于4月20日在沙河掌歼灭日军守备队二中队战况。

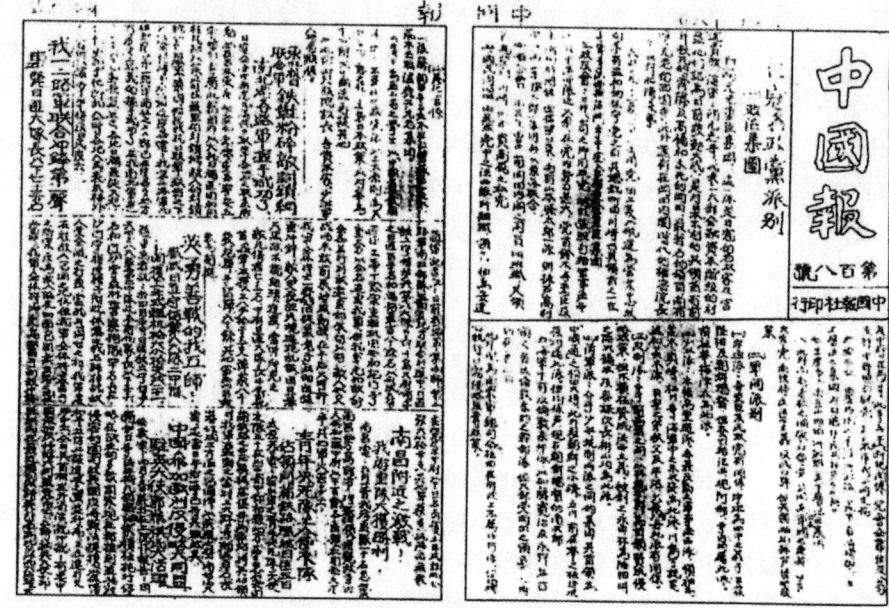

抗联第一路军政治部出版的《中国报》

《列宁旗》和《中国报》是抗日军民自己的刊物、报纸,对于扩大抗日宣传,推动东南满地区抗日运动发展起到很大作用。

在1939年,日本帝国主义又加紧对苏联发动战争的准备,开始实施所谓"北边三年振兴计划",不断增兵东北(本年度已达八九个师团之多),继1938年7月挑起的张鼓峰事件后,又于1939年5月在中蒙边境进行反苏军事挑衅,制造了"诺蒙坎事件"①。为牵制日本侵略者,破坏其后方兵站,杨靖宇在养伤期间曾指示抗联第一路军各部,利用大批日军被调往中蒙边境这一有利时机,积极开展游击活动。

这期间,警卫旅、少年铁血队为回击日伪"讨伐队"的搜寻"追剿",曾攻打了桦甸县会全栈,毙伤敌10人、俘敌30人。缴获轻机枪1挺、步枪45支、匣枪9支及许多军用品。以后在濛江板石沟歼灭伪满军15人,缴步枪15支,击毁汽车两辆。在那尔轰消灭伪警察80人,缴获轻机枪1挺,步枪27支,匣枪1支。5月26日,警卫旅和二军四师部队250人,袭击了辉南县韩家屯敌据点,歼灭伪警察20人,缴获步枪20支。②6月初,杨靖宇派韩仁和率警卫旅一部远

---

① "诺蒙坎事件":1939年5月,日本军队在中蒙边界向苏蒙军队挑衅,进攻诺蒙坎(当时称"诺门汗")地区蒙古军队。8月,苏蒙军队对日军发起反攻,多数日军被歼。最后,日本被迫与苏联签订了"诺门汗"停战协定。

② 《抗联第一路军一九三二年至一九四○年主要战斗统计表》(1941年初),载中央档案馆等编《东北地区革命历史文件汇集》甲60,第243页。

距离奔袭了日伪军事要地——辉南镇,缴获许多衣物、弹药等军需物品。

第一路军其他各部也积极开展游击活动,频频打击敌人。

第一方面军在曹亚范指挥下,于辑安神出鬼没地积极开展游击活动。7月,先后攻袭了横路、榆树林子、江口伪警察分驻所的武装,缴获了许多物资。8月,攻下敌人据点麻线沟。10月,袭击了黄柏伪警察署。敌人一直不得安宁。

第二方面军在金日成指挥下,先后在长白县邱家店、十五道沟和半截沟与敌人展开战斗。1939年5月末,转战至安图、和龙县境活动。6月上旬,在红旗河闭门屯设伏消灭一支伪满军"讨伐队",毙敌日本指导官以下50多人,俘虏敌大队长以下大部分士兵。还袭击了安图县三道沟、蛟河县官地、和龙县卧龙屯"集团部落",缴获粮食、枪支、弹药颇多。7—8月间,第二方面军另一部,则由辑安回师辉南、金川,曾连续攻袭金川县四道沟、平安堡、平岗"集团部落"及龙湾堡等地伪警察分驻所。不久又袭击了辉南县老虎轩伪自卫团,在东安河子与伪满军第五团交战,取得胜利。

第三方面军于这期间,由第二军四、五师合编成立。第二军四师曾在敦化一带活动。1939年6月5日,袭击了寒葱沟敌人据点。6月11日在敦化西北岔北方,与日军助川、松岛部队及伪满军交战,助川部队长以下20余人毙命。6月24日,四、五师共同在敦化牛心顶子,处决了前来劝降的伪吉林省警备科长西濑户秀夫等4名日籍官员,使其妄图招降收买的阴谋破产。6月29日,与第二方面军联合,袭击了延吉县天宝山铜矿矿务所和该镇伪警察署,破坏了矿山的生产设备,给日伪造成80余万元的经济损失。在宁安、汪清、敦化等地活动的第五师,于6月上旬和抗联第五军二师在敦化苇塘沟,与日伪军400余人激战,击毙日军14人、伪满军17人,俘虏伪满军35人。不久,第四、五师在敦化、桦甸毗邻地区会师。

7月,在魏拯民主持下,于安图汉窑沟附近,第四、五师正式合编为第一路军第三方面军,指挥陈翰章。第三方面军下辖三个团:第十三团、第十四团、第十五团。8月15日,第三方面军在敦化大蒲柴河,伏击了正在换防的伪满军一部,毙敌15人。8月24日,第三方面军攻克了安图县重要据点大沙河镇,击毙日本指导官和伪警察署长,歼敌30余人,缴获轻机枪1挺,步枪20余支。翌日又在大酱缸,伏击了出援大沙河的日军宫本"讨伐队",击毙敌军90余人,缴获轻机枪2挺、步枪70支、掷弹筒2个,击毁敌人汽车七八辆。以后,第三方面军在敦化、安图,连续攻克倒木沟等十几处"集团部落",歼灭伪警察和伪自卫团员240人。9月24日,第三方面军进攻敦化寒葱沟伏击战歼灭日军松岛部队80余人,烧毁汽车10辆,缴获重机枪1挺、轻机枪2挺、步枪30支、掷弹筒2个、子弹70余箱。入秋,还攻打了敌人设在敦化县的重要军事据点额穆索镇,击毙日本指导官1人,俘虏伪警察50余人,缴获步枪50余支及其他军需品。在青沟子与日军守备队、伪警察队交战,毙日伪军20余人,缴获轻机枪2挺、步枪15支、匣枪5支、掷弹筒1个、望远镜1个。①

杨靖宇在松花江上游西岸桦濛交界一带抗联一军密营养伤约20余日,因敌弹没伤着腿

---

① 《抗联第一路军一九三二年至一九四〇年主要战斗统计表》(1941年初),载中央档案馆等编《东北地区革命历史文件汇集》甲60,第245页。

骨，所以很快痊愈。

杨靖宇腿伤痊愈后，于6月上旬率第一路军警卫旅、少年铁血队出征，转战至桦甸南部夹砬子处，与日伪军300余人展开战斗，毙伤敌70余人，俘敌6人，缴获轻机枪1挺、步枪20余支。而后，又攻打了关门砬子伪警察分驻所，俘敌40余人，缴步枪40支。接着，杨靖宇率部到达桦甸南部错草顶子，成功地袭击了日军守备队、伪森林警察和伪满军组成的"讨伐队"，歼敌百余人，缴枪80多支。对此，密切注视杨靖宇及第一路军总部行动的敌人，在伪满军刊物《铁军》上撰文称："康德六年（1939年）随诺门汗事件之扩大，红军即乘机肆虐，于七月上旬，杨匪于桦甸扰乱治安。"①

此期间，正值七七卢沟桥事变爆发二周年，也是全国总抗战二周年，即将来临之际。当时，在国际上，日本为扩大对中国的侵略，提出"建设东亚新秩序"，这使它与英法美苏等国的矛盾增大。在国内，全国抗日战争正值相持阶段，敌后抗日战争广泛开展。在东北，日本侵略者为巩固后方，加紧镇压抗日武装，严酷统治压迫东北人民。在这种情况下，为使广大同胞认清形势，树立以斗争求生存的信心，在七七卢沟桥事变二周年的日子里，杨靖宇在抗联一军密营，以中共南满省委和抗联第一路军总政治部名义，发表了关于七七事变二周年《告伪满军中国籍全体官兵同胞书》和《告东北中国同胞书》。

这两份文告，分析了面临的形势，指出日本帝国主义日暮途穷，国内矛盾重重，在国际上已与苏联等国短兵相接（按，指诺蒙坎事件）处于孤立状态。文告号召全体中国同胞联合起来，团结起来推翻"满洲国"，驱逐日本帝国主义出中国。

这两份文告，文辞激昂，说理充分，分析透彻，生动有力。《告伪满军中国籍全体官兵同胞书》中说："将被日寇拉完磨杀驴吃所陷害的同胞们！现被日寇强制入伍送死的青年弟兄们，日本贼徒疯狂的向你们脑中灌溉奴化思想，如一再的教你们克尽军人'保国卫民剿匪靖安'之职，请你们用自己的天良着实的想想，你们究竟保护谁？剿的是什么人？日本人在大街上无故打骂中国同胞，污辱中国妇女，请问你们谁能尽卫民之责走出过问！日本人命令你们去打骂或枪杀你们无辜的亲戚朋友，请问你们谁敢公开说不对！日本强盗无耻的宣传，进攻中国为的是维护东亚和平，试问维持和平的办法是以进攻人家国家，取消人家民族生存的战争手段来实现吗？这种无耻的办法就是死尸知道了，也会起来骂几声'无耻的强盗'！这种办法，我们中国人为了自己国家的独立，民族生存自由生活是决不能接受的。假如日寇不停止强盗行为滚出中国，那么我们是不能放下保护自己国家独立民族生存的自卫武器。"文告号召伪满军官兵"在七月七日中国人民抗日求生的那天，挣断日寇的锁链，举行壮烈英勇的哗变，克尽中国男儿救国之职责"。②

《告东北中国同胞书》指出："在中国人民奋起抗战的二个整年中，由于全国军民的英勇抵抗，各党派的精诚团结，中国共产党和一切抗日志士之坚决领导，长期抗战与进击战阵地

---

① 伪治安部参谋长：《献与剿匪诸君》，载《铁军》第3卷第2号。
② 《告伪满军中国籍全体同胞书》（1939年7月7日），载中央档案馆等编《东北地区革命历史文件汇集》甲55，第129页。

战术之适当和苏联的多种援助以及在中国利害较大的英法美等各国的帮助,东北与关内丢失的部分领土逐渐收复,特别是今年四月以来,全国各部战线一律转守为攻,到处大股歼灭日匪,收复失地。此种铁般事实人所共知,中国不仅没有像我们的敌人们宣传的完全灭亡,反而将大吹牛皮的日寇弄的人丁抽空,经济状况入于山穷水尽之途。日寇国内少数党派和统治阶级愈加分歧仇视紊乱纷争。在国际上与英法美苏各大强国,已入短兵相见之境——兄弟们,同胞们,七八年来给了我们很多实际和血的教训。日寇在东北所实行的'王道乐土'……取巧的思想和维持现状的可耻行动,把日本子惯养得又肥又凶!……过去的取巧思想是不对的,维持现状的行动是错误的。日本子对东北抗日联军和中国共产党员害怕,是因为我们与一部分有志的先进同胞们一样与日寇拼命,我们敢断定说东北的中国同胞决不能到了这种悲惨状态。"文告号召"东北同胞毅然崛起,有钱出钱,有粮拿粮,有枪送枪,能来人来人,各尽抗日所能,在中国共产党和东北抗日联军领导之下,响应全国各部战线四月以来着着胜利的收复失地光荣壮举!"①

　　中共南满省委、抗联第一路军政治部发表的文告,使日伪当局异常惊恐。它表明中共党组织、抗日联军始终在组织号召人们起来反抗日本侵略者、日伪统治并不稳固。

　　七七事变两周年过后,杨靖宇率领警卫旅一团和少年铁血队奔赴濛江、辉南、临江等地,以谋求与第一方面军会合。途中,先后袭击了韩家街、李大房子、平岗、月牙泡等"集团部落",缴获了伪警察和伪自卫团武装。之后,杨靖宇率部打下临江、濛江两县交界的三道老爷府,撤到白浆河上游时,与第一方面军指挥曹亚范和组织科长宋茂璇会合。在此地,杨靖宇与之共同研究了1939年秋冬部队活动的方针、任务等问题,决定袭击敌人伐木场、矿山,破坏敌人铁路、公路。

　　这期间,无耻的敌人又制造谣言说杨靖宇"因伤身亡"。1939年7月27日《盛京时报》载"[吉林]25日据吉林警务厅达到之情报谓,吉林省并通化一带之满洲唯一密林王者,抗日之巨匪杨靖宇于7月1日午前4时左右袭击通化省金川县第四区哈蚂塘李大房子部落之际,遭小金川警察队及自卫团之反击,则身负重伤,于密林疗养中,日下闻其已死亡。"显然,这是敌人为了扰乱抗联军心、抗日民心,而造出的无耻谣言。(敌人制造此类谣言不止一次,1936年6月10日《大同报》就曾说过"红军司令杨靖宇传闻有负伤死亡之说"。)此报道中称杨靖宇为"满洲唯一密林王者,抗日之巨匪",反映出日本侵略者对杨靖宇在东北抗日运动中的重要地位及其确实难以对付的认识。不管敌人制造何种谣言,杨靖宇指挥所部在频频打击敌人,则是确凿无疑的事实。

　　1939年夏秋两季,根据杨靖宇的部署和指挥,抗联第一路军实行主动向敌人进攻的策略,配合外蒙诺蒙坎战斗,获得很大战果。据日伪资料记载,1939年6月,抗联一路军袭击敌人20次,与敌人交战8次;7月袭击21次,交战2次;8月袭击46次,交战10次;9月袭击22次,交战9次。共计袭击、交战138次。②

---

① 《告东北中国同胞书》(1939年7月7日),载中央档案馆等编《东北地区革命历史文件汇集》甲55,第137页。
② 日本关东宪兵司令部:《满洲共产抗日运动概况·1939年》。

对于1939年夏秋这一时期，东北抗日联军特别是杨靖宇指挥的抗联第一路军部队所进行的活动，日伪当局称："与诺门汗事件之进展相呼应疯狂进行频繁袭击与对群众宣传抗日，使治安不佳地区显著扩大，且使人心动摇。尤以东边道地区及北安省地区'匪帮'之活动极为激烈。"又说："东北抗联第一路军系'匪帮'，以杨靖宇为最高领导者。杨自率司令部进行游击。同时将其属下分为三个方面军。据有山岳密林之地面为所欲为。不仅对部落、矿山、警备机关进行袭击、掠夺，且胆敢迎击移动中之日本军部队等活动。"同时不得不承认说："杨靖宇头脑极清晰，富于组织之天才，统御能力极强。"①

在诺蒙坎事件期间，由于抗联第一路军在东南满地区，第二路军在吉东地区，第三路军在北满地区，积极活动，钳制日军，配合苏军"对日贼进行不停地猛攻，使日贼腹背受敌，被迫缔结了'诺门汗'战斗临时停战协议"。②最后，日本侵略者以挑衅失败而告终。

六、筹集给养

自1939年杨靖宇率领所部转至长白山区坚持开展抗日活动之后，斗争进入更加艰难困苦的时期，当时遇到的最大困难就是部队给养不能得到保证。

日伪当局为了消灭抗日联军这一心腹之患，在军事上不断展开"讨伐"的同时，还严厉实行经济封锁，截断游击区与敌人控制地区之交通运输，采用各种办法，断绝粮食、衣物、药品、武器、弹药流入游击区提供给抗联部队。敌人为阻止抗联购买和向抗联出售生活必需物品，在抗联活动地区附近的大小城镇，禁止日用必需物资的自由贩卖，而实行专卖，并用尽各种复杂手续对每个购买物品的人加以限制。以辉南县为例，凡在本县居住者，须由伪警察署发给"居民居住证""物品购买证""通行许可证"，而未携这些证件在县内居住、通行及购买物品者则视其为"匪贼"或"通匪者"。根据规定，购买食盐三斤以上、胶鞋五双以上、面粉二袋以上、肉类五斤以上、纸烟一大盒以上、糖二斤以上、衣服五套以上、点心类五斤以上、帽子二顶以上、袜子五双以上，必须携带伪警察署发给的"物品购买证"及"通行许可证"，否则要加以处罚。③日伪当局在离"集团部落"一定界限以外，还划定无居住地带（即"无人区"），使"集团之外绝无家屋，食宿之处所一律捣毁"，禁止擅自出入其地，以彻底割断民众与抗联部队的联系。同时，日伪当局利用熟知抗联密营地点的叛徒程斌等，专门组织一伙人挖杨靖宇部队的粮仓，致使抗联第一军大部密营储粮仓库尽遭破坏。

由于日伪当局的严密封锁、控制和叛徒程斌对抗联密营、储粮地点的破坏，使抗联部队断绝了衣食之源。部队常常数日难得粒米充腹，只得以野菜、野果充饥。当时尽管有群众冒着生命危险想把粮食、衣物、食盐、火柴等物品偷偷送给抗联，但往往因被敌特发现，定为"通匪罪"而遭残害。在敌人的严密控制下，棉花、布匹等物资无处购买，部队很难按季节更换服装。在

---

① 伪治安部参谋司编：《献与剿匪诸君》，载《铁军》第3卷第2号。

② 魏拯民：《给中共代表团的信》（1940年4月），载《东北抗日联军史料（上）》，中共党史资料出版社，1987年版，第201页。

③ 转引自《国内治安问题》，载伪治安部参谋司编《铁军》第1卷第11号。

冬天,常有战士因不能及时换上冬装而冻伤者。

为了解决给养、服装问题,抗联战士只得袭击敌人据点夺取敌人的牛马、粮食、布匹、棉花,实际等于用战士们的鲜血和生命来换取。因此,部队每次得到一点点吃的、用的,杨靖宇总是让战士们先吃、先用,并教育战士们要十分爱惜。

一次,司务员买来十几袋麦穗,由于战斗任务紧急,来不及脱粒做饭,只得每人发一把麦穗烧着吃。大家吃得正热闹,杨靖宇走过来了,战士们都把自己的拿出来让他吃。杨靖宇说:"大家吃吧,我有我的份。"说着,从兜里掏出一个麦穗,一边放在火上烧,一边说:"烧麦穗可是咱们抗日联军才能享受的好饭呀!"说得大家都笑了起来。他告诉大家:"烧麦穗吃可要注意两条:第一,不许浪费一粒粮食,这是老乡用一滴滴血汗换来的,大家一定要爱惜;第二,一定要把麦芒吹干净,不然吃进肚子里就坏了。"他还讲小时候在老家河南和几个小朋友在麦子快熟的时候烧麦穗吃的事。他说:"那时候不懂事,烧麦穗时不好好吃,把一些粮食都糟蹋了,真可惜。"

几天后,战士看杨靖宇总舍不得吃自己分得的麦穗,这样下去,他身体不得搞垮了吗?于是,大家一合计,把自己分得的麦穗都拿出一些,用木棍在一平板上擀碎,碾出一大碗面交给炊事班长,让他给司令烙几张小白面饼吃。第二天吃早饭时,炊事班长把几张小饼送给杨靖宇。

杨靖宇看后便问:"在哪搞这么多饼?大伙都吃了吗?"

炊事班长见杨靖宇一再追问便说:"这面是昨天晚上大家碾出来的,你身体不好,就给你烙几个小饼子,快吃了吧。"

杨靖宇把这几张小饼推到炊事班长面前说:"弄这几张饼不容易,你年纪大,整天背着大口锅跟着队伍跑最累,还是你吃吧!"

炊事班长说什么也不吃。这时,在身旁的几个战士见他俩推来让去,便说还是司令吃了吧。

杨靖宇见此,便对大家说:"我看这样吧,革命是大伙干的,我个人不算什么。伤员们为革命受了伤,流了血,就送给伤员们吃吧。"

炊事班长只好给伤员们送去。伤员同志听说这原是给司令做的,他不吃让给伤员送来,大家都十分感动。伤员们说:"我们受点伤算什么,司令比我们辛苦多了。"几张小饼又被端了回来。

杨靖宇一看,大家都不吃,就说:"那就这样办吧,大家分着吃。"于是,他把几张小饼分成十几份,亲自给每个战士分了一块。

战士们吃着司令给的小块饼,无不为杨靖宇与战士们同甘共苦的精神感动得落下热泪。①

杨靖宇深知敌人实行恶毒的经济封锁和饥饿政策,就是想在用武力征服不了抗联的情况下,就用封锁、饥饿的办法将抗联战士困死、饿死,使抗日武装力量归于自消自灭。显然,在给养问题得不到解决的情况下,斗争是难以持久的。

---

① 夏映月:《一块小饼子的故事》,载《松柏常青》,吉林人民出版社,1960年2月版,第67页。

在1939年，日伪当局开展秋冬季"大讨伐"之前，杨靖宇根据以往经验和历年敌人"讨伐"越来越残酷的活动规律，已看到这次"大讨伐"的极端严重性。为应对即将到来的敌人"大讨伐"，坚持艰苦斗争，度过漫长难熬的冬季寒冷岁月，做好必需的物资准备，杨靖宇决定在上秋之后，集中利用一段时间，集中人力，从事筹集越冬给养工作，千方百计解决部队的吃粮问题。他指示第一路军各部队负责同志，要把筹粮工作当做头等任务去完成。因为只有冲破敌人的经济封锁政策，使这一问题得到解决，保证部队的生存条件，才能够谈得上坚持开展游击战争。

筹粮工作从8月下旬即已开始。自庄稼成熟，秋收在即之时起，敌人就不断加强对农民们的监视，防止农民将粮食送给抗日联军。为了使筹粮工作得以顺利进行，在筹粮与反筹粮这场特殊的战斗中取得彻底胜利，根据杨靖宇的部署、安排，总司令部、警卫旅一团、机关枪连、特卫排由他率领到濛江北部那尔轰、辉南大场院一带活动，以吸引敌人注意力。少年铁血队一、二班由警卫旅政委韩仁和率领去濛江东部头道、二道、三道花园一带筹粮，少年铁血队三班由第一方面军政治部主任伊俊山带领，去辉南榆树岔、龙湾一带筹粮，警卫旅另一部由总司令部参谋李兴绍带领，去辉南马屁股山一带筹粮。

筹粮工作是一项十分艰巨的工作，部队战士要想尽办法先与农民接触，通过宣传，争取农民的同情和支援。当时根据部队经济状况，购买农民粮食，只能付给一半数量的钱款，另一半只能打欠条，等待光复后由人民政府补还。尽管这样，农民们还是愿意把粮食卖给抗联部队并帮助背进山里。他们说："什么钱不钱的，这点粮食算是一点心意。早一天打走鬼子，我们的苦日子就能早一天结束啊！"

据当年担任少年铁血队指导员参加过筹粮工作的王传圣回忆，当时筹粮的办法是先去找农民当面讲好，这块地能出多少石苞米，让群众拿回去一半，好留着自己吃和向日本人交"出荷粮"，余下的一半留给我们，将苞米棒子掰下来堆放在一起，再用苞米秸子围好盖严。我们白天去把钱交给群众，晚上就带上队伍去运回来。不管一块地有多少，必须在一个晚上运走，送到指定地点，再由小部队找地方藏好。我们在头道、二道、三道花园一共背了25个晚上，大约背了60石苞米，又转移到濛江县东南方背了七八天苞米、黄豆。以后按韩仁和命令又到濛江县东方孤山子、红河一带背了15个晚上。①各部队筹粮工作十分艰苦，战士们一般是白天在大森林里睡觉，晚上出来背粮，由于大森林里没有道路，每人又背着四五十斤重的粮食，披荆斩棘拉荒走，并一走就是几十里路，大家都十分劳累。但考虑到为粉碎敌人的冬季"讨伐"，度过难熬的寒冷冬天，迎接新的战斗，都想办法克服困难将越冬粮食筹集来贮藏好。

为了保证各部队筹粮工作顺利进行，待各部队出发至各自筹粮地点开始工作后，杨靖宇决定奇袭辉南县大场院，将敌人的注意力吸引过来，以减轻敌人对筹粮工作的破坏和对这些部队的压力。

中秋节刚过不久，一天夜里，杨靖宇率部由濛江那尔轰西进至蛟河沿，埋伏在大场院对岸。大场院是个不太大的村落。但距辉南县城辉南镇较近，约有18公里。内驻伪满军一个中

---

① 王传圣回忆录：《风雪长白山》，吉林教育出版社，1992年版，第240页。

队,还有一个日本武装"开拓团"。村子四周有用原木桩竖起的围墙,四角设有炮台。村外设有岗哨。杨靖宇考虑到硬打硬攻伤亡可能要大,并且辉南县城敌兵能迅速出援,短时间不能结束战斗,因此,他决定必须智取,乘夜色朦胧,选派两名胆大心细的战士趟水过河,先解决敌人设在村外的岗哨,打开村子大门后,发出灯光信号,大部队再进去。

被选派的两名战士不负所望,顺利地解决了村外的岗哨。押着一名伪警察来到村子大门前,叫开大门并解决了看守大门的敌人。这时,杨靖宇所率部队早已趟过河看见灯光信号,迅速地开进大场院,包围了伪满军中队部和日本武装"开拓团"团部。因我军行动机密神速,敌人毫无察觉,当英勇的抗联战士端着刺刀站在敌人面前时,敌人被吓得失魂丧胆,未开几枪,敌人全数被俘虏缴械。接着,战士们打开敌人仓库,将缴获的粮食、布匹、棉花、胶鞋、衣物、烟酒、弹药、枪支运走,迅速撤离大场院。杨靖宇率部经石道河子东去濛江县境。

夜袭大场院战斗,抗联部队在杨靖宇指挥下速战速决,取得了胜利。这次战斗不仅缴获大量军需物品,解决部分供给问题,而且实现了预期的吸引敌人注意力的目的。此次战斗后,伪通化省警务厅长岸谷隆一郎急忙调集濛江、金川兵力前去"围剿"。这样,就减轻了敌人给筹粮部队的军事压力,加快了筹粮工作进度。

筹粮准备越冬给养工作,各部队开展的时间有长有短,一般为一个月左右。经过努力,仅杨靖宇所率直属部队共储备了玉米八九千斤,黄豆两麻袋,小麦四麻袋。①第二军部队筹粮工作也取得很大成绩,从9月6日起,二军一部筹粮106石,土豆、萝卜300斤,面粉200斤,警卫连筹粮20石。②至9月末,抗联第一路军所属各部队筹粮工作任务如期完成,杨靖宇对此十分满意。

七、头道溜河口会议前后

到1939年,日本帝国主义侵占东北已经八年。八年来,任凭日本帝国主义对东北人民进行血腥镇压,无耻的麻醉,残酷的剥削,但东北人民始终没有屈服。在以杨靖宇为代表的中国共产党人领导的东北抗日联军,为争取民族解放、收复东北失地,在极端艰苦的环境下,年年、月月、天天都在那里进行着英勇斗争。

这一斗争有力地配合了关内正面战场的作战,对各抗日部队也是一个很大鼓舞。当时在陕北出版的中共中央机关报《新中华报》(1939年2月25日)曾载文《东北抗日联军近益形活跃》说:"我东北义勇军在敌人八年来的压迫下,不仅是伸长了其实力,并且给敌人很多的打击,配合了我正规军的作战,钳制了敌人的大部兵力。"毛泽东于1939年6月,在延安高级干部会议上所做报告中说:"满洲人民与军队的经验,大家知道了。中国军队不能消灭,这是肯定的。"③这里所说的"满洲人民与军队"就是东北人民和杨靖宇等领导的东北抗日联军。东北

---

① 姜殿元:《我们在桦甸的抗联生涯》,载《桦甸党史资料》第一辑。
② 《董介南(魏拯民)致陆鸣一(杨靖宇)的信》(1939年10月1日)。
③ 毛泽东:《反投降提纲》(1939年6月),载《毛泽东文集》第2卷,人民出版社,1993年12月版,第213页。

抗日联军在极端困苦条件下，坚持与日本侵略者进行斗争，其经验极大地激励、鼓舞着全国抗日部队在抗战相持阶段，从事艰难的反抗日本侵略者的伟大战争。

杨靖宇指挥的抗联第一路军在东南满地区的斗争一直是日本侵略者维持其殖民统治的心腹大患，日伪当局对这支部队从其诞生那天起，就无时不欲立即将其置于死地，以彻底铲除而为后快。

1939年，第二次世界大战爆发，日寇加紧侵华作战。这一年也是日伪当局所施行的"三年治安肃正计划"的最后一年。在这一年中，如前所述，敌人继1938年在伪三江省展开对抗联第二路军和北满抗联"大讨伐"之后，又把"大讨伐"的重点由伪三江省转移至东南满地区，即伪通化、吉林、间岛省境，把"讨伐"目标指向抗联第一路军，并直接对准了杨靖宇及抗联第一路军总司令部。

敌人为捕杀杨靖宇明显地加大了"讨伐"力度。1939年4月7日，日本关东军司令部公布"关作命第1483号命令"称"拟于本年末彻底消灭残匪"。此命令附件《昭和十四年（1939年）度关东军治安肃正计划纲要》，特别提出，"对于捕杀匪首杨靖宇等须全力以赴"，"从第一、第二独立守备队选拔人员编成挺进队（兵力约一中队）努力捕杀杨靖宇等匪首。"在伪治安部于4月14日公布的《康德六年（1939年）度治安肃正要纲》中提出，"在本期内的讨伐，特别以捕杀匪首为重要目标，对捕杀匪首的部队和个人由日本军及满洲国军发给巨额奖金"。此《要纲》所附伪治安部关于要捕杀的抗联及抗日军60名高中级干部及赏金规定中，第一名即是杨靖宇，悬赏金额1万元。[①]为捕杀抗联第一路军总司令杨靖宇，此《要纲》要求"第一、第二军管区司令官，由其部下各精选两个挺进队（一队约150名装备优良者）努力捕杀杨靖宇等匪首。再由通化警察厅编成执行同一任务的两个挺进队。以上各挺进队均受日本军挺进队的指挥，其行动不受讨伐地区的限制。"

1939年7月下旬，第八军管区司令官王之佑给所属部队长下令，要求于8月上旬分别于抚松、临江、金川、辑安、通化等地集结。以贯彻日伪当局炮制的"治安肃正计划要纲"，消灭活动在这一地区的杨靖宇及所指挥的东北抗联第一路军，"把对东边道的讨伐作为军事讨伐的最后一举。"[②]

8月，伪通化省警务厅制定出《秋冬季肃正讨伐计划》。计划称"本省自建立以来即竭尽全力配合日满各警务机关，做了多方面工作，然而治安状况至今仍然未能基本安定。其根本原因是成为东边道癌瘤的杨靖宇等匪未能除掉，该股匪团有约九百名，另有在其领导下的约七百名，他们都以赤化为宗旨，标榜反满抗日，拼死进行顽抗，不知何时止息。"该计划要求倾注全力加强各项治标、治本工作，加强"集团部落"的警备，"切断匪团粮道，将其驱进饥饿圈内"，设置"讨伐准备委员会""讨伐队本部""整防队""游击队""特搜班""指纹班""宣传班"，

[①] 伪治安部：《康德六年度治安肃正要纲》"满作命"第13号附件（1939年4月14日），载日本帝国主义侵华档案资料选编《东北"大讨伐"》，中华书局，1991年版，第237页。

[②] 《三宅秀也笔供》（1954年7月21日），载载日本帝国主义侵华档案资料选编《东北"大讨伐"》，中华书局，1991年出版，第494页。三宅秀也，日本战犯。1956年7月20日，被我国最高人民法院特别军事法庭判处18年徒刑。1963年4月被释放回国。

改编"省特别工作队",加强"森林警察队""自卫团","以现在盘踞省内的共匪杨靖宇及曹亚范为第一打击目标","依据本年度治安肃正计划,组织全有力的'警察讨伐队',在日军指导下,进行彻底的'讨伐',争取到本年底,将匪团一网打尽"。①

同年9月,日伪当局又在吉林市组成伪"吉林、通化、间岛三省日满军警联合作战司令部"。日本关东军吉林长春地区守备队司令官陆军少将野副昌德为总司令官,陆军中佐北部邦雄为参谋部长,统一指挥上述三省日伪军警,展开所谓吉林、通化、间岛三省日满军警成一体的联合作战,即"三省联合大讨伐"。

日伪当局在其所编的《满洲国警察史》中称:"第一路军由原东北抗日联合军第一军、第二军的残匪组成,总指挥由杨靖宇担任,副总指挥由魏拯民担任,以通化、吉林、间岛三省省界方面为活动区域。""康德6年3月11日,杨匪先袭击了桦甸县木箕河森林警察队,4月7日又袭击了该县的大蒲柴河,6月30日第一路军所属崔贤匪袭击了天宝山矿业所等,行动非常积极。特别是从奔赴现地做归顺工作的吉林省级濑户警备科长一行殉职事件来看,第一路军系统活动非常活跃。针对这种情况,从同年10月起,在日军野副司令官的指挥下,日满军警一体,实行了规模巨大的东南部治安肃正特别工作"。因日酋野副昌德为此次"治安肃正特别工作"即"三省联合大讨伐"总司令官,亦称"野副大讨伐"。为准备"三省联合大讨伐",日伪当局四处调动兵力,参加这次"大讨伐"的有日军独立守备队步兵五个大队、伪满军第二军管区驻敦化步兵一个旅、桦甸骑兵一个旅、通化第八军管区三个旅、佳木斯第七军管区一个混成旅、牡丹江第六军管区一个旅,此外还有吉林、通化、间岛三省伪警察队及热河、奉天、滨江、锦州四省增援队,及由叛徒程斌、崔冑峰、唐振东为头目的"挺进队",总兵力约有7.5万人。敌人妄图以日满军警的综合力量,专心一意捕杀歼灭杨靖宇及所率部队。

在这次"大讨伐"中,敌人"讨伐队"在飞机配合下,采取"陆空呼应""篦梳式"(如同用篦子梳头发一样篦梳山林,反复拉网搜寻围攻抗联部队)、"踩踏战法""壁虱战法"(又称"狗蝇子"战术,即一旦发现抗联部队,便像"狗虱子""狗蝇子"一样紧紧叮住不放),对抗联第一路军进行疯狂"围剿"。同时,派由叛徒参加的"挺进队"专门寻觅第一路军设在密林深处的秘密营地,搜挖杨靖宇所部的粮仓,烧毁其储存的粮食。

日本侵略者深知,抗日联军与广大民众有鱼水之情,抗联的斗争是为了解救苦难的广大民众,广大民众也积极支持抗联的斗争,因此,完全依靠军事"讨伐"来达到消灭抗联的目的是绝不可能成功的。日本关东军参谋部早在1935年名为《昭和十年度秋季治安肃正工作概况》的文件中谈到抗日部队与民众的关系时说:"民众对匪贼(按,敌人对抗日军队的诬称)的认识是极为良好的,并不像我们所认为的有不共戴天之仇,甚至可以说,三千万民众在精神上与匪贼无大差别者为数不少,大多数的民众还没有与匪贼完全分开,如果从精神影响来说,假定匪军有三万,其精神上的匪军之友军,尚不知有几倍或几十倍。这些匪贼的精神上的友军,虽不敢持枪反抗我们,却是培育匪贼之母体,历来讨伐得不到效果的最大原因,就在于

---

① 《康德六年度(1939年)通化省秋冬季肃正讨伐计划》,载《东北抗日联军史料(下)》,中共党史资料出版社,1987年版,第848页。

此。"

为破坏抗日军民鱼水关系，北部邦雄中佐建议说："共产匪紧密与群众相结合，要讨伐他们仅用武力是不能收到效果，同时必须大力进行政治思想宣传工作，否则不能达到目的。"1939年10月1日，关东军司令部召开会议，采纳了北部邦雄的建议，决定在军事"讨伐"的同时，加强"治本"工作、"思想工作"，实行军、政、"协和会"一体的体制。于是，日伪当局为阻止人民群众对抗联部队的支援，从根本上破坏抗联部队与广大群众的关系，继续普遍推行"集团部落"政策，实行保甲制度，同时在重点"集团部落"配置武器、伪警察，建成"防卫部落"。伪通化省454个"集团部落"中，竟有379个是有武装的"防卫部落"。群众的一举一动都置于伪警察、伪保甲长的监视之中。敌人极力推行"武装剿灭"与"民心收揽"即"治标""治本"相结合的"治安工作方针"。在开展军事"讨伐"的同时，还利用"协和会""工作班""宣抚班"，采取讲演、散发传单、放映电影、施医施药、赠送洋火（火柴）、蜡烛等物品的办法，进行"日满一德一心"、建设"王道乐土"的反动宣传，拉拢、欺骗群众，使之与抗联队伍离心离德，服从其"王道政治"，积极参加"建国运动"。对被捕者也改变了过去就地处死的办法，而是积极劝降，加以利用。诱降政策更是无耻之极，他们采取性诱惑的卑鄙下流手段，唆使漂亮妇女以性交做诱饵，或把女人的衣服、男女性交照片散发在游击区，引诱战士投降。敌人就是这样，使用极端毒辣、刁狠、卑劣的办法妄图使抗联部队或被日伪武装剿灭，或被分化瓦解，或与群众完全隔离，失去兵源、粮源、衣源、药源，进而使之困死、饿死、冻死、病死。

这次"大讨伐"从1939年10月一直持续至1941年3月，战争呈现出空前的频繁与残酷状态。许多抗日军民惨遭日寇杀害。据日本战犯、原日满军警作战司令部第一工作队工作班长长岛玉次郎和原伪治安部警务司警务科长三宅秀也在1954年的供述，此次"大讨伐"各"讨伐队"共射杀东北抗日联军干部以下2 000名，工作队诱扣约1500名。①

在残酷的斗争中，杨靖宇和广大抗联将士面临着严峻考验。

据抗联战士姜德洲回忆说："在最艰苦的时候，我们到处被围追堵截，地上有追兵，天上有飞机。就是在那种情况，杨司令也很乐观。司令为人随和，没有架子，平时在他跟前说啥都行，就是不能骂人，司令说那样影响团结。""司令经常对大家说，咱们打仗别怕死，为国家牺牲了，下一代不就不当亡国奴了吗，死都不怕，还怕苦吗？你等我，我等你，谁来救国？等到把日本鬼子赶出中国，咱们就自己当家做主了。"②

在长期的抗日游击战争中，杨靖宇在任何艰难困苦面前都无所畏惧，始终保持着无产阶级革命家的英雄本色。在他的身边团结着许多坚贞不屈、愿为抗日斗争事业牺牲自己生命的英勇斗士。他们是中华民族解放的希望。杨靖宇时刻不忘记自己是一个中国共产党党员。他之所以在异常艰苦的条件下革命意志如此坚强，其内在动因是在他的头脑中有崇高的爱国

---

① 《长岛玉次郎检举书》（1954年11月24日）、《三宅秀也笔供》（1954年12月22日），载日本帝国主义侵华档案资料选编《东北"大讨伐"》，中华书局，1991年版，第491、492页。长岛玉次郎，日本战犯。1956年7月15日，我国最高人民检察院决定对其从宽处理，免于起诉，即行释放回国。

② 《警卫员姜德洲忆杨靖宇将军》（2001年9月19日），载《永久的丰碑》，吉林文史出版社，2005年版，第409页。

主义思想,牢固地树立起了坚定的共产主义信念,是爱国主义和共产主义这两个精神支柱在发挥作用。在困难面前,他总是想到自己青少年时代就立下的救国救民的志愿和自己入党宣誓时举手面对党旗所说过的话,他要为民族解放和共产主义远大理想奋斗终生,甘心情愿为人类最壮丽的事业贡献出自己的生命。因此,他在最艰难的时刻,总是能看到战胜艰难困苦之后的胜利远景。

杨靖宇经常教育干部战士要以信守、实践自己的誓言为荣,以背离、叛变自己的誓言为耻。他常向干部战士讲,抗联并不孤立,我们是为争得民族独立而战。广大人民和我们站在一起,世界反法西斯力量和我们站在一起。反侵略的抗日战争是一场正义战争,日本侵略者发动的侵华战争是非正义战争,正义战争必胜,非正义战争必败,这是历史发展的必然法则。抗日战争不管将经受何等曲折,遇到何等困难,终究是会胜利的。东北人民光复之日,中华民族解放之时,总是会在党领导的抗日武装斗争不断发展中到来。因此,每个共产党员都要以应有的共产主义觉悟,信守实践自己的誓言,带领一般战士为祖国光复、民族解放事业而努力奋斗。

由于有爱国主义信念、共产主义理想作为精神支柱,所以在日伪当局的残酷"大讨伐",斗争环境日趋困难的情况下,杨靖宇总是能在斗争最前线坚持指挥抗联第一路军,与敌人展开顽强战斗、殊死拼搏,以不畏牺牲自己生命的精神,决心把日本侵略者赶出中国,不让侵略者永远玷污伟大祖国的这片净土。广大抗联战士也都能把永不屈服、坚持抗日到底、咬紧牙关,不让革命的精神垮下来,作为最重要的信条,紧紧跟在东北抗日斗争伟大旗手杨靖宇的身后,与敌人顽强搏斗。

1939年9月18日,是九一八事变八周年的日子。德国法西斯发动的第二次世界大战也刚刚爆发。日本侵略者在对八路军开辟的抗日根据地进行残酷"大扫荡"的同时,对国民党不断施行"政治诱降"政策,加之英美帝国主义施行"远东慕尼黑"政策,致使国民党内投降派势力活动十分嚣张。为了使人们正确认识形势,明确抗日战争发展方向和前途,党中央决定召开纪念九一八事变八周年大会。届时,纪念大会在延安中央大礼堂举行。参加纪念大会的有毛泽东、张闻天等中央领导同志,延安各机关、学校、团体的干部、学员、战士和留延工作的东北同志共一千余人。

会上,毛泽东扼要而正确地分析了第二次世界大战刚爆发的国际形势,指出,九一八到今天已有八年了,卢沟桥抗战也打了两年了。可是现在中国还是在两条道路上徘徊着。一条是妥协、投降、分裂、倒退的道路,这就是亡国的道路。一条是坚持抗战,反对投降;坚持团结,反对分裂;坚持进步,反对倒退的道路,这就是复兴的道路。中国只有走后一条道路才能真正得到胜利,才能真正得到民族的解放。接着,他针对蒋介石在国民党五届五中全会提出的具有明显妥协倒退倾向的所谓抗战到底的"底",就是恢复到卢沟桥事变以前的状态的说法讲到,我们的口号只有一个,就是打到鸭绿江边,收复一切失地。东北人民的解放就是全中国人民的解放,收复东北失地和坚持抗战是不可分离的。他要求,东北三千七百万同胞亲密地团结起来,建立统一战线,用小的统一战线去巩固大的统一战线。讲话结束时,他号召为打倒日本法西斯军阀,反对帝国主义掠夺的战争,为争取被压迫民族的彻底解放而斗争。①

随后,由张闻天同志讲话。他批驳了国民党的"依靠外力,只打到卢沟桥"的错误论调,指出,这是投降妥协派的观点,我们是要反对的。我们一定下决心收复东北,解放东北人民。收复东北是全国人民的责任。他说,在延安的东北同志要学习好革命理论,准备到东北去领导东北人民的斗争。东北的同志要有信心,相信东北能收复,要在艰苦的工作中准备自己的力量,打回老家去。

接着,由曾受中共驻共产国际代表团委托指导过东北工作的杨松(吴平)、东北抗日联军第四军军长李延禄等同志讲演。李延禄同志在讲演中,详尽地讲述了东北抗日联军在杨靖宇等抗联将领的领导下的成长及与日本侵略者斗争的过程。

纪念大会上,毛泽东和张闻天的讲话使人们认清了国民党投降派的丑恶嘴脸,他们所谓"只打到卢沟桥",实际是想放弃东北,根本不是什么抗战到底。而只有共产党提出的收复包括东北在内的一切失地,才是真正的抗战到底。李延禄同志的讲演,使与会人员更加敬佩以杨靖宇为代表的东北抗日联军指战员。九一八事变八周年纪念大会,进一步坚定了大家坚持抗战到底,收复一切失地的决心,坚信日本帝国主义是不能灭亡中国的,中华民族的解放、抗日战争的胜利是必然的。这次纪念大会对东北人民是个极大的鼓舞。

1939年9月下旬,杨靖宇率军部警卫旅、机关枪连、特卫排向桦甸县境转移至会全栈附近荞麦楞。9月30日,来到头道溜河口,与魏拯民等会合。为认清形势,明确今后斗争方针,杨靖宇提议召开一次会议,予以研究、确定。

10月1日~5日,杨靖宇和魏拯民在头道溜河口一个废弃的伪满军兵舍,主持召开了中共南满省委、抗联第一路军主要负责人会议。参加会议的有韩仁和、全光、方振声、徐哲、黄海峰等。会上,杨靖宇和与会同志共同分析了目前日趋艰苦、恶化的斗争形势,研究了在根据地完全丧失的情况下的对敌斗争策略。会议决定为保存部队实力,避免遭受敌人毁灭性打击,决定化整为零,将第一路军编成若干小股部队,实行分散活动。具体是魏拯民和第三方面军之一部去吉敦地区隐蔽歼敌。第二方面军仍在长白山区、鸭绿江上游同敌人周旋转战,牵制敌人。杨靖宇率军部直属部队及第一方面军在濛江、抚松一带坚持开展抗日武装斗争,并居中指挥,以粉碎敌人的"三省联合大讨伐"。

头道溜河口会议是一次重要会议。根据这次会议确定的方针,抗联第一路军各部实行化整为零编成小股部队,分散活动,使抗日力量得以保存,并在长白山区坚持下来。

头道溜河口会议以后,杨靖宇率领军部警卫旅、机枪连、特卫排共400余人,在桦甸县夹皮沟活动,而后进入濛江县等地,其目的是牵制敌军,以配合第一路军各部分头转移,实行分散活动,粉碎敌人的"大讨伐"。

11月间,警卫旅等部队在桦甸、濛江毗邻的密林深处整训20余天。杨靖宇亲自给干部战士们做报告,阐明斗争形势,提出要打几个胜仗的斗争要求。他还针对敌人用飞机和毒气"剿杀"抗联,将《防御飞机和毒气须知》材料送到军部后勤处,要求印刷,下发给干部战士们。审

---

① 《新中华报》(1939年9月22日)第3版。

阅过魏拯民起草的《群众知识读本》。这期间，曾被叛徒程斌裹胁投降日寇的原一师干部于霖李（科员）反正回到第一军部队。于霖李返回第一军部队，说明一个真正的爱国者是不会跟认贼作父的出卖民族利益的叛徒走的。为痛斥叛徒罪行，号召降队反正弃暗投明，效法于霖李的行动重新抗日，杨靖宇以抗联第一路军总司令名义发表《告安光勋、程斌、胡国臣转降队书》。这个《告降队书》对安、程、胡等叛变抗日斗争事业，甘心充当日寇鹰犬罪行表示无比愤慨。指斥安、程、胡等用下流感情、物资引诱办法，帮助日贼以尽破坏抗日联军之能事、媚求日贼之欢心的无耻行径。《告降队书》说，"你们始而参加革命，继而背叛革命，终而破坏革命，思想矛盾，行动卑鄙，试问人生意义在哪里？"同时指出："你们恬不知耻招摇撞骗的行为，虽影响到抗日联军内极少数动摇不稳分子的附和，但绝不能说革命无望和不能取得最后的成功。"[①]《告降队书》是抗联第一路军在斗争极端艰苦的时候发出的。字里行间表现了杨靖宇等真正的抗日将士大无畏的英雄气概和爱国主义精神，坚信抗日斗争不管遭受何等曲折，最终是要取得胜利的。

与此同时，他还以第一路军总司令部名义发出《为世界大乱群起救国告东北同胞书》。全文如下：

"东北四省四千万同胞：

东北抗日联军为了锦绣中华、祖国的独立和领土完整，为了伟大中华民族之解放和人权自主，曾饱尝风雪、奋不顾身与日贼血战八年；虽尚未完全达到驱逐日贼滚出东北的志愿，但与全国、各方抗日战线互相呼应，使日贼陷于手忙脚乱，进退维谷的穷途。不但为世界上优秀的军政家的赞扬、同情我国人士所欢舞，更显示着中华全民族内除少数汉奸卖国贼之辈甘愿认贼作父误国殃民者外，其他绝大多数是本着伟大的中华民族传统精神，英勇持久，前仆后继誓争最后的胜利。

同胞们！我们的敌人日本帝国主义虽穷凶极恶，但外而因与英美法利害上的对立，强盗式的日德意反共统一战线失败，中日战争大遭歼灭，内而因国穷民乏，壮丁强制征兵殆尽，革命蜂起，党派横争，内阁昇动，反复无常，暴露其孤立无遗，威信扫地，统治动摇，危机四伏。阿部新匪首登台后，因大势已去，亦不得不大喊'外交自主乘欧洲动乱，专事解决中国问题'。企图壮其余威，聊行自慰，本其阴险巨猾的伎俩，巧于欺骗宣传，以掩盖其动摇不安，长期战事没落之魔手。

同胞们！日贼是亚洲挑战的祸首，贪得无厌的恶兽，我们中国人民的死敌。当然他在未完全崩溃死亡之前，不惜任何余力采取各样手段，企达其亡我中华大国之毒计。但中国绝非昔日者比，日中大战爆发，全国统一励精图治，教养兼施，复有巩固的同盟国苏联多方援助，势力增大，团结力加强，英勇杀敌，光复我五千余年之大国，雪洗我中华民族的奇耻大辱当在不远。

同胞们！'自由幸福'是从斗争中得来的，试问日贼统治我们八年以来明为'国破家亡'，谬以'王道乐土'，实为'妻离子散'，巧说'共存、共荣'种种欺骗手段，除甘心认贼作父，衣冠禽

[①]《东北抗日联军第一路军总司令部告安光勋、程斌、胡国臣转降队书》（1939年11月）。

兽者外，虽三尺玩童亦应怒发冲天，灭此朝食。看看美国与英国血战八年，始得独立，苏联击退十四个帝国主义国家的武装干涉，有现在的繁荣和幸福。我们处此世界大乱，不为抗日救国则生，就得替帝国主义奴命则亡的关头，除群起救国誓争生存，还有第三条道路吗？

同胞们！时机到啦！日贼正处在四面八方应战的难局，步步堕入崩溃死亡的末路。而我们久在日贼淫威铁蹄蹂躏之下的同胞，应本独立自由□有精神，联合所有反日人员，结成强有力的团体，一致暴动起来，响应关里抗日大战，推翻傀儡政府满洲国，群起成立抗日救国的自己政权，崛犯XXX联军，推动东北第二次光荣的大事变，本着世界第一次大乱（战），苏联革命成功的宝贵经验，为建成独立自由、幸福的中国而奋斗，故热诚号召本以下的口号紧急动员：

东北四千万同胞乘世界战乱崛起联合暴动起来！
响应全国抗日大军总攻击的壮举，歼灭日贼的后路！
驱逐日贼滚出中国去！推翻傀儡政府满洲国！
为收复东北失地而战！为解放奴隶痛苦而战！
为独立自由幸福的中国而战！为伟大中华民族永远解放而战！

东北抗日联军第一路军全体指挥员战斗员同启
中华民国二十八年十一月

该《告同胞书》揭示了日本阿部信行新内阁登台大肆叫嚣"外交自至乘欧洲动乱，专事解决中国问题"的罪恶野心，指出"日贼正处在四面八方应战的难局，步步坠入崩溃死亡的末路"，号召东北同胞乘世界战乱崛起联合行动起来，推翻伪满洲国，驱逐日贼滚出中国。同时，还发出了《告满军、宪兵、警察、自卫团中国籍全体同胞书》，呼吁伪满军官兵认清形势，"勒马悬崖，速离虎口"，不要做日本侵略者的牺牲品和民族败类。文告所指，目前抗日斗争面临的困难是暂时的，它告诉人们中国必将获取最后胜利，日本侵略者必然失败。

八、应对野副联合"大讨伐"

1939年冬，天气格外寒冷，风雪特别大。朔风怒号，大雪漫天，滴水成冰，天寒地冻，冷彻筋骨。当时，敌人集中了大批兵力，将抗联第一军部队包围在老白山山脚下的原始森林中。更严重的是，程斌带领着伪军向抗联第一军密营地进攻。由杨靖宇亲自创办起来的粮仓和营地，全被叛徒引路捣毁了。杨靖宇为了继续坚持斗争，本想将队伍带出原始森林，但部队到达桦甸附近，就和敌人遭遇了。于是又转往抚松、濛江。还没有到抚松，又碰到了敌人的尖兵。不得已只好直奔桦甸。四面八方都是敌人，抗联部队又陷入包围了。雪深没膝，北风呼啸。没有粮食，战士只好吃树皮、松籽、蘑菇，甚至把棉絮放在嘴里咀嚼，再吃一口雪，一仰脖子吞下肚去。在森林中不时出现敌人的标语："杨靖宇投降吧！"有的标语还写着投降后给予重用等话。敌人还向老百姓宣传，捉到杨靖宇给多少奖金。杨靖宇决定将队伍分散隐蔽起来，设法把敌人引出森林。但是，鬼子像狼狗一样跟在后面。没有办法，部队只好辗转在濛江、抚松、桦甸一带的深山密林中。杨靖宇及所率部队不仅要与几十倍于己的凶恶追敌苦斗,还要经受严寒、饥饿、疾病的考验。战士们因密营屡遭敌"讨伐队"破坏,只得在雪地上围着篝火睡觉,靠篝火驱寒。由于长年累月在冰天雪地里过着风餐露宿的生活,加之饥饿、伤病,杨靖宇及许多战士的身体早已十分衰弱。但为了打击日本侵略者、为了保卫自己的祖国、为了民族的解放,他们以坚定的抗日信念,依然在坚持不懈的斗争。

1939年11月下旬,约有5000余名日伪军在桦濛边界地区集中"讨伐"杨靖宇所率抗联第一路军司令部及直属部队。同时,敌人利用飞机轰炸、扫射、侦察,一旦发现目标便通知地面上的"讨伐队"实行陆空配合"围剿"抗联,为冲破敌人"讨伐",杨靖宇率部由桦甸进入濛江,日伪军也尾追其后。

为痛击追兵,11月22日,杨靖宇率警卫旅一、三团于濛江那尔轰一号桥设伏袭击了日伪"讨伐队",毙敌30余人。战后,杨靖宇率部沿龙岗山脉向南行进。12月7日,杨靖宇指挥部队于龙泉镇北方绞杆顶子一带与日军有马部队展开激战,毙伤敌10余人。12月9日,杨靖宇率部南下途中于濛江西北小孤顶子与日军渡边部队激战数小时后,甩掉了敌人,于当夜在龙泉镇附近横断朝阳镇至抚松公路,顺利南下。

这期间,杨靖宇率部先后在濛江瓮圈与军部参谋李兴绍所部,在濛江珠子河与韩仁和所率少年铁血队在金川回头沟与第一方面军指挥曹亚范所部,在临江西南岔与第二方面军参谋林宇诚所部会合,向他们传达了头道溜河口会议精神,与之商讨了冬季反"讨伐"斗争问题。

而后,杨靖宇率警卫旅与李兴绍、曹亚范所部奔赴临江,途中曾在金川回头沟与伪满军、崔胄峰伪警察大队激战五六小时。又先后攻袭了林子头、白水泉子铁路工房,并计划攻袭八道江铁路工程现场,以打击敌人,解决给养。

1939年12月,杨靖宇率部与敌人展开的战斗十分激烈,据抗联第一路军主要战斗统计表记载:12月,总指挥部180人与伪军5000人在濛江、桦甸边界进行10余次战斗。敌死伤100余人,我死伤30人。①

12月24日,部队行至临江县大板石沟1162高地附近,遭日军渡边部队、伪满军步兵三团堵截。杨靖宇指挥部队与敌军激战竟日,突围后退至大森林中去。12月26日,部队转移至临江三岔子北方15公里处,又与伪满军步兵七团展开激战。杨靖宇根据敌情变化,决定改变原定攻袭八道江敌人铁路工程现场计划。同时,为保存实力,实施化整为零,分散游击的策略,杨靖宇果断地命令曹亚范、李兴绍各率所部北上,分开活动。

据日伪当局统计,抗联第一路军在杨靖宇指挥下,1939年10月袭击敌人24次,与敌人交战26次;11月袭击25次,交战29次;12月袭击9次,交战25次。10、11、12三个月袭击、交战共计138次。对于杨靖宇率部于1939年秋冬的反"讨伐"斗争,日伪当局评述说:"东北抗联第一路军系匪帮接续前期以东边道一带为游击区,继续进行凶猛之活动。杨靖宇等抗

---

① 《抗联第一路军一九三二年至一九四○年主要战斗统计表》(1941年初),载中央档案馆等编《东北地区革命历史文件汇集》甲60,第244页。

日意识坚强之干部、党员,团结一致,抗拒严峻之军警讨伐,利用讨伐之漏洞,断然袭击部落、警备机关,疯狂奔走于宣传抗日,夸口说:'日本军实为豆腐军,满军乃供应我军武器弹药之部队'(《中国报》一〇六号)。另外于本期大讨伐之际的十一月十六日濛江县青江岗之战斗中,为讨伐队所缴获之杨靖宇致韩仁和之指示信,信中称'粉碎敌人一钱不值之冬季讨伐。'其豪言如斯……"①

由于日伪当局的严酷"讨伐",游击根据地已丧失,许多密营也被破坏,储存的粮食被敌人焚毁,粮食给养严重告缺,斗争陷于极端艰苦境地。1939年冬,整个反"讨伐"战争是异常艰难的。敌人利用冬季降雪期,事先确定攻击目标,跟踪在积雪上的足迹,或发现炊烟、火光,便以所谓"壁虱战术"对抗联部队穷追不舍,使之疲惫困乏,饥寒冻馁而死。这年冬天战斗之频繁、激烈达到空前的程度。战斗正如杨靖宇估计的那样,越打越苦,越打越频了,有时一日数战。濛江等地就像是有一张无形的网,部队走到哪里,哪里就有敌人。一打就是一天,白天部队要和敌人打仗,晚上就得抓紧时间赶快转移。

抗联老战士沈凤山回忆说:1939年冬天,敌人先是白天追我们,晚上宿营,后来他们轮番追我们。所以,开始的时候我们还能得到休息,后来就不行了。他们白天一伙,晚上一伙,换着班追我们,根本没有喘息的时间。就是睡觉也是抱着枪睡,哪有躺下睡的?一次只能睡二三十分钟,时间长了不行,容易冻死。再就是没有粮食吃,部队不少粮仓被程斌等败类毁掉了。树皮成了经常吃的东西。那时我们抗联部队有钱(按,战斗中缴获所得),每次战斗下来,都要奖励立功人员,所以战士手里也有钱,但是有钱买不到粮食,也无处花,其实等于没有用处。部队连饿带困,不少战士走着走着就倒下去了。②

就这样,在激烈的反"讨伐"斗争中,许多战士因作战牺牲了,也有许多战士因冻饿、伤病而死,部队大量减员。

12月末,在濛江头道老爷岭地方,根据杨靖宇关于将司令部周围部队分散开来活动的指示,曹亚范率第一方面军部队北上,袭击了濛江西部的龙泉镇。军部李兴绍参谋率部分队伍(150名)转移。杨靖宇率警卫旅、机枪连、特卫排和少年铁血队400余名战士,准备绕道濛江东南赴濛江北部一带与敌周旋。此时,敌人已寻觅到杨靖宇及总司令部警卫旅的行踪,紧紧盯住不放。据伪通化省警务厅长岸谷隆一郎编印的《阵中日志》③中有如下记载:

1940年1月1日,杨靖宇率队400名,在临江县大阳岔东北15公里处,与日军大原部队和申、曲伪警察"讨伐队"交战1小时。

1月4日,杨靖宇率队200余人在临江县三岔子东23公里1285高地,与日军有马部队及唐、梁伪警察"讨伐队"交战1小时。而后向西退却。

1月6日—8日,伪通化省警务厅长岸谷隆一郎在濛江县公署专门召开了"讨伐"杨靖宇的讨论会。伪吉林省"讨伐队"本部领导成员野崎茂作也前来参加,共商"讨伐"事宜。此后,敌

---

① 日本关东宪兵司令部:《满洲共产抗日运动概况·1939年》。
② 沈凤山:《我所经历的抗联战斗生活》,载《抗联一路军在濛江》,吉林大学出版社,1990年版,第213页。
③ 《阵中日志》,载日本帝国主义侵华档案资料选编《东北"大讨伐"》,中华书局,1991年版,第560~561页。

人在濛江进一步加大"讨伐"杨靖宇的力度。

1月上旬,杨靖宇在头道花园决定,与第二方面军林宇诚参谋所率部队分离,以缩小目标。

1月9日,杨靖宇率队300名至濛江县错草顶子,与日军小滨、渡边部队交战。当日,又与日军小滨部队及叛徒程斌、崔胄峰所率"挺进队"在濛江县青江岗北方西岗激战6小时后,向北撤走。战斗中,部队有一定伤亡(牺牲6人,被俘1人),枪弹及军需品遭到一些损失。

1月11日,杨靖宇考虑为使队伍免遭敌人歼击,再次决定分兵。根据他的安排,军部警卫旅政委韩仁和和警卫旅一团政委黄海峰率警卫旅60人,从西岗分头转移北上,而他自己则率机枪连一排、特卫排、警卫旅一团四连和少年铁血队共200余人,继续留在西岗地区活动。

很显然,在形势日趋危机之际,杨靖宇一次次分兵,让其他指挥员率所属部队离开总司令部所在地方,其目的是让其他部队能够安全脱离敌人进攻的目标,远离危险区。在最困难的时候,他把危险留给了自己。

当时,杨靖宇滞留于青江岗北方西岗地区,是要与第一路军军需处长全光相会,以与他研究贯彻头道溜河口会议精神,解决部队粮食、棉衣供给问题。可一连二十来天过去了,但全光却未前来与杨靖宇见面。由于杨靖宇滞留西岗地区时间过久,未能及早撤出这一狭小危险区域,结果杨靖宇及所率部队陷入敌人频频围攻的被动境地,并一直未能从这日愈艰难的困境中解脱出来。从后来的实际情况看,为了约会始终不肯露面的全光①而长期滞留西岗地区,导致被敌人死死盯住,陷于"死地"而不得后生,这在军事行动安排上应当说是一个失误。

因部队给养断绝,杨靖宇派小部队下山筹粮,不幸暴露足迹,被申麟书伪警察"讨伐队"和伪满军骑兵八团包围。1月18日至21日,杨靖宇率队在濛江西岗西方,马架子南方、东方等地与前来围攻的伪满军朱彦部队,申伪警察"讨伐队"连日展开激战。

斗争的形势紧迫而危急!

1月15日,第一路军司令部参谋兼警卫旅旅长方振声,在桦甸开展地方群众工作,筹集军需给养时,被敌人逮捕、杀害。不久,一直跟随杨靖宇活动的警卫旅一团参谋丁守龙于1月21日,在濛江县马架子被敌人逮捕叛变。这个可耻的叛徒向敌人供述了杨靖宇"最近行动""南下之主因""青江岗北方西岗地区之行动""行动推测""杨匪主力行动之若干""杨今后盘踞或逃避地点""抗联一路军编制"等各项重要军事秘密。如果说1938年夏,抗联第一路军一师师长程斌的叛变使第一路军作战行动受到严重干扰,部队经历了一次危机的话,那么这次丁守龙的叛变,由于是在第一路军司令部处于紧急危难关头,就显得更是雪上加霜。其危害所及,直接涉及杨靖宇及第一路军总司令部的安危。本来,韩仁和、黄海峰两部北上,可以起到诱敌作用,但队伍里出了丁守龙这个败类,使诱敌北上的计划失败了。敌人不去追韩、黄两部,仍然在追击杨靖宇及司令部。后来的事实证明,正是由于丁守龙的叛变,才逐渐把杨靖宇逼向绝境。

---

① 全光,在艰苦斗争中,思想发生动摇,对抗日斗争逐渐丧失信心。以后于1941年1月29日,率部下四名向抚松县高升屯伪警防所投降、叛变。

日伪当局从叛徒丁守龙的供述中,知道了杨靖宇的行动线索。据此,敌人调集日军大原、有马、小滨、有政等部队和伪满军第一旅(伪旅长李裕平)、步兵三团(伪团长于泽浦)及程斌、崔胄峰等叛徒为头目的数支"挺进队",组成"讨伐"部队,在伪通化省警务厅长岸谷隆一郎指挥下,在青江岗北方西岗地区对杨靖宇及抗联第一路军总司令部展开了疯狂的"围剿"。杨靖宇在青江岗一带陷于敌军重围。

斗争的形势越来越艰危、险恶。

杨靖宇所率部队的艰难处境难以用笔墨形容。据当时跟随杨靖宇的警卫员黄生发回忆说,这一个来月,是极艰苦的,敌人满山满谷的搞"篦梳式讨伐",甩掉一股又遇上一股,很难得到个休整的机会。雪地行军,裤子总是湿的,让寒风一吹,冻成冰甲,很难打弯儿,也不知有多沉,迈步都吃力。鞋子也都跑烂了,只好割下几根柔软的榆树条子,从头拧到尾儿,当作绳子把鞋绑在脚上。

实在不行了,就把棉衣拆下一块,把脚包一包,用榆树绳子捆一捆。至于衣服,全叫树枝扯烂了,开着花,白天黑夜都挂着厚厚的霜,浑身上下全是白的,全是冰。这时,多么需要火啊!生起一堆火,好好烤一烤,把冻成冰的衣服烤化、烤干,把冷冰冰的身子烤暖。特别是夜里气温降到零下40多度,冻得大树咔吧咔吧直响,有的战士鼻子都冻白了,多么需要一堆火啊。可是一升火,火光照出老远。青烟飘上林梢,敌人就会像绿头苍蝇一样扑上来。我们只得在雪地上蹦高,生怕坐下后再也起不来。更难的是吃的。由于储存粮食的地点被敌人破坏,加之在游击状态之中也找不到粮食。不要说粮食,就是可吃的草根儿也冻在土里,没法找,没法挖,只好吃那难咽的树皮。先把老皮刮掉,把那层泛绿嫩皮一片片削下来,放在嘴里嚼,就是咽不下去,勉强吃下去了,肚子也不好受。①

在这种情况下,部队战士由于连续作战,又有许多战士牺牲了,加之气候寒冷,缺少食粮,冻馁而死者也不在少数,部队在继续减员。

这期间,杨靖宇率部在青江岗北方西岗地区左突右冲,逐渐向五斤顶子山林地带移动。部队在过膝深的雪地里行军,速度很慢,而敌人顺着已踏开的雪路,加之天上有敌人飞机低空侦察,地面有军犬引领,很容易发现并追上来。在饥寒交迫,敌人不断追击的险恶形势下,杨靖宇决定继续向西突击,以冲出险区。

杨靖宇率领警卫旅一部由五斤顶子向西南濛江与辉南交界的四方顶子转移。途中几经与敌军交战,杨靖宇率部且战且走,于1月末抵达辉南四方顶子西坡——马屁股山。但敌人"讨伐队"又紧紧追上来。

艰危、险恶的斗争在继续。

---

① 黄生发:《艰难岁月的战斗》,载《吉林文史资料》第二十四辑。

第十章　最后的斗争

一、"为了革命我们要坚持到底"

　　1940年1月末,北国干冷的严冬,寒风肆虐,断指裂肤。濛江大地时而鹅毛大雪铺天盖地的压下来,仿佛要摧毁大自然里的一切;时而冷雾弥漫,充塞在山间谷底,似乎要令一切景物都陷于迷茫混沌之中。但青松迎风挺立,龙岗高山于浓云冷雾中巍然高耸。

　　杨靖宇率领军部直属部队机关枪连、特卫排、少年铁血队在摆脱了几股"讨伐队"追击后,抵达濛江、辉南两县交界的四方顶子西坡马屁股山。

　　1月29日晨,山谷里冷雾弥漫,数米之外难见人影。杨靖宇所率部队在此又陷入了敌人包围圈。

　　原来追寻杨靖宇的日伪"讨伐队"已来到这里。日伪军在此地扎下许多帐篷。杨靖宇所率部队被敌人发现。敌军遂从帐篷蜂拥而出,用机枪、步枪向其开火。迷雾中,沉着镇静的杨靖宇凭着敌人的喊声、枪声判定敌人所在的方向、虚实、多寡,指挥部队进行突围。激战中,敌我混成一团。此战虽有一批敌人被击毙,但杨靖宇所率部队损失巨大,伤亡约70人。混战中,杨靖宇把被敌人冲散的部队重新组织起来,他说:"我们的伤病号不少,能打仗的人不多了,不能恋战,要穿过公路回那尔轰去。"随即率部从敌人火力薄弱处冲杀出去。为甩掉敌人,杨靖宇与战士们趟过一段暖泉河,虽说这是一条暖泉河,不结冰,但毕竟是冬季,河水冰冷刺骨。战士们咬着牙,趟河行进,以不留足迹。就这样,暂时把敌人甩掉。来到马屁股山的另一侧。

　　冷雾终于消散了,高山谷地清晰地出现在眼前,杨靖宇站在一棵大树下,一声不响地望着远山,看着方才战斗过的战场,心潮起伏。

　　他深知突围的斗争是在朝着十分不利的方向发展着,形势是极端严峻的。

　　当时,少年铁血队指导员王传圣看到司令部走到哪里,敌人就跟到哪里,敌人把"讨伐"的目标完全集中在杨靖宇的身上。他想为杨靖宇挑选20多个年轻力壮的战士,带上一两挺机关枪,找个安全的地方隐蔽起来,无论如何也要把杨司令保住。他找军医处长徐哲商议,并建议让徐哲向杨靖宇说一说。

　　当杨靖宇听到这个建议后,批评王传圣说:"你是否动摇了?你为什么让我离开队伍,还把徐哲搬出来?"

　　王传圣忙解释道:"大队长(当时队内称杨司令为大队长),今年敌人'讨伐'与往年不一样。"

　　杨靖宇问:"怎么不一样?"

　　王传圣说:"今年敌人十分嚣张,专门针对司令部,是下了血本的。我是想一定要保住司令部。我们牺牲几个没啥,有你在,东北抗联就有希望。"

杨靖宇听后很不高兴,他说:"你们不怕死,难道我怕死吗?要死咱们一块死,要活咱们一块活,要干咱们一块干。"

杨靖宇十分严肃地把王传圣批评一顿,又向他讲了他不能离开部队的道理。他说:"我不能离开队伍,道理很简单,因为我如果离开了队伍,这个队伍就会慢慢解散,我在这个队伍,这个队伍就不能散,就能同日本侵略军坚持打下去。"

之后,王传圣等谁也不敢再提议让司令躲避了。1月30日晚,部队在烂泥沟附近休息宿营。

1940年1月31日,正是农历腊月二十三,过小年。杨靖宇率部又进至濛江东双丫沟里。这天清早,又有一大股敌人寻踪包围上来。战斗中,少年铁血队指导员王传圣右小腿负伤。还在岗顶指挥战斗的杨靖宇见一名战士将王传圣背下来,赶忙上前询问伤得重不重,查看他的伤势。杨靖宇见他的右小腿骨被打断,不能行走,叹口气说:"情况这样紧张,你又负伤,真糟糕。"他派一名战士将王传圣背到后面山上,亲自与军医处长徐哲商量,安排一名战士护送他到一个隐蔽安全地方治疗。而后,杨靖宇指挥部队阻击敌人,再次突围,向五斤顶子附近三角卧石、那尔轰古石山转移。当时,警卫旅一团、三团主力根据杨靖宇的命令已分头北上。在杨靖宇身边只有特卫排、少年铁血队、机枪连60余名战士了。

2月1日,司令部特卫排排长张秀峰携带枪支、机密文件、大量现金向五斤顶子伪森林警察队投降。张投敌叛变后,进一步暴露了第一路军总司令部行踪。敌人为了捕捉杨靖宇,又从桦甸、安图等地调来大批日伪军,协助驻在通化、濛江的"讨伐队",采取所谓"狗蝇子战术"开展"讨伐"。2月2日清晨,敌人纠集重兵,其中包括日军渡边、吉森、乌畑等"讨伐队",叛徒程斌"讨伐队",申、曲伪警察大队在内的大批日伪军,在飞机配合下,向杨靖宇及总司令部所在地那尔轰古石山发动进攻。在敌我力量相差过于悬殊情况下,战斗中,部队再次受到严重损失。突围后,杨靖宇身边只剩30多名战士。2月4日,为保持部队战斗力,解决给养,杨靖宇率部攻打新开河木场,在运粮途中与敌遭遇,背粮的15名战士被敌军冲散。2月7日(农历除夕日),在沈家烧锅北方11公里处,又与程斌"讨伐队"相遇,等进入濛江泊子时,杨靖宇身边只有15名战士了。①

这期间,抗联第二路军一名交通员,由吉东奉第二路军总指挥周保中之命,携带着周保中致杨靖宇的信,来到南满地区,寻找到抗联第一路军总司令部。

长期以来,杨靖宇率抗联第一路军艰苦转战南满大地。1937年以前,抗联第一路军所属第二军军部与吉东省委和抗联第二路军所辖第五军军部保持有一定的交通联络。1937年冬至1938年夏,南满与吉东两省委间,第一路军与第二路军间的交通一度被隔断。1938年7月,杨靖宇曾派南满省委代表随同吉东派往长白的联络员李老头,前往依兰吉东省委所在地区。但因联络员李老头被日贼捕去,南满省委代表不得不返回南满,此后交通完全断绝。为打开南满与吉东间联络关系,克服"我南北满军事联系与内部工作进行上发生的困难,对于全东北游击运动一致性之进展上的缺陷。吉东省委、第二路军总指挥部目前对此已作成新行动

---

① 于伦:《随杨靖宇将军战斗》,载《抗联一路军在濛江》,吉林大学出版社,1990年版,第184页。

计划,估计现状首先有与贵方恢复交通联系之可能,希望贵方亦努力向东衔接。"抗联第二路军总指挥周保中,再次派出交通员赴南满"接洽一切",信中说:"此次由××方面派遣之交通员或交通队持余此信,由余介绍赴贵方接洽一切,请于该交通到着贵处之后,予以接待。新近内地抗战,我方渐趋有利之局势,以及日寇内外日濒穷促,国际新变化等,又北满吉东地带我抗日联军局部状况,该交通人员必能详述。余甚盼望此次××方派遣交通联络之便,由贵处派负责代表偕来吉东省委余处集议一切。"①第二路军交通员持周保中致杨靖宇的信,经艰苦跋涉终于找到了抗联第一路军总司令部。但由于敌人的不断追击"围剿",这位交通员始终没有向杨靖宇详细汇报上。他一直在跟随部队活动。

杨靖宇率身边战士,为甩掉追击的敌人,走了一夜,来到一个木帮(伐木场)附近,在伐木工人协助下,杨靖宇等在一山沟木垛空间隐蔽起来。

天亮前一场小雪将部队的脚印盖上了。清晨,太阳冉冉升起,冬日的阳光洒在被一片银白色覆盖着的山野上。杨靖宇面对阳光映照下的皑皑雪地,高兴地说:"这回可好了,老天爷给我们埋了溜子(按,指行军时在雪地留下的脚印)。"

这时,杨靖宇与抗联二路军总指挥部派来的交通员,在这山沟一处密林里详谈起来。杨靖宇认真听取第二路军交通员关于活动在北满、吉东的抗日联军的状况,及请派负责同志前去吉东"集议一切"的汇报。杨靖宇不时用他那支三色铅笔在小本子上记着什么。时而停下来,问些问题;时而手拿树枝在雪地上画着。由于敌人紧紧"追剿",杨靖宇难以派出负责同志作代表前去吉东"集议一切",他只能将关于目前抗日斗争问题的一些意见讲述给交通员,让其代为向抗联第二路军总指挥周保中同志转达。他在向交通员讲述时,有力地打着手势,有时还发出爽朗的笑声。汇报结束后,第二路军交通员根据杨靖宇警卫员们指的路,向吉东方向回返。

在此期间,杨靖宇患上了重感冒。因部队的帐篷、火炉都在行军时为了轻装给扔掉了,几名警卫员只好用随身携带的斧子砍些树枝在地上搭"铺",即把一条狗皮褥子铺在树枝上,又找来一块木头当枕头,让杨靖宇和衣躺在上面。杨靖宇对大家说:"你们也抓紧时间睡一觉,养起精神,好跟敌人干。"警卫员们怕他冷,在他身旁生了一堆火。让熊熊烈火驱散严寒,给敬爱的司令送上温暖。

不巧,火堆上蹦出的火星将杨靖宇的棉裤烧了一个窟窿。杨靖宇醒后,发现棉裤被烧坏,没有布做补丁,怎么办?他便用麻线绳往一起缝。这时警卫员黄生发看到后,便把自己棉袄的下襟撕下了一大块,让杨靖宇补棉裤用。杨靖宇见此,很不高兴,批评黄生发说:"你怎么撕棉袄?"黄生发说:"我棉袄缺一块,还有棉裤腰挡风,不碍事,你快补上吧。"于是,黄生发便动手替杨靖宇把棉裤上的窟窿补好。但杨靖宇的棉裤是黄的,这块补丁是白的,十分不好看。补完之后,黄生发感到很不好意思。杨靖宇用手摸了摸这块补丁,对黄生发说:"很好、很好,这是友谊的纪念。"

---

① 周保中:《致杨靖宇的信》(1939年12月20日),载中央档案馆等编《东北地区革命历史文件汇集》甲56,第119页。

次日下午，突然间听到西北岗上枪响，叛徒程斌"讨伐队"又来"追剿"。杨靖宇将15名战士分成两伙进行突围。跟随杨靖宇的有7名战士，他们是黄生发、朱文范、聂东华、刘福泰、洪瑞泰、老吴、老孙。另一伙是少年铁血队副队长于伦等人。突围战斗中，于伦等人突出重围后，曾顺脚印寻找杨司令。但因脚印都已乱了，分不清哪是杨司令他们的，哪是"讨伐队"的，结果与杨靖宇等人失去了联系。而跟随杨靖宇的警卫员黄生发和朱文范等人也被冲散了。黄、朱两人在密林中寻找杨靖宇时，竟意外发现了第二路军的交通员。他身受重伤躺在雪地上。交通员急问："司令呢？"他们说："失掉了联系。"这时，黄、朱两人要架着交通员一起走。交通员说什么也不干，推开黄、朱两人，让他们赶快去找司令，他说："我牺牲有什么要紧，丢了司令怎么行？"黄、朱两人无奈，只好把受伤的第二路军交通员在一棵大树下安置好，便去找杨靖宇。

天渐渐的黑下来。黄、朱两人终于在另一片山林里找到了杨靖宇。杨靖宇见黄、朱两人回来便问道："后面还有人吗？"他们回答："都跑散了，只遇到第二路军的交通员，他的胯骨被打坏了。"他们把交通员让他俩赶快去找司令和将交通员安置在大树下的情况报告给杨靖宇。杨靖宇听后说："怎么把他丢下了？快去把他背回来。"他问清交通员所在位置，便派聂东华和朱文范去寻找第二路军交通员。聂东华、朱文范把第二路军交通员背回后，杨靖宇和他及几名警卫员在沟膛里拢火取暖。杨靖宇一边往火堆添柴，一边向身边的黄生发等战士说："我们剩的人不多了，你们要负些责任。"他说这话的时候，声音很低，他那被火光映红的脸显得十分严肃。大家知道他心情很沉重。黄生发等说："你放心好了，到什么时候也不会对不起革命，就是我们死了，也要探探黄河几时能澄清。"

这时，黄生发将背包里的一块苞米干粮拿出来放到拣来的一块破锅碴里煮起来。大家用一只小铜勺轮流喝着苞米汤，谁也不肯多喝一口。杨靖宇让负伤的第二路军交通员多喝一点，他也只喝两勺便又把勺让给别人。杨靖宇挨个看看大家的脸，信心十足地说："别泄气，敌人是打不过我们的，就是我们这几个人都没了，还有人继承我们的事业，革命总是要成功的"。他在教育战士，勉励他们要信守"贫贱不能移，威武不能屈"，不管在任何情况下都不能动摇对革命必胜的信心。杨靖宇的一番话，使大家精神倍增。

夜间，大家轮流值班站岗，每班两小时。杨靖宇为了让大家多休息一会，他也参加值班。

清晨，寒气袭人，冷彻筋骨，大家又冻又饿。

警卫员黄生发、刘福泰外出找关系，找到"木把"，向附近"木帮"伐木的工人要了一些干粮。他们还从一位工人手中，给杨靖宇买来一件黑面白羊皮皮袄。可拿回来后，杨靖宇说什么也不要，他执意说道："谁穿得少，就给谁穿。"但大家都知道杨靖宇原来的一件皮袄在战斗中失掉了，他穿得不比别人多多少。经几名警卫员一再劝说，让他把这件羊皮袄穿在身上，皮袄给司令穿，司令不要，给大伙睡觉时盖着。①

当夜幕降临时，杨靖宇带着同志们，抬着第二路军交通员，踏着没膝深的积雪，在山地艰难地往前走。这时躺在简易担架上的那位第二路军交通员说："你们不能再带我了，我的伤太

---

① 刘福泰：《和杨司令战斗到最后时刻》，载《抗联一路军在濛江》，吉林大学出版社，1990年版，第218页。

重,把我留下吧。"这位交通员考虑到由于自己负伤,要同志们照顾,会连累大家,影响突围,便执意不走。开始时,杨靖宇坚持要带他出去,后来,杨靖宇见他的伤确实很重,难以行动,就让身边的战士在一个很隐蔽的地方用树枝搭个小窝棚,把这位交通员安置在里面。临分手时,杨靖宇把刚披在身上的羊皮袄盖在交通员身上,把黄生发要来的干粮分出部分留给了他。杨靖宇说:"同志,在这里坚持几天,我们联系上部队,就派人来接你。"这位第二路军交通员听罢,感动得热泪盈眶,他紧紧握住杨靖宇的手说:"司令,你们放心地走吧,祝你们胜利。"

杨靖宇等来到另一个山窝里,在这里住了两天,躲过暴虐荒野的刺骨寒风。值得庆幸的是,在这个山窝里遇到了前些日失散的军部特卫排的老吴和老孙。他们见到杨靖宇悲喜交加,激动、兴奋、难过地哭了起来,都说:"我们以为再也见不到司令了。"杨靖宇安慰他们说:"不要难过,你们回来了,又多了两个人,多了两份力量,革命就像浪潮一样,有时高,有时低,现在我们困难,咬咬牙,过一阵就好了。"杨靖宇坚信险恶的形势终将过去,猖獗的日本帝国主义,终有一日必然要失败、灭亡。他始终保持着乐观主义精神。他那特有的严肃而又亲切的表情,不畏任何艰难险阻的大无畏品格,深深地感染着同志们。

在这个山窝里,为了解决给养,杨靖宇派老吴、老孙两名战士去附近木场搞粮食。结果,他俩走出很远搞到一些粮食,但在准备用爬犁拉回来时,被敌人发现,老吴受伤被俘,老孙空手逃回。这时,杨靖宇等转移到另一地方,又派聂东华、老孙再去搞给养。这回他们搞来一匹骡子。大家有了吃的,一连几天都是白雪化水煮骡子肉。结果吃得大家拉起肚子来。多年来,战士们由于在极端艰苦的环境下从事抗日游击战争,饥一顿、饱一顿,最困难时吃草根、树皮、树叶、野果,早把胃肠吃坏了。胃肠里一点油水也没有,连日吃没有咸淡的雪水煮骡子肉,胃肠怎么能受得了呢?

2月12日,天刚亮,敌人飞机在低空盘旋。接着,敌人"讨伐队"追上来。敌人一边打枪,一面狂叫:"快投降吧,投降了有粳米洋面吃……"这时,杨靖宇一行七人一边抵抗一边迅速转移,与敌互相对射,敌人死伤不少,但战斗中黄生发、刘福泰、老孙等人腿部、手部受了伤,骡子肉丢净了,粮食也没有了。后来,刘福泰在一马架子处的一个雪窝里发现有些大米,拾了些来,便用罐头盒化点雪水准备煮粥喝,可是,刚刚点火煮上,敌人又撵上来,只好丢掉再跑。当甩掉敌人来到公路两旁,发现两边树林都被砍得横倒竖卧的,拦住了去处。杨靖宇计划从东排子去西排子找伊俊山联系。此时,他凝视着山林深处,一声不响在思索着什么。

天黑后,敌人虽停止追击,但危险并没有过去。大家找了个隐蔽的地方住了下来。夜色沉沉,繁星闪烁,寂静山林里雪地上的白光映照在每个人的脸上。

杨靖宇在地上不停地踱来踱去。

他说:"现在情况很紧急,我们最好分开走。"

但大家都不同意,都表示不能离开司令。都说:"活,活在一起;死,死在一块。"

杨靖宇见此,便耐心向大家解释说:"多活一个人,就多一份革命力量,死在一块有什么好处。"他决定:由黄生发带刘福泰、老孙和脚被冻坏的洪瑞泰(又称好赛贝,外号小老虎)三名伤员顺来路往回走,去找关系住下养伤,并给陈政委(按,即南满省委秘书李明山)送信告诉这边的情况,如联络上让他们到七个顶子会合。他带朱文范、聂东华两名警卫员向前走,去联络部队。

人们心里明白,在当时,往回走时是较为安全的。因为敌人都往前面去了,找个空档就可能钻出来。可往前走,危险就大了。在这生死关头,杨靖宇再次把生路留给了受伤的同志们。

临行时,杨靖宇掏出他的小本子,撕下一页,将写给陈政委的字条交给黄生发,同时从兜里掏出一块大烟土放在他手里,嘱咐黄生发说:"带着这个,同志们伤口疼的时候好吃,记住,去找找那个二路军交通员,一定把他带走。"杨靖宇与黄生发等四人一一握手告别,并对大家说:"同志们,我们当然在一起好,可现在你们都负伤了,洪瑞泰没负枪伤,可是脚冻坏了,现在环境这样恶劣,为了革命,我们要坚持到底。就是死,也不能向敌人屈服。革命,不管遇到多大困难总是会胜利的!"[1]黄生发等说:"司令,您放心吧,我们永远记住您的话!"说罢,他们一步一回头,依依不舍地离开了杨靖宇司令。(黄生发等后来找到了陈政委,并讲了杨靖宇的情况,详细地进行了汇报,后来陈政委派人去七个顶子联系但没有找到人。[2])

二、壮烈殉国

杨靖宇率朱文范、聂东华两名警卫员与黄生发等四人分手后,在密林中继续向前走,目的是联络部队,实现与第二方面军伊俊山部会合,突破敌围。

寒冬岁月,灰白色的太阳高悬在天上,发出淡淡的冷光。寒风嗖嗖,阵阵吹来。天冷扎骨,令人难忍。

杨靖宇等三人在密林中踏着没膝深的积雪慢慢行进。他们花费很大力气才冲出黄花松甸子,摆脱了敌人的包围。来到针阔叶混交的密林高地。当时除了严寒之外,饥饿和敌兵一样在严重威胁着他们的生存。在饥寒交迫,没有任何吃的东西可以充腹之时,为了维持生存,坚持斗争,杨靖宇竟将棉衣上露出的棉絮撕下,就着白雪强制自己吞到肚子里去。或将土崖上半裸露的草根取下用以充饥。

2月15日,叛徒、"讨伐队"队长程斌和伪警察大队长崔胄峰、唐振东率队在搜索杨靖宇等人的行踪过程中,在五斤顶子北方一山坳雪地上发现了一道足迹。敌人立即紧张起来,围着雪地上的脚印开始进行分析猜测。

根据部队行军的经验,为了防止敌人寻迹跟踪,部队在走过的雪地上都要由走在后面的队员用树枝把脚印扫平,再用小笤往上筛雪,插上树枝,把脚印埋掉,俗称"埋溜子"。在行军紧张不可能"埋溜子"时,战士们行走中,总是后面的战士踏着前面战士留下的脚窝走。这样,留下的脚印就像是一个人走过留下的一样,以迷惑敌人,使其不能从足迹的多少和幅度的宽窄上判明部队的数量。但狡猾的敌人发现了这一道足迹后,从每个脚窝被踏的坚实和深浅程度上,判断出对方人数不少。叛徒崔胄峰看过这道足迹后说:"沿着这个足迹走,走到一里半

---

[1] 黄生发:《艰苦岁月的战斗》,载《吉林文史资料》第二十四辑。
[2] 黄生发:《对杨靖宇牺牲前行战路线有关史实的订正》,载《吉林党史资料》1986年第2期。

地,就能发现匪贼。"而后,敌"讨伐队"沿着雪地上的足迹急忙追去。

这时,杨靖宇三人看到敌兵追击而来,便迅速转移。据日伪资料记载,"他(按,指杨靖宇)已经饿了好几天肚子,但是跑的速度却很快。两手摆动得越过头顶,大腿的姿势,像驼鸟跑的那样。"①然而杨靖宇毕竟数日没有吃上一顿饭,身上缺少应有的气力。下午3时许,600余名敌人终于在一山顶上追了上来。杨靖宇见敌人已追近,便在距敌人300米的地方,利用有利地势向敌人连续射击,使敌人不能前进。这时,日伪"讨伐队"队副伊藤警尉补向杨靖宇高喊:"你的跑不了啦,归顺吧!"杨靖宇佯称:"要归顺立即停止射击。我有话说,你一个人过来吧。"伊藤听罢,以为杨靖宇真有话说,便站了起来,就在这一瞬间,杨靖宇向其射击,伊藤"啊"的一声,接着"叭、叭、叭",又连射三枪,伊藤重伤倒地。伊藤被打倒后,叛徒崔胄峰为表现效忠主子,便挺身向杨靖宇扑来,结果被杨靖宇击伤了大腿。此次战斗,敌人在杨靖宇的毛瑟手枪之下死1人,伤6人。杨靖宇乘敌人混乱之机,再次甩掉紧追不舍的日伪"讨伐队"。但其左臂被敌人打中一枪。敌人称他完全像巨人那样跑着,最后他终于进入密林之中。

天渐渐黑了起来,敌人没有手电,便划着一根一根的火柴,借助这鬼火似的光亮在雪地循着血迹向前追寻。日伪"讨伐队"从清晨起经过一天战斗,加之十几里上山坡路的拼命追赶,早已被杨靖宇拖得疲惫不堪。"讨伐队"士兵一个个开始掉队,从早晨出发有600人的队伍,逐渐剩下300名、200名、100名了。到16日凌晨两点钟,"讨伐队"仅剩下50名队员。

2月16日晨,敌人在濛江县大北山部落东方三公里的朝(朝阳镇)抚(抚松)公路上,失掉了追踪的线索。原来杨靖宇等三人在密林里转个大圈,来到朝抚公路南侧七个顶子一带。

在这里,杨靖宇派警卫员朱文范、聂东华去附近村屯购买食物,他只身一人在此地等候。

2月18日,警卫员朱文范和聂东华在濛江县城东南6公里的大东沟部落附近购买食物时,有坏人向大东沟伪警察分驻所报告,该所伪警察和特搜班立即出动"追剿",朱、聂二人牺牲。敌人在《阵中日志》记载:"二月十八日,在濛江县大东沟东北二公里处发现所属不明匪徒二名,根据居民报告,特搜指使班长和分驻所员出动,交战三十分钟,将匪徒击毙。遗弃尸体二具(与杨匪首共行动者)"。敌人除从他们身上搜出手枪、现金、口琴、钢笔外,还有杨靖宇的印章等物品。这样敌人越发认定杨靖宇就在附近。但敌人感到"对杨匪的搜查已陷于极为困难的状态。"为了捕捉杨靖宇,于是敌人进一步缩小了包围圈,封锁了濛江县各村屯之间的通道,并向附近的村民发出"入山打柴绝对不准携带午饭"的通告,以切断其食物来源。

由于在规定时间内,杨靖宇未见朱文范、聂东华两位警卫员返回,估计他们遇到了危险,于是便只身向三道濛江附近走去。此时,杨靖宇已数日未食,他穿着被树枝划破的棉衣和一双早已损坏的棉鞋,强忍饥寒,辗转于濛江一区山林中。此时,一种不祥的预感向杨靖宇袭来,因为在领导抗日武装斗争中,他还从来没有过像今天这样,身边竟无一名战士,而只是他独自一人。但他毫不畏惧,始终在机警地观察周围动静。

2月22日(正月十五),杨靖宇走到濛江县城西南方6公里处保安村三道崴子,在一个破地抢子(原是农民为收割庄稼而盖的窝棚)度过一晚。2月23日上午,在三道崴子,他遇见四

---

① 《讨伐杨靖宇座谈会》,载《协和》263期(1940年4月)。

个打柴的人。杨靖宇见他们都是农民，便向他们宣传抗日救国道理，并拿钱托他们给买些粮食和一双棉鞋。那几个人知道他是抗日的，便对他说："你还是投降吧，如今满洲国不会对投降者杀头的。"杨靖宇坚定地回答说："我是中国人，良心不允许这样做，这样做也对不起广大人民。一句话，我是中国人，是不能向外国人投降的！"

　　那四个人中，为首的是伪牌长赵廷喜。他佯装答应杨靖宇的请求，约定地点给他送粮食和棉鞋来。赵在下山的路上遇到特务李正新，李、赵便一起去保安村伪警察分驻所告密。之后，伪警察分驻所又向伪县公署警务科报告。伪警务科长王士洪又向驻濛江县城的伪通化省警察本部长、警务厅长岸谷隆一郎报告。岸谷隆一郎根据报告中所描述的男子汉体貌特征情况（身高五尺七寸，脸长八寸，大眼睛，穿类似军衣的服装和朝鲜鞋）判断他就是杨靖宇本人。

　　当时，各伪警察"讨伐"队正在朝抚公路以北地区追寻杨靖宇。伪警察队部仅有唐振东大队的一中队，和在附近待命的崔冑峰大队的一个小队和一辆卡车。在这种情况下，岸谷隆一郎于下午3时左右，命令伪警察队本部西谷喜代人（警佐）、益子理雄（警尉补）以下21人乘卡车奔赴现场，执行搜捕任务。卡车行至保安村南一公里左右地方，因道路不平，汽车停驶，便由告密者赵廷喜带路踏雪沿三道濛江向743高地即"约定地点"急速行去。而后，伪警察队本部又从附近调来日伪"讨伐队"，陆续派出唐振东、程斌、崔冑峰等各队第二批（25人）、第三批（9人）、第四批（一个中队100人）、第五批（一个小队30人）增援力量。

　　当日下午4时许，敌人来到山间一地坟子"小房"处，赵廷喜讲"约定地点"在此地东南约100米处。敌人又从该地向东南行走100米，可连个人影也未看见。原来，杨靖宇为防止发生意外，他离开了约定地点。但敌人见到了杨靖宇留下的已登上了山的大脚印。敌人循脚印搜索，终于在三道崴子703高地发现了杨靖宇，便立即向山上岩石缺口处的人影开枪，并分左右翼两队包抄过去。

　　杨靖宇发现"讨伐队"到来，便在密林中（当时该地树林繁密，直径5寸左右的小树很多，50米以外不见人影）且战且走。此时，杨靖宇已数日粒米未进，饥饿难忍时只得以河边土崖上半裸露的草根、小树枝条上的嫩皮和衣服上露出的棉絮就雪充饥，所患感冒和左臂所受枪伤皆未痊愈，身体十分虚弱，因此跑得很慢。当他发现敌人追来时，便强忍饥饿和伤病的折磨，奋起应战，双手持枪，打一枪转一处，巧妙地和前来包围的敌人周旋。最后，杨靖宇被逼到老恶河旁。在490高地，敌我相距50米地方，敌人执行着伪警察队本部"想办法活捉杨靖宇，劝他归顺，以便把他的才能引导到于我们有利的方面来"的指令，大声高喊："你怎么抵抗也没用了！归顺吧！"叛徒也跟着狂叫"放下武器，保留生命，还能富贵。"但杨靖宇宁死不屈，在生和死的考验面前，他毅然选择了后者。他决定宁战死，不苟活，舍生取义，抵抗到底，以身殉国，便以自己手枪里的子弹回答敌人劝降的狂叫。在敌人包围之中，杨靖宇只身一人，毫无畏惧，隐蔽在小河岸边的石头旁、大树旁，顽强地与敌人展开着最后的斗争。

　　西谷喜代人、益子理雄等，见杨靖宇根本没有归顺之意——"讨伐队"虽屡曾劝降，但毫无答应的神色，仍然打来手枪。于是便下令"干掉他"。这时，敌人进一步向杨靖宇迫近，双方最近距离仅约20米，敌人开始从左右两面向依在大树旁的杨靖宇进行射击。经约20分钟交战,他被敌弹击中了,洁白的雪地,渗透了殷红的鲜血。4时30分,英雄的心脏停止了跳动。①

杨靖宇倒下后,日伪"讨伐队"的益子理雄狂叫"击毙了"!敌人跑上前去一看,一个胸部中数弹、手上也中弹的大汉仰面倒在地上。和平常看熟了的"人像图"一比较,认出他就是杨靖宇。

敌人围在杨靖宇的遗体周围一时间茫然不知所措,在高呼"万岁"之后,竟"呜呜"地哭起来。

敌人在《阵中日志》中记载:"2月23日,16时30分,有保安村居民报告,在濛江县城西南方6公里490高地发现一个可能是杨靖宇的人在强行索取粮食。警察本部员(包括特搜、指纹班)当即出动,交战二十分钟,将匪首杨靖宇击毙。杨靖宇战死(东北抗日联军第一路军司令)。缴获物品:毛瑟一号手枪1支,子弹160发;考尔特式二号手枪1支,子弹30发;考尔特式三号手枪1支,子弹40发;现金6660元(在所带子弹袋中),此外还有手册(笔记本)4本、怀表1块、自来水笔2支、铅笔1支,其他杂物等。②

杨靖宇将军殉国地

杨靖宇牺牲后,伪通化省警务厅向伪满治安部作出《关于枪杀杨靖宇经过情况的报告》。该报告交战状况中称:"本部人员二十一名,十五时十分从本部出发,在保安村南约一公里处下车后,由送来情报的保安村居民赵廷喜做向导,沿着三道濛江河,向着七四三高地以西高地急速前进。在前进约两公里的地点发现有山中小房(系农民为收割庄稼而盖的)。据向导人讲匪贼强迫的地方在该地东南约一百米处。因此,又从该地向东南前进约一百米的地点后,部队分成两部分,从左右两地分别包抄前进,两队并保持不断联系。右翼部队在前

---

① 杨靖宇牺牲后,曾流传有自杀殉国说。此说不确。1940年12月7日,在苏联伯力参加抗联党军领导人会议的同志听苏联军官通知说,"杨靖宇同志在今春期间,在南满受伪满军围攻,于激战遭受重大损失之时,杨靖宇同志自杀"。事实上,杨靖宇并非自杀,而是被日伪"讨伐队"所枪杀。具体说是"讨伐队"中的抗联叛徒根据日本人的命令开枪射杀的。据曾到杨靖宇牺牲现场认定其遗体的张秀峰讲:杨靖宇将军是被叛徒张奚若用机枪打死的,他自己这么说,别人也这么说。我是亲自在现场听张奚若说的,敌人把杨靖宇包围了,杨靖宇竭力还击。杨靖宇在一棵大树下,蹲着腿刚要起来,张奚若端机枪哗地几发子弹全点了。那个地形我看了,是张奚若讲的那么个情况。(《张秀峰谈话录》,载《抗联一路军在濛江》)。

② 《阵中日志》,载日本帝国主义侵华档案资料选编《东北"大讨伐"》,中华书局,1991年版,第563页。

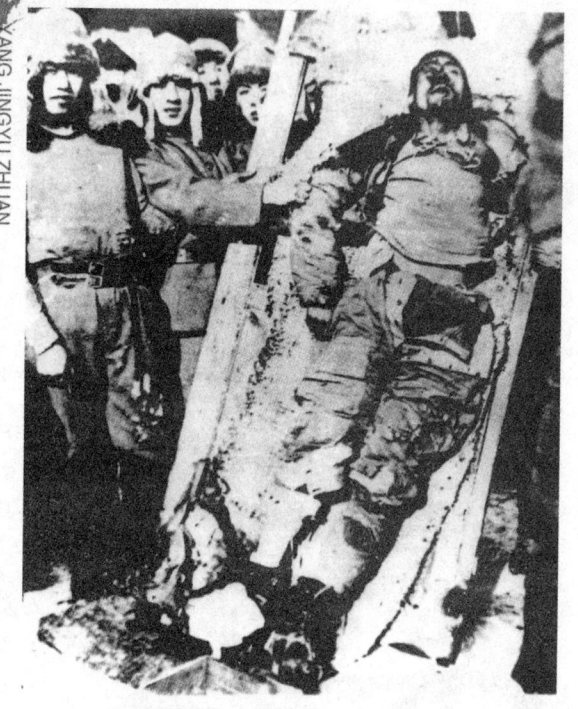

杨靖宇将军遗体

进约一百米处的南坡地发现了匪贼最近还使用的山寨（洞穴）。此时，部队一边查找脚印一边前进着，很快发现匪贼，于是部队立即进入可能攻击的位置上，并展开战斗。匪贼（按，指杨靖宇）发现讨伐队到来，遂利用密林一面巧妙地应战，一面逃避。但占据有利地形的讨伐队，两队协力交战约20多分钟，经左右两部队的夹击，在490高地将其枪杀，时间是十六时三十分。其间，讨伐队曾数次从缓攻击，劝其投降，但他毫无投降表现，两手拿着毛瑟一号手枪和考尔特式2号手枪（枪的种类和型号是枪杀后查明的），进行顽强的抵抗。因此，不得已而予以猛烈攻击、枪杀。从相貌等来看，认为是杨靖宇，遂将尸体收藏起来，运回濛江县城。"①

敌人将杨靖宇遗体运下山后，伪警察署官员令叛徒程斌和前不久投降敌人的张秀峰辨认，证明确是杨靖宇无疑。而后，残暴的敌人又令叛徒程斌让其部下用铡刀将杨靖宇头颅铡下，以便邀功请赏。

面对杨靖宇的遗体，日本侵略者颇感疑惑：自2月15日以来杨靖宇基本陷于被包围之中，18日被切断其食物来源，这些天来，他究竟凭依什么在生存？日本侵略者迫令濛江县城民众医院医生剖腹化验，看他胃肠里究竟有什么？经解剖检查，他胃肠里一粒粮食也没有，见到的只是未能消化的草根、树皮和棉絮。参加解剖的主刀医生民众医院院长金源相深为感慨。参加进一步化验胃留物的濛江公益诊疗所的洪宝源医生见到胃里只有草根和棉絮更是无不为之动容，暗暗地流下热泪。②对于杨靖宇牺牲胃里一粒粮食都没有，枵腹抗敌，都认为杨靖宇是中华民族的好儿男。他为了我们的祖国，为了我们整个的全民族的利益，而发扬了他那自我牺牲的伟大精神，甚至于使敌人也暗暗地佩服他那壮志烛天的豪气。③在场的日本侵略者无不惊呆，感到不可思议，不得不惊叹：中国竟有如此威武不屈的人。

杨靖宇牺牲后，日伪当局大肆宣扬其"武功"。2月24日在濛江县伪警察队本部门前召开了"庆功会"。接着将杨靖宇头颅装入长25公分，宽25公分，高35公分，前面安有玻璃的木

---

① 伪通化省警务厅：《关于枪杀杨靖宇经过情况的报告》通省警特密第1167号（1940年3月6日），载《东北"大讨伐"》，中华书局，1991年出版，第559页。
② 刘贤：《永远的杨靖宇》（2006年12月18日）。
③ 冯仲云：《东北抗联十四年苦斗简史》，中央文献出版社，2008年版，第57页。

箱内,用汽车载到通化。日伪报刊连篇累牍刊载消息、评论,宣传"共产匪巨魁杨靖宇被射杀",狂叫"至此,猖獗于南满地区一带达九年之久,严重影响文化发展的杨司令,终于1940年2月23日永久消失了踪影。杨靖宇为现存共匪最高领导者,活跃于赤化工作,杨之死,国内赤色分子武装工作完全失去统制力,并组织力,预想则于王道国家建设必能相当之进展,以期完成东亚大业。""残余共匪溃灭之期为之不远,吉林、通化、间岛三省王道慈心将灿然映及。"①伪通化省公署弘报委员会,为使此次杨靖宇被击毙做到人人皆知,还特印刷附有铜版照片的传单20万张,在管内各县主要地点散发或张贴,并用飞机在管内各县散发。伪通化省警务厅长岸谷隆一郎为动摇杨靖宇余部抗日斗志,瓦解抗联部队,特令"对于有共匪出没的治安不良地区,在要塞地点张贴附有照片的大张传单,以便使共匪众所周知。"②

抗联老战士伊俊山同志回忆,当年看到敌人散发的传单说:1940年3月,大约是上旬的一天,西北风像鬼一样在怒吼,雪花像杨絮一样在纷飞,冰雪覆盖着大地,我们怀着焦急的心情等待着杨靖宇将军的来临。然而,那雪花带来了极大的不幸,雪花传来了噩耗——敌人把靖宇将军被割断的头颅图像印成"传单",散布在每个森林、山谷和村庄。传单上印着靖宇将军的名字和头颅,靖宇将军一脸光辉,坚如泰山;战士们拿到了传单紧紧地握着,呆呆地凝视着,说不出一句话来。面对靖宇将军的遗容,回忆着一个月前他还在指挥、领导我们向敌人斗争。他是教育我们、关心我们的总司令。他的名字是一面光辉的旗帜,到处都在传诵着他的英雄事迹。想到这里,悲愤的怒火涌上了心头。悲哀夺去了我们往日的歌声和欢乐,同志们的眼泪禁不住夺眶而出,充满了仇恨和悲痛的眼泪湿透了拿在手中的"传单"。在那悲痛的日子里,一方面感到靖宇将军英勇殉国是革命事业的巨大损失,是党的损失;另一方面也感到活着的我们——革命者的责任更加艰巨了。是的,我们没有被悲痛征服,而是化悲痛为力量,更加猛烈地去冲击敌人,为死难的烈士们报仇,为争取民族解放的事业加倍努力。③

当杨靖宇遗首送至伪通化省省会时,"协和会"本部2月26日在通化师范学校集会举行"庆贺"活动。日本侵华战争罪犯、原通化省协和会本部嘱托藤冈文六于1954年12月8日供认:"伪通化省长命协和会事务长永井拿杨靖宇的头在通化街做宣传。永井命我去通化省领取人头,带上通化警察官在各学校和街道上游行、宣传:有反满抗日思想的都将如此。我根据命令,将杨靖宇的头交协和会本部职员李荣带四名警察,向通化街东、西南两所中国学校和日人小学校及沿通化街行进,各作十五分钟的讲演宣传。"④

之后,敌人又将杨靖宇遗首送至伪都新京(长春),让伪满军政要员详瞻。关东军参谋也在例行向伪满"皇帝"溥仪进行军事形势报告之时,特地将杨靖宇的牺牲作为一次胜利,向这个

---

① 《大同报》(1940年2月25日)。
② 伪通化警务厅长岸谷隆一郎:《致兴安北省警务厅长函》通省警特密1503号(1940年3月12日)。载日本帝国主义侵华档案资料选编《东北"大讨伐"》,中华书局,1991年版,第560页。
③ 伊俊山:《痛悼靖宇学习靖宇》,载《杨靖宇纪念文集》,中央文献出版社,2005年1月版,第198页。
④ 《藤冈文六笔供》(1954年12月8日),载《东北"大讨伐"》,中华书局,1991年版。藤冈文六,日本战犯。在1956年我国宣布释放日本战犯前死亡。

日伪"讨伐队"枪杀杨靖宇后进行反动宣传

傀儡"皇帝"做了专门报告。溥仪在《我的前半生》一书中记载：

"抗联的领袖杨靖宇将军牺牲了，他（按，指关东军参谋）兴高采烈地说，杨靖宇之死，消除了满洲国的一个大患。我一听大患二字，忙问他：土匪有多少？他说：小小的有，小小的有。"①日本侵略者既称杨靖宇及其领导的抗日联军为"大患"，又称是"小小的"，可见其对杨靖宇领导东北抗日武装反对伪满洲国反动统治的恐惧，同时也看出这个关东军参谋，是在极力掩饰东北抗联坚决反抗日本帝国主义侵略伟大斗争的作用。

杨靖宇早就是日伪反动统治的克星，日伪当局之所以将其称之为"满洲国"的"大患"，是因为杨靖宇始终领导着东北人民开展长期持久的反日运动，指挥着抗日游击战争。东北抗联第一路军在杨靖宇的指挥下，历经8年战斗，消灭大批敌人，取得重大战果。据抗联一路军1932—1940年主要战斗统计：第一路军主要作战次数348次。战利品武器方面：迫击炮10门、掷弹筒11个、重机枪8挺、轻机枪90挺、手提式12挺、步枪、手枪5002支，军用无线电台3台。敌我死伤：日军2329名，伪军4919名；俘虏2324名；我军死亡721名。②由此可见，这样的战绩对于日伪当局意味着什么，无怪乎杨靖宇英勇牺牲，敌人会兴高采烈，甚至激动呜咽，高呼"万岁"了。

1940年2月26日，伪治安部警务厅长谷口明三向通化警务厅及"讨伐队"拍去赏功犒劳电，伪治安部大臣赏赐"讨伐队""奖金"一万元。3月31日，伪通化省警务厅长警察队本部长岸谷隆一郎在三源浦伪警察署主持召开了有直接参加枪杀杨靖宇的益子理雄（伪通化省警务厅警尉补）、绪方忠雄（伪通化省警务厅勤务警佐）、古高敏昭（伪柳河县副县长）及叛徒、敌"讨伐队"大队长程斌、王文科、申麟书，叛徒、敌工作班长胡国臣、尹夏太等参加的所谓"杨靖宇讨伐座谈会"。

① 溥仪：《我的前半生》，群众出版社，1964年3月版，第380页。
② 《抗联第一路军一九三二年至一九四〇年主要战斗统计表》（1941年初），载中央档案馆等编《东北地区革命历史文件汇集》甲60，第248页。

在"座谈会"上,敌人大肆吹嘘其枪杀杨靖宇的所谓"狗蝇子战术"。但同时,敌人也流露出不得不承认杨靖宇所从事的抗日救国事业的巨大影响,及其确实不愧为一大英雄的感慨。益子理雄称杨靖宇"才干不一般,不是一个寻常人可比的","不但有武功,而且有学识,曾经率领2000人的部下,值得十分敬佩。"又说,"以他为中心组成一个大团体,他的全盛时代大约是康德三年,他率2000人以下的队伍,身边经常有二三十挺机关枪来保护,连医疗的机关设备都有,的确是了不起,他的活动力跨越间岛、安东、通化、吉林和奉天五个省30个县。""他才干不一般,不是一个寻常人物可比拟的,是个英雄。"岸谷隆一郎虽然说"曾经统率2000名部下的杨靖宇,他的最后未免过于悲惨,从他的尸体上找到6660元巨款,而他却穿着破鞋和撕烂的衣服,胃里一粒粮食都没有。"但他也不否认杨靖宇"是个了不起的代表人物"①。但积极参加捕杀杨靖宇,甘心为敌效命的叛徒程斌在这个座谈会上并没有让日本侵略者高看一眼。座谈会上,记者宫本说:请大家先谈谈杨靖宇的履历和风貌吧。岸谷隆一郎不无讽刺意味地说:"这方面程君是最了解的,因为早先他是杨司令的臂膀嘛……"随之发出嘲笑声。而程斌则低着头说句:"不要闹笑话,对于杨匪我大概知道一些。"话声落地,大家又是一片嘲笑声。在"座谈会"上叛徒程斌不时被人嘲笑、奚落,连头都不敢抬,他无地自容,不敢面对杨靖宇的在天之灵。②

历史就是这样昭示人们:无论是哪个民族,为民族独立,反抗外敌斗争而献身的人总是令人崇敬,而不朽于千古的;而那些背叛民族利益而苟活于世的人总是要被人们唾弃,遗臭万年,最终是要被钉在耻辱柱上的。

三、虽死犹生

杨靖宇牺牲使广大的抗联干部、战士和东北人民悲痛万分,他们失去了一位可敬的领导者和可爱的亲人。泪水挂在战士们的脸颊,哀戚的表情使人们都知道发生了什么事情。一位抗联第一军战士曾回忆道,杨司令殉国的不幸消息是在他牺牲十几天后,我们才知道的。魏拯民副司令召集大家说要开会。开始,我们还以为又有战斗任务呢。但我们察觉到魏副司令和往常不一样,表情十分庄重。他看队伍集合好了,便缓缓地走到前面用低沉的声音说,同志们,有一个不幸的消息,今天应该告诉大家。他略停顿一下,接着说,2月23日,我们的杨司令在濛江牺牲了。大家听到后都非常惊讶,简直不敢相信自己的耳朵。因为在我们心目中,总觉得杨司令不会牺牲,即使到了万般无奈时,他也能以出奇的智慧化险为夷。但是我们知道,魏副司令决不会开这种玩笑。突如其来的噩耗,使在场的官兵无不悲痛欲绝。大家摘下了帽

---

① 《讨伐杨靖宇座谈会》,载《协和》第263期(1940年4月)。

② 程斌投敌叛变革命沦为民族败类。他先后在伪通化省、热河省参加"讨伐"抗日联军、八路军。抗战胜利后,他又投靠蒋介石,充任国民党东北保安纵队少将大队长、副师长及五十三军军部高级参谋。解放后,匿居北京,隐瞒罪恶历史,混入我华北军区军械处工作,任总务科长。1951年在镇压反革命运动中,被我专政机关逮捕归案。同年5月14日被解回承德,5月29日被热河省人民法院判处死刑,当日在承德执行枪决。

子,默默垂下了头,眼泪唰唰地流下来……①

杨靖宇为了抗日救国大业英勇牺牲了,但抗日军民没有消沉。人们化悲痛为力量。他们在杨靖宇气壮山河、宁死不屈的革命精神鼓舞下,继续坚持着英勇的抗日斗争。

抗联第一路军副总司令魏拯民继杨靖宇之后,肩负起指挥抗联第一路军抗日健儿在东南满地区开展游击战争的重任,继承着杨靖宇未尽的伟大事业。1940年3月13～15日,在魏拯民的主持下,于桦甸县头道溜河口,召开中共南满省委和抗联第一路军领导干部会议。会议期间,专为杨靖宇举行了追悼活动。魏拯民代表中共南满省委、抗联第一路军对杨靖宇壮烈牺牲表示沉痛哀悼,并宣誓继承杨靖宇总司令的遗志,坚持抗战到最后胜利。魏拯民说:"杨总司令为革命事业艰苦卓绝地奋斗了一生。他的全部生活是党的生活,他没有个人生活。他是为我们中华民族的解放事业而被日本侵略强盗杀害的,我们要完成杨司令生前未完成的事业。到革命胜利的那天,我们每个人都要问心无愧地站在他的墓前说:靖宇同志,我们在你之后,做了我们应该做的事。我们宣誓:为了我国人民,为了杨司令,我们第一路军全体战士紧密团结,坚决继承杨司令的事业,踏着烈士的血迹,继续奋战,克服一切困难,一定把日本鬼子赶出去!"②魏拯民的讲话高度地评价了杨靖宇战斗的一生,其庄重的誓言代表着广大抗联战士的心声。这次会议讨论了杨靖宇牺牲后的斗争形势,确定了斗争任务,对抗联第一路军各部今后活动做了重要部署。会后,警卫旅、第一、二、三方面军指战员为给杨靖宇报仇,高举抗日救国的旗帜,更加紧密地团结在总司令部周围,为继承杨靖宇未尽的伟大事业、实现民族解放的神圣使命,艰苦转战长白山地区,与日本侵略者进行着不屈不挠的斗争。

1940年春,抗联第一路军警卫旅在政委韩仁和率领下,活动在桦甸、安图、敦化等地,采取伏击、袭击、夜袭战术,予敌以意想不到的打击。曾在安图杨木桥子歼灭伪警察20人,缴步枪15支。在和龙、延吉交界处袭击一"大屯",敌死伤20人,缴步枪20支。

第一方面军在曹亚范率领下,在临江、濛江、辉南、柳河县境频繁出击。3月2日,袭击了临江珍珠门、大阳岔一带的伪警防队和伪森林警察队;3月6日,主力部队100余人在濛江湾沟痛击日军长岛工作班,毙伤敌人11名,缴获轻机枪1挺,步枪9支,匣枪3支,粮食400余斤。3月中旬,主力部队继续在濛江湾沟和临江大板石沟等地开展游击活动。从3月22日起,又转至辉南、柳河、抚松等地打击敌人。

第二方面军在金日成指挥下,在抚松、安图、和龙一带灵活穿插,打击敌人。3月11日,攻袭了和龙县大马鹿沟木场伪森林警察队,摧毁了敌人据点,俘敌30人。3月25日,又在和龙县红旗河以北30公里处设伏,消灭了前来"讨伐"的日军前田队长以下150余人,其中敌死伤110人,被俘40人,缴获机枪15挺,匣枪18支,步枪140支,望远镜2个,获得重大胜利。7月,袭击了敦化县哈尔巴岭车站。

第三方面军在陈翰章指挥下,活动在汪清、敦化一带,曾在小汪清与日军守备队80人交战,毙敌10余人;在汪清桦皮甸子俘虏伪警察10人。在老母猪河与伪警察展开战斗,俘敌10

---

① 文广魁:《我记忆中的杨司令》,载《本溪文史资料》第三辑(1986年6月)。
② 《魏拯民在抗联第一路军干部战士追悼杨靖宇大会上的报告》,载《抗联一路军在濛江》,吉林大学出版社,1990年版,第69页。

人,缴步枪10支。而后攻袭了敦化县黄泥河车站,缴获部分粮食和布匹。6月,该部进至五常开展游击活动,在香水河子、张家湾、冲河等战斗中皆取得胜利。

这一切说明,杨靖宇牺牲并未像敌人所说"杨之死对于各现有共匪,予以莫大影响,其精神逐渐动摇,更表示有归顺之意。"而恰恰相反,先烈的革命精神不死,将军虽死犹生。由于杨靖宇的牺牲,更加激起抗联战士对日本侵略者的仇恨。他们胸中的烈气难消,心中的怒火在燃烧,杨靖宇的光辉形象就像一面旗帜一样,在指引着抗联将士们为夺取抗日战争的彻底胜利而英勇战斗着。以后,抗联第一路军指战员根据组织决定进入苏联远东地区参加野营整训,1942年编入抗联教导旅第一营,连续开展小部队活动,坚持抗战,直至抗日战争取得最后的胜利。

杨靖宇牺牲后,日本侵略者更觉坐卧不安。据说,自从杨靖宇的遗首被装匣送往伪都新京(长春)后,伪满吉(吉林)长(长春)地区"讨伐"司令官野副昌德总是连夜做噩梦,一闭上眼睛就见杨靖宇伸出两只大手向他要人头。醒来之后头脑发沉,疼得难以忍受。为此,伪通化省警务厅长岸谷隆一郎打电话向濛江县伪警务科长王士洪、伪警察大队长桑文海询问杨靖宇的尸体掩埋何处,让赶快起出,请人用木头刻一个假头安在尸体上,并要隆重举行"慰灵祭",以告慰亡灵,免得他在天之灵使野副司令官不得安宁。濛江县伪警察、伪官吏接到主子指令,将遗弃在荒冢间被积雪掩埋的杨靖宇遗体,安上了一木制假头,盛入棺椁。在墓前有写着"杨靖宇之墓"的方柱形墓碑(一侧写有"康德七年二月二十三日殁于三道濛江"),之后在濛江县举行了所谓的"慰灵祭",伪通化省警务厅长岸谷隆一郎亲自出场为杨靖宇主祭安葬,还请来和尚为之念经"超度"。日本侵略者以为这样"安抚"一下,就可以继续心安理得的在中国大地上永远作殖民主义的美梦。

但是,历史的发展总是要循其自身规律的。正义之战必胜,非正义之战必败。以杨靖宇为代表的中国共产党人领导东北抗日联军所进行的抗日游击战争是正义的。这一在极其艰难的环境中展开的长期战争,正如毛泽东所说的那样:"东三省的人民、东三省的一部分爱国军队,在中国共产党领导或协助下,违反国民党政府的意志,组织了东北三省的抗日义勇军和抗日联军,从事英勇的游击战争。这个英勇游击战争,曾经发展到很大的规模,中间经过许多困难挫折,始终没有被敌人消灭。"①杨靖宇的牺牲,抗日联军斗争的受挫,乃至失利,都不能使日本侵略者免遭失败的命运,因为日本帝国主义发动的侵华战争是非正义战争。杨靖宇曾向他身边战士说:"敌人是搞不过我们的。就是我们这几个人死了,还有人继承我们的事业。革命总是要成功的。"杨靖宇牺牲1年后,即1941年,世界反法西斯力量不断增强。10月27日至31日,东方各民族反法西斯代表大会在延安召开。会上,朱德作报告,毛泽东作重要讲话。值得提出的是,这次大会在开幕式所设由反法西斯各国军政首脑,政党领袖,国内社会名流,包括斯大林、罗斯福、丘吉尔、季米特洛夫、毛泽东、朱德等共33人组成的主席团,杨靖宇名列其中。这说明党中央对杨靖宇的重视,对其功绩、地位的充分肯定。

1945年,日本侵略者终于被中国人民和世界反侵略战争、反法西斯正义力量所打倒,穷

---

① 毛泽东:《论联合政府》,载《毛泽东选集》第3卷,人民出版社,1991年6月第2版,第1034页。

凶一世的日本侵略者放下了手中的武器,向中国人民和世界爱好和平的人民投降了。"多行不义必自毙"这一历史发展的规律再一次得到昭示。

东北光复了,曾被日寇铁蹄践踏的大半个中国解放了,人民在欢呼,在跳跃。当人们在欢庆胜利的时候,没有忘记在那漫长的黑夜里领导人民从事抗日斗争的先烈们。人们在怀念杨靖宇。抗联老同志冯仲云深情地说:"1945年苏军解放沈阳后,我在沈阳得到了一些靖宇同志牺牲的材料,也遇到了一些医生,他们告诉我,靖宇同志殉难后,他们曾亲自参加解剖了靖宇同志的遗体。靖宇同志的胃里只有棉絮、草根和树皮,当时甚至引起了敌人的震惊。靖宇同志,真无愧气吞山河、壮志烛天,是我国空前未有的忠烈民族英雄,是共产党员的楷模,后人的典范。"①1946年2月14日,为永远纪念民族英雄杨靖宇,濛江县人民群众提议将杨靖宇英勇战斗并流尽最后一滴鲜血的地方——濛江县,改名为靖宇县,当时,我党派往濛江开辟工作的第一任代理县长张汇东起草并发表了《为濛江县易名告各地同胞书》:

"抗日烈士杨公靖宇,他是抗日联军的司令,他是一位优秀的共产党员(抗日联军是共产党领导),他死了已是6年了。他死在我们这个地方,葬在这个地方,我们是永远不会忘记他的。因为他是死得壮烈、死得有代价的,他的死不是为了别的,而是为了中华民族,特别是咱东北父老的存亡,不愿叫我们当亡国奴,他的死是高度的发扬了中华民族的气节,他是威武不屈、富贵不移,他是革命先烈,他是民族英雄,他是优秀的中华男儿黄帝子孙。他是英勇的、坚定的、伟大的忠实于国家与民族解放的事业的,为全人类谋利益的优秀的共产党员。他是我们民族的好榜样,6年前的今天,他为了中华民族,为了东北的不亡,为救咱东北的父老流尽了最后的一滴血。对于他的死,我们既悲愤,又痛心;悲愤、痛心的是他死得太早了。

"回忆6年前他的起居生活和工作,他的司令部不是什么洋房、茅屋,而是丛丛的密林,深深的山沟;他铺的不是什么洋毯毡垫,而是乱蓬蓬的一堆野草,常与他的部下围坐一堆野火边商量如何进攻敌人,如何坚持东北抗日;他吃的是火烤的豆饼片,渴了他喝几口雪水;晚上天上的星星闪耀着,好像自然界赐予他们的电灯。

"自从杨司令死后,日本鬼子在这地方更加猖狂,所行无阻了。出劳工、拔国兵、青年训、出荷粮、献纳金、采葡萄、打明子、少吃缺穿,饥寒交迫就更加重了,也就随着他的死落到我们身上了。也就是说,杨司令死后,有不少的人民受尽了敌伪的侮辱和拷打,监狱里、刑场上、煤矿里、大道上、壕沟里、明子树下、葡萄蔓里(打明子、采葡萄是我们濛江百姓特有的苦衷,别的地方所尝受不到的),饿死、冻死、跌死、打死、压死、电死、洋狗咬死的人不知有多少呢?

"杨司令不愧为我们的救星。杨司令为了我们的存亡而牺牲了,我们悲伤,我们追悼他,祭吊他为国为民的伟大精神是永远活跃于人间的。在日本帝国主义进攻之下,在国民党不抵抗卖国求和妥协的亡国政策之下,杨司令牺牲了!我们忍受了人间少有的14年地狱生活,我们为永远纪念杨司令,故将濛江县改为靖宇县,以作长久纪念。请大家不要再叫濛江而称靖宇县,来追念抗日救国的先烈杨靖宇司令吧!"

这一告各地同胞书得到濛江各界人士的拥护和支持。张汇东打电话请示地委得到批准,

---

① 冯仲云:《气吞山河 壮志烛天》,载《杨靖宇纪念文集》,中央文献出版社,2005年1月版,第196页。

从此濛江县改名为靖宇县。

为缅怀杨靖宇，靖宇县干部和农工商学各界群众，自愿为杨靖宇重新修葺陵墓。2月23日，在烈士殉国6周年纪念的日子里，党和人民政府隆重召开杨靖宇将军追悼大会，缅怀先烈，号召人民为保卫胜利果实而斗争。之后，靖宇县人民政府在杨靖宇墓前将向日伪告密的保安村伪牌长赵廷喜、特务李正新枪毙，以告慰杨靖宇的英灵（汉奸王士洪、桑文海，于1951年9月8日在镇压反革命运动中，被靖宇县人民政府处决）。

杨靖宇，是东北地区革命运动和抗日武装斗争的卓越领导者、组织者和指挥者，他在东北广大人民心中，早已成为一位伟大的民族英雄。这位民族英雄的名字，无论在其生前或殉国后，永远是一个战斗的号召，是一面光辉的旗帜。

抗日战争胜利地结束了，又迎来了新的战斗历程。在东北解放战争中，南满地区广大翻身人民遵照党的指示，积极响应号召，为保卫胜利果实踊跃参军参战。曾在苏联参加野营整训的东北抗日联军第一路军余部回东北进入通化后，首先把煤坑里的200余名工人组织武装起来，编成东北民主联军通化支队。为了纪念功垂不朽的先烈，他们以杨靖宇为旗帜，在通化支队基础上于1946年2月19日正式成立了名为"东北民主联军杨靖宇支队"的队伍。"杨靖宇支队"的广大战士决心高举杨靖宇这面旗帜，继承其遗志，继续为民族的光明前途而战。这支队伍活跃在通化地区，曾先后解放通化、柳河、辑安、临江、长白、抚松、濛江、安图、桓仁等九县，歼灭了敌通化铁路警护团及通化公安队等部，肃清了危害通化地区民众、破坏我根据地建设的政治土匪。"杨靖宇支队"的指战员们没有辜负先烈的期望。

1946年5月7日，党中央机关报《解放日报》刊载了由郑昌撰写的《杨靖宇同志》一文，使全国广大解放区人民进一步了解了抗日民族英雄杨靖宇的事迹。

1946年7月，松江省政府和哈尔滨市人民决定将杨靖宇曾工作过的哈尔滨市道外区中心街道正阳街改名为靖宇大街，以永远纪念先烈。1948年10月，在中共中央东北局、东北行政委员会关怀下，东北烈士纪念馆建成，杨靖宇作为主要烈士，其事迹陈列其中，供人们观瞻学习。

在全国解放战争期间，杨靖宇的遗属也经组织认真查找，终于找到了。中原地区广大农村获得解放后，河南省确山县李湾村村长通知杨靖宇之子马从云，让他去乡公所领取一千斤麦子，说是政府拨给他家的抚恤粮。并告诉他，你爹在东北改名叫杨靖宇，是东北抗日联军第一路军总司令，在抗战胜利之前已牺牲。

原来，杨靖宇的战友，豫皖苏区行政委员会副主任杨一辰（按，1932年杨靖宇任哈尔滨市委书记时，杨一辰任市委组织部长），看到一篇宣传杨靖宇的文章写有杨靖宇是安徽人，这引起杨一辰的怀疑。据他与杨靖宇的接触，感到他的口音是豫南口音，不会是安徽人。一次，他与徐子荣（全国解放后任公安部副部长，曾与杨靖宇一同于1926年从开封学校回家乡确山开展农民运动）谈及此事时，也许偶然，徐子荣说大老马（杨靖宇）与我同乡，是河南确山人。（1958年2月，在吉林省通化市举行的杨靖宇将军遗体安葬、公祭大会上，徐子荣敬送的挽幛上书写有如下挽诗："往昔中原展红旗，汝颍河水映英姿。王楼一别三十载，长使中原怀骥生。

全国解放遇一辰,始知靖宇即是君,白山黑水英名在,丹心碧血照古今。")尔后,杨一辰即给确山县委写信,在县委协助下,终于找到了杨靖宇的后人——儿子马从云,女儿马锦云。1949年,杨一辰在中共河南省委任组织部部长时,会见了马从云。为了让人们永远纪念杨靖宇,杨一辰向其询问家中有何先烈的遗物。马从云把妹妹马锦云保存多年的父亲在开封省立第一工业学校读书时照片及收集到的两篇作文稿送给了杨一辰。以后,杨一辰把杨靖宇青年时代的照片和两篇作文稿交给中央有关部门,还将照片翻洗数张赠送何成湘等有关同志。1951年7月1日,是党的30周年生日,杨一辰在《河南日报》发表长篇文章《民族英雄模范共产党员杨靖宇同志》,以纪念先烈。党和人民政府对杨靖宇遗属十分关怀,杨靖宇之子马从云被政府送到开封工农速成中学读书进行培养,其女儿马锦云当时已出嫁,政府让其享受烈属待遇。

在人民获得翻身解放的日子里,中共党组织还十分关切杨靖宇遗首的下落问题。原来,杨靖宇遗首连同抗联第一路军第三方面军指挥陈翰章①烈士遗首,一起存放在日本关东军司令部医务课,装在两个里面盛满福尔马林药水的圆柱形玻璃缸内。后来,这两位烈士的遗首被运至长春医学院。1948年长春解放前,该医学院被国民党保安骑兵第二旅占据。为查找保护好烈士遗首,经中共东北局社会部联络处驻长春的地下工作小组负责人李野光、李广德向上级请示,同意让掌握烈士遗首下落的亚光医院院长刘亚光打入国民党保安骑兵二旅卫生队。刘打入卫生队后,利用去医学院给国民党军官兵巡诊机会潜入解剖学教室,终于在教室内一侧室柜内发现装有杨靖宇、陈翰章二位烈士遗首的两个玻璃缸。尔后,刘以到医学院拉取医疗器械为名,伺机将这两个玻璃缸装在车

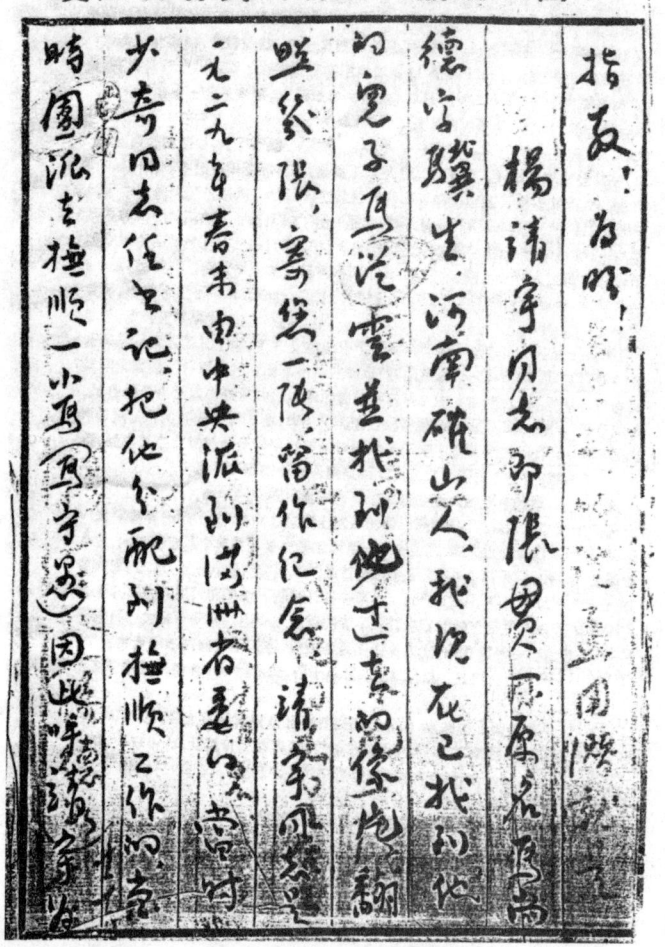

杨一辰致何成湘信之一页

---

① 陈翰章于 1940 年 12 月 8 日在宁安小湾沟附近与日伪"讨伐队"战斗中牺牲。

上运至二旅卫生队,藏在五官科内。1948年10月19日,长春解放。次日,刘亚光将两位烈士的遗首恭迎至亚光医院。四天后,由李广德同志恭送到东北民主联军松江军区前线指挥部驻长春办事处。同年12月,松江军区派人来长春迎取两位先烈遗首。为保证安全,组织决定特调专车并转道吉林经五常护送遗首至哈尔滨市。当时,由于五常至哈尔滨的火车未通,护送遗首的七名战士,由五常徒步行走数日,终将两位先烈遗首安全送到目的地——哈尔滨,存于东北烈士纪念馆。先烈的遗首终于回到人民的手中。①

1948年12月31日《东北日报》以《东北抗日民族英雄杨、陈两将军遗首运哈》为题报道说:【本报哈尔滨24日电】东北抗日民族英雄、前抗联先烈杨靖宇、陈翰章两将军之遗首,已于我军此次解放长春之役中获得,现已由军方护送到哈,陈于烈士纪念馆并拟于今日召开追悼大会。按杨靖宇同志为抗联第一路军总指挥,1940年在濛江保安村南作战壮烈牺牲。陈翰章同志为抗联第一路军第三方面军司令,1941年在镜泊湖南湖头附近被敌人包围光荣殉国。"②

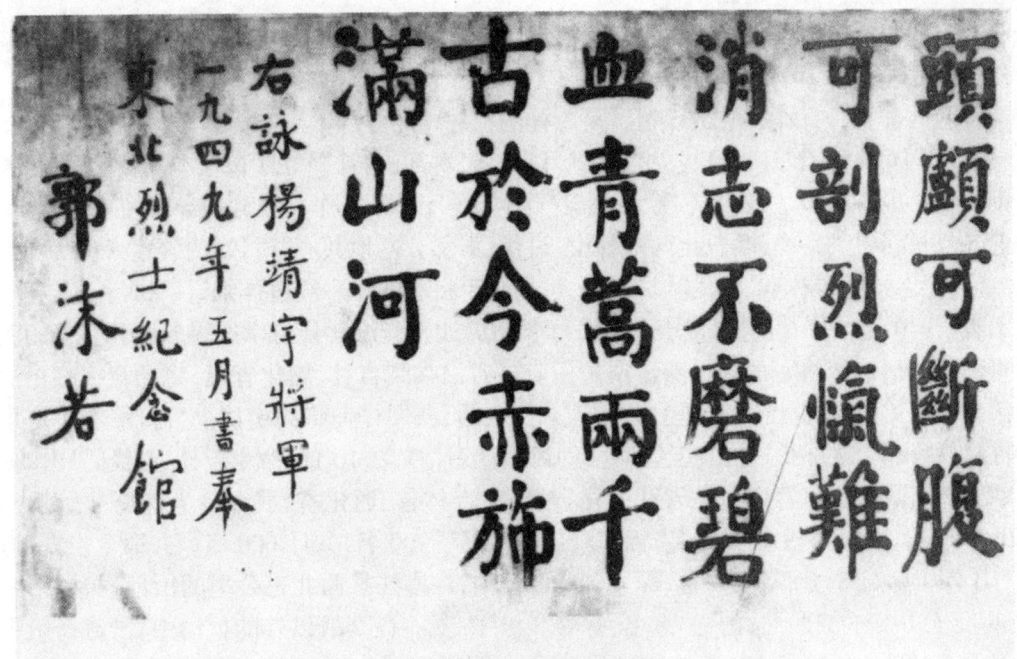

郭沫若《咏杨靖宇将军》诗手迹

1949年5月,新中国成立前夕,著名爱国民主人士郭沫若在布拉格参加拥护世界和平大会后返回北京途中,路经哈尔滨,来到东北烈士纪念馆参观,当观瞻到先烈遗首时,感慨万分,当即挥毫写下《咏杨靖宇将军》诗一首:

---

① 刘亚光:《保护杨靖宇将军头颅的经过》,载《吉林文史资料》二十四辑。
② 《东北日报》(1948年12月31日)。

头颅可断腹可剖,烈忾难消志不磨。
碧血青蒿两千古,于今赤旆满山河。

这首诗表达了诗人和亿万人民对先烈的仰慕、敬佩之情。

1949年10月1日,中华人民共和国成立了。鲜艳的五星红旗在迎风飘扬。杨靖宇虽然没有看到五星红旗,但五星红旗上却有他为之洒上的鲜血。独立、自由、民主、幸福的新中国,这是包括杨靖宇在内的无数先烈和全国各族人民在中国共产党的领导下,经过长期艰苦奋斗取得的结果,这也是杨靖宇等革命先烈英勇奋斗的希望所在。

新中国成立后,人民政府有条件对日本帝国主义侵华战争罪犯进行审理,对其罪行进行彻底清算。根据中苏两国政府有关协定,1950年,苏联政府将在抗战胜利后押至苏联境内的日本和伪满洲国战争罪犯移交中国,专押至东北抚顺战犯管理所。这些曾对中国人民犯下滔天大罪,包括"讨伐"杨靖宇有关的战争罪犯,在中国共产党和人民政府改造战犯的政策感召和教育下,纷纷交代了自己的罪行。

日本战犯野崎茂作(原伪吉林省"讨伐队"本部领导成员)在1954年8月15日接受审问时作如下供述:

"问:吉林省'讨伐队'的组织情况是怎样的?

答:在1939年10月1日成立吉林省'讨伐队'本部,由森警务厅长任本部长(后由村井矢之助继任),以下有渡边政雄、牧芳太郎和我具体领导'讨伐'工作。牧芳领导特搜班,渡边与我领导各'讨伐队'。在桦甸、敦化两地各设'讨伐'本部。两地共有"讨伐"的警察人员2850名。

问:把你指挥吉林省'讨伐队'参与杀害杨靖宇将军的罪恶经过详细讲一讲。

答:1940年1月6日,我代表森警务厅长出席通化省濛江县由岸谷警务厅长召开的关于'讨伐'射杀杨靖宇将军的讨论会。决定由吉林省出兵到吉林、通化省境,将杨靖宇将军的抗日武装部队追赶到通化省境,进行包围残杀。会后,我回桦甸将约定协助'讨伐'的决定报告给吉林'讨伐队'本部长,并由我起草'协助讨伐计划'。2月10日,命令吉林'讨伐队'出动。命令奉天'讨伐队'500名到间岛省和通化省境,在吉林省、通化省,我命令大蒲柴河'讨伐队'200名,红石砬子'讨伐队'200名,锦州增援'讨伐队'200名,共计600名。并命令吉森'讨伐队'50名和乌畑'讨伐队'150名,深入到濛江县内,在濛江县西北三公里的山地,与杨靖宇将军部队约50名交战两回,击毙18名,掠夺步枪15支。在交战以外的行动中,击毙杨靖宇将军部下68名,烧毁民房15座。在吉林省和通化省境的'讨伐'行动中,击毙杨将军部下20名,烧毁民房20所。在间岛、通化省境的奉天、滨江'讨伐队',击毙杨将军部下20名,烧毁民房30所。迫使杨靖宇将军率领部下离开山地,退到通化省濛江县城南,终于使杨靖宇将军在1940年2月23日为通化省警察"讨伐队"杀害。这与我的以上活动是有直接责任的。"[①]

---

① 《野崎茂作口供》(1954年8月15日),载日本帝国主义侵华档案资料选编《东北"大讨伐"》中华书局1991年版,第549页。野崎茂作,日本战犯。1956年7月20日,被我国最高人民法院特别军事法庭判处14年徒刑。1960年1月被释放回国。

伪满战犯原伪第八军管区(通化)司令官王之佑在1954年5月21日所作笔供中说：
"我是应负致他(按,指杨靖宇)于死的最大罪行的责任。因为我接受这个伪司令官职时,就是受命要与杨靖宇将军为敌的。我到任后的准备行动,也是面对着以杨靖宇将军为领导的抗日力量,就是没有野副昌德的指挥讨伐,也是要予杨靖宇将军以打击的,尤其是在8月开始后的行动上,首先就是采用了断绝食粮的毒辣手段。为断绝抗日军的食粮就连老百姓的生活也不顾了。在搜索无人居住地带的行动中,伪二旅的部队曾给予杨将军部下以损害,迫使杨将军向通化、吉林交界的山林中撤退。我又把伪一、二两旅兵力派到吉林地区,在1940年1月某日于桦、濛交界地,给予杨将军以重大损害,以致杨将军不得已又化整为零,在饥寒交迫中不幸遇难。我虽未杀杨将军,杨将军实是由我而死,杨将军的流芳千古,就是我的遗臭万年。我愿在人民面前俯首请罪。"①

革命先烈的血是不会白流的。它使侵略者最终遭到了可耻的失败,使人民赢得了最后的胜利。人民是永远不会忘记民族遭受危难的痛苦和为民族独立、自由、解放而献身的先驱者的。

为了不忘记过去的灾难的历史,永远记住为了民族的独立、自由、解放而献出宝贵生命的先烈杨靖宇,东北人民每到九一八和先烈殉难的日子"二·二三"都采取各种形式举行纪念活动。人们永远不会忘记日本侵略者用刺刀、枪炮、飞机,用吊打、灌凉水、电刑、摔麻袋,用活埋、填冰窟、喂狼狗、作细菌试验活体材料等法西斯手段屠杀、残害成千上万的东北同胞的罪行。人们永远不会忘记日本侵略者在东北各地实行烧杀、抢掠、奸淫,制造无人区,实行"归屯并户",推行"保甲制""连坐法",搞"粮谷出荷""勤劳奉仕",抓劳工、抓经济犯、抓"浮浪"、抓思想犯,使东北人民遭受的人世间最为难以忍受的痛苦和折磨。人们也将永远记得是中国共产党号召东北人民开展反抗日本侵略者的斗争,派出以杨靖宇为代表的许多优秀党的干部组织抗日武装,在没有重武器,没有外援的条件下,直接与拥有现代化武器装备的数十万日本侵略军所进行的殊死搏斗。人们将永远记得这一伸张民族正义的伟大的抗日游击战争,给日本侵略者以沉重打击,阻碍和延缓了它的全部侵略计划,有力地配合了全国抗战,增添了人民救亡图存和抗日必胜的信心。人们将永远记得杨靖宇等抗联将士是在极端艰苦的情况下,即长期忍饥挨饿,在冰天雪地、崇山峻岭中,与日本侵略者、伪满军队喋血奋战,并坚持战斗到最后一个人,流尽最后一滴血的。

杨靖宇领导的东北抗日游击战争(这一战争在他牺牲后,继续进行,直到1945年8月日本投降才告结束),在中华民族悠久的历史上占有重要一页,其自强不息、英勇奋斗的光辉战绩书写了璀璨的历史篇章。这一发生在20世纪三四十年代的反侵略战争是中国抗日战争的一部分,是世界反法西斯战争的一部分。作为世界反法西斯战争中国战区东北地方战场的这一时间最长(长达14年)、斗争最艰苦、牺牲最大的反侵略战争再一次向世人宣告,中华民族是具有反抗任何外来民族侵略的光荣传统的民族,它有着和任何外来敌人顽强斗争的英雄气概和与凶恶残暴敌人血战到底,永不屈服,不获胜利不甘罢休的决心的。它向世人宣告,在日

---

① 《王之佑笔供》(1954年5月21日),载日本帝国主义侵华档案资料选编《东北"大讨伐"》,中华书局1991年版,第555页。

伪统治的十四年,是以杨靖宇为代表的中国共产党人领导广大不肯屈于亡国奴隶地位的民众,不畏流血牺牲,一直在为民族的独立、解放而进行艰苦卓绝的斗争。杨靖宇及其领导的抗日军队每发出一响枪声,都表示着东北并不是日本帝国主义的"王道乐土""满洲国",东北三千万人民没有沉睡,东北没有死亡,东北是中国人民的东北。

抗日战争胜利后,中共中央东北局书记彭真在沈阳对原抗联第三路军政委冯仲云说:"我们共产党人二十多年领导的革命斗争中,有三件最艰苦的事,一是红军二万五千里长征;二是南方红军三年游击战争;三是东北抗日联军的十四年苦斗。"是的,东北抗联的十四年苦斗,应在中国革命的历史上占有其重要的地位。

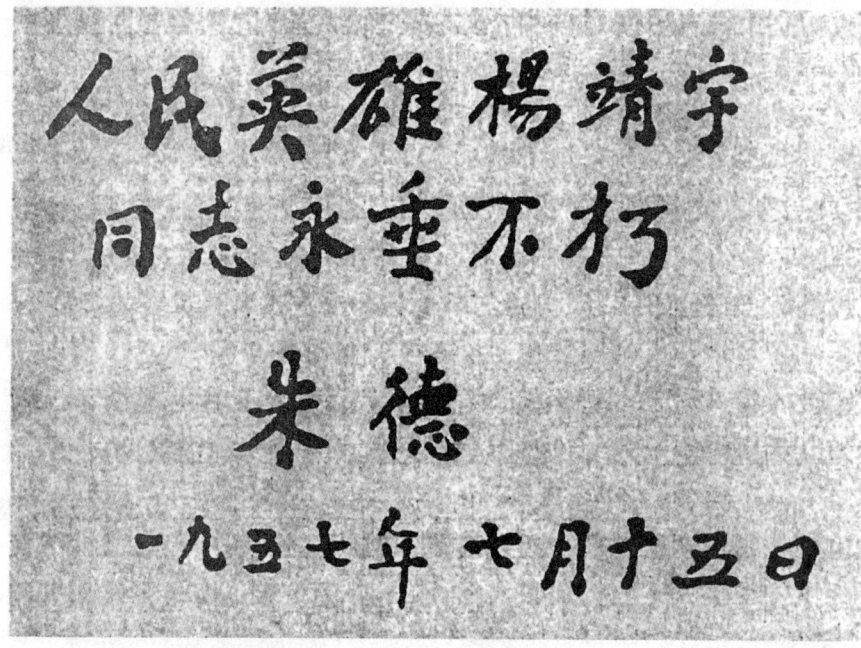

朱德题词手迹

杨靖宇及所领导的东北抗联进行的英勇斗争,为后人留下了宝贵的精神遗产。这份遗产需要我们一代一代很好的继承。人们会从杨靖宇及东北抗联英勇斗争的历史中深刻体会到:一个人乃至一个团体、一个民族、一个国家,树有远大理想、正确信念,永远有个精神支柱作支撑而不动摇,对于在任何艰难困苦条件下坚持斗争有多么重要;"国家兴亡,匹夫有责",永远高举爱国主义的旗帜,就会有克敌制胜的永久动力;依靠人民群众,永远不脱离人民群众,处处为广大群众的根本利益着想,这应是一切革命者行动的出发点;英勇斗争,艰苦奋斗,不畏艰难困苦,不怕流血牺牲,这是取得胜利的保证;团结联合大多数,团结一切可以团结的力量,建立广泛的统一战线,才能实现为之奋斗的目标,达到胜利的彼岸;任何时候都不忘党的领导,坚持党的领导,不脱离党的领导就能把握前进的正确方向。这些都是需要我们继承和发扬的,是杨靖宇及所领导的东北抗日联军,经过与敌人浴血奋战得出的宝贵历史经验。

长期以来,党和人民政府十分重视纪念抗日民族英雄杨靖宇,十分重视学习先烈们的英雄业绩和弘扬其革命精神。

为了永远纪念杨靖宇为中国人民的解放事业英勇奋斗的一生，和教育后代学习英雄的革命精神，1954年4月经国家内务部批准决定在吉林省通化市修建"杨靖宇烈士陵园"。同年7月动工修建。1957年7月15日，朱德委员长为杨靖宇烈士陵园灵堂匾额题词："人民英雄杨靖宇同志永垂不朽"。同年秋，庄严肃穆的"杨靖宇烈士陵园"在通化市浑江东岸山岗竣工。陵园占地2万平方米，建筑面积800平方米。甬路两侧为四个偏殿（陈列室）。正面主体建筑为灵堂和墓室，整个建筑为民族式。陵园内矗立一座高5.35米的杨靖宇全身戎装铜像。花岗岩基座上镶刻着彭真手书：民族英雄杨靖宇将军。8月下旬，杨靖宇的遗骨由靖宇县移至通化市，待迎归遗首后举行安葬。

同年9月25日，黑龙江省暨哈尔滨市党政军民在东北烈士纪念馆礼堂举行了隆重的杨靖宇将军遗首恭送通化"杨靖宇烈士陵园"仪式。当日上午8时，哈尔滨各界人士700多人，到东北烈士纪念馆出席了恭送杨靖宇将军遗首的大会。在哀乐声中，由中共黑龙江省委书记强晓初，东北抗联老战士李延禄、王明贵、于天放、陈雷和张瑞麟等人执绋，将杨靖宇将军的灵榇送到哈尔滨车站，由火车启运通化市。送灵途中，沿路行人见灵车经过，均自动站立在街道两旁肃穆致敬。同时，在吉林省通化市，党政军民也举行了隆重的将军遗首迎归仪式。

黑龙江省暨哈尔滨市党政军民恭送杨靖宇将军遗首仪式

1958年2月23日，在杨靖宇殉国18周年之际，党和国家在吉林省通化市"杨靖宇烈士陵园"隆重举行杨靖宇将军公祭安葬大会。中共中央派政治局候补委员康生参加此次大会。在遗体安葬之前，举行有近万人参加的公祭仪式。在杨靖宇的灵堂上，烈士的遗体覆盖着鲜艳的五星红旗。灵堂前悬挂着烈士的巨幅遗像，两旁摆放着中共中央、国务院、党和国家领导人毛泽东、朱德、刘少奇、周恩来、朝鲜民主主义人民共和国领导人金日成、崔庸健，东北各省市、河南省及杨靖宇生前战友、家属送来的花圈和挽联。

党和国家领导人毛泽东、刘少奇、周恩来、朱德敬献的花圈

公祭安葬仪式在哀乐声中开始,主祭人康生、周保中、邓华、冯仲云、吴德、于天放、甘重斗、邢肇棠、栗又文、张雪轩、伊俊山、贺健、刘贤权、尹作序和各地代表陪祭人暨全体与会人员在杨靖宇将军灵前,默哀致敬后,中共通化市委书记赵明勤读祭文,哀悼杨靖宇同志永垂不朽。前东北抗日联军第三路军政委冯仲云介绍杨靖宇的生平事迹。接着,由中共中央所派代表致悼词。悼词中说:"今天我们来为十八年前为国牺牲的杨靖宇同志安葬,我们全党全国人民对他表示深切的悼念。"

"中国民族解放和人民革命的胜利是中国人民长期奋斗的结果。一方面有外国帝国主义的侵略和压迫,一方面有勾结外国帝国主义的大地主、大资产阶级的反动统治,在强大的敌人面前,中国人民的解放事业是非常艰难的。东北抗日联军当时面对着中国最凶恶的敌人——日本侵略者,处境虽然十分困难,但是他们不屈不挠的斗争到底,充分地表现了中国人民和中国民族在任何敌人面前,在任何困难面前绝不低头的伟大精神。在这场斗争中,许多共产党人和许多爱国志士流尽了他们的鲜血,付出了他们的生命。杨靖宇同志就是在斗争中英勇牺牲了的一个伟大的战士。我们今天来纪念杨靖宇同志,也就是纪念在东北抗日游击战争中光荣牺牲了的一切革命战士。"

"东北抗日联军的斗争是中国共产党领导下的中国人民解放事业中的一个部分。""1931年,日本帝国主义者对东北实行武装侵占。国民党政府采取了所谓不抵抗政策,听任日本侵略者占领整个东北并且把它的侵略势力向华北和全国发展。这时,也只有中国共产党站到了抗日斗争的最前线。当时,中国共产党中央命令东北地区的党组织坚持抗日斗争,并且派遣了许多优秀的党员到东北地区来工作,杨靖宇同志是其中的一个。杨靖宇同志和在东北地区领导抗日游击战争的其他共产党人坚决执行党的方针,他们和东北各族人民紧紧地结合在一起,同甘苦,共患难,并且团结了一切爱国的力量,在党中央领导下组成了东北抗日联军,向日本帝国主义侵略者进行了长期的艰苦斗争,给了侵略者以有力的打击。"

"杨靖宇同志英勇奋斗的一生表现了一个共产党人的崇高品质。他对革命最坚决最勇敢,任何困难不能把他压倒,他对党是最忠实的。时时刻刻都尊重党的组织和党的纪律。他热爱人民和人民真正打成一片。他善于团结群众,能够把各族人民为共同的事业而团结在一起。这些都是值得我们学习的。"悼词中说:"无数的革命先烈在艰难的斗争中毫不踌躇地付出了他们的生命,现在我们来纪念他们,就应当用同样的革命毅力和艰苦奋斗的精神来把我国建设迅速推向前进,把我国建设成一个具有现代工业、现代农业和现代科学文化的伟大的社会主义国家。"①

吉林省通化市杨靖宇烈士陵园

之后,由国防部代表邓华上将,东三省的代表,栗又文、于天放、张雪轩和河南省代表邢肇棠致辞,杨靖宇战友伊俊山讲话,他们都深情地追述杨靖宇将军和抗日联军战士高举抗日救

---

① 《吉林日报》(1958年2月24日)。

国大旗,战于长白山黑水之间的光辉业绩,号召人们学习杨靖宇的革命精神。接着由杨靖宇的儿子马从云讲话,他感谢党和政府对烈士家属的关怀和照顾,表示要继承父亲遗志为社会主义建设事业奋斗到底。

公祭仪式结束后,举行了杨靖宇遗体安葬仪式。在庄严的国际歌声中,将杨靖宇的遗首与遗骨合葬于青松苍翠的"杨靖宇烈士陵园"之穹状墓室白丁香棺木中。杨靖宇生前战友、抗联老战士周保中、冯仲云、于天放、伊俊山以及吴德、栗又文等为烈士盖棺封墓。

在烈士的家乡,河南省确山县李湾村杨靖宇故居,还修建起杨靖宇将军故居纪念馆。

东北烈士纪念馆、杨靖宇烈士陵园、杨靖宇将军故居纪念馆一直是对广大群众、青少年进行爱国主义和革命传统教育的好场所。在这些地方可以经常看到川流不息的人群,他们中有干部、工人、农民、解放军战士、青少年学生等各界人士在先烈的塑像前怀着崇敬的心情观瞻先烈的事迹。他们神色肃穆、感奋、激动。

值得一提的是1957年6月8日,正在接受改造的伪满洲国皇帝溥仪到东北烈士纪念馆参观(由抚顺战犯管理所组织),见到杨靖宇事迹陈列后所发出的感慨,溥仪在其日记中写道:"当我听到馆里的负责干部在给我们所作的专题报告中,介绍杨靖宇将军的抗日奋战英勇牺牲的壮烈事迹时,不但使我忍不住双泪齐流,同时简直觉得自己的这个身子,真是龌龊不堪和渺小得不像个样子,觉得自己在今日存在是多余的,不应该的,因而使我形成为一种茫然自失的状态。抗日英雄能那样地出生入死,能那样地不怕艰难危险,到底是为了什么?因为他们始终并没有想办自己的事,所以才能够拿冰天雪地当作涵育抗日杀敌的练武场,拿草根树皮当作保卫祖国的军粮,真是无时无地不在关怀着整个民族的前途、命运,关怀着世界正义人类的前途命运的。在将军英勇牺牲之后,就连穷凶极恶的敌人,当看到在将军的胃袋中满装着尚未消化的草根树皮残渣时也不能不低下头暗中称羡。将军的肉体固然消逝了,可是将军的精神却永远地活在六亿人民心中。"①

1972年9月,经过中日两国人民的共同努力,中日邦交实现正常化。自此之后,每年都有大批日本友人来华访问。他们之中,许多人来华后迫切要求到烈士纪念馆、烈士陵园参观、拜谒。在先烈的英雄事迹面前,他们表现出无比钦佩之情,深深为其惊天地、泣鬼神的不可征服的民族精神所感动。其中,有些当年曾参加过对华侵略战争的士兵,以一种负罪心情含泪在杨靖宇的塑像前、纪念碑前默哀。他们都表示要牢牢记住由日本军国主义分子挑起的这场侵华不义之战给中日两国人民带来的灾难,"前事不忘,后事之师",要告诉下一代,中日永远不再战,中日两国人民世世代代要永远保持和平。

英雄的事迹使许许多多的人深受感动,甚至流下热泪,无不为中华民族能有这样的伟大爱国者而自豪。人们深知:

杨靖宇为国捐躯之时,年仅35岁,实属英年早逝。然而他却在有限的生命里,建树了令后人无限景仰的丰功伟绩。

纵观杨靖宇的一生:

---

① 《爱新觉罗·溥仪日记》,天津人民出版社,1996年6月版,第77页。

他青少年时代,即忧国忧民,探索救国救民的道路,追寻革命真理——马克思主义,勇敢地投身于声援"五卅"反帝爱国斗争,可谓是革命志士;

他在大革命时期,积极从事农民运动,组织农民协会,领导确山、刘店农民暴动,建立河南乃至全国第一个县级工农革命政权,可谓是农运先锋;

他受党中央派遣来东北工作,在抚顺从事工人运动,团结煤矿工人,组织罢工,开展反剥削、反压迫斗争,成为工人的主心骨,可谓是工人领袖;

他作为一名中国共产党党员,思想信念坚定,革命意志坚强,坚持党的宗旨,忠诚于党的事业,认真执行党的方针、政策,对党忠贞不二,五次被捕而坚贞不屈,遵守党的纪律、认真贯彻党组织的指示、始终尽职尽责为党工作,可谓是党员楷模;

他在民族危难之际,挺身而出,动员民众参加抗日斗争,组建、扩大抗日武装,指挥抗日联军在冰天雪地与凶恶的日本侵略者浴血奋战,坚持开展持久的、大规模的、艰苦卓绝的反侵略战争,直到献出自己的宝贵生命,其为东北抗联第一人,可谓是民族精英。

革命志士、农运先锋、工人领袖、党员楷模、民族精英,概括起来说杨靖宇是伟大的抗日民族英雄,坚贞的共产主义战士,这就是他的人生历史定位。

杨靖宇将军的名字是代表党的。他的名字就是一面光辉旗帜,他是人们克服困难,勇敢前进,开拓进取的榜样。他的思想情操、品格气概已形成了一种精神。这种精神就是杨靖宇的革命精神,其内涵是:忧国忧民,关心国家兴亡、民族振兴,并为之献身的崇高的爱国主义思想;把党和人民的利益完全放在个人利益之上,一切从党和人民的利益出发,为了党和人民的事业赴汤蹈火,也在所不辞的革命情操;全心全意为人民服务,密切联系群众,想人民之所想,急人民之所急,同群众打成一片,同甘苦、共患难的高尚品格;艰苦奋斗,百折不挠,不畏任何艰难险阻,勇往直前,在任何情况下都不向困难低头的革命乐观主义精神和威武不能屈、贫贱不能移,把方便生存让给别人,把困难、牺牲留给自己的大无畏英雄气概。杨靖宇的革命精神是以爱国主义为核心的中华民族的伟大民族精神的具体、生动的体现。他根植于党的宗旨,根植于党的群众路线,根植于党领导的抗日游击战争实践。广大干部、党团员、青少年都以继承发扬杨靖宇的革命精神为荣,都在学习他革命精神。人们从杨靖宇身上寻求到引导自身奋发努力,昂扬向上的精神动力。

党的十一届三中全会之后,为在新的历史时期继承杨靖宇遗志,弘扬爱国主义精神,振奋民族精神,激励后人在祖国社会主义现代化建设的伟大事业中多做贡献,党和人民政府更加重视对民族英雄杨靖宇事迹的宣传和纪念活动的开展。坐落在吉林省通化市浑江东岸的靖宇山上的杨靖宇烈士陵园,几经修缮更加庄严肃穆。杨靖宇烈士陵园为国务院批准公布的首批全国重点烈士建筑物保护单位。该陵园也先后被国家、省、市确定为全国中小学爱国主义教育基地;被中宣部命名为全国爱国主义教育示范基地;全国廉政教育基地;全国国防教育基地;被国家列为4A级"红色旅游"经典景区;被命名为全省党史教育基地。靖宇县县委、县政府决定在杨靖宇将军殉国地三道崴子新建"杨靖宇将军殉国地纪念碑"和"杨靖宇将军纪念塔"。1980年2月23日,吉林省暨靖宇县在烈士殉国地举行万人大会,黑龙江、辽宁及河南三省亦派代表参加，庄严纪念杨靖宇同志殉国40周年。大会上，为新落成的"杨靖宇将军殉国地纪念碑"和"杨靖宇将军纪念塔"揭幕。雄伟的纪念塔正面镌刻着朱德委员长于1957年的题词"人民英雄杨靖宇同志永垂不朽"十三个金光闪闪的大字。1981年，中共中央总书记胡耀邦在庆祝中国共产党成立60周年大会讲话中，称杨靖宇是"早年为党为国捐躯的人民军队的杰出将领"之一而予深切怀念。1985年2月，时逢杨靖宇诞辰80周年，烈士的家乡河南省暨确山县举行了隆重的纪念活动。为永远弘扬先烈的革命精神，1989年在吉林省靖宇县烈士殉国地又建一座高8米多、宽10米，上面镌刻着陈云同志题写的"杨靖宇将军殉国地"八个大字的纪念牌楼。1990年2月23日，是杨靖宇殉国50周年纪念日，在东北烈士纪念馆，专门召开了有抗联老同志、党政领导、青少年代表参加的纪念大会。吉林省党政军在通化市、靖宇县举行了隆重集会，以示纪念。1995年，在烈士的家乡河南省驻马店市建成庄严宏伟的杨靖宇将军纪念馆，江泽民同志题写了馆名。

半个多世纪以来，民族英雄杨靖宇这面光彩夺目的旗帜，一直在鼓舞着一代又一代人，沿着胜利的道路不断前进。

"十冬腊月天，松柏枝叶鲜。
英雄杨靖宇，长活在人间"。①

杨靖宇为中国革命和抗日战争的胜利所作出的卓越贡献与日月同辉，与山河共存！

杨靖宇——这位伟大的抗日民族英雄、坚贞的共产主义战士，其丰功伟绩、崇高品格、革命精神将永远彪炳青史，光照千秋。

人们将永远记住他——中国人民的优秀儿子杨靖宇。

---

① 引自《人民抗日歌谣选》。

附 录

一、杨靖宇生平活动年表

1905年2月13日（1岁）	生于河南省确山县古城乡李湾村。
1910年（5岁）	父马锡龄病逝。
1913年（8岁）	入李湾村私塾读书，先生给起名马尚德，字骥生。
1920年夏（15岁）	考入确山县立高等小学校，参加抵制日货活动。
1922年（17岁）	与汝南水屯小郭庄农家女郭莲结婚。
1923年8月（18岁）	考入河南省立第一工业学校，赴开封读书。
1925年6~8月（20岁）	参加开封市声援上海"五卅"爱国运动斗争。在开封读书期间参加"北京大学马克思学说研究会"。
1926年秋（21岁）	加入中国共产主义青年团。
1926年10月	根据党组织决定回确山从事农民运动。
1927年2月（22岁）	任确山县农民协会委员长，由团转党。
1927年4月4日	领导确山农民武装举行暴动，8日占领县城，24日建立县临时治安委员会，为委员。
1927年6月6日	参加加入中国共产党宣誓仪式。
1927年11月1日	领导刘店武装暴动，任确山县农民革命军总指挥。
1927年12月2日	在汝南王楼战斗中腿部负伤。
1928年春（23岁）	腿伤痊愈后，在豫南特委工作。后经组织决定调赴信阳，任县委书记，化名张贯一。之后，回省委，在开封及洛阳等地从事党的地下秘密工作。在此期间曾三次被捕，皆因无供无证而被释放。
1929年6月（24岁）	赴上海，参加中共中央举办的训练班。之后，在全国总工会工作。
1929年7月中、下旬	受党中央派遣去东北工作。中共满洲省委书记刘少奇派其赴抚顺，任特支书记。
1929年8月30日	在抚顺欢乐园"福合客栈"被日本警察逮捕，后入狱。
1930年2月（25岁）	在辽宁第一监狱，组织难友进行斗争。
1931年4月（26岁）	刑满出狱，三天后又被敌人逮捕。
1931年11月	经组织营救出狱。任全满反日总会党团书记、中共哈尔滨市道外区委书记、中共满洲省委候补委员，后为委员。
1932年5月（27岁）	任中共哈尔滨市委书记。

1932年9月	任中共满洲省委军委书记(代理)。
1932年11月	受中共满洲省委派遣去南满磐石、海龙等地巡视工作。
1932年12月	整顿磐石中心县委,改编磐石工农义勇军为中国工农红军第三十二军南满游击队。
1933年1月(28岁)	任南满游击队政治委员,改名杨靖宇。
1933年春	指挥南满游击队,在磐石连续四次打败日伪军大规模进攻。创建磐石游击根据地。
1933年4月	中共满洲省委决定其为省委执委。
1933年5月	回省委(哈尔滨)汇报工作,听取中央《一·二六指示信》精神传达。
1933年6月	由省委返回磐石,作为省委代表调至南满,从事领导工作。
1933年7月	联合南满抗日义勇军千余人,破坏敌吉海铁路及沿线兵营,进攻吉林七、八区。在桦甸八道河子,与抗日义勇军建立"联合参谋部",任政治委员。
1933年8月	联合义勇军"毛团""殿臣"等围攻敌人据点磐石东集昌子(呼兰镇)。
1933年9月18日	成立东北人民革命军第一军独立师,任师长兼政治委员。
1933年10月27日	率独立师主力渡过辉发江,开辟江南地区抗日游击根据地。
1933年11月24日	率部攻袭柳河县三源浦。
1933年12月23日	率部攻袭柳河县凉水河子。
1934年1月17日(29岁)	率部攻袭临江县八道江镇。
1934年1月22日	第二次全国苏维埃代表大会在江西省瑞金召开,当选为中华苏维埃共和国中央执行委员会委员。
1934年2月21日	在临江县三岔子附近城墙砬子,联合各抗日义勇军,成立东北抗日联军总指挥部,被推选为总指挥。
1934年7月2日	联合抗日义勇军进攻兴京(新宾)县城。
1934年7月12日	联合抗日义勇军进攻濛江县城。
1934年11月5日	在临江二道四岔主持召开中共南满第一次代表大会。
1934年11月7日	成立东北人民革命军第一军,任军长兼政治委员。
1935年春夏(30岁)	率部在兴京、桓仁一带活动,团结抗日义勇军,扩大抗日游击区。
1935年8月17日	成立南满特区人民革命政府筹备委员会。

1935年8月20日	率部在清原黑石头痛击伪满军第六混成旅。
1935年9月11日	率部在金川旱葱沟,痛击伪满军邵本良部。
1935年10月4日	在濛江那尔轰与东北人民革命军第二军一部会师。
1936年2月27日(31岁)	率部攻袭伪满军邵本良第七团团部驻地通化热水河子。
1936年4月5日	率部在辑安二道崴子,伏击伪奉天教导队骑兵团。
1936年4月30日	指挥所部于本溪梨树甸子,重创伪满军邵本良部。
1936年5月	部署第一军一师西征。
1936年6月末	主持召开中共南满第二次代表大会。贯彻《八一宣言》精神,决定改编东北人民革命军第一军为东北抗日联军第一军,任军长兼政治委员。
1936年7月5日	召开东南满党和抗联第一、二军领导干部联席会议,决定一、二军合编成立东北抗日联军第一路军,任总司令兼政治委员。
1936年8月4日	率部在四道江附近,伏击伪满军邵本良部运送给养的车队。不久,于回头沟全歼伪满军邵本良部。
1936年8月12日	致信巴黎《救国时报》,捐助办报经费1 300元。
1936年秋	指挥部队开展反对日伪当局部署的"东边道独立大讨伐"斗争。
1936年9月18日	率部攻占宽甸县大荒沟街。
1936年11月	组织第一军三师西征。
1936年冬	领导部队进行冬季整训。
1937年1月16日(32岁)	以元海化名致信中共代表团陈潭秋(化名文光),寻求与中共中央联系和上级机关指示、领导,要求帮助派来军事干部。
1937年6月15日	主持召开抗联第一军军党部扩大会议。
1937年7月25日	发表《为响应中日大战告东北同胞书》。
1937年8月20日	发布《东北抗联第一路军总司令部布告》。
1937年10月31日	指挥部队在宽甸四平街痛击日军守备队。
1937年12月4日	率部在本溪大石湖,与日军川野、木越、福本等部队激战。
1937年12月13日	中共"七大"准备委员会成立,被中央确定为该委员会委员。
1938年3月13日(33岁)	指挥部队袭击通辑铁路老岭隧道工程现场。
1938年5月11日	在辑安老岭第一军密营主持召开南满省委和抗联第一路军领导干部联席会议(即第一次老岭会议)。
1938年6月12日	率部在辑安家什房子沟口歼灭伪满军索旅一个营。

1938年6月19日	率部袭击通辑线铁路土口子隧道工程现场。6月24日再次袭击该工程现场。
1938年7月中旬	主持召开第二次老岭会议,决定取消第一、二军建制,改编为抗联第一路军第一、二、三方面军,实行分区作战。
1938年8月2日	率部在辑安长岗大战伪满军索旅。
1938年8月中旬	在辑安组建少年铁血队。
1938年9月	指挥部队开展反对日伪军对东边道地区的秋冬季"大讨伐"。
1938年10月18日	率部在临江岔沟,展开突围战斗。
1938年11月25日	在濛江南泊子,与金日成相会。
1938年12月	在桦甸柳树河子,率部痛击伪靖安军。
1938年末	收到党的六届六中全会发出的《给东北义勇军及全体同胞电》。
1939年3月14日(34岁)	率部攻打日本人经营的桦甸县木箕河林场。
1939年4月7日	率部攻袭敦化县大蒲柴河敌据点。
1939年5月上旬	在桦甸老营沟,与伪满军战斗中腿部负伤。
1939年8~9月	领导筹粮工作。
1939年10月1~5日	在桦甸县头道溜河口,主持召开南满省委和抗联第一路军领导干部会议。决定采取保存实力,化整为零方针,实行分散活动。
1939年10月	领导抗联第一路军展开反对日伪当局部署的"东南部治安肃正"即"吉林、通化、间岛三省联合大讨伐"斗争。
1939年11~12月	率部在桦甸、濛江及临江与日伪军展开多次战斗。
1940年1月(35岁)	率部在临江大阳岔、三岔子,濛江错草顶子、清江岗西岗,辉南马屁股山等地,与日伪"讨伐队"展开激战并不断分兵,使部队离开危险地带。
1940年2月15日	在濛江五斤顶子北方,与追敌展开激战。
1940年2月18日	身边的两名警卫战士牺牲,只身一人与敌周旋。
1940年2月23日	在濛江县保安村三道崴子,与敌人战斗中牺牲。

二、征引文献、资料索引

本传记所依据、参考的主要文献和资料如下:

(一)中共党团组织(含军队)革命历史档案

1. 中共河南省委:《关于农民运动决议案》(1927年9月)。
2. 豫南瑜玖:《小暴动工作大纲》(1927年10月16日)。
3. 刘明:《关于确山暴动工作报告》(1927年11月)。
4. 《确山工作报告决议案》(1927年11月)。
5. 《河南代表在中共六大关于豫南工作的报告》(1928年6月25日)。
6. 梁秋:《关于马尚德的问题给中央的报告》(1929年4月12日)。
7. 《河南省委关于各地组织情形给中央的报告》(1929年4月12日)。
8. 《中共满洲工作会议记录》(1929年6月7日)。
9. 中共满洲省委:《给中央的报告》(1929年9月19日)。
10. 《中共满洲省委扩大会议记录》(1932年7月12日)。
11. 《中共满洲省委报告第二号》(1932年11月2日)。
12. 《中共中央给满洲各级党部及全体党员的信》(《一·二六指示信》)(1933年1月26日)。
13. 《中共满洲省委张特派员(杨靖宇)关于磐石游击队和党团工作情况报告》(1933年5月31日)。
14. 《南满赤色游击队的新胜利》(1933年6月15日)。
15. 中共满洲省委:《关于目前形势任务问题给磐石中心县委及南满赤色游击队的信》(1933年7月1日)。
16. 中共满洲省委:《关于反日反帝统一战线问题和贯彻中央二次来信致各级党部及全体同志的信》(1933年9月10日)。
17. 《东北人民革命军第一军第一独立师成立宣言》(1933年9月18日)。
18. 中共满洲省委:《给南满中心县委与磐石人民革命军的信》(1933年9月23日)。
19. 《东北人民革命军斗争纲领》(1933年10月9日)。
20. 何成湘:《关于最近满洲工作报告》(1933年11月24日)。
21. 乃超(杨靖宇):《关于游击队的报告》(1933年12月2日)。
22. 老傅:《关于磐石反日游击运动情形的报告》(1934年1月30日)。
23. 团满洲省委:《关于对中央指示的传达和在第二期"讨伐"下人民革命军赤色游击队等情况的补充报告》(1934年3月2日)。
24. 小孟(韩光):《关于南满抗日游击运动的报告》(1934年4月23日)。
25. 中共满洲省委:《给南满人民革命军政委,政治部及全体党员的信》(1934年5月15日)。
26. 中共满洲省委:《关于扩军、群众斗争、建设及领导创立根据地等问题给磐石及海龙

县委的信》(1934 年 5 月 18 日)。
27. 中共磐石中心县委:《关于最近南满新的形势及党团重要任务等问题给省委的报告》(1934 年 5 月 25 日)。
28. 《南满反日总会第一次代表大会决议案》(1934 年 8 月 27 日)。
29. 《磐石巡视工作报告》(1934 年 9 月 24 日)。
30. 《关于南满游击区和人民革命军活动情形的报告》(1934 年 9 月 28 日)。
31. 中共满洲省委:《为粉碎冬季"大讨伐"给全党同志的信》(1934 年 10 月 20 日)。
32. 《中国共产党全南满第一次代表大会之决议》(1934 年 11 月 5 日)。
33. 《南满人民革命军关于司令部最近活动情形报告》(1934 年 11 月 13 日)。
34. 《杨司令关于军事及干部问题给省委的报告》(1934 年 12 月 29 日)。
35. 《南满反日统一战线执行的检查》(1934 年)。
36. 《东北抗日斗争的形势与各抗日部队的发展及组织概况》(1935 年 1 月)。
37. 中共满洲省委:《给南满特委及杨同志的信》(1935 年 2 月 19 日)。
38. 《东北人民革命军第一军报告》(1935 年 4 月 29 日)。
39. 王明、康生:《给吉东负责同志的秘密信》(1935 年 6 月 3 日)。
40. 中共南满特委:《给省委的报告》(1935 年 7 月 13 日)。
41. 《为抗日救国告全体同胞书》(《八一宣言》)(1935 年 8 月 1 日)。
42. 《东北人民革命军第一军来信》(1935 年 8 月 23 日)。
43. 《临时东北人民革命政府南满特区政府筹备委员会暂行条例》(1935 年 8 月)。
44. 《中共驻共产国际负责人给春山的信——关于撤销满洲省委等问题》(1935 年 11 月 26 日)。
45. 《东北抗日联军统一军队建制宣言》(1936 年 2 月 20 日)。
46. 魏拯民:《给中共中央驻共产国际代表团王明、康生的信》(1936 年 2 月 20 日)。
47. 《日本铁蹄下满洲的抗日武装斗争(满洲通讯)》(1936 年 3 月 28 日)。
48. 《中共南满第二次代表大会决议案》(1936 年 7 月 7 日)。
49. 魏拯民:《关于东南满组织一个省委及一、二军组织抗联第一路军等问题给周保中的信》(1936 年 7 月 9 日)。
50. 小洛:《关于南满情形的报告》(1936 年 7 月 26 日)。
51. 《东北抗日联军第一军的几个战斗情况》(1936 年)。
52. 元海(杨靖宇):《关于南满组织和干部问题给文光的信》(1937 年 1 月 16 日)。
53. 《东北抗日联军第一军军党部扩大会议决议案》(1937 年农历五月二十日)。
54. 《为响应中日大战告东北同胞书》(1937 年 7 月 25 日)。
55. 《东北抗日联军第一路军总司令部布告》(1937 年 8 月 20 日)。
56. 《论东北抗日联军游击运动之发展与中国共产党在东北之工作》(1937 年)。
57. 《中国共产党扩大的六中全会给东北义勇军及全体同胞电》(1938 年 11 月 5 日)。

58. 杨靖宇:《给曹亚范的信》(1939年)。
59. 周保中:《致杨靖宇的信》(1939年12月20日)。
60. 《东北抗日联军概况》(1940年1月)。
61. 魏拯民:《给中共代表团的报告》(1940年4月)。
62. 《第一路军主要战役统计表1932~1940.10》(1940年)。

(以上文件存中央档案馆、河南及东北三省档案馆或党史研究室。其绝大部分收录在中央档案馆与河南、东北三省档案馆编辑的《河南革命历史文件汇集》《东北地区革命历史文件汇集》中。)

(二)回忆录、访问录

1. 东北烈士纪念馆等有关单位收藏及书刊登载的李士芳、王祖善、何振纲、姚建宇、李则青、林壮志、何成湘、冯仲云、姜椿芳、杨一辰、周保中、李实、杨佐青、韩光、李维民、伊俊山、宋茂璇、张瑞麟、赵振华、王传圣、徐光、黄生发、刘福泰、杨校康、沈凤山、张泉山、马广福等同志有关杨靖宇的回忆录、访问录。
2. 东北师范大学历史系:《磐石地区抗联调查记录》(1958年,末刊)。

(三)报刊资料

《新中州报》、汉口《民国日报》、《中国农民》、巴黎《救国时报》、《新中华报》、《解放》、《解放日报》、《东北日报》、《人民日报》、《河南日报》、《吉林日报》、《黑龙江日报》等报刊刊载的有关杨靖宇的文章、资料。

(四)文史、党史、军史资料

1. 《河南文史资料》第二辑(1979年11月)。
2. 《河南文史资料》第七辑(1982年8月)。
3. 《河南文史资料》第九辑(1984年4月)。
4. 《革命史资料》(全国政协文史委编)第六辑(1982年)。
5. 《吉林文史资料》第二十三辑(1987年)。
6. 《吉林文史资料》第二十四辑(1988年)。
7. 《集安文史资料选编》第一辑(1981年12月)。
8. 《本溪文史资料》第三辑(1986年6月)。
9. 《吉林党史资料》第四辑(1985年)。
10. 《浑太两岸的抗日烽火》(1986年10月)。
11. 《东北抗日联军史料(上、下)》(1987年12月)。
12. 《中共桓仁党史资料》(1988年7月)。
13. 《吉林党史资料》第二辑(1988年)。
14. 《桦甸党史资料》第一辑(1990年8月)。
15. 《抗联一路军在濛江》(1990年11月)。
16. 《通化党史人物》(1991年5月)。

17. 《中共磐石中心县委》(1991年6月)。
18. 《兴京抗日烽火》(1991年9月)。

(五)民国档案

1. 《大林太久美致张克湘函》,抚警司第三九三三号之二(1929年9月28日)。
2. 《违反治安维持法犯人之解送书·张贯一》(1929年9月28日)。
3. 《为报羁押人犯张贯一患病由》(1929年10月3日)。
4. 《堂单·共产党嫌疑犯张贯一》(1929年10月3日)。
5. 《辽宁高等法院检查处对张贯一的起诉书》(1929年12月15日)。
6. 《辽宁高等法院政治犯大赦委员会第二次会议讨论议决事件》(1931年1月24日)。
7. 《奉天高等审判厅、检查厅呈东北边防司令长官公署》(1931年2月4日)。

(六)日伪资料(含战犯供述材料)

1. 伪满军政部:《满洲共产匪之研究》(1936年)。
2. 日本关东宪兵司令部:《满洲共产抗日运动概况》(1938—1942年)。
3. 伪满治安部:《满洲国警察史》(1942年)。
4. 伪通化省警务厅:《康德六年(1939年)秋冬季肃正讨伐计划》(1938年8月)。
5. 伪通化省警务厅:《关于射杀杨靖宇经过情况的报告》(1940年3月6日)。
6. 南满铁道株式会社:《通辑线建设工事志》(1942年11月)。
7. 伪满《大同报》(1933—1940年)。
8. 《盛京时报》(1933—1940年)。
9. 《协和》第263期(1940年4月)。
10. 《吉兴检举材料》(1954年4月10日)、《王之佑笔供》(1954年5月21日,8月8日)、《野崎茂作笔供、口供》(1954年8月1日,8月15日)、《长岛玉次郎检举书》(1954年11月24日)、《藤岗文六笔供》(1954年12月8日)、《三宅秀也口供》(1954年12月22日)。
11. 日本侵华史料汇编:《东北"大讨伐"》,中华书局出版(1991年4月)。

(七)著述

1. 纪云龙:《杨靖宇和抗联第一路军》,东北书店出版,1946年11月版。
2. 郭肇庆:《杨靖宇将军》,黑龙江人民出版社,1957年11月版。
3. 吉林省民间文学工作委员会:《松柏常青》,吉林人民出版社,1960年2月版。
4. 于济源:《杨靖宇》,吉林人民出版社,1980年2月版。
5. 陈瑞云、张留学、宋世章:《杨靖宇将军传》,河南人民出版社,1985年7月版。
6. 孙继英、周兴、宋世章:《东北抗日联军第一军》,黑龙江人民出版社,1986年6月版。
7. 抗联斗争史编写组:《东北抗日联军斗争史》,人民出版社,1991年7月版。
8. 王传圣、胡维仁:《风雪长白山·王传圣回忆录》,吉林教育出版社,1992年1月版。
9. 初国仁、刘贤主编:《长白山抗联斗争史》,吉林文史出版社,1992年10月版。

三、关于杨靖宇即马尚德的再考证

东北抗联将领杨靖宇是家喻户晓、人人皆知的抗日民族英雄。杨靖宇原名马尚德,化名张贯一,河南确山人,是大革命时期确山农民暴动的领导人之一。1929年受党中央派遣来东北工作,曾任中共抚顺特支书记、中共哈尔滨市委书记、东北抗日联军第一军军长兼政委、抗联第一路军总司令兼政委。1940年2月23日,在与日本侵略者战斗中壮烈殉国。建国以来,对于杨靖宇一直是这样宣传的。

1978年2月7日,宁夏银川林壮志同志致信东北烈士纪念馆对杨靖宇是否是马尚德问题提出质疑,他说在访问河南参加确山暴动同志后发现"杨靖宇究竟是谁这个问题还值得探索研究",并认为"负责调查烈士真姓名的部门和同志如果态度不够认真,方法稍不对头,发生差错是可能的。万一真如某些同志所怀疑的那样是张冠李戴,那就是一个极其严重的大问题,也是对不起抗日英雄杨靖宇烈士的问题。"[①]林壮志是一位资深的老同志,大革命时期任中共豫区执委会技术书记、驻马店特支书记,参加过确山农民暴动的领导工作,是马尚德等在确山从事革命活动的直接上级领导者。因此,他提出的这一问题,就显得特别重要。1991年,本人承担撰写抗联将领丛书之一的《杨靖宇传》(已于1994年由黑龙江人民出版社出版)科研课题任务后,感到要撰写好这本传记,首先要解决林老提出的这个问题,需要认真地对已由前人做过考证并确认的问题进行再考证。如果不能把此问题进一步"坐实",那么写出的传记书稿就有可能会出现"致命伤"。为此,我对这一问题进行了再考证,从而得出杨靖宇即马尚德的确切结论。

(一)对杨靖宇即马尚德的确认过程的考察

杨靖宇,是他在东北从事抗日武装斗争时期使用的名字。他原名叫什么?是什么地方人?来东北前的经历怎样?这些问题在他牺牲后的一段时间里人们并不很清楚。搞清这些问题的是与杨靖宇一起在东北工作过的杨一辰(杨德如)同志。全国解放战争期间,在河南时任豫皖苏边区行政工作委员会副主任的杨一辰(后任中共河南省委组织部部长)看到一篇宣传杨靖宇的文章,内中说杨靖宇是安徽人,这引起他的怀疑。杨一辰曾在1932年与杨靖宇(当时名叫张贯一,党内也称其"大马")一起在哈尔滨市工作过,杨靖宇任哈尔滨市委书记。他任市委组织部长,杨靖宇去南满工作后,他接任哈尔滨市委书记。杨一辰感到杨靖宇的口音是豫南口音,不是安徽口音,不可能是安徽人,可能是豫南人。一次,他与徐子荣(确山农民暴动领导者之一、建国后任公安部副部长)谈及此话题时,徐子荣说"大老马"(马尚德)是我的同乡,他是河南确山李湾人。之后,杨一辰即向确山县委发信,在县委的协助下,终于找到了烈士的后代——儿子马从云、女儿马锦云。杨一辰见到了他们,并从他们手中征集到烈士在开封省立

[①] 此信存东北烈士纪念馆。

第一工业学校读书的照片和两篇作文手稿。1949年11月26日，杨一辰将了解到的杨靖宇情况写信致原中共满洲省委组织部长何成湘(时任政务院文委办公厅主任)，并将加洗的杨靖宇过去的照片寄上，还请何成湘将照片代转刘少奇一张(刘少奇曾任中共满洲省委书记，分配杨靖宇(时名张贯一)去抚顺工作。信中说他将把收集到的杨靖宇材料上报中央组织部。经认真调查鉴定，确认马尚德就是杨靖宇后，又经深入研究、广泛搜集其英雄事迹，杨一辰于1951年7月1日在《河南日报》发表了题为《民族英雄模范共产党员杨靖宇同志》的长篇纪念文章。

我认为杨一辰的确认过程是清楚的。过去，确实有文章说杨靖宇是安徽人，如1946年5月7日《解放日报》所载《杨靖宇同志》一文就讲"杨靖宇同志，是安徽人"。比这更早的有1935年《世界知识》第四卷第四期所载《人民英雄杨靖宇》一文，写到"杨靖宇据说是安徽人，听他的说话，似乎还带一点含有强烈的山东调的北徽口音。"这里行文用"据说""似乎"等词语，很明显，表示出不确定性。杨一辰根据自己曾与杨靖宇在一起工作过的感觉对他说是安徽人提出怀疑是合乎情理的。杨一辰确认的工作做得很细致。他并没有听徐子荣所述即盲目相信，而是通过组织找到烈士的后代，征集到烈士的照片等遗物，并请了解杨靖宇的原满洲省委组织部部长何成湘帮助认定，还通过组织(中央组织部)才确认的。这里很关键的一点是看到了烈士学生时代的照片。照片是烈士在开封读书时(1926年)与同学所照。这个时间与杨靖宇到东北工作的时间的间隔只有6年。那么，杨一辰头脑中的杨靖宇与照片上的马尚德究竟是不是一个人，他肯定是能够鉴定清楚的。因此，我们认为杨一辰确认的态度是严肃、认真的，方法是对头的，结论是可信的。

(二)杨靖宇来东北的过程

杨靖宇是1929年春末夏初，由河南被派到上海参加中央训练班学习的。之后，在全国总工会工作。时间不长，7月10日"中东路事件"爆发，中央为加强东北工作，派杨靖宇与训练班中东北籍学员一起前往东北工作。对于杨靖宇是如何来东北的，唐韵超(唐宏经)在1982年有如下一段回忆，他说：1929年我出狱后，省委组织部长孟用潜找我谈话，说组织上让我到上海学习。学习还未期满，因张学良要进攻苏联(按，指"中东路事件")，怕张学良闹起来不好走，组织上通知我们东北来学习的人马上返回东北去。第二天派来一个河南人姓马的学生送我们坐船到营口。后来才知道他叫马尚德，就是杨靖宇。①

杨靖宇来东北后，被中共满洲省委书记刘少奇分配到抚顺工作，名字叫张贯一，党内叫他"大马"。当时，在抚顺工作的还有个叫马守愚的，被称为"小马"。曾于1930年任抚顺县委书记的赵文栋在1960年所写的回忆录中说："抚顺是东北最大的煤炭产业区，党中央和省委重视这个地区的工作。1927年就派人来开辟工作。马尚德、马守愚先后来此工作，建立组织。马尚德当时化名张贯一，任特支书记。马守愚从山东调来，化名为王振祥。当时党内在习惯上称马尚德为大马，王振祥为小马。"1929年8月30日因"小马"叛变告密，杨靖宇被捕入狱。

---

① 载全国政协文史资料委员会编《革命史资料》，1982年第六辑。

1931年4月出狱。不幸,三日后他又被捕入狱(这是他第五次入狱)。九一八事变后,在组织的营救下,杨靖宇获释出狱,即来找省委,当时负责接待杨靖宇的满洲省委组织部部长何成湘在1957年写的《和杨靖宇同志三次会见》一文中说:"1931年,我在中共满洲省委工作,当时省委机关在沈阳……一天,有一个人来找我……这就是刚刚从狱中出来的靖宇同志。谈话中,知道他原名马尚德,河南确山人。1929年春(按,应为夏),中共中央派他到满洲省委工作,当时刘少奇同志任省委书记,将靖宇同志分配到抚顺工作。"这里记载得十分清楚,杨靖宇原名马尚德,河南确山人。何成湘接着还回忆道:"他曾告诉我,在他的家乡河南,还有母亲,年纪很大了,也有妻子和儿子、闺女。因为他参加革命,发动过豫南四望山农民起义,组织红军,反动派就对他的母亲和妻子儿女进行迫害,不知道是否还活着。"①这段回忆与马尚德情况相符。其中豫南四望山农民起义就是指1927年河南确山和信阳两地的农民起义。何成湘作为中共满洲省委组织部长,专门负责干部管理、调配工作,其所述应该是可信的。

(三)中共满洲省委文件中的记载

对于杨靖宇的情况,在中共满洲省委的一些文件中,也有记载。尽管当时出于保密的需要,文件在记载人名、事件时或有省略,但文中所指何人,所述何事,从上下文中还是可以清楚地看出来的。在杨靖宇被派赴南满工作时,满洲省委于1932年11月2日,就最近工作等情况致中央的第二号报告中说:"省委为了指挥灵便(因为时常交通不通),为了使磐石的工作与海龙的工作、磐石的游击队与海龙九路军的工作配合起来,为了彻底改造两个地方党部的工作,加强省委的领导,派了一个代表经常住在那里指导工作。"报告接着说:"这个同志,政治上在满表现得最坚决的,曾坐过五次牢,在工作上表现是很艰苦,深入与努力,只是大的政治问题方面了解的少一点,这是长期牢狱生活而缺少训练的关系。是省委候补委员,河南人,知识分子,担任哈尔滨市委一个时期的工作,在政治上在各方面都比较有大的进步。"②报告中虽没有说这人的名字,但这是在说杨靖宇(当时叫张贯一)是无疑的,因在满洲省委里只有他曾五次入狱、是省委候补委员、河南人、知识分子、担任过哈尔滨市委一个时期工作(任市委书记)。杨靖宇作为省委代表在南满巡视,为解决游击队的危机,留在了队伍上。1934年1月27日满洲省委给中央的一份报告中,谈到南满抗日队伍领导人员时,说到"张贯一",内中讲"队伍里的领导,仅生肺病很重的张观一(按,"观一"乃"贯一"之误)同志一人……观一同志如病倒不能做工作,或偶然事发生,能够影响到队伍的塌台。"③1934年5月18日,满洲省委就人民革命军第一军干部组织和领导问题致信南满中心县委说:"人民革命军的领导机关的组织,我们意见由政委、师长、参谋长三人形成集体讨论。省委指定观一同志为政委(如

---

① 何成湘:《和杨靖宇同志三次会见》(1957年),载《红旗飘飘》第五辑,中国青年出版社出版。
② 《中共南满省委报告第二号》(1932年11月2日),载中央档案馆等编《东北地区革命历史文件汇集》甲11,第166、167页。
③ 《中共满洲省委关于目前东北抗日形势致中央的报告》(1934年1月27日),载中央档案馆等编《东北地区革命历史文件汇集》甲17,第59页。

一时无妥当的人则同时兼政治部主任），师长及参谋长由你们自己决定。"①这里所说的"观一"即"贯一"，就是杨靖宇。上述报告，十分明确地告诉我们，东北人民革命军第一军（东北抗日联军第一军的前身）的政委杨靖宇（张贯一）是河南人、知识分子（杨在开封读过书），这与马尚德的籍贯、身份是相同的。

（四）"张贯一"是马尚德在河南工作时的化名

过去，人们一直以为"张贯一"是杨靖宇到东北后才使用的化名，其实不然。确山农民暴动失败后，马尚德曾被组织分配到信阳工作。1928年7月上旬，河南省委组织部长黎光霁到信阳巡视工作。7月13日改组县委，由马尚德任书记。因马尚德组织确山农民暴动，在豫南领导武装斗争颇有影响，是敌人重点通缉对象，为便于工作，黎光霁让他改换姓名。马尚德即改为张贯一。张为母姓，"贯一"为革命到底，一以贯之之意。黎表示同意。

对于马尚德在河南工作时即叫张贯一，在党内文件中也有记载。1929年3月，信阳党团组织遭到破坏。4月，河南省委给中央的报告中说，"住机关的女同志周其著被军队捉住……供出吴绍堂，军队遂去捕吴。贯一不知此变，往找吴接头，当被候在吴家的便衣队捉获。问其来意，贯一谓找吴要账……其后，贯一因其应付得好，军队没办法，将其由司令部转押县政府保释。"同一文件还说"此次损失的人数，同志共8人。王国卿同志在驻（按，驻马店）被捕，解信阳枪决。王同志在死时还对贯一作极沉痛恳切的忠实表示，司令部在未枪决国卿以前，颇注意拷问他知道马尚德否，国卿始终说不认识。可是贯一当时却因此受到很大刺激。"②文件中说的王国卿是马尚德的战友，时任确山县委组织部长。他被捕后为了保护自己的战友、忠实于自己的战友，任敌人拷问而始终说不认识马尚德，最后英勇牺牲。马尚德（"贯一"）为战友王国卿保护自己而牺牲，因此受到"刺激"，即悲痛万分。这段文字清楚地表明马尚德和"贯一"是同一个人。也表明"张贯一"这个名字在河南已使用。

（五）"杨靖宇"是继"张贯一"之后的又一化名

杨靖宇来东北工作以后，仍继续使用在河南时的"张贯一"这一化名。他在抚顺工作、被捕时，以及获释后在满洲省委工作，在哈尔滨市委工作都是使用张贯一这一名字。"杨靖宇"这个名字是1933年初他到南满游击队任政委之后改的名字。为什么把张贯一改称杨靖宇？当时，游击队受到几次挫折，游击队领导人孟杰民、王兆奎、初向臣接连牺牲面临危机。在县委多次请示省委派人担任游击队政委而不可得的情况下，正在南满巡视工作的省委代表张贯一为避免游击队工作遭受损失，决定暂时留任游击队政委。此前，游击队有一政委，叫杨君武（杨佐卿），人称"杨政委"，负伤离队。为了减少因其离队造成影响，让游击队员以为杨君武、"杨政委"并未离队，以安定人心，张贯一决定顺从游击队员（当时游击队中朝鲜族战士居

---

① 《中共满洲省委关于磐石人民革命军领导机关组织问题给磐石人民革命军的秘密通知》（1934年5月18日），载《东北地区革命历史文件汇集》甲18，第141页。

② 载河南确山县委党史办编《杨靖宇将军诗文选》（1995年）。

多数)对杨君武的"杨政委"习惯称呼,根据朝鲜语杨君武、"杨政委"的谐音,改名为"杨靖宇"("靖宇"含有铲除变乱,平定四方之意)。人们称其为"杨政委",亦即"杨靖宇"。1933年1月28日,在中共磐石县委给省委的报告中,在讲到游击队的领导问题时说,"游击队的领导问题,非常困难,干部很缺乏,政治委员是省巡视员杨同志暂行担任。县委意见:省委承认杨同志现在负责的工作,另派一个得力的军事人才(能够担任大队长)"①。这里所说的"杨同志"即杨靖宇。一段时间里,在满洲省委文件中"贯一"(有时写成"冠一""观一")、"老杨"互用。1933年8月8日,省委巡视员金伯阳在《关于检查磐石县委工作情况》报告中说"省委的各种文件到来时,不能马上开会讨论。如省委七月一日给县委和游击队的指示信,我到县委后,问县委书记开会讨论了没有?是否有决议?县委想起了,找七月一日指示信,找了好几天也未找到,最后想到冠一身上,'大概被老杨带去了',县委是这样说的。结果,由老杨处转回来翻印以后四五天才讨论。"②在这里省委巡视员金伯阳称杨靖宇为"冠一"(即"贯一"),县委称他为"老杨"。"冠一""老杨"都是指同一个人。如前所述,1935年1月,中共满洲省委在给党中央的《东北抗日斗争的形势与各抗日部队的发展及其组织概况》报告中,汇报东北人民革命军第一军领导干部时说"司令兼政治委员,老杨(冠一),知识分子,很老的党员,曾被捕过五次,表现忠实坚决。九一八事变后出狱,曾在哈领导反日会和作过很长久的市委、区委书记。1932年北方会议后,派到磐石游击队,做政治委员,一直到现在。"③在这段文字里"老杨"后面用括号特别注明"冠一",这明确说明杨靖宇即张贯一。在东北,党内老同志都知道张贯一就是杨靖宇。1948年长春解放后,杨靖宇遗首在那里被找到。当时,由延安来的原在哈尔滨反日会工作过的作家白朗(刘莉)发表文章《忆先烈》,文中说"真的相逢了,然而我见到的却不是老张那个活跃的人物,而是被敌人罪恶的屠刀割下的头颅遗容。看着那照片,真使我悲愤莫名,心胆俱裂,我捧着它,老张的面容迅速在我眼里扩大起来……原来,杨靖宇将军,就是当年教育我、领导我、更教育领导无数抗日志士、革命青年的老张。"④这里,白朗看到杨靖宇遗容照片认定杨靖宇就是1932年在哈尔滨教育、领导过她的"老张"(即张贯一)。

如上所述,马尚德在河南信阳工作时,就已使用化名"张贯一",在东北南满又将张贯一改为"杨靖宇"。也就是说马尚德是张贯一,张贯一又是杨靖宇,那么根据推理判断,马尚德就是杨靖宇,这是毋庸置疑的。

(六)对杨靖宇警卫员的访问调查

1992年9月17日,本人在访问曾担任过杨靖宇警卫员、抗联第一军少年铁血队指导员

---

① 《中共磐石中心县委给省委的信(第四号)》(1933年1月28日),载中央档案馆等编《东北地区革命历史文件汇集》甲36,第67页。
② 《中共满洲省委巡视员伯阳关于检查磐石县委工作情况的报告》(1933年8月8日),载中央档案馆等编《东北地区革命历史文件汇集》甲15,第349页。
③ 《东北抗日斗争的形势与各抗日部队的发展及其组织概况》(1935年1月),载中央档案馆等编《东北地区革命历史文件汇集》甲44,第323页。
④ 白朗,《忆先烈》,载《知识》1948年12月。

的抗联老战士王传圣时,问过他,杨靖宇讲没讲过自己的身世?他说杨靖宇讲过自己的历史,说过在确山领导过农民暴动,把县城打开了,敌人反扑时,把队伍又拉出,以后腿部受伤了……关于杨靖宇腿部负伤之事,党的文件中有记载。查1928年6月25日中共河南代表在莫斯科召开的党的六大所作《关于豫南工作的报告》中确有马尚德在王楼战斗中腿部受伤的记载。该报告中写道:"旧历十月,红旗飘扬之农军八十余人……至汝南王楼……敌人因不知已到,无意中遭了打击,一时呈纷乱状态……我方正预冲锋时,总队马尚德、特务队长张家铎一弹中腿部,一弹中右臂,由蔡训明同志将彼二人架回后方。"[1]王传圣所述,是听杨靖宇亲自所说,应是真实的。"在确山领导过农民暴动,把县城打开",这与马尚德的经历一致。特别是说杨靖宇(马尚德)在领导确山农民暴动时"腿部负伤"与文件记载的总队马尚德一弹中腿部,完全相同,这也能说明东北的杨靖宇与河南的马尚德完全是一个人。

(七)两份文献中的同一用词也能说明问题

马尚德在开封读书时写有一篇作文《战区灾民生还时之感想》,文中通过作者与一老翁的对话,尖锐地抨击了国贼、军阀兴兵好战,蹂躏迫害民众的罪行。文中写道"偶见一老翁,鬓须俱白,面似魍魉,身披褐衾,足跣而行……"[2]这里,在形容老翁相貌时用了"面似魍魉"一词。无独有偶,1933年5月,杨靖宇以省委特派员身份巡视南满后在写给省委的报告中,讲到西安(今辽源)煤矿工人境遇时说,工人们"日食不饱,精神颓废,面黄骨露,状似魍魉。"[3]这里用了"状似魍魉"一词。我们知道,一个人在写作中,在描写形容同一事物时,往往好用自己常用或喜欢用的习惯词汇用语,这与大家都共用的名词、动词、副词不同。"面似魍魉"与"状似魍魉"用词如此一致,绝非偶然,并不是巧合。这两篇文章中在描写苦难中人的面目不用一般人好用的"面黄肌瘦""面带菜色"等词语,而同用"魍魉"一词,这恰是作者在描写苦难人物面目时行文的一个用词习惯。从这一点上也可以说,马尚德与杨靖宇是同一人。

(八)日伪材料中的说法

众所周知杨靖宇是日伪当局的心腹大患,敌人绞尽脑汁要将其置于死地。因此,曾广泛收集有关杨靖宇的有关资料、信息。杨靖宇于1940年2月23日牺牲后,在敌人的一份关于他的生平的材料中说杨靖宇"本籍中华民国河南省。民国十四年,通过国民党参加共产党,在湖北、河南省,在党部做民众工作。民国十五、十六年,配合蒋介石北伐,组织了众多的民众武装团体。后因民国十六年四月,蒋介石肃清共产党,国共分裂,领导下的团体遭到破坏,只身逃到上海。民国十九年,根据中共指示,来满洲,在奉天满洲省委工作。"[4]日伪当局的这段记载,虽有一些不确之处,但说他原籍河南、在河南做民众工作、去过上海、后到东北(满洲)工

---

[1] 《关于豫南工作的报告》(1928年6月25日),载中央档案馆等编《河南革命历史文件汇集》。
[2] 原件存东北烈士纪念馆。
[3] 《中共满洲省委张特派员(杨靖宇)关于磐石游击队和党团工作情况的报告(1933年5月31日),《东北抗日联军史料(上)》,中共党史资料出版社,1989年12月版。
[4] 存辽宁省档案馆。

作,这些还是正确的。同时,日伪当局在报刊上,大肆宣传其"讨伐"的"武功"时,也讲到杨靖宇"国共合作分裂后在河南一带从事共产主义运动,1930年中共委员会指挥之潜入奉天,从此以来为中国共产党在满洲赓续活动。"①这里讲杨靖宇1930年来东北不确,但说他"国共合作分裂后在河南一带从事共产主义运动"(意指农民运动)及由中共委员会派遣来("潜入")沈阳("奉天"),还是对的。由日伪当局的材料得知,杨靖宇是河南人,在河南领导过农民运动,根据中共指示来满洲。这与马尚德的身份是相符的。

(九)杨靖宇为什么说自己是山东人

1929年8月30日,因叛徒出卖,杨靖宇(当时叫张贯一)在抚顺被捕。在敌人审讯问他原籍、职业时,他回答是山东曹县李庄人,杂货商。②我们认为这里所述并不是其真实的籍贯、住址及职业。这是他为了保守党的机密,蒙骗敌人编造的假供。当时,在抚顺当工人、做买卖的山东人居多,这样说易使敌人相信。如说是河南人,就容易引发敌人审问其他问题,暴露真身份。至于更具体说到曹县而不是其他地方,那是杨靖宇要考虑到他说话的口音,因为曹县位于鲁西南,其南部、西部均与河南接壤,离他念过书的开封不远,这里人说话口音与河南人说话的口音相似,差不太多,曹县人到外地曾有误为河南人的。这样就可免得敌人从口音上发现破绽。再具体说到李庄,李庄、王庄、张庄这样的村名很普通,这样具体易使敌人感到真实,有利蒙骗敌人。这也说明杨靖宇确有丰富的与敌人斗争的经验,但决不能依此便认为他是山东曹县人。

(十)对林壮志同志所提问题的解释

林壮志同志信中对杨靖宇即马尚德提出怀疑的理由主要有两点,一是烈士的东北战友(按,指杨一辰)的纪念文章记烈士离开豫南到开封的时间是1927年10月。而马尚德战友的纪念文章说马是1928年8月一次战斗受重伤离开豫南的,两人离乡时间不符。二是马尚德于1928年8月一臂受伤很重,但烈士东北的战友纪念文章没提烈士臂部受伤。对于第一个问题,据考察,两作者文章所述杨靖宇(马尚德)离开豫南的时间都不准确。马尚德是1929年3、4月份(当时任信阳县委书记)因县委被破坏而离开豫南去开封的。两种回忆不同,也属正常,东北战友杨一辰对此是听别人所说,河南战友可能记忆有误。因时间久远,回忆烈士离豫南时间有些许误差,不足为怪。但烈士在那段时间离豫南则是确实的。至于第二个问题说马尚德臂部受伤问题,应是在王楼战斗中腿部受伤,不是臂部受伤,此点系林老记忆有误。同一战斗中,有另一领导人张家铎是臂部受伤。对此如上所述,河南代表在党的"六大"关于豫南工作报告中有明确记载,"我方正预冲锋时,总队马尚德特务队长张家铎一弹中腿部,一弹中右臂。"这句话马尚德与张家铎姓名前后并列,受伤部位所指,前者、后者不同。很明显,前者"一弹中腿部"是说马尚德腿部受伤,后者"一弹中右臂"是说张家铎右臂受伤。至于东北战友

---

① 伪满《大同报》(1940年2月25日)。
② 《日警署送共党犯张贯一、王振祥案卷》,存辽宁省档案馆。

纪念文章未提此事，因他不是战斗亲历者，或许是撰写文章时没考察清楚，而未写入也未得知。但王楼战斗杨靖宇确实受了伤，是腿部而不是臂部。林老提出的这两点质疑应该说并不是判断马尚德是不是杨靖宇的实质性问题。

综合以上十个方面的考察，我认为杨靖宇即马尚德是确实的，不存在"张冠李戴"的问题。1957年9月25日，杨靖宇将军遗首迁往通化安葬。翌日《人民日报》对此作以报道，内中介绍将军说："杨靖宇将军本名马尚德，是中国共产党党员。日本帝国主义侵占东北时期，他执行中国共产党的指示，领导抗日联军第一路军在极端困难的情况下坚持斗争，给日本侵略者以很大打击。1940年他被绝对优势的敌人包围，在吉林省濛江县英勇殉国。"此则报道称杨靖宇将军本名马尚德是十分正确的。

赵俊清

四、初版书评

(一)闪电与旗帜的写照
——读《杨靖宇传》
罗占元　高巨

东北抗日联军领导人之一杨靖宇的名字,在日本铁蹄横行的昨夜,他不啻一束振聋发聩的闪电;在民族独立富强的今天,更是一面永远高高飘扬的爱国主义旗帜。

1940年2月23日4时30分,这位东北抗日联军第一路军总司令兼政治委员,历经磨难的爱国者在吉林省濛江县保安村三道崴子壮烈殉国,年仅35岁。

中共黑龙江省委党史研究室副主任赵俊清同志,潜心东北抗日联军史的研究,先后推出有关人物力作《赵尚志传》和《杨靖宇传》。这不独是对抗战胜利50周年的珍贵献礼,同时,也真实地为后人再现了伟大爱国者的足迹。

《杨靖宇传》出版后,获得了各方面的好评。

首先,《杨靖宇传》系统、完整地记录了传主一生的经历。杨靖宇出生于河南,在家乡度过了青少年时代,接受最初的革命洗礼并加入中国共产党;嗣后经党的派遣到东北从事革命活动。九一八事变后,赴南满磐石地区从事党领导下的抗日武装创建工作,直至1940年2月壮烈牺牲。全传在反映了传主这一生经历的同时,以主要篇幅和浓彩重笔展现了传主的最为艰苦、辉煌的近十年的武装抗日斗争活动。

其次,《杨靖宇传》史料丰富、翔实、准确。杨靖宇是东北抗日名将,其爱国事迹几十年间多有传流。1935年就在国内外刊物上宣传其抗日活动。即便殉难后,日伪政权大搞围剿"庆功会",以宣扬其侵略"武功",但客观上也起到了宣传杨靖宇的作用,可以说,在当时杨靖宇已是妇孺皆知的抗日英雄。全国解放后到目前,各种纪念文章、小传、文艺作品纷纷问世,近些年来又有以杨靖宇抗日事迹为题材的电影、电视剧出现。可见有关史料相当丰富。但《杨靖宇传》作者并没有以此为满足,而是下大功夫挖掘钩沉,披露出一些鲜为人知的史实,纠正了一些不准确的史料和提法,使传稿更加科学化、系统化。譬如,关于杨靖宇入党时间,过去说法不一。解放初,有的说他1925年入党;有的笼统说他是大革命时期入党;近年发表在中共党史人物传上的《杨靖宇传》说他1927年5月5日入党。《杨靖宇传》作者则根据当年介绍杨靖宇入党并主持其入党宣誓的李则青的回忆认定杨于1927年6月6日入党。杨靖宇何时经上海党中央派往东北,过去很多材料都说他1929年春来的,《杨靖宇传》作者则指出他是1929年7月中东路事件发生后,由上海党中央派到东北的。根据"满洲省委文件"记载证明杨靖宇同志确于7月间到东北。关于杨靖宇在东北抗日队伍中任职问题,过去在一些文章、传记,特别是以杨靖宇为题材的电影、电视剧等文艺作品中经常出现差错。还是在1951年编辑出版《毛泽东选集》时,在《论反对日本帝国主义的策略》一文注释里说:"东北抗日联军以著名共产党员杨靖宇为总指挥。"实际上,由于复杂的历史原因,东北抗日联军一直没有正式设总司令或总指挥一职,当然杨靖宇也就根本不可能担任这一职务。但杨靖宇在1933年9月担任东北人民革命军第一军独立师师长兼政委以后,于1934年2月,联合在南满一带的老常青、赵参谋长等各部抗日义勇军,成立了南满地区统一战线性质的东北抗日联军总指挥部,杨靖宇当选为总指挥。因为杨靖宇担任第一军独立师师长时也称司令,在抗日联军总指挥部阶段,有时人们也习惯称杨靖宇为杨司令。可能是由于这个原因,人们把南满地区首先建立的东北抗日联军总指挥部与1936年2月20日发表的《东北抗日联军统一军队建制宣言》时提出要组成统一的东北抗日联军混同起来。过去有些文章对这段历史不了解或交代不清,以致以讹传讹称杨为抗日联军总指挥或总司令。《杨靖宇传》对这些细节交代得十分清楚、准确。《杨靖宇传》对杨靖宇的名字来源也作了一番认真的考证。

其成书所征引的文献资料包括党团组织、军队的历史档案、文件;回忆录、访问录;报刊资料,文史、党史、军史资料;民国档案;日伪资料;著述等就有7大类100余件、回忆录访问录30人次,还有传主生前起草的文件、布告、遗留下的诗词等多种。足见作者所用心之苦,倾力之大。如此,方有《杨靖宇传》这样的广度与深度。

第三,《杨靖宇传》写出了人物特点。所谓人物特点,主要是指传主在一生革命经历中形成并反映出来的人物精神面貌、个性、品德、智慧、文采、领导才能和艺术、主要的历史功绩等等。杨靖宇从地下党的革命斗争开始,走上武装抗日之路。他在战争中学习战争,在特殊的历史环境下,成为"东三省第一个执行游击战术的人",并形成了适合东北抗日游击战争特点的一整套游击战术。杨靖宇搞过农运、工运、群运,是一位善于团结、争取抗日义勇军、山林队并与之联合作战,正确执行党的统一战线政策的模范。《杨靖宇传》以较长的篇幅、系统地总结了杨靖宇的游击战术和统一战线工作方面的经验,这也是杨靖宇在东北抗日游击战争中做出的特殊的突出贡献。

杨靖宇旧学功底很深,多才多艺。《杨靖宇传》作者收集了杨靖宇参与或编写的《打确山》唱词、《东北抗日联军第一路军军歌》、《西征胜利歌》、《中韩民族联合抗日歌》等诗词。这些诗词不仅表现了杨靖宇的文雅素质,也反映了他坚决抗日的伟大气魄,全面揭示了杨靖宇的精神风貌和人物个性。

第四,《杨靖宇传》结构合理,文字生动,可读性很强,一部30余万字的《杨靖宇传》,记录了传主的一生;无论是章节的划分,事件的叙述;还是错综复杂的历史与人物的关系,都体现了脉络清晰,前后连贯、首尾呼应的特点。《杨靖宇传》在交代历史背景,描写自然环境,表现东北抗联艰苦斗争方面,文字生动、流畅、感人。特别是在写杨靖宇"最后的斗争"的第十章,那种惊心动魄的场面,以及杨靖宇处于最后时刻的描写,令人荡气回肠,掩卷泪下。

《杨靖宇传》不失为一部爱国主义佳作,笔者热切地希望它的影响能在广大读者,特别是青年一代中间不断扩大。英雄浩气长存,黑暗岁月的闪电,光明时代的旗帜——杨靖宇将军永远活在人们心中。

(原载《党史纵横》,1995年第8期)

（二）东北抗联人物研究的新篇章
——《杨靖宇传》评介

徐首军

中共黑龙江省委党史研究室副主任赵俊清同志的新著《杨靖宇传》是作者在出版《赵尚志传》之后又一可喜成果。

杨靖宇是具有传奇色彩的抗日民族英雄，东北抗日联军的缔造者之一。他早年在河南参加革命，在东北战斗了十一个年头。从1932年底担任南满反日游击队政委到东北人民革命军和东北抗日联军第一军军长兼政委，再到东北抗日联军第一路军总司令兼政委，他在长达八年的军旅生涯中，一直坚持在抗日斗争的第一线。他以比较弱小的兵力，同野蛮的日军展开了殊死的搏斗，最后英勇牺牲。出版《杨靖宇传》，是对他英雄业绩的最好的纪念。该书具有如下鲜明的特点：

第一，记述翔实。党史、军史界对杨靖宇的研究已有多年。研究著述发表的也不少。如果从介绍他的事迹算起，早在1935年就有人以《民族英雄杨靖宇》为题介绍他在东北抗日斗争中的业绩。他牺牲以后，50年来纪念文章、战斗故事、回忆录等相继发表很多。但是，像作者这样详细地、完整地反映杨靖宇一生的专著还是少见的。杨靖宇从学生时代起，就在家乡参加了反帝反封建的革命运动。他牺牲的时候，只有35岁。《杨靖宇传》对他在三十五年生涯中的每一个环节，从领导确山农民起义到东北抗日战场上的斗争烽火，都有较详细的记述。《杨靖宇传》可以称得上是杨靖宇一生的全史。

第二，资料丰富。作者不仅阅读了大量的历史文献，参考了前人研究的成果，而且走访了一些知情人。河南是杨靖宇的故乡和参加革命的发祥地。在这里，他参加过学生运动，领导过确山农民暴动和刘店农民起义。东北是杨靖宇的第二故乡。他先后在抚顺和哈尔滨从事党的工作。后来，他领导的抗日武装转战在南满、东满地区。他本人最后牺牲在濛江。凡杨靖宇战斗过的地方，作者都亲自走访过。他不仅查阅了中央档案馆，河南、辽宁、吉林、黑龙江省档案馆革命历史档案、敌伪档案；而且还查阅了上述各省及主要城市的文史部门、党史部门、纪念馆、图书馆等单位的有关资料。通过查阅档案和走访知情人，获得了第一手资料。因此，《杨靖宇传》是迄今为止出版杨靖宇研究著作资料最丰富的一种。

第三，史论结合。作者非常明确，"从事人物传记写作在某种意义上来说是在写历史"。因此，他能够把杨靖宇放在中国历史这个大环境中来写，对中国现代历史有个比较全面的反映，做到史论统一。写杨靖宇在大革命时期参加学生运动，能够把握住大革命历史的大环境，同时又具体写清楚了杨靖宇家乡的具体环境和他的活动；写杨靖宇领导确山农民暴动和刘店农民起义，也能做到革命的大环境和具体内容的结合，写得有血有肉。至于杨靖宇在东北的抗日斗争，就更具有这个特色了，他把日本帝国主义及其傀儡政权伪满洲国的反动统治和东北人民的抗日斗争的整个画面展现在读者的面前。杨靖宇是这幅大画面的主要人物。作者是在全面展现各个历史阶段的不同画面中，详细描述杨靖宇事迹的。这样，既全面展现出中国现代历史的雄伟画卷,又可以在这个画卷中看到杨靖宇的音容笑貌,使我们读起来有身临其境的感觉。

第四,研究深入。作者对杨靖宇的生平和思想,均有深入的研究,包括杨靖宇入党时间的考证,在各次重要会议上的作用,参加每次战斗的细节,杨靖宇牺牲时的具体情节等等,都搞得清清楚楚。这不仅真实地再现了杨靖宇一生的历史,也为我们研究杨靖宇提供了最新的研究成果。

(原载《北方论丛》,1996 年第 3 期)

(三)一部高扬爱国主义主旋律的佳作
——读赵俊清的《杨靖宇传》

张辅麟

65 年前,我国东北惨遭日本关东军铁蹄的践踏,在人民沦为亡国奴的黑暗日子里,给人们以阳光和希望的是中国共产党领导下的东北抗日联军,他们高举武装抗日大旗,以血肉之躯在南满、北满和东满筑起反日长城,不仅挫灭了侵略者不可一世的凶焰,更显示了中华民族酷爱自由、勇敢顽强的战斗气概。东北抗联以自己鲜活的生命谱写了一首新的民族"正气歌",其中旋律最激扬者当属东北抗联第一路军总司令杨靖宇。

杨靖宇是举世公认的抗日民族英雄,有关他的著作出版了许多,黑龙江人民出版社在抗日战争胜利 50 周年前夕出版的由赵俊清所撰《杨靖宇传》,可算总大成的一部佳作。

该书有这样几个特点:

一是全面系统,纵横交错。

全书共十章,从杨靖宇青少年时代写起,一直到英雄最后壮烈殉国,这里有出身、家世、求学,在确山投身农运,受党派遣来到东北,由地下抗日到武装斗争,莫不一一被作者摄于笔端,有详尽而系统的叙述。通过这些全方位的展示,使我们看到了杨靖宇成长的全过程:他自幼在家庭的熏陶下,就有爱憎分明的品格,青年时代开始树立救国救民的雄心壮志,以后走向农运,投身大革命的洪流,成长为一名共产党员,组织领导了著名的确山农民暴动。九一八事变前夕,来到东北,在严酷的地下斗争中,受铁窗之灾,更锤炼了斗争意志。后来,他走上了南满抗日战场,根据党的建立抗日民族统一战线的思想,广泛联络各种抗日武装,使磐石抗日游击队由小到大,不断发展成为东北人民革命军第一军、东北抗日联军第一军,后又联合东满的抗联二军组建东北抗联第一路军,活跃在白山黑水之间,与日本侵略者进行艰苦卓绝的斗争。

作者不仅抓住纵的线索,基本按时间顺序叙述了这位抗日民族英雄成长、战斗的过程,还以较重的笔墨从横的剖面上:具体分析了他的斗争策略、组织活动特点等,将其有机地插在纵的叙述中,分层次逐一加以展示,如他的政治治军:注意部队教育和军民关系、民族关系、友军关系。他的被称为"三大绝招"的游击战术思想和注重根据地政权建设等具体事例,给人们留下了极为深刻的印象。

这种以纵为主,又辅以横的交织所形成的网络结构,写起来天地广阔,从容自如,易于达到全景式效果的目的。

二是史料翔实,确凿可信。

捧读《杨靖宇传》,作者严肃认真的写作态度,着实令我感动。这从书后附录二所开列的征引文献可见一斑,所引举凡分七大类,其中有中共党团组织(含军队)革命历史档案、回忆录、访问录、报刊资料、文史党史军史资料、民国档案、日伪资料(含战犯供述)以及有关的著述等,合计约有115件之多。从中看出作者为写作本书花了多少时间与精力,真乃旁征博引,广为搜罗。书中所言均从史实出发,而史实又大多为档案所记载,不仅有我们的,也有敌方的,正反对比,更有说服力。此外,又补以杨靖宇亲人、生前友好、抗联老同志的具体回忆,这些资料可靠可信自不必说,而作者又不是简单的径直引用,而是经过反复研究,认真核实后,才从中得出结论;有的问题由于说法不一,作者经多方考证后才确认一种更为准确的说法,如关于杨靖宇的入党时间,一向传说不一,作者在注释中先后列出多种,并说明自己采用李则青的说法,因为李是杨靖宇的入党介绍人,故而最后认定杨靖宇是1927年6月6日入党。为我们确认了一条可信史实。

求真求准是立传成书之本,作者紧紧抓住了这一点,使本书具有浓厚的信史色彩,很是吸引人。

三是客观公允,补事纠偏。

全国解放以来,由于各种原因,有关东北抗联的研究,一直没有得到应有的重视,因此研究的深广度均受到很大的影响,有些问题始终没有正确的结论。《杨靖宇传》在这方面有所突破,推动了抗联史研究的深入。如对抗联一军西征问题的研究。杨靖宇为打破抗联与关内的隔绝,曾在1936年组织抗联一军主力进行过两次西征,最后均以失败告终。如何评价两次西征?作者为我们做出了满意的答案,他先是从主客观两方面公允地分析了西征失败的原因,进而又从战略重大举措的高度,全面分析当时的形势,最后做出确定的评价。又如有关抗联的抗日游击根据地建设问题,过去有一习惯说法,认为东北抗联游击作风重,单纯军事观点,不注重根据地建设。而于《杨靖宇传》里,作者在第六章中,以一章的篇幅专门介绍杨靖宇领导抗联一军建立起较为固定的根据地和临时根据地以及后方军事密营的具体情况。他们先后建立磐石、辑安、辽东等游击区,其中主要有濛江那尔轰、桓仁老秃顶子、本溪和尚帽子、金川河里等游击根据地,在这些地区杨靖宇和第一军十分重视群众工作,作者详细介绍了在游击根据地地方抗日组织与民众反日武装的活动和党的地方组织建设。作者更据以档案史料,向我们详细介绍了杨靖宇筹备南满特区政府的全过程。在杨靖宇主持下,经反复酝酿和修改,在艰苦的抗日前线,地方反日政权的标志——特区政府《组织条例》诞生了,该《条例》共有14条,扼要地规范了抗日政权的性质、建制、职能等,以《条例》为遵循,1935年在南满游击区建

立了15个乡政府、56个区政府。这些具体数字与史实,雄辩地说明了在主观上,杨靖宇和东北抗联第一军并不忽视地方政权建设,抗联是有游击根据地的,并因地制宜地创造了密营这一特殊的后方活动形式,只因客观原因的限制,根据地未能巩固下来,使之无法如愿以偿。

以上略举三点,算是我初读《杨靖宇传》之后所获得的最深印象。相信其他读者读后自会比我有更新更深的感受,因为这是一本很好的人物传记。

要说不足,我感到作者应该在写法上有所变化。对人物传记,我一向主张采用传统的文史结合的写法,司马迁的《史记》就是一个最好的样板,既不曲解历史的真实,又能在细节上有所描绘,这样传主就会栩栩如生,如鸿门之宴、垓下之围,读后那样生动感人。本书作者若能透过典型细节,向我们形象展示杨靖宇将军的爱国情怀,那么我们感受到的不仅仅是50多年前东北抗联喋血苦斗的抗日硝烟气息,而是民族英雄身上所凝结的民魂与民气,它们将会变成更高扬激越的爱国旋律,深深地打动与感染人们。

不过,我还是要深深感谢作者赵俊清同志,他全面而系统地告诉了我们,为什么东北老百姓这样颂赞杨靖宇:"十冬腊月天,松柏枝叶鲜,英雄杨靖宇,长活在人间。"有功于民族的人,人民永远不会忘记,为之树碑立传是应该的。

(原载《社会科学战线》,1996年第5期)

初版后记

本书《杨靖宇传》是"东北抗日联军将领丛书"之一。

杨靖宇是家喻户晓的民族英雄。早在1935年就有人以《民族英雄杨靖宇》为题对其事迹进行宣传报道(见《世界知识》第四卷第四期,1935年6月30日巴黎《救国时报》予以转载)。这篇介绍杨靖宇事迹的文章对其高举义旗、领导抗日的英雄壮举进行了高度评价。文中说:"杨司令不但现在是东北反日反帝战争的坚决领导者,我们敢相信,不久以后,他会变成伏罗希洛夫一样的世界伟大人物之一。"众所周知,伏罗希洛夫(1881—1969)是苏联元帅,卫国战争期间曾任西北方面军总司令。50年代担任过苏联最高苏维埃主席团主席。历史已表明,杨靖宇和伏罗希洛夫都是以自己在捍卫国家和民族利益与外来侵略者斗争中,做出的杰出贡献,而成为世人敬仰的伟大人物的。

作者深知,为民族英雄杨靖宇立传有相当大的难度。不消说,在他牺牲之后有许多专家、学者在潜心研究他一生的历史,发表大量有学术价值论文、专著;就是在其生前,如上所述,就已有人为之撰写评述文章了。因此,在有限资料和学术界前辈已有研究的基础上,若再向前迈进一步是很困难的,换言之,也是不易成功的。但是为在新的历史时期,继承发扬革命传统,学习先烈不屈不挠的奋斗精神,理所当然地应按"东北抗日联军将领丛书"计划和写作要求,为之撰写出更加翔实的传记,因为这是党史工作者义不容辞的责任。

杨靖宇是中共党史、东北抗日联军史中的重要人物。他为中华民族解放事业做出的不朽贡献及其一生中英勇奋斗的可歌可泣的事迹,采取立传的形式详尽地予以记述,可以使后人全面地了解他伟大的一生。本人的一个意愿即是要尽力按照"东北抗日联军将领丛书"的写作要求,在杨靖宇诞辰90周年、殉国55周年、抗日战争胜利50周年之前,力争把《杨靖宇传》撰写好并出版,以纪念先烈。我单位——中共黑龙江省委党史研究室,对此项工作十分重视,曾将此项科研任务列入黑龙江省"八五"党史科研工作计划中,要求如期完成,以之为弘扬先烈革命精神做出一些贡献。

1991年,我开始搜集、考证、研究有关历史文献和敌我双方有关资料,进而着手撰写工作。写作中,为正确描述传主生平,充分反映杨靖宇所领导的东北抗联开展的抗日武装斗争,我多次访问韩光(离休前任中共中央纪律检查委员会常务书记)、王传圣(离休前任哈尔滨市木材公司副经理)、张瑞麟(离休前任黑龙江省人大常委会副主任)等与杨靖宇共同战斗过的抗联老同志。同时,也向一些抗联史、杨靖宇研究专家进行求教,认真地学习并吸收了他们的研究成果。

从事人物传记写作在某种意义上来说是在写历史,这就是要求重在史实,即传文应有确凿实在的依据。本传记所依据的主要资料是中央档案馆、河南及东北三省档案馆馆藏革命历史档案、日伪档案;河南、辽宁、吉林、黑龙江省,开封、抚顺、哈尔滨、通化、浑江、本溪、磐石、靖宇、新宾、桦甸、集安、桓仁等市、县党史、文史部门出版的有关党史、文史书籍及东北烈士

纪念馆、中共中央党校图书馆、北京图书馆等单位提供的资料。

在撰写书稿过程中，杨靖宇的生前战友、抗联老战士韩光、王传圣和张瑞麟等同志，对本书写作给予了很大的支持和鼓励。韩光同志为《杨靖宇传》写了序言。王传圣和张瑞麟同志把自己出版的回忆录、保存的有关资料送给我，供我写作参考。与此同时，我还得到河南省、开封市、确山县及东北三省有关市、县党史研究室、史志办等单位的同志的大力帮助。他们不仅为我提供所需资料，还解答不少写作中遇到的问题。中共吉林省通化市委党史研究室和地方志办公室、浑江市委党史研究室、靖宇县委党校、河南省确山县委党史办的领导同志，还为本人考察杨靖宇部分活动地、拜谒"杨靖宇烈士陵园"及烈士殉国地、烈士故居，热心地提供了方便。同志们的大力帮助与支持，使我深受鼓舞，这也是我最终能够写成此书的一个动力。书稿形成后，几经修改，并由原中共黑龙江省委党史研究室主任、研究员金宇钟同志予以审阅，提出宝贵意见。还有党史研究室内几位年轻的同志，不辞辛苦帮助我抄写、校对了大量书稿。

于此，我要向所有支持、帮助《杨靖宇传》一书写作、出版的单位、同志表示由衷的感谢。

现在读者看到的这本《杨靖宇传》虽说是尽了自己的努力，但作者深知，由于本人能力有限、研究深度不够，加之资料搜集工作的不足，可以肯定地说，书中还会有不少缺点乃至错讹。对此，作者敬祈专家、学者及广大读者批评、指正。

赵俊清

1994年3月于哈尔滨

再版后记

中国人民抗日战争的历史是中华民族悠久历史的光辉篇章。以杨靖宇为代表的东北抗日联军将士,英勇抗敌的历史是中国人民抗日战争和世界反法西斯战争历史的重要组成部分。因此,有关反映东北抗日联军斗争历史和抗联领导人生平业绩的书籍历来引人注目。

《杨靖宇传》是1994年出版的"东北抗日联军将领丛书"之一。此书出版后,即得到抗联老同志、抗联史专家和广大读者的关注和好评。

2005年,是抗日民族英雄杨靖宇诞辰100周年、殉国65周年、中国人民抗日战争暨世界反法西斯战争胜利60周年。为了纪念杨靖宇将军,纪念抗日战争的伟大胜利,黑龙江人民出版社决定再版《杨靖宇传》。应该说,再版此书也是自己的一个心愿。自《杨靖宇传》出版后,本人继续从事东北地方党史、东北抗日联军史的研究。其间,又发现一些有关杨靖宇的新史料,自己很渴望有机会能够再版此书,把这些新史料补充进去,使《杨靖宇传》更为充实、丰满。

杨靖宇的一生是革命的一生,其人生价值取向与其人生观、世界观是统一的。他作为一个共产主义者,始终为党在不同历史时期确定的纲领、任务、目标而努力奋斗;他作为一个爱国主义者,始终视祖国、人民为自己的父母,自己是祖国、人民的儿子。因此,在大革命、土地革命斗争中,在东北抗日战争中,他所表现出的英勇无畏、自强不息的革命精神和不怕艰难困苦,不畏流血牺牲的高贵品质是十分感人的。

为撰写出传主的一生经历,塑造出传主的鲜活形象,揭示其精神风貌,就要靠大量的史事说话。杨靖宇已牺牲60多年,年久事湮,相关资料缺乏。在日伪时期,党和抗日部队形成的许多文件难以得到很好保存。有些保存下来的文件,对有些史事记载简略。为努力把传记写成信史,我曾用较多时间收集史料、研究史料。在收集史料方面,尽管自己下过一番工夫,但仍有遗漏。因此,本传记出版(初版)后自己仍在注意留心有关杨靖宇的新史料,每有发现都一一记录,继续做史料的搜集工作。至于研究史料,则更是永无底止。如一些老同志的回忆,因年代久远,往往一件事有两种甚至多种说法。为了存真求实,搞清一些史事和说法不一的问题,就需花费大量时间去认真地鉴别、考证。要尽量搞清重大史事发生的原委,即时间、地点、经过、结果。史实的清晰、准确、真实是撰写人物传记和记述历史的基础。如果对历史事实尚未搞清,还谈何对历史的认识和什么经验教训的探索?因此,我曾对"杨靖宇即马尚德"进行过再考证,得出了确定的结论。对杨靖宇的入党时间、杨靖宇由河南去上海和来东北的过程、杨靖宇(马尚德、张贯一)名字的由来、杨靖宇参未参加1933年5月省委扩大会议、1934年2月抗日联军总指挥部成立的地点、杨靖宇牺牲是自杀还是他杀等问题,都经过认真考察,不是随人所云,而是仔细辨析后,才写出结果的。

撰写人物传记不仅仅是要记录史事,还要探寻传主活动的历史背景、相联的人事关系,揭示其人生之路的历史定位及给人们的启示。杨靖宇是对社会发展、历史进步做出过重要贡献的尽人皆知的英雄人物。"碧血丹心照青史,万古流芳励后人"。其建功立业,嘉言懿

行,足以成为人们学习的楷模;其走过的艰难而又辉煌的人生道路,足以令人永记;其英勇战斗、无所畏惧的精神,足以成为催人前进的精神财富。因此,作者力图挖掘史事潜在的深刻内涵,充分展现传主的精神风貌,将本传写得翔实、准确,以使传主杨靖宇可歌可泣的英雄业绩流传后世,让人们永远记住这位民族英雄为国家独立、为民族生存英勇拼搏、艰苦奋斗的历史,从中受到深刻启迪,受到爱国主义、共产主义和革命传统教育;记住日本帝国主义侵略中国犯下的罪行和东北人民在日寇铁蹄下苦难的十四年,永远不忘居安思危,时刻警惕日本军国主义死灰复燃。

这次《杨靖宇传》再版,作者对初版本内容不够充实之处,根据自己新搜集到的史料进行了补充,对文字校对方面的差错做了改正。同时,在写法上,在一些章节中注意了细节的描绘和刻画。另外,增加了随文插图。对一些重要史事、引文注明了出处,以便读者查考。

本书初版问世后,我见到一些书评,现选三篇附后,算是学术界同仁对本传记的评估。

《杨靖宇传》的再版,得到中共黑龙江省委党史研究室、黑龙江省烈士纪念事业基金会的大力支持,还得到吉林省社会科学院历史研究所孙继英,吉林省通化市政协文史委员会孙践,通化市杨靖宇烈士陵园管理处刘善业,通化市地方志办公室胡维仁,东北烈士纪念馆温野、李云桥,中共河南省委党史研究室王怀安、路海江,中共河南省确山县委党史研究室张群良、潘玉清等同志的帮助,他们为《杨靖宇传》的再版提供了有价值的资料或提出宝贵修改意见。原中共黑龙江省委党史研究室主任、研究员金宇钟同志审阅了修订稿。齐齐哈尔铁路教育学院副教授(副编审)陆文珊同志在百忙之中,认真校勘了全部书稿。于此,作者向所有对《杨靖宇传》再版给予过支持和帮助的领导、同志表示衷心感谢。同时,也敬希广大读者对本书舛误之处予以指正。

赵 俊 清
2004 年 3 月 12 日

三版后记

欣逢中国人民抗日战争暨世界反法西斯战争胜利70周年、杨靖宇将军诞辰110周年即将来临之际，出版社有意再版《杨靖宇传》。

《杨靖宇传》初次出版于1994年7月，再次出版于2004年8月，再版距今也已十年。十年间东北抗联史研究工作也在不断深入。传主杨靖宇作为东北抗联第一人，深受人们崇敬和爱戴。随着历史的发展，新资料的挖掘及对抗联历史认识的深化，对于杨靖宇的研究也在不断向深广方向发展。这些年我也很关注对杨靖宇研究的新发展的相关信息。

既然再版，就很有必要将出版后自己发现和读者指出的不足、舛误之处，加以修订。为此，本人对《杨靖宇传》书稿又重新阅读一遍，对记叙过于简略之处，又增加一些内容。在修订中，对于近些年发现的新的、有价值的史料，作些必要的补充。

撰写一部抗日英雄的传记，纪念革命先烈是一件十分严肃的事情。纪念杨靖宇，就是要学习他的革命精神，学习他英勇奋斗的历史，学习他的革命实践。为撰写好杨靖宇传记就要认真厘清、探究与传主相关的历史事件的来龙去脉、前因后果，一些史事的时间、地点、相关人物和情节。为此，在撰写《杨靖宇传》时我曾做过一些考证工作，如马尚德与传主杨靖宇是否是同一人的考证即是其中之一。因我知道有同志对马尚德与杨靖宇为同一人持有疑问，为此，我曾作一番考察，写出《关于杨靖宇即马尚德的再考证》一文在《党史纵横》2001年第10期予以发表。我从十个方面证明了马尚德与杨靖宇确是同一人，不存在张冠李戴的问题。此次再版，将此文列入本书附录中以供读者参考。

再就是杨靖宇牺牲时敌人为了解他殉命前究竟是怎样生存的，曾决定解剖其遗体，结果发现其胃肠无一粒粮食，有的是棉絮、树皮和草根。过去许多书刊都是这样记述的。在开始撰写本书时，对此我也进行了察考。因棉花、树皮不能消化，是否能吃，我访问过抗联老同志。他们说当年长时间没有粮食吃，饥肠饿肚，实在忍受不了饥饿，就把棉衣上树枝刮破露出的棉花，拽一块塞嘴里，拌着唾液嚼湿，仰脖就咽下去，根本不去考虑能不能消化，这种情况我们都经历过。吃树皮更是常事，树皮的吃法是将树干外面的老皮剥去，将老皮与木质部中间的嫩皮扒下剁碎，用锅煮烂如同稀粥样再吃。这是抗联指战员吃树皮的一般吃法。杨靖宇牺牲前没有将树皮用锅煮熟再吃的条件，只能折树枝稍用牙咬下嫩皮来，嚼烂咽下。对于杨靖宇牺牲前胃肠里没有粮食的情况是否属实，我访问他的警卫员王传圣同志，他说这完全是可能的，树皮、草根是抗联指战员常食之物，棉花虽不能消化，饿急眼时，也顾不得能否消化。我问他，杨将军牺牲时是2月份，寒冬时节，地冻三尺，从何处能挖出草根？王传圣同志问我，你去没去过靖宇将军牺牲地三道崴子老恶河？我回答去过。他说，你去过，我一说你就明白了。夏天、秋天，老恶河河岸被雨水冲刷，岸土落入河中，有些草根裸露在外面，小半还卡在土里。冬天，用枪把一磕，草根就掉下来了。把草根上的土弄掉，再放在嘴里嚼，嚼烂后咽到肚里。王传圣同志忆及将军往事，对日寇割头剖腹残暴狠毒罪行极其愤慨，其所做解释，使我释疑，令人信服。

　　杨靖宇"头颅可断腹可剖,烈忾难消志不磨"的英雄气概,鼓舞、教育着一代又一代人。多年来党和国家对杨靖宇的纪念活动极为重视,对其给予应有的高度评价。2005年是杨靖宇诞辰100周年,2月间,本人有幸应邀分别参加了中共河南省委在驻马店、中共吉林省委在通化举行的规模盛大的纪念活动。纪念大会上都有省委书记莅临做重要讲话,号召人们继承先烈革命传统,推进改革开放伟业。这一年也是中国人民抗日战争暨世界反法西斯战争胜利60周年。9月3日,党和国家领导人胡锦涛同志在北京举行的纪念大会上发表重要讲话,盛赞杨靖宇等是中国人民"不畏强暴、英勇抗争"的代表。

　　2009年,为纪念新中国成立60周年,中宣部、解放军总政治部等单位组织评选为新中国成立做出突出贡献的百名英模活动,杨靖宇当选为百名英模之一。

　　2014年是中国人民抗日战争暨世界反法西斯战争胜利69周年。9月3日,习近平总书记在中共中央、国务院、中央军委举行的纪念座谈会上发表重要讲话。他指出杨靖宇等一批抗日将领、抗联八女等众多英雄群体就是中国人民不畏强暴、以身殉国的杰出代表。他引用伟大诗人屈原《国殇》的诗句"诚既勇兮又以武,终刚强兮不可凌。身既死兮神以灵,魂魄毅兮为鬼雄",颂扬追悼为国家独立、民族解放而牺牲的先烈,对杨靖宇等抗日英雄予以高度评价。本书传主杨靖宇作为东北抗日运动的主要领导者,组织动员广大民众积极投身抗日斗争之中;指挥广大抗联战士与日本侵略者进行殊死搏斗,为全民族抗战胜利做出巨大贡献,其丰功伟绩彪炳日月,永垂后世。

　　抗战历史随着时光的流逝,已渐渐离我们远去,但历史的经验教训不可忘怀。人们不会忘记日本军国主义给中国人民带来的灾难,人民不会忘记以杨靖宇等为代表的先辈们为争取民族独立、反对日本侵略所进行的英勇抗争。当今世界和平发展是主流,然而人们看到在日本一股右翼势力在极力否认那段罪恶的侵略历史,美化战争亡灵,欲使军国主义死灰复燃。但是,任何散布"侵略有理""侵略无罪""侵略有功"言论的丑恶势力,必将遭到全世界珍爱和平的人们的唾弃。人们决不允许日本右翼势力否认侵略历史,决不允许逃避战争责任,决不允许军国主义卷土重来,决不允许历史悲剧重演!

　　《杨靖宇传》此次能够再版,我特别要感谢哈尔滨三五味业集团有限公司董事长王军同志。多年来,王军同志在办好企业的同时,热心弘扬将军文化,创办有哈尔滨三五将军文化博物馆,成立有哈尔滨将军文化研究会。为纪念中国人民抗日战争暨世界反法西斯战争胜利七十周年,他倡议建立东北抗联将士纪念碑,建立抗联著名将士纪念长廊,出版东北抗联将领传记,以弘扬东北抗联精神。王军同志热心宣传军旅文化,倡导"三五",一是五常,仁义礼智信;二是五有,有思想、有觉悟、有道德、有文化、有责任;三是五心,热心、爱心、慈心、善心、诚心。"三五"符合现今社会主义核心价值观,值得赞许。

　　本传记得以顺利再版,是与黑龙江人民出版社李智新同志的精心编辑,我单位郭健军同志帮助认真校对分不开的。于此,本人再次对支持本传记出版的同志表示衷心感谢。

赵俊清
2014年9月9日